중국, 문화강국을 꿈꾸다

中华文化的前途和使命
Copyright ⓒ 2017 by 许嘉璐 Xu Jialu
All Rights Reserved.
Korean copyright ⓒ 2021 by Yemoonseowon Publishing Company
Korean language edition arranged with Zhonghua Book Company

중국학총서 2

중국, 문화강국을 꿈꾸다

지은이 許嘉璐
옮긴이 홍린
펴낸이 오정혜
펴낸곳 예문서원

편집 유미희
인쇄 및 제책 주) 상지사 P&B

초판 1쇄 2021년 3월 29일

출판등록 1993년 1월 7일(제307-2010-51호)
주소 서울시 성북구 안암로 9길 13, 4층
전화 925-5913~4 ㅣ 팩스 929-2285
전자우편 yemoonsw@empas.com

ISBN 978-89-7646-415-6 03150
YEMOONSEOWON 13, Anam-ro 9-gil, Seongbuk-Gu, Seoul, KOREA 02857
Tel) 02-925-5913~4 ㅣ Fax) 02-929-2285

값 33,000원

중국학총서 2

중국, 문화강국을 꿈꾸다

許嘉璐 지음

홍린 옮김

예문서원

옮긴이의 말

이 책이 서술된 2017년과 그 앞뒤 몇 년은 중국의 국내 및 국제 정책의 방향이 크게 전환되던 시기이다. 이러한 전환을 압축적으로 표현한 것이 바로 중국 공산당의 "중국은 더 이상 서구를 모델로 삼지 않고 중국만의 길을 모색하겠다"는 선언이다. 현재 중국은 이러한 구호 아래 우리에게도 익숙한 중국특색사회주의, 중국몽, 일대일로 등의 정책들을 통해 중국만의 정치경제체제와 중국 중심의 국제질서를 추구하고 있다. 이때 빠지지 않고 등장하는 개념이 "문화"이다. 이미 경제적으로 상당한 성장을 이룬 지금, 문화정책을 통해 국내적으로는 사회질서와 기강을 다잡고, 국제사회에 중국문화를 보급해서 친중국적 분위기를 조성함으로써 중국의 정치경제적 영향력을 뒷받침하겠다는 것이다.

이 책은 중국 공산당의 이러한 문화정책의 관점과 구체적인 정책 내용을 상당히 충실히 반영하고 있다. 저자인 허가로許嘉璐는 중국의 전통문화를 강력히 옹호하고 그와 대척점에 서 있는 서구문화의 쇠퇴 및 중국문화의 보완(사실상의 대체)을 희망적으로 예견하고 있다. 이러한 대비 속에서 저자가 끊임없이 강조하는 것은 중화문화의 다원성과 포용성이다. 그는 중국의 역사발전과정에 대한 고찰을 통해 이를 증명한다. 저자는 중화문화가 여러 지역문화의 교류와 결합 속에서 탄생한 다원적 문화이며, 기나

긴 역사 동안 다양한 외부문화를 포용하면서 시대에 맞추어 발전해 왔다고 주장한다. 그리고 이러한 중화문화의 특징이야말로 이원대립적 사고로 팽배한 현대 서구문명을 대체할 결정적 자질이라고 자부한다.

그러나 저자의 장밋빛 낙관과는 별개로 중화문화를 포함한 동양전통문화는 서구문화에 밀려 지금 이 순간에도 쇠락하고 있다. 이 점은 저자의 문제의식 중 매우 중대한 부분을 차지하고 있다. 40년간의 눈부신 경제성장으로 국격은 급속히 올라갔지만, 이러한 대외적 성장과는 대조적으로 중국 전통문화는 소멸의 위기를 벗어나지 못하고 있다. 실제로 현대 중국의 문화적 상황에 대한 저자의 걱정에 이 책의 많은 부분이 할애되고 있다.

우리가 그의 고뇌에 주목해야 하는 이유는 한국인들 역시 비슷한 상황에 직면하고 있기 때문이다. 한국 역시 급격한 서구화로 인해 전통문화의 소멸과 이로 인한 수많은 사회적 갈등과 가치의 공동 현상을 겪고 있다. 또한 우리가 근대화의 모델로 삼았던 서구국가들 역시 한계를 드러내고 있어, 발전 방향에 대한 고민도 깊어지고 있다. 따라서 저자의 문제의식은 한국사회에서도 유효하다고 할 수 있다. 우리는 전통문화를 어떻게 대해야 하는가? 아직 다 벗겨지지 못한 때를 마저 벗기듯이 해야 할까?

아니면 전통으로 회귀해야 할까? 우리 중 누구도 이 문제들로부터 자유롭기 힘들 것이다.

　문화는 실로 광범위한 영역을 포괄하는 개념으로, 현재 급변하는 국제정세와도 밀접한 관련을 갖고 있다. 2000년대 후반에 시작된 미중 패권경쟁은 최근 들어 한층 더 격화되고 있다. 저자 자신은 부정하고 있지만 중국은 분명 세계적 강대국으로서 자신들을 중심으로 한 국제질서의 구축을 목표로 하고 있다. 이는 매우 자연스러운 일이다. 다만 과거 국제질서를 주도한 국가들은 세계를 자신의 질서 아래로 편입시킬 무엇을 가지고 있었다. 네덜란드의 금융시스템, 영국의 세계적 무역망과 해군력, 영국을 계승한 미국의 산업생산력과 기술력 등이 그러했다. 이 책의 저자 허가로는 중국 중심의 세계질서의 핵심적 요소로 "문화"를 주장하고 있다. 독자들은 이 책을 통해 중국의 문화가 중국 중심의 국제질서를 가능케 할 필승카드가 될 수 있는지 가늠해 보길 바란다.

홍린

■차례

이끄는 말: 세계 구도의 변화와 중국문화의 역할

최근 몇 년 사이, 아주 오랜만에 문화열풍(文化熱)과 국학열풍(國學熱)이 일고 있다. 각 민족들의 "과거에 대한 추억" 및 갈망, 인문·사회·철학 등 각 분야 학자들의 연구, 당과 정부의 끊임없는 지지와 장려, 이 세 가지는 상호 호응하고 지탱하면서 현재의 열풍들을 주도하고 있는 세 기둥이라고 할 수 있다. 그렇다면 중국의 인문·사회·철학 등 학문들은 이러한 상황에 어떻게 대응해야 할까?

현재 갈수록 많은 수의 유럽, 북미, 아시아의 학자들은 소크라테스, 플라톤, 아리스토텔레스가 남긴 유산과 과제를 회고하고 반성하면서, "현대"에 의혹을 던지고 산업화된 서구(앵글로·색슨 및 그리스로마 문화권) 현대 사회의 여러 병폐들에 신중하면서도 엄중한 비판을 제기하고 있다. 이러한 목소리들은 무의식중에 중국문화의 최근 동향과 공명하고 있으며, 동서양 협력의 형세를 형성하고 있다.

이러한 상황 속에서 중국의 지식인들은 어떤 시각과 포부, 방법을 가지고서 세계의 큰 흐름을 이해하고 자신들의 문화전통 및 현대의 문화적 현상을 돌아보아야 할까? 또한 어떻게 세계인들과 연대해서 인류가 처해 있는 각종 위기에 공동으로 대응할 것인가?

지금 세계는 거대한 변화에 직면하고 있으며, 심지어 이미 거대한 변화의 한가운데에 있다고 말할 수도 있을 것이다. 이러한 거대한 변화가 필연적이고 필수적이라고 단언하는 이유는 이미 전 세계인들이 감지하고 있을 위기(혹은 위험) 때문이다. 급속한 환경오염, 끊임없는 지역 분쟁, 핵전쟁의 위험성, 빈부격차 확대, 원인을 알 수 없는 전염병의 빈번한 창궐, 만연한 불평등은 사람들로 하여금 경각심을 가지지 않을 수 없도록 만들고 있다. 지구는 앞으로 어떻게 될 것인가? 인간은 앞으로 어떻게 해야 하는가? 사회에는 어떤 문제들이 발생하고 있는가? 미래로 가는 길은 어디에 있는가? 중동의 혼란과 유럽으로 향하는 난민의 물결, 영국의 브렉시트(Brexit), 미국의 분열 등은 이러한 본질적 위기가 현상으로 표출된 것이자 위기의 서막일 뿐이다.

인류가 직면하고 있는 여러 위험들을 받아들이는 사람들의 태도는 제각기 다르다. 어떤 사람들은 이러한 일에 대해 마치 "이것은 나와는 상관없는 일이니 내버려 두자"는 식으로 대하다가 어떤 경우에는 지탄하고 저주를 퍼붓기도 한다. 또 어떤 이들은 교육수준과 전공의 제약으로 인해, 그리고 관련 언론보도 및 분석을 가득 채우고 있는 전문 용어들로 인해, 사회가 직면하고 있는 위험을 인식하고 이에 관심을 가지는 데 어려움을 겪는다. 그래서 현재 세계는, 마치 자욱한 안개에 싸여 있는 사람들 중에 어떤 이는 점점 경각심을 가지고, 어떤 이는 경고를 하며, 또 어떤 이는 대책을 고심하지만, 대부분의 사람들은 평소처럼 희희낙락하면서 "자신이 이 산 중에 있음"으로써 마주할 위험과 그로 인한 심각한 결과를 알지 못하는 상황에 놓여 있는 꼴이다. 이때 우리는 우선 무엇을 해야 할까? 우리 사회는 『장자莊子』「소요유逍遙遊」의 거대한 물고기인 곤鯤이 붕새로 변해서 발을 굴러 날아올라 회오리바람을 타고 9만 리 하늘

위로 올라가는[1] 것처럼, 아래세계를 내려다보며 불명확하고 어렴풋한 근원을 탐구하며, 몸과 마음, 인간과 인간, 인간과 자연이 본래부터 갖추고 있는 조화와 공생의 길을 탐색해야만 한다. 누가 과연 이러한 무거운 책임을 짊어질 것인가? 이것은 지식인, 정부, 민중이 전공분야, 지위고하, 도시−향촌 구별을 뛰어넘어, 명석한 두뇌와 밝은 눈, 든든한 어깨로 용감히 짊어져야 할, 모든 민족이 함께 짊어져야 할 공동 책임이다.

사회는 복잡하고 다층적이다. 정부는 국내외 상황을 종합하고 전문가들의 의견을 수렴해서 여러 어려움을 극복할 수 있도록 전체 사회를 선도해야 한다. 학계는 현상을 넘어 본질을 파악해서, 위로는 정부에 제언을 하고 아래로는 모든 인민들에게 연유를 알려 주고 민심을 반영하며 사악함을 혁파하고 출로를 모색해야 할 책임이 있다. 여기에서 말하는 학계란 인문·사회·철학 분야만을 가리키는 것이 아니라, 자연과학 및 기술 영역까지 포함하는 것이다. 왜냐하면 인간의 주관적 상황 및 객관적 환경 조건 등이 지니는 복잡성과 다양화는 한 분과 학문 혹은 한 범주의 학문들만 가지고서는 연구해 낼 수 없기 때문이다. 사회의 다수를 차지하는 민중은 국가와 민족의 주인 혹은 주체로서 공평한 그리고 가급적 최대한의 보호를 받아야만 하며, 또한 위기를 해소할 주요 세력이 되어야 한다. 다만 이러한 관점에서 말하자면, 민중 역시 훌륭하고 진정한 과학 교육을 받아서 세계를 명철한 지성으로 바라보는 집단지성이 되어야 할 것이다.

세계인들의 눈앞에 공공연하게 펼쳐진 전 세계적인 위기들은 인류가 수렵채집과 농경생활에서 벗어나 산업화에 들어서면서 생산력이 비약적

---

1) 『莊子』, 「逍遙遊」, "北冥有魚, 其名爲鯤. 鯤之大……化而爲鳥, 其名爲鵬……搏扶搖而上者九萬里."

으로 상승했지만 그 대가로 자원 역시 심각하게 고갈됨으로 인해 발생한 것이다. 농업을 기반으로 한 지주와 귀족들은 산업을 기반으로 한 자본가 계급으로 전환되면서 더욱 많은 이익을 축적하였으며, 그리하여 생산력-자원-이윤 간 전례 없는 긴밀한 관계가 발생하였다. 산업화는 기술과 과학을 극적으로 발전시켰고, 기술과 과학은 다시 생산력을 부단히 향상시켰다. 그리하여 사회는 급속히 발전했으며, 상품은 더욱 광대한 시장과 무한한 자원 공급지를 필요로 하게 되었다. 이것이 바로 "식민지 진출"을 촉발시킨 실질적인 추동력이었다. 식민지 개척과 함께, 산업사회의 합리성, 과학적 성취의 절대성, 유럽문화 중심론, 서구의 침략과 식민지 개척의 필연성과 신성성 등을 논증하는 저서들이 끊임없이 나타났으며, 수많은 학파들이 연이어 등장하여 보는 이들의 눈을 현혹했다. 사람들은 강제적으로 혹은 자발적으로 이러한 추세를 좇아 신의 대리인들 앞으로 달려가서 "천국"의 복음을 전해 들었다.

현대에 들어 총포와 마약, 각종 상품의 물결 속에서 인류는 『창세기』적 창조론에서 벗어났다. "신은 죽었다"[2]는 식으로 말이다. 과연 그러한가? 아니다. 신은 여전히 살아 있다! 신은 "세계의 중심"인 자연과학자들과 인문학자들 안에 살아 있다. 그들의 마음속 깊은 곳에 여전히 잠재해 있는 히브리-그리스로마 철학이 바로 그것이다. 르네상스운동은 인격신을 옥좌에서 끌어내림과 동시에 놀라움과 선망, 숭배의 대상이면서 옛 신의 권위를 지닌 새로운 신을 창조했다. 자유·평등·박애와 나날이 빠르게 발전하는 과학기술이 그것이다. 어떤 의미에서 보자면, 르네상스운동은 히브리-그리스로마의 혼혈체로서 "새로운 세계"의 신을 세웠지만, 그

---

2) Friedrich Nietzsche.

렇다고 해서 기원전후의 문화와 중세 암흑기에 대해서 완전히 부정한 것은 아니었다.

인류가 하나의 종으로 자리 잡은 이래, 인간들 간의 관계(주로 공동체 간의 관계)에는 오직 세 가지 방식만이 존재했다. 단절, 갈등, 대화가 그것이다. 그러나 어떠한 역사발전 단계에서도 순수한 단절, 갈등 혹은 대화의 관계만 존재했던 적은 없었다. 그래서 인간들 간의 관계는 이들 중 하나가 주된 방식이 되고 나머지 둘이 보조적 방식이 되는 식으로 이루어졌다. 원정, 신대륙 발견, 동인도 개척 등은 단절 위주에서 갈등 위주의 관계로 전환된 대표적인 경우들이다. 두 차례에 걸친 미증유의 세계 대전은 최고조의 갈등관계였다고 할 수 있다. "사물이 극에 달하면 반드시 되돌아온다."[3] 최신 무기들과 피비린내 나는 도륙은 모두 "산업화된 사회"를 이루고 자유·평등·박애·민주 등 정신적 원칙을 지녔으며 이를 무지하고 야만적인 지역 혹은 국가로 확장해 나갔던 세계의 중심이자 현대과학기술이 가장 발전한 "역사의 중심원"인 기독교 문명 지역에서 발생했다. 이 "중심원"은 바로 서구 열강이었으며, 서구 열강은 그들 자신이 서구를 제외한 모든 비非서구 지역의 주인이라고 여겼다.

과거 세계의 중심에서도 핵은 네덜란드, 포르투갈, 스페인, 이탈리아, 독일, 영국 등 유럽 국가들이었다. 그러나 두 차례의 세계 대전을 거치면서 대영제국은 국력을 크게 상실했고, 세계 중심의 핵은 미국으로 옮겨졌다. 미국은 1920~30년대 세계대공황을 거치면서 문제의 실질적 근원은 제도에 있다고 보았으며, 산업화-자본화-금융화-자유화의 과정에서 자유·평등·박애의(여기에 인권을 더한) 구호들을 벼랑으로 내몰았다. 주지

---

3) 『呂氏春秋』, 「博志」, "全則必缺, 極則必反."

하다시피 경제영역에서의 자유화란 간단히 말해서 시장이 정부의 모든 계획, 간섭, 구속을 거부하고 모든 것을 시장에 맡기는 것이다. 1990년대 미국이 세계 패권을 독식하면서 자유화는 더욱 가속화되어 "신자유주의"가 등장하게 된다. 신자유주의는 세계에서 가장 부유한 경제 주체인 미국의 실력과 지위에 기대어서 과거 식민통치자들이 피지배자들에게 강제했던 규칙들을 집대성해 냈으며, 금본위 제도의 폐지, 국제통화기금(IMF)과 세계은행, 경제협력개발기구(OECD) 등의 설립을 통해 전 세계에 동일한 규칙을 부여했고, 여기에 더해서 이러한 신新식민지 운동을 보호하기 위한 군사·정치·문화·교육·경영 등의 일괄지침을 마련함으로써 근 한 세기에 걸친 "세계질서"를 성립시켰다.

이 일만 놓고 본다면, 즉 현재의 세계정세를 역사와 환경의 측면에서만 단순하게 분석한다면, 미국은 유럽의 협조 하에 새로운 질서를 구축한 것이다. 그러나 만약 표면적 현상을 걷어내고 그 본질만 놓고 본다면, 이것은 과거의 식민주의가 새로운 옷으로 갈아입은 것에 불과하며, 그 핵심에는 여전히 계몽운동이 후세에 남긴 이원대립과 양자택일의 사고방식 및 자연선택, 적자생존, 기계론, 종말론, 절대주의, 숙명론 등 이미 여러 차례 역사에 의해 부정되었던 원칙(서구 학자들 중에는 이것을 패러다임이라고 부르는 경우도 있다.)들이 자리하고 있다. "세계질서"란 사실 상술한 규칙을 교묘한 방식으로 전 세계에 강요하는 것일 뿐이다. 이는 이른바 신흥국(대부분 과거 식민지배의 경험이 있는 국가들)뿐만 아니라 서구국가들 중 미국을 제외한 국가들 역시 예외가 아니다.

"세계질서"(World Order)의 문자적 의미만 놓고 보면, 이것은 세계 여러 나라들이 공통으로 준수해야 하는 규칙이다. 헨리 키신저(Henry Alfred Kissinger,

1923~)는 이 용어를 가지고 자신의 책 제목을 지었다.[4] 그는 서문에서 "이 체계(필자주: 상술한 규칙, 질서를 가리킨다.)에는 모든 국가들이 동등하게 받아들일 만한 정의가 존재하지 않는다"고 말했다. 그는 좀 더 솔직하게 다음과 같이 말하기도 했다. "진정한 의미에서 전 세계적인 세계질서란 결코 존재한 적이 없다." 그러나 19세기 초 미국은 이미 "우리는 전 인류의 대표이다"라고 주장한 바 있다. "대표"에서 "세계질서"의 수립자 및 지휘자까지는 아주 짧은 거리만이 존재할 뿐이고, 이 짧은 거리는 바로 "세계질서 소나타"에 맞춰 걸어가야 할 길이다. 이 소나타의 지휘자와 단원들은 바로 신자유주의 주창자들과 그들의 배후에 있는 정치인들이다.

"질서"란 무엇인가? 어원학에서 하나의 설명을 인용해 보는 것이 이 개념의 진정한 의미를 밝히는 데 있어 도움이 되리라 본다. 『설문해자』에서는 다음과 같이 말했다.

질秩은 적積이다.
서序는 동쪽의 벽과 서쪽의 벽이다.[5]

적積자 역시 "화禾"자를 부수로 하므로, 이를 가지고 질秩자를 해석한 것이다. 본래의 뜻은 수확을 한 후 벼와 곡식들은 저장해 둔 모습이다. 이것은 『사기』에서 말한 "마치 장작이 쌓이는 것과 같이 후세 사람이 앞선 시대의 사람보다 위에 있네"[6]와 같다. 벼도 좋고 장작도 좋으며, 그

---

4) Henry Alfred Kissinger, *World order*(New York: Penguin Press, 2014).
5) 『說文解字』, 卷八, "秩, 積也. 從禾失聲."; 卷九, "序, 東西牆也. 從廣予聲."
6) 『史記』, 「汲鄭列傳」, "如積薪耳, 後來者居上."([역자주] 앞선 시대의 사람 혹은 선배보다 후세 사람 혹은 후배가 더 뛰어나다고 칭찬하는 말이다.)

외에 다른 것들도 좋지만, 이러한 "쌓음"(積)에는 모두 순서가 있으며, 이 순서는 사물이 본래부터 가지고 있는 것이다.(秩자의 부수인 禾를 巾으로 바꾸면 帙자가 되는데, 이 글자는 서책의 순서를 나타내는 것으로, 의미가 같다.) 서序자는 "동쪽의 벽과 서쪽의 벽"을 가리키며, 옛사람들이 주 건물 앞 계단에 있는 "당堂" 좌우에 세웠던 벽을 의미한다.[7] 서序자는 주인과 손님 및 타인이 당에 오를 때 나이의 많고 적음이나 신분의 높고 낮음에 따라 좌석을 배치하는 상징적인 사물이 되었으며, 따라서 순서의 뜻을 가지게 되었다. 이 순서는 변천을 거쳐 예의로 자리 잡았는데, 이는 어떤 특정한 인물이 그렇게 한 것이 아니다. 바꿔 말하자면, 모두에게 공인된 것이다. 이렇게 볼 때, 중국어에서의 "질서"는 사물은 그 자연함을 따르고 인간은 윤리를 따른다는 식의 질서정연의 의미를 함축하고 있다. 중국어의 질서는 영어에서 "order"로 번역되는데, "order"에는 규칙과 순서 등의 의미 외에도 명령이라는 의미도 있다. 예컨대 영어의 "Order in council"은 "정무적 명령" 혹은 "추밀원 명령"(樞密令) 등으로 번역될 수 있다.

이러한 중국어와 영어의 미세한 차이가 "세계질서"에 대한 사고의 차이를 불러온 것은 아닐까? 고대 중국어와 현대 중국어의 맥락 속에서 세계질서는 세계 각국이 저절로 그러하게 형성하고 공인한 상호 호혜적인 목적, 방법, 원칙을 의미할 뿐이다. 그러나 "world order"는 어떤 국가 혹은 집단이 끊임없이 새롭게 피는 꽃과 같이 "명령"을 제정해서 각 국가들이 결코 위반할 수 없고 반드시 준수해야 한다는 의미를 함축하고 있다.(혹은 암시하고 있다.) 키신저는 『세계질서』의 서문에서 1839년 미국 정부가 파견한 탐험원정대 대원이었던 설리번(John O' Sullivan, 1813~1895)의 글을 인용했다.

---

7) 이 당에는 지붕이 없고 북쪽에 위치하여 남쪽을 향하고 있으며 남쪽에는 벽이 없다.

우리는 인류의 진보를 대표하는 국가이다. 그 누가 우리의 전진에 제약을 가할 수 있겠는가? 또한 그 어떤 힘이 우리에게 제약을 가할 수 있겠는가? 신이 우리와 함께하니, 세상 그 어떤 국가도 우리와 맞설 수 없을 것이다.

키신저는 이 문장의 뜻을 다음과 같이 개괄했다.

위대하고 자유로운 미합중국은 신의 뜻을 섬겨서 다른 국가 위에 웅거하며, 이 원칙을 서반구 전체에 전파하고자 한다.…… 미국은 단순한 하나의 국가를 넘어 신의 신성한 계획을 집행하는 국가이자 세계질서의 축소판이다.

존 오 설리반은 미국이 마음속으로 거대한 야망을 품기는 했지만 아직 패권을 주장하지는 못하던 시기를 살았던 인물이다. 한 세기가 조금 더 지난 후, 조지 부시 2세 대통령은 이라크 침공 이후 이를 "신新십자군 원정"이라고 부르는 말실수를 저질렀다. 과거 인물과 현재 인물이 내놓은 한 쌍의 발언을 놓고 볼 때, 과연 그들이 신의 존재를 믿는지의 여부와 상관없이, 그리고 신의 선민選民이라는 신분이 유대민족에서 미국 개신교도로 넘어갔는지의 여부와 상관없이, 미국이 관념적으로 그 자신에게 세계질서를 제정하고 전 인류를 통치할 지극히 높은 지위를 부여하고 있음이 여실히 드러나고 있다.

"세계질서"가 타고 있는 한 필의 준마가 바로 "세계화"이다. 세계화의 의도와 기획은 1947년에 합의된 "관세무역일반협정"(GATT)에서 이미 그 기초가 마련되었으나 냉전과 식민지 독립으로 인해 "절반의 세계화"밖에 실현하지 못했다. 혹자는 이것을 "서구(만)의 일체화"라고 부르기도 한다. 1991년에 이르러서 세계무역기구(WTO)가 설립되고 난 후 세계화는 급물살을 타기 시작했다.

세계화의 본질적인 목적은 앞서 수차례 언급한 바와 같이 미국을 중심으로 하는 서구 자본주의 국가들이 잉여 생산력과 상품 및 자본을 제3세계[8]로 전개하여, 최종적으로는 고도의 이윤을 무한대로 수탈하는 것이다.

인류사회의 모든 단계(원시공동체를 제외한)에서 경제(최초에는 생존에 필수적인 식량), 사회구조, 정치 그리고 무력행위 등이 결코 분리된 적이 없었다. 고도의 자본주의 사회로 접어들면서 독과점 및 금융경제가 급속히 팽창했고, 경제와 문화, 정치의 관계는 더욱 밀접해졌다. 따라서 세계화는 결코 경제 영역에만 국한되지 않았다. 직설적으로 말하자면, 사람들(특히 미국)이 말하는 세계화란 사실 "문화의 세계화", "교육의 세계화", "정치의 세계화", "가치관의 세계화", "미디어의 세계화", "경제 및 사회 운영의 세계화" 등등이다. 한 마디로 말해서, 말로는 문화다원주의를 소리 높여 외치고 있지만, 실상 그 속에는 "다원"들 중 "일원一元"을 다른 것들 이에 올려놓고 타자를 해체시켜서 "나"에게 귀속시키고자 하는 일원론적 의도와 목표가 잠재되어 있다.

지난 수십 년간 기업 및 금융 자본의 폭발적인 팽창을 거치면서 위에서 말한 "나"는 온전히 미국을 의미하게 되었고, 수십 년 동맹관계였던 우방들도 모두 "타자"로 분류되어 버렸다. 이러한 세계화는 교역을 핑계로 삼고 독점을 수단으로 하며, 친선, 원조, 교육촉진, 기술발전, 소득증가 등의 기치를 내세워서 빚쟁이의 맨 얼굴을 감춘다. 백 년 넘게 식민지 혹은 반식민지 상태를 경험하고 심지어 수백 년 동안 탄압과 수탈을 당한

---

8) 저개발 국가를 의미한다. 이 중 절대다수는 과거 서구열강의 식민지였다.

까닭에, 이러한 국가들은 경제력 향상과 국력 증강을 강력하게 열망하며 두 팔 벌려 세계화를 환영했다. 확실히 이처럼 세계화를 받아들인 국가들에서 "현대문명", "절대적 진리" 같은 관념들이 뿌리내리고 팽창했다. 하지만 그들 자신의 소중한 민족 전통, 문화와 생활방식들은 신자유주의의 화려한 불빛 아래 고리타분하고 누추한 것처럼 비치게 되었고, 따라서 현재 많은 사람들로부터 버림받고 있다.

오랜 시간 살펴보아야 그 사람을 알 수 있다고 했다. 패권세력의 주도하에 거침없이 세계화를 추진한 지 불과 20년이 조금 더 지났는데(WTO 설립 기준), "신흥국가"들은 이 시기를 전후하여 정말로 "흥기"했다. 그러나 이들 중 많은 수는 자신들이 마땅히 가야하고 또한 갈 수 있는 길을 탐색하지 않았고, 오직 신자유주의라는 처방에만 따랐을 뿐이었다. 그래서 진행속도가 빠를수록 문제도 더욱 심각해졌다. 예컨대 아르헨티나, 멕시코, 우크라이나가 바로 그러하며, 러시아의 옐친이 환영하며 받아들인 충격요법 역시 여기에 해당한다. 만약 누구라도 이 질서를 따르지 않거나 어기게 되면, 약하게는 원조를 중지하고 이어서 제재를 가했으며, 그래도 따르지 않을 경우 사회혁명이나 군사쿠데타를 유발시켰다. 칠레의 경우 1970년대 발생한 쿠데타로 아옌데 정권이 전복되었으며, 이후 중동에서 발생한 여러 사건들과 그로 인해 초래된 부정적 결과들은 이미 세계인들에게 익숙한 일상이 되어 버렸다. 아마도 사람들은 부시 대통령의 말실수를 잊지 않았을 것이며, 이 말실수는 사람들에게 과거와 현재가 그대로 이어지고 있음을 이해시켜 줄 것이다. 즉 천 년 전에 가톨릭과 기사들이 성지를 수복하겠다고 자행한 원정과 살육이 신자유주의로 깃발을 바꾼 것일 뿐이며, 테러와의 전쟁이라는 명분으로 세계화에 저항하는 세력을 응징하려는 것일 뿐임을 이해시켜 줄 것이다.

　물론 테러집단과 근본주의 세력은 실존한다. 하지만 신자유주의는 근본주의 세력들이 준동할 사회 · 역사 · 경제 · 정치적 원인을 제공한 자신들의 책임은 성찰하지 않고, 헌팅턴(Samuel P. Huntington, 1927~2008)이 이원대립과 문화배타주의 등 "현대적" 이념 토대 위에 구축했던 "문명의 충돌"(Clash of Civilizations)이라는 관점을 고집했다. 또 한 가지 가관인 것은 이 국제적 독재자가 누구든 질서에 순응하지 않는 자에게 "테러리즘"과 "악의 축"이라는 무서운 굴레를 씌우고 있다는 것이다. 증거가 "반드시 없다고 할 수는 없다"(莫須有)9)는 이유로 말이다. 미국의 저명한 학자 노암 촘스키(Avram Noam Chomsky, 1928~)는 20여 년 전 출판한 그의 저서 『그들에게 국민은 없다: 신자유주의와 세계질서』10)에서 다수의 권리, 자유주의 시장질서, 미디어, 인권, 침략 등의 문제에 관해 미국의 국내외 정책들을 전면적으로 해부하고 날카롭게 비판했다. 이 책 제목에서도 보여 주고 있듯이, 촘스키는 신자유주의와 세계질서가 동전의 양면이라고 보았다. 즉 신자유주의는 이론체계이고, 세계질서는 그 이론체계를 근거로 전 세계를 향해 선포되는 명령인 것이다. 미국 위스콘신대학교의 로버트 W. 마이클 제니스(Robert W. Michael Jennys)는 촘스키의 책 서문에서 다음과 같이 단도직입적으로 지적했다.

---

9) [역자주] 莫須有: 이 말은 對金 주화파였던 남송의 재상인 진회가 주전파이자 전쟁영웅인 악비에게 역적의 혐의를 덮어씌웠을 때 한세충이 이에 대해 항의하자 역적 혐의가 "반드시 없다고 할 수는 없다"고 말한 것에서 유래했다. 이에 한세충은 이 세 글자로는 천하를 설득시킬 수 없다고 반박했다.

10) Avram Noam Chomsky, *Profit over people: Neo-liberalism and Global Order*(New York: Seven Stories Press, 1999); 강주헌 역, 『그들에게 국민은 없다』(서울: 모색, 1999).

현재 시장의 세계화 현상은 소수의 선진국 특히 미국 정부가 여러 무역
협정과 조약을 전 세계에 강요함으로써 몇몇 다국적 기업들과 재벌들이
그 국가들의 생명줄을 손쉽게 장악하되 그 국가들의 국민들에 대해서는
어떠한 책임도 지지 않을 수 있게 해 주었기 때문에 발생한 것이다.……
신자유주의는 현재의 상황은 굳이 변화될 필요가 없으며, 인류의 발전
은 이미 최고 단계에 도달했기에 더 이상 어떤 발전이 있기 어렵다고
강력하게 주장하고 있다.

아래의 도표는 이 책에서 수시로 언급할 여러 정치적 개념들 간의 관
계를 간명하게 보여 준다.

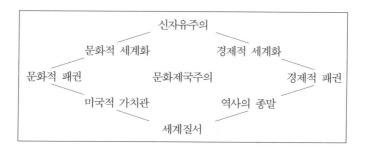

이 도표에서 개념들 간에 그어진 직선들은 얼마든지 수학적 부호로
변환될 수 있으며, 또한 이들을 다음과 같이 등호로 나열할 수도 있다.

세계질서 = 경제적·문화적 패권 = 신자유주의 = 미국적 가치관 =
문화제국주의 = 역사의 종말

사물이 극에 달하면 반드시 되돌아오며, 강성함이 극에 달하면 반드
시 쇠락한다. 세계화가 추진된 지 불과 몇 년이 지나지 않았지만, 선견과

예민함을 지닌 국가와 민족 및 미국·유럽의 일군의 지식인들은 이미 세계화의 본질과 그에 따르는 부정적 결과를 폭로하고 있으며, 심지어 미국이 온 힘을 다해 음으로 양으로 추진하는 것이 결국 "문화제국주의"라고 직접적으로 지적하기도 했다.(2002년 독일의 베른트 함[Bernd Hamm], 캐나다의 러셀 스만디쉬[Russel Smandych] 등) 최근 들어 이러한 제국주의의 쇠락현상이 여러 국가(특히 서구국가들)의 매체에서 자주 다루어지고 있다. 그것은 바로 토착문화 및 민족문화 전통에 대한 전 세계적인 향수에서 기인한다. 이것은 세계화, 미국화에 대한 저항과 반동이라고 할 수 있다. 그 중에서도 가장 상징적인 의미를 가지는 것은 2017년 2월 개최된 제53차 뮌헨 안보회의의 주제인 "진실 이후(Post-Truth), 서구 이후(Post-West) 그리고(and) 질서 이후(Post-Order)"였다. 회의 참가자들은 "기존의 국제질서가 더 이상 유지될 수 없으며, 새로운 질서를 수립해야 됨을 느꼈다."(傅瑩의 말) 오늘날 세계는 혼란과 방향상실을 겪고 있다. 즉 모든 것이 불확실성 속에 있다. 그러나 더욱 더 많은 사람들이 이러한 불확실성의 근원이 바로 "서구", "질서", "진실"에 있다는 사실을 깨닫고 있다.

미래로 가는 길은 어디에 있는가? "새로운 질서"는 어떻게 수립할 것인가? 드라마 「서유기西遊記」의 주제가 가사처럼 "길은 우리 앞에 놓여 있다." 이 길은 수천 년에 이르는 인류문명사 안에 있는 것이며, 인류 자신의 "일념一念"에 달려 있는 것이기도 하다. 상호 갈등을 이어가고 물질적 쾌락만을 추구하면서 전쟁, 살육, 억압을 즐거움으로 삼는 과거의 길을 그대로 따라갈 것인가? 즉 "미국 건국의 아버지들" 중 한 명이자 제4대 대통령이었던 매디슨(James Madison, 1751~1836)이 국가의 주된 책임은 "소수의 부자를 보호하는 것"(촘스키에서 재인용)이라고 말한 것과 같은 방식으로 국가와 세계를 경영할 것인가? 아니면 방향을 틀어서 포용, 조화, 상호 존중, 상호 교훈, 상호 이익의 길, 다수를 위하고 세계를 위하는 영원한 탄탄대로를 걸어갈 것인가?

중화민족은 최초로 고도로 발달된 농경사회를 이루었으며, 생산 활동 및 사회생활 가운데에서 인간과 인간, 인간과 자연, 현재와 미래, 물질과 정신이 어떠한 관계를 맺어야 하는지 가장 먼저 그리고 가장 완정하게 체험했다.

현재 세계질서에 대한 사고, 연구, 논쟁이 분분하다. 이들을 거칠게 분류하자면, 대략 고수, 비판, 방향상실, 전복 등이 있다. 먼저 고수를 주장하는 입장으로는 많은 사람들이 가장 먼저 프랜시스 후쿠야마(Francis Fukuyama, 1952~)를 떠올릴 것이다. 그는 1998년 금융위기와 비서구권 국가들의 각성 분위기 속에서 비록 자신이 견지했던 신자유주의와 역사종말론에 대해 회의의 목소리를 내기는 했지만, 그는 자본주의의 수호자의 관점을 통해 자본주의 제도 및 체제의 몇몇 지엽적인 문제들을 탐색하는 것에 그쳤다.

캐나다의 저명한 학자인 마크 스타인(Mark Steyn, 1959~)은 2006년 "대단한"11) 역작인 『벼랑 위에 선 미국: 이슬람의 도전과 사라지는 강대국』12)을 출판했다. 이 책에서 그는 서구국가들의 쇠락에 경악했다. 그는 여전히 미국 중심주의와 헌팅턴 식 문명충돌론을 견지했으며, 서구세계가 직면하고 있는 몰락의 문제를 몇몇 지엽적이고 기술적인 문제로 환원시켜

---

11) [역자주] 반어적 의미로 보이며, 저자는 스타인을 그다지 높게 평가하지 않는다.
12) Mark Steyn, 현승희 역, 『벼랑 위에 선 미국: 이슬람의 도전과 사라지는 강대국』(고양: 인간사랑, 2009); *America Alone: The End of the World as We Know It*(Regnery Publishing Inc, 2006).

버렸다. 필자는 그와 같은 이들을 비관론자라고 보는 관점이 상당히 타당하다고 생각한다. 왜냐하면 이들은 미래를 보지 못했기 때문이다. 학계에는 "방향을 상실한 이들"이 특히 많다. 그들은 300년 이상 이어져 오던 질서가 이미 붕괴되는 모습을 목격하고 있으나 아직 그 이유를 깨닫지 못하고 있으며, 망망히 미래를 탐색하기는 하지만 그들의 목소리는 어느 한 측면에만 국한되거나 설득력이 없고 그들의 글은 비관적 분위기로 가득 차 있다.

전복을 주장하는 이들은 신자유주의, 전통자유주의, 패권주의, 제국주의의 사악함을 통렬히 비판할 뿐만 아니라 전체 인구의 1%에 해당하는 빚쟁이를 겨냥해서 문명을 재건하고, 질서를 재수립하며, 문화의 다양성을 존중하고, 문화를 넘어선 교류를 전개할 것을 주장하고 있다. 예컨대 튀빙겐대학교의 한스 퀑(Hans Küng, 1928~) 교수는 여러 해에 걸쳐 어러 종교와 신앙들이 함께 "세계 공통 윤리"를 수립할 것을 주장했다는 점에서 존경받아 마땅한 용기를 지녔다고 할 수 있다. 그러나 이러한 부류의 학자들 중 『사거리에 서 있는 중국』13)의 저자인 피터 놀란(Peter Nolan, 1949~)처럼 서구국가들(특히 미국)이 동양권 국가들에 관심을 기울여야 한다고 주장한 경우는 많지 않았다. 놀란은 중국 전통문화와 현대 경제발전 및 사회문제를 매우 주의 깊게 관찰했으며, 미국이 중국의 굴기라는 현실을 받아들여야 하며, 중국의 유가와 도가로부터 양분을 흡수해서 이원 대립적 병폐에서 벗어나야 한다고 보았다.

위에서 약술한 바와 같이 서구 학자들은 각기 다른 관점과 방식으로 현대를 분석하고 동서양을 조망하며 미래를 예측하고 있다. 이러한 분석

---

13) Peter Nolan, *China at the Crossroads*(Polity, 2013).

과 예측은 상당한 시사성을 지니고 있다. 그러나 필자가 보기에는 여전히 아래와 같은 보완점들이 있다.

첫째, 그들은 문화의 전체성과 복잡성을 명확하게 보여 주지 못했거나 혹은 이를 인식하지 못했다. 당연하게도 각 문화 내부의 여러 차원과 이들 간 상호관계에 대해서도 분석하지 못했다. 이러한 까닭에 그들은 문화의 표면적 현상과 핵심(신앙과 철학 등)을 뒤섞어서 논하곤 한다.

둘째, 따라서 이들 학자들은 서구국가들(특히 미국)이 현재 상황에 이르도록 만든 문화적 근원을 성찰함에 있어 문제의 핵심 원인을 거의 발견하지 못하고 있다. 예컨대 최근 10년간 서구국가들의 정당, 정부, 학술의 "권위"는 유권자들의 신임을 상실했으며, 엄청난 경제적 성취와 이와 관련된 이론적 구조물들은 이제 완전히 붕괴됐다. 그 근본적 원인은 극소수의 기득권층이 절대 다수를 과도하게 수탈하여 재화가 한쪽에 몰려 재분배되지 않았던 것과 무관하지 않다. 그런데 사람들은 어째서 이를 언급하기조차 꺼려하는 것일까? 이것은 사고가 제약을 받았기 때문일까? 아니면 신자유주의가 주입한 "정치적 올바름"(political correctness)의 압력 때문일까?

셋째, 수많은 서구 학자들(원래는 포스트모더니즘에 분류됐던 몇몇 학자들을 포함해서)은 "현대적" 철학 이데올로기, 절대 진리, 사고방식 등을 강력하게 비판했지만, 이와 동시에 자신도 모르는 사이 과거의 전형적인 논리에 다시 빠져들었다. 그래서 그들은 자기모순의 발생을 피하기도 어려웠으며, 당연히도 정확한 처방을 내리지도 못했다.

넷째, 대다수 서구 학자들은 동양의 전통문화와 최근 백여 년의 상황, 특히 현대 중국의 극적인 변화에 대한 이해를 결핍하고 있다. 이것은 "서구의 학문이 동양으로 전파됨"에 치우쳤던 지난 이백여 년간 중국―서구의 교류를 반영한 것이다. 이 문제에 관해서는 동양권 여러 국가들이 공동으로 협력해야 할 것이다.

지금까지 중화문화의 역할에 대해서 살펴보았다.

사실 이상의 글은 서구문화의 위기와 세계질서의 허황됨에 대한 필자의 소회를 서술한 것으로, 인류가 마주하고 있는 악몽이 곧 현대 문화·과학기술·경제·정치체제·사상·생활방식으로 인해 초래된 것임을 밝힌 것이다. 수백 년만의 거대한 구조적 대변혁을 마주한 지금, 위기의 중심에 놓인 지식인들의 자각만으로는 이에 대처할 수 없다. 중화문화는 수천 년간 전쟁과 재난 등 온갖 모진 풍파를 경험하면서 토인비(Arnold Joseph Toynbee, 1889~1975)가 칭찬한 바 있는 오천 년의 "절대적 안정"(super stability)을 이루었으며, 국가경영, 인재선발, 재난예방 등에 관한 풍부한 경험과 문화를 축적했다. 이러한 까닭에 중국은 수렁에 빠진 인류를 돕고 이해하며 구원하는 역사적 임무에 대해서 진정으로 자신감을 가지는 것이다.

이러한 문화적 자신감에는 두 가지 근원이 있다. 첫째, 우리는 중화민족의 풍부하고 찬란한 문화적 보고에 대해 전면적이고 심도 있게 이해했으며, 비교를 통해 다양한 고급 문화들 가운데에서 중화문화만의 우수한 특색을 분명하게 드러냈다. 이는 정글의 법칙을 맹신하는 서구문화와 명확하게 구분된다. 둘째, 중국의 현대사, 특히 우리가 직접 보고 겪은 30여 년의 개혁개방이 가져온 찬란한 성취는 서구의 쇠락 및 전 세계의 혼란상과 극명한 대조를 이루고 있다. 이러한 현재는 과거의 연장일 뿐이며, 고목과도 같은 중국문화는 13억 인민들의 기억 속에 깊이 뿌리내리고 있다. 반대로 말해서, 중화문화는 유구한 근원을 지니고 있고, 쇠락과 부흥을 반복하며 전화위복의 과정을 거쳐 왔는데, 그렇게 할 수 있었던 원인 중 하나가 바로 중화민족 대대로 이어온 문화적 자부심인 것이다. 그러므로 우리는 만사만물(육체에서 정신까지, 개인에서 공동체까지, 개체에서 우주까지)의 법칙성에 대한 인식에 근거해 볼 때, 전 지구적인 혼란과 잔혹상에 비관할 필요가 없다. 우리는 거대한 난세 이후 반드시 위대한 치세가 도래할 것임을 확신한다. 역사는 결코 종말을 맞지 않았으며, 또한 앞으로도 영원히 종말을 맞지 않을 것이다. 정작 종말을 맞을 것은 바로 예전에는 전성기를 누렸으나 지금은 시대에 맞지 않는 것이 되어버린 사상과 제도, 즉 폭주하는 자본주의이다. 이것은 산업화와 근대화가 과거 전제주의를 종결시키는 거대한 변화를 가져왔던 것과 너무나 유사하다.

중화민족 특히 지식인들은 최선을 다해 아래의 일들에 임해야 할 것이다.

첫째, 그동안 몸 속에 축적해 왔던 유해한 서구적 "호르몬"들을 배출해 버려야 한다. 지난 백여 년간 중화민족에 침투한 서구 학문의 "불량 영양소"를 결코 경시해서는 안 된다. 이러한 것들은 이미 교육·학술·상업·기술·가족 등 여러 영역에 누적되어 있으며, 어디에서나 쉽게 목격할 수 있다.[14] 이러한 "불순물질"은 현대와 세계화로부터 온 것으로, 이미 서구권에서도 그들의 발전과 변혁을 저해하는 요인이 되었으며, 중국인 자체의 여러 프로젝트들의 전진에도 방해가 되고 있다. 물론 타자의 장점을 배우려는 노력을 결코 그만두어서는 안 된다. 유럽과 미국의 성취와 경험 역시 마찬가지이다. 예컨대 서로 다른 문화 간 인문·사회·철학

---

14) 어떤 의미에서 보면, 이러한 부정적 영향은 일반 대중의 삶 혹은 소수민족 지역을 포함한 오지에서 비교적 적게 나타나고 있다.

및 자연과학의 대화 및 서로에게 스며드는 과정을 전개한다면, 전체성을 중시한 나머지 모호하다는 혐의를 받고 있는 우리의 철학적 사고를 보완할 수 있을 것이다.

둘째, 전통문화 속의 무가치한 것들을 걸러내야 한다. 물론 이는 연구와 토론, 논쟁을 필요로 하는 작업이다. 중화문화 안에는 시공을 넘어서는 가치를 지닌 무수한 사상과 이념이 있지만, 시간이 흘러감에 따라 변화해야 하는 것들도 있고, 또한 삶의 경험과 과학적 경험에 근거하여 폐기해야 하는 것들도 있다. 인간은 완전할 수 없다. 옛 성현들의 언행 역시 그들이 살았을 당시에는 결코 경전이 되지 못했다. 하물며 수천 년이 지난 오늘날 어떻게 그들의 말이 전부 금과옥조가 될 수 있겠는가? 물론 옳고 그름과 장점과 단점에 대해서는 사람들마다 모두 저마다의 관점이 있을 수밖에 없다. 이러한 까닭에 연구과정에서의 비판 및 자기비판은 결코 생략될 수 없다. 이를 위해 우리는 주희와 육구연의 "아호에서의 모임"(鵝湖之會)[15]을 본받을 필요가 있다. 주희와 육구연은 각자의 견해를 가지고 있었고, 수년에 걸쳐 서신으로 왕래하면서 논변을 이어 갔지만 결론에 도달하지 못했다. 그러나 주희는 자신이 제자들을 가르친 곳이었던 백록동서원으로 육구연을 초청해서 그가 자유롭게 견해를 펼칠 수 있게 해 주었다. 이것이 바로 송대의 대유大儒였던 주희가 후대 유학자들에게 남긴 미담과 모범이었다. 명대에 이르러 유학의 학통과 도통을 집대성한 왕수인이 등장했는데, 그 누구도 그의 출현이 앞서 언급한 "아호에서의

---

15) [역자주] 鵝湖之會: 아호논쟁이라고도 불린다. 1175년 6월 呂祖謙은 당대 저명한 신유학자였던 주희와 육구연 간의 논쟁을 중재하기 위해 오늘날 강서성 연산현에 위치한 鵝湖에서 모임을 주선했다. 그러나 양측의 학문적 입장은 합의에 도달하지 못했고, 이러한 대립은 리학·심학 분기의 결정적 계기가 된다.

모임"과 무관하다고 말하지는 못할 것이다. 아호에서의 모임은 학술사에서 매우 유명한 사건이다. 그럼에도 필자가 굳이 이 사건을 언급하는 까닭은 오늘날 학계가 바로 이러한 기상을 결핍하고 있으며, 가급적 빨리 이러한 점이 개선되기를 희망하기 때문이다.

셋째, 오늘날 중화문화에서 매우 시급한 문제는 학자들이 현실, 대중, 교육체계와 심각하게 단절되어 있다는 점이다. 인문·사회·철학 등의 학과뿐 아니라 자연과학과 기술까지, 대부분의 학자들은 고등교육기관이나 연구소의 연구실, 실험실 속에만 머물 뿐 건물 밖으로 나아가 사회 속에서 민중들이 문화에 대해 기대하는 바가 무엇인지 탐구하거나, 중고등학교의 교실 및 지역사회(공장과 마을을 포함해서)에 나아가 강연, 토론, 좌담을 하는 경우가 거의 없다. 남녀노소를 불문하고 그들과 직접 얼굴을 맞대고 교류한다면, 이것은 현존하는 어떠한 매체도 대체하거나 흉내를 낼 수 없는 효과를 얻을 수 있을 것이다. 민족전통의 보존과 전승이라는 과업은 정부의 관심, 학계의 연구와 보급, 광범위한 민중의 자각과 실천 혹은 실천을 통한 자각이라는 세 기둥에 의해 떠받쳐지는 것이다. 필자는 이를 "굳건한 뿌리와 강건한 신체"(固本强身)라고 부른다.

넷째, 중화문화의 학습과 실행을 국제적으로 확산시키는 위대한 사업은 중국인들의 지혜가 전 세계인들에게 도달할 수 있게 해 줄 것이다. 문화다양성의 논리를 확장시켜 본다면 문화 간 교류에 도달하게 된다. 문화교류 역시 세 가지 차원 혹은 영역으로 나누어 볼 수 있다. 정부·정당 차원의 교류는 주로 서로 간의 전략, 정책 및 구체적 사안에 관한 견해를 교환하며, 참가자들은 모두 자기 국가의 이익을 보호하고자 한다. 민간의 교류(무역과 국제결혼을 포함하는)는 보통 개별적으로 이루어지며, 주로 문화의 표층 차원(물질적 차원)에 머문다. 학계의 교류는 철학, 역사, 심리학, 신앙 등 문화의 심층 혹은 토대와 관련된다. 이러한 교류는 비록 참여하는 인원의 수는 적지만, 그들은 매우 강한 대표성 및 영향력을 지니고 있다. 중화문화의 국제적 보급은 인류에 대한 최대의 공헌 중 하나이다. "조화를 이루나 동화되지 않음"(和而不同), "하늘과 인간은 한 몸"(天人一體), "타인과 나는 하나의 운명"(人我同命), "손과 발이 서로 호응함"(手足相應) 등의 관념은 현재 세계를 지배하고 있는 "세계질서"와 상극이지만, 또한 상생의 관계를 맺을 수도 있다. 서구의 몇몇 정치 지도자와 싱크탱크들은 저마다 다른 각도에서 중국이 현재의 세계질서를 변화시키고 국제적 리더의 지위를 대체하고자 한다고 주장한다. 이것은 자신이 하고 싶은 것을 남도 하고 싶어한다고 생각하는 오류의 전형적인 사례이다. 소위 세계질서는 이미 질서를 잃고 혼란에 빠졌는데, 중국이 왜 군이 그 질서를 수리해서 유지하고자 하겠는가? 세계에는 이미 다극적 구도가 형성됐으며, 문화적 다양화는 인적 교류의 신기원을 열었다. 중국인의 자손들은 조화·공존이 이루어진 민주적 세계에서 살아가게 될 것인데, 군이 지도자와 사회자의 역할을 떠맡을 필요가 있겠는가? 서구 학자들의 염려는 기우에 불과하며, 동방의 오래된 나라인 중국을 지나치게 과대평가한 것이다.

다섯째, "현재를 정확하게 이해하고(關注), 세계를 정확히 이해하고, 미래를 정확히 이해하다." 이것은 지식인의 숙명으로, 학술연구에 종사하든 정치와 상업에 존재하든 상관없이 지식인이라면 누구도 피할 수 없는 것이다. 여기에서 말하는 "정확히 이해함"(關注)이란 결코 일반적 의미에서의 "관심關心", "주의注意"가 아니라 유가의 "알고서 실천하다"(知而行之)의 "앎"(知), 왕수인의 "앎이란 실천의 시작이요, 실천은 앎의 완성이다"16)의

얇이다. 서구의 영향으로 인해 오늘날 중국에서는 "순수학문"이라는 개념(아마도 梁啓超로부터 시작되었던 듯하다.)이 유행하는데, 그 여파로 인해 학술과 사회, 학문연구와 현실참여, 현상과 본질, 형식과 내용, 자연과 인간을 분리하여 대립시키는 관념이 점차 주류 관점이 되었다. 위에서 언급한 세 가지 "정확히 이해함"은 이러한 과정을 다시 거슬러 올라가려는 것이다. 즉 학술은 "가치중립"적이어야 한다는 사고를 버리고, 각자의 전공지식(문학, 사학, 철학과 생물학, 천문학, 물리학 등)을 가지고서 세계의 여러 영역에서 진실과 허상, 진리와 허무맹랑함을 분별하고, 이를 동료학자들과 민중들에게 알려 줌으로써 이러한 영역들에서 발생하는 거대한 변화에 자발적이고 자각적으로 참여하는 것이다. 중국인들은 유럽과 미국의 학자들이 자신들의 국가가 실행하는 전략이 제국주의이며, 그 결과는 파멸이 될 것이라고 단도직입적으로 비판하고, 막후에서 정책결정에 영향력을 행사하는 거대 기업집단에 책임을 물었던 점을 귀감으로 삼아야 할 것이다. 이러한 종류의 비판이 중국의 학자들의 붓 끝에서 나오는 경우는 매우 드물다. 중국의 학자들은 설마 이러한 문제들이 깊이 고찰할 가치가 없다고 여기는 것인가?

필자는 제2의 르네상스운동이라고도 불릴 수 있는 인류 역사상 두 번째 위대한 변혁을 완수하는 일이 매우 어렵고 엄청난 시간을 필요로 한다는 점을 잘 알고 있다. 이것은 인류 역사의 특징이자 법칙이라고 할 수 있다. 그러나 이것은 결코 유토피아와 같은 것이 아니다. 고대 중국인들은 이미 모호하게나마 "천하대동天下大同"의 이상을 주장한 바 있다. 19세기 초 어빙(Irving, 1771~1858), 푸리에(Fourier, 1768~1830)와 세인트-시몬(Saint-Simon,

---

16) 『傳習錄』, 卷上, "知是行之始, 行是知之成."

1760~1825) 등은 선견지명을 지니고서 이러한 학설을 세우고 실험을 진행했는데, 이는 매우 대단하다고 볼 수 있다. 그러나 이 시기의 생산력, 과학발전, 계급관계 등으로 인해 이들의 시도는 당시 사람들에게 성공의 확신을 주지 못했다. 지금에 이르기까지 자연과학은 수차례에 걸쳐 "현대"라는 결론을 뒤집음으로써 사람들의 시야를 확장시켜 왔으며, 변증유물론과 역사유물론은 가장 과학적이고 유용한 이론임이 증명되었다. 중국의 경험과 문화에 기반하여 위대한 중화문화에 적극적으로 참여해서 새로운 세계질서의 추구해 나간다면, 진정한 대화의 시대와 전쟁이 없는 시대는 분명 달성 가능한 목표일 것이다. 만약 필자의 이러한 서술에 결정적인 오류가 없다면, 필자는 스스로를 "낙관론자"라 부를 수 있을 것이다.

제1강 오늘날 "문화" 문제의 난점은 무엇인가?

현대에 들어와 중국의 유구하고 우수한 문화전통은 엄청난 타격을 입었다. 그로 인한 직접적인 결과로 사회 가치관 혼란, 삶의 목적 상실, 인간관계의 냉각 등의 현상이 나타났다. 이러한 문제를 대함에 있어, 몇몇 내국인들은 자신들의 어리석음을 그대로 드러냈으며, 심지어 다른 사람이 준 독약을 맛있는 과자로 알고 먹는 것 같은 행태를 보이기도 했다. 이러한 상황은 우리로 하여금 아래의 문제들에 대해 고찰하게 만들었다. 인류문화에는 어떠한 법칙성이 존재하는가? 중국의 문화는 어떤 문제를 마주하고 있으며, 앞으로 어떻게 해야 하는가?

1. 문화의 문제를 고찰할 수밖에 없었던 이유

필자는 본래 고대 중국어를 연구했지 문화 관련 연구에 종사하지 않았다. 그러나 현실은 필자로 하여금 문화의 문제를 고찰하지 않을 수 없도록 몰아붙였다.

중국의 유구하고 우수한 문화 전통은 오천 년간의 문화적 침전물에서, 근래 백여 년 동안 선구자와 지사들의 투쟁 그리고 중국공산당의 영도 하에 인민혁명이 전개될 때 열사들의 희생으로써 이룩한 근현대전통까지 모두 포괄하고 있다. 서구국가들의 잉여자본, 기술, 상품들이 마구 유입됨에 따라 이 두 "전통"은 엄청난 타격을 입었다. 그로 인한 직접적인 결과로 사회 가치관 혼란, 삶의 목적 상실, 인간관계의 냉각 등의 현상이 나타났다.

이와 동시에 하버드대학교의 헌팅턴 교수와 그의 제자 프랜시스 후쿠야마 등 일군의 서구 학자들의 연구와 저작들은 나에게 상당한 자극을 주었다. 헌팅턴은 미국이 현재의 가치관을 전 세계로 확장해 나가도록 고무시켰으며, 아프가니스탄 전쟁과 이라크 전쟁에 이론적 근거를 제공했다. 그는 기독교문명와 이슬람문명 간의 충돌이 불가피하다고 단언했다. 후쿠야마는 미국 신보수주의의 대표적 이론가로서, 미국의 민주주의 제도가 인류 역사의 종착지이고, 인류사회는 모두 미국을 모델로 삼아 나아가고 있으며, 역사는 모든 인류를 미국적 가치관과 자유민주주의 및 고도의 개인주의를 갖춘 인간으로 빚어 갈 것이라고 공개적으로 주장했다. 후쿠야마의 이러한 관점은 "길 잃은 화살"에 불과한 것이 아니었다. 이는 분명한 목표와 대상을 지닌 관점으로, 바로 중국의 관점과 날카롭게 대립하는 것이었다. 이천 년 전부터 중국인들은 대동사회를 실현하는 것이 인류사회의 궁극적 목표라고 여겨 왔다. 이대소李大釗(1889~1927)와 진독수陳獨秀(1879~1942) 등의 인물들은 마르크스주의를 도입하여 중국공산당을 창립했다. 이후 80년 넘는 기간 동안 중국공산당은 줄곧 마르크스주의가 추구하는 공산주의 이상을 중화문화의 이상인 대동천하와 융합시키기 위해 노력해 왔으며, 이는 중국인의 세계관을 형성했다. 마르크스주의는 인류가 "모든 면에서 발전된 인간"이라는 목표를 추구해야 하며, 이러한 인간은 타인, 사회, 자연과 벗이 되어 밀접한 관계를 맺을 수 있어야 한다고 보고 있다.

  "문명의 충돌"과 "역사의 종말" 이론은 인류 역사와 문화 발전의 법칙에 근거하여 연구된 것이 아니라, 일군의 서구 학자들이 자신들의 가치관에 근거하여 사변과 연역을 진행한 결과이다. 이러한 까닭에 그들의 이론이 현실과 모순을 일으켰을 때 그들은 아마도 당혹스러움을 느꼈을 것이다. 하지만 우리는 이들의 이론이 틀렸다고 마냥 안심할 수는 없다. 헌팅턴과 후쿠야마의 책들은 학술 영역에서 큰 유행을 일으켰고 세계적으로 엄청난 판매고를 기록했다. 이는 그들이 광범위한 사상적·학술적 토대와 청중을 지녔음을 말해 준다. 이러한 이론들에 호응하여 중국을 적으로 보는 세력들이 규합되었고, 이들은 모든 공식적, 비공식적, 물질적, 정신적 수단을 동원하여 서구적 가치관을 중국에 침투시키려 하였다. 한 가지 예를 들자면, 외국의 어떤 세력이 하나의 계획을 세웠는데, 중국의 모든 현縣의 모든 향鄕마다 교회 한 곳을 세우는 것이었다. 그리하여 현재 중국에는 이미 천 곳이 넘는 교회가 설립되었다. 설마 그들이 정말로 신이 보낸 천사들이고, "고난과 박해를 받는" 중국인들에게 보편적인 신의 사랑을 가져온 것이란 말인가? 사실 이는 이상한 일이 아니다. 왜냐하면 이것이 바로 기독교 및 서구문명의 본성이기 때문이다. 그러나 우리가 우려해야 할 것은 몇몇 내국인들이 이런 문제에 있어 자신들의 어리석음을 그대로 드러냈으며, 심지어 외국인이 준 독약을 맛있는 과자로 알고 먹는 것 같은 행태를 보이고 있다는 점이다. 부모세대와 자식세대의 세대 차이가 갈수록 심해지는 것을 보고 있으면서도, 그리고 젊은이들이 맹목적으로 서구적 생활방식을 좇고 있는 것을 보고 있으면서도 우리는 그저

속수무책으로 경악하고 한탄하고 있을 뿐이다.

　이러한 자극들은 필자로 하여금 아래의 문제들에 대해 고찰하게 만들었다. 인류문화에는 어떠한 법칙성이 존재하는가? 중국의 문화는 어떤 문제를 마주하고 있으며, 앞으로 어떻게 해야 하는가?

　중국공산당 창립 초기에는 문화, 선전, 교육을 매우 중시했다. 소비에트 지구 시절에서부터 전 중국을 해방시킬 때까지 문화는 군사 및 전쟁의 영역을 제외하고는 가장 치열한 전선이었다. "세 가지 대표" 중요 사상[1]은 문화를 중국 민중들의 전선에서 공산당 창당의 "세 기둥" 중 하나로 옮겨 왔는데, 이는 역사적 도약이었다. 이때 이후로 중국공산당 중앙위원회는 더욱 많은 문화재건 정책과 조치들을 시행했으며, 이러한 상황들은 모두 필자에게 강력한 동기를 부여하여 연구와 토론을 지속할 수 있게 해 주었기에, 필자 역시 소리 높여 견해를 밝혀 왔다. 아래에서는 필자의 몇 가지 관점에 대해 논해 보도록 하겠다.

2. 무엇이 문화인가? 무엇이 문화가 아닌가?

　광의의 문화는 인류가 창조한 모든 물질적·정신적 성과를 가리킨다. 문화는 인류가 창조한 것만을 가리킨다. 예컨대 황과수黃果樹폭포나 구채

---

1) [역자주] "三個代表" 重要思想: 江澤民 전 중국 국가주석이 2000년 2월 25일 광동성에서 중국공산당의 역할과 방향에 관해 주창한 것이다. 1. 중국공산당은 항상 중국의 선진 생산력 발전의 요구를 대표한다. 2. 중국공산당은 항상 중국 선진문화의 발전 방향을 대표한다. 3. 중국공산당은 항상 중국의 가장 광범위한 인민들의 근본적 이익을 대표한다.

구九寨溝의 풍경은 문화가 아니라 대자연의 피조물이다. 그러나 황과수폭포 주변에 지어진 작은 정자들과 구채구 근처 티베트족 아가씨의 친절한 응대는 문화라고 할 수 있다. 고릴라와 곰 등의 동물이 캔버스에 마구 휘갈긴 그림은 문화가 아니다. 왜냐하면 문화는 인간이 동물과 구분되는 요소 중 하나이기 때문이다. 비록 서구의 경매장에서 이러한 그림이 수천만 달러의 가치를 지닌 것으로 평가되기도 하지만 말이다. 어떤 학자들은 "문화는 인간화이다"라고 말하기도 한다. 인간이 인간일 수 있는 까닭은 바로 "문文"이 있어 "변화"(化)됐기 때문이라는 것이다. 협의의 문화는 인류가 창조한 정신적 성취들을 가리킨다. 문화를 논할 때는 물질문화와 정신문화를 분리해야 하지만 이 둘을 엄격하게 구분하기는 매우 어렵다.

3. 문화의 분류

문화는 모든 곳에 존재한다. 인간이 존재하는 곳에는 문화가 있다. 지구상에는 다양한 민족, 언어가 있으며, 삶의 방식 역시 매우 다양하고, 문화도 매우 풍부하다. 이러한 문화를 이해하기 위해서는 우선 이들을 분류해서 정리할 필요가 있다. 필자는 문화를 세 층위로 구분하고자 한다.

첫째, 표층 문화(혹은 물질문화)이다. 이것은 가장 쉽게 느끼고 알 수 있는 문화로, 의식주와 교통에 체현되어 있는 취사와 호오이다. 물질 자체는 문화가 아니지만 "취사와 호오"가 가해졌다면, 그것은 문화이다. 예컨대 나는 이런 옷을 고르고 그는 저런 옷을 고르는 것은 옷에 대한 취사와 호오 때문이며, 이것이 바로 물질문화이다.

둘째, 중층 문화(혹은 제도문화)이다. 중층 문화는 풍속, 예의, 제도, 법률, 종교, 예술 등을 포함한다. 중층 문화의 특징은 물질의 형식을 빌려 심층 문화를 체현해 낸다는 점이다. 과거 결혼문화에는 면사포가 존재했는데, 이것은 먼 과거의 약탈 결혼에서 변천되어 나온 것이다. 당시 약탈 결혼을 한 사람들은 납치해 온 신부가 잡혀 온 길을 기억하여 되돌아갈 것을 걱정해서 신부의 머리에 보자기를 씌우고 납치한 것이다. 이처럼 우리는 풍속이 물질의 형식을 빌려 체현됨을 확인할 수 있다. 우리들이 주최하는 시가詩歌의 낭송회가 고전시가와 현대시의 낭송을 통해 사람들의 마음에 감동을 주고 그들이 아름다움을 즐길 수 있게 해 주는 것 역시 물질의 형식을 빌려야 한다. 예컨대 낭송에는 마이크로폰도 필요하고 낭송하는 이 역시 어느 정도 복장을 갖추어야 한다.

셋째, 심층 문화(혹은 철학문화)이다. 심층 문화는 인간 개인과 집단의 윤리관, 인생관, 세계관, 심미관이다. 어떤 이들은 여기에 가치관도 포함시키는데, 사실 가치관은 윤리관, 인생관, 심미관의 종합이다.

4. 세 층위의 문화 간 관계

표층 문화와 중층 문화는 심층 문화의 내용을 반영하며, 심층 문화의 내용은 표층 문화와 중층 문화를 통해 드러난다. 예컨대 어떤 사람이 입고 있는 옷은 그의 심미관을 체현하고 있다. 어떤 사람들이 온 몸에 명품을 걸치고 있지만 옷들 간의 조합이나 색깔이 전혀 조화를 이루지 못하고 있다면, 이는 그의 수준과 품위를 드러내 보여 주는 것이다. 이것이 바로 표층 문화가 심층 문화를 반영하고 있다는 예시이다. 회화, 시가, 음악 등 중층 문화 역시 심층 문화의 내용을 체현하지 않은 경우가 없다.

표층 문화와 중층 문화의 변화가 심층 문화에 스며들고 영향을 미치기도 하며, 심층 문화가 표층 문화와 중층 문화를 선도하거나 제약하기도 한다. 가령 어떤 젊은이가 다섯 가지 색깔로 머리카락을 염색하고, 귀에는 피어싱을 했으며, 쭈글쭈글한 데님셔츠를 입고, 그 위에 셔츠보다 짧은 청재킷을 걸쳤으며, 오랫동안 세탁하지 않은 운동화를 신고 있다고 해 보자. 이 젊은이는 이를 통해 자신의 개성을 추구하고 있으며, 그의 사상은 아마도 점진적으로 개인주의적으로 변화하고 그리하여 점점 공동체주의로부터 탈피할 것이다. 표층 문화는 바로 이러한 방식으로 개인의 세계관과 가치관에 영향을 미친다. 한 가지 예를 더 들어 보자. 어떤 학생은 방과 후에 집에 돌아오면 숙제를 하는 시간을 제외하고는 주로 인터넷에 접속하여 온라인상에서 수많은 친구들을 사귀지만, 같은 집에 사는 부모와는 거의 대화를 나누지 않는다. 이러한 중층 문화와 표층 문화 상의 현상은 오랜 시간이 지나면 이 학생의 윤리관과 인생관에 영향을 미치고 변화를 줄 것이다.

표층 문화와 중층 문화는 직접적으로 상호 영향을 주며, 서로 자극을 주거나 제약을 하기도 한다. TV 프로그램에서 스타가 입은 옷과 헤어스타일이 금세 사회적으로 유행하고, 패션과 트렌드를 이루는 것처럼 말이다.

간단히 말해서, 표층 문화와 중층 문화, 심층 문화는 상호적 관계이다. 요즘 아이들은 태어나면서부터 네덜란드산 분유를 먹고, 수입 젖병을 쓰며, 디즈니에서 만든 옷을 입고, 아자아장 걸을 때부터 맥도널드 햄버거를 먹으며, 조금 더 커서는 외국 게임을 하고, 외국 가요를 들으며, 대학에 가서는 외국에 나갈 준비를 한다. 이렇게 한다면 이 아이는 도대체 중국인인가, 아니면 미국인인가? 우리는 아이들이 의식주와 교통에서 보이는 성향에 대해, 그러한 무분별한 범람과 집착을 방치해서도 안 되지만, 그렇다고 우수하고 발달된 것들까지 모두 거절해서도 안 된다. 현재 수많은 젊은이들은 모호하고 무슨 말인지도 모르겠는 것들을 멋있다고 생각하지만 명철하고 감동적인 것들에는 흥미를 느끼지 못한다. 만약 이들이 모두 이렇게 냉소적인 세대가 되어 버린다면 중국의 미래는 암울할 것이다.

이론적으로 말하자면, 문화의 세 층위는 완성된 일체를 이루어야 한다. 그러나 인류 역사에서 이러한 완성된 상황은 결코 존재한 적이 없으며, 이것이 바로 문화가 복잡해지는 이유이다. 예컨대 과거 중국에서 어떤 부모들은 자식들에게 국가에 충성하고 부모에게 효도하라고 가르치면서 정작 자신은 주색에 빠져서 온갖 나쁜 짓들을 서슴지 않았다. 사회는 복잡하며 문화 역시 복잡하다. 그래서 이 세 층위의 문화는 결코 완성될 수 없다. 문화 그 자체는 개방적 체계이며, 따라서 각 층위의 문화들은 다른 층위의 이질적인 것들을 받아들일 수 있다. 그러나 각 층위의 문화 간에 단절과 갈등이 발생한다면 이는 사회적 분열을 초래할 것이다. 만약 우리의 문화·예술·종교가 사회주의 사회에 녹아들지 않고 서구적 삶의 방식과 호응해서 이를 우리 삶의 주된 방식으로 여기게 만든다면, 이는 중국의 법률 입안과 정책 수립에 영향을 미칠 것이고 궁극적으로는 중화민족의 우수한 전통적 윤리관과 가치관 역시 모조리 사라지게 만들 것이다.

5. 상호 함축적인 문화의 층위와 체계—"네 안에 나 있고, 내 안에 너 있다."

문화는 하나의 혼융하고 방대한 체계이다. 수직적으로 말하자면, 하나의 문화 안에는 여러 아류문화가 존재하고 아류문화 아래에는 여러 그 다음 단계의 아류문화(次亞文化)가 존재한다. 이른바 아류문화란 예컨대 지역별로 분류하자면 서부문화, 광동문화, 강남문화, 동북문화 등이 있으며, 민족별로 분류하자면 한족문화, 몽고족문화 등이 있고, 직업별로 분류하자면 공무원문화, 학교문화, 기업문화, 군대문화, 농촌문화 등이 있으며, 집단별로 분류하자면 통속문화와 엘리트문화, 대중문화와 고급문화 등이 있다. 이른바 그 다음 단계의 아류문화란 예컨대 서부문화에 섬북陝北지역 문화도 있고 청해靑海지역 문화도 있는 것과 같다. 문화의 층위와 체계 간에는 "네 안에 나 있고, 내 안에 너 있다"는 식의 상호 함축관계가 존재한다. 예컨대 섬북지역 문화는 기본적으로 농촌문화이고, 몽고족문화 안에는 대중문화도 있고 엘리트문화도 있다.

6. 문화 발전의 다섯 가지 법칙

1) 변동성과 비고정성

문화의 변화 속도와 사회 · 경제(생산력)의 발전 속도는 비례관계이다. 인류가 진정한 의미에서의 문화를 가지게 된 것은 사회가 형성되고 여가 시간을 가지게 된 이후이지만, 이 시기의 생산력은 결코 높은 수준이 아니었다. 원시적 형태의 주거공간에서 15만㎡ 넓이의 웅장한 자금성을 건설하는 데까지 걸린 시간은 삼천 년 이상이었다. 그러나 1950년대 중국은 10개월 만에 17만㎡가 넘는 면적의 인민대회당을 건설했다. 산업화는 생산력을 극적으로 향상시켰고, 이에 따라 문화 발전 역시 가속화되었다. 여러 민족들의 노동요는 중국문화 수천 년의 침전물이다. 그러나 지금은 온라인에서 일정한 금액만 지불하면 할리우드의 대작 영화를 감상할 수 있다. 현실 속 노동요에서 온라인 다운로드로의 변화는 백 년이 조금 넘는 짧은 시간 동안에 이루어진 것이다.

문화의 변화속도는 국가 활력의 정도를 보여 준다. 문화 발전이 느리다는 것은 곧 그 국가의 활력이 부족하다는 것이다. "문화대혁명" 당시에는 모택동 주석의 어록을 가사로 한 노래만을 들었었는데, 오늘날 젊은이들은 다양한 유행가를 듣는다. 이러한 변화는 모두 어느 정도는 중국의 활력을 반영한 것이라고 볼 수 있다.

문화가 정체된 것 혹은 지나치게 빠르게 변화하는 것, 이 둘 모두 위험한 것이다. 문화가 정체되었다는 것은 국가가 위험한 시기를 맞고 있음을 의미한다. 예컨대 중국은 명 말 시기 이래로 전반적으로 문화 발전이 사실상 정체되었다. 이 시기는 중국의 가장 큰 위기였다. 그러나 문화 발전의 속도가 너무 빠른 것 역시 좋지 않다. 이것은 사람이 너무 빨리 달릴 때 가지고 있던 물건을 떨어뜨리기 쉬운 것과 마찬가지다. 문화가 빠르게 발전할 때 가장 잃어버리기 쉬운 것이 바로 정신과 전통이다. 전통을 잃어버리는 것은 근본을 잃어버리는 것으로, 이렇게 되면 옳고 그름을 분간하지 못하고 방향을 상실하게 된다. 동서고금을 막론하고 여기에는 예외가 없다.

사회적 측면에서 말하자면 문화변동의 동력은 생산력과 생산관계이다. 그러나 문화라는 복잡한 체계는 내적 동력도 가지고 있다. 이것이 바로 문화의 각 층위 및 체계 간 내부적 상호 충돌이다. 만약 표층 문화에서의 의식주와 교통 및 행위 등이 변하면 중층 문화로서의 예의에도 변화가 발생한다. 예컨대 옛날 북경의 주된 가옥형태인 사합원四合院2)에서는 부모가 정방正房 즉 본채에 거주하고, 자녀들은 상방廂房 즉 곁채에서 지내며, 아침에 일어나 외출하기 전에 부모님의 방에 들러서 "어머니, 일어나셨습니까? 저희 출근하겠습니다"라고 말했다. 그러나 지금은 부모는 북경시 풍대구豊臺區에 살고 자녀는 연경구延慶區3)에 살면서 가끔 전화만 해도 그리 나쁘지 않은 것이 되었다. 풍대구까지 가서 어머니에게 "저 출근하겠습니다"라고 말하고 다시 연경구로 돌아와서 출근할 수는 없는 노릇이기 때문이다. 이런 식으로 심층까지 스며들게 되면 심층 문화로서의 "효"의 내용과 형식에도 변화가 발생할 수밖에 없게 된다. 요즘은 부모가 편찮아서 병원에 입원하게 되더라도 간병인만 붙여 주어서 자신들 대신 부모를 모시게 하는 것도 일상다반사이다.

문화 발전의 외적 동력으로는 타 문화와의 접촉과 충돌이 있다. 바지의 경우 결코 중원 사람들의 발명품이 아니다. 이것은 유목민족들의 발명품이다. 전국시대 사람들은 유목민족들의 복장, 기마술, 궁술들을 습득했으며, 군인들이 가장 먼저 바지를 입기 시작했다. 남북조시대에 이르면

---

2) [역자주] 四合院: 가운데 '院子'를 두고, 북쪽에 '正房', 동쪽에 '東廂房', 서쪽에 '西廂房', 남쪽에 '倒座'가 'ㅁ'자형으로 둘러싸고 있는 북경의 전통 주택 양식이다.(출처: 고려대학교 중한사전)

3) [역자주] 豊臺區와 延慶區: 모두 북경시 소속 행정구역이다. 풍대구는 북경시의 서남쪽에 위치하고 있고, 연경구는 북경시의 서북쪽에 위치하고 있다.

바지는 일상생활에서 널리 유행했다. 의자 역시 사실은 역사적으로 볼 때 유목민족들이 발명한 것이다.

2) 다원성과 다채로움

문화의 다원성과 다채로움은 필연적인 것이며, 문화 발전에 있어 반드시 필요한 것이다. 문화는 곧 인간화이며, 인간의 복잡다단함은 행위의 불일치성을 불러왔고, 이러한 불일치한 행위는 문화의 여러 기원을 형성했다. 문화는 일종의 삶의 방식이다. 인간은 의지를 가진 이래로 항상 자신만의 삶의 방식을 추구해 왔고, 따라서 문화 역시 달라질 수밖에 없었다. 문화는 인간의 사상, 언론, 행위의 종합이다.

인력으로는 문화적 차이에 대해 간섭하고 인도할 수 있을 뿐 이를 완전히 통제할 수는 없다. 한漢 왕조는 오직 유가의 학술만을 높이려고 했지만 조정은 사회적 기풍을 선도할 수 있었을 뿐 사람들이 유가 이외 다른 학술을 연구하는 것 자체를 막을 수는 없었다. 만약 모든 사람들이 통일된 사상을 가지고 통일된 행위를 하게끔 이끌고자 한다면, 마땅히 더 고급의 것, 더 향상된 것을 가지고서 인도해야만 할 것이다.

다원성과 다채로움은 문화의 내재적 동력의 기초이다. 예컨대 작곡가 왕리핑(王立平, 1941~)이 작곡한 곡 안에는 전통 음악적 요소도 있고 서양 음악적 요소도 녹아들어 가 있어서 아무리 들어도 질리지 않는다. 그의 작품들은 분명 다른 작곡가들에게 자극과 충격이 되었을 것이며, 아마도 다른 작곡가와 성악가들의 성찰을 이끌어 냈을 것이다. 그리고 그들은 왕리핑의 작품들을 참고하고 배울 것이다. 이것이 바로 내적 동력이다.

만약 문화의 발전이 정체된다면 문화의 다원성과 다채로움 역시 약화될 것이다. 반대로 말하자면, 한 시대가 다원적이고 다채로운지의 여부는 그 시대의 문화가 빠르게 발전했는지 아니면 상대적으로 정체되었는지를 통해 확인 가능할 것이다.

3) 이질적 문화에 대한 흡수성

각기 다른 지리 · 역사 · 문화 · 생산 등 요소를 기반으로 형성된 문화들은 이질적일 수밖에 없다. 다만 문화별로 이러한 질적 차이의 정도가 모두 다르며, 멀고 가까움의 정도 역시 다르다. 청해지역의 민요와 섬북지역의 민요는 가까운 경우에 속하고, 아프리카 민요와 우리의 민요는 먼 경우에 속한다. 그러나 멀었던 관계가 가까워질 수도 있다. 미국인들은 산업혁명이 절정에 달함에 따라 모든 문화상품이 규격화되고 산업화되면서 영감이 고갈되어 버리자, 아프리카 부족 문화로부터 재즈음악, 디스코, 추상화 등을 받아들였다. 이러한 것들은 본래 서구문화와 멀었던 것이지만, 미국문화에 흡수되고 다시 유럽에 전파되면서 문화적으로 가까운 관계가 되었다.

표층 문화에서는 질적 차이가 드러나는 경우가 매우 적지만 중층 문화에서는 그러한 질적 색채가 명확하게 구분된다. 중국의 불교, 도교와 외국의 종교들, 중국의 경극, 곤극(昆曲)[4]과 이탈리아의 오페라, 중국화와 서양화, 중국의 가족관과 서양의 가족관 등에서 나타나는 차이는 중국 덕주德州의 배계扒雞라는 닭요리와 미국 KFC의 치킨 간의 차이보다 훨씬 크

---

4) [역자주] 昆曲: 江蘇省 남부와 北京, 河北 등지에서 유행했던 지방 희곡.

다고 할 수 있다. 문화 간 질적 차이라는 측면에서 가장 중요한 지점은 심층 문화이다. 심층 문화로 갈수록 문화 간 질적 차이는 더욱 커진다. 기독교, 이슬람교, 불교, 유학 및 도교의 실질적 차이는 바로 심층적 차원에 있다. 왜냐하면 이들은 윤리 및 개인의 가치 등에 대한 관점과 태도를 달리하기 때문이다.

타 문화와의 접촉과 충돌에는 전쟁, 무역, 이민이라는 세 가지 방식이 있다. 전쟁은 단기적이지만 심각한 파괴를 초래한다. 일본이 대만을 침략해서 점령한 50년 동안, 그들은 총칼로 위협하여 중국어를 말하는 것을 금지했으며, 대만 사람들이 일본의 신민이 되는 것을 영광으로 알게끔 핍박했다. 그들은 이러한 방식으로 표층 문화에서 심층 문화에 이르기까지 대만의 중국문화를 완전히 변화시키려 하였다. 그러나 겨우 수십 년이라는 짧은 시간 동안 중화 수천 년 문화의 뿌리를 뽑아낼 수는 없었다. 대만이 해방되던 그날 대만 전체가 들끓어 올랐으며, 같은 시각 주요 도시인 타이베이와 가오슝의 거리에는 중국어가 가득 울려 퍼졌다. 무역은 경제적 확산이라는 특징을 지닌다. 예컨대 중국은 실크로드를 따라서 중국문화를 전파시키고 서역과 페르시아 문화를 받아들였다. 그러나 이는 부분적이고 느린 방식이다. 이민은 문화를 공간적으로 확산시키는 것으로, 빠르면서도 전면적이다. 고금을 막론하고 이민은 항상 집단적으로 이루어졌다. 예컨대 흉노족은 한 왕조 시기에 점차적으로 중원에 귀순하였는데, 모든 부락과 부족의 수만 명이 함께 남하하였기에 한 왕조에서는 일정한 땅을 떼어 주어서 그들이 정착할 수 있도록 해 주었고, 관리를 파견하여 이를 관할했다. 오늘날의 경우, 상해에만 약 30만 명의 대만 동포들이 거주하고 있으며, 대만의 카페와 빈랑檳榔 열매, 문학작품 등도 모두 건너왔다. 이민과 무역은 수많은 혼인관계를 발생시키는데, 이러한 혼인은 문화 융합의 가장 빠른 방식 중 하나이다. 무역과 이민은 모두 평화적이고 상호 자발적인 것이다. 따라서 이러한 방식들은 서로를 흡수하는 것으로서, 가장 안정적이고 깊이 있으며, 장기적으로 지속되는 것이다.

4) 고급문화와 대중문화의 상호적 관계

고급문화와 대중문화 간에는 고급과 저질의 구분이 있는 것이 아니다. 이른바 고급과 저질은 그것이 대중적으로 환영을 받는지, 그 내용이 인격의 향상에 기여하는지, 사람들에게 즐거움을 주는지의 여부에 따라 구분되는 것이다. 여기에서 말하는 고급문화는 정밀하게 가공되고 향유하는 사람이 적은 문화를 가리키며, 대중문화는 비교적 거칠게 가공되어 본래의 모습과 큰 차이가 없으며 대중들로부터 쉽게 사랑받기에 향유하는 사람이 많은 문화를 가리킨다.

대중문화는 예술의 근원 중 하나이며, 고급문화 역시 대중문화를 토대로 하여 형성된 것이다. 200여 년 전 경극은 야외무대에서 공연되던 대중문화였으나, 수도인 북경에 진입하여 정밀한 가공을 거친 후 비로소 고급문화로 거듭났다. 중국의 시가는 『시경』에서 기원했지만 『시경』은 본래 대부분 남녀상열지사에 관한 것들로, 한참 뒤에 와서야 경전으로 자리잡은 것이다. 중국의 시가는 한대의 악부樂府와 육조六朝[5]시대의 문인시文人詩를 거치면서 점차 따라 부를 수 있는 율시로 변모했으며, 이후 원대의

---

5) [역자주] 六朝: 후한 멸망 이후 수의 통일에 이르기까지 建業(지금의 남경)을 중심으로 세워진 여섯 왕조(吳, 東晉, 宋, 齊, 梁, 陳)이다.

희곡문학(元曲)과 잡극(元雜劇)이 출현했다. 중국 4대 문학작품들은 『홍루몽紅樓夢』을 제외하고는 모두 일종의 대본이었다. 이처럼 고급문화는 대중문화 안에서 양분을 흡수하며 향상된 것들이다.

반대로 고급문화가 대중문화 발전의 동력이 되기도 한다. 예컨대 「양축梁祝」은 백성들의 사랑을 받은 후 월극越劇[6] 발전의 동력이 되었으며, 「양축」의 몇몇 구절들은 중국 남부의 젊은이들 사이에서 대대로 전해져 내려오는 가락이 되었다. 아병阿炳(1893~1950)은 처음에는 이호二胡 연주와 휘파람 소리로 생계를 유지했다. 이것은 대중문화였다. 그러나 훗날 그가 작곡한 곡들, 예컨대 「이천영월二泉映月」은 고급문화가 되었다. 이것은 다시 이호 연주곡들이 창작되도록 자극했으며, 이러한 곡들은 대중들이 향유하는 예술이 되었다. 이러한 상호적 순환반복 및 새로운 것이 옛것을 대체하는 과정은 문화를 비로소 앞으로 나아갈 수 있게 했다. 이는 매우 중요한 문화발전 법칙이다.

현재 고급문화에 종사하는 이들은 텅 빈 객석에 한숨을 쉬고 있으며, 대중문화에 종사하는 이들은 고급문화를 업신여기고 있다. 사실 문화의 법칙에 대해 잘 이해하고 있다면 누구도 상대방을 업신여길 수 없을 것이다. 고급문화는 몸을 낮추어서 대중문화로부터 배워야 한다. 왜냐하면 대중문화는 일반 대중과 밀착해 있으며, 고급문화의 근원 중 하나이기 때문이다. 대중문화는 고급문화를 존중하고 본받을 필요가 있다. 그렇게 하지 않을 경우 더 이상 자신들의 수준을 제고하기 어려울 것이며, 사람들의 끊임없는 문화적 요구에 부응하기 어려울 것이다.

---

6) [역자주] 「梁祝」과 越劇: 「양축」은 중국 동진시기 梁山伯과 祝英台의 비극적 사랑 이야기를 다룬 중국 민간 전설이다. 월극은 20세기 초반 중국 절강성 일대 항주와 상해 등에서 발전한 연극이다. 지금은 경극에 이어 중국 제2의 극(第二國劇)으로 꼽힌다.

5) 동태적인 표층 문화와 정태적인 심층 문화

표층 문화가 산과 강이라면 심층 문화는 "어머니 대지"(Gaea)와 같다. 산과 강의 형태는 바뀔 수 있지만 그들의 본성 자체는 결코 바뀔 수 없다. 심층 문화가 바로 이 본성에 해당되며, 가장 안정적이다. 표층 문화와 중층 문화가 심층으로 침투하고, 이것이 오랜 시간 동안 지속되면 심층 문화를 동요시킬 수도 있다. 그 중에서도 핵심적인 관건은 중층 문화이다. 한 사회의 문화 안에 단절이 존재하는지의 여부를 확인하는 방법 중 하나는 그 사회의 중층 문화와 심층 문화의 관계를 고찰하는 것이다. 예컨대 우리가 북경 오리구이를 먹든 남경 오리요리를 먹든 아니면 오리찜을 먹든, 이러한 것들은 문제가 되지 않는다. 그러나 노래와 시들은 우리를 슬프거나 분기하게끔 한다는 점에서 매우 중요하다. 만약 중층 문화와 심층 문화 간 충돌이 발생한다면 이러한 단절은 사회적 위기를 초래할 것이다. 현재 우리가 목도하고 있는 수많은 문제들이 바로 이러한 범주에 들어간다.

7. 현재 문화적 난제들

오늘날 문화적 난제들은 다음 여섯 가지로 개괄될 수 있을 것이다. 첫째 심층 문화의 불명확성, 둘째 중층 문화의 방황, 셋째 근본 없는 표층 문화, 넷째 저속함과 무질서함, 다섯째 고급문화의 독선, 여섯째 아류문화들의 활력 상실 등이 그것이다.

첫째, 심층 문화는 세밀성과 명확성을 결여하고 있다. 중국은 현재 애국주의와 공동체주의를 주창하고 있으며, 또한 애국주의를 중심으로 한 전통문화를 주창하고 있다. 그러나 이러한 것들은 전통문화에서 주창했던 인仁·의義·예禮·지智·신信과 완전히 일치하는 것이 아니며, 손문孫文(1866~1925)이 제창했던 충효, 인의, 신의, 평화 등과 일치하는 것도 아니다. 중국의 애국주의와 공동체주의의 뿌리가 무엇인지는 현재로서는 여전히 명확하지 않은 상태이다.

둘째, 만약 중층 문화에 속한 종교, 예술, 풍속 중 일부가 국가 전체의 문화적 방향과 충돌을 일으킨다면, 우리는 그것을 금지할 수 있다. 이것은 모든 국가가 마찬가지일 것이다. 그러나 이 점을 명확하게 이해해야 한다. 종교들이 중국의 사회주의 사회에 적응해야 한다는 우리의 주장은 그들을 금지하겠다는 소극적인 태도에서 출발하는 것이 아니라, 하나의 문화현상으로서의 종교는 늘 변화해 왔으며 항상 그것이 처한 시대와 국가, 사회 등 환경에 적응해 왔다는 법칙성에 근거해서 제기된 것이다. 수천 년의 종교사에서 주요 종교들은 시대의 변화에 따라 모두 거대한 개혁을 경험했으며, 이러한 개혁의 원칙과 목적은 자신들이 처한 사회적 현실에 적응하는 것이었다.

셋째, 현재 중국 도시들의 표층 문화는 어느 문화에 속하는 것인가? 여러 도시들에 휘몰아치는 소비주의와 사치풍조는 도대체 어느 문화의 것인가? 디지털 카메라를 예로 들자면, 과거에는 200만 화소였던 것이 이제는 1000만 화소까지 발달했으며, 매년 새로운 제품들이 쏟아지고 있고, 소비자들은 트렌드를 좇아서 매년 디지털 카메라를 교체한다. 과연 이것이 중화민족의 미덕이라고 할 수 있겠는가?

넷째, 현재 중국의 대중문화는 어떠한 질서도 없으며, 사실상 제멋대로 생겨나고 소멸하는 형국이다. 미국의 블록버스터 대작들은 "영화는 엔터테인먼트이다"라는 미명 아래 극장가를 점거하고 있으며, 온갖 유행음악, 컴퓨터 게임 등은 이미 청소년들의 삶에서 필수불가결한 것이 되었다. 그렇다면 예전의 대중문화는 어떻게 되었으며, 중화민족의 무형문화는 어떻게 되었을까? 섬북지역 민요인 「삼십리포三十裏鋪」는 일찍이 널리 알려졌던 노래이다. 이 노래 가사에 등장하는 "네 명의 누이"(四妹子)의 실제 인물들은 이미 80세가 넘었다. 어느 기자가 이 노래의 발원지인 수덕현綏德縣 삼십리포촌三十裏鋪村에 가서 취재를 했었다. 그가 이 지역의 여자아이들에게 이 노래를 들어 본 적이 있는지 묻자, 그 아이들은 모두 들어본 적이 없다고 대답했다고 한다. 그들이 듣고 있는 것은 모두 유행가였다. 대중문화가 제멋대로 생겨나고 소멸하는 것은 그들이 어떠한 질서도 가지지 못했기 때문이다. 즉 중국의 각 "성省"이 질서를 잡지 못하고 있고, 그 성의 책임자(道尹)들이 질서를 잡지 못하고 있는 것이다. 자연 상태의 일반 "백성"들은 본래 질서가 없다. 따라서 질서를 바로잡기 위해서는 중국의 문화당국이 무형문화유산에 대한 보호에 노력을 기울여야 할 것이다.

다섯째, 고급문화는 지나치게 고귀해졌다. 어떤 조사에 따르면, 현재 어떤 오페라와 오케스트라들은 아무리 좋은 배우와 곡이 있더라도 초연에서 30% 이상의 객석점유율을 기록하기 어려우며, 많은 표를 증정했을 때에야 간신히 50%의 객석점유율을 달성한다고 한다. 홀로 고결하고 독선적인 것들은 많은 사람들의 사랑을 받을 수 없다. 이는 고급문화 종사자들이 반드시 스스로 변화해야 할 지점이다.

여섯째, 아류문화들 역시 활력을 잃고 있다. 예컨대 현재 장족壯族, 토가족土家族 등 소수민족들의 민족문화에 대한 보호는 제대로 이루어지고 있는가? 오늘날 여러 민족들이 존재하기는 하지만 그들의 문화는 이미 상당 부분 소실되었고, 이렇게 가다가는 소멸될 위기에 빠질 것이다. 중화민족의 문화는 56개 민족이 공동으로 창조한 것이다. 민족 아류문화가 활력을 상실한다면 중화민족 전체의 활력 역시 유지될 수 없을 것이다. 지역 아류문화, 공동체 아류문화 역시 마찬가지이다.

8. 몇 가지 대책들

첫째, 문화적 자각을 해야 한다. 이것은 그물의 벼리를 들어 올리면 다른 것들이 딸려 올라오는 것과 같다. 위에서 제기한 문제들을 해결하기 위해서는 우선 민족문화에 대한 자각이 필요하다. 즉 핵심을 파악해야 그 외의 문제가 해결되는 것이다. 이른바 문화적 자각이란 사회의 지도자 계층과 지식인 계층이 민족문화의 중요성, 전통문화의 명암, 앞으로 문화가 나아가야 할 길 등에 대해 깨어 있고 명확한 이성적 인식을 갖추는 것을 의미한다. 13억 중국 인민이 모두 똑같이 문화적 자각을 할 수는 없다. 강택민 전 국가주석의 "세 가지 대표" 중요 사상 중 "중국공산당은 항상 중국 선진문화의 발전방향을 대표한다"와 후진타오(胡錦濤) 총서기가 제기한 "팔영팔치八榮八恥7)"의 사회주의 영욕관榮辱觀까지 이러한 일련의

---

7) [역자주] 八榮八恥: 중국공산당 총서기이자 국가주석이었던 후진타오가 2006년 3월 4일 전국 정협 민영민진 연조회에서 제창한 것으로, 구체적인 내용은 아래와 같다. "조국에 대한 사랑은 영예, 조국에 대한 위해는 수치, 인민을 위한 봉사는 영예, 인민에 대한 배신은 수치, 과학의 숭상은 영예, 우매와 무지는 수치, 근면한 노동은

것들은 모두 문화재건과 관련된 주장과 호소였다. 이렇게 볼 때 우리는 지도자 계층의 문화적 자각 및 의식이 갈수록 뚜렷해지고 있음을 확인할 수 있다.

수많은 성省과 시市의 고위층들은 모두 문화 중심지를 건설하고자 하는데, 이것 역시 문화적 자각의 표현이다. 지식인 계층은 어떠한가? 그들은 경악하고 애원하기만 할 뿐 심도 있는 고찰을 하거나 깊이 연구하고 새로운 것을 건의하는 경우는 드물다. 자각의 정도 역시 아직 더 높아져야만 한다. 자각과 심층 문화가 바로 그물의 벼리이다. 이 그물의 벼리를 들어올리기만 하면 문화, 교육, 사회운영 등의 어려움은 해소될 수 있을 것이며, 중층 문화와 표층 문화 역시 점진적으로 변화해 나갈 것이다.

둘째, 문화의 세 층위를 모두 의제로 삼고 고금의 문화를 소통시켜서 우리들의 문화를 재건해야 한다. 표층, 중층, 심층 문화는 함께 다루어져야지, 어느 한 층위만 다루어져서는 안 된다. 필자는 예전에 중국 국방대학에서 중국의 민주제도와 중화전통문화의 관계에 관해 세 차례에 걸쳐 발표한 적이 있다. 필자는 다당합작8) 및 정치협상제도, 인민대표대회와 소수민족자치구 등의 제도들이 모두 중국 제1세대 지도자들이 중화전통문화의 장점을 흡수하고 최근 백 년간의 전통을 결합해서 구축해 낸 것들이지, 결코 근거 없는 상상으로 만들어 낸 것이 아니라고 본다. 이것이

영예, 편한 것을 좋아하고 일하기 싫어하는 것은 수치, 단결과 상호부조는 영예, 남에게 해를 끼치고 자기만을 위하는 것은 수치, 성실하고 신의를 지키는 것은 영예, 이익을 좇아 의를 잊는 것은 수치, 규율과 법을 지키는 것은 영예, 법을 어기고 규율을 혼란하게 하는 것은 수치, 분투하는 것은 영예, 교만과 사치 그리고 음란하고 방탕한 것은 수치."

8) [역자주] 중국의 정치구조는 사실상 공산당 일당 체제이지만, 형식적으로는 여러 정당들이 모여서 연합을 이룬 다당합작의 구조를 택하고 있다.

바로 심층 문화와 중층 문화에 대한 필자의 분석이다. 필자는 더욱 많은 사람들이 문화의 층위를 분석하고 세 층위의 문화를 함께 건설해 나가기를 희망한다.

이른바 고금의 소통에 있어 가장 모범적인 사례가 바로 후진타오 총서기가 제기한 "팔영팔치"의 사회주의 영욕관이다. 이것은 공산당 중앙위원회가 심사숙고를 통해 전통문화에서 탈피하고 시대적 문제의식들을 결합해서 제기한 도덕체계이다. "조국에 대한 사랑은 영예, 조국에 대한 위해는 수치"는 충忠을 말한 것이다. "인민을 위한 봉사는 영예, 인민에 대한 배신은 수치"는 인仁과 의義를 말한 것이다. "과학의 숭상은 영예, 우매와 무지는 수치"는 지智를 말한 것이다. "근면한 노동은 영예, 편한 것을 좋아하고 일하기 싫어하는 것은 수치"는 근면함(勤)과 겸손함(謙)을 말한 것이다. "단결과 상호부조는 영예, 남에게 해를 끼치고 자기만을 위하는 것은 수치"는 예禮와 의義를 말한 것이다. "성실하고 신의를 지키는 것은 영예, 이익을 좇아 의를 잊는 것은 수치"는 신信과 의義를 말한 것이다. "규율과 법을 지키는 것은 영예, 법을 어기고 규율을 혼란하게 하는 것은 수치"와 "분투하는 것은 영예, 교만과 사치 그리고 음란하고 방탕한 것은 수치"는 전통문화의 예禮의 범주에 속하는 것이다. 고금을 소통시키는 것은 전통에 대한 민족구성원들의 기억을 불러일으키는 매우 용이한 방법이며, 따라서 가장 전파하기 쉽고 사람들이 받아들이기도 쉬운 방법이다.

셋째, 청년들과 농민들에게 관심을 기울여야 한다. 청년들에게 관심을 기울여야 하는 이유는 더 말할 필요도 없을 것이다. 농민들은 우리에게 먹을 것과 입을 것을 챙겨 주는 부모와 같은 존재이다. 또한 농민들은 우리의 우수한 문화를 여전히 간직하고 있다. 며칠 전 필자는 한 신문기사를 읽고 큰 감동을 받았다. 장춘長春에 두 눈을 모두 실명했고 매우 위독하여 남은 시간이 얼마 되지 않는 여덟 살짜리 여자아이가 있었다. 그아이의 소원은 북경 천안문에 가서 국기게양식을 보는 것이었다. 그러나의사는 아이의 건강 상태를 고려하여 허락하지 않았다. 그러자 이 소식을알게 된 수천 명의 자원자들이 모여들어 천안문 광장의 국기게양대를 본뜬 구조물을 설치하고 아이가 마치 장춘에서 북경까지 여행한 것처럼 느낄 수 있도록 꾸몄다. 국기게양식을 거행할 때 아이는 국기를 향해 경례를 하고 싶어했고, 아이 아버지는 딸의 자그마한 손을 잡아 경례하는 것을 도와주었다. 마침내 아이는 미소를 지었다. 이 이야기는 중화민족의희망이 인민들 안에, 농민들 안에, 그리고 도시의 보통 가정들 안에 있음을 말해 준다.

넷째, 전 인민을 계몽해야 하며, 이것은 학교 교육에 주어진 중임이다. 비록 모든 사람들에게 고도의 이성적 사고를 하는 단계에 도달하라고 요구할 수는 없겠지만, 우리는 전 인민을 계몽시킴으로써 문화적 자각을 실현할 수는 있을 것이다. 즉 "상을 본받아야 겨우 중의 결과를 얻을 수있다"(取法乎上, 僅得其中)는 것과 같다. 학교는 문화 창조와 보급에 있어 중요한 공간이다. 그 중에서도 가장 중요한 임무는 학교가 학생에 대해 진행하는 문화적 계몽이다. 오늘 유치원에 다니는 원생들은 내일 이 사회를떠받치는 노동력이 될 것이다. 미래의 박사학위과정 학생들은 현재의 초등학생 가운데에서 나올 것이고, 미래의 중간관리자들은 현재의 중학생가운데에서 나올 것이며, 현재의 대학생들 중 적지 않은 이들은 미래의고위관리자가 될 것이고, 현재 박사 후 과정을 밟고 있는 이들은 미래에

장관이 될지도 모른다. 따라서 만약 학교들이 앞으로도 맹목적으로 성적만 좇고 민족의 문화적·정신적 계몽을 도외시한다면 매우 심각한 결과를 마주하게 될 것이다.

다섯째, 자각하고 발굴해야 한다. 여기에서 중점은 새로운 것을 창조해 내는 것에 있다. 후진타오의 "팔영팔치"는 인간으로서 반드시 준수해야 할 기본 원칙이지만, 사람들이 정말로 영예를 알고 부끄러움을 알게하기 위해서는 문건을 발송하고 발표문을 작성하며 벽보로 붙이는 것만으로는 부족하다. 우리는 중층 문화를 최대한 활용할 필요가 있다. 문학, 예술, 풍속 등 중층 문화를 충분히 활용함으로써 새로운 사유와 방법을 창조해 낼 수 있고, 사람들이 원하는 방식과 방법으로 선전 및 침투를 진행할 수 있을 것이다.

최근 한국 드라마들의 성공은 중국인들에게 있어 좋은 일이기도 하고 슬픈 일이기도 하다. 왜냐하면 이것은 중국인들이 전통에 대해 그리워하고 있음을 반영해 준다는 점에서 좋은 일이지만, 애석하게도 중국에서는 아직 이러한 작품들을 창작해 내지 못하고 있기 때문이다. 우리는 심지어 선종으로부터도 시사점을 얻을 수 있다. 선종은 우리에게 모든 사람의 마음에 선량한 면이 존재하며, 다만 이것이 다른 것들에 의해 가려져 있을 뿐이라고 말해 주고 있다. 따라서 만약 우리가 깨닫기만 한다면 즉 우리 마음속 참되고 선하며 아름다운(眞善美) 측면을 발견하고 이것을 순수하게 만들고자 노력하기만 한다면, 그 사람이 바로 좋은 사람이고 가치있는 사람인 것이다. 우리는 민간에 묻혀 있는 민족정신과 발전방향을 대표하는 퍼즐조각들을 자각적으로 발굴하고 선전해야 한다. 그렇다고 덮어놓고 모든 것을 답습해서는 안 될 것이다. 관건은 여전히 창조에 있다. 예컨대 현존하는 어떤 종류의 연극이 대중들 속에 침투해서 모든 사람들이 이것을 보기 위해 몰려나오는 상황을 만들길 바란다면, 이 연극은 반드시 형식에 변화를 가해야 할 것이다. 비록 이것이 매우 어렵더라도 말이다. 만약 우리가 자각하기만 한다면 우리는 수많은 우수한 것들을 발굴해서 광범위한 대중들이 이를 향유하게끔 할 수 있을 것이다.

문화의 문제는 그 민족이 번창할 수 있는지의 여부와 관련된 가장 근본적인 문제이다. 모택동 주석이 "물질적인 것이 정신적인 것으로 변화될 수 있고 정신적인 것이 물질적인 것으로 변화될 수 있다"고 말한 것처럼, 지식인들 나아가 전 중국 인민들의 문화적 소양이 향상된다면 이들의 손에 들린 장비와 머릿속에 담긴 기술은 몇 배의 작용을 발휘할 수 있을 것이다. 문화의 번창은 그 민족의 정신적 역량뿐만 아니라 경제적 역량도 증대시킬 수 있다. 오늘날 문화는 경제적 세계화의 과정 속에서 중요한 수출상품이 되었다. 미국의 최대 수출품은 자동차나 마이크로소프트사의 운영체제 윈도(Windows)가 아니라 바로 문화상품이다. 현재 중국 도서의 수입·수출 비율은 10 : 1이다. 이것은 오천 년 유구한 문화를 축적한 국가에 걸맞은 수치가 아니다. 세계 4대 문명 중 오직 중화문명만이 단절되지 않았으며, 21세기의 중국 초등학생들은 거의 아무런 어려움 없이 8세기에 창작된 당시唐詩를 낭송할 수 있다. 이것은 세계적으로 보기 드문 기적이다. 그러나 우리는 마치 의식이 없는 사람처럼, 선조들이 우리에게 남긴 것이 아무것도 없다는 듯이 서구문화를 추구하고 있다.

우리는 문화재건의 현황 및 문제들을 명확하게 인식할 필요가 있다. 시장경제라는 거대한 호수 속에서, 우리는 현대기술이라는 도구를 이용하고 관념의 변화와 개방에 의지하여 체제와 메커니즘의 변화를 꾀해야 한다. 이제는 주저앉아서 공허한 도道만 논해서는 안 된다. 우리는 행동에 나서서 중화문화의 재건을 위해 헌책을 하고, 중국문화 발전을 위해 우리들만이 할 수 있는 일들을 해야 한다.

제2강 중화문화의 원류(上)

1. 들어가는 말

중화문화는 머나먼 근원에서부터 유구하게 흘러왔다. 중화문화의 발전과정을 잘 살펴보면, 이것이 기원전 30세기 즉 오천 년 전 황하 중하류에서 발상했다고 볼 수 있다. 선사시대로부터 하夏 왕조, 상商 왕조 그리고 주周 왕조 전기까지를 문화 "취합"의 시대라고 할 수 있으며, 이러한 취합은 춘추시대에 이르러 집대성된다. 즉 춘추시대에 이르러 취합이 절정에 도달했다는 것이다. 어째서 선사시대로부터 춘추시대까지의 시대를 취합의 시대라고 부르는 것일까? 당시 황하 중류에 수많은 부락[1]들이 존재했고 이들 부족 혹은 부락들은 모두 저마다의 문화를 가지고 있었기 때문이다. 『사기史記』「오제본기五帝本紀」를 살펴보면 그러한 기록을 확인할 수 있다. 그들은 서로 제위를 물려주었지만 이들은 대부분 서로 다른 부족 출신이었다. 모든 황제들은 전임 황제의 것을 받아들여서 이를 자신의 출신 부족 문화와 융합시켜 나갔다. 멀리 말할 것도 없이 하·은·주 세 왕조만 보아도 알 수 있다. 하나라와 은나라는 같은 부족이 아니었고, 은나라와

---

1) 학자들에 따라서 부락, 부족, 민족 등으로 부르지만, 필자가 보기에 이 시기에는 아직 민족이 형성되지 않았다.

주나라도 같은 부족이 아니었다. 그래서 주나라 무왕은 은나라 수도로 진격할 때 자신의 사직을 폐하려고 했고, 당시 자신들보다 조금 더 북쪽에 있던 이들을 이미 융戎과 적狄이라고 불렀다. 필자가 볼 때, 이것은 후대인들이 자신들의 기준에서 당시 북쪽 변경에 접해 있는, 풍속과 관습이 다른 부락에 대해 부여한 칭호였다. 그 당시의 작은 부족과 부락들은 하·은·주 등의 제국에 점차적으로 귀속되었고, 주나라 전기에 이르러서는 사실상 통일을 이루었다. 따라서 이 시기를 취합의 시대라고 부를 수 있는 것이다. 바꾸어 말하자면, 중화문화에는 매우 다양한 뿌리가 있다는 것이다. 우리는 이러한 특징을 반드시 기억해야 한다.

취합의 절정으로서의 춘추시대는 당시 황하 중류에 존재하던 서로 다른 기원의 문화들을 하나로 통합시켰다. 방금 위에서 말한 바대로 사실상 하나의 통일제국을 건설해 냈던 것이다. 그러나 수백 년이 흐르는 동안 전국에 대한 주나라의 통제력은 점차적으로 약화되었다. 그 원인에 대해서는 뒤에 논하도록 하겠다. 주나라가 쇠락한 이후, 봉건 제후들이 강대한 세력을 얻었으며, 이러한 시기가 바로 전국시대이다. 우리는 『전국책戰國策』, 『사기』 등의 역사서를 통해 전국시대 여러 국가들 간의 분쟁에 대해 알고 있으며, 이것은 정치 및 군사 차원의 일이다.

문화차원에서 말하자면, 문화는 어떠한 작용을 했는가? 주나라의 사상체계는 전국의 여러 문화들을 통제할 역량이 약화된 상태였으며, 바로 이 시기 제후국들에게는 자유로운 사상적 공간이 열렸던 것이다. 춘추시대에는 이러한 일들이 불가능했다. 왜냐하면 춘추시대만 해도 어떤 문화가 주 왕실의 문화에 위배된다면 천자의 규범에 따라 그들을 정벌할 수 있었기 때문이다. 그러나 전국시대에 들어서는 이러한 억압이 사라졌고,

따라서 각 국가들은 앞다투어 자신들의 문화를 발전시켰다. 학술적 차원에서 말하자면, 이 시기가 바로 백가쟁명의 시대였다. 오늘날의 용어를 가지고 설명하자면, 백가쟁명은 각종 학술들이 저마다의 유파를 형성하는 것이다. 어떤 학술이든 여러 유파가 나타났다는 것은 그 학술이 성숙했음을 의미한다. 인류의 학술사상사를 돌이켜 보면, 대체로 그러했다. 어떤 학술에 여러 유파가 출현하는 시기는 그 학술의 성숙기이다. 그래서 우리는 춘추시대는 중화문화 취합의 시기이며, 전국시대는 이러한 취합의 성숙기라고 주장하는 것이다.

그러나 전국시대의 혼란상은 통치자에게 있어서나 일반 백성에게 있어서나 결코 바람직한 현상이 아니었고, 결국에는 하나의 강자가 모든 국가를 통일시키게 되었다. 주지하다시피 이 과업은 영정嬴政(BC.259~210) 즉 진시황이 완수하게 된다. 현재까지 남아 있는 사료들에 근거해 볼 때 그는 군략에 매우 밝았던 인물이었다. 중국 역사에 있어서 그의 공헌은 전국을 통일시키는 것에 국한되는 것이 아니며, "문자를 통일시키고"(書同文), "수레의 폭을 통일시킨"(車同軌) 것에 국한되는 것도 아니다. 이러한 것들은 그가 문화 건설이라는 목표를 추구하는 과정에서 내린 조치들이다. 그러나 그의 통치기간은 너무 짧았으며, 그의 폭정으로 인해 천하 백성들의 저항에 직면했다. 특히 귀족계급의 특권에 대한 축소와 폐지는 망해 버린 여섯 국가 귀족들의 저항을 초래했다. 이들 귀족과 백성들의 결합은 전국을 통일했던 진나라의 멸망이라는 결과를 가져왔다. 항우項羽(BC.232~202)는 이들 여섯 나라 귀족의 대표였고, 유방劉邦(BC.247?~195)은 농민 기의의 대표였다.

유방이 건국한 한漢나라에 이르러 다시 통일국가가 성립되었다. 정권과 사회가 안정됨에 따라 학술과 사상은 예전처럼 격렬한 경쟁을 할 수 없게 되었다. 학술과 사상은 어떻게 통일되었을까? 최초 이들의 통일은 황로학파黃老學派에 의해 이루어졌다. 그들은 어째서 "황로"를 떠받들었던 것일까? 황로는 무위지치無爲之治를 추구했으며, 이는 전란 이후의 휴식에 적합한 것이었기 때문이다.

그러나 무위지치만 해 버린다면 국가가 발전할 수 없고 정권도 공고화될 수 없다. 그러다 보니 자연히 이러한 수요를 위한 사상이 요청되었으며, 이 사상은 전국시대 제자백가들 속에서 채택된 일종의 정통 사상이었다. 이러한 시기에 등장한 인물이 바로 동중서董仲舒(BC.170?~120?)이다. 그는 유가의 토대 위에 자신의 색채를 더해서 한 왕조 관학사상을 구축했다. 한 무제武帝(BC.156~87) 이래로, 이러한 운동은 유가문화를 사실상 중화문화의 중심으로 만들었으며, 한대에서 청淸대까지 심지어 오늘날에까지 이르고 있다. 유가문화는 한대 이래로 여러 차례 기복을 겪었다. 서한西漢이 멸망하고 동한東漢이 이를 계승했으며, 또한 동한 역시 멸망했는데, 이 과정에서 유가문화는 상당한 작용을 했다. 동중서는 원래 한 왕조를 공고하게 하고자 했던 것이지만, 모든 것은 극에 이르면 반대 방향으로 전개하기 마련이다. 동중서의 가장 대표적 사상 중 한 가지가 바로 천인감응이다.

한 왕조 이후 위진남북조魏晉南北朝 시대를 맞이하며 오랜 전란의 시기를 겪었다. 그러나 앞서 전국시대와 마찬가지로 이러한 전란 가운데 학술은 다시 발전해 나갔다. 당唐나라는 중화문화의 중심(유가적 문화)을 계승하고 여기에 전란 기간 동안 발전시켰던 것을 더했다. 따라서 당대에 이르러 중화문화는 절정에 도달한다. 당대의 국력은 매우 강대했으며, 동시에 각 방면의 문화 역시 모두 높은 수준에 도달했다. 당대의 성취는 단순히 그 이전 시기들보다 높았던 정도가 아니라 이후 중원을 지배한 송宋·원 元·명明·청淸 왕조 역시 넘어서지 못할 정도였다. 당대의 문화는 수천 년 중국문화의 정점이었다고 할 수 있다.

중국의 역사를 시간의 순서에 따라 대략적으로 개괄해 보면, 중화문 화는 몇 차례 이질적인 문화들과 갈등을 겪었고, 그로 인해 심각한 충격 을 입었다. 첫 번째는 위진시기 "오호五胡2)의 중원 침략"이었고, 그 결과 남북조 분열의 국면을 형성했다. 이 시기 동안 중화문화 혹은 한족문화는 여타 민족의 문화를 대량으로 흡수했다. 장강의 북부와 남부는 환경이 매우 이질적이고 생활조건 역시 달랐으므로, 저마다의 특색을 형성하면 서 각자 발전하였다. 이러한 개별적 발전은 훗날 당대 문화 전성기의 출 현을 위한 준비과정이 되었다.

두 번째 충격은 몽고족이 중원에 진출하면서 비롯되었다. 중화 고유 의 문화는 한족문화를 중심으로 하며, 한족문화는 유가문화를 중심으로 하는데, 이들은 몽고족이 중원을 침략한 이후 박해와 억압을 받았다. 이 것은 불행한 일이지만, 다른 각도에서 보면 긍정적인 측면도 있다. 어째 서 그러한가? 정통문화의 붕괴는 민간의 아류문화들에게 발전의 여지를 제공해 주기 때문이다. 한 가지 예를 들어보겠다. 중국에서는 대대로 공 자에게 제사를 올렸었는데, 몽고인들은 공자에게 제사를 올리는 문제에 관심도 없었고 고대 경전들을 존중하지도 않았다. 그러나 사람들, 특히 농경시대 사람들의 문화에 대한 추구는 외부적 어려움으로 인해 중단되

---

2) [역자주] 五胡: 중국 서북방에서 동북방에 걸쳐 거주하던 유목민족들로, 羯, 羌, 鮮卑, 氐, 匈奴를 가리킨다. 이들은 진대 정치적 혼란을 틈타 중원에 진출하여 여러 국가를 건설했다.

지 않았다. 문화에 대한 수요는 음식에 대한 수요와 마찬가지이다. 송대 민간에는 본래 몇 종류의 속요와 연극이 존재했는데, 원대에 이르러 이러한 것들이 점차 주목받기 시작했으며, 마침내 생명력을 폭발시키기 시작했다. 이것이 원대에 잡극과 산곡散曲3)이 인기를 끌었던 이유이다.

　필자는 항상 이 문제를 고찰해 왔다. 여기에서는 문학의 형식에 관해 말해 보도록 하겠다. 중원에서는 『시경』, 좀 더 늦은 시기 남방에서는 『초사楚辭』가 등장했으며, 한대 문인들에게는 한부漢賦와 문장文章이 있었고 민간에는 악부樂府가 있었다. 이들은 남북조시대에 이르러 병문騈文 등의 형식을 낳았으며, 훗날 근체시4)의 탄생을 예고했다. 근체시에 흥미를 느끼지 못하는 이들은 다시 옛 시의 문체 즉 고체시를 학습했다. 고체시는 악부를 모방한 악부체의 시이다. 한참 후에는 시여詩餘가 출현했는데, 이것이 바로 사詞5)이다. 사는 노래로 부르는 것으로, 시가 점차 노래로 불리지 않고 사가 노래로 불리게 됨에 따라 사가 발전하게 되었다. 우리는 이러한 문학 형식들에 대해서 그것이 생겨나게 된 외부적 원인과 내부적 원인을 발견할 수 있다. 그러나 유독 원곡元曲에 대해서만큼은 그 원인을 찾을 수 없었다. 따라서 필자는 모두에게 친숙하고 필자에게도 친숙한 문학사의 몇몇 사건들 안에서 그 답을 찾길 기대했지만 여전히 찾지 못했다. 이후 필자는 문화 발전의 관점에서 다시 이를 고찰했고, 거칠게나마

---

3) [역자주] 散曲: 원·명·청대에 유행한 대사가 없는 곡이다.
4) [역자주] 近體詩: 당대에 형성된 율시와 절구의 통칭으로, 句數·字數와 平仄·用韻 등에 비교적 엄격한 규정이 있다.(출처: 고려대 중한사전)
5) [역자주] 詞: 중국 고전문학 중 운문의 일종. 5언시나 7언시·민간가요에서 발전한 것으로, 당대에 처음 만들어지고 송대에 가장 성했다. 원래는 음악에 맞추어 노래 부르던 일종의 詩體였으며, 句의 길이가 歌調에 따라 바뀌어서 長短句라고도 부르고, 詩餘라고도 한다.

하나의 결론을 도출할 수 있었다. 그것은 이민족의 침입 이후 기존의 정통문화 혹은 주류문화는 박해와 억압을 받게 되지만, 다른 한편으로 문화에 대한 사회적 수요가 결코 사라지지 않는다는 것이다. 이러한 때를 당한 사람들은 결국 자신의 정서를 발산시킬 모종의 형식을 찾아내어 자신의 감정을 의탁한다. 이러한 것들은 고급문화로는 불가능하다. 따라서 대중적인 어떤 것이 등장하게 되며, 이러한 것들은 문인들의 주목을 받고 수준이 격상되어 마침내 고급문화로 발전하는 것이다. 이상의 논의를 통해 원곡이 인기를 얻게 된 이유 역시 어느 정도 추론해 볼 수 있을 것이다. 물론 이것은 학술적 검증의 절차를 거쳐야 할 것이다. 이상이 타 문화로부터 받은 두 번째 충격이다.

세 번째 충격은 청 말 시기 서구문화로부터의 충격으로, 이것은 현재에 이르기까지 여전히 지속되고 있다. 그 어떤 문화도 발전과정 상에서 완전히 폐쇄된 상태로 있는 경우는 거의 없다. 모든 문화는 언제 어디서든 늘 타 문화와 접촉 상태에 있다. 이러한 까닭에 중화문화는 "다원多元"적 문화인 것이다. 위에서 황하 중류를 언급했었는데, 이 황하의 다원多源이라는 말은 세 곳의 "원천"이라는 의미의 "원源"으로, 현재 필자가 사용하고 있는 으뜸이라는 의미의 "원元"과 완전히 일치하지는 않는다. 중화문화를 장강과 황하에 비유하자면, 이 강들은 곤륜산맥昆侖山脈에서 발원하여 쉬지 않고 여러 작은 지류들과 합류하여 하류에 이르러 마침내 거대한 강을 이룬 것이다. 사실 지리학적 의미에서 말하자면, 어떤 지류가 장강과 황하의 원류라는 식의 주장들은 정확한 것이 아니다. 그것이 가장 먼 원류이기는 하지만 모든 지류가 이들 강의 원류라고 할 수 있다.

중화문화 역시 이러한 과정을 거쳤으며, 단 한순간도 멈추었던 적이 없다. 이와 관련하여 우리는 다음의 질문들을 고찰해 보아야 한다. 첫째, 중화문화가 이처럼 거대한 포용력을 지니고서 타 문화와 접촉한 후 그것을 흡수하여 자신을 변화시켜 온 원동력은 무엇인가? 둘째, 중화문화는 타 문화와 충돌을 겪으면서도 결코 멸망하거나 붕괴되지 않았는데, 중화문화는 어떻게 이처럼 강대한 생명력을 가지게 되었을까? 만약 우리가 중화문화에 대해서 한 걸음 더 나아가 고찰하고 사고한다면 세 번째 질문 역시 가지게 될 것이다. 중화문화는 어째서 개인의 도덕수양, 가족 및 친족 관계, 타인과의 화목한 관계 등을 중시하고, 또한 국가의 통일과 존엄성에 관심을 두는 것일까? 여기에서 제기한 세 가지 문제는 「제3강 중화문화의 원류(下)」의 '8. 중화문화와 기타 문화의 비교'와 일맥상통하는 것이다. 앞에서도 언급했지만 오직 중화문화만이 수천 년의 역사 동안 단절되지 않고 이어져 왔다. 고대 그리스문화는 폴리스들의 붕괴와 함께 무너졌고, 로마문화 역시 그러했다. 인도문화의 경우 중앙아시아 출신 유목민족들의 침입 이후 불교는 인도에서 사실상 소멸됐다. 그래서 비록 이후에 인도 전통문화에 대한 부흥운동이 일어났지만, 정작 부흥된 것은 불교의 원류에 해당하는 브라만교(Brahmanism)였다. 이것은 오늘날의 힌두교이며, 불교 자체는 인도에서 자취를 감추었다. 주요 문화들 중 오직 중화문화만이 면면히 이어지고 있다. 우리는 그저 이것이 전 세계적인 기적이고 유일한 사례라고 찬미하는 것에 그쳐서는 안 된다. 반드시 이러한 기적의 원인이 무엇인지 고찰해야 한다. 필자가 위에서 제기한 질문들이 바로 이러한 고찰들이다.

이 질문들은 각기 층위를 달리하는데, 첫 번째 질문에서 세 번째 질문으로 갈수록 더욱 세밀하게 따져 들어간 것이다. 역사의 진행과정을 서술하는 것만으로는 명료한 답을 얻기 어려울 것이다. 따라서 필자는 몇 항목의 문제로 나누어서 이들을 논할 것이며, 이는 곧 필자가 고찰을 통해 얻은 결론이다. 독자들 역시 스스로 고찰한 바를 필자의 답과 결합할 수 있을 것이다. 이제 첫 번째 문제부터 논해 보도록 하겠다.

2. 자연-인류-문화

어떠한 문화도 발전 초기 단계에서는 그 민족이 처한 자연환경의 영향을 강하게 받을 수밖에 없다. 우리는 비록 자연환경을 문화 발전의 유일한 혹은 결정적 요소라고 단정해서도 안 되지만, 자연환경이 문화 발전 과정에 미치는 영향을 과소평가해서도 안 된다. 필자의 논의 역시 이에 맞추어, 한편으로는 자연환경의 영향을 절대시하거나 과대평가하지 않고, 그렇다고 그 영향을 경시하지도 않는 방향으로 진행될 것이다.

위에서 언급한 바와 같이 중화민족은 황하의 중하류 지역에서 발원했다. 황하 중류는 오늘날 섬서성陝西省(과거의 關中지역) 일대이며, 하류는 오늘날의 하남성河南城, 산동성山東省 일대이다. 황하 중류와 하류를 떠나서 반드시 명확히 해야 하는 사실은 바로 중화민족 선조들의 삶에 이로움을 가져다주었던 것은 황하 그 자체가 아니라 황하의 지류들이었다는 점이다. 오늘날에 이르기까지 우리는 저 도도한 황하가 중화민족을 키워 냈다는 것을 증명해 줄 별다른 고고학적 발굴이나 역사학적 근거를 확보하지 못하고 있다. 어째서인가? 우리의 먼 선조들이 돌로 만든 도구를 가지고 짐승을 사냥하고 나무에서 열매를 따먹는 수렵채집의 생활을 할 당시, 그들에게 있어 수백 킬로미터에 걸친 거대한 강은 어찌해 볼 도리가 없는 존재였기 때문이다. 그들은 자연재해를 만날 경우 오직 그것으로부터 멀리 달아나는 것 이외에는 할 수 있는 것이 없었다. 그러나 생존을 위해서는 물가로부터 멀리 떨어질 수도 없는 노릇이었다. 그래서 그들은 지류의 물가에서 문화를 발전시키기 시작했다. 인류가 황하와 같은 거대한 강과 맞서 싸울 수 있게 된 것은 그로부터 한참 후의 일이다. 『춘추좌씨전春秋左氏傳』은 "춘추"시대의 일을 기록한 사서이다. 이 책에는 맹세를 하는 장면이 자주 나오는데, 많은 경우 "하河" 즉 황하를 언급한다.

내가 만약 외삼촌과 같은 마음을 먹는다면 나는 백수白水(황하)와 같은 인간이오.[6]

이것은 진晉나라 공자 중이重耳(훗날 晉文公)가 그의 외삼촌에게 한 말이다. 우리는 여기에서 황하가 긍정적인 것으로 인식되지 않았음을 엿볼 수 있다. 따라서 중화민족이 최초 황하의 지류에 의지해서 살아갔다는 가설은 상당한 설득력이 있다고 볼 수 있다.

그렇다면 황하지역의 자연환경은 어떠했을까? 이것은 오늘날 우리도 확인할 수 있는 것이다. 그렇다면 수천 년간 이 지역에는 큰 변화가 발생하지 않았다는 말인가? 농학자들의 고증에 따르면 황하 중류 주변의 환경은 수천 년간 큰 변화 없이 유지되었다고 한다. 물론 어떤 의미에서 말하자면 이 지역의 현재 조건은 과거에 비해 한참 더 좋아졌다고 할 수 있다. 왜냐하면 인간의 노력으로 사방으로 관개천이 뻗어 있으며, 자연재해에

---

6) 『左傳』, 僖公 24年, "所不與舅氏同心者, 有如白水."

대비하는 능력 역시 강화되었기 때문이다. 지리적 환경의 측면에서 말하자면, 이 지역은 남쪽으로는 큰 강이 흐르고 북쪽으로는 고비사막이 있으며, 땅은 광대하고 관개에 용이하다. 이러한 지리적 위치는 농경에 매우 적합했다. 그러나 이와 동시에 자연재해 역시 끊임없이 발생했다. 따라서 초기 중화민족은 매우 이른 시기 유목생활에서 벗어나 농경생활에 진입했다. 이것은 중국의 매우 중요한 특징이다.

이처럼 녹록지 않은 환경 아래에서 경작활동은 진행되었지만 당시 사람들은 여전히 자연을 통제하는 것에 어려움을 겪었다. 따라서 농업이 발달함에 따라 농업의 "쌍둥이 자매" 즉 수공업 역시 자연스럽게 발달하게 되었다. 왜냐하면 농기구를 제작하고 방직작업을 하기 위해서는 수공업이 필요했기 때문이다. 현대인의 관점에서 볼 때, 황하유역의 환경조건은 흔히 천국이라 불리는 항주, 소주 및 주강珠江 삼각주 지역과 판이하며, 오늘날에도 여전히 상대적으로 빈곤한 지역으로 남아 있다. 그러나 이슬람교, 유대교, 기독교의 발원지와 비교한다면 황하지역은 그래도 좋은 조건이라 할 수 있다. 반대로 북미 지역이나 오세아니아와 비교한다면 매우 안 좋은 조건이라고 할 수 있다. 여기에서 하필 북미 지역을 언급한 이유는 이 지역이 예전에는 인디언의 고향이었고, 현재의 관점에서 볼 때 장강 삼각주나 주강 삼각주와 큰 차이가 없기 때문이다. 이 문제는 뒤에서 자세히 다루도록 하겠다.

원시농업에서는 대량의 인력이 협동을 해야 했다. 그 출발점은 가족 구성원들의 협력이었다. 주지하다시피 『논어』나 다른 경전에서도 여러 차례 "함께 밭을 가는 것"(耦耕)에 대해 언급했으며, 이들 문헌에 기록된 농기구들은 현재 고고학적 탐사에 의해 출토되고 있다. 보습(耜)은 삽처럼 땅을 파는 기구인데, 두 사람이 각각 오른편과 왼편에서 함께 사용하며 밭을 가는 것이다. 『시경』에서는 한 뙈기의 땅에 천 쌍의 사람들이 밭을 가는 것을 묘사했다. 물론 여기에서 천 쌍이라는 것은 매우 많은 사람들이라는 의미이지만, 어쨌든 매우 많은 사람들이 협력하여 함께 밭을 갈았다. 이것은 하나의 가족이 할 수 있는 일이 아니다. 두 사람이서 밭을 갈아 봐야 얼마나 갈겠는가? 쟁기, 보습 등 농기구와 말, 소 등 가축이 있다고 할지라도 그리 넓은 밭을 갈 수 없을 것이다. 이러한 까닭에 그들은 소가족의 단위를 넘어서 가문 규모의 생산단위를 형성할 필요가 있었다. 낙후된 생산력은 끊임없이 야생동물과 대자연의 이상기후에 대항하고 자연으로부터 무엇인가 쟁취하기를 강요했다. 그것이 채집이든 아니면 투쟁이든 그것은 반드시 적정선을 지켜야지 지나쳐서는 안 되었다. 즉 "적절한 정도(度)"를 지켜야 했다.

농업생산의 가장 중요한 특징은 고정적이라는 점이다. 우리는 이것을 유대교와 이슬람교, 그리고 이들의 배경이 되는 유목문화와 비교해 볼 수 있을 것이다. 농업생산의 특징은 고정성이며, 이러한 고정은 안정을 필요로 한다. 왜냐하면 봄에 씨를 뿌리면 가을이 되어야 농작물들이 자라기 때문이다. 만약 오늘날처럼 이혼율이 높았다면 큰 혼란이 있었을 것이다. 봄에 씨를 뿌릴 때는 결혼한 상태였는데 가을에 이혼한 상태면 일을 제대로 할 수 없기 때문이다. 그 밖에도 재산, 생산에 필요한 각종 재료와 자원, 농기구 등은 대대로 전해져야 하는 것이며, 농업기술 역시 마찬가지이다. 금년에 수확한 것은 내년에 파종할 종자이며, 이것은 한 해에서 그 다음 해로, 한 세대에서, 그다음 세대로 이어진다. 농업사회에서는 연속성이 매우 강조될 수밖에 없지만, 유목사회에서는 불필요한 것들이다. 바로 이러한 환경들이 중화민족으로 하여금 가족의 화목함, 혈연적 관계, 사람들 간의 협력 등을 중시하고, 대자연과 조화를 유지하는 관습을 형성하도록 만들었다. 조건이 그리 좋지 못하기 때문에 무엇인가를 수확을 하려면 힘들게 노력해야 했고, 이는 중화민족에게 감투정신을 가르쳤다. 또한 재해가 언제든 발생할 수 있기 때문에 평소에 "미연에 방지"하고, 이미 발생한 불행한 재해에 대해서는 "침착하게 행동"하고 낙담하거나 조급하지 않도록 했다. 왜냐하면 큰 재해 이후에는 반드시 풍년이 오기 때문이다. 이러한 몇 가지는 훗날 중화전통문화의 가장 근본적인 토대가 된다.

중화민족은 조화를 중시한다. 특히 가족, 가문 간의 관계, 인간과 인간 간의 관계 등에서의 조화를 중시했다. 인간과 자연의 관계는 초기 중화민족에게서 "하늘을 경외함"(畏天)의 형태로 시작되었다. 이것은 국가와 대륙을 불문하고 모든 문화에서 나타나는 현상이다. 하늘이란 본래 텅 빈 창공이다가도 갑자기 구름이 몰려들고 번개가 내리친다. 그리고 이러한 번개가 나무에 떨어지면 화재가 발생하기도 하는데, 원시삼림에 화재가 발생하면 들짐승들은 불에 타 죽거나 도망치곤 했다. 또한 하늘은 쾌청한데 상류에서 갑자기 홍수가 닥쳐오기도 했다. 당시에는 일기예보가 있었던 것도 아니므로 순식간에 물이 밀려와서 모든 것을 쓸어 가 버리기도 했다. 또한 갑자기 지진이 덮치기도 했다. 이러한 시대에는 하늘을 신령한 것으로 여기고 경외하는 것이 너무나 당연했다. 그러나 중화민족은 비교적 이른 시기 하늘에 대한 신비주의적 신앙에서 벗어났다. 옛사람들이 지진으로 땅이 움직이고 산이 요동치는 현상에 대해 제대로 설명할 수 없었지만, 인간과 하늘이 조화를 이루어야 하는 이유를 깨달을 수는 있었다. 인간과 하늘의 조화가 하나의 준칙이 되고 민족의 자각적 의식으로 자리 잡은 이후, 이것은 민족문화의 중요한 구성요소가 되었다.

이쯤에서 필자는 음양에 관한 중화민족의 관념을 논하고자 한다. 음양의 관념은 매우 풍부하며, 모든 것들은 음양으로 환원될 수 있다는 점에서 음양은 그 자체로 이미 고도로 추상화된 것이다. 아마도 이러한 사고는 구체적 사물에 하나하나에 대한 인식에서 출발했을 것이다. 인간은 남녀로, 공간은 앞뒤로, 시간은 밤낮으로 구분된다. 이것은 자연과 투쟁하는 동시에 자연의 규칙성에 관심을 기울였던 것이다. 봄에 생명을 탄생시키고, 여름에 성장시키며, 가을에 수확하고, 겨울에 간직하며, 이 순환이 한 번 끝난 다음에는 다시 또 봄부터 생명을 탄생시켜 간다. 이것이 바로 사물의 한 극단에 도달하면 다시 방향을 바꾸어 반대 방향으로 진행하는 원리이다. 중국인들은 일찍이 화복이 동전의 양면과 같은 것임을 알아차렸다. 예컨대 하천이 범람하는 것은 재난이지만, 물이 빠지고 나서 그 땅에 파종을 하면 상류로부터 밀려온 영양분으로 인해 거름을 쓸 필요가 없을 정도로 땅이 비옥해서 풍년을 기약할 수 있는 것과 같다. 추측건대, 이러한 현상들은 사람들에게 어떤 깨달음을 주었을 것이다.

여기에서 필자는 『한서漢書』「사마천전司馬遷傳」에 나오는 사마천의 말을 인용하고자 한다. 그는 여섯 학파(유가, 묵가, 도가, 법가, 명가, 음양가)의 요지에 대해 다음과 같이 말했다.

> 도가는…… 그 학술이 음양의 거대한 법칙을 따르고…… 시간이 흐름에 따라 변화하여 만물의 변화에 응대한다.…… 봄에 생명을 탄생시키고, 여름에 성장시키며, 가을에 수확하고, 겨울에 간직하는 것은 천하의 큰 도리이다. 만약 이것에 따르지 않으면 천하의 기강을 바로잡아 다스릴 수 없게 된다.[7]

이는 매우 훌륭하면서도 적절한 말이다. 사마천의 이 말은 우리에게 음양의 법칙이 선진시기에는 주로 도가에 의해 전유되었음을 알려 주고 있다. 도가의 학술은 천하의 가장 핵심적 법칙인 "큰 도리"(大經)를 장악하고서 시간의 변화 및 객관사물의 변화에 따라 변화해 갔다. 또한 이들이 논한 것은 천시, 지리, 인화人和 등 모두 실재하는 것들이었다. 뒷부분에서 사마천은 돌연 "만약 이것에 따르지 않으면 천하의 기강을 바로잡아 다스릴 수 없게 된다"고 말한다. 이것은 천시, 지리, 인화 등을 정치화시킨 것이다. 이들은 본래 대자연의 법칙이자 구체적 사물의 법칙일 뿐이었지만 음양가와 도가 등은 이들을 인간사회와 정치, 통치 등을 관찰할 때 요청되는 법칙의 단계로까지 끌어올렸다. 이것이 바로 정치화의 의미이다.

영국의 위대한 역사학자이자 20세기 세계에서 가장 위대한 역사학자인 토인비는 『역사의 연구』(A Study of History)라는 저서를 남겼는데, 이것은 일종의 축약본이었다. 이 책은 원래 열두 권의 분량으로, 1930년대 저술을 시작해서 1961년에서야 마무리한 책이었다. 중국에서는 문화대혁명이 진행되던 시기인 1972년, 그는 열두 권의 책을 한 권의 축약본으로 출간했다. 그는 이 책에서 다음과 같이 말했다.

> 여러 사회의 수많은 관찰자들은 운동과 정지라는 기호를 통해 우주적 규칙을 표현한다. 음양은 이 중에서도 가장 적절하다. 왜냐하면 이들은 심리학, 기계공학 혹은 수학 등의 방식을 빌리지 않고도 상호 교차하는 법칙을 직접적으로 보여 주고 있기 때문이다.[8]

---

7) 『漢書』, 「司馬遷傳」, "道家……其爲術也, 因陰陽之大順……與時遷移, 應物變化.……夫春生夏長, 秋收冬藏, 此天道之大經也. 弗順則無以爲天下綱紀."

8) Toynbee, 郭小凌 등 역, 『歷史研究』(上海人民出版社, 2010), p.62.

이것은 "나는 이 책에서 어떤 종류의 기호를 사용해서 역사의 법칙을 설명해야 하는가? 필자가 하나를 선택해야 한다면, 나는 중국의 음양을 선택하겠다"라고 말한 것이다. 그는 결코 중국 전문가가 아니었지만, 필자는 중국에 대한 그의 해박한 지식에 감복하지 않을 수 없었다. 그는 다음 단락에서 다음과 같이 말했다.

중국인들의 전통적 "세계관"은 이미 삼천 년이 넘는 중국 역사를 통해 경험적으로 검증되었다. 그 중에서도 가장 핵심적인 것이 음과 양의 변증법적 교차이다. 음이든 양이든 어떤 것이 극단에 도달하면, 이것은 반대편으로 전화된다. 그리하여 마침내 이것은 자동적으로 자연의 평형을 회복하게 된다. 왜냐하면 어느 한쪽이 자연이 용인할 수 있는 한도에 도달하더라도 이것은 결국 이러한 교차 모식으로 회귀하기 때문이다.[9]

토인비가 밝히고자 한 뜻은, 한 사물이 극단까지 발전하면 이것은 반대편으로 전화되고, 반대편으로 전화된 후에 변화를 지속하다가 그 변화가 극단에 도달하면 다시 원래대로 돌아온다는 것이다. 물론 이것은 결코 평면상의 단순한 교차가 아니라 나선형의 상승이다. 음양의 핵심 관념은 사실상 소박한 변증법이다. 따라서 필자는 여기에서 중국인의 인내심과 낙관성, 모든 일에서 극단으로 흐르지 않는 특성, 미래에 대한 전반적인 믿음 등이 대부분 이러한 음양의 개념으로부터 비롯되었다고 느꼈다. 이른바 "강이 30년 동안은 동쪽으로 흘렀다가 그다음 30년 동안은 서쪽으로 흐른다", "막힘이 극에 달하면 트임이 온다"(否極泰來) 등의 격언이 그러하다. "막힘이 극에 달하면 트임이 온다"는 본래 『주역』에 나오는 말이지만,

---

9) Toynbee, 郭小凌 등 역, 『歷史硏究』(上海人民出版社, 2010), p.287.

훗날 일반 대중이 일상적으로 사용하는 표현이 되었다. 심지어 부정적 표현조차도 또 다른 면을 함축하고 있는 경우가 있다. 예컨대 "나는 요즘 정말 운이 없다"는 말은 이 말을 한 화자가 좀 더 과거에는 그리 운이 없지 않았으며, 비록 지금은 운이 없지만 이후에는 운이 있을 수 있다는 의미도 포함하고 있다.

따라서 필자는 이러한 민족적 관념과 그 민족의 학술 사이에는 모종의 관계가 있다고 본다. 세계 4대 문명을 살펴보면, 그들의 발상지는 모두 자연환경이 그리 좋은 편은 아니었다. 메소포타미아와 에게해를 비롯해 그리스의 자연 조건은 매우 가혹하며, 아랍과 팔레스타인 등의 자연 조건 역시 삭막하다. 이들 지역은 모두 중국의 황하 중하류 지역과 비슷하거나 더 안 좋은 자연환경에 처해 있다.

그렇다면 여기에서 하나의 의문이 떠오를 수밖에 없다. 우리의 선조들은 어째서 더 살기 좋은 남부로 떠나지 않았던 것일까? 오늘날의 관점에서 보기에 강남 지역은 파종을 하는 대로 작물이 잘 자라나고 물에 손을 넣기만 해도 물고기가 잡히는데 말이다. 우리는 이 질문에 대해 두 가지 관점에서 고찰해 볼 필요가 있다. 먼 옛날 고대인들은 무지에서 벗어나 문명에 진입하기는 했지만, 그들의 생산능력 및 자연에 대한 저항능력에는 분명한 한계가 있었다. 오늘날 우리가 목격하는 것과 같은 그림과 같은 풍경과 천국과도 같은 조건의 장강 삼각주, 주강 삼각주는 먼 옛날 끝도 없는 우거진 풀숲, 탁한 물과 습지가 도처에 있고 독사와 짐승, 모기가 들끓었으며, 기후도 매우 무더웠다. 당연히 현대적인 가전제품인 냉장고나 에어컨 따위도 존재하지 않았다. 따라서 이러한 곳에서 살기 위해서는 벌목을 하고 대자연에 맞서 싸워야 했다. 그러나 이것은 먼 옛날 고대인들이 할 수 있는 일이 아니었다. 이것이 첫 번째 관점이다.

필자의 두 번째 관점은, 만약 환경조건이 좋기만 했다면 아마도 세계 4대 문명은 존재하지 않았을지도 모른다는 것이다. 어째서일까? 좋은 환경에서는 굳이 지혜를 짜낼 필요가 없기 때문이다. 경작을 예로 들어 보자면, 밭고랑의 너비가 좁으면 넓은 것에 비해 약간 더 많은 농작물을 수확할 수 있다. 그러나 환경조건이 좋으면 이렇게까지 머리를 짜낼 필요가 없다. 오늘날에도 세계 몇몇 지역에 여전히 이러한 곳들이 있다. 어떤 지역 사람들은 나무에서 딴 과일을 주식으로 하고 베로 짠 한 뼘 남짓한 옷을 입고 생활했는데, 언젠가 이러한 일이 있었다. 그 부족의 대표가 그 지역에 파견된 중국인을 찾아와 도움을 요청했다. 그는 자신의 지역이 큰 가뭄이 들어서, 물을 긷는 펌프를 제공받기를 희망했다. 그래서 중국 대사관 직원들이 현장조사를 나가 보니 과연 큰 가뭄이 들어 옥수수의 잎이 타들어 가고 땅은 쩍쩍 갈라져 있었다. 그러나 왼편을 돌아보니, 불과 5미터 옆에 호수가 있었다. 그 부족의 대표는 바로 그 5미터만큼 물을 끌어올 펌프가 필요했던 것이다. 중국인들이었으면 어땠을까? 인근 주민들이 함께 물을 끌어오고 길어 와서 농작물들을 살려냈을 것이다. 그렇지 않았겠는가? 따라서 자연조건이 좋을 경우 오히려 인간의 지혜를 계발할 기회를 박탈해 버릴 수도 있다.

모든 지혜는 끊임없이 발생하는 문제들을 해결할 방법을 모색할 때 비로소 발전되어 나가는 것이고, 시간이 오래 흐르면 이것은 하나의 민족성을 형성하게 된다. 무엇을 심던 모두 잘 자라고, 설사 농사를 짓지 않아도 굶어 죽지는 않는 조건이라면, 사람들은 천시와 지리의 문제에 대해 깊이 사고하지 않을 것이다. 그러니 어떻게 농업기술의 문제들을 개선해 나갈 수 있겠는가? 농업기술을 개량해 나갈 때 토양학, 천문학, 수학, 역학도 발달할 수 있다. 따라서 필자는 세계 4대 문명이 자연조건이 그다지 좋지는 않지만 그렇다고도 극단적으로 나쁘지도 않은 지역에서 출현했던 것에는 나름의 이유가 있다고 생각한다. 환경조건이 극단적으로 안 좋은 것 역시 문명 발전에 부정적 영향을 미친다. 북극의 경우, 얼음으로 만든 이글루 안에 살면서 바다표범을 사냥해서 살아간다. 그러다 보니 자연히 활력이 없고, 식욕과 성욕을 해결하는 것 이외의 것들에 대해 사고할 시간도 없이 그저 생활에 필요한 가장 기본적인 요구들을 충족시키는 것에 만족할 수밖에 없다. 또한 이러한 지역은 사망률 역시 높기 때문에 문명과 같은 것이 발생할 수가 없다. 문명은 반드시 이처럼 좋지도 나쁘지도 않은 상황 하에서만 발생할 수 있다. 중화민족은 하늘의 보살핌을 받아서 다른 문명들보다는 조금 나은, 농경에 적합한 환경에 처해 있다. 그래서 비교적 이른 시기에 농업사회로 진입했다. 따라서 중화민족문화 중 상당 부분은 기본적으로 원시농업사회에서 요구되었던 인간 혹은 품성에 뿌리를 두고 있으며, 이러한 요구들은 모두 그들이 처했던 자연환경에서 비롯된 것들이다.

어째서 우리는 인간과 인간 간의 협력, 인간 및 가족과 자연의 조화 등이 중화문화의 토대라고 말하는 것일까? 이 역시 문화의 발원지로부터 답을 모색해 가야 할 문제이다. 우리는 비교적 후대의 일을 떠올려 볼 수 있을 것이다. 여기에서는 예술작품을 가지고 말해 보겠다. 먼저 중국의 시가의 경우, 당시는 시가의 절정이라고 할 수 있었다. 대부분의 당시에는 경물에 대한 묘사와 감정의 토로가 융합되어 있었다. 그런데 어째서 송대에는 이와 같지 않았던 것일까? 나는 주희의 시가 당시와 다르다고 본다. 그 이유는 무엇인가? 그는 스물여덟 자를 가지고서 모든 것은 리理라고 주장했는데,[10] 시는 형상에 관한 것이다. 따라서 만약 오직 리에 대해서만 말하자고 한다면 시는 어떻게 배울 수 있겠는가? 이는 불가능하다. 그러나 주희 역시 훌륭한 시들을 남겼다. 우리가 일상적으로 인용하는 "어째서 그렇게 맑을 수 있는가 하니, 맑은 물이 흘러나오는 근원이 있어서라 하네"라는 대목 역시 그러하다. 이 시는 "반 무 넓이의 각진 연못"을 가지고서 비유의 기법을 사용했는데, 이것이 바로 경물에 대한 묘사와 감정의 토로가 융합되어 있는 것이다. 어째서 이러한 기법을 사용하는 것일까? 이것은 풍경에 감정을 의지하고 풍경을 가지고서 감정을 담는 사유방식으로, 우리는 감정을 품은 시선으로 그것의 심미성을 관찰할 수 있다. 그리고 이러한 기법의 기저에는 인간과 자연이 하나로 귀결된다는 사유가 깔려 있다.

여기에서 종교의 문제를 깊이 다루지는 않을 것이다. 다만 종교에 대해 잠시만 언급하자면, 어째서 당대에는 선종이 그렇게 유행했던 것일까? 이것 역시 자연과 매우 밀접한 관련이 있다. 비록 선종이 인간과 자연의 관계 문제를 핵심 주제로 삼지는 않았지만, 그들은 다음과 같은 말을 남겼다.

처음에는 산이 산으로 보이고 물이 물로 보인다. 약간 수련을 해서 일정 수준에 도달한 후에는 산이 산으로 보이지 않고 물이 물로 보이지 않는다. 최고의 경지에 도달하게 되면 산은 다시 산으로 보이고 물은 다시 물로 보인다.

---

10) 朱熹, 「活水亭觀書有感·其一」, "半畝方塘一鑑開, 天光雲影共徘徊. 問渠那得淸如許? 爲有源頭活水來."

여기에 담긴 철학적 이치는 매우 심원하다. 처음에는 객관적 시각으로, 산을 보면 산이 보이고 물을 보면 물이 보이는 것이다. 그다음 일정 수준에 도달하면 산은 더 이상 산으로 보이지 않고 물은 더 이상 물로 보이지 않는다. 이것은 산과 물의 외형을 초월해서 그들의 본질을 목도한 것이다. 그러나 여기에서 여전히 "나"가 주체이고 산과 물은 객체이다. 완전한 깨달음에 도달하면 산은 다시 산으로 보이고 물은 다시 물로 보인다. 산과 물은 이미 나 자신으로 융합되어 주객이 일치된 것이다. 이러한 사상은 한족에게 매우 친숙한 것이라서 민족 고유의 문화와 무난하게 통합하고 융합될 수 있었다.

다음으로 중국 전통 회화, 특히 사의화寫意畫[11]에 대해 살펴보겠다. 사의화는 사"경景"화가 아니다. 이것은 투시화법이나 원근의 허실을 추구하지는 않지만 "의意" 즉 뜻을 그림 안에 담고 있다. 그렇다면 뜻은 무엇에 기탁하여 표현되고 있는가? 큰 호수의 암석 위에, 혹은 한 그루 대나무에 기탁하여 표현된다. 사실 사의화의 화가는 산수를 그리는 것이 아니라 자기 자신을 그리는 것이며, 자신의 마음과 감정을 그리는 것이다. 그들이 그림을 그릴 때[12] 이른바 마음속으로 대나무를 품고 있다가, 마침내 단순한 대나무가 아닌 자신의 마음을 그려내는 것이다. 이것이 바로 경물에 대한 묘사와 감정 토로의 융합이다. 서법 역시 마찬가지이다. 이것이

---

11) [역자주] 寫意畫: 묘사 대상의 생긴 모습을 창작가의 의도에 따라 느낌을 강조하여 그린 그림.
12) 당연하게도 여기에서 필자가 말하는 것은 화가이지, 범속한 화공이 아니다. 요즘에는 화공이 너무 많다. 필자가 가장 우려하는 것은 TV에 비추어진 것처럼 화가들이 큰 붓질 한 번으로 그림을 완성한 것으로 여겨지는 것이다. 그러한 그림들은 어떤 값어치도 없는 것들이다. 진정으로 위대한 화가라면 그림을 준비하는 데 긴 시간을 필요로 한다.

야말로 필자의 첫 번째 문제 즉 자연과 인류의 관계이다. 자연과 인류의 결합은 문화를 잉태했으며, 중화문화로 하여금 천인관계에 대해 이해하고 납득할 수 있도록 만들었다. 그러나 이것은 천인관계의 한 측면에 불과하다. 뒤에서 논할 필자의 세 번째 문제가 바로 천인관계의 또 다른 측면이다. 일단은 아래에서 두 번째 문제를 다루어 보도록 하겠다.

3. 가족-가문-국가

가족-가문-국가는 모두 완전히 인간과 인간 간의 관계이다. 가족은 모계사회와 부계사회를 막론하고, 인류가 집단결혼제도를 탈피한 이후 존재하게 된 사회 단위이다. 인류의 생산방식이 아직 발달하기 이전 시대에 가족은 생산을 위한 필요조건이었다.

여기에서 한 가지 필자가 누락하고 다루지 않은 문제가 있다. 아마 몇몇 독자 역시 여기에 의문을 품었을 것이다. "세계의 그 어떤 민족이 가족을 중시하지 않는가? 당신은 어째서 유독 중화문화만을 강조하는가?" 필자 역시 모든 민족이 가족을 중시했다는 것을 인정하지만, 다만 정도의 차이는 존재한다고 보고 있다. 어떤 민족은 이를 절대적으로 중시하고, 또 어떤 민족은 필요한 경우에는 중시하지만 그렇지 않을 때는 부차적인 것으로 보기도 한다. 필자의 경우 이러한 정도의 차이가 존재함을 말하고자 할 뿐 어느 것이 우월하고 열악한지를 따져서 특정 대상을 비난하고자 한 것이 아니다. 필자는 『성경』 신약의 한 대목을 인용하고자 한다. 「신약·마태복음」 제12장과 「마가복음」 제3장에는 모두 아래의 대목이 실려 있다.

예수께서 무리에게 말씀하실 때에 그의 어머니와 동생들이 예수께 말하려고 밖에 섰더니 한 사람이 예수께 말했다. "보소서, 당신의 어머니와 동생들이 당신께 말하려고 밖에 서 있나이다." 그러자 예수께서 말하던 사람에게 물으셨다. "누가 내 어머니이며 내 동생들이냐?" 손을 내밀어 제자들을 가리켜 말씀하셨다. "나의 어머니와 나의 동생들을 보라. 누구든지 하늘에 계신 내 아버지의 뜻대로 하는 자가 내 형제요 자매요 어머니이니라."

구약의 모세 십계명 및 이후 선지자들의 잠언들은 모두 부모와 형제를 사랑하고 가족을 사랑하라고 가르치고 있다. 그러나 예수에 이르면, 부모와 가족은 상대적으로 덜 중요한 존재가 된다. 따라서 훗날 기독교와 천주교의 교리에 따르면 세례를 받은 후에는 더 이상 부모에게 효를 다할 수도 없고, 조상에게 절을 하거나 부모에게 고두(叩頭)의 예를 올릴 수도 없게 되었다. 이것이 바로 명대에 마테오 리치(Matteo Ricci, 1552~1610) 등이 결국 천주교 포교에 실패했던 원인이다. 만약 누군가 중국인들의 조상 신위를 옮기려고 한다면 이는 옳지 않다. 중국인들 입장에서는 어떤 종교를 믿고 매우 옳다고 여겨서 그 종교에 귀의할 수는 있지만, 대신 그 종교는 사람들이 집에 돌아가서는 제사를 모시고 조상을 섬기며, 어머니의 생신 때는 어머니를 위해 잔치를 치르고, 부모님께서 돌아가신 후에는 장례를 치르고 삼년상을 살도록 허락해 주어야 했다. 그러나 교회의 대답은 "안 된다. 이를 못 받아들이겠으면 당신은 교회에 들어올 수 없다"였다. 그러니 훗날 기독교가 어떻게 널리 확장될 수 있었겠는가? 종교 개혁 이후 전도사들은 부모를 공경해도 된다고 했고 그 이후 많은 이들이 기독교에 귀의했다. 그래서 오늘날에 이르기까지 중국의 개신교도와 천주교도들은 모두 경건하게 신을 신앙하면서도 이와 동시에 가족 윤리 역시 지켜나갔다. 여기에서 다시 한 번 밝히지만, 필자는 상대적으로 중화민족이 가족을 중시했다고 말하는 것이다.

농경사회에 진입하고 원시공산사회가 해체된 후 가족의 역할은 더욱 중요해졌다. 사유재산제 아래에서 가족은 일정 규모의 노동력을 결집시키는 역할 이외에도 생산 및 재화의 연속성 문제도 해결했다. 이른바 생산의 연속성이란 주로 농업기술과 생산 자원의 연속과 누적을 가리킨다. 즉 금년에 수확한 것이 내년에 파종할 종자인 것이다. 이른바 재화의 연속성이란 주로 토지소유권의 계승을 의미한다. 이 두 가지는 농업생산에 있어 필수불가결한 것들이며, 유목사회와 구분되는 특징들이다. 유목사회에서는 엄격한 지역관념이 존재하지 않고, 그들의 생산도구 역시 유동적이기 때문에 가족의 관념 역시 상대적으로 희박하다.

고대 중국에는 하늘(天), 땅(地), 군주(君), 부모(親), 스승(師)에 대한 학설들이 존재했다. 오늘날 젊은이들에게는 이러한 것들이 생소하겠지만 필자가 어렸을 시절만 하더라도 이러한 교육을 받았다. 한 인간이 살아가면서 무엇을 존경해야 하는가? 바로 하늘, 땅, 군주, 부모, 스승이다. 여기에서 가족의 지위를 확인할 수 있다. 그러나 필자는 하늘, 땅, 군주, 부모, 스승의 순서에 관해 논하고자 한다. 독자들이 파악했는지 모르겠지만 실제 삶에서는 이들의 우선순위가 뒤집힌다. 어째서 그러한가? 옛사람들은 가족을 중심에 두었고, 우리는 이것을 "가족 중심"(家本位)이라고 부른다. 이처럼 근본적으로 가족은 가장 친밀한 관계이다. 그러나 부모와 자식

간에 계승된 것이 생산과 관련된 지식 밖에 없는 까닭에 바깥세상을 이해하기 위한 더 많은 지식이 필요하고 사고의 수준을 높여서 자각적인 사회적 개체가 되고자 한다면 "스승"으로부터 지식을 얻어야만 한다.

우리는 가족이 혈연적 친밀함으로 연결되어 있다고 말할 수 있지만, 이러한 친밀함은 일정 시간이 지나면 희박해지기 마련이다. 언제 이러한 친밀함이 희박해지는 것일까? 손자가 그의 조부모를 대하는 감정은 부모를 대하는 감정만 못하다. 증손자대에 이르면, 직접 증조부모를 만났더라도 훨씬 덜 친밀할 것이다. 그만큼 세대 차가 크기 때문이다. 그런데 만약 직접 만나지 못하고 사진 상으로만 보았다고 한다면 전혀 친밀감이 없을 것이다. 이뿐만 아니라, 만약 결혼을 하고 자식을 낳을 경우 자신의 부모와 조부모에게 소홀하게 된다. 『홍루몽』에서 가정賈政은 가보옥賈寶玉을 죽도록 때리고 임대옥林黛玉을 여러 차례 울렸지만, 어머니에 대해서만은 공경을 다했다. 그래서 어머니가 뭐라고 그를 비난하든 모두 받아들였다. 설사 본심은 그렇지 않더라도 말이다. 소설에서 가정이 그의 아버지, 조부, 시조인 영국공榮國公을 이런 식으로 대하는 것을 본 적이 있는가? 그래서 필자는 일정 시간이 지나면 혈연적 친밀함이 희박해진다고 말한 것이다.

그러나 이러한 사실은 수천 년간 효와 관련된 예절과 의식에 의해 은폐되어 왔다. 반대로 말하자면, "효와 관련된 예절과 의식이 강조된 까닭은 친밀함의 감정이 희박해지기 쉽기 때문이다"라는 것이다. 이 둘은 상호 근거가 되는 관계이다. 만약 이러한 "희박해짐"이 수면 위로 드러나고 효와 관련된 예절과 의식으로 이를 가리지 않는다면, 전체 전통사회의 기반이 흔들리게 될 것이다. 예컨대 과거에는 부모의 유산을 서둘러 계승하고 싶다는 생각을 품고 있었더라도, 속마음에 관계없이 부모의 상을 충실히 치러야만 했다. 옛날에는 부모의 묘 옆에 초막을 짓고 삼년상을 치렀다. 이때에는 돌을 베고 거친 음식을 먹으며 가무를 금하였다. 오늘날이었으면 TV를 보는 것도 금지였을 것이다. 그러나 실제로는 어떠했을까? 어떤 이들은 초막 생활을 하면서 여러 명의 자식을 보기도 했다. 『후한서後漢書』에는 실제로 이러한 기록이 나온다. 이러한 일들이 역사서 안에서 비판받고 도덕의 법정에서 심판받음으로써, 혈연적 친밀함은 적어도 표면상으로는 유지되고 강화되었을 것이다. 어째서 이러한 것을 강화해야만 했을까? 왜냐하면 이것 자체가 쉽게 희박해지는 것이기 때문이다. 이것은 일종의 변증적 관계인 것일까?

스승의 경우는 어떠할까? 스승은 문화를 전승해 주는 부모이자 광대한 문화의 세계로 인도하는 부모이다. 전통사회 특히 한대 이래에는 벼슬길로 나아가게 해 주는 부모이기도 했다. 부모가 더 중요한 존재이기는 하지만 스승 역시 반드시 필요하다. 바로 스승을 통해 재능 있는 사람들이 향촌에서 발탁되고 고관의 지위에 오를 수 있기 때문이다. 그래서 우리는 스승을 은사恩師라고 부르는 것이다. 이러한 까닭에 매우 긴 시간 동안 전통사회에서는 스승을 친밀히 여기고 존경했으며, 스승이 돌아가시면 매우 애통해했는데, 어떤 때는 이 애통함이 부모가 돌아가셨을 때의 애통함보다 더욱 진정성이 담겨 있기도 했다. 오늘날 사람들은 이러한 것들이 잘 이해되지 않을 것이다. 졸업하고 자립하면 스승을 짓밟으려고 들며, 학술회의장에서 보고서도 못 본 척해 버린다. 옛사람들의 문집을 보면 어디에서나 스승에 대한 존경의 감정을 표한 것을 확인할 수 있었는데 말이다. 그래서 필자는 하늘, 땅, 군주, 부모, 스승 중 스승이 첫머리에 와야 한다고 주장한다.

그다음은 군주이다. 군주와의 관계는 정치적 관계, 정치적 이해관계이며, 천하를 태평하게 할 수 있는지의 여부가 달린 관계이다. 또한 모든 가족 및 모든 개인과 직접적이든 간접적이든 이해관계를 맺고 있다. 그래서 군주가 그다음인 것이다.

그다음은 땅이다. 우리는 우리에게 주어진 모든 날들을 이 땅 위에서 보낸다. 특히 농업사회에서는 더욱 그러했다. 지리와 생산량은 일 년 생활 전체에 영향을 끼쳤으며, 집안을 일으킬 것인가 망하게 할 것인가, 배부르게 먹을 것인가 굶어 죽을 것인가 등이 바로 우리 발아래 땅덩어리에 달려 있다.

마지막은 하늘이다. 높고 높은 창천은 만질 수도 없고 볼 수도 없다. 하늘과 관련된 모든 것들은 문화가 인간에게 강제한 것들이다. 하늘, 아니 하느님 아버지! 사실 이 하늘은 이성적 존재이지 감성적 친밀함을 지닌 존재는 아니다. 중국의 모든 도시들, 특히 운남성雲南省과 강서성江西省 같은 곳에서는 거의 모든 현 소재지와 거의 모든 구역(최근 몇몇 구역에서는 사라졌다.)에 모두 토지신 사당(土地廟)이 있었다. 가장 작은 토지신 사당은 책가방보다 조금 큰 정도인 경우도 있었지만, 그럼에도 모두 향이 피워져 있었다. 이에 비해 우리는 옥황상제의 사당을 몇 번이나 보았는가? 이처럼 우리는 하늘에 비해 땅이 더욱 중요함을 확인할 수 있다. "천지부모天地父母"라는 말에서 하늘은 "건乾"이 되고 남성이 되며, 땅은 "곤坤"이 되고 여성이 된다. 사람들은 보통 아버지와 더 친밀한가, 아니면 어머니와 더 친밀한가? 답은 나와 있다. 따라서 중화민족이 땅에 대해 가지는 감정은 하늘에 대한 감정을 넘어선다. 현감이라도 직속상사보다 못하듯,[13] 토지

---

13) [역자주] 고위관리보다 현장책임자 혹은 직속상관의 영향력이 더 강하다는 의미.

신이 비록 우리 집을 관장하는 신이지만 부엌신인 조왕신이 더 강력하다. 집집마다 조왕신에 제사를 지내는데, 이는 조왕신이 집안일을 모두 관장하기 때문이다.

그래서 필자는 과거 전통사회에서 주장했던 하늘, 땅, 군주, 부모, 스승에 대한 존경이란 하늘을 먼저 존경하고 땅을 나중에 존경하는 것이라고 말했던 것이다. 어째서인가? 하늘로 대표되는 것은 누구인가? 바로 천자 즉 황제이며, 이들은 통치자들이다. 땅에 제사를 지내는 이는 누구인가? 이 역시 황제이다. 그래서 수도에 천단天壇뿐 아니라 지단地壇도 있는 것이다. 황제 역시 사람의 자식이다. "나는 효로써 천하를 다스릴 것이다. 내가 효도를 하니 너희들도 효도를 해야만 한다." 이는 바로 부모와 관련된 것이다. 고대의 스승은 어떤 존재였나? 이들은 모두 관원이었다. 이 문제는 뒤에서 다룰 것이다. 그 관원을 공경하는 것은 곧 나 자신을 높이는 것이다. 따라서 하늘, 땅, 군주, 부모, 스승에 대한 존경의 실질적인 순서는 스승, 부모, 군주, 땅, 하늘이 된다.

스승은 후천적으로 만나는 존재이며, 선택할 수 있다. 반면 부모는 선천적으로 결정된 존재이며 변경할 수 없다. 따라서 원시사회에서 전해져 내려온 혈연 중시의 관념은 후대의 사회에서 엄격한 예제를 통해 더욱 강화되었다. 그리하여 모든 가족과 그 구성원들은 친가 친척과 외가 친척들로 구성된 사회적 연결망을 구성하게 되었고 모든 개별구성원들은 이 연결망의 한 교차점이 되었다. 또한 현대에 이르기까지도 같은 성씨가 마을 전체를 구성하는 집성촌 현상이 존재하게 되었다. 이각장李各莊, 왕각장王各莊과 같은 마을들은 이씨와 왕씨로만 마을이 이루어진 경우이다. 이각장은 원래 이가장李家莊이었는데, 옛날 중국어에서는 "가家"를 "gā"로 발음했기 때문에 점차적으로 이각장으로 불리게 된 것이다. 각각의 가족들과 가문들은 다시 혼인관계를 맺음으로써 이 연결망을 확장시켰다. 오늘날은 한 가정당 한 자녀만 있기 때문에 이러한 현상이 나타나지 않지만, 한 번 상상해 보자. 만약 한 가족이 사남사녀 총 8명의 자녀를 두었고, 이들이 모두 결혼다면 곧 다른 여덟 가족과 친척 관계를 맺는 것이다. 만약 이러한 가족이 다섯 가족만 있으면 총 40명의 자녀가 있는 것이고 이들이 모두 결혼한다면 40개의 새로운 친척 관계가 탄생하는 것이다. 이것이 바로 연결망인 것이다. 여기에다 이른바 겹사돈(親上加親)을 맺음으로써 이러한 혈연관계를 더욱 강화해 나갔다. 오늘날 도시지역에서는 이러한 현상을 보기 힘들지만, 농촌지역은 오늘날까지도 골짜기마다 모두 친척인 경우가 많다. 이것 역시 연결망인 것이다. 전통사회에서 이러한 연결망은 전국적 단위에 미쳤다.

이러한 인맥도 없고 혈연적 연결망도 없다면 "스승"을 중심으로 맺어진 연결망에 포함되어야 한다. 필자는 한 무리의 박사과정 학생들을 데리고 있는데, 이들도 나중에 각각 한 무리의 박사과정 학생들을 데리고 있게 될 것이다. 맙소사! 필자는 정말 위대한 스승의 스승이 될 것이다. 그 다음 혈육들까지 더한다면 어떨까? 필자의 박사과정 학생들은 모두 결혼했으니 나의 연결망은 더욱 넓어질 것이다. 그들의 자녀들은 또 어떤가? 필자의 박사과정 학생 중 누군가가 자신의 자녀를 데리고 와서는 "이곳이 나의 친가이다"라고 말할지도 모른다. 그렇지 않겠는가? 결혼을 통한 연결망, 혈육의 연결망, 여기에 스승의 연결망을 더함으로써 마침내 우리 사회는 거대한 연결망을 이루게 된다.

이러한 연결망을 총괄하는 것이 바로 천자이니, 이것은 괜찮은 통제

방식이 아니겠는가? 함께 생각해 보자. 어째서 전통사회는 청대 건륭제乾
隆帝 시기까지도 글과 관련된 옥사가 발생하면 구족을 멸했을 정도로 잔
인했던 것일까?[14] 여기에는 이유가 있다. 부모 및 스승과의 관계는 너무
깊고 친밀하기 때문에 만약 그들을 죽이지 않는다면 원한의 씨앗을 감당
할 수 없게 되기 때문이다. 위에서 언급한 것처럼 구족을 멸하는 것은
실로 엄청난 일이었다. 당사자를 기준으로 위로 몇 대, 아래로 몇 대, 횡
의로는 스승까지 모두 형을 받게 된다. 어째서 스승에게까지 그 죄가 미
치는 것일까? 표면적으로는 잘못된 교육의 책임을 묻는 것이지만, 실제로
는 그렇지 않다. 이것은 문화의 전승과 관련된 것이다. 따라서 근대 이전
중국은 국가 전체가 하나의 거대한 가족이었고, 각각의 가족은 국가의 축
소판이었다고 말할 수 있다. 선진시기 "가家"는 가족 외에도 "대부가 통치
하는 지역"이라는 또 다른 함의도 지니고 있었고, 이것은 국가와 가족 간
의 바로 이러한 관계를 드러낸 것이라고 할 수 있다.

　　『논어』「계씨季氏」편에는 다음과 같은 대목이 나온다.

　　저는 국가를 소유한 이와 가문을 소유한 이는 백성이 적음을 걱정하지
　　않고 고르지 못함을 걱정하고, 가난함을 걱정하지 않고 안정되지 못함
　　을 걱정한다고 들었습니다. 대저 고르면 가난함이 없고 화목하면 백성
　　이 많아지고, 안정되면 기울어지는 일이 없습니다. 대개 이와 같으니, 그
　　러므로 멀리 있는 이들이 복종하지 않으면 자신의 문덕을 닦아 그들이
　　다가오도록 하고, 그들이 다가오면 그들과 안정되게 지냅니다.[15]

---

14) 한마디 덧붙이자면, 필자는 오늘날 사람들이 건륭제에 대해 내리는 평가에 매우 비
　　판적이다. 건륭제는 그야말로 폭군으로, 눈 하나 깜박이지 않고 살인을 저질렀다.
　　어째서 이런 면들은 다루지 않고 오직 그가 운치가 넘치고 호방했으며 백성들의
　　빈곤을 해결해 준 것만 평가하는 것인가?

이 대목은 매우 유명한 문장이다. 일단 앞부분의 "국가를 소유한 이와 가문을 소유한 이"에 대해 논해보도록 하겠다. 국가를 소유한 이는 제후이며 가문을 소유한 이는 대부이다. 대부는 수 제곱킬로미터 면적의 땅을 점유한 이로서, 이 안에는 수천 가구가 살았을 것이지만, 이들은 모두 이 대부의 방계혈족들이었을 것이다. 대부는 바로 그 가문의 가장인 것이다. 따라서 선진시기 "국가를 소유한 이와 가문을 소유한 이"에게는 이러한 함의가 있다고 볼 수 있다. 한족에게 있어 국가와 가문의 관계는 관념상으로만 일체를 이루고 있는 것이 아니라, 가문을 다스리는 원칙과 국가를 다스리는 원칙이 방법론상으로 일맥상통하고 있는 것이다. 유가사상에서 수신, 제가, 치국, 평천하는 네 가지 서로 다른 일을 말하는 것이 아니며, 한 명의 사士 즉 지식인의 네 가지 책임을 말하는 것도 아니다. 이것은 하나의 책임이다. 다만 그 단계가 다를 뿐이다. 우선 자신을 수양해야 하고, 자신이 수양된 후에는 집안을 다스려서 집안이 화목하도록 만들어야 한다. 제가齊家의 "제齊"는 화목함의 뜻이다. 이렇게 한 후 집안을 다스리는 방법을 가지고서 국가를 다스린다. 국가를 잘 다스려 낸 다음에는 천하를 평안하게 한다. 여기에서 말하는 천하란 주나라 천자가 지배하던 천하이다. 따라서 수신─제가─치국─평천하는 가문이 확대되면 국가가되고 천하가 된다는 사고의 전형이다. 『논어』 「안연顏淵」편에는 공자의 제자인 사마우司馬牛가 근심하는 대목이 나온다.

사마우가 근심하며 말했다. "사람들은 모두 형제가 있는데 저만 없습니

---

15) 『論語』, 「季氏」, "丘也聞, 有國有家者, 不患寡而患不均, 不患貧而患不安. 蓋均無貧, 和無寡, 安無傾. 夫如是, 故遠人不服, 則修文德以來之, 旣來之, 則安之." 이 대목에는 판본과 관련된 논쟁이 있지만 여기에서는 다루지 않는다.

다." 그러자 자공이 말했다. "내가 듣기로, 죽고 사는 것에는 천명이 있으며, 부귀는 하늘에 달렸다고 한다. 군자가 공경하는 태도로 놓치는 바가 없도록 하며 다른 사람에게 공손하며 예의가 있으면, 사해 안의 모두가 형제가 될 것이다. 그러니 군자가 어찌 형제가 없는 것을 근심하겠는가!"[16]

이것이 바로 천하와 국가를 가족의 확장판이라고 보는 전형적인 관점이다. "공경하는 태도로 놓치는 바가 없음"은 가족이라는 범위 안에서는 바로 "제悌"가 되며, 혈육이 아닌 경우에는 "공손하며 예의가 있음"이 된다. "제" 역시 "공손하며 예의가 있음"의 의미이지만 가족관계에서의 고유명사로 의미가 한정한 것이다. 따라서 춘추시대에 이르러 한족 문화에서는 혈육 간의 관계를 보편적 관계로 여기라고 요구받았음을 볼 수 있다. 바로 이러한 까닭에 오직 중국어에서만 영어의 "state"와 "country"를 모두 "국가國家"로 번역하는데, 이것은 "국"과 "가"를 결합시켜서 국가의 의미를 표현해 낸 것이다. 이것이 바로 필자가 위에서 제기한 문제 즉 "중국인들은 어째서 가족 및 그 연장선인 국가의 존엄을 이토록 중시하는가?"에 대한 답이다. 가족과 국가는 서로 연결되어 한 몸을 이루고 있는 것이다.

이제 두 번째 문제에 대한 소결을 내도록 하겠다. 위에서 다룬 두 번째 문제의 요점은 농업의 특징은 생산 도구와 작물의 종류, 경작기술의 연속성이고, 이는 개인과 가족의 관계, 가족과 가문의 관계를 형성하였으며, 이것이 확장되어 친족, 국가를 이루었다는 것이다. 중국은 대대로 하

---

16) 『論語』, 「顏淵」, "司馬牛憂曰: 人皆有兄弟, 我獨亡. 子夏曰: 商聞之矣. 死生有命, 富貴在天. 君子敬而無失, 與人恭而有禮, 四海之內, 皆兄弟也. 君子何患乎無兄弟也!"

늘, 땅, 군주, 부모, 스승을 존경할 것을 주장해 왔지만, 그중에서도 부모와 스승을 중심으로 구성된 사회연결망이 국가의 핵심 근간이었다.

4. 종교-예제-습속

종교-예제-습속은 천인관계와 인간관계의 종합이다. 필자는 과거에 중국은 종교가 없는 국가라고 말한 적이 있다. 이는 지난 수천 년간 중화문화가 종교 신앙에 뿌리를 두지 않았다는 점을 지적한 것이며, 중화문화의 기저 혹은 가장 심층에 자리하고 있는 성격에 주목한 것이다. 어떤 이들은 유학이 일종의 종교이며, 따라서 유교라고도 불린다는 점을 지적한다. 그러나 이것은 잘못된 것이다. 어째서인가?

중국의 권위 있는 종교학자인 여대기呂大吉 중국사회과학원 종교연구소 교수의 연구에 따르면 종교는 네 가지 기본 요소를 지닌다. 종교의 관념과 사상, 종교적 감정과 체험, 종교적 행위와 행동, 종교 조직과 제도가 그것이다. 종교의 관념과 사상, 종교적 감정과 체험은 종교 내면에 관한 것이고 종교적 행위와 행동, 종교 조직과 제도는 종교 외면에 관한 것이다. 그의 이러한 결론은 중국 국학 학술계에서는 이미 공인된 것이다. 이 네 가지를 유가의 학설 및 후세 사람들의 유학 및 유가에 대한 숭배에 적용해 보면 종교로서의 유교라는 것이 결코 존재하지 않았음을 확인할 수 있다. 일찍이 동중서는 공자를 신격화시켜서, 하늘이 공자를 내렸다고 하면서 공자의 학설을 선전했다. 필자가 어렸을 때 학교 교실 칠판 위에는 공자의 화상이 걸려 있었고, 등교할 때마다 공자의 화상에 세 번 절을 해야 했다. 이것은 마치 종교 같기는 하지만, 그래도 이를 종교라고 할 수는 없다. 동중서의 학설은 동한시기에 이르면 사실상 사라지고 이후 그 누구도 동중서의 학설을 부흥시키려 하지 않았다. 그렇다면 세 번 절을 하는 것은 단지 오늘 내가 읽을 책과 배울 학문이 공자로부터 왔음을 보여 주는 예법일 뿐이다. 그리고 무엇보다 중요한 것은 현재 그 누구도 공자를 교주로 선전하지 않으며, 또한 그 누구도 유학을 통해 종교적 체험을 해 본 적이 없다는 것이다.

종교적 체험이란 어떤 것일까? 중국은 무신론 국가이지만, 우리가 무신론자라고 해서 신앙과 종교를 가진 이들을 조소해서는 안 된다. 매우 많은 신앙인들은 정말로 종교적 체험을 한 적이 있다. 예컨대 불교도의 경우 좌선해서 입정에 들면 자신의 육신에서 초탈하여 "만법은 모두 공"(萬法皆空)이라는 느낌을 받게 된다. 다른 종교들도 마찬가지이다. 필자가 어렸을 때 천주교의 포교를 들은 적이 있다. 포교를 하던 미국인 신부는 자신의 종교체험에 대해 들려주었다. 이러한 것들은 단순히 "거짓, 허구" 등으로 치부해 버릴 수는 없는 것들이다.

그렇다면 우리는 유학과 관련하여 이러한 체험을 한 적이 있는가? 예컨대 허某 선생(필자 자신)이 여러 해 동안 줄곧 사서와 오경을 탐독해 왔는데, 어느 날 갑자기 공자가 곁에 나타나서 계시를 내려 주었거나 혹은 꿈속에서 그를 만났다는 식으로 말이다. 공자 선생께 정말 죄송스럽게도, 나는 이처럼 긴 시간 책을 읽어 왔음에도 단 한 번도 꿈속에서 그를 뵌 적이 없다.

이 밖에도 종교는 의식을 필요로 한다. 유가에는 공자에게 제사를 올리는 의식이 있지만, 이것은 조상에게 제사를 올리는 것과 비슷한 것으로,

결코 종교적 의식이 아니며, 어떤 종교적 규범이 있는 것도 아니다. 개신교와 천주교에서 미사를 올리는 경우뿐 아니라 불교에서 법회를 하고 이슬람교에서 예배를 드리는 것 모두 일정한 의식이 있다. 이렇게 따져 보면 종교로서의 유교는 존재하지 않으며, 유학을 종교라 할 수도 없다.

또 어떤 이들은 중국에 다섯 가지 주요 종교 즉 불교, 도교, 이슬람교, 개신교, 천주교 등이 존재하는데 어떻게 중국이 종교가 존재하지 않는 국가라고 할 수 있는지 의아할 수도 있을 것이다. 우리는 이 문제를 세 각도에서 볼 필요가 있다. 첫째, 필자가 앞에서 언급한 중화문화의 심층적 성격이 종교에 뿌리를 두지 않았다는 점이다. 둘째, 중국의 종교인 비율이 매우 낮다는 점이다. 현재 중국 인구는 13억 명이지만 종교인은 1억이 약간 넘는 수준으로, 대부분의 사람들은 종교를 가지지 않고 있다. 그러나 매우 신기한 종류의 신앙들이 존재하기는 한다. 예컨대 할머니들은 수시로 토지신에게 향불을 피워 올리는데, 그들은 토지신이 어떻게 생겼는지, 토지신이 그들에게 무언가 해 줄 수 있는 능력의 범위가 어디까지인지도 알지 못한다. 이것은 모두 과거로부터 이어져 내려온 것이지 종교라고 할 수 없다. 셋째, 중국의 불교와 도교는 이미 한참 전에 유교와 회통되어 서로의 요소들을 받아들였기에 더 이상 과거의 원형이 아니라는 점이다. 이러한 변화를 두고 우리는 불교와 도교가 "유학화"(儒化)되었다고 평가할 수도 있을 것이다.

외래 종교인 이슬람교, 개신교, 천주교의 경우 역시 중화문화에 각각 크고 작은 양보를 했다. 이들은 자신들의 원래 교리를 유지한 채 중화문화의 여러 관념들을 흡수했다. 여기에서 이러한 문제들에 대해 상세히 다룰 수는 없다. 『중국이슬람교사』(中國伊斯蘭教史)에서는 이슬람교의 전파

과정, 이들이 중화문화를 어떻게 수용했는지, 그리고 이슬람교의 장점들이 어떻게 중화문화에 흡수되었는지 등에 대해 모두 논하고 있다. 개신교, 천주교 역시 훗날 중국의 신도들이 세례를 받은 후에도 집에서 자식으로서의 도리를 다할 수 있도록 허용했다. 이것이 바로 일종의 양보인 것이다. 이슬람교의 성전인『코란』에서는 원래 한 명의 남자가 만약 경제적 조건이 허락한다면 네 명의 아내를 둘 수 있다고 규정하고 있다. 물론 이것이 특정한 조건 하에서만 여러 아내를 두는 것을 허용한 것이지만, 이슬람교가 중국에 전파된 이후 중화의 민족들은 이슬람교 신봉 여부와 상관없이 모두 장기간 이어져 온 중국의 주체적 관습을 고수했다. 즉 일부일처제를 고수한 것이다. 중국에서 혼인법이 제정될 당시 이슬람교는 어떠한 저항도 하지 않았지만 그들의 교의는 여전히 원래의 형태를 유지하고 있다. 이 사례 역시 중화문화가 외래 종교를 개조한 경우이지 그 역이 아니라고 볼 수 있다. 중화문화는 외래문화 가운데 선택적으로 영양분을 흡수해 자신들의 문화를 풍부하게 만들어 왔을 뿐이다.

지금까지 필자는 전체 중화문화 및 이것의 수천 년간의 진행과정에 주목하며 논의를 진행했다. 만약 문화 발전의 초기 단계만 놓고 본다면, 중화민족 역시 인류 발전의 법칙을 벗어날 수는 없었다. 즉 인류의 성장과 문화의 발생이 종교와 분리될 수 없다는 법칙에서 자유로울 수 없었다는 것이다. 하지만 문화 발전 단계가 유아기를 넘어선 이후 중국대륙에서 종교는 사라지고 말았다. 이는 중화문화가 최초 단계에서는 아직 종교와 밀착해 있었다는 것이다. 종교의 탄생은 인류가 아직 몽매하던 시기에 자신이 통제하거나 이해할 수 없던 자연현상에 대한 외경과 숭배로부터 비롯됐다. 인류의 상상력이 향상됨에 따라 대자연을 대상화된 자신과 더욱 명료하게 결합시켰고, 마침내 종교를 탄생시켰던 것이다. 이 말은 다소 철학적 느낌이 있는데, 이를 풀어서 말하자면, 대자연은 객관이나 그 자체 는 인간에게 있어 대상이라는 것이다. 인류문화 발전의 초기 단계에서는 객관적·외부적인 것만을 인식했다. 그러나 인간의 주관 인식이 자신을 이해하고자 하게 되자 인간은 자기 자신도 대상화했다. 이것이 바로 자신 에 대한 대상화이다. 이것은 인간의 인식 수준을 한 단계 비약시킨 사건이 었다. 처음에는 하늘에 대해 경외했을 뿐이지만, 자신을 대상화한 이후 자신의 형상과 특징을 대자연 형상과 성격에 투영했다. 이것이 바로 신 즉 인격신의 탄생이며, 종교는 바로 이러한 방식으로 탄생했던 것이다.

　　황하 중하류에 거주했던 중화민족 역시 원시종교를 가지고 있었고, 이것은 신과 선조의 합일, 다신교화 등의 특징을 지니고 있었다. 즉 신에 대한 숭배와 선조에 대한 숭배가 결합된 것이다. 자신들의 시조가 어떻게 신의 경지에 도달했는지를 전하는 신화들이 생겨났다. 어떤 민족들은 자 신들의 토템을 호랑이로 정하고, 정말로 자신들의 시조가 호랑이라고 여 겼다. 어떤 민족들은 매를 그렇게 여기기도 했다. 이러한 다신교들은 위 에서 언급한 이해할 수 없는 대자연에 대한 두려움으로부터 근원한 것이 다. 원시인들에게는 '자신'이라는 주체 이외의 거의 모든 것들이 두려움 의 대상이었다. 이 두려움의 대상에는 자신의 능력, 신체구조, 질병 역시 포함되었다. 따라서 그들은 이러한 모든 객관사물을 숭배해야 했다. 산에 는 산신이 있고, 강에는 강의 신이 있고, 나무에는 나무의 신이 있고, 늑 대에게는 늑대의 신이 있고, 호랑이에게는 호랑이의 신이 있으며, 심지어 쥐에게도 쥐의 신이 있다고 말이다. 『요재지이聊齋志異』[17]에는 「두더지 혼

---

17) [역자주: 聊齋는 蒲松齡의 서재 이름이다. 이로 인해 그가 편찬한 저작으로 기이한

인(老鼠娶親) 같은 여러 전래설화가 실려 있는데, 이들은 모두 자연사물들을 신화화한 이야기들이다. 어떤 민족들은 쥐를 토템으로 삼았던 것이다. 중국의 고서 예컨대 『좌전』에서도 이러한 흔적을 쉽게 찾아볼 수 있다. 역사상 수많은 서적과 풍속 안에서도 이러한 것들을 쉽게 발견할 수 있다. 후대에 부뚜막에 제사를 지내고, 천지를 숭배하며, 여우신선을 숭배하고, 족제비를 숭배하는 등등 역시 모두 그러한 흔적들이다. 토템은 다신교의 발생보다 약간 뒤에 출현하는 것으로, 여러 신들 중 자신의 가족과 가장 관계가 밀접한 신을 특별히 더 숭배하고, 이를 자신들의 부족의 상징으로 삼는 것이다.

중국이 종교적 국가가 되지 않은 중요한 이유 중 한 가지는 종교로부터 발생되는 윤리가 아직 원시상태에 머물러 있을 때 비종교적 윤리관계가 한 발 앞서 민족의 핵심 사상으로 자리 잡았기 때문이다. 이 시기 종교는 아직 원시적 상태에 머물러 있었기에 더 이상 고급 종교로 발전할 수 없었다. 또한 중국은 비교적 이른 시기에 통일국가를 이루었던 까닭에, 원시종교가 정권과 결합하여 정교일치의 국가를 수립하기 어려웠다. 그리하여 중국은 여타 문화권과는 다른 길을 가게 되었는데, 그것이 바로 종교의 정치화이다. 종교의 정치화는 최고 통치자가 천지일월天地日月의 권력을 독점하는 것에서 매우 잘 드러난다. 제왕은 다시 자신에게 천명을 부여해서 자신을 하늘의 아들 즉 천자라 칭했다. 그 후 하늘과 신명에 제사를 올릴 권리를 독점하고 예제를 통해 이를 고정시켜서 이러한 권위를 신성불가침의 규범으로 만들어 버렸다. 이것이 바로 종교의 정치화가 아니겠는가? 그래서 과거에는 모든 가정이 조부, 시조 및 역대 조상들에

이야기를 기술한 단편문언 소설집을 『聊齋志異』라고 한다.

게 제사를 올릴 수 있었다. 만약 이러한 것들이 생소하게 느껴지는 젊은 독자가 있다면 소설 『홍루몽』을 읽어 보길 권한다. 그러나 하늘에 제사를 지내는 것은 결코 용납될 수 없었기에, 천자가 하늘에 제사를 올릴 때 뒤에 서 있을 수만 있어도 최대의 영예로 여겨졌다. 따라서 오늘날 모든 사람이 천단天壇, 지단地壇, 일단日壇, 월단月壇에 들어갈 수 있는 것은 정말로 큰 행운인 셈이다. 이곳은 원래 성역으로서, 마음대로 출입할 수 있는 곳이 아니었다. 이것은 본래 원시종교 신앙이었지만 이후 고정되고 정치화된 것이다.

종교의 정치화에서 주된 것은 정치이지만 외면은 종교였다. 그래서 『논어』 「술이述而」편에 다음과 같은 대목이 나온 것이다.

> 선생님께서는 기이하고 괴상한 것, 힘으로 억누르는 것, 어지러운 것, 귀신에 관한 것을 말씀하시지 않았다.[18]

즉 공자로부터 기이하고 괴상한 일에 관해 들을 수 없었다는 것이다. 후대의 『이십사사二十四史』는 여러 왕조의 역사서에 「오행지五行志」라는 부분을 두고 있는데, 여기에 기록된 것들은 모두 기이하고 괴상한 일들이었다. 어떤 족제비가 모자를 쓰고 조정에 드나들었다거나, 어떤 마을의 돼지의 다리가 세 개였다 등이 그러하다. 공자는 바로 이러한 기이하고 괴상한 것들에 대해 언급하지 않았다는 것이다. 또한 공자는 천하를 주유하며 "인仁"에 근거한 학설을 유세한 사람이지 힘(力)에 의지한 사람이 아니었고, 그는 천하가 태평하고 국가가 통일되기를 희망했지 어지러운 일(亂)

---

18) 『論語』, 「述而」, "子不語怪, 力, 亂, 神."

을 일으켜서 윗사람을 범하려고 한 사람이 아니었으며, 귀신에 대해서도 논하지 않았다. 『논어』「선진先進」에는 다음과 같은 대목이 나온다.

> 계로(자로)가 귀신을 섬기는 문제에 대해 물었다. 공자가 말했다. "사람을 섬기는 것도 아직 능숙하지 못한데, 어찌 귀신을 섬길 수 있겠는가?" 자로가 물었다. "죽음에 대해 감히 여쭙습니다." 공자가 말했다. "아직 삶도 모르는데 죽음을 어찌 알겠는가?"[19]

죽음에 관한 자로의 질문은 종교 신앙의 문제와도 관련된다. 인간은 죽은 후 다시 살아날 수 있는가? 죽음 이후 영혼은 어떻게 되는가? 이에 대한 공자의 답은 "너는 살아 있을 때의 일도 잘 모르면서 무슨 죽음에 대해 묻는 것인가?"였다. 여기에서 우리는 공자가 귀신, 개개인의 영혼에 대해 논하지 않았음을 확인할 수 있다.

수천 년의 역사 동안 중국 전통사회에서 정치는 결코 노골적으로 권력(주로 무력)에 의지해서 통치를 실시하지 않았다. 그들은 국가와 가족의 특수한 관계의 도움을 빌렸다. 즉 충과 효를 결합시키고 다시 인仁으로 이들을 관통한 것이다. 가족이 확장된 것이 국가이므로, 가족 내에서 효를 추구했다면 밖에 나와서도 효를 행해야만 한다. 즉 부모에게는 효를 다하고 국가에는 충을 다해야 한다는 것으로, 충은 효의 확장이라 할 수 있다. 그러나 국가 전체의 이익과 가문의 이익이 충돌하는 경우도 발생할 수 있다. 그래서 "충과 효는 온전히 양립하기가 어렵다"는 말이 있는 것이다. 충과 효는 온전히 양립할 수도 없으며, 동등지도 않다. 충은 효보

---

19) 『論語』, 「先進」, "季路問事鬼神. 子曰: 未能事人, 焉能事鬼? 敢問死. 曰: 未知生, 焉知死?"

다 더 우선시되는 가치이다. 즉 충을 다하기 위해 효를 다하지 못했다는 것은 말이 되지만 효를 다하느라 충을 다하지 못했다는 것은 말이 되지 않는다. 국가가 나를 선봉장에 임명하면서 정벌을 명했는데, "제 부모님께서 올해 팔십이시라 그건 좀 어렵겠습니다. 충과 효가 온전히 양립하기는 어렵군요"라고 답한다면, 안 됐지만 이것은 잘못된 일이다. 유일한 예외는 이밀李密의 진정표陳情表[20]이다. 이밀은 당시 통치자였던 진晉나라의 무제武帝와 함께 일하기를 원치 않았기 때문에 늙으신 할머님이 의지할 데 없이 홀로 계심을 이유로 들어 관직에 임하지 않았던 것이다. 이러한 일은 상당한 모험으로, 자칫하면 바로 거부당할 수도 있다.

따라서 유가문화를 관통하고 있는 것은 인仁 즉 사람을 사랑함이다. 충은 윗사람을 향한 사랑이고, 효 역시 윗사람을 위한 사랑이다. 그렇다면 주변 사람 혹은 혈연관계가 없는 사람, 학연관계가 없는 사람은 어떻게 해야 하는가? 이는 오직 "인" 한 글자로 모두 포괄해 버릴 수 있다. 이상의 문제들은 모두 정치의 윤리화와 관련되어 있다. 정치의 구조는 피라미드 구조와 같아서 정점에는 황제가 있고 여러 계층을 거쳐 일반 백성에 다다른다. 이러한 구조를 유지하기 위해서는, 그리고 이를 하나로 관통하기 위해서는 바로 윤리가 필요하다. 그리고 이러한 면모를 보이는 윤리 속에는 정치라는 골조가 들어 있기 때문에 필자는 이것을 두고 정치가 윤리화되었고 평가하는 것이다. 『논어』「학이」편에는 다음과 같은 대목이 나온다.

---

20) [역자주] 陳情表: 중국 晉나라의 武帝가 이밀을 洗馬에 임명하려고 했을 때, 나이 구십의 조모 劉씨를 봉양할 사람이 없어 이밀이 세마의 직을 사양한 문장이다. 이 문장은 제갈량의 「出師表」와 아울러 읽는 사람으로 하여금 눈물을 금치 못하게 한다고 한다.

군자는 근본에 힘쓴다. 근본이 바로 서면 바른 도가 생겨난다. 효제야말로 인의 근본이구나![21]

효제가 바로 근본이기에 군자는 효제에 힘쓰는 것이며, 효제가 바로 서면 도가 생겨나는 것이다. 도는 모든 일의 실천에 있어 법도가 되는 것이다. 「학이」편에서는 다음의 대목도 나온다.

부모를 섬김에 있어서는 자신의 힘을 다할 수 있어야 하고, 군주를 섬김에 있어서는 자신의 모든 것을 다할 수 있어야 한다. 친구와 사귐에 있어서는 말에 믿음이 있어야 한다. 만약 이러한 사람이라면, 설사 그가 아직 배움이 없다 하더라도 나는 그를 배운 사람이라고 말할 것이다.[22]

자신의 모든 것을 다한다는 것은 자신의 온몸을 던져 군주의 일에 임하고 온 힘을 다한다는 것이다. 부모를 모심에 있어 자신의 힘을 다해야 하지만(致其力) 군주를 모심에 있어서는 "자신의 힘을 다해야 한다"고 말하지 않고 "자신의 모든 것을 다해야 한다"(致其身)고 말했다. 이는 군주를 부모보다 높은 존재로 인정한 것이라고 보아야 옳을 것이다. 국가든 가문이든 모두 수직적 관계들이지만, 친구 관계는 사회적 관계 중 수평적인 편에 들어간다. 만약 위의 덕목들을 모두 달성한 이가 있다면, 비록 그와 함께 공부한 적이 없고, 많은 책을 읽지 않은 사람이라고 하더라도 그를 배운 사람이라 여기겠다는 것이다.

효제를 인의 근본으로 여기고 근본이 바로 서면 도가 생겨난다고 했

---

21) 『論語』, 「學而」, "君子務本. 本立而道生. 孝弟也者, 其爲仁之本與!"
22) 『論語』, 「學而」, "事父母能竭其力, 事君能致其身. 與朋友交, 言而有信. 雖曰未學, 吾必謂之學矣."

을 때의 도는 이미 한 가문에서만 통용되는 도가 아니라 천하의 보편적인 도이다. 여기에서 군주를 섬기는 것과 부모를 섬기는 것을 나란히 제시하고 국가와 가문을 나란히 제시한 것은 인에 대해 최고의 평가를 부여한 것이다. 따라서 중국의 윤리는 항상 정치와 연관될 수밖에 없었고, 이러한 까닭에 윤리가 정치화되었다는 평가를 받는 것이다.

「위정」편에서 공자는 다음과 같이 말한 적도 있다.

　　공자가 말했다. "정치로써 인도하고, 형벌로써 다스린다면 백성들은 형벌만 면하기만 하면 잘못을 부끄러워하는 마음이 없을 것이다. 덕으로써 인도하고 예로써 다스린다면 백성들은 부끄러워하는 마음을 가지고서 어느 정도의 수준에 도달할 수 있을 것이다."[23]

　　공자는 정치와 정권으로 백성들을 인도하고 형벌로서 백성들의 행위를 제재하는 것보다 덕을 가지고 백성들을 인도하고 예를 통해 백성들을 다스리는 것을 더 바람직하다고 보았다. 예禮의 핵심은 인이며, 충이고, 효이다. 그래서 이러한 통치를 받은 백성들은 부끄러워하는 마음을 가지고 어느 정도의 수준에 도달할 수 있는 것이다.

같은 편에서 다음의 대목도 나온다.

　　누군가 공자에게 물었다. "선생님께서는 어째서 정치를 하지 않으십니까?" 공자가 답했다. "상서에 말하기를 효성스럽고 효성스러우며, 형제간에 우애가 있고, 이러한 것들을 위정자에게 일러 준다"고 했다. 이 역시 정치를 하는 것인데 어째서 관직에 나아가 정치를 하는 것만 정치라

---

23) 『論語』, 「爲政」, "子曰: 道之以政, 齊之以刑, 民免而無恥. 道之以德, 齊之以禮, 有恥且格."

고 여기는 것인가?[24]

공자를 향한 이 질문은 참으로 상대방의 아픈 곳을 다시 찌르는 것이었다. 공자는 정치를 하고 싶었지만 불운하게도 하지 못하고 있는 상황이었다. 이에 대해 공자는 부모에게 효성스럽고 형제간에 우애 있으며, 이러한 학설과 관념을 위정자에게 일러 주는 것 역시 정치이지, 반드시 관직을 해야만 정치를 하는 것은 아니라고 답변했다. 이는 마치 '나는 지금 제후에게 효제와 인을 선전하고 있으며, 이것이 제후에게 영향을 끼쳐서 제후가 이를 가지고서 정치를 한다면, 이것이 곧 내가 정치를 하는 것이다'라고 답한 것과 같다. 이것은 나름 일리가 있지만 다소 "아큐"(阿Q)[25]와 닮아 보이기도 한다.

윤리는 사회의 모든 차원, 모든 공간과 모든 상황에 존재한다. 대도시의 넓은 거리에도, 산간벽지에도, 거대한 가문에도, 빈곤한 작은 가족에도, 인간과 인간의 관계를 처리하는 규칙은 통일된 이념을 필요로 한다. 이러한 통일된 이념이 바로 중화문화의 윤리관이다. 이러한 윤리는 제도를 통해서 통일시키고 보존해야 한다. 이러한 제도가 바로 예제禮制이다. 역대 조정들이 예제를 중시했던 근본적 원인이 바로 이것이다. 윤리는 수천 년의 시간 동안 중국문화를 관통해 오면서 사회의 심층에 깊이 자리하고 사람들의 삶의 모든 영역에 깊이 스며들었다. 또한 이러한 윤리는 이미 세속화되었다. 사회 개별 구성원의 입장에서 볼 때 이 세속화는 곧 관습의 성립이다. 관습과 풍속은 인간의 생활과 긴밀하게 결합되어 있는

---

24) 『論語』,「爲政」, "或謂孔子曰: 子奚不爲政? 子曰: 書云, 孝乎惟孝, 友于兄弟, 施於有政. 是亦爲政, 奚其爲爲政?"
25) [역자주] 阿Q: 중국의 소설가 魯迅의 소설 『아큐정전』의 주인공이다.

것들로, 강력한 힘을 지니고 있다. 이들은 수천수만의 병력과 절대군주의 권력조차도 극복한 바 있다. 그래서 레닌(Vladimir Lenin, 1870~1924)이 "관습은 정말로 무서운 것이다"고 말했던 것 역시 바로 이러한 이유에서이다. 종교, 정치, 윤리는 중화문화 안에서 삼위일체를 이루고 있다. 종교의 정치화, 정치의 윤리화, 윤리의 세속화는 엄밀한 논리관계에 근거한 융합이 현상으로 드러난 것이다. 이것이 바로 중화문화가 여타 문화와 구분되는 특징이다.

5. 봉건제-군현제; 제왕-정부

아직 인구도 적고 영토도 넓지 않던 시절에는 혈연을 연결고리로 하여 결성된 국가들이 특수한 강점을 지녔다. 예컨대 세계에는 아직도 생산력이 낮고, 전통적 생활을 고수하고 있는 민족들이 있다. 그들은 인구도 적고 영토도 넓지 않으며, 혈연관계를 매우 중시한다. 전통시대에는 추장이든 촌장이든 족장이든 간에 모두 이러한 혈연관계를 통해 자신의 부족과 부락을 관리 및 통치했다. 이것은 나름의 강점이 있었다. 조상에 대한 숭배와 이에 상응하는 제사를 주관하는 권리는 천하의 모든 땅과 주민을 최고 통치 집단 아래 통일시킬 수 있었다. 그래서 『시경』「소아小雅·북산北山」에서는 다음과 같이 읊었다.

넓은 하늘 아래 왕의 땅 아닌 곳 없고, 이 땅에 사는 사람들 중 왕의 신하 아닌 이 없다.[26]

그러나 인구가 증가하고 영토가 광대해지자 혈연관계는 필연적으로 약화될 수밖에 없었다. 이익관계와는 달리 매우 깊고 친밀했던 친족관계가 약화되자 통일정권을 유지하는 동력 역시 갈수록 약화되었고, 결국에는 그 작용을 완전히 상실하게 되었다.

고대 중국에서는 오복제도五服之制를 두었다. 이 제도는 주나라 천자가 있는 수도를 중심으로 다섯 개의 동심원을 그리고 각각의 원마다 서로 다른 복장을 입는 것이었다. 이 복장은 천자와의 친소관계를 보여 주는 것이었으며, 이외의 복장을 입는 자들은 이민족이라고 볼 수 있었다. 이 제도는 훗날 가족 안에서도 채택되었으며, 오복은 오대五代를 가리키게 되었고, 이후에는 다시 다섯 등급의 상복제도로 변화하여, 혈연관계의 친소에 따라 서로 다른 상복을 입었다. 따라서 이러한 오복제도는 방금 필자가 언급한 대로 영토가 확장되고 인구가 증가한 이후 혈연관계가 갈수록 약화되던 상황을 보여 주는 것이다. 한번 생각해 보자. 유비劉備(160~223)는 촌수로는 황숙이었지만 매우 영락한 처지에서 출발했고, 명나라의 황족들은 팔대산인八大山人(1624~1703)[27]과 같은 화가가 되거나 승려가 되었다. 청나라 명문 성씨였던 협혁나랍叶赫那拉씨와 애신각라愛新覺羅씨의 후예들 역시 청 말기에 이르러 모두 빈곤한 처지에 떨어지고 말았다. 그들은 두루마기에 큰 구멍들이 뚫려 있어도 집밖을 나가서는 가슴을 펴고 다녀야만 했다. 왜냐하면 그들은 황족들이었고, 이러한 정신적 우월감 말고는 남은 것이 없었기 때문이다.

이러한 문제에 있어 옛사람들은 역설에 빠져 있었다. 그들은 한편으로

---

26) 『詩經』, 「小雅・北山」, "溥天之下, 莫非王土, 率土之濱, 莫非王臣."
27) [역자주] 八大山人: 중국 청 초에 활약한 명 왕족 출신의 유민화가.

는 "군자가 베풀어 놓은 은택도 다섯 세대(한 세대가 대략 30년) 정도 지나면 끊긴다"고 주장했다.[28] 여기에서의 "은택"이란 그의 훌륭한 업적과 도덕 수양을 가리키는데, 한 세대 한 세대 흘러 다섯 세대가 지나면 그의 학술이든 무엇이든 그 어떤 것도 남아 있지 않게 된다는 것이다. 어떤 이가 왕에 봉해지고 열여덟 명이나 되는 아들을 두었다고 한다면, 그가 죽은 후 누가 그 작위를 계승하겠는가? 바로 장남이 계승할 것이다. 그렇다면 다른 아들들은 왕위에 오를 수 있을까? 불가능하다. 그들은 한 등급 낮은 작위를 받을 것이고, 그다음 대가 되면 다시 한 등급 낮은 작위를 받고 더 작은 몫을 분배받을 것이다. 이처럼 조상의 은택은 갈수록 줄어들어서 오대가 지나면 어떤 것도 남지 않고 평민이 될 것이다. 오복제도 역시 이와 궤를 같이한다. 그러나 고위 통치자들은 혈연관계를 장악함으로써 천년만년 안정적으로 정권을 유지하기를 희망한다. 참으로 역설 아닌가?

중국 역대 정권들의 형태가 변천해 온 과정은 매우 흥미롭다. 하 왕조는 우임금으로부터 시작되었으며, 혈연관계에 근거해서 통일을 유지했다. 「하본기夏本紀」에 기록되어 있는 황실의 계보는 매우 명확하다. 그러나 우임금이 어떻게 형제와 제후들에게 분봉을 했는지에 대해서는 지금으로서는 파악하기 어렵다. 사마천은 「하본기」에서 다음과 같이 기록했다.

우는 사似를 성으로 삼아 그 후손들을 각지에 봉하여 그 나라 이름을 성으로 삼았다. 그래서 하후씨夏后氏, 유호씨有扈氏, 유남씨有男氏…… 등이 있게 되었다.[29]

---

28) 『孟子』, 「離婁下」, "孟子曰: 君子之澤, 五世而斬."
29) 『史記』, 「夏本紀」, "禹爲姒姓, 其後分封. 故有夏後氏, 有扈氏, 有男氏……."

여기에서는 분봉 받은 모든 성씨를 나열하지는 않겠다. 다만 「하본기」는 분봉의 구체적 상황을 상세하게 보여 주지는 않는다. 오히려 주 왕조의 경우, 우리는 사료에 근거해서 분봉의 대략적인 상황을 이해할 수 있다. 바로 이러한 까닭에 공자는 다음과 같이 말했던 것이다.

나는 하나라의 예에 대해서는 말할 수 있지만 기杞나라는 이를 증명하기에 부족하다. 나는 은나라의 예에 대해서는 말할 수 있지만 송宋나라는 이를 증명하기에 부족하다. 그것은 문헌이 부족하기 때문이니, 문헌이 충분했다면 그것을 증명할 수 있을 것이다.[30]

기나라는 은나라가 건국된 이후 하 왕조의 후예들이 분봉 받은 제후국이다. 송나라는 주나라가 은나라를 멸한 이후 은나라의 유민들을 오늘날 하남성 상구商丘로 옮긴 후 세운 나라이다. 춘추시대의 송나라가 바로 은나라의 후예들이 세운 이 송나라이다. 그들은 어째서 자신들을 "송宋"이라 칭했던 것일까? 하 왕조 시절 은나라가 본래 송나라로 분봉 받았던 제후국이었기 때문이다. 공자는 문헌이 부족하기 때문에 자신의 주장을 증명할 수 없으며, 만약 문헌이 충분했다면 주장을 증명할 수 있다고 말했다. 우리는 공자 당시 이미 문헌이 부족했음을 알 수 있다. 문헌이 부족했던 원인은 무엇일까? 아마도 이 시기에는 아직 문자가 존재하지 않아서 새끼줄로 매듭을 지어 기록을 했을 가능성이 매우 높다. 따라서 현재의 우리로서는 당시 하나라와 은나라의 상황을 "분봉"으로 간주하기는 어렵다. 그러나 「하본기」뿐 아니라 다른 문헌들 역시 모두 당시 하나라와 은

---

30) 『論語』, 「八佾」, "子曰: 夏禮, 吾能言之, 杞不足徵也. 殷禮, 吾能言之, 宋不足徵. 文獻不足故也, 足則吾能徵之矣."

나라가 혈연관계에 따라 분봉을 하고 통일국가를 이루었다고 증명해 주고 있다. 그러한 그들의 영토가 얼마나 되었겠는가? 기껏해야 오늘날 하남성 북부 혹은 섬서성 일부 지역에 불과했을 정도로 협소했다. 또한 공자는 다음과 같이 말하기도 했다.

> 은나라는 하나라의 예로부터 물려받았으니, 그 덜어 낸 바와 더한 바를 알 수 있다. 주나라는 은나라의 예로부터 물려받았으니, 그 덜어 낸 바와 더한 바를 알 수 있다.[31]

더했다는 것은 무슨 의미인가? 계승하고 발전시켰다는 것이다. 공자 당시에도 이러한 예[32] 및 각 왕조의 예에서 덜어낸 바와 더한 바에 대해 어느 정도 알고 있었을 것이다. 심지어 오늘날 우리들에게도 전해지는 바가 있으니 말이다. 방금 필자가 언급한 바와 같이, 우리는 주 왕조에 대해 비교적 명확하게 알고 있다. 이는 사료가 비교적 풍부하기 때문이다. 그러나 서주西周는 수백 년을 거치면서 영토도 광대해지고 자손들은 갈수록 많아졌지만 주나라 천자는 하늘과 조상에게 제사를 지낼 권리만 가지고 있을 뿐이었다. 주나라 천자는 문왕, 무왕, 성왕에서부터 줄곧 적장자로서 조상에게 제사를 지내왔다. 그러나 이후 제후들이 분가해 나가면서 누구도 공동의 시조에게 제사를 지낼 수 없게 되었다. 만약 제사를 지내고자 한다면 자신이 갈라져 나온 시조에게 제사를 지내야 하는데, 이러한 중시조 역시 이미 한참 후대의 조상이었다.

---

31) 『論語』, 「爲政」, "子曰: 殷因於夏禮, 所損益可知也. 周因於殷禮, 所損益可知也."
32) 이러한 예에 있어 가장 중요한 것은 어떻게 혈연관계에 근거해서 국가 및 국가의 제도를 운영하는가이다.

제후는 어떠한 역할을 하는가? 제후는 자신의 제후국 안에서 입법, 재판, 군사, 세금 징수 등의 업무를 관장했다. 세금의 경우 제후는 이를 조정에 바치지 않지만, 다만 제후가 정기적으로 천자를 알현하는 조빙朝聘의 예를 거행할 때 약간의 예물을 바치기는 했다. 그러나 이것은 몇 필의 말, 약간의 비단, 몇 덩어리의 옥에 불과했다. 그렇다면 주나라 천자의 세력 기반은 무엇이었을까? 그들은 바로 수도 주위 직할지를 일컫는 "기畿"를 기반으로 했으며, 이 지역으로부터 세금을 거두어들였다. 그러나 주나라 천자는 자신을 보필하는 대신들에게 끊임없이 은상을 내려야 했다. 공로가 있는 자에게는 그만큼 땅을 하사해야 했으며, 만약 왕이 여덟 명의 아들을 낳는다면 이들에게도 땅을 분배해 주어야 했다. 따라서 분배를 할수록 왕의 직할지인 기는 계속 작아져서 마침내 더 이상 넓은 지역이 아니게 되었다. 제후의 경우 이미 먼 친척에 불과했다. 그리하여 주나라는 쇠락해 갔던 것이다.

당시 이민족들은 끊임없이 왕의 직할지를 침략했고, 견디다 못한 주 왕실이 동쪽으로 천도함에 따라 서주시대에서 동주시대로 넘어가게 된다. 그래서 『좌전』에는 "우리 주나라가 동쪽으로 천도하여 진晉나라와 정鄭나라에 의지했다"[33]라는 대목이 나온다. 진나라와 정나라는 원래 작은 제후국이었지만 이 당시 강대국으로 발전한 상태였고, 주 왕실은 동쪽으로 천도하여 그들에 의지하고 의탁하며 얹혀살게 된 것이다. 동주는 이미 그 시작에서부터 이처럼 몰락한 상태였다.

이른바 봉건제에서는 주로 같은 성씨에게 분봉을 했다. 주나라의 경우 은나라 유민들을 위무하기 위해서 그들에게도 분봉을 하기는 했지만

---

33) 『左傳』, 隱公 6年, "我周之東遷, 晉鄭焉依."

그들의 역량이 주 왕실과 같은 성씨의 제후들과 견줄 수 있는 정도는 아니었다. 일단 봉토를 받아서 제후국이 되면, 저마다 체제를 구축하고 백관을 모아서 신권, 군권, 경제권 등을 완전히 장악할 수 있었다. 이러한 방식은 주 왕실의 상대적인 쇠락을 불러왔다. 이러한 제후국들은 자신의 세력을 확장하기 위해 약육강식의 경쟁을 벌였고, 이로 인해 춘추전국시대가 열리게 되었다. 맹자는 이러한 상황을 두고 "춘추에는 의로운 전쟁이 없다"[34]고 평가했다. 즉 정의로운 쪽과 정의롭지 못한 쪽이 벌인 전쟁이 아닌 영토와 이권을 놓고 벌인 쟁탈전이었을 뿐이라는 것이다.

진秦나라는 중국을 통일하기 이전부터 주나라의 폐단을 거울로 삼았다. 진 목공秦穆 이래 진나라는 전국시대 기타 육국六國과 달리 왕실의 자손에게 큰 봉토를 내리는 경우가 전혀 없었고, 이른바 객경客卿을 대거 기용했다. 객경이란 타국 출신 인물이 와서 관직을 하는 것을 가리킨다. 타국에서 왔으니 객客이고, 관직을 하니 경卿인 것이다. 진시황은 천하를 통일한 이후 봉건제를 폐하고 군현제를 실시했다. 봉건제와 비교해서 군현제가 지니는 가장 본질적인 특징은 황가의 자손이라고 해서 조정에서 특권을 누리지 못한다는 것이다. 설사 토지를 소유하고 있다 하더라도 그 역시 지방관의 관리감독을 받아야 했다. 지방관은 혈통과 관계없이 조정으로부터 임명받았으며 조정에 대해서만 책임을 졌다. 이러한 제도가 지방 군벌이 강대해질 가능성을 상당히 차단했다는 점만은 분명하다. 왜냐하면 관리들은 임명되는 것이고 임기가 있어서, 군주는 그들을 재배치할 수도 있고 한 장의 문서로 면직시킬 수도 있기 때문이다. 만약 혈연관계를 맺고 있는 인물이었으면 그가 매우 무능하거나 범죄를 저지르지

---

34) 『孟子』, 「盡心下」, "孟子曰: 春秋無義戰."

않는 이상 그를 면직시키거나 파면시킬 수 없었을 것이다. 왜냐하면 혈통은 군주 자신도 어찌할 수 없는 것이기 때문이다. 봉건제에서 군현제로의 이행은 중국정치사에서 매우 중요한 도약이었다. 중국은 진나라의 통일 이후 이천 년이 넘는 시간 동안 기본적으로 군현제를 답습했다. 이러한 역사적 사실은 군현제가 소농 중심 농업경제의 전통사회에 적합했음을 증명해 준다.

전국 통일 당시로서는 군현제는 새로운 제도였고, 필연적으로 구舊 귀족 출신들의 저항과 반대에 직면할 수밖에 없었다. 진나라의 통치기간은 매우 짧았으며, 그들의 멸망은 육국의 구 귀족들과 농민들의 집단적인 반란의 결과였다. 한 초에 이르러 수구세력을 형성했던 이들 역시 제齊·초楚·연燕·한韓·조趙·위魏 육국의 구 귀족 세력이었다. 그들은 원래 마음껏 권세를 휘두르던 지위에서 하루아침에 평민으로 떨어졌으니, 결코 기꺼운 마음일 수 없었다. 뿐만 아니라 일반 백성들 역시 봉건제 치하에서 오랫동안 문화적 침투를 받았던 탓에 그들의 관념 속에 이러한 것들이 깊게 뿌리내리고 있었다. 물론 우리는 이 당시의 구체적 상황에 대해 그다지 잘 알지 못하며, 사마천 역시 이러한 일들에 대해 상세히 기록하지 않고 있다. 그러나 육국 후손들의 주장은 일반 백성들 사이에서 상당한 호소력을 지니고 있었고, 이 점은 『사기』 안에서도 확인할 수 있다.

청 말기 민국 초기의 상황을 살펴보면 위의 상황을 이해하는 데 간접적으로나마 도움이 될 것이다. 독자들은 노신이 그 당시 변발로 인해 일었던 풍파에 관해 묘사한 것을 읽어 보았을 것이다. 『아큐정전』에서도 이러한 것들을 볼 수 있다. 이러한 풍파에 연루된 사람들은 모두 한족이었지 만주족이 아니었다. 그러나 오랜 기간 전제주의 사상에 물들어 있었던 탓에 사람들은 (설사 이민족 왕조의 황제라도) 황제는 대들보이고 그가 무너지면 중국은 끝장이라는 생각을 가지고 있었다. 그러나 황제의 안위가 보통 사람들과 무슨 상관이 있었겠는가? 나는 소흥紹興(중국 강소성)에 살고 있고 황제는 북경의 자금성에 살고 있으니 말이다. 그러나 청 왕조가 멸망하자 수많은 사람들이 목 놓아 통곡했다.

따라서 이른바 수구세력에 대해 제대로 이해하려면 구 귀족들만 보아서는 안 되며 일반 백성들이 그들의 지지기반이 된다는 점을 간파해야 한다. 어째서 초나라 구 귀족 출신인 항우의 호령에 그토록 많은 사람들이 호응했던 것일까? 항우에 호응했던 것은 귀족들도 있었지만 대부분 일반 백성들이었다. 진나라가 분열된 이후 초나라와 한나라의 쟁탈전이 벌어졌고, 이 전쟁이 끝난 이후 수구세력은 다시 부상했다. 유방은 정권을 안정시키기 위해 그들과 부득이하게 타협할 수밖에 없었고, 그들을 대거 공신의 반열에 올렸다.

유방의 창업과정 중에는 다음과 같은 일이 있었다. 역이기(酈食其)라는 유생이 유방에게 권하길, 육국을 분봉한 후 연나라의 귀족이 남아 있는지 찾아본 후 그를 연왕으로 세우고, 초나라의 귀족이 남아 있는지 찾아본 후 그를 초왕으로 세우며, 제나라의 귀족이 남아 있는지 찾아본 후 그를 제왕으로 세우라고 했다. 이렇게 하면 육국의 사람들이 유방이 세운 제후의 깃발 아래로 모여들 것이고, 그리고 이 육국의 귀족들은 모두 유방의 명을 받을 것이기에, 유방은 한 번의 호령으로 천하를 얻을 수 있다는 것이었다. 우리는 여기에서 역이기의 말에 담긴 중요한 사실을 확인할수 있다. 각 지역 백성들이 귀족의 깃발 아래로 모여든다는 것은 당시 수구세력들의 뿌리가 얼마나 깊고 단단한지를 보여 준다. 유방은 그의 말을 받아들였고 사람들을 시켜 제후들의 인장을 파도록 명령했다. 역이기는 자신의 목적을 달성하고서 물러났다. 이때 장량張良이 들어왔다. 유방은 장량에게 역이기가 올린 계책을 알려 주었다. 그러자 장량은 만약 그렇게 한다면 마치 꼬리가 너무 커서 흔들 수 없는 것처럼 유방이 더 이상 제후들을 다스리고 단속할 수 없게 될 것이라고 말했다. 육국의 땅이 모두 나누어져 버리면, 병력도 나누어지게 될 것이니, 유방은 빈껍데기만 남아서 수중에 병권도 없고 경제권도 없을 것인데 누가 그의 명을 따르겠는가? 장량은 이러한 주장 끝에 다음과 같은 결론을 내렸다. "대왕의 세력이 사라져 버릴 것입니다." 유방은 크게 깨달아서 외쳤다. "못난 유생 놈이 하마터면 나랏일을 망쳐 버릴 뻔했구나!" 그러고서는 이미 파 놓은 인장들을 모두 불살라 버렸다. 문학을 전공하는 학자들은 이 일을 그다지 상세하게 분석하지 않고, 유방의 융통성 있는(혹은 경솔한) 모습을 강조할 뿐이다. 역사를 전공하는 이들 역시 마찬가지다. 그러나 문화학의 관점에서 보자면, 이 사건은 신구 문화세력 간의 투쟁이었다.

한 왕조가 창건된 후 유방은 황제가 되었다. 이 당시 소하蕭何와 장량 등 유방과 함께 군사를 일으켰던 핵심인물들은 모두 제후로 봉해졌는데, 아직 제후로 봉해지지 못한 그 밖의 공신과 무장들은 매우 불안해했다. 이들은 대부분 농민 출신이고 백정, 장사꾼 출신도 있었다. 그들은 지식과 교양이 낮아서 그저 당 밖에서 수군거리고 있을 뿐이었다. 이때 장량이 들어오자 유방은 장량에게 물었다.

유방이 물었다. "밖에 무슨 일로 저렇게 수군거리는가?" 장량이 답했다. "반역을 꾀하고 있습니다." "어찌 반역을 꾀하고 있다는 것인가? 방금 천하를 안정시켰는데 무슨 반역을 꾀한단 말인가?" 장량이 다급히 고했다. "지금까지 폐하께서 제후로 봉하신 이들을 살펴보시면 저희처럼 몇몇 친애하는 이들입니다. 저들 역시 폐하를 따랐지만 그때 당시에는 폐하 역시 한 명의 정장에 불과했습니다. 훗날 병사를 이끌고 나섰을 때, 이들은 폐하와 함께 와자지껄 떠들기도 하고 폐하께 욕을 하기도 했으며, 또 어떤 때는 폐하께서 내린 명을 따르지 않기도 했습니다. 그들 역시 공을 세우기는 했지만 저희 몇 명만 제후로 봉하시고 그들은 제후로 봉하시지 않았으니, 사람들 마음이 처음에는 불만스러워하다가 그다음에는 혹시 제위에 오른 후 옛 원한을 갚으려 하는 것은 아닌지 걱정하고 있습니다. '장 아무개는 나한테 욕한 적이 있으니 사형에 처하고, 이 아무개는 내게 눈을 부라린 적이 있으니 유배에 처해야겠다'와 같이 말입니다." 유방이 근심스럽게 물었다. "그렇다면 어찌하면 되겠는가?" 장량이 답했다. "폐하께서 저들을 제후에 봉한다면 그들의 불만이 가라앉지 않겠습니까?" "그렇다면 누구를 봉해야 하겠는가?" 장량이 말했다. "폐하께서는 누구를 가장 싫어하십니까? 누구를 가장 벌하고 싶으십니까?" 유방이 잠시 생각한 후 말했다. "옹치雍齒는 성격도 안 좋고 나를 여러 차례 곤경에 빠뜨렸다. 나는 꼭 그를 죽이고 싶다." 장량이 말했다. "그렇다면 폐하께서는 먼저 그를 제후로 봉하십시오. 폐하께서 제일 싫어하시는 그조차 제후로 봉해졌다고 한다면 다른 이들 역시 마음을 졸이지 않게 되지 않겠습니까?" 그러자 유방은 옹치를 가장 먼저 제후로 봉했다.[35]

---

35) 『史記』, 「留侯世家」, "上已封大功臣二十餘人, 其餘日夜爭功不決, 未得行封. 上在雒陽南宮, 從復道望見諸將往往相與坐沙中語. 上曰: '此何語?' 留侯曰: '陛下不知乎? 此謀反耳.' 上曰: '天下屬安定, 何故反乎?' 留侯曰: '陛下起布衣, 以此屬取天下, 今陛下爲天子, 而所封皆蕭·曹 故人所親愛, 而所誅者皆生平所仇怨. 今軍吏計功, 以天下不足遍封, 此屬畏陛下不能盡封, 恐 又見疑平生過失及誅, 故卽相聚謀反耳.' 上乃憂曰: '爲之奈何?' 留侯曰: '上平生所憎, 群臣所 共知, 誰最甚者?' 上曰: '雍齒與我故, 數嘗窘辱我. 我欲殺之, 爲其功多, 故不忍.' 留侯曰: '今 急先封雍齒以示群臣, 群臣見雍齒封, 則人人自堅矣.' 於是上乃置酒, 封雍齒爲什方侯, 而急趣 丞相·御史定功行封. 群臣罷酒, 皆喜曰: '雍齒尚爲侯, 我屬無患矣.'"

사실 이 일은 유방의 양보를 보여 주는 것이다. 정권의 안정, 사회의 안정, 백성의 휴식이라는 관점에서 보았을 때 유방의 이러한 조치는 타당한 것이었다. 그러나 역사의 발전이라는 측면에서 보았을 때 이는 역사를 퇴보시키는 것이었다. 이를 알아차린 이가 바로 한 문제文帝 시기의 가의 賈誼(BC.201~168)이다. 그는 문제에게 제후국들의 봉토를 삭감할 것을 건의했다. 그러나 당시 문제는 여呂씨의 난으로 인한 혼란 속에서 제위에 올라 아직 황권이 안정되지 못한 상태였고, 자신의 친위세력을 구축하지 못하고 있었기에 가의의 건의를 받아들일 수 없었다. 가의의 이러한 주장 및 정책이 알려지자 대신, 제후, 열후들은 들고 일어나 그에 대한 비난을 쏟아냈다. 문제는 결국 부득이하게 가의를 장사長沙로 보내 장사왕의 스승으로 삼아야 했다. 훗날 장사왕이 말을 타던 중 떨어져 죽자, 가의는 왕의 스승으로서 책임을 다하지 못했다는 죄책감에 시달리다가 죽었다. 이보다 앞서 문제가 가의를 궁으로 불러들였을 때 가의는 황제가 자신에게 계책을 물어 온다고 여겨서 매우 득의양양했었다. 그는 문제가 자신에게 "백성의 일은 묻지 않고 귀신의 일만 물을" 것이라고는 생각도 못했었다. 이는 당대 시인 이상은李商隱의 시 「가생賈生」에 나오는 표현으로, 가의의 가련함과 문제의 성실하고 경건함을 읊은 것이다. "밤새도록 서로의 방석이 가까워지는 것도 모르면서"[36] 더욱 서로 가까워졌지만, 그러나 진지한 논의를 하지는 못했다. 어째서 그랬을까? 문제 역시 결코 어리석은 인물이 아니었고, 당시 그로서는 할 수 있는 일이 없었기 때문이다.

필자가 이처럼 길게 말을 늘어놓은 것은 문화적 수구세력의 힘이 이처럼 강력하다는 것을 설명하기 위해서이다. 그들은 새로운 문화가 출현

---

36) 李商隱, 「賈生」, "宣室求賢訪逐臣, 賈生才調更無倫, 可憐夜半虛前席, 不問蒼生問鬼神."

하면 끊임없이 이에 반대하고 저항한다. 그러나 군현제의 실시는 이미 대세였다. 그렇지 않고서는 농업사회와 국가를 안정시킬 수 없었다. 이러한 투쟁을 거쳐 결국 군현제는 완전히 확립되었다. 이후에도 제후의 명칭이 남아 있기는 했지만 이것은 몇백 호에 불과했으며, 이마저도 명목적인 것이었다. 역사서에는 "아무개를 어디 제후에 봉하며 식읍 오백 호를 내렸지만, 실제로는 이백 호이다"와 같은 기록이 나온다. 또한 제후는 정기적으로 지방관에 보고를 해야 했으며, 지방관은 제후의 업무를 감사하고 고발할 권한이 있었다. 예컨대 황후가 세상을 떠났는데 곡소리에 진심이 담기지 않아서 무례하다는 식으로 말이다. 이러한 것들이 바로 "봉건"을 겉치레로 사용한 경우이다.

여기에서 우리는 봉건의 본래 의미가 "땅을 나누어 봉함"이고, 혈연관계에 근거하여 주로 같은 성씨에게 분봉되었음을 분명히 해야 한다. 오늘날 우리가 사용하는 "봉건사회"라는 개념은 초기 봉건 제후들의 명칭을 빌려 온 것으로, 사실상 한대 이후로는 본래적 의미의 봉건사회란 존재하지 않았다. 우리는 이 점을 분명히 이해해야 한다. 전목錢穆 선생은 다소 옛 학풍을 지닌 인물로서, 오늘날 청 멸망 이전을 모두 봉건사회라 불렀지만, 사실 한 왕조 이후로는 더 이상 봉건사회가 아니었다. 필자가 보기에는 전목 선생이 오늘날 사용하는 봉건사회와 초기 봉건사회 개념을 혼동했었던 듯하다. 이상 필자가 논하고자 한 네 번째 문제였다.

제3강 중화문화의 원류(下)

앞의 제2강에서 우리는 네 가지 문제에 관해 논했다. 이 강을 시작하기에 앞서 필자는 앞서 다루었던 문제들을 다시 한 번 돌아보고자 한다. 네 번째 문제에서는 봉건제에서 군현제로의 이행을 다루었지만, 사실 이것은 제왕과 정부의 관계를 논한 것이다. 개괄적으로 말하자면, 봉건제시대에는 제왕이 곧 정부였으나 군현제가 실시된 이후에는 실질적으로 질적 변화가 발생했다. 물론 여전히 정부가 황제의 의지를 행정의 지도 이념으로 삼기는 하지만, 어쨌든 제왕을 곧 정부라고 간주할 수는 없게 되었다.

그렇다면 정부를 대표하는 사람은 누구인가? 바로 승상, 재상, 국상國相, 청대에 이르러서는 내각대학사內閣大學士였다. 이러한 변화는 두 가지 작용을 일으켰다. 첫째, 일반 백성들에게 정치에 참여할 기회를 열어주었다. 어떤 경로로 정치에 참여할 수 있었을까? 바로 다섯 번째 문제에서 다룰 과거시험을 통해서였다. 이렇게 된다면 통치계급은 끊임없이 교체되고 갱신될 수 있다. 만약 주 왕조처럼 철저하게 혈연과 혈통에만 의지할 경우 통치계급은 활기를 잃고 위축될 수밖에 없다. 군자의 은택은 다섯 세대만 지나면 끊기기 때문이다. 둘째, 이처럼 평민 출신으로 재상에 오른 이들은 국가의 상황에 대해 보다 잘 이해했으며, 따라서 일반 백성들의 고충이 정책 결정에 어느 정도는 반영되었을 것이다.

역사 전반을 살펴보면 황제의 의지가 늘 관철된 것은 아님을 확인할 수 있다. 이것은 정부(고대에는 六卿, 후대에는 臺, 省, 部 등)와 황제 간 입장의 차이가 있었기 때문이다. 이러한 긴장은 상호견제의 작용을 했다. 물론 타협을 하는 경우도 많았다. 하지만 어떤 경우에는 황제가 재상을 파직하고 자신의 의지를 거침없이 관철시켰으며, 또 어떤 경우에는 재상이 황제를 꼭두각시로 만들거나 시해하기도 했다. 요컨대 군주와 신하는 이러한 체제에서 균형을 추구했다. 이러한 균형은 그 왕조가 긴 시간 동안 존속될 수 있도록 만들었다.

어째서 중국에서는 여러 왕조들이 수백 년씩 존속될 수 있었던 것일까? 바로 이러한 균형과 관련이 있다. 우리는 영역이 확장될수록 혈연관계가 지니는 힘이 필연적으로 약화될 수밖에 없다고 분석한 바 있다. 주 왕실의 분봉은 매우 세밀했다. 이때 "세밀"의 의미는 모든 왕자와 왕제들이 모두 분봉을 받았다는 의미이다. 그 후 왕자들의 자식들은 또 분봉을 받게 되고, 이처럼 분봉을 반복할수록 그 영토는 더욱 좁아졌다. 그 결과 분봉을 받은 쪽은 갈수록 강대해지고 주 왕실의 중앙은 상대적으로 쇠약해졌다. 그리고 이처럼 쇠약해진 후 주나라는 동쪽으로 천도를 했다. 어째서 진나라는 군현제를 실시했던 것일까? 바로 주나라의 교훈 때문이었다. 필자는 이러한 전환이 중국정치사에 발생한 매우 중요한 질적 도약이며, 결코 과소평가되어서는 안 되는 사건이라고 생각한다. 필자가 이토록 이 사건을 중시하는 까닭은 지금까지 문자, 문체, 수레바퀴 폭 등을 통일한 것에 대해서는 그토록 많이 다루면서 군현제에 대해서는 별다른 관심을 기울이지 않는 등 군현제의 역사적 의의가 외면되어 왔기 때문이다.

이 새로운 제도는 자연스럽게 기득권 집단 및 혈연에 근거하여 특권을 누리는 사람들의 저항을 초래했고, 일반 백성들 사이에 침전된 수구세력들은 이러한 기존의 기득권 세력과 결합해서 역사의 반동을 일으켰다. 이것이 바로 한 왕조 초기 유방이 유씨 성의 자제들에게 분봉을 했던 근본적인 이유이다. 그러나 군현제는 이미 시대적 대세였기에 이 제도가 가지는 강대한 생명력은 중국이라는 토양에 뿌리를 내렸고, 이후 역대 왕조들은 모두 이 제도를 실시했다.

6. 서사-세족-사신

이 절에서는 사실상 선비(士) 즉 평민 신분의 지식인계층과 정권의 관계를 다룰 것이다.

봉건제에서 군현제로의 변천에 상응하는 것이 바로 진秦대에 시작된 문관제도이다. 중국의 문관제도는 전 세계 문관제도의 발원지이며, 혹자는 문관제도가 중국의 발명품이라고 말하기도 한다. 우리가 고대 문헌에서 발견하는 춘추시대 "백성百姓"의 개념은 우리가 오늘날 사용하는 의미가 결코 아니다. 춘추시대의 백성은 귀족을 가리키는 것이다. 오직 귀족만이 군사 분야를 비롯한 정권1)에 참여할 수 있었다. 『춘추』를 살펴보면 전투에 나서기 전 상군장上軍將, 상군좌上軍佐, 중군장中軍將, 중군좌中軍佐 등을 뽑아야 했다. 전군 중 중군의 규모가 가장 컸으며, 중군장이 곧 총사령관이었다. 그 외에 수레를 몰고, 갑사를 맡는 등의 역할에 지명되었던 인

---

1) 춘추시대에는 정무와 군무가 분리되지 않았다.

물들 역시 모두 귀족이었다. 전시에 중군장과 중군좌에 임명된 이들은 자신의 가문을 이끌고 와서 중군의 두 갈래 부대를 조직했다. 상군장과 상군좌에 임명된 이들 역시 마찬가지로 자기 가문의 병력을 이끌고 왔다. 수레를 타지 않는 보병들은 모두 노예들이었다. 따라서 일정한 직위를 가진 이들은 모두 귀족이었다고 볼 수 있다.

주 왕조의 희씨姬氏들은 적통뿐 아니라 기타 자손들도 모두 번창하였다. 그래서 대량의 왕족들은 귀족이 되기도 하였고, 제후들의 각급 권력 기구에 들어가기도 했으며, 혹은 사회 하층민으로 전락하기도 했다. 이것이 바로 혈연의 작용이 점차적으로 약화되는 과정이다. 하급관료뿐 아니라 정권에서 배제된 이들 모두 "서사庶士" 즉 선비였다. 어째서 "서庶"자가 들어간 것일까? "서"자는 "많음"을 가리킨다. 중국인의 관념에서는 "일一"을 제외한 모든 것은 "다多"였다. 이러한 관념에서는 셋만 되도 많은 것이었다. 그러므로 어느 부부가 두 아들을 낳았다고 한다면 첫째만 적자가 되고 둘째는 서자2)가 되는 것이다. 사실 "둘"을 두고 많다고 여길 수는 없는데 어째서 둘째 아들을 서자라고 불렀던 것일까? 당시로서는 아이를 낳고 기르는 것에 계획이 있을 수는 없으니 아이를 몇이나 낳을지 알 수 없었기 때문이다. 그러므로 첫째는 적자가 되고, 그 밖의 아들들은 모두 서자가 된다. "서"는 많다는 뜻이다. 그래서 공자는 "많구나!"(庶矣哉)라고 말했던 것이다.

공자가 말했다. "아, 사람들이 매우 많구나!" 제자인 염유가 물었다. "이

---

2) [역자주] 이때의 서자는 정실부인 이외의 부인이나 첩에게서 낳은 서자의 의미가 아니라, 적장자를 제외한 기타 모든 아들을 가리킨다. 이는 오늘날 우리가 사용하는 嫡-庶 개념과는 차이가 있다.

미 인구가 많은데, 선생님께서는 여기에 무엇을 더해야 할까요?" "부유
하게 해 주어야 한다." 다시 물었다. "이미 부유하게 만들었다면 다시
무엇을 더해야 할까요?" "가르쳐야 한다."3)

즉 먼저 인구가 많아야 하고, 그다음 그들을 부유하게 해 주며, 마지
막으로 그들을 가르쳐야 한다는 것이다. 이처럼 서庶자는 많다는 뜻이다.
서사庶士는 수많은 선비라는 의미이다. 작위를 계승할 수 있는 사람은 소
수이고 나머지 사람들은 다수이기 때문이다.

전국시대 이미 문관제도의 맹아가 존재했는데, 이것이 바로 선비 양
성제도이다. 여기에서 양성된 선비들은 지역, 국가 및 가문의 경계에 구
속받지 않은 채 자신의 능력을 알아주는 이를 섬길 수 있었다. 이렇게
양성된 선비들은 매우 다양한 집단으로 나뉘는데, 종횡가도 있고, 협객도
있고, 계명구도雞鳴狗盜의 고사4)처럼 한 가지 장기만을 가진 무리도 있었
다. 『사기』와 『전국책戰國策』을 읽어 본 이들은 이러한 선비들이 모두 공
통적으로 농업에 종사하지 않는다는 특징이 있음을 알 것이다. 그들의
출신 역시 매우 복잡하다. 비교적 가까운 시기에 몰락한 귀족 출신도 있
었고, 왕실 혹은 제후의 후예도 있었다. 요컨대 전국시대 선비들은 춘추
시대의 선비들에서 발전되어 나온 것이다. 초창기 선비들은 관직을 맡을

---

3) 『論語』, 「子路」, "子曰: 庶矣哉! 冉有曰: 旣庶矣, 又何加焉? 曰: 富之. 曰: 旣富矣, 又何加焉?
   曰: 敎之."
4) [역자주] 雞鳴狗盜의 고사: 제나라의 맹상군이 진나라 소왕에게 사신으로 파견되었다
   가 억류되었을 때 왕비에게 구명을 요청하자 이미 소왕에게 바친 흰여우 가죽옷을
   요구했다. 그러자 맹상군 식객 중 도둑질을 잘하던 이가 개로 분장하여 이를 훔쳐내
   었고, 맹상군은 도망칠 수 있었다. 이들 일행이 도망치던 중 함곡관에 도착했는데,
   밤중이라 문을 열 길이 없자 식객 중 닭 울음소리를 잘 내는 이가 자신의 장기를
   발휘하여 동네 닭들을 모두 울게 하였다. 그러자 이 소리를 듣고 날이 밝을 때가
   되었다고 착각한 문지기가 문을 열었고, 무사히 함곡관을 빠져나갈 수 있었다.

수 없었고, 위정자의 조력자5) 역할에 머물 수밖에 없었다. '조력자'(幇忙)는 중국어의 매우 흥미로운 특징을 보여 주고 있다.…… 이렇게 양성된 선비들은 귀족의 혈통이 없으면 노예가 되고 귀족이기만 하면 국가와 귀족 가문의 일에 참여할 수 있었던 당시의 제약을 돌파했으며, 후대 선비들을 위한 길을 열어 주었다.

전국시대 후기 종횡가들은 군 통수권자의 지위에 오르기도 했고 국정을 장악하기도 하는 등 "객경"으로 불렸다. 이러한 현상은 전국시대 진나라로부터 시작되었으며, 이러한 객경은 문관제도의 기원이라고 할 수 있다. 선비 양성의 특징은 바로 쓰임을 위한 기다림이다. 잘 알려진 모수자천毛遂自薦6)의 고사가 바로 그러한 예이다. 모수는 평원군에게 "나는 송곳입니다. 지금은 주머니 안에 들어 있지만, 당신이 나를 쓰기만 한다면 나는 주머니를 뚫고 나올 것입니다"라고 말했다. 쓰임을 위한 기다림이라는 말은 평시에는 쓰지 않다가 위급한 시기가 닥쳐야 비로소 쓰인다는 것이다. 그러나 진나라에서는 선비들이 현령縣令, 현장縣長으로 임명되었고, 이것은 실질적으로 등용된 것이지, 쓰임을 위해 기다리는 것이 아니었다. 또한 그들은 어느 한 방면의 업무에만 국한된 것이 아니라 한 국가 혹은 한 지역의 정무를 전반적으로 책임지기도 했다. 이때의 임명은 군주와 재상의 의지에 따라 결정되는 것으로, 일정한 절차와 기준이 있었으며, 여기에는 봉건제 시기의 병폐들이 여전히 남아 있었다. 그러나 이 제도가 성숙했건 그러지 못했건, 완비되었건 그러지 못했건 간에 문관제도는 이

---

5) 여기에서의 '조력자'(幇忙)는 노신이 사용한 바 있는 '어용문인'(幇閑)의 의미이다.
6) [역자쥐 毛遂自薦: 자기가 자기를 추천한다는 의미이다. 중국 전국시대에 조나라 평원군이 초나라에 구원을 청하기 위해 사신을 물색할 때에 모수가 스스로를 추천하였다는 데서 유래한다.

미 시작되었다. 문관제도는 대량의 우수한 인재들을 권력기구로 흡수했고, 따라서 문관은 혈연, 혈통과 같은 선천적 특권에 의지할 수 없었고, 보다 성실하고 진지하게 업무에 임하게끔 했을 것이다.

문관제도는 중국문화의 윤리·도덕적 지향을 체현하고 있다. 귀족의 자제들로서는 이러한 지향을 체현하기 매우 어려웠다. 역대 인재 선발 혹은 과거제도를 보면 매우 높은 개인적 도덕성을 요구했다. 그래서 비록 도덕적인 것처럼 허위로 꾸민 선비도 많았지만 진실한 선비 역시 적지 않았다. 이것이 바로 중국 전통문화와 제도 및 중화문화의 정신이 단절되지 않고 오랫동안 이어질 수 있었던 중요한 이유이다. 그러므로 중국 역사와 문화를 연구할 때에는 중국의 문관제도를 결코 간과해서는 안 된다.

개괄하자면, 문관은 선비들 중에서도 자신의 노력을 통해 위로 올라간 자들이지 선천적인 요인에 의지하지 않은 이들이며, 또한 그들의 지위는 언제든지 박탈될 수 있는 것이기에 더욱 성실하고 진지할 수밖에 없었다. 또한 그들은 도덕수양에 있어서도 매우 높은 수준의 요구를 받았다. 바로 이러한 까닭에 중화문화에서 "덕"에 관한 논의는 주로 선비에게 집중되었다. 이러한 선비의 전통이 단절되지 않는다면 중화문화 역시 단절되지 않을 것이다. 이 말은 또 다른 문제 즉 문관이 맡고 있는 문화 전파의 임무와 관련된다. 이에 대해서는 아래에서 다시 논하겠다.

문관제도는 관리의 선발, 채용, 직책, 의무, 포상과 징계, 승진과 파면 등의 일련의 문제들을 모두 포함하고 있다. 이 중 문화와 가장 밀접한 관계인 것이 바로 관리의 선발 및 채용 방법, 그 중에서도 과거제였다. 한나라는 천하를 재통일한 이후 관리 선발제도를 실시했다. 고서에 등장하는 "선발" 즉 "선거選擧"는 오늘날 사용하는 "전 국민 선거"의 "선거"와 그 의미가 전혀 다르다. 한대의 관리 선발제도는 지방관이 자기 지방의 인재를 엄선해서 조정에 추천하는 것이다. 즉 "선발한(選) 후 추천하는 (擧)" 것이다. 『한서』「고제기高帝紀」에서는 고조 11년 태수들에게 "뜻있고 도덕적 품행이 뛰어난 이를 권면하며"7) 상국에게 보고할 것을 명령했으며, 그들이 고향에서 수도로 오는 여비를 정부에서 제공했다. 문제 15년에는 제후, 공경, 태수들에게 어질고 착한 이 즉 "현량賢良"을 천거하라고 명령했다. "현량의 천거"라는 관념은 중국에서 이천 년 동안 효력을 지녔다. 무제 원광元光 원년 군국郡國8)에 효성스러운 이와 청렴한 이 즉 "효렴孝廉"을 각각 한 명씩 천거하라고 명령했다. 효렴 역시 중국에서 이천 년 동안 사용된 용어이다.

무제 원삭元朔 원년에는 조서를 내려 오경박사의 제자들을 보충했다. 주지하다시피 한대에는 오경박사를 설치했고, 박사들은 제자들을 거느릴 수 있었다. 제자의 인원은 일정하게 정해져 있었지만 무제시기에는 그 정원이 늘어나서 모집이 확대되었다. 한 고조부터 무제에 이르는 시기 동안 세 가지 가장 주된 인재 선발 제도가 바로 이들 현량, 효렴, 박사제자였다. 즉 고조 때에는 효렴, 문제 때에는 현량, 무제 때에는 박사제자 등 세 가지 선발제도가 점진적으로 갖추어졌다. 이렇게 조정에 선발된 선비들은 황제가 경전의 뜻이나 정치에 관하여 견해를 묻는 책문策問을 진행했으며, 효렴, 현량, 박사제자들은 이에 답해야 했다. 이 책문은 시험의 의미를 지니고 있었고 정부가 시행하는 정책에 대한 비판이나 건의를 구하는 의미도 지니고 있었다. 책문은 이 시기에 처음 시작되었으며, 이

---

7) 『漢書』, 「高帝紀」, "鼓勵有意倡明道德者."
8) 군은 군현제의 군이고 국은 봉건제후의 봉국이다. 당시 군과 국은 동급이었다.

때부터 인재 선발과 시험은 결합되었다. 이러한 제도는 당대 과거제가 실시될 때까지 계속 실행되었다.

위진시대에는 구품중정제九品中正制가 시행되었다. 구품중정의 제도는 표면적으로는 여전히 주와 군에서 인재를 선발하여 천거하는 형식을 취하고 있으며, 선발 대상을 상상, 상중, 상하, 중상, 중중, 중하, 하상, 하중 하하 등 아홉 등급으로 분류한 후 중앙에 추천했다. 누가 이들을 천거했을까? 주와 군의 관원이 아닌 어질고 학식이 있는 이들이 추천했다.

그러나 "어질고 학식이 있는 이"라는 말에서 드러나듯이 이 방식에는 명확한 기준이 없었고, 지방세력, 및 지방의 대가문들이 독점하기 쉬웠다. 그리하여 이 제도는 소수의 사람들이 모든 가문 및 선비들을 평가하는 제도로 변질되고 말았다. 한편으로는 인재를 추천하고 다른 한편으로는 뒷거래를 하면서 "어진 이를 추천함에 있어 친족이라고 배척하지 않는다"(擧賢不避親)는 원칙을 적용했는데, 말 그대로 친족을 배척하지 않았다. 이천 년 전으로 돌아가서 이 제도의 시행을 목격했다고 상상해 보자. 과연 어떻게 운영되었을까? 그래서 당시 유행했던 말이 "상품에는 한미한 가문 출신이 없고, 하품에는 세족이 없다"(上品無寒門, 下品無世族)였다. 당시 권문들은 서로를 추천해 버렸으니, 진정으로 공부에 몰두했던 이들은 도대체 누가 추천해 주었겠는가! "세족"이라는 용어는 매우 중요하다. 이는 말 그대로 대대로 명망이 있었던 가문으로, 개천에서 용 난 이들을 두고 세족이라 부르지 않았다. 이처럼 인재선발제도의 본래 의미는 퇴색되었고 혈연에 따라 세족의 지위가 결정되던 옛 방식으로 회귀해 버렸으며, 역사의 진보는 정체되어 버렸다. 수隋나라 문제文帝가 중국을 다시 통일할 때까지 남북조시대의 각 왕조들이 구품중정제도를 구체적으로 어떻게 실시했는지에는 차이가 있었지만 그 본질에 있어서는 차이가 없었다.

당 초기에는 수나라의 제도를 계승해서 사용했다. 수나라 과거시험의 과목은 매우 많았으나, 당대 개원開元 연간에 이르러서야 비로소 향시鄕試, 향공鄕貢 등의 시험이 비교적 완비되고 안정되었다. 이러한 역사적 사실과 관련해서 『구당서舊唐書』와 『신당서新唐書』의 「선거지選擧志」를 살펴보면 좋다. 만약 더 집중해서 연구하고 싶다면 「통지通志」를 살펴보면 될 것이다. 개원 연간에 이르러 향리에서 시험치고 향리로부터 추천하던 것을 더 이상 "천薦"이라고 부르지 않고 "공貢"이라 부르게 되었고,[9] 동시에 시험과목들도 완비되고 안정되었다. 이로써 천 년 넘게 유지된 중국의 과거제도가 기본적으로 갖추어지게 된 것이다. 이후의 과거제도는 이러한 토대 위에서 엄밀함을 강화한 것에 불과하다. 이 제도는 어째서 "과거"제도라고 불리는 것일까? "과科"는 과목이다. 여기에서 과목은 우리가 "박사과정 학생은 세 과목의 시험에 응시해야 한다"고 말할 때의 과목이 아니다. 이것은 각각의 전공이다. 따라서 당시 과거시험에는 학자들이 계승하고 발전시킨 내용도 포함되었다.

우리는 여기에서 대부분의 역사학자들이 간과해 버리는 문제 즉 위에서 언급만 하고 설명하지 않았던 향공의 "공貢"의 문제를 논하고자 한다. 이 제도는 후대에도 계속 이어졌기 때문에 매우 잘 알려진 제도이다. 그렇다면 이 제도는 왜 "공貢"이라고 불렸던 것일까? 과거에는 지방관이 인재를 조정에 추천하는 것과 공물을 바치는 것을 동일한 것으로 여겼다. 예컨대 강서의 특산물이 오골계라면 오골계를 진상하면서 인재도 함께 바치고, 산서성의 특산물이 좁쌀이면 좁쌀을 바치면서 특출 난 인재도 함

---

9) 이 용어에 대해서는 다음 기회에 논하도록 하겠다.

께 바치는 것이다. 당 고조高祖(566~635)는 즉위한 후 조서를 내려서 여러 주들에서 이치에 밝은 것으로 이름난 이들로 하여금 명경明經, 수재秀才, 준사俊士, 진사進仕 등의 과목에 응시하도록 했으며, 여기에 합격한 이들을 심사한 후 매년 공물을 바칠 때 함께 입조하도록 했다. 좌습유左拾遺 유승경劉承慶은 다음과 같이 상소했다.

> 삼가 아뢰옵니다. 제가 몇 년간 살펴보니 천하의 여러 주들이 공물을 바치면 정월대보름에 이들을 모두 폐하의 어전 앞에 진설하는데, 선발된 인재들은 유독 조당에 줄지어 서 있습니다. 그러한즉 황금, 비단, 깃털, 털가죽들은 옥계의 아래에 있고 어진 이와 착한 이, 학문을 한 이들은 금문 밖에 버려져 있게 된 것이니, 이른바 재물을 귀하게 여기고 의로움을 천하게 여기며, 물건을 귀하게 여기고 사람을 가벼이 여기는 것처럼 될까 두렵습니다. 선발된 인재들을 정월대보름에 공물 앞에 세워 두심으로써 조정의 예를 갖추시기를 삼가 청합니다.[10]

이 상소는 받아들여졌다. 그래서 이때 이후로 전국에서 선발된 인재들은 각종 공물보다 앞 열에 서게 되었다. 필자가 이 일화를 언급하는 이유는, 과거제가 이미 확립되었음에도 인재에 대한 사회적 관념은 여전히 과거와 별 차이가 없었고, 따라서 제도 확립 이후에도 계속해서 이러한 인식을 개선해 나가야 했음을 보여 주기 위해서이다. 과거가 실시되었다고 해서 선비들의 지위가 하루아침에 상승했던 것이 결코 아니라 그 이후로 완만하게 상승했던 것이다.

---

10) 『唐會要』, 卷七十六, "伏見. 比年以來, 天下諸州所貢物, 至元日, 皆陳在禦前, 唯貢人獨於朝堂拜列. 則金帛羽毛, 升於玉階之下; 賢良文學, 棄彼金門之外, 恐所謂貴財而賤義, 重物而輕人. 伏請貢人至元日列在方物之前, 以備充庭之禮."

영화와 드라마에서는 측천무후則天武后(624~705)에 대해 부정적으로 묘사하고 있으며, 야사와 소설에서는 더욱 거칠게 그녀를 비판했다. 그러나 유승경의 상소는 바로 측천무후에 의해서 받아들여진 것이다. 이는 그녀가 이전의 황제들보다 탁월한 점이 있었고, 선비들을 가장 앞줄에 세웠다는 것을 의미한다. 후대의 수많은 사람들은 당대의 과거제가 완비되었다는 점에 대해서만 높이 평가할 뿐 선발된 선비들이 여전히 공물과 동등하게 취급됐다는 흠결에 대해서는 간과했다.

조정에서 선비들을 선발하기로 한 이상 기준이 필요했다. 이러한 기준은 선비들의 사상을 통일시키기 위해서라도 필요했다. 그래서 역대 왕조들은 모두 시험의 범위를 규정했고, 당대에는 필독 서목을 제정하고 관학을 설치했다. 관학이란 조정이 세운 학교이다. 독서와 과거는 평민이 출세를 할 수 있는 유일한 길이 되었고, 선비들이 과거시험을 통해 정부에 들어가는 것은 조정 관원을 충원하는 주된 경로가 되었다. 사회의 장기적 안정과 과거제도의 지속 간에는 직접적인 관계가 있다. 그 핵심은 바로 필자가 여기에서 논하고자 하는 문화의 전승이다. 문관에게는 중화 전통의 도덕을 집중적으로 체현하는 것 외에 또 하나 매우 중요한 임무가 있다. 그것은 바로 백성을 교화하는 것이다. 시대적 요구라는 측면에서 보자면 이러한 백성의 교화는 전 인민의 사상을 통일하고 국가와 사회를 안정시키기 위한 것이었으며, 역사의 발전이라는 각도에서 보자면 백성의 교화는 문화의 보급과 전파였다. 동중서는 한대에 이미 이 점을 간파했다. 그는 다음과 같이 말했다.

지금의 태수와 현령들은 백성들의 스승이며 통솔자이니, (은덕을) 받들

어 아래로 교화를 펴는 자들입니다.[11]

훗날 이 말은 사실상 문관이라는 직책에 대한 정의가 되었다. 과거제도가 확립되기 이전 지방의 관원들에게 주어졌던 인재 천거의 임무 역시교화에 속하는 것이었다. 왜냐하면 어떤 이를 현량, 효렴 등으로 추천하는 것은 곧 본보기를 제시하는 것이기 때문이다. 설사 조작이 있다고 하더라도 백성들에게 선전하는 효과에는 문제가 없다. 왜냐하면 일반 백성들은 자세한 내막을 알 수 없기 때문이다. 예컨대 집안에서 부모를 폭행하는 패륜아라 할지라도 추천서에는 매우 효성스러운 인물이라고 기술할수 있으니, 일반 백성들이 어떻게 그 집안의 사정을 알 수 있겠는가? 따라서 천거제도는 그 자체로 본보기를 세우는 효과를 가지며, 이 역시 교화라 할 수 있다.

그러나 이것은 결국 문관이 직접 주도하는 교화는 아니었다. 과거제도가 갖추어진 이후 지방관은 현의 학교인 현학縣學, 향리의 학교인 향학鄕學의 지도자가 되었다. 전국의 각급 정부는 하나의 통일된 체계를 이루고 있으며, 정부의 관원들에게는 교육사업 및 백성교화의 책임이 주어졌다. 이것이 바로 중앙에서 벽촌까지 이어지는 교육 및 교화가 완성되고엄밀한 체계를 갖추도록 만들어 주었다. 우리들은 중국 역사 혹은 문학사를 공부할 때, 대문호들이 지방관의 직책을 맡고 있을 때 그 지역에서교화를 행했다는 기록들을 쉽게 발견할 수 있다. 이는 보는 이로 하여금마치 그들이 위대한 업적을 세운 것처럼 오해하게 만든다. 예컨대 유종원柳宗元(773~819)의 묘지명에는 그가 유주柳州에서 어떻게 교화를 베풀었는지

---

11) 『漢書』, 「董仲舒傳」, "今之郡守縣令, 民之師帥, 所使承流而宣化也."

적혀 있으며, 한유(768~824)의 전기를 읽어 보면 그가 조주潮州에서 어떻게 학교를 운영했는지 나와 있다. 이는 수많은 관원들 중 훌륭한 몇몇 이들만 지방에서 학교를 운영했던 것처럼 여기게 만든다. 사실 이것은 오해이다. 모든 관원들이 이처럼 해야 했고, 이렇게 하지 않을 경우 면직되었다. 다만 이 일을 잘하고 못한 차이, 기록되고 기록되지 못한 차이가 있을 뿐이었다. 주지하다시피 유종원에게는 다행스럽게도 한유라는 좋은 벗이 있었고, 한유는 유종원을 위해 그의 묘지명을 써 주었다. 어떤 이들은 이처럼 좋은 친구가 없어서 일을 하기는 했지만 기껏해야 현의 기록인 현지縣志에 한두 줄 기록되는 것에 그치기도 했다.

오늘날 우리는 매우 낙후하고 빈곤한 지역에서도 현학의 자취를 쉽게 찾아볼 수 있으며, 현지 안에서도 이러한 교육이 이루어졌던 상황 및 문인들의 업적에 대한 역사기록을 발견할 수 있다. 그래서 오늘날의 공무원들이 이러한 임무를 어떻게 수행해야 할 것인지에 대해서도 귀감을 주고 있다. 당시에는 수많은 지식인들이 관직에 나아가길 희망했다. 그러나 우리는 그들이 축재를 위해 관직을 하려 했다고 여겨서는 안 된다. 그 중 적지 않은 이들은 자신들이 교육받은 큰 뜻을 품고 관직에 나섰다. 몇몇 근대 민주주의 선구자들은 교육을 통해 국가에 보답하고 힘써 실천할 것을 주장했는데, 그 근원이 바로 중국 지식인들의 이러한 역사적 전통이다. 그러므로 우리는 중화문화가 사방에 퍼지고 사람들의 마음을 깊이 파고들 수 있었고, 온갖 고난을 겪으면서도 결코 중단되지 않았던 핵심적인 이유 중 하나로 중국의 문관제도를 들 수 있을 것이다.

관학은 경학을 중시했다. 관학에는 어떠한 표준이 필요했고, 가장 먼저 이 표준이 된 것은 바로 고대의 경전들이었다. 즉 옛것을 참고하여 현실을 다스린다는 것이다. 이러한 제도가 오래도록 답습되자 독서인들은 한편으로는 정통을 존숭할 수 있게 되었지만 다른 한편으로는 사상적으로 보수에 기울기 쉽게 되었다. 즉 성인의 책이 아니면 감히 보지 않고, 성인의 말이 아니면 감히 입에 담지 않고 과거에 전례가 있는 일이 아니면 감히 하지 않은 것이다. 그러나 시대는 끊임없이 발전했고, 학술과 사상 역시 부단히 새로워져야 했다. 이 시기 학문을 좋아하고 깊은 사고를 했던 학인들은 사회의 동태를 세심히 살피고 천인관계의 변화에 관해 사유했다. 그러나 관학은 이러한 심오한 난제에 답을 주기 어려웠다. 그래서 걸출한 인물들은 자신의 학설을 세우기 시작했다. 그들의 학설이 세상에 나오자 자연스럽게 호응을 얻었고, 학파들이 형성되었다. 그리고 이러한 이들을 따라 공부하고 연구하다 보니 사설 학교 즉 사학私學이 출현하게 되었다.

사실 사학이 관학보다 늦게 출현한 것은 결코 아니었다. 공자가 학생들을 받아들였던 것이 바로 사학의 모델이었다. 『주례周禮』에 나오듯이 주대에도 "교국자敎國子"와 같은 제도가 있었지만, 이미 공자는 가르침에 있어 신분의 차별을 두지 않고 "스스로 말린 고기 한 속만 가지고 배우러 오면 나는 그들을 가르치지 않은 적이 없었다"[12]고 말했다. 그의 사학 역시 교국자의 제도로는 그의 학술을 충분히 발휘할 수 없었기 때문에 설립된 것이었으며, 또한 일단 사학을 시작하자 그는 자신의 학파를 형성하게 되었다.

진시황의 분서갱유 이후 수많은 전적들이 산실되었고, 따라서 한 초의 경서들은 사학의 전승에 의지해서 전수되었다. 한 무제가 동중서의

---

12) 『論語』, 「述而」, "子曰: 自行束脩以上, 吾未嘗無誨焉."

학설을 받아들여 유학만을 국학으로 높이게 된 이후에야 비로소 박사가 설치되고, 박사제자들을 모집할 수 있었다. 관학은 이때에야 비로소 정식으로 건립된 것이다. 이때의 관학은 금문경학이었다. 한 경제景帝(BC.188~141) 재위기간에는 고문경전들이 발견되었고, 훗날 고문경학이 형성되었다. 그러나 한나라 조정은 고문경학을 인정하지 않았고, 따라서 고문경학은 줄곧 사학을 통해 전승된다.13)

남경을 수도로 했던 여섯 왕조(六朝)는 사회적으로 불안정했다. 그래서 정식 관학을 제대로 세울 수 없었고, 학술의 발전과 전파는 주로 사학에 의지했다. 수당시대에는 과거제가 확립되는 등 관학이 발전한 반면 사학은 뚜렷한 족적을 남기지 못했다. 그렇다고 해서 사학이 단절된 것은 아니다. 인구에 회자되는 한유의 「사설師說」과 유종원의 「답위중립논사도서答韋中立論師道書」는 당대 사학의 생명력을 잘 보여 주고 있다.

그 이후에는 서원이 출현하였다. 매우 잘 알려진 악록서원岳麓書院, 백록동서원白鹿洞書院, 자양서원紫阳書院 등은 대대로 보존되어 오는 유적이 되었다. 서원이 발전함에 따라 이들은 심지어 관학에 비견될 수 있게 되었다. 사학에 입학하는 목적은 벼슬길에 나아가는 것이 아니라 학문의 발전과 도덕수양을 위한 것이었다. 따라서 사학의 스승이 됨에 있어 가장 중요한 것은 도덕과 학문의 일치였으며, 오직 학문만 있다고 스승이 될 수 있는 것이 아니었다. 유명한 학자가 어디에서 서원을 창건했다 혹은 어디 서원의 산장山長을 맡았다는 말이 들리면, 수많은 선비들은 봇짐을 꾸리고 몇 권의 책을 챙겨 들고는 한 달이 넘는 길을 걸어 그 서원에 가서 가르침

---

13) 청조에 『소학』에 대한 연구가 발달하고, 문자, 음운, 훈고가 발달할 수 있었던 것은 고문경학이 존재했기 때문이다. 만약 한대의 사학이 존재하지 않았다면 오늘날 우리는 경전에 대해 정확하게 이해할 수 없었을 것이다.

을 받았다. 이는 많은 부분 그 서원 산장의 학문과 인품을 흠모했기 때문이다. 한 가지 하찮은 특기밖에 없는 이가 산장을 맡는다면 비록 그 분야에 관련된 학문은 있겠지만 누구도 그 서원에 가지 않았을 것이다. 이것은 전통사회에서 치명적인 일이었다. 따라서 오늘날에 이르기까지 시험에 장원급제하는 것은 그다지 높은 평가를 받지 못하는 반면 서원의 산장을 맡았던 이들은 높은 경지의 인품을 가졌던 이들로 평가된다. 주희와 왕양명은 모두 서원의 일에 참여했던 인물들이다. 그들의 학설 및 역행은 중국 역사 속 사학의 핵심적 특징을 보여 준다. 그렇다고 선비들이 이처럼 서원에서 스승의 도덕적 가르침과 학문을 전수받아서 덕과 재능을 겸비했을 때조차도 벼슬길에 나아가는 것을 배척했던 것은 아니다. 다만 학문을 시작할 때부터 벼슬길을 염두에 둔 것이 아니라는 말이다.

또한 서원들이 일반적으로 채택하고 있는 교학 방식 역시 오늘날과는 상당히 달랐다. 서원에서는 자습 후 동학들과 토론을 했고 수업 시간에도 세미나 및 발표를 했다. 따라서 서원의 교학 방식은 결코 주입식 교육이 아니었으며, 서원 출신 인물들은 사상적으로 매우 활기가 넘쳤다. 그리고 이러한 서원은 현실 정치 세력을 형성하기도 했는데, 명대의 동림당東林黨의 경우 상당한 정치적 역량을 지녔었다.

잘 알려진 "상황이 여의치 않으면 홀로 자신을 선하게 하고, 성공하면 천하를 모두 잘 다스린다"[14]는 말은 사학의 스승과 학생들의 정신 속에 가장 잘 체현되어 있다. 여기에서 "상황이 여의치 않음"(窮)은 방법이 없다는 것이지 돈이 없다는 것이 아니다. 그렇다면 우선 자신의 덕성과 학문을 닦고서, 만약 길이 열린다면 높은 자리에도 올라가고 권력도 쥐어서

---

14) 『孟子』, 「盡心上」, "窮則獨善其身, 達則兼濟天下."

천하를 위해 일해서 천하가 모두 잘 되게 하는 것이고, 만약 길이 열리지 않는다면 즉 상황이 여의치 않다면 집에 돌아와서 홀로 자신을 선하게 해서 계속 자신의 도덕성을 수양하고 독서를 하며 연구를 하는 것이다. 사실 이러한 사상은 공자로부터 연원한다. 공자는 "쓰이면 자신이 뜻한 바를 실행하고, 버려지면 그것을 간직한다"15)고 말한 바 있다. 중국의 지식인들이 이러한 전통을 이어올 수 있었던 것은 사학과 매우 밀접한 관련이 있다. 관직에 오른 이들 중에서도 이러한 사상을 지닌 이들이 있기는 했지만, 사학은 이러한 사상을 더욱 집중적으로 체현하고 있다. 사학의 부침을 벼슬길과의 관련이라는 측면에서 본다면, 사학이 관학과 동등하게 발전한 것은 결코 아니었다. 그러나 중국 학술 사상과 민족정신을 고취시키고 향상시킨 측면에서 본다면 사학은 관학보다 더 큰 역할을 했으며, 조정에 인재를 공급했던 측면에 있어서도 관학에 뒤지지 않았다. 우리는 중국 고대 정체제도에 대해 고찰할 때, 특히 중국 고대 정부기구의 변천과정을 고찰할 때 반드시 사학에도 주의를 기울여야 한다. 정부를 구성하는 인물들은 하층 귀족 즉 서사들에서 춘추전국시대에 유세를 하던 선비들로 발전했고, 그 이후 세족, 최종적으로는 사신士臣으로 발전했다. 즉 정부 구성원을 선발하는 방법이 세습, 천거, 과거로 변천했으며, 이 과정은 전통사회의 정부 내부적 변화 및 문관제도의 발생에서 완성에 이르는 과정을 반영한 것일 뿐만 아니라 고대 지식인들과 정권의 관계 및 현실 참여의 정신 역시 체현하고 있다.

필자는 앞서 영국의 저명한 역사학자 토인비를 언급한 바 있다. 그는 다음과 같이 말했다.

---

15) 『論語』, 「述而」, "子謂顔淵曰: 用之則行, 舍之則藏, 惟我與爾有是夫."

중국이라는 통일국가, 국가를 다스리던 전통 제도들, 이러한 제도들을 어떻게 운용해야 하는지 알았던 문관들, 유가사상의 인도 아래 장기간에 걸쳐 선발된 문관으로서의 문벌 귀족, 이러한 모든 요인들은 매우 희귀하고 위대한 체제를 구성했다. 이러한 체제는 중화문명의 다른 요소들이 가장 심각하게 단절되었던 상황 아래에서조차 어떤 단절도 경험하지 않은 채 지속되었다.

이것은 토인비가 중국의 문관 제도를 평가한 말이지만, 이러한 평가는 토인비 개인만의 것은 아니다. 주지하다시피 서구국가들 중 문관제도를 가장 먼저 실시했던 국가는 영국이다. 영국의 모든 역사학자들뿐만 아니라 정부기관의 인물들 역시 영국의 문관제도가 중국으로부터 배워온 것임을 인정하고 있다. 문관제도가 확립되기 이전 영국은 본래 정교일치의 국가였다. 종교 개혁 이전 성직자들은 곧 정부이자 권력의 소유자였다. 종교와 귀족들은 서로 배척했고, 어떤 때는 성직자들이 우위에 서고 또 어떤 때는 귀족들이 우위에 서는 등 엎치락뒤치락했다. 그러나 자본주의 사회가 시작된 이후로는 귀족뿐 아니라 성직자들도 더 이상 정부에 적합하지 않다고 여겨졌고, 평민 중에서 정부에 참여할 이들이 선발되기 시작됐다. 바로 이때 중국의 경험을 가져가서 적용했던 것이다. 처음 실시된 문관제도는 오늘날의 문관제도와 상당히 달랐다. 중국 고대의 인재선발 제도였던 과거제와 마찬가지로 영국의 문관제도 역시 점진적으로 완성되어갔다. 중국은 이 제도를 시작했지만 지금은 다른 이들로부터 이 제도를 배우고 있다. 이것은 역사의 필연이며, 이러한 현상은 늘 있어 왔다. 스승도 어떤 경우에는 원래 자신의 학생이었던 이로부터 배워야 한다. 이상 필자가 논하고자 했던 다섯 번째 문제였다.

7. 백가-유가; 도학-리학

여기에서 필자가 말하고 싶은 핵심은 주요 문화와 기타 문화 간의 관계이다. 주나라 무왕은 천명과 종실에 대한 숭배에 의지해서 은나라를 멸하고 천하를 통치했다. 주나라 천자는 "천명을 받은"16) 이로서, 그리고 주나라의 종실로서 지극히 높고 귀한 권위를 누렸다. 그의 권위는 주로 두 가지 대목에서 체현되었다. 제사를 주관하는 권리를 장악하고서 하늘에 제사를 지내고 조상에 제사를 지내는 것과 정벌을 행하는 것이었다.

주 왕실이 쇠락하면서 천자와 종실로서의 권위는 사실상 약화되었다. 그 후 역대 황제들은 여전히 천명을 자임했지만, 사실 이 천명 자체가 사회적으로 가지는 영향력은 갈수록 위축되었고, 점차 사회적 개념으로서의 의미가 강화되면서 하나의 관습으로만 받아들여졌다. 많은 이들은 이러한 관습을 실제 경험해 보았을 것이다. 특히 중국 농촌 출신의 경우 어린 시절 할머니들이 지폐를 태우고 향을 피우며 하늘에 제사를 지내는 것을 보았을 것이다. 만약 그분들에게 '하늘은 무슨 일을 해요?'라고 물었다면 그들은 아마 아무 말도 못했을 것이다. 하늘은 어떤 존재인가? 신은 남성인가, 여성인가? 수염을 길렀는가, 그렇지 않은가? 키와 몸무게는 어떻게 되는가? 그분들은 전혀 답할 수 없었을 것이다. 그분들 역시 모르기 때문이다. 이들은 수천 년간의 문화적 침전물로, 백성들에게 강요된 관습과 관련이 있는 것들이다.

천명과 종실의 권위가 절대적이지 않게 된 이상 하늘과 인간의 관계, 인간과 인간의 관계를 탐구하는 사상적 경향이 점차적으로 출현했다. 하

---

16) 『史記』, 「周本紀」, "受天明命."

지만 천명이 무상해지고 왕실의 권위가 모든 것을 결정하는 시대에는 이 것이 불가능했다. 이러한 시기에는 하늘이 도대체 무엇이고 나와 하늘의 관계가 어떠한지에 대해서 사유하는 것이 허락되지 않았다. 이러한 왕실 의 권위가 쇠락한 후에야 사람들은 비로소 이러한 세상의 근본과 관련된 문제들을 탐구할 수 있었다. 춘추시대에 이미 이러한 탐구의 싹이 트였으 며, 전국시대에 이르러 주나라 천자가 유명무실한 상징으로 전락하고 제 후들이 저마다 자신의 이익을 추구하게 되자 활발한 사상적 발전의 토양 이 마련되었다. 그리하여 바로 이 시기에는 중국의 학술은 절정을 맞이하 게 된다. 이것이 바로 백가쟁명百家爭鳴이다.

전국시대는 공자로부터 수백 년 떨어져 있지만 그때까지도 유가는 백 가 중 하나였을 뿐으로, 어떠한 특별한 지위도 갖고 있지 못했다. 그러나 유가는 주관 및 객관 세계에 대해 가장 전면적으로 탐구했고, 그들의 학 설은 상당한 보편성을 지니고 있었다. 예컨대 우리는 유가를 문헌 상 확 인 가능한 농가, 묵가, 명가, 법가 등의 타 학파와 비교하곤 한다. 우리는 이러한 비교를 통해 위의 결론을 확인할 수 있다. 또한 공자 이후 유가는 끊임없이 다른 제자백가들의 영양분을 흡수함으로써 훗날 주류학파가 되 고 중화문화의 근간 사상이 되는 조건을 갖추게 되었다. 순자의 경우 유 가이기는 하지만 법가적 성격 역시 겸하고 있다. 법가의 한비자韓非子 (BC.280~233) 역시 다시 한 번 자세히 살펴볼 필요가 있다. 그의 사상 안에 는 수많은 유가적 요소들이 담겨 있다. 즉 저마다 상대방의 사상을 흡수 했던 것이다. 유가는 바로 이러한 근본바탕을 가졌기 때문에 상대적으로 수월하게 주류학파가 될 조건을 갖출 수 있었다. 그러나 조건은 조건일 뿐 이것은 아직 실현되지 못하고 있었다.

이때 등장한 인물이 바로 동중서이다. 동중서는 시대적 요청에 부응하기 위해 자신의 학설을 제기했다. 그의 학설에서 공자는 신적 존재로 격상되었다. 즉 공자를 형상을 가지고 있으면서 말도 하고 행동도 하는 인격신으로 격상시킨 것이다. 동중서는 공자의 학설을 연역해서 황권신수설을 옹호하는 신비한 이론적 근거로 삼았다. 이것이 바로 유가가 독보적인 국가 이념이 될 수 있었던 또 다른 원인이었다. 그러나 문화와 학술의 관점에서 보자면, 동중서의 신화화된 유학은 일종의 퇴보였다. 앞서 제시한 "선생님께서는 기이하고 괴상한 것, 힘으로 억누르는 것, 어지러운 것, 귀신에 관한 것을 말씀하시지 않았다", "아직 삶도 모르는데 죽음을 어찌 알겠는가?" 등의 공자의 말과 비교했을 때 동중서의 유학은 분명 퇴보한 것이라고 볼 수 있다. 이러한 까닭에 그의 유학은 싹이 다시 파묻혀 씨앗으로 돌아가듯 탄생과 동시에 발전 가능성이 제거되어 버렸다고 볼 수 있다. 이는 너무 안타까운 일이다. 필자가 이 문제에 관한 문헌들을 검토해 본 결과, 연구자들은 이 문제를 중시하지 않았다. 필자 역시 이를 다시 심층적으로 연구할 시간적 여유가 없었다. 어떤 대상을 연구할 때에는 반드시 그 사물의 내재적 법칙성과 모순을 연구해야 하지만, 동중서에 대한 연구는 피상적인 수준에 머물 뿐 전체를 포괄하지 못했다. 동중서의 학설은 결국 한 왕조가 멸망함에 따라 함께 소멸되었다.

위진남북조시대, 세력 다툼이 끊임없이 이어지면서 천하는 혼란스러워졌고, 당연하게도 사람들은 말로 다 표현할 수 없는 고통을 겪었다. 그러나 중국이라는 통일국가는 주류문화가 확고하고 발전한 국가로서, 간혹 권위를 상실할 때도 있었지만 이러한 혼란은 오히려 사상이 활발하게 발전할 환경을 조성해 주기도 한다. 아래에서 필자는 남조와 북조를 나누어서 중국사상의 발전을 논하겠다.

　최초 북조는 한족이 아닌 이민족 출신에 의해 통치되었고, 이러한 이민족들은 중원에 진출하기 이전부터 이미 어느 정도 한족화가 진행된 상태였다. 그들은 한족문화에 대한 흠모 및 북방 통치를 위한 수요로 인해 한족문화를 주창했다. 그들은 한족 출신들을 등용하기 시작했으며, 특히 상당한 영향력과 실력을 갖춘 옛 귀족 출신을 선호했다. 그러나 북조의 정권들은 어디까지나 비한족 정권이었고, 한족 귀족 출신들은 경계와 견제를 받으면서 상대적으로 취약한 지위에 놓이게 되었다. 한족 귀족 출신들이 가지고 있는 가장 큰 강점은 한족문화를 장악하고 있다는 점이었다. 그래서 최고 통치자들도 문화의 문제에 있어서만큼은 이들에게 의존해야 했다. 그리고 귀족 출신들은 자신의 지위를 유지하고 이민족에 동화되는 것을 막기 위해서 한족문화를 고수해야 했다. 이러한 상황은 실제로 북조에서 전통문화를 보존하고 재해석하는 활동이 활발하게 추진되도록 만들었다. 오늘날 우리가 참고하는 당 왕조 공영달孔穎達(574~648)[17] 주편의 『오경정의五經正義』는 『역경정의易經正義』를 제외하고는 대부분 북조의 해석들을 인용했다. 북조의 서적들은 모두 사라졌지만 이러한 방식으로 실전된 글들이 다시 수록되어 전달됨에 따라, 오늘날 우리는 북조시기 존재했던 전통문화 보존과 해석의 노력을 엿볼 수 있다.

　남조의 상황은 이와는 달랐다. 위나라와 진나라가 연달아 멸망한 이후 송宋, 제齊, 양梁, 진陳 등의 왕조들이 번갈아 세워졌다. 이 시기 한편으로는 사상적 억압이 존재하지 않아서, 많은 학자들은 동중서 이래의 유학이 초래했던 사상적 퇴보를 벗어나 노장老莊 등을 향해 사상적 출로를 모

---

17) 공자의 후손이기도 하다.

색했다. 다른 한편으로 혼란한 사회적 현실은 사람들에게 허무주의적 태도를 가지게끔 했고, 노장의 학설은 이러한 현실을 이해하는 이론적 근거를 제공했다. 그리하여 남조 160년[18]에 동진東晉 103년을 더해 총 260년이 넘는 기간 동안 제2차 백가쟁명의 시대가 열렸고, 그 중에서도 현학玄學은 당대의 주류학문의 지위에 올랐다. 현학은 사실상 노장사상으로부터 나온 철학 사변이었다.

그러나 이 시기 예교 즉 유가적 예교의 학문이 완전히 소멸했던 것은 아니다. 유학의 연속이라는 측면에서는 남조가 북조보다 못하지만, 유학의 발전과 중화문화 전체의 다양화와 발전이라는 측면에서 남조는 나름대로 큰 공헌을 했다. 남조의 유학은 유학의 테두리를 벗어나 사상적 해방을 이루었고, 다른 학문 사상들을 흡수했다. 그리하여 훗날 융합의 시대에 이르러 유가를 중심으로 융합을 이루어 낼 때 수많은 새로운 내용들을 포함하게 되었고, 유학은 다시 한 번 전진할 수 있었다. 남조의 활발한 학문적 과정 없이 북조의 엄숙한 전승에만 의지했다면 아마 어떠한 학문적 전진도 이루어 내지 못했을 것이다. 후세의 도학道學, 심학心學 중 그어떤 것도 남조의 생기 넘치는 사상의 영향을 받지 않은 경우가 없었다. 북조와 남조의 상반된 문화사조는 수당대에 이르러 합류하게 되었고, 이것이 바로 당대 문화적 절정기를 맞이할 수 있었던 핵심적인 이유이다.

당나라의 국력은 일찍이 중국에 전례가 없었을 정도로 강대한 수준에 도달했다. 서구 경제학자들의 추산에 따르면, 당나라는 전 세계 GDP의 3/4 수준(명나라는 1/3)을 차지하는 세계 최강대국이었다. 이러한 전성기를

---

18) 유씨들이 세운 송나라가 개국한 해로부터 수나라 開皇 원년까지 계산한다면 161년이다.

맞이할 수 있었던 문화적 요인을 고찰해 보면, 이것은 선진시기부터 남북조시대에 이르는 모든 영양분을 흡수하고 이들을 융합 및 회통시켰기 때문이다.

불교의 경우 이미 후한 말기 중국에 전파된 상태였으나, 초기에는 중화문화의 몇몇 경향들로 인해 세력을 확장하지 못하고 있었다. 중화문화는 현세를 중시하고 내세를 경시했으며, 현실을 중시하고 현묘하고 허무한 것을 경시했고,19) 실재적인 것을 중시하고 명상을 경시했으며,20) 가족을 중시하고 개인을 경시했다.21) 이는 불교와 판이하게 대비되는 특징들이었고, 따라서 불교는 줄곧 방술方術과 비슷한 것으로 취급되었다. 방술이란 무엇인가? 무당이 굿을 하고서 눈을 감은 채 만지기만 해도 절름발이는 다리가 낫고 맹인은 눈을 뜨며 벙어리는 말을 하게 되는 것 등이 바로 방술이다. 『고승전高僧傳』과 같은 책을 살펴보면 수많은 신화가 나온다. 가뭄이 들었을 때 어떤 고승이 주문을 외자 바로 큰 비가 쏟아졌다는 식으로 말이다. 당시 서역에서 건너온 고승들에게도 이러한 특징이 나타나는데, 사실 이러한 것들은 일종의 마술이었고, 따라서 당시 중원의 사람들은 그들을 방술사라고 여겼으며, 고승들도 종교체계를 구축하지는 못하고 있었다. 그러므로 그들의 영향력 역시 미미할 수밖에 없었다. 당대에 이르러 불교는 점차적으로 중국화에 성공했고, 석가의 기본적인 불교 교리와 중화의 전통문화가 묘합을 이루어 중국불교가 탄생하게 되었

---

19) 중국인들은 실제적인 것들을 추구하지, 추상적인 사변을 그다지 좋아하지 않았다. 물론 이러한 성향에는 문제점도 있으며, 이것은 앞에서 이미 논한 바 있다. 이와 달리 불교는 내세를 중시하고 현묘하고 허무한 것을 중시했다.
20) 불교는 명상을 매우 중시했다. 이른바 좌선하여 선정에 들어간다는 것은 사실 명상의 상태에 들어가서 최종적으로 무아에 도달함을 의미한다.
21) 이것은 중화문화의 일반적 특징이기도 하다.

다. 이것이 바로 선종禪宗이다. 이와 비슷한 시기에 불교사상은 지식인들에게도 흡수되어서, 문화의 여러 분야에 새로운 영양분을 공급했을 뿐 아니라 유학에 대해서도 상당한 시사점을 제공했다.

필자는 여기에서 한두 가지 사례를 통해 불교와 중화 전통문화의 결합을 설명하고자 한다. 당대의 위대한 시인인 왕유王維(699~759)의 자는 마힐摩詰이었다. 그는 어째서 이러한 자를 지었던 것일까? 그의 본명은 유維인데, 불경에 나오는 한 보살의 이름이 바로 "유마힐維摩詰"이었던 것이다. 그는 "유마힐"을 쪼개서 각각 자신의 이름과 자로 삼았던 것이다. 『신당서新唐書』「왕유전」에 보면 다음과 같은 기록이 나온다.

> 형제[22]가 모두 뜻을 독실하게 하여 불교를 받들었으며, 고기뿐 아니라 마늘, 파, 생강 등 향신료도 먹지 않았고, 무늬가 없는 옷을 입었다. 아내가 죽자 다시 장가가지 않고 삼십 년을 홀로 살았다. 어머니가 돌아가시자 황제에게 표를 올려 자신이 소유했던 망천輞川의 별장을 불공을 드리는 곳으로 개조했다.[23]

『구당서』「왕유전」에서는 그가 장안에 있을 때 매일 십수 명의 승려에게 공양을 했으며 현담을 나누는 것을 즐거움으로 삼았다고 기록하고 있다. 그는 조정에서 홀로 조용히 좌선하고 불경을 외는 것을 일로 삼았다. 임종의 때에 이르러 갑자기 붓을 청해서는 아우인 왕진에게 고별의 서신을 쓰고, 이어서 평생의 벗들에게도 몇 통의 고별 서신을 남겼는데, 이들 편지에는 모두 부처를 섬기고 마음을 수양할 것을 권면하는 내용이

---

22) 왕유의 동생 王縉은 높은 관직을 지냈다.
23) 『新唐書』,「王維傳」, "兄弟皆篤志奉佛, 食不葷, 衣不文采. 喪妻不娶, 孤居三十年. 母亡, 表輞川第爲寺."

담겨 있었다. 그는 서신 쓰기를 마친 후 붓을 내려놓으면서 숨을 거두었으니, 참으로 경건한 신앙의 자세가 아니라고 할 수 없다.

그러나 왕유는 사실 효자로 이름이 났던 인물이다. 어머니가 돌아가시자 그는 너무 슬퍼서 음식도 먹지 못하고 거의 목숨을 잃을 정도로 애통해했다. 불교의 관점에서 볼 때 모친에 대한 효와 불교에 대한 경건한 자세는 완전히 모순되는 것이다. 이른바 출가라 함은 속세의 모든 것을 끊어내는 것이다. 『홍루몽』의 가보옥 역시 그러하지 않았던가? 모든 번뇌의 실타래를 끊어내서 부모조차도 알 바 없이 되는 것이다. 즉 만약 불교를 믿는다고 한다면 그것은 오직 석가만 알고 그 외 모든 것은 알 바 없는 것이 된다. 양가장楊家將24)의 고사에도 이러한 내용이 나온다. 오대산五臺山에서 양씨 집안 다섯째 아들을 찾아서 데리고 나오려고 했지만 그는 나가지도 않고 아무도 알아보지도 못하면서 "저는 이미 속세를 벗어난 사람이 되었습니다"라고 대답했다. 그러나 당나라 조정에 몸담고 있는 사람인 왕유 안에서 이 두 가지는 결합되고 있다. 즉 효자이면서 독실한 불교도일 수도 있게 된 것이다.

필자는 최근 두 해 동안 몇몇 사찰을 찾아 주지스님과 불교에 대해 토론하곤 했다. 그러다가 어떤 젊은 법사를 만나게 되어 그와 다음과 같이 문답을 주고받았다.

— 집에 다녀오셨습니까?
— 네. 다녀왔습니다.
— 스님들은 어떻게 휴가를 신청합니까?

---

24) [역자주] 楊家將: 북송 초기 명장을 여러 명 배출한 것으로 유명했던 양씨 가문 출신 장수들을 가리킨다.

― 저희는 따로 휴가를 신청하지 않습니다. 정식으로 가족 방문 휴가가
  있습니다.

그렇다. 불교의 교리와 중화문화는 바로 이렇게 결합했던 것이다.
우리는 여기에서 왕유의 시 몇 편을 살펴보도록 하겠다.

텅 빈 산에 사람은 볼 수 없고
사람의 목소리만 들리네.
노을이 깊은 숲속까지 들어와
푸른 이끼 위에서 다시 빛난다.[25]

그윽한 대나무 숲 속에 홀로 앉아
거문고를 타며 길게 휘파람 부네.
깊은 숲이라 아는 이 없고
밝은 달만 내려와 비추는구나.[26]

나무 끝에 핀 부용꽃
산속에서 붉은 봉오리 터트렸네.
개울가 인적 없는 집에
어지러이 피었다 또 지는구나.[27]

이 시들은 모두 풍경을 읊은 것이며, 또한 풍경과 감정을 융합시킨
것이다. 이들 시에서 읊은 것들은 모두 감정과 마음 즉 왕유의 마음이다.

---

25) 「鹿柴」, "空山不見人, 但聞人語響. 返景入深林, 複照靑苔上."
26) 「竹裏館」, "獨坐幽篁裏, 彈琴複長嘯. 深林人不知, 明月來相照."
27) 「辛夷塢」, "木末芙蓉花, 山中發紅萼. 澗戶寂無人, 紛紛開且落."

왕유는 어떤 마음을 가졌던 것일까? 그가 불경을 읽고 선정에 들었을 때에는 마음속에 그 어떤 것도 없었을 것이다. 그러나 석양이 숲속에 그림자가 드문드문 남은 잎사귀 사이로 꽃무늬처럼 이끼 위에 드리우는 것을 보고, 깊은 밤 홀로 휘파람을 부니 오직 밝은 달만이 벗이 되며, 부용꽃은 스스로 피고 스스로 진다. 만약 선종의 어록이나 공안公案28)을 읽어 본 이가 있다면, 그러한 어록이 비록 왕유의 시는 아니지만 이 세 수의 시가 곧 공안이고 그가 읊은 것이 곧 불교의 이치이자 선종의 이치임을 느낄 수 있을 것이다. 여기에서는 불교를 논하고자 하는 것이 아니므로 이를 자세하게 논증하지는 않겠다.

이제 이백李白(701~762)을 다시 살펴보자. 우리는 모두 그가 낭만적 시인이라는 것을 알고 있다. 「촉도난蜀道難」, 「장진주將進酒」, 「몽유천모음유별夢遊天姥吟留別」, 「행로난行路難」, 「선주사조루전별교서숙운宣州謝脁樓餞別校書叔雲」, 「여산요기노시어허주廬山謠寄盧侍禦虛舟」 등의 장편 시들은 장자와 유사한 경지와 사상을 보여 주고 있으며, 「망여산폭포望廬山瀑布」, 「황학루송맹호연지광릉黃鶴樓送孟浩然之廣陵」, 「조발백제성早發白帝城」 등의 짧은 시들은 우리로 하여금 도가의 물아제일物我齊一(만물과 나는 동일하다)의 사상적 경지를 떠올리게끔 한다. 대상은 객관이며 나는 주관이다. 우리는 이백의 시에서 대상과 내가 분리되지 않고, 자신을 자연 안에 융화시켜서 자연이 곧 나이고 내가 곧 자연인 것을 쉽게 발견할 수 있다.

우리들은 두보杜甫(712~770)를 이백, 왕유와 같은 반열에 올린다. 이렇게 할 경우 두보의 가뜩이나 농후한 유가적 색채는 더욱 부각된다. 그는 자신의 시 「자경부봉선현영회오백자自京赴奉先縣詠懷五百字」에서 "나의 군주

---

28) 선종의 어록이 곧 공안이다.

를 요순 위에 올려놓겠다!"(致君堯舜上)라고 선언한 바 있다. 그는 당의 황제를 요순 위에 올려놓고자 노력했다. 요순은 유가에서 가장 높이는 고대의 성군이다. 두보의 이러한 포부와 선언부터 그가 문제를 고찰하는 방식 및 찬양·비난의 내용과 기준에 이르기까지 그 어느 것도 전통유가의 범주에 포함되지 않는 것이 없다.

필자는 어째서 왕유, 이백, 두보 세 시인을 예로 들었던 것일까? 당대는 시가 문학의 전성기였다. 그럼에도 이들 세 시인을 지목한 것은 이들이 각각 불교, 도교, 유학을 신봉하는 이들이었기 때문이다. 당대의 다원적 경향들은 다양한 풍격을 낳았고, 유불도사상의 정수는 시들의 품위를 향상시켰다. 바로 이러한 점이 당시唐詩라는 풍성하고 다채로운 화원을 조성했던 것이다. 당대는 고대에서 남북조시대에 이르기까지의 모든 영양분을 흡수했고, 불교와 도교도 모두 융합되었다.

여기에서 왕유, 이백, 두보가 승려, 도사, 유자 등과 어떠한 교유관계를 맺었는지 모두 다룰 수는 없으므로 일단 왕유에 대해서만 소개하겠다. 필자는 과거에 왕유를 연구할 때 그의 시집만 읽었다. 그러나 불교에 대해 깊이 연구하기 시작한 이후 왕유가 수많은 고승들을 위해 탑명塔銘(탑에 새겨 넣는 글귀)을 지었음을 발견하게 되었다. 승려가 죽으면 그의 사리를 보관하기 위해 탑을 건축하며, 유명한 사찰인 소림사에도 이러한 탑 숲(塔林, 절 부근에 있는 스님들의 탑 모양의 분묘 군)이 존재한다. 묘지명에 한 줄의 글귀를 써넣듯이 탑에도 탑명이 필요하다. 왕유가 바로 이 일을 했던 것이다. 그의 탑명은 그저 그런 탑명이 아니라 불교의 이치에 통달한 글이었다. 이것은 불교와 유학의 결합을 형상적으로 체현해 낸 것이다. 즉 탑명이라는 것 자체도 중화문화와 불교가 상호 결합한 것이다. 과연 불교의 발상지인 인도에서는 이러한 탑명을 발견할 수 있을까? 결코 발견할 수 없을 것이다. "명銘"이라는 것은 사람이 죽어서 그를 매장할 때 석판에 그의 행적을 적어서 함께 매장하는 것이다. 이것은 중화문화이며, 불교가 중국에 전파되자 승려가 죽은 후 탑명을 짓게 된 것이다. 즉 양자가 결합한 것이다.

또 다른 사례는 바로 도학이다. 주지하다시피 한유는 고문운동의 지도자였으며 공자로부터 이어져 온 도통을 자임한 인물이다. 그러나 솔직히 말하자면 한유(와 유종원 등의 인물들)는 유학을 학문적으로 발전시킨 인물은 아니었다. 한유는 일찍이 불교 비판의 내용을 담은 상소문인 「간영불골표諫迎佛骨表」로 인해 탄핵을 받은 바 있는데, "아침에 황제에게 상소문을 올렸더니 저녁에는 조양으로 좌천되어 팔천 리 길을 떠나게"[29] 되었다. 그러나 훗날 그는 승려들과 왕래를 해서 시를 지어 주기도 했고 심지어 승려가 지은 시집의 서문을 써 주기도 했다.

옛사람들 중에는 한유의 이러한 행동이 앞뒤가 맞지 않다고 비판한 이도 있었고, 그를 변호한 이도 있었으며, 그의 불교 비판이 가짜라는 이도 있었고, 시의 내용을 보아야지 누구에게 시를 주었는지 따지지 말아야 한다고 말하는 이도 있었다. 그러나 필자는 한유를 비판할 이유도 변호할 이유도 없다고 생각한다. 불교사상의 사회적 영향이라는 것은 객관적으로 존재하는 것이고, 불교사상의 엄밀한 논리적 사유가 세계에 대한 독특한 관찰과 분석을 내놓았고 유학이 이러한 점을 결핍했다는 것 역시 객관적인 사실이다. 따라서 불교는 분명 그 자체로 학자들을 매료시키는 지점이 있었다.

---

29) 「左遷至藍關示姪孫湘」, "一封朝奏九重天, 夕貶潮陽路八千."

한유는 석가의 사리(佛骨)를 영접하는 것에 반대했다. 그 이유는 불교가 "입으로는 선왕의 법도에 맞는 말을 하지 않고, 몸에는 선왕의 법도에 맞는 옷을 걸치지 않으며, 군신 간 올바름과 부자 간 감정을 알지 못하기" 때문이다. 따라서 그는 불교는 "풍속을 해치고", "일삼기에 부족하다"[30]고 말했다. 이들은 모두 「간영불골표」에 나오는 말들이다. 그러나 이 당시 그는 결코 불교 자체에 반대했던 것은 아니었으며, 사실 그 역시 불교를 정확하게 이해하고 있었던 것도 아니었다.

훗날 불교에 대해 어느 정도 이해하게 됨에 따라, 그리고 불교가 중화전통문화에 적응해 가는 시기를 맞아, 한유를 포함한 여러 유학자들은 불교를 억제할 필요가 없다고 생각했고 오히려 불교를 가까이 하고 그로부터 영양분을 흡수했다. 그러므로 우리의 결론은 한유가 대학자라는 것이다. 그는 불교를 맹목적으로 배척하지 않았으며, 불교를 가까이 하고 불교도들과도 왕래를 하면서 그들로부터 많은 것을 배웠다. 일찍이 그가 올렸던 「간영불골표」는 자기모순적인 글이었으며, 이에 대해서는 그 자신도 반성했다. 왜냐하면 불교는 새로운 것이었고, 그 안에는 배울 만한 어떤 것이 있었기 때문이다. 이것이 바로 그가 대학자인 이유이다.

확실히 유학은 불교로부터 적지 않은 것들을 받아들였다. 송대에 이르면 유학은 '리理'를 궁구한다 하여 리학이라고 불리게 된다. 리학 사상의 매우 많은 부분은 불교와 일치하며, 다만 표현에 있어 차이를 보일 뿐이었다.

정호程顥(1032~1085)와 정이程頤(1033~1107)는 '천리天理' 개념을 제시했다.

---

30) 「諫迎佛骨表」, "口不言先王之法言, 身不服先王之法服, 不知君臣之義, 父子之情……傷風敗俗……佛不足事."

천리는 리학의 탄생을 상징하는 개념이다. 리학의 가장 큰 특징은 유학의 관심이 주관세계와 객관세계의 통일로부터 주관세계의 탐색과 수양으로 옮겨갔다는 점이다. 사실 이것은 불교가 자아본성에 불성을 탐구했던 학설을 그대로 이식해 간 것이다.

송대에 이르면 유학은 심성지학心性之學으로 '양지良知'와 '정심성의正心誠意'는 심성지학의 핵심이었다. 이러한 개념들 역시 불교와 긴밀한 관계를 맺고 있다. 전목 선생은 다음과 같이 말했다.

> 양지의 학문은 일련의 대중철학, 평민철학이다.…… 이러한 풍모는 유가로부터 온 것이 아니라 불교로부터 온 것으로, 유가의 정치적 성격을 희석시키고 불교 전통의 사회적 성격을 침투시켰다.[31]

필자가 보기에 전목 선생의 설명이 매우 정확하다.

송명대 리학은 주류 문화의 핵심이 되었지만 원대 인종仁宗 시기까지 사학에 머물고 있다가, 중원에 진출한 몽고인들에 의해 1303년에야 비로소 관학으로 승격된다. 그리하여 리학은 주류 학문 즉 관학으로서의 주류 학문이 되어 명대까지 이 지위를 유지하게 된다. 이는 사회의 발전에 맞추어 유학이 거쳤던 조정과 완성의 과정이었다. 앞서 언급한 바와 같이, 만약 이러한 방향으로 발전해 감과 동시에 이질적인 외래문화의 도전과 자극에 대해 과거와 마찬가지로 중화문화의 포용성을 발휘하여 점진적으로 유익한 것을 받아들이고 상호 융합시켜 나갔다면, 중화문화는 분명 새로운 단계로 올라서서 새로운 국면을 열 수 있을 것이며, 또한 문화가

---

31) 『國史新論』, pp.166~167.

발전하고 강성해짐에 따라 국가 전체도 발전하고 강성해졌을 것이다. 안타깝게도 명나라와 청나라는 이와 정반대의 길을 걸었고, 국운이 날로 쇠약해져서 결국 한때 세계 최강대국이었던 국가가 반半봉건, 반半식민지 상태로 전락하게 되었다.

리학 및 이후에 등장한 심학은 불교적 요소 중 무엇을 어떻게 흡수했을까? 불교는 유학으로부터 어떤 요소들을 흡수했을까? 유학과 불교가 이처럼 결합할 수 있었던 이유는 무엇일까? 이러한 결합은 전통 중국문화에 어떠한 영향을 끼쳤는가? 이러한 문제들은 매우 연구해 볼 가치가 있는 주제들이다. 다만 여기에서는 전체 중화문화의 원류를 다루기로 한 만큼 이러한 문제들을 본격적으로 다루기는 어려우므로 후속 연구에 맡겨 두도록 하겠다. 이 문제들은 중국 국내 및 해외 학술계에서 제대로 연구된 적이 없는 것들로, 앞으로 우리에게 주어진 연구 과제라 할 수 있다.

제7절에서는 천명무상에서 사상해방에 이르기까지, 주대에서 명대에 이르기까지의 사상적 흐름을 다루었다. 서주의 몰락 이후 전국시대가 도래하고 백가쟁명의 시대가 열리면서, 한 학파에 불과했던 유가가 절대적 지위를 점하게 될 환경이 조성되었고, 여기에 더하여 한대에 객관적 조건도 갖추어지게 되었다. 하지만 한대 이래로 눈앞의 목적을 위해 유학을 신비화함에 따라 유가사상은 경색되었다. 중화문화는 원래는 신을 숭배했다가 천을 숭배했고, 한대에 공자가 숭배대상이 됨에 따라 공자는 천과 결합했다. 또한 왕통은 명멸하지만 천은 여전히 존재함에 따라 천은 다시 왕통과 결합했다. 사실 이것은 신을 바꾼 것이 아니라 신이 옷을 바꿔 입은 것에 불과했다. 그리하여 주 왕조에서 사상을 통제했던 방식은 한대에도 재등장했다. 그러다가 왕조가 붕괴해서 권위가 무너지면서 다시 새

로운 백가쟁명의 시대가 열리게 되었다. 그리고 백가쟁명으로부터 영양분을 흡수하고 축적한 후 다시 통일국가가 출현했을 때 드디어 진정한 중화문화가 탄생했다. 이 시기가 바로 전통사회의 전성기인 당대이다. 우리가 당나라의 경제적인 면과 군사적인 면을 다루지 않고 오직 문화만 다루는 것은 바로 그들이 다양한 문화의 융합을 통해 그토록 흥미로운 문화를 이룩하고 전성기를 맞이했기 때문이다. 이 융합은 그 시대를 전성기로 만들었을 뿐만 아니라 훗날 송대에도 지대한 영향을 미쳤으며, 이러한 영향은 특히 리학과 심학에서 체현되었다. 이것이 바로 필자가 논하고자 했던 여섯 번째 문제이다.

지금까지 필자는 자연-인류-문화, 가족-가문-국가, 종교-예제-습속, 봉건제-군현제; 제왕-정부, 서사庶士-세족-사신士臣, 백가-유가; 도학-리학 등 총 여섯 가지 문제를 논했다. 이 여섯 항목은 필자가 구분한 것이며, 아래에서는 이들을 융합 및 회통시킬 것이다. 사실 이것은 중국사회의 변천과정 및 그 안에 포함된 제 요소들의 변천을 다룬 것이다. 중화문화는 특정한 자연조건 안에서 배태되었으며, 문화가 배아 단계에 접어들면서 그 안에는 나름의 요소들이 생겨나기 시작했다. 마치 동식물이 배아 단계에서 가지고 있는 유전자처럼 말이다. 이 유전자는 인간과 자연 간의 관계를 발생시켰으며, 이후 더 나아가 인간과 인간의 관계에도 체현되었다. 이것이 바로 가족-가문-국가의 관계이다. 이러한 유전적 기초 위에서 생성된 것들은 사람들의 마음에 깊이 파고들었고, 이들은 민족문화의 또 다른 유전자가 되었다. 중국에는 종교가 존재하지 않았으며, 사실상 원시적 형태의 종교가 일종의 예제로 발전하였고, 이는 다시 습속으로 자리 잡았다. 그리고 이러한 습속은 사회의 모든 층위, 모든 곳에 체현되어 있다. 사회를 관할하는 정치제도였던 봉건제 및 군현제는 저마다 자신들의 체제를 수호하기 위해 반드시 적합한 인재 등용 방법을 택해야 했으며, 따라서 과거제도가 탄생했다. 또한 필자는 학술사상 분야에 집중해서, 춘추시대의 백가쟁명이 어떻게 유학독존으로 귀결되고 유학이 직면했던 거대한 변화는 무엇이었는지에 대해 논했다.

이상에서 논한 것들을 융합 및 회통시킨다면 중국문화에 관한 저서나 중국사, 중국문학 등을 접할 때 한층 더 깊게 사고할 수 있을 것이다.

8. 중화문화와 기타 문화의 비교

"비교", 이것은 문제를 인식하고 연구하는 기본적인 방법이다. 중화문화에 대해 단순히 그것이 무엇이고 어째서 그러한지 인식하고 연구하기만 한다면, 이는 아직 중화문화의 특성과 본질을 인식했다고 말하기에 부족할 것이다. 왜냐하면 본질이란 어떤 사물을 다른 사물로부터 구분시켜주는 근본적인 특징이기 때문이다. 그러므로 중화문화를 다른 문화들과 비교해야만 한다. 그러나 이것은 매우 거대한 과제이다. 사실 필자는 별다른 성과를 거두지 못하고 있다. 여기에서 수많은 학자들이 연구했어야 할 중대한 문제들을 압축해서 논했지만 아직 어느 것도 명쾌하게 설명하지 못했기 때문이다. 만약 서로 다른 문화를 비교하고자 한다면 반드시 그들 문화에 대한 매우 심층적인 연구들이 필요하다. 그러나 필자에게는 그러한 능력이 없다. 그러므로 필자는 여기에서 몇 가지 중요한 문제들에 대해 거칠게나마 분석을 진행하고 필자 본인의 관점을 제시하고자 한다.

첫째, 가치관의 측면이다. 인류 발전의 유년기 단계에서 형성된 각종 문화들은 모두 사람들을 진·선·미를 추구해 나가도록 인도한다. 이러한 진·선·미의 핵심 내용은 대개 일치하며, 이는 인류 공통적 본성으로 인해 결정된 것들이다. 이러한 공통적 본성은 각각의 문화들이 대화하고 서로 흡수하여 융합에 이르도록 하는 토대가 된다. 만약 인류에게 그리고 각 문화 간에 공통성이 없다고 한다면 대화를 할 수도 흡수를 할 수도 없을 것이고 결국 융합도 할 수 없을 것이다. 따라서 어떤 핵심적 문화가 타 문화를 대량으로 흡수한다면, 반드시 그러한 것은 아니지만, 이것은 그 핵심적 문화와 타 문화 간 공통성이 많기 때문이지 단순히 지리적 위치가 가깝기 때문이 아닐 가능성이 높다. 따라서 이러한 공통성의 측면에서 보자면 여러 문화들은 대동소이하고 공통성을 바탕으로 약간의 차이만 있는 것이 된다. 다만 바로 이러한 약간의 차이로 인해 각 문화는 서로 다른 특색을 형성하게 된다.

가치관 측면에서의 차이는 진·선·미의 유래에 대한 규정, 진·선·미를 추구하고 지키는 방법, 그리고 무엇이 진·선·미인지에 대한 정의 등의 세부적 항목에서 주로 드러난다.

흙을 주워 먹는 행동에 대해 어떤 민족도 이것을 아름답다고 여기지 않을 것이다. 무엇이 보기 좋고 먹기 좋은지, 그리고 어떤 사람이 좋은 사람인지 등에 있어 각 민족들은 대체로 공통적인 인식을 가지고 있을 것이다. 서로 다른 점은 이러한 진·선·미가 어디로부터 왔는지, 이것을 어떻게 추구하고 지켜야 하는지 등이다. 즉 진·선·미는 전반적으로 일치하나 세부적으로는 서로 다른 점이 있을 수 있는 것이다.

앞에서도 몇 차례 언급했지만, 중화문화에 종교문화가 없다고 말할 수는 없다. 중화문화의 진·선·미 경향은 주로 윤리나 개인의 덕성을 통해 드러난다. 좀 더 구체적으로 말하자면 인의예지신仁義禮智信에 체현되어 드러난다. 우리는 정치의 차원에서 종교의 정치화와 정치의 윤리화를 다루었고, 일상생활의 차원에서는 윤리의 세속화를 다루었다. 기독교32)와 이슬람교는 매우 긴 시간 동안 정교일치의 사회를 유지했다. 오늘날에도 기독교국가와 이슬람국가들이 종교 없이 안정적인 국가정체성을 유지하는 것은 상상하기 어렵다. 이러한 점들은 중화문화와 극명하게 대비된다. 우리는 13억 인구가 하나의 종교만을 믿는 중국과 종교가 없는 기독교국가나 이슬람국가를 상상하기 매우 어렵다. 여기에는 어느 것이 좋고 나쁘다는 결론이 존재하지 않는다. 국가마다 사정이 다른 것으로, 차이가 존재할 뿐이다.

중국인들의 근본 관념에는 철학 관념들이 포함되어 있다. 이들은 어디로부터 온 것일까? 바로 인간과 자연, 인간과 인간의 관계 안에서 얻어진 것이다. 중화문화와 반대로, 기독교와 이슬람교는 "신의 계시"를 내세운다. 또한 이 세계는 신(기독교에서는 God, 이슬람교에서는 알래(Allāh))이 창조한 것이며, 따라서 인간의 의지와 인간이 마땅히 따라야 할 규율은 모두 초자연적이고 초경험적인 신이 정한 것이다. 또한 신은 "선지자"(유대교의 모세와 이슬람교의 마호메트)를 통해 "계명誡命"을 내려서 사람들에게 신의 규율을 알린다. 종교문화에서의 진·선·미는 바로 이러한 계명에 근거하며, 진·선·미와 사회규범 및 일상생활의 규범에 대해 이들이 어디에 근거했는지 묻는 것은 허용되지 않는다. 예컨대 구약성서 「출애굽기」 제20장에

---

32) 필자가 몇 차례 언급했듯이, 기독교는 유대교로부터 나왔으며, 훗날 천주교와 개신교로 분리된다.

는 다음과 같은 대목이 나온다.

신께서 말씀하셨다.…… 너희 부모를 공경하라. 살인하지 말라. 간음하
지 말라. 도둑질하지 말라. 이웃에 대하여 거짓증언을 하지 말라. 네 이
웃의 것을 탐내지 말라.

이것이 바로 모세 십계명十誡命이다. 이슬람교에서는 다음과 같이 말
한다.

그때 나는 이스라엘의 후예에게 말했다. "당신들은 마땅히 진정한 주인
인 알라만을 섬겨야 하며, 부모에게 효도하고, 친척과 화목하며, 불쌍한
이를 긍휼히 여기고, 빈민을 구제하며 다른 사람에게 좋은 말을 해야 한
다.…… "33)

중국 고대 문헌에서 선행을 권하는 말이 어떠한지 한 번 떠올려 보자.
대부분 '네가 그렇게 해야 비로소 도덕적 만족을 얻을 수 있다'는 식이다.
즉 그렇게 해야만 다른 사람에게도 좋고 사회에도 좋다는 것이다. 이것은
사회규범으로부터 출발한 것이다. 자연의 법칙에 근거한 규범도 있다. 마
구잡이로 산에 들어가서 벌목해서는 안 되며, 반드시 "(벌목을 하려거든)
계절에 맞춰 산에 들어가야 한다." 그렇지 않으면 산의 나무들은 금방
고갈되어 버릴 것이다. 또한 마구잡이로 고기를 잡아서는 안 되며, 그물
눈을 너무 작게 해서도 안 된다. 왜냐하면 그물눈이 너무 작으면 치어들
마저 씨가 마를 수 있기 때문이다. 그러나 종교는 신이 선지자를 통해

---

33) 『코란』 제2장 제83절.

계시를 내려 어떻게 행동해야 할지 알려 주기 때문에, 이에 대해 사회적 근거가 무엇인지 일상생활 상의 근거가 무엇인지 따져 물을 필요가 없다.

기독교(및 그것의 유래가 되는 유대교)와 이슬람교는 모두 일신교이며, 우상 숭배를 금지한다.[34] 이슬람교는 아직까지도 모스크 안에 어떠한 동상이나 상징물이 없다. 그래서 이슬람교를 믿는 위구르족들은 수업이나 일이 늦게 끝날 경우 "우리 배가 모스크처럼 되어 버렸다"고 농담을 하곤 하는데, 이것은 배가 고프다는 의미이다. 그러므로 이러한 종교들은 극도로 배타적이며 여타 신앙을 결코 허용하지 않는다. 『성경』 복음서의 몇몇 '기記'들은 외적이 쳐들어와서 유대민족을 대량으로 살해했던 사건들에 대해 다루고 있으며, 이러한 기들은 유대민족이 신의 계명을 어긴 것에서 그 원인을 찾고 있다. 많은 경우 계명 중 가장 중요한 조목은 다른 신을 숭배하지 말라는 것으로, 다른 신을 숭배할 경우 반드시 재앙이 뒤따른다는 것이다. 이는 『성경』에서 어렵지 않게 볼 수 있는 것이다. 바로 이러한 까닭에 토인비는 다음과 같이 말했던 것이다.

> 불행하게도 기독교와 이슬람교에는 불교와 같은 관용의 전통이 부재한다. 이 두 종교는 오늘날까지도 신도들에게 절대적인 충성을 요구하고 있으며, 타 종교와의 공존을 결코 용인하지 않고 있다.[35]

이러한 세계사 속에서 중국은 그저 포용성을 지닌 것에 그치는 것이 아니라 단 한 차례도 진정으로 종교를 배척했던 경험이 없다. 타 종교에

---

34) 초기 불교에서도 불상을 숭배하지 않았으나, 이후 바뀌었다. 기독교에서 십자가와 성모상 등을 세운 것들도 한참 후의 일이다.
35) Toynbee, 郭小凌 등 번역, 『歷史硏究』(上海人民出版社, 2010), p.265.

대한 용납과 무교는 한 사안의 두 측면이자 변증적 통일이다. 이처럼 너그럽게 포용할 수 있었기 때문에 중화문화라는 거대한 강은 무수한 하천을 담아낼 수 있었고 끊임없이 다양성과 풍부함을 유지할 수 있었던 것이다.

불교는 중국문화와 다른 지점들이 있다. 그 중 가장 명확한 특징은 인간세상을 고통으로 보아서 삶의 목적을 진리에 두고 해탈을 추구한다는 점이다. 인간의 감각기관과 의식은 육근六根[36]이며, 육근은 육진六塵[37]에 의해 오염되고, 육진은 육폐六蔽[38]를 자아내기에 인생은 고통스러운 것이고, 이러한 것들을 털어 내야 해탈에 이를 수 있는 것이다. 그렇다면 어떻게 해야 해탈의 경지에 도달할 수 있을까? 해탈의 길은 "깨달음"(悟)과 "명심明心"에 달려 있다. 육근은 본래 청정한 것이지만 육진에 의해 가려져 있다. 그러나 자신 안에는 불성이 존재하므로, 이러한 육폐를 걷어내고 자신의 본심을 보아 낼 수 있다면 이 본심이 곧 불성인 것이다. 사실 철학용어를 가지고 말하자면 이것은 정신의 자아초월이다. 불교 역시 중생의 구제를 추구했던 것이지 자신만 좋으면 그만이라는 식은 결코 아니었다. 그러나 이러한 중생의 구제라는 목적 역시 자아정신의 해탈 여부에 달려 있는 것이다. 다른 사람을 해탈시키려면 먼저 자신이 한 단계 올라가서 다른 사람을 위로 끌어올림으로써 그들을 고통에서 벗어나게 해야한다. 바로 이러한 점에서 불교는 이슬람교, 기독교와 구분되지만 중화문화와도 역시 구분된다. 중화문화는 자신을 이롭게 하는 것과 타인을 이롭게 하는 것을 통일시켜서, 이 두 가지가 동시에 진행되어 서로 충돌하지

---

36) [역자주] 六根: 六識을 낳는 여섯 가지 근으로, 眼, 耳, 鼻, 舌, 身, 意의 總稱이다.
37) [역자주] 六塵: 불교에서 色·聲·香·味·觸·法을 가리키며, 이들은 사람으로 하여금 욕망을 생기게 하고 깨끗한 마음을 더럽힌다.
38) [역자주] 六蔽: 청정한 마음을 가리는 여섯 가지 마음 작용으로, 慳貪·破戒·瞋恚·懈怠·散亂·愚癡를 가리킨다.

않도록 한다.

둘째, 우주관의 측면이다. 창조론은 기독교와 이슬람교의 핵심관념이다. 그들의 교리 중 중화문화와 확연히 구분되는 또 다른 점이 바로 "계약설"이다. 이러한 계약설은 유대교로부터 왔다. 유대교에서는 신이 인간과 계약을 맺었는데 신과 계약을 맺은 민족이 유대민족이고 자신들이 바로 신의 "선민選民"이라고 여겼다. 어떤 이들은 선민이 투표를 해서 신을 뽑는 이들이라고 오해하기도 한다. 하지만 실제로는 신은 선택하는 입장이고 선민은 모든 사람들 가운데 선택된 사람들이다. 구약성서의 「신명기」에는 다음과 같이 나와 있다.

> 여호와께서는 지상의 만민들 가운데 바로 그대들을 선택해서 특별히 신의 자식된 민족으로 삼으셨다. 여호와께서 오직 유대민족만을 사랑하고 선택한 것은 다른 민족들보다 수가 많기 때문이 아니라 오히려 모든 민족 중에 그 수가 가장 적기 때문이며, 유대민족의 조상들에게 하신 맹세를 지키려 하심이다.[39]

『성경』에 따르면 신은 유대민족의 노아, 모세, 아브라함 등과 계약을 맺은 것이다. 노아는 노아의 방주를 만든 바로 그 노아이며, 그 역시 신과 계약을 맺었다. 즉 신은 노아에게 서둘러 방주를 만들게 했으며, 언제 큰 홍수를 일으킬 것이니 그때 노아는 방주에 타서 그 안에서 어떻게 해야 하는지 일러주었다. 그리하여 이후 유대민족은 모두 노아의 후손들로부터 나왔다. 신이 이들 세 명과 계약을 맺었다는 것이 이른바 계약설이다. 구약성서의 십계명은 바로 모세와 신이 맺은 계약이었고, 이것은 유대인

---

39) 『구약』, 「신명기」 제7장.

들이 대대로 반드시 지켜야 할 율법이 되었다.

계약설과 관련된 것이 바로 구원설이다. 모든 인간은 원죄를 지니고 있다. 최초의 인간인 아담과 하와는 죄를 짓고 악을 저질렀으며 그들의 후손들 역시 마찬가지로 신의 계명을 거슬렀다. 신은 인간을 구원하고자 했으나 인간의 재난은 신과의 계약을 위반했기 때문에 발생한 것이다. 그래서 오직 율법을 준수하고 신앙을 고수해야만 유일신 여호와로부터 그들의 죄를 구원받을 수 있다는 것이었다. 구약성서의 「신명기」에는 다음과 같이 나와 있다.

> 네가 너의 신 여호와에게 순종해서 율법의 계명과 조문을 준수하고, 마음과 성정을 다해 여호와에게 귀의한다면 그는 네가 행하는 모든 일과 네가 낳은 것, 네가 기른 것, 네 땅에서 난 것을 모두 풍족하게 해 줄 것이다. 여호와께서 다시 너를 좋아하고 기뻐하여 복을 내려 주심이다.[40]

> 우리가 우리의 신 여호와께서 분부한 일체의 계명대로 지키고 따른다면 이것은 바로 우리의 올바름이다.[41]

어떤 판본에서는 "올바름"(義)을 "덕과 의로움"(德義)으로 해석했다. 그러나 중국어에서의 '의義'자는 마땅함, 올바름의 의미를 지니며, 저마다 자신의 위치에서 자신의 의무를 다하는 것을 의미한다. '덕德'이란 '득得'의 의미이다. 즉 자신과 객관세계 간에 관계가 발생했을 때 객관대상으로부터 얻은 것이 내 마음 속의 것으로 변화하는 것을 '득得'이라 한다. 그러나

---

40) 『구약』, 「신명기」 제30장.
41) 『구약』, 「신명기」 제6장.

유대교는 계명을 준수하기만 하면 "올바르다"고 여겼으니, 이 기준은 매우 명확했다. 이러한 관념에서 인간은 피동적 존재이며, 인간의 본성은 악한 것이고, 인간의 의지와 행위 기준은 이미 신에 의해 규정된 것이다. 따라서 신의 계명을 어떻게 이해하고, 어떻게 눈앞의 현실과 잘 결합시켜서 자신의 행위를 결정할 것인지에 대해서만 사고하고 연구하면 되는 것이다.

기독교 국가들은 비교적 이른 시기에 법치를 실현했다. 이들은 법을 매우 엄격히 적용하고 감정을 배제했다는 점에서 중화문화와 선명하게 대비된다. 중국인들은 감정을 중시하고 법을 너무 가볍게 여긴다. 이러한 대비는 기독교 사상이 기반하고 있는 계약설과 어떤 연관이 있는 것일까? 이는 연구해 봄 직한 문제이다. 나는 서양철학자들의 연구들을 살펴보았지만 그들 중 누구도 여기에 대한 답을 주지 못했다.

불교의 천인관 역시 그들 자신의 우주생성론 및 본체론과 맞닿아 있다. "연기설緣起說"은 바로 불교사상의 토대이자 핵심이다. 간단하게 말해서 만물은 연기에 따라 생성되고 소멸하며, 만사만물은 모두 인과관계 안에 있을 따름이다. 불경의 표현대로 하자면 "인이 있고 연이 있어서 세간을 모으고, 인이 있고 연이 있어 세간이 모이며, 인이 있고 연이 있어 세간을 멸하고, 인이 있고 연이 있어 세간이 멸한다"[42]는 것이다. 이 말은 이것은 저것의 원인이고 저것은 이것의 결과이며, 나의 이번 생은 전생의 결과이고 전생에서 내가 한 일은 이번 생의 원인이 되며, 이번 생에 내가 한 일은 다음 생의 원인이 되어서, 내가 다음 생에 소가 되고 말이 되고 사람이 되는 것은 내가 이번 생에 한 일의 결과이다. 이를 간단하게 말자

---

42) 『雜阿含經』, 卷2, "有因有緣集世間, 有因有緣世間集. 有因有緣滅世間, 有因有緣世間滅."

면 만사만물은 모두 인과관계 안에 놓여 있다는 것이다. 또한 불경에서는 "이것이 있으므로 저것이 있고, 이것이 생겨나므로 저것이 생겨난다"[43] 고 했다. 인연설은 인생에 대한 관찰과 사고로부터 시작된 것으로, 점차적으로 주관과 객관의 관계로 연역되었으며, 결국 세계의 근원을 설명하는 틀이 되었다. 후세 사람들은 이러한 인연설의 토대 위에 수많은 연기설 이론들을 세웠다.

그 중 일부는 중국불교에서 세워졌으며, 중국의 연기설에는 분명 변증법적 사유가 담겨 있다. 그러나 이는 세계의 생성을 "진여연기眞如緣起", "아라야식연기阿賴耶識緣起"로 귀결시켜서 "삼계三界의 허위는 오직 마음이 일으킨 것"[44]이라고 보는 유심론적 세계관이었다. 그렇다면 진여연기에서 무엇이 진여라는 것인가? 진여 역시 불성이라고 할 수 있다. 즉 일체만상은 모두 무이고 무는 유이며 유 역시 무라는 등 이처럼 분명하지 않고 명료하지 않은 공허한 것이 바로 진여라는 것이다.

아라야식은 인간의 제8식이다. 이것은 일종의 잠재의식이지만 우리가 일반적으로 알고 있는 잠재의식보다 더 심층적인 것으로, 오직 선정에 들었을 때에만 경험 가능한 종교체험이며, 심리학에서 환각이라고 부를 수도 있는 상태의 의식이다. 그 사람의 아라야식이 좋으면 결과도 좋을 것이고 그 사람의 아라야식이 좋지 않으면 결과도 좋지 않을 것이다. "삼계의 허위"에서 허위 역시 오늘날 우리가 사용하는 거짓이나 위선의 의미가 아니라 가짜 혹은 존재하지 않음을 의미한다. 무엇이 진실한 것인가? 오직 마음속에서 떠오르는 것만이 진실한 것이며 실재하는 것이다.

---

43) 『雜阿含經』, 卷12, "此有故彼有, 此生故彼生."
44) [역자주] 三界: 불교의 세계관 가운데 하나로, 미혹한 중생이 輪廻하는 欲界·色界·無色界의 세계이다.

불교에 관한 이러한 말들은 굳이 출처를 밝힐 필요가 없다. 왜냐하면 수많은 불경들이 모두 이렇게 말하고 있기 때문이다. 불교의 진제眞諦는 바로 여기에 있다. 이러한 세계관 아래에서 삶은 소극적이고 내향적일 수밖에 없으며, 청정심만을 추구하기만 하면 곧 불성을 얻고 정과正果 즉 올바른 결과를 얻게 된다.

셋째, 내외관內外觀의 측면이다. 내외관이란 자신의 의식과 행위가 자기 자신에 대한 것인지 아니면 외부세계에 대한 것인지, 자신의 민족에 대한 것인지 아니면 민족을 넘어선 무엇에 대한 것인지, 국가에 대한 것인지 아니면 국가를 넘어선 무엇에 대한 것인지, 지구에 대한 것인지 아니면 지구를 넘어선 무엇에 대한 것인지를 논하는 것이다.

구약성서는 「창세기」(아담, 하와, 노아의 방주 등의 전설을 담고 있다.)로부터 시작되며, 여호와를 따르는 신도들과 이민족 간 전쟁과 살육의 과정을 담고 있다. 유대인들은 여호와가 약속한 "젖과 꿀이 흐르는 땅"[45]을 획득하기 위해 이교도들을 공격해서 그들이 원래 살던 곳에서 몰아냈다. 여호와는 어째서 이 땅을 유대인들에게 주었던 것일까? 오직 그들만이 여호와를 신봉하고 사랑했기 때문이다. 여호와가 유대인들과 함께 해 주기만 하면 유대인들은 항상 승리를 거두었고, 유대인들이 여호와와의 계약을 위반하면 그들은 패배했다.

우리는 여기에서 이슬람교의 성전인 『코란』을 다시 한 번 살펴볼 필요가 있다.

---

45) 이는 『성경』에서 매우 자주 사용되는 표현으로 오늘날의 팔레스타인(Palestein) 일대를 가리킨다. 이 지역은 산물이 풍부했기 때문에 이처럼 젖과 꿀이 흐르는 땅이라고 불리었다.

신을 믿지 않는 자들은 명백히 너희들의 원수이다.[46]

알라께서는 신을 믿지 않는 자들을 위해 모욕의 처벌을 준비해 두셨다.[47]

신과 신의 사자를 적대한 자와 영토를 어지럽힌 자들이 받아야 할 형벌은 오직 사형뿐이니, 십자가에 못 박거나 손발을 자르거나 추방해야 한다. 이것은 그들이 살아생전 받을 형벌이고, 죽은 후에는 더 중한 형벌을 받을 것이다.[48]

신을 믿는 자들이여! 너희들은 너희 주변 신을 믿지 않는 자들을 토벌해야 하며, 그들이 너희들에게 두려움을 느끼도록 해야 한다.[49]

이러한 조목들은 이슬람교가 처음 출현해서 주변의 적들로부터 온갖 잔혹한 핍박과 살육을 당했을 당시의 저항을 반영한 것이다. 이는 자신과 자신들의 민족의 생존을 위한 것으로, 나름의 필연성과 합리성을 갖추고 있다.

고대 중국의 문화를 이들과 비교했을 때, 고대 중국은 이민족들에 대해 '회원懷遠' 즉 멀리 떨어진 이민족들을 다독이는 자세를 취했다. 그래서 그들이 복종하지 않으면 "자신의 문덕을 닦아 그들이 다가오도록" 했다. 또한 이른바 중원의 문화와 이민족 간의 구분은 민족적 구분이 아닌 문화적 구분이다. 따라서 「오제본기五帝本紀」에도 고대의 성왕과 성현들이 이민족의 땅에 거주했던 기록이 있는 것이다. 공자 역시 이민족의 땅에서

---

46) 『코란』, 제4장 제101절.
47) 『코란』, 제4장 제102절.
48) 『코란』, 제5장 제33절.
49) 『코란』, 제9장 제123절.

살지 못할 이유가 없다고 여겼다. 그래서 공자는 학생이 "이민족의 땅은 누추하지 않습니까?"라고 질문하자 "군자가 있는데 어찌 누추하겠는가?"라고 답했다.[50] 즉 중화와 이민족의 구분은 문화적 구분이지 민족적·종교적 구분이 아니다. 그 외에도 『논어』에는 매우 중요한 대목이 있다.

> 관중이 없었으면 나는 머리를 풀어헤치고 옷깃을 왼쪽으로 여미었을 것이다.[51]

즉 만약 관중이 없었다면 공자를 포함한 중원 사람들은 이민족들의 복제를 따라야 했을 것이라는 말이다. 어째서 중원의 사람들은 이민족의 복제를 원치 않았던 것일까? 복제는 문화적 상징이기 때문이다.

이렇게 따져 나가다 보면, 구약성서와 『코란』에서 위와 같이 신도들에게 계시를 내렸던 것이 요르단 강과 시나이 지역의 자연조건(인간의 생존조건)과 밀접한 관련이 있음을 알 수 있다. 그래서 어떤 이들은 아랍지역의 문화들이 외향적인 까닭이 그들이 외부를 향해 생존을 꾀해야 했기 때문이라고 여긴다.

이에 반해 중화문화는 내향적이다. 왜냐하면 초기 중국 문명이 위치했던 황하 중하류는 살아가기에 충분해서 외부를 향할 필요가 없었으며, 이민족의 침입을 받았을 때 이에 대응하여 반격하기만 하면 됐다. 오랜 시간이 흘러 이는 외부적으로 정벌전쟁을 벌이길 원하지 않는 중화민족의 습성을 형성하게 되었다. 그래서 필자는 외국의 대표단에게 현재 "중국위협론"을 주장하는 이들은 중화문화를 전혀 이해하지 못한 것이라고

---

50) 『論語』, 「子罕」, "子欲居九夷. 或曰: 陋如之何? 子曰: 君子居之, 何陋之有?"
51) 『論語』, 「憲問」, "微管仲, 吾其被髮左衽矣."

말한 바 있다. 만약 중국이 정말로 군대를 파견해서 외국을 공격하려고 한다면 일반 인민들부터 참여하지 않을 것이다. 그래서 중국인들의 정치 철학에서는 "자신의 문덕을 닦아 그들이 다가오도록 한다"고 말했던 것이다.

유대교는 서쪽에 위치한 그리스에 전파되고 더 나아가 유럽 전체로 확산되었고, 여기에 바다에 임해 있고 해외로 진출해야만 더욱 발전할 수 있는 유럽의 자연조건과 결합하여 유럽 민족들은 모두 외향적 성격을 띠게 되었다. 이는 훗날 항해술 발전, 신대륙 발견, 식민지 개척과도 연결된다. 혹자는 위에서 밝힌 유대문화의 성격이 훗날 항해와 식민지 개척이라는 결과로 이어지는 원인이 된다고 말하기도 한다.

넷째, 덕행관의 측면이다. 중화문화는 개인의 도덕수양을 중시했다. 덕이란 주체와 타인, 개인과 사회가 함께 더불어 살 때 요구되는 모든 덕목을 종합한 것으로, 이는 주체가 자기 자신을 향해, 즉 "심心"을 향해 제기하는 요구이다. 덕이 지니는 함의와 외연은 시대에 따라 끊임없이 발전하고 변천했다. 그러나 이러한 변화와는 별개로 이 덕에는 하나의 보편적 원칙이 존재했다. 그것은 바로 개인과 여타 사회구성원 간 조화와 공존 즉 사회의 안정을 추구해야 한다는 것이다. 고대사회에도 법은 존재했다. 이것이 비록 사법私法[52]이라서 민주적 절차에 따라 다수 혹은 대의기구를 통해 제정된 법은 아니었지만, 이는 공법公法과 마찬가지로 사회가 개인에 대해 요구하는 하한선이었다. 이에 반해 덕은 개인이 자발적으로 추구하고 준수하는 상한선이다.

---

52) 이는 法學史에서 사용하는 개념으로, 전체 구성원이 아닌 소수의 구성원들이 제정한 법률을 가리킨다.

수천 년의 역사를 거치면서 중화 전통문화에서의 덕 역시 변천을 겪었지만, 대체로 인仁·의義·충忠·효孝·화和·지智 등의 개념으로 개괄될 수 있다. 공자는 다음과 같이 말했다.

공자가 말했다. "덕이 수양되지 않음, 배우고서도 강구하지 않음, 의를 듣고도 실천하지 못함, 불선함이 있어도 고칠 수 없음, 이러한 것들이 나의 근심이다."[53]

공자는 이처럼 자신의 네 가지 근심거리를 말했다. 이 중에서 배움을 제외한 덕, 의, 선 등은 모두 덕을 드러내고 있는 것들이다. 공자는 다음과 같이 말하기도 했다.

공자가 말했다. "도에 뜻을 두고, 덕에 근거하며, 인에 의지하고, 육예에서 노닌다."[54]

도는 전체 사물의 규칙이고, 인은 덕의 내용이며, 예藝는 시 짓기, 글 쓰기, 수레 몰기 등의 기술이다. 이 네 가지 중 도는 근본적인 것이고, 도 안에서는 덕이 핵심적인 것이며, 인은 덕의 내용이자 덕으로 회귀하는 것이다. 공자의 이 말은 공자 자신과 제자들에 대한 요구였다. 그리고 이 것은 집정자들에게도 똑같이 요구되었다. 옛 사람들이 주장한 덕은 결코 일반 백성들에게 요구된 것이 아니었다. 예컨대 『논어』에서 증자는 다음과 같이 말했다.

---

53) 『論語』, 「述而」, "子曰: 德之不修, 學之不講, 聞義不能徙, 不善不能改, 是吾憂也."
54) 『論語』, 「述而」, "子曰: 志於道, 據於德, 依於仁, 遊於藝."

증자가 말했다. "죽을 때까지 삼가하고 조상을 추모함에 정성을 다한다면 백성들의 덕이 두터워질 것이다."[55]

이는 사회지도층 인사를 향해 한 말이다. "죽을 때까지 삼감"(愼終)은 일을 처리함에 있어 시작만 있고 결말을 보지 못하는 식으로 해서는 안 되며 자신의 생명이 다할 때까지 신중해야 한다는 것이다. "조상을 추모함"(追遠)은 세상을 떠난 선현과 선조들에 대해 추모의 뜻을 지니고 그들의 전통을 늘 떠올려야 한다는 것이다. 만약 누군가 이렇게 할 수 있다면 일반 백성들의 덕은 두터워지고 깊어질 것이다. 또한 공자는 다음과 같이 말했다.

공자가 말했다. "정치를 행하되 덕으로 하는 것은 비유컨대 북극성이 그 자리에 위치해 있고 뭇 별들이 그 주위를 공전하는 것과 같다."[56]

공자가 말했다. "정치로써 이끌고, 형벌로써 다스린다면 백성들은 처벌을 면하려고만 하고 부끄러움이 없을 것이다. 도로써 이끌고 예로써 다스린다면 부끄러움이 있어 선함에 이를 것이다."[57]

이른바 덕으로 천하를 다스리라는 것은 위정자에 대한 요구이다. 왜냐하면 사회지도층의 언행은 사회에 중대한 영향을 끼치기 때문이다. 옛말을 빌려 표현하자면 "군자(위정자)의 덕은 바람과 같고 소인(일반 백성)의 덕은 풀과 같아서, 풀 위에 바람이 불면 풀은 반드시 눕게 된다"[58]는 것이

---

55) 『論語』, 「學而」, "曾子曰: 愼終追遠, 民德歸厚矣."
56) 『論語』, 「爲政」, "子曰: 爲政以德, 譬如北辰, 居其所而衆星共之."
57) 『論語』, 「爲政」, "子曰: 道之以政, 齊之以刑, 民免而無恥; 道之以德, 齊之以禮, 有恥且格."

다. 즉 바람이 불면 풀이 눕듯이 윗사람들이 어떤 것을 주장하면 아랫사람들은 이에 따르게 된다는 것이다. 이것이 바로 공자의 관점이었으며, 나름 타당하다고 할 수 있다. 그렇다면 공자는 왜 이러한 것들을 윗사람들에게 요구했던 것일까? 바로 교화를 위해서이다. 공자 자신 역시 위정자들에게 이러한 것을 요구하는 것이 쉽지 않음을 알고 있었고, 그래서 일찍이 "나는 덕을 좋아하길 여색을 좋아하듯이 하는 이를 본 적이 없다"59)고 한탄했던 것이다. 이는 위정자들에 대한 비판이었다.

덕은 내재적이고 모호한 것으로, 일률적인 척도로 평가할 수 있는 것이 아니다. 따라서 그 사람의 신독愼獨 즉 "홀로 있을 때 삼감"이 어떠한지 주의 깊게 살펴보아야 한다. 군자의 신독에 관해 가장 명료하게 설명한 경전은 『예기』이다. 『예기』의 설명에 따르면 군자가 가장 삼가야 할 때는 바로 자신이 홀로 있을 때이다. 무엇을 생각하는가? 그리고 무엇을 하는가? 많은 사람들의 눈앞에서 잘 행동하더라도, 결국 관건이 되는 것은 혼자 있을 때 어떻게 하는가이다. 또한 자신이 한 일 중 어떤 것이 옳고 어떤 것이 그른지 돌아보아야 한다.

> 증자가 말했다. "하루에 세 가지 점을 가지고 자신을 돌아보아야 한다. 다른 이를 위해 일을 도모함에 있어 마음을 다하지 못함이 있었는가? 벗과 사귐에 있어 믿음을 주지 못하지는 않았는가? 전수받은 것을 익히지 않지는 않았는가?"60)

---

58) 『論語』, 「顔淵」, "君子之德風, 小人之德草. 草上之風必偃."

59) 『論語』, 「子罕」, "子曰: 吾未見好德如好色者也."

60) 『論語』, 「學而」, "曾子曰: 吾日三省吾身. 爲人謀而不忠乎? 與朋友交而不信乎? 傳不習乎?"

여기에서 "세 가지"란 무의미한 숫자나 횟수가 아니라 구체적인 세 항목을 가리키는 것으로, 매일 이 세 가지 점을 스스로에게 물어보라는 것이다.

잘 알려진 대형 종교들은 모두 덕에 대해서 논하고 있으며, 또한 인간이 선을 지향하도록 하기 위해 노력한다. 우리는 『성경』과 『코란』에서 신도들에게 충성, 우애, 정직, 선량 등의 덕목을 요구하는 대목들을 쉽게 발견할 수 있다. 다만 중화문화의 덕은 신의 계시가 아닌 삶의 경험에 근거하고 있고, 내심의 수양과 지행의 통일 즉 덕에 대한 이성적 인식과 실천의 일치를 중시한다는 점에서 이들 종교에서 주장하는 덕과 구분된다. 불교에서도 사람들에게 덕을 요구하고 있다. 다만 불교에서 말하는 덕은 개인의 해탈을 위해 수련하기에 필요한 것이고, 또한 악업을 쌓지 않는 것이면 충분한 것처럼 비추어진다는 점에서 여타의 덕들과 구분된다. 요컨대 개인과 사회 사이에서 덕이 지니는 특수한 지위를 중시한다는 것은 중화문화의 특징 중 하나이다.

9. 중화문화 쇠퇴의 원인

첫 번째 문제는 고급문화와 대중문화의 단절이다. 필자는 아직까지 이러한 관점을 내세우는 연구를 보지 못했으며, 필자 역시 이러한 관점으로 연구를 발표하고자 하는 바람이 있을 뿐 과연 이를 설득력 있게 서술해 낼 수 있을지 자신이 없다.

문화에는 고급문화와 대중문화의 구분이 있다. 이 두 가지가 조화를 이룰 때 문화는 비로소 온전한 구조를 이루게 된다. "고급"(雅)은 고귀함을 의미하는 것이 아니며, "대중"(俗) 역시 천박함을 의미하는 것이 아니다. 고급문화와 대중문화는 이들 문화를 향유하는 이들에 따라 규정되는 것이다. 사회 상류층 사이에서 유행하는 것은 고급문화이고 그 반대가 대중문화이다. 고급문화는 상대적으로 섬세하고 정교할 것이고 대중문화는 그 반대일 것이다. 그 어떤 사회도 문화가 순수하게 하나로 통일되어 있는 경우는 없다. 왜냐하면 계급과 사유재산이 있는 한 사회에는 상하의 격차가 발생하고 문화 역시 고급문화와 대중문화로 나누어질 수밖에 없기 때문이다. 이상적인 평등사회에서라면 고급문화와 대중문화 간에는 교류 및 왕래가 활발할 것이다. 즉 "보급형의 토대 위에 고급형이 있고, 고급형의 주도 아래 보급형이 있는" 식으로 말이다.

그러나 문화적으로 쇠퇴해 가는 사회에서는 고급문화와 대중문화가 사실상 단절되어 있다. 이러한 사회에서 대중문화는 상스러운 것으로 여겨져서 배척당하여 더 높은 단계로 나아가지 못하고, 고급문화는 협소한 인원들 사이에서만 향유되면서 스스로 고결하다 여기겠지만 향유하는 사람들이 줄어들어 가면서 갈수록 위축되어 버린다. 이러한 단절이 정말로 어떠한 교류도 없음을 의미하는 것은 아니겠지만 이러한 상황이 고급문화와 대중문화 양측 모두에게 부정적인 영향을 미친다는 점만큼은 분명하다.

중국문화사에는 고급문화와 대중문화 간 교류 및 왕래가 비교적 성공적인 시대도 있었고, 양자의 단절로 인해 문화 전체의 위축이 초래되었던 시기도 있었다. 가령 육조시기는 철학에서는 현학, 문학에서는 변려문[61]

---

61) [역자주] 騈儷文: 중국의 육조와 당나라 때 성행한 한문 문체이다.

이 성행했는데, 이것은 성 안에 사는 식자층과 농민들 간 사상적 거리가 매우 멀었음을 보여 준다. 현학과 변려문은 본래 삶 속에서 제련되고 정교화된 것들이지만, 일단 소수의 사람들이 독점적으로 향유하는 문화상품이 되자 곧 쇠락의 길로 접어들게 되었다. 이와 대조적으로 당대의 선종과 근체시는 고급문화이면서도 대중문화여서 상류층과 일반 백성들이 모두 향유했고, 그리하여 송대의 리학과 "시여詩餘"(詞)를 잉태하게 되었다.

명청대에 이르면 사회계급이 고착화되면서 고급문화와 대중문화가 인위적으로 단절되었다. 예컨대 후세 사람들이 즐겨 감상하는 팔대산인八大山人, 양주팔괴揚州八怪[62] 등의 화가들은 궁정화가가 되지 못했고, 『홍루몽』과 같은 당대 최고의 소설 역시 상류사회에서 배척되었다. 심층 문화로서의 명대 리학과 심학은 갈수록 사변화되고 정교화되었다. 그래서 "천리天理", "양심良心"과 같은 그들의 기본 개념들이 비록 일반 백성들의 언어로 진입하기는 했지만, 이는 일방적으로 영향을 끼친 것이지 상호 교류를 한 것이 아니었다. 일반 백성들이 주로 관심을 둔 것은 의식주와 재산이었으므로 리학이니 심학이니 하는 것들은 백성들의 요구에 적절한 답을 줄 수 없었다. 리학과 심학은 이미 극치에 도달했기에 그들은 더 이상 현실의 삶 안에서 길을 모색하지 않았던 듯하다. 따라서 우리는 리학과 심학의 정교화가 그들의 쇠락의 시작점이었으며, 그들의 쇠락은 곧 중화문화 쇠락의 상징이었다고 볼 수 있을 것이다.

고급문화와 대중문화에 관한 이론적 문제는 아직까지 충분히 주목받지 못했으며, 따라서 이 영역에는 거대한 연구 공백이 존재한다.

---

62) [역자주] 揚州八怪: 청나라 건륭 연간(1661~1722) 강소성 양주에서 활약했던 여덟 명의 대표적인 화가를 이르는 말이다. 일반적으로 汪士愼, 黃愼, 金農, 高翔, 李鱓, 政燮, 李方膺, 羅聘을 가리킨다.

두 번째 문제는 타 문화와의 차단이다. 중화문화의 개방성과 포용성은 중화문화가 끊임없이 발전할 수 있었던 가장 근본적인 원인 중 하나였다. 그러나 외부 문화의 접근이 차단되자 중화문화는 타 문화를 접하고 포용할 기회를 상실했고, 그리하여 정체되고 쇠퇴하기 시작했다. 명대에 항해금지(海禁)가 실시됨에 따라 동부 해안으로는 외부 문화와 접촉할 기회가 사라졌고, 서쪽으로는 제국의 판도가 고비사막의 서쪽과 히말라야 산맥에 다다라 이를 넘어가기가 이미 어려워졌고, 중앙아시아와 아랍과 접촉이 있기는 했지만 그 영향은 그다지 크지 않았다. 바야흐로 앞서 필자가 언급한 바 있는 400년 이상의 문화 고립이 시작되었던 것이다.

이러한 문화적 단절들은 지리적 장애물이나 집권자의 정책의 결과가 아닌 과도한 민족적 자만심으로 초래된 고립인 경우도 있다. 가령 오늘날 어떤 국가가 자신들의 문화가 세계에서 가장 우수한 문화라서 온 세상을 계몽시킬 수 있다고 여긴다고 해 보자. 그렇다면 설사 교통과 통신이 유례없이 발달했고 정책적으로 고립을 시행하지 않았다고 하더라도 이 문화는 사실상 타 문화들과 단절되었다고 할 수 있다. 타 문화로부터의 자극과 영양분이 존재하지 않는다면 그 문화는 쇠퇴의 길을 걸을 수밖에 없다.

세 번째 문제는 "자아숭배"이다. 중국은 과거 몇 차례나 세계 최강대국을 건설했고 장기간의 안정과 번영을 구가했으며, 강대한 외적이 존재하지 않을 시 항상 통일국가를 이루었다. 그래서 최고 통치자로부터 일반 백성에 이르기까지 모두 맹목적인 자아숭배에 빠져 버렸다. 일단 이러한 자아숭배에 빠져 버린 이상 현상에 만족해 버리고, 설사 타 문화가 타당성을 지녔다고 하더라도 기존의 기준에 어긋나면 거부해 버리게 된다.

그리하여 중화문화는 점차적으로 발전의 동력을 상실했으며, 기존의 성과들 역시 다양한 방식으로 훼손되었다. 이러한 현상은 중국 음양이론으로도 설명될 수 있을 것이다. 그러나 "사물이 극에 달하면 반드시 돌아온다"(物極必反), "융성함이 극에 달하면 반드시 쇠락한다"(盛極必衰)와 같은 말들은 단지 현상에 대해 서술한 것에 불과하다. 이러한 문화적 쇠퇴의 근본 원인을 추적해 보면, 그 근원은 바로 문화적 자각의 상실이다. 이 이치는 역사를 통해 증명된 것이다. 어떤 국가 혹은 민족이 자아숭배를 하고 있다면 그것은 그들이 쇠락하고 있음을 폭로하는 것이다. 지금까지 그 누구도 이러한 역사 법칙에서 예외이지 못했다.

고대 그리스·로마까지 거슬러 올라갈 것도 없이, 최근 몇 세기 동안 스페인, 프랑스, 대영제국 등은 한때 세계를 호령했으나, 정도를 달리할 뿐 모두 자아숭배에 빠졌다. 그리하여 그들은 차례로 쇠락의 운명을 맞아야 했다. 지금 어떤 국가[63]도 이러한 자아숭배에 빠져 있다. 그들은 안하무인 격으로 자신을 뽐내지만, 문화학의 관점에서 보자면 사실 이것은 쇠퇴의 표현이다. 다만 그들 스스로 의식하지 못했거나 의식하길 원치 않을 뿐이다. 역사의 반복은 참으로 놀라운 일이다. 물론 하나의 강대한 국가 혹은 민족이 정상에서 내려와서 밑바닥으로 떨어지는 것은 매우 완만한 과정이다. 이른바 "썩어도 준치"라는 것이다. 당 왕조는 300년이 지나고 서야 멸망했고, 중국은 최전성기에서 몰락까지 400여 년이 걸렸다. 그러나 그동안 인류 발전의 발걸음은 더욱 빨라졌다. "해가 지지 않는 나라" 영국이 초강대국 미국의 하수인이 되기까지 겨우 50여 년 밖에 안 걸렸다. 그러니 세상일이란 참으로 함부로 말하기 어려운 것이다.

---

63) [역자주] 문맥상 미국을 가리킨다.

네 번째 문제는 외부적 압력이다. 이 문제에 대해서 필자가 많이 연구한 것은 아니지만, 사물의 변화가 주로 내적 요인에 의해 발생하는 것이기는 하더라도 외적 요인 역시 결코 무시할 수 없다는 점은 분명히 밝힐 수 있다. 따라서 내적 요인은 변화의 근거라고 할 수 있고 외적 요인은 변화의 조건이라 할 수 있다. 하나의 문화가 타 문화를 거부하면 통상적인 교류 및 융합 과정은 중단될 것이고, 그 결과로 다음의 국면을 맞이하게 될 것이다. 한편으로는 국력이 필연적으로 쇠미해지기에 타 문화에 의한 충격을 무력하게 받아들여야만 할 것이다. 다른 한편으로는 타 문화의 전파를 막지 않은 채 더 근본적인 출로를 모색해야 한다. 두 문화가 만나게 되면 충돌이 발생하고, 보수적이거나 상대적으로 취약한 문화는 충격을 받게 된다. 이 경우 참신하거나 상대적으로 강대한 문화는 매우 강력한 흡인력을 발휘하게 되며, 상대방의 문화는 이에 제대로 대응할 수 없게 되고, 따라서 위축되거나 쇠퇴해 버린다. 그러므로 외부 압력은 번영을 누리던 문화를 쇠락시키는 조건이라고 할 수 있다.

물론 이러한 문화의 충돌 이후에도 "음양"변화의 법칙은 여전히 유효하다. 비록 타 문화에 의해 충격을 받은 문화라도 굳건한 토대를 지니기만 했다면 일정한 시점이 됐을 때 다시 상황을 반전시킬 수 있다. 그리고 바로 이때 앞서 필자가 말한 바와 같이 (정치적·문화적) 지도자의 각성과 자각이 매우 특별한 작용을 하게 될 것이다. 이는 다음 기회에 논하겠다.

10. 나가는 말

중화문화의 풍부함과 유구함 및 강대한 생명력 때문에, 그리고 중화문화가 근현대 시기 마주했던 전형적 운명 때문에, 중국학은 전 세계적으로 연구하는 학문이 되었으며, 이 열기는 아직 가라앉을 기미가 보이지 않고 있다. 그러나 필자는 최근 중국 국내외의 중화문화에 관한 저작들에 상당한 불만을 가지고 있다. 그것은 바로 진정으로 객관적이고 냉정하며 거시적이고 심층적인 연구가 너무 부족하다는 것이다. 대부분의 연구들은 주관적이고 감정적이며 미시적이고 피상적이었다. 이러한 연구 현황은 중국인들의 반성을 방해할 뿐 아니라 외부인들이 중국을 깊이 이해하는 것 역시 방해하고 있다.

철학 및 사회과학 등 인문적 성격이 비교적 강한 학과에서 연구자들이 조금이라도 주관적 색채를 띠지 못한다면, 이는 매우 큰 문제를 초래할 것이다. 서양의 철학자들은 여러 세기에 걸쳐 신에 대한 경건한 신앙과 숭배를 품은 채 연구를 진행했다. 이는 필자의 주장이 아니라 미국의 멜빌 스튜어트(Melville Y. Stewart)가 자신이 주편을 맡은 『당대서방종교철학 當代西方宗教哲學』[64]에서 한 말이다. 그러나 헌팅턴이 진행했던 연구는 미국적 가치관에 대한 철썩 같은 믿음과 과도한 애정을 그 정치·문화적 전제로 두고 있다. 따라서 우리는 바로 이러한 측면에서는 연구자들이 자신의 주관성을 최소한도로 낮추어야 한다고 요구할 수 있다.

이러한 주관적 색채와 관련된 것이 바로 연구자의 감정이다. 철저하

---

64) 『當代西方宗教哲學』(北京大學出版社, 2001年版); *Philosophy of Religion, An Anthology of Contemporary Views*, editor, in the Jones and Bartlett Series in Philosophy(second printing, Wadsworth Press, 1996).

게 냉정한 태도를 유지하는 것은 매우 어려운 일이다. 주관적 색채와 감정은 연구자의 세계관·가치관에 의해 규정된다. "무엇을 사랑하면 그것이 살기를 바라고, 무엇을 싫어하면 그것이 죽기를 바란다"[65]는 식의 태도는 문화를 연구함에 있어 금기사항이다. 만약 우리가 전통문화를 연구하면서 그 연구대상을 편애한다면 이 연구는 타당한 결론을 얻기 어려울 것이다. 전통문화를 긍정하는 입장이든 부정하는 입장이든 마찬가지이다. 즉 중화문화를 찬양하든 그렇지 않든, 기독교문화를 찬양하든 그렇지 않든 모두 마찬가지라는 것이다.

문화에 대한 심층적 연구란, 전통문화의 소재들에 대한 피상적인 소개나 묘사, 문화현상의 구체적 법칙성에 대한 탐구 등에 만족하지 않고, 문화의 심층에까지 파고들어서 표층 문화와 심층 문화 간 관계를 연구하고 문화의 발흥-지속-흥성-쇠퇴의 우연성과 필연성을 통찰하는 것이다. 이러한 까닭에 거시적 연구와 심층연구는 불과분의 관계일 수밖에 없다. 깊이 파고들어 기존의 연구범위를 뛰어넘을 수 있어야 비로소 거시적 연구라 할 수 있으며, 역으로 오직 거시적 안목을 지니고 있어야만 보다 깊이 파고들 수 있다. 필자는 토인비가 결론의 형식으로 했던 말을 인용하여 그의 거시적 연구의 일면을 보여 주려고 한다. 그는 다음과 같이 말했다.

> 고도로 산업화된 서구의 삶의 모델과 중국의 삶의 모델은 모두 자기 파괴의 요소들을 잠재하고 있다. 서구 모델이 폭발적 유형이라면 (전통) 중국의 방식은 경직적 유형이다. 그러나 이 두 가지 모델은 모두 사람들

---

65) 『論語』, 「顔淵」, "愛之欲其生, 惡之欲其死."

의 삶과 생업을 안정시키는 것들로, 필수불가결한 것들이다. 폭발적 유형의 서구 모델은 활력으로 가득 차 있으며, 경직적 유형의 중국 모델은 안정적이다. 역사상 유사한 발전 사례들에 근거해 보면, 오늘날 서구의 우세는 여러 요소들이 하나로 통일되어 형성된 문화에 의해 쟁취된 것으로 볼 수 있다. 그렇다면 이러한 서구의 활력은 중국의 안정과 매우 적절하게 결합하여 마침내 전 인류에게 적용될 수 있는 삶의 모델을 창출해 낼 수 있을지도 모른다. 이러한 모델은 인류가 계속 생존할 수 있도록 해 줄 뿐만 아니라 행복과 안녕까지도 보장해 줄 것이다.……

서구는 활력을 일으키거나 파괴를 불러올 수 있지만 안정과 통일을 이룰 수는 없다.……

서구세계 및 서구화된 국가들은 이처럼 재앙과 상호파괴로 가득한 길을 정신없이 내달리고 있다. 그래서 그들 중 누구도 그들 자신과 전 인류를 구할 안목과 지혜를 갖추고 있지 못하고 있다.…… 서구국가들에 의해 교란된 인류의 삶을 다시 안정시키고자 한다면, 그리고 서구의 활동력을 완화시켜서 인류의 삶이 여전히 활기를 유지하되 파괴적 힘을 지니지는 못하게 하고자 한다면, 우리는 반드시 서구 이외의 곳에서 새로운 동력의 근원을 찾아야 한다. 미래에 중국이 이러한 동력의 근원이 된다고 하더라도 이는 결코 놀라운 일이 아닐 것이다.……

현재 중국은 중간의 길을 탐색하고 있는 듯하다. 즉 산업화 이전의 전통적 삶의 모델과 근대 이래의 서구국가 및 서구화된 국가들이 산업 모델의 장점을 결합시키고 단점을 보완하고자 하는 것이다. 만약 중국 공산당이 사회 및 경제적 측면에서 새로운 길을 개척해 낼 수 있다면 그들은 자신들이 중국을 포함한 전 세계 모두가 필요로 하는 선물을 줄 능력이 있음을 증명할 수 있을 것이다. 이 선물은 현대 서구의 활력과 전통 중국의 안정을 알맞게 결합한 산물일 것이다.[66]

---

66) Toynbee, 『歷史研究』, pp.393~394.

이것은 토인비가 1961년 출판한 책에 나오는 말이며, 그가 세상을 떠난 1975년은 격렬했던 "문화대혁명"이 아직 끝나지 않았을 때이다. 그러나 그는 중국의 혼란 속에서 수천 년에 걸친 문화의 부침과 곡절을 관찰했고, 마침내 이러한 결론을 내렸던 것이다. 이 결론은 전 세계 문화학자들이 내렸던 여러 결론 중 하나일 뿐이다. 그럼에도 그가 이와 같은 결론을 도출할 수 있었던 것은 그가 개인적 신앙이 아닌, 객관적·이성적·거시적·심층적 연구를 진행했기 때문일 것이다.

필자는 결코 토인비가 중국을 긍정적으로 평가했다는 이유로 그를 인용한 것이 아니다. 필자가 그를 인용한 이유는 다음과 같다. 첫째, 토인비는 전 세계적 명성을 지닌 역사학자로, 결코 함부로 말을 내뱉어서 자신의 명예를 실추시켰을 리가 없다. 둘째, 토인비는 공산당원이나 공산주의자가 아니었으며, 심지어 공산주의의 주장과 저작에 공감하지도 않았다. 셋째, 본문에서 인용하고 있는 축약본 『역사의 연구』는 1972년에 출판되었으며, 이 책은 본래 열두 권의 분량(1961년 최초 출판 당시)을 축약한 것이다. 따라서 이 책의 집필은 1972년이 되어서야 마무리되었다고 볼 수 있다. 1972년 중국의 모습은 어떠했을까? 당시 대부분의 중국인들은 자신들의 국가가 어떠한 미래를 마주할지 내다볼 수 없었다. 그럼에도 토인비는 인류의 문화와 역사에 대한 고찰을 바탕으로 위와 같은 저작을 탄생시킨 것이다.

이상의 세 가지 점에 근거해 볼 때, 필자는 그가 주관적 색채를 띠지 않고 있으며, 모종의 편향된 관점의 영향을 받지 않았다고 여긴다. 그래서 그의 결론을 신뢰하는 것이다. 필자가 위와 같은 예시들을 소개한 것은 심층적이고 거시적인 연구를 진행해야 비로소 인류에게 풍부한 시사점을 주는 성과를 낼 수 있음을 말해 주고 싶었기 때문이다. 세계는 복잡하며 세계의 문화 역시 다양하다. 중화문화는 다양한 세계문화의 중요한 구성원으로서 마땅히 광범위하게 그리고 심층적으로 연구되어야 한다. 현재 중국에는 탄탄한 미시적 연구에 거시적 고찰이 더해진 연구 성과가 부족한 실정이다. 이미 사회적 조건들이 어느 정도 갖추어진 만큼 학자들 특히 젊은 학자들이 성실하게 노력하기만 한다면 훗날 분명 중국의 토인비가 등장하게 될 것이다.

주요 참고문헌

[중] 錢穆, 『中國文化史導論』, 商務印書館, 2001.
[중] 錢穆, 『國史新論』, 三聯書店, 2001.
[미] Clifford Geertz, 『文化的解釋』, 譯林出版社, 1999.
[영] Arnold Joseph Toynbee, 『歷史研究』, 上海人民出版社, 2000.
[러] Sherbatsky, 『佛敎邏輯』, 商務印書館, 1997.
[중] 方立天, 『佛敎哲學』, 中國人民大學出版社, 1991.
[미] Joseph R. Levenson, 『儒敎中國及其現代命運』, 中國社會科學出版社, 2000.
[미] Melville Y. Stewart, 『當代西方宗敎哲學』, 北京大學出版社, 2001.
[중] 馮友蘭, 『中國哲學簡史』, 北京大學出版社, 1996; 『中國哲學史新編』, 人民出版社, 1998.
[중] 胡適, 『中國古代哲學史』, 安徽敎育出版社, 1999.
[미] Frank Thilly, 『西方哲學史』, 商務印書館, 1995.
[중] 呂大吉, 『宗敎學通論新編』, 中國社會科學出版社, 2000.
[중] 秦惠彬 主編, 『伊斯蘭文明』, 中國社會科學出版社, 1999.

제4강 문화다원성과 중화문화의 특징

1. 문화는 본질적으로 다원적인가?

인류의 역사는 줄곧 문화의 다원화 및 발전의 역사였으며, 다원화된 문화 간 상호 접촉의 역사였다. 왜냐하면 문화는 인류의 삶의 방식이며, 민족문화는 민족의 삶의 방식이기 때문이다. 각 민족들의 삶의 방식은 기상조건을 포함한 지리적 조건, 생산방식 및 각종 우연적 요소들에 의해 형성되고 제약됨에 따라 자연스럽게 차이가 발생하게 되었고, 나아가 문화들은 다원적 색채를 띠게 되었다. 사회적 동물로서의 인간은 사회 발전의 과정 속에서 점차적으로 인간 특유의 이성을 발전시키고 서로 다른 문화를 형성했다. 이러한 서로 다른 문화들은 필연적으로 접촉할 수밖에 없었다. 때로는 이주로 인해, 때로는 종족의 생존과 지속을 위해 희소한 자원을 보호하거나 취하려는 쟁탈하는 과정에서 문화적 타자들을 조우했던 것이다.

근대 이전의 장구한 시간 동안 인류는 문화적 다양성을 느끼고 이에 대응해 왔지만 이를 자각하지는 못했다. 그야말로 "느낌대로 처리해 왔던"(跟著感覺走) 것이다. 사람들은 타자와 자신이 다르다고 느껴지면 즉 "동족이 아니라고"(非我族類) 느껴지면 호기심을 가지다가 경계하고 방비하며 거부하고 충돌하게 된다. 전근대 시기 다양한 문화들 간 접촉은 매우 제한적이었으며, 산 너머 산이 있고 하늘 너머 하늘이 있듯 헤아릴 수 없이 많은 문화들이 존재한다는 것을 인식한 민족은 거의 없었다. "접촉", 이것이 어떤 방식으로 이루어지는지 상관없이, 그리고 문명적 문화와의 접촉인지 야만적 문화와의 접촉인지와 상관없이, 이 접촉은 그 자체로 다양한 문화들이 각자의 방식으로 발전할 수 있는 기회를 제공했으며, 다양한 문화들이 서로 함께하고 결별하는 경험과 훈련을 축적할 수 있도록 해주었다.

중화민족처럼 역사기록을 중시하고 역사를 귀감으로 삼을 줄 아는 민족의 경우 후손들은 선인들이 남긴 경험과 교훈을 누릴 수 있었다. 이것이 바로 문화민족이 자신들의 문화를 끊임없이 일신시켜 올 수 있었던 핵심적인 이유이다. 전 세계의 여러 사례들을 살펴보면 이와 반대되는 경우를 헤아릴 수 없이 발견할 수 있다. 어째서 이처럼 극명한 대비가 발생하는 것일까? 이는 우리가 깊이 생각해 보아야 할 문제이다.

2. 문화: 각 민족의 삶의 방식이자 특유의 교류방식

자신의 삶의 방식과 신앙을 보호하기 위해 사람들(민족, 집단, 개인)은 타자의 문화에 대해 전반적으로 회의적 태도를 취한다. 왜냐하면 사람들은 기존의 생활습관, 풍속, 예절에 익숙해져 있으며, 신앙은 생명 및 미래와 직접적으로 관련된 것들이기 때문이다. 신앙 및 신앙에서 파생되거나 영향을 받은 예절, 풍속을 버린다는 것은 자신과 후대의 미래가 단절되는

것을 의미한다. 이는 설사 동일한 종교 혹은 동일한 계열의 종교 안에서
도 마찬가지이다. 이것이 바로 역사상 전 세계에서 종교전쟁이 끊이지
않았던 근본적인 원인이자, 민중들에게 호소할 때 늘 동원됐던 구실 중
하나였다.

　서로 다른 문화와의 접촉을 다루는 방식 역시 각 문화가 지닌 핵심
이념의 차이로 인해 현격한 차이가 발생하게 된다. 총괄하자면, 타 문화
를 대하는 방식은 결국 덕으로 상호 융합하거나 힘으로 상호 대항하는
것, 이 두 가지를 벗어날 수 없다. 덕으로 상호 융합하게 될 경우 상호
투쟁으로 인해 초래되는 고통을 피할 수 있다. 또한 각각의 문화 역시
타 문화로부터 자극과 계발을 받고 타 문화의 영양분을 소화하고 흡수할
넉넉한 시간과 공간을 확보할 수 있는 까닭에 성장을 지속할 수 있다.
그러나 힘으로 상호 투쟁하게 될 경우 당연하게도 위에서 말한 것과 반대
되는 결과를 맞게 된다. 이는 단순히 사상자가 발생하는 것 외에도 수많
은 부정적 결과들을 불러오는데, 그 중 하나가 타 문화와의 심리적 거리
를 벌리는 것이다. 이는 자신이 속한 문화의 성취를 감소시키기도 하지
만, 일단 원한을 맺게 되면 세대를 거듭하도록 풀 수가 없게 되니, 이는
결국 후손들이 끊임없이 갈등을 겪게끔 하는 무서운 씨앗을 남기는 일이
된다.

　전쟁에 대해 정의로운 쪽과 불의한 쪽을 구분할 수 있는 경우도 있지
만 이러한 구분이 매우 어려운 경우도 있다. 만약 시비 구분에서 잠시
눈을 떼고 인류 생존의 역사라는 관점에서 보자면, 전쟁과 같은 수단을
절대 취하지 말아야 함은 두말할 필요가 없다. 참으로 다행인 것은 중화
대륙에서는 문명에 진입한 이래로 아직 어떠한 종교전쟁도 발생하지 않

았다는 점이다. 이는 인류 역사에서 보기 드문 기적이다.

사실 서로 다른 문화 사이에는 융합과 투쟁 이외에도 아직 하나의 관계가 더 존재한다. 상호 단절이 그것이다. 산업화 이전에 이것은 드문 일이 아니었다. 하지만 이미 경제적으로 세계화가 진행된 오늘날 절대 다수의 민족들에게 있어 이는 설사 바란다고 해도 불가능한 일이 되어 버렸다. 바꾸어 말하자면 이는 선택할 수(선택의 여지가) 없는 답안이 되어 버렸다.

3. 전례 없이 강조되고 있는 문화다원성

문화다원성은 역사적으로도 존재했고 지금의 현실에도 존재하는 것이지만 인류에게 있어 이것은 새롭게 떠오르는 화두이다.

약 백 년 전 즉 1914년, 과학기술이 가장 발전했던 유럽대륙에서는 미증유의 살육전이 발생했다. 제1차 세계대전이 발발한 것이다. 그 결과 19세기 전 세계를 지배하던 대영제국은 쇠락하게 되었다. 곧이어 패전국이었던 독일이 세계에서 가장 발달했던 과학기술을 바탕으로 제2차 세계대전을 일으켰고, 그 결과 전 유럽이 파괴되어 쇠퇴하고 대신 미국이 세계의 주도권을 잡게 되었다. 이 무렵 세계의 중심인 자신들의 문화만이 진정한 문화라고 여기던 서구인들은 동양에 주목하기 시작했으며, 냉전이 시작되고 식민지들이 속속 독립을 획득했다. 세계의 정상에 서서 다른 민족들을 업신여기던 오만한 서구인들은 몸과 마음이 기진맥진해질 즈음에서야 비로소 타자의 존재를 발견하기 시작했다. 그리하여 20세기 중엽 이후, 특히 21세기를 눈앞에 둔 시점에 세계문화의 다원성은 더욱 중시되고 있다. 여기에는 몇 가지 이유가 있다.

첫째, 인류의 이성이 성숙한 단계에 이르렀다. 농경시대에서 산업화 시대에 이르기까지 무수한 철인과 현인들의 관찰, 사고, 탐색을 통해 인류는 점진적으로 문화의 본질과 근본 법칙을 파악했으며, 서로 다른 문화들이 접촉할 때 반드시 준수해야 하는 "규칙"에 대해 인식했다. 그러나 인류의 이성은 결국 제한적일 수밖에 없었다. 그래서 문화는 분명 다원적이고, 또한 마땅히 평등해야 한다는 것을 인식한 후에도, 한 걸음 더 나아가 어떻게 이러한 것들을 실천할 것인지에 있어서는 필연적으로 차이를 드러내곤 했다. 헌팅턴의 『문명의 충돌』이 바로 이러한 배경에서 나온 저작이라 할 수 있다.

둘째, 문화다원화에 관심을 기울이는 조류 속에서 서로 다른 문화 간에 상호 포용·존중·학습해야 한다는 주장이 학술계를 중심으로 제기되고 있으며, 문화적 배타성을 타자와 상호 융합하고자 하는 자극 및 동력으로 전화시켜야 한다는 목소리가 갈수록 높아지고 있다. 이에 반해 서로 다른 문화 간에는 필연적으로 충돌이 발생할 수밖에 없다는 관점은 갈수록 강렬하고 근본적인 도전에 직면하고 있다. 비록 당장의 현실이 사람들의 기대와 어긋나 보이기는 하지만 이러한 문화 충돌의 사건들 하나하나가 더욱 많은 사람들이 현재와 미래에 대해 이성적 분석을 진행하도록 각성시킬 수 있을 것이다.

셋째, 덕으로 상호 융합하는 처리방식의 성공 사례가 갈수록 증가했으며 또한 널리 알려지게 되었다. 예컨대 1960~70년대부터 유대교와 기독교의 관계가 개선되었고, 천주교, 기독교, 유대교의 관계가 변화했다.

중국은 평화적이고 우호적인 방식으로 주변 국가들과의 영토문제를 해결했다. 또한 홍콩과 마카오 역시 평화적으로 반환되었다. 이러한 확고한 사례들은 모두 서로 다른 문화들 간의 관계를 처리하는 방식이며, 수천 년간 변하지 않았던 수렵·농경시대의 낡은 경험을 벗어난 것들이다.

근래 더욱 많은 세계 각국의 지식인들이 문명 간 대화와 평화를 촉구하는 대열에 합류하고 있다. 이러한 지식인들의 문화적 배경, 학술적 축적 정도, 호소 대상, 연구방법, 목적 등이 완전히 동일할 수는 없겠지만, 서로 다른 문화 간에 대화가 가능하고 또한 마땅히 대화를 해야 한다고 주장하며, 이러한 대화를 통해 상호 이해하고 평화를 촉진해야 한다고 주장하는 점에서는 완전히 일치하고 있다. 이러한 학계의 목소리는 아래로는 민중을 깨우치고 위로는 정책결정권자들에 미쳐서 새로운 사고를 촉진하고 선택의 폭을 넓히는 등 각국에서 영향을 미치고 있다. 유엔교육과학문화기구(UNESCO), 유엔경제사회이사회(ECOSOC), 유엔문명국동맹(UNAOC) 및 국제 공개 포럼, 중국의 니산尼山포럼, 국제 염황문화炎黃文化[1]포럼 등은 세계 각지에서 적극적으로 활동하면서 문화다원화를 존중하고 강조하는 목소리를 높이고 있다.

물론 우리는 결코 맹목적인 낙관주의자가 되어서는 안 된다. 산업화·정보화 및 도구적 이성은 문화다원화를 존중하고 강조하는 힘보다 훨씬 강력하며, 전 세계에서 맹위를 떨치고 있다. 무기체계의 고도화는 갈수록 더 정교한 방식으로 인류의 평화와 소중한 생명을 위협할 준비를 하고 있다. 이러한 것들은 서로 다른 문화 간의 관계를 처리하는 과정에서 발생했던 예측할 수 없는 변수들이다. 서로 다른 문화 간의 대화는

---

1) [역자주 炎黃文化: 염제와 황제 후손들의 문화라는 의미로, 중국 한족문화를 가리킨다.

길고 험난한 길이 될 것이다. 필자의 천주교 신도 친구는 이를 장기간의 "고행"이라고 표현했다. 필자는 이 표현이 매우 적절하다고 생각한다. 타 문화에 관심을 두고 참여하고자 하는 모든 사람들은 이러한 어려운 여정을 앞두고 마음의 준비를 단단히 해야 할 것이다.

4. 문화 간 다원적 대화의 핵심: 신앙과 종교

문화의 배타성은 항상 종교 혹은 종교적 성격을 지닌 학설에 대한 신앙에 의해 지탱되어 왔다. 예컨대 십자군전쟁 당시 이슬람교는 7~8세기부터 세력을 확장하면서 시작되었고, 헌팅턴이 "예언"했던 현대의 대부분의 분쟁 역시 이를 벗어나지 않는다. 이러한 충돌들은 노골적으로 종교를 내세우기도 하고 다른 이론이나 학설로 그 본질을 감추기도 하지만, 그러한 주장들의 외피를 벗겨내고 내면을 관찰해 보면 그 안에 종교성이 있다는 것은 누구나 다 아는 사실이다.

이러한 배타성은 그 형식을 막론하고 모두 두려움 혹은 탐욕으로부터 비롯되며, 많은 경우 이 둘을 모두 겸하고 있다. 배타성이 두려움으로부터 비롯되었다면 이는 자발적 침략 혹은 수동적 방어의 형태로 나타날 것이고, 탐욕으로부터 비롯되었다면 이것은 필연적으로 상대방에 대한 무자비한 침략으로 나타날 것이다. 비록 모든 문화가 이러한 배타성을 지니고 있기는 하지만 정도의 차이는 있으며, 이러한 정도의 차이는 타자와의 관계에 임하는 태도와 방식의 차이로 체현된다. 이러한 차이는 그 문화의 핵심 즉 종교 혹은 학설의 철학적 기초에 의해 발생하게 된다.

결코 부정할 수 없는 것은 일신교의 철학이 이것 아니면 저것, 착한 편 아니면 나쁜 편 등으로 이원대립적이라는 것이다. 그러나 독일 튀빙겐 대학교의 저명한 천주교 신학자인 한스 큉(Hans Küng)은 기독교의 이원론 이 고대 쿰란 공동체(Qumran community)[2]의 수도사들로부터 비롯되었으며, 이들은 페르시아로부터 철학적 영향을 받았다고 보고 있다. 그러나 그는 복음서까지 갈 필요도 없이 구약의 「창세기」편만 보아도 훗날 이원대립 론으로 발전할 단서를 발견할 수 있다고 했다. 즉 하늘에는 이미 조물주 가 존재하고, 우주의 모든 것은 조물주에 의해 창조된 피조물이며, 이 둘 의 관계는 결코 호환될 수 없다는 것이다. 이 외에도 그는 신학이 철학으 로 무장하게 되자, 그 배척의 대상이 타 종교의 신뿐만 아니라 자신의 뜻에 부합하지 않는 모든 것으로 확대되었다는 점을 반드시 지적해야 한 다고 주장했다. 이는 이미 일신교를 창건했던 본지로부터 멀어진 것이다. 그러나 오랜 시간이 흘러 이는 자연스럽게 받아들여지기 시작했고 결국 모든 것에 우선하는 최고의 원칙이 되어 버렸다는 것이다.[3]

5. 중화문화의 특징

주지하다시피, 중화문화의 윤리관 중 가장 특징적인 점 중 하나는 "조

---

2) [역자주] 쿰란 공동체(Qumran community): 기원전 150년경부터 기원후 68년경까지 死海 서북쪽 해안가 Wadi Qumran 황야에 살던 유대인의 금욕적인 수도 단체로, 이 방인과 이교도에 매우 배타적이었다.
3) 한스 큉은 구약과 신약 사이에서 예수 그리스도가 결코 무력 투쟁을 주장하지 않았 다는 점을 정확하게 지적했다. 이상의 서술은 모두 한스 큉의 『論基督徒』(楊德文 譯, 生活·讀書·新知三聯書店, 1995)에서 확인할 수 있다.

화를 이루되 함부로 동화되지 않음"(和而不同)이다. 이것의 철학적 토대는 전체론(Holism), 종합론(Synthesis theory), 경험론(Empiricism)이다. 이는 일신교의 이원론, 분리론, 선험론과 극명한 대조를 이룬다.

중화문화의 세 기둥인 유·불·도는 충돌과 융합의 과정을 거친 후 철학적으로 사실상 일치에 도달했다. 중화민족의 관점에서 볼 때 각 개인은 모두 사회 인간관계망 속 하나의 교차점이며, 전체 사회의 일부분이다. 좀 더 확장해 보면 한 국가의 모든 사람들은 하나의 전체이며, 인류역시 하나의 전체이고, 모든 인간과 사물을 포함한 전 우주 역시 하나의 전체인 것이다. 그러므로 개인, 가족, 국가, 인류는 모두 우주의 극히 미미한 부분일 뿐이다. 이것이 바로 이른바 천지일체, 천인합일이며, "백성은 나의 동포이며, 사물은 나와 함께한다"4)는 것이다. 그러므로 인간관계, 국제관계, 인간과 자연의 관계 등을 처리함에 있어 유가의 인仁, 불교의 자비, 도가의 "선善"을 그 원칙으로 삼는 것이다. 이것이 바로 수천년 동안 중화의 대지에서 서로 다른 기원을 가진 지역문화들과 외래의 불교문화 및 훗날 전파된 이슬람교, 천주교, 기독교 등이 서로 조화를 이룰 뿐 아니라 상호 경험과 영양분을 흡수하여 끊임없이 발전 및 창조하면서 중화민족의 번영을 보장할 수 있었던 근본적인 원인이다.

중국인들의 마음속 "천하"는 지리적 지식이 확장되고 교통이 편리해져 감에 따라 끊임없이 확대되었다. 경제적 세계화가 진행된 오늘날, 우리는 나 한 몸뿐만 아니라 전 인류에 대해, 그리고 지금 당장뿐만 아니라 자손들의 먼 미래에 대해 관심을 기울여야 한다. 이러한 사유를 가진다면, 우리는 다원적 문화를 어떻게 대해야 하는지의 문제에 관해 굳이 반

---

4) 張載, 『西銘』, "民吾同胞, 物吾與也."

성, 사고, 반복적 논증들을 거치지 않더라도 우주의 법칙과 인류사회의 원칙에 부합하고 미래 세계의 요구에 부합하는 결론을 도출해낼 수 있을 것이다.

중화민족의 이러한 관념은 수천 년간의 경험으로부터 비롯된 것이다. 후세 사람들은 선현들로부터 계발되고 가르침을 얻겠지만, 그 근원을 끝까지 추적해 보면 선현들의 지혜 역시 실천 가운데 완성된 것이었다. 예컨대 고대에는 강대한 세력을 지닌 문화가 상대적으로 약한 세력을 가진 하위문화에 대해 결코 강압하고 소멸시키려는 태도를 취하지 않았다. 당시에는 이민족과 중원의 구분이 존재했으며, 그 기준은 교화의 수준이었다. 즉 이른바 "이민족"(夷狄)이란 민족적 비하의 의미를 담고 있는 것이 아니었다. 그래서 공자는 "구이九夷의 땅에 살고 싶다"고 말하면서 이를 "누추하다"고 여기지 않았으며, "관중이 없었으면 나는 머리를 풀어헤치고 옷깃을 왼쪽으로 여미었을 것"이라고 여겼고, "멀리 있는 이들이 복종하지 않으면 자신의 문덕을 닦아 그들이 다가오도록 해야 한다"고 주장했다. 또한 공자는 "도가 실현되지 못할 것"을 알고 있었고, "뗏목을 타고 바다로 나아가서" 동이의 땅에 가서 살겠다고 한탄한 바 있다.5) 오늘날 거의 모든 사람이 공자가 주창한 "자신이 바라지 않는 바를 다른 사람에게 하지 말라"6)라는 말을 들어본 적이 있고, 또한 극찬하고 있다. 여기에서의 "다른 사람"이란 온 천하의 모든 사람을 포괄하는 의미일 것이다.

근대 이래로 중국이 다른 국가의 국민들을 대하는 태도와 방식을 보면 선조들의 포용적 태도가 중화문화의 유전자와 중국인들의 피 속에 완

---

5) 『論語』, 「公冶長」, "子曰: 道不行, 乘桴浮于海."
6) 『論語』, 「顔淵」, "子曰: 出門如見大賓, 使民如承大祭, 己所不欲, 勿施於人, 在邦無怨, 在家無怨."

전히 보존되어 있음을 분명하게 느낄 수 있다. 이것은 비단 중국인들의 처세술일 뿐만 아니라 중화민족의 미덕이며, 또한 오늘날 세계에 기여하는 선물이라 할 수 있다. 이것이 중화문화의 "특징"인 이유는 이것이 전 세계 인구의 반 이상을 점하는 일신론 철학과 극명히 대비되기 때문이다. 대부분의 사람들이 문화적 다원성을 생소한 것으로 여길 때 중화민족은 이미 수천 년 동안 이를 실천해 왔고, 이를 당연한 것이라고 여겨 왔다. 중화민족처럼 문화다원성을 고수하고 타자를 포용하는 구성원이 존재한다는 것은 세계와 인류의 큰 행운이라 하겠다.

6. 중화문화의 철학적 특징: 다양성과 혼융성

중화문화의 철학적 특징은 주류문화가 하위문화를 대하는 태도에서 잘 드러난다. 중화문화의 내면은 다원적일 뿐만 아니라 다양한 기원을 가지고 있다.

황하유역을 중심으로 하는 중원문화는 끊임없이 다른 지역, 민족, 부족의 문화들을 흡수하면서 성장했으며, 이와 동시에 스며들 듯 중원문화를 주변으로 전파했다. 각각의 하위문화들 역시 이와 마찬가지로 타 문화들과 조화를 이루고 상호작용하면서 상부상조의 관계를 이루었다. 여기서 필자로서는 중국 하위문화 지역 중 하나이자 다원적 문화 시장이라 할 수 있는 마카오에 대해 언급하지 않을 수 없다.

몇 년 전 필자는 마카오가 중국적 문화이성의 축소판이라고 말한 적이 있다. 주지하다시피 지난 몇백 년간 중국은 마카오에서 주권을 행사하지 못했다. 그럼에도 불구하고 마카오에서 중화문화는 결코 단절되지 않았고, 중화문화를 토대로 하여 먼 곳으로부터 들어오는 타 문화를 대량으로 수용하여 외래문화도 아니고 중국 정통문화를 완전히 답습하는 것도 아닌 면모를 띠게 되었다. 마카오가 중국에 반환된 지 어느덧 십수 년이 지났으나 마카오의 문화는 여전히 완만한 발전의 모습을 보여 주고 있다. 마카오 문화의 불우함과 행운의 역정은 중화문화에 귀중한 경험을 제공할 것이다.

오늘날 전 세계 민족 문화들과 마찬가지로 마카오와 중국 본토 역시 피할 수 없는 도전에 직면하고 있다. 앞에서도 언급한 바 있지만, 이 엄중한 도전은 바로 도구적 이성, 물질 만능주의, 개인지상주의 문화의 범람이다. 그러나 마카오는 이미 지난 수백 년의 경험을 축적했고, 이에 더하여 현재 중국 본토의 눈부신 경제 발전과 문화 건설의 뒷받침 속에서 인간의 본성을 회복하는 문화, 마카오만의 특색을 지닌 문화를 점진적으로 찾아갈 수 있을 것이며, 마침내 중국 남단의 중화문화 거점이 될 수 있을 것이다.

제5강 중화문화와 타 문화 간 교류

　　현재 중국이 당면하고 있는 최대의 문제는 사회주의 선진문화를 어떻게 건설할 것인지의 문제이다. 이 문제는 당 중앙과 국무원에서 이미 한참 전에 분명하게 제기한 적이 있지만 아직 실마리도 찾지 못하고 있다. 13억의 인구를 가진 위대한 민족이면서, 3000년이 넘는 문자기록을 가지고 있고, 고고학적 탐사에 따르면 수만 년의 역사를 가진 문명이다. 그러나 현재의 사회적 전환의 시기를 맞아서는 경악스럽게도 어떻게 자신의 문명을 건설해야 하는지도 모르고 있다. 이것은 비극이자 엄중한 도전이다.

　　현재 중국과 중화민족은 위기를 맞이하고 있다고 볼 수 있으며, 이 위기를 돌파하지 못한다면 중화민족에게는 희망이 없을 것이다. 넥타이나 양말을 생산해서 팔아먹는 것으로는 중국을 위대한 국가로 만들 수 없다. 이러한 것들은 세계 어느 곳에서나 생산할 수 있는 것이다. 다른 누군가가 아닌 자신만이 만들어 낼 수 있는 것이 바로 자기 민족의 문화이다. 경제는 부침이 있어서 성장할 때도 있고 쇠락할 때가 있지만, 문명은 오랜 시간에 걸쳐 지속될 수 있다.

　　중국의 사회주의 선진문화 건설은 두 가지 난제에 직면하고 있다.

　　첫째, 어떻게 현 시대의 중화문화를 건설하고 이들을 생활화할 것인가? 문화 발전의 법칙에 따르면, 모든 문화는 역사적 토대 위에서 탄생할 수밖에 없다. 이를 중국적으로 표현하자면 "우수한 전통문화를 어떻게 시대정신과 결합시킬 것인가?", "시대와 더불어 나아감"이 될 것이다. 이 문제에 대해서는 아직 정확한 처방이 존재하지 않는다. 이는 전국의 문화인들과 대중들이 함께 모색하고 실현해 가야 하는 일이다. 만약 우리가 이 시대 문화의 구체적 형태가 어떠하며 그 본질과 근본이념이 무엇인지를 설명할 수 있고, 그리고 그들이 도서관, 서재, 학술지에만 머무는 것이 아니라 수억 가정과 모든 지역의 일상생활 속에 있음을, 더 나아가 우리들이 누군가 길거리에서 만나 교류를 하는 가운데에도 이러한 문명이 모두 체현되어 있음을 명확하게 밝힐 수 있다면, 비로소 중화문명의 부흥을 선언할 수 있을 것이다. 이러한 난제들을 해결하기 위해서는 얼마만큼의 시간이 필요할까? 적어도 백 년은 있어야 될 것이다.

둘째, 첫 번째 난제를 해결한 이후 우리의 이러한 보배들을 어떻게 국경 밖으로 전파할 것인가? 오늘날 70억이 넘는 인류를 지배하는 주류문화는 히브리문화와 고대 그리스문화에서 발원했고 현재는 미국문화로 대표되고 있는 히브리-그리스-로마-앵글로색슨문화[1]이며, 이들 문화는 이미 전 세계인의 피부 속으로 깊숙이 침투해 있다. 초등학교에서 중고등학교로 이어지는 학제, 교과과정 내용, 대학의 분과 학문, 각 전공에 이르기까지 이 문화의 영향을 받지 않은 영역이 없다. 예컨대 역사과목에서는 역사를 선형적 발전과정으로 배운다. 이것은 이미 한참 전에 국제 역사학계에서 밀려난 관점이지만, 우리는 여전히 이러한 선형적 발전과정을 배우고 있다. 또한 문학·사학·철학을 지나치게 엄격하게 구분하는

---

1) 이들은 대서양 양안에 위치한 지역들의 문화이며, 따라서 어떤 학자들은 이들을 "대서양문화"라고도 부른다.

바람에 각 전공자들의 지식은 단편적 지식이 되어 버렸고, 중국의 문·사·철의 수준을 세계적 수준으로 끌어올리지 못하게 만들었다.

　오늘날의 세계경제는 또 어떠한가? 광고산업, 연예산업, 패션산업, 그리고 사치산업, 이들 네 가지를 한 덩어리로 뭉쳐 놓은 것이 바로 "오늘날의 경제"이며, 이들은 경제발전을 이끄는 가장 핵심적인 "기관차"가 되었다. 우리의 아이들은 이러한 기관차들이 주도하는 이른바 "패션"과 "사치"의 소비에 내몰리고 있다. 이러한 관점을 가지고서, 그리고 서양의 해체주의, 여성주의, 포스트모더니즘이 제시하는 관점을 가지고서 오늘날의 사회를 바라보면, 너무나 두려워서 도저히 평정심을 유지할 수가 없다.

　이러한 상황 속에서 에임스(Roger Ames)와 로즈몬트(Henry Rosemont)와 같은 서구 학자들, 현대 "신유학"의 대표인 두유명杜維明, 도가 연구자인 진고응陳鼓應 등은 동양으로 시선을 돌렸다. 그들은 방종하고 경박하며 분열되고 잔혹한 현대를 살아가는 전 세계인들이 참고할 만한 소중한 것들을 중화문명 안에서 발견했다. 1960년대 토인비는 만약 중국인들이 세계를 위해 선물 즉 중화 전통문화를 전달해 주어서 이것을 서구의 외향적이고 격렬하며 투쟁적인 문명과 결합해 낸다면, 21세기에는 인류의 신문명을 창조할 수 있을 것이며, 이렇게 할 때 비로소 인류를 구원할 수 있다고 보았다. 에임스, 로즈몬트, 두유명 등 역시 동일한 견해를 주장했다. 이것이 바로 우리가 마주한 두 번째 난제이다.

　현재 중화문화의 "전파"는 첩첩산중의 어려움 속에 있다. 그 중에서도 핵심적인 것은 이를 상상할 수 없다는 것이다. 간단하게 말해서, 이미 300~400년에 걸쳐 서구 학자들은 중국문명에 대해 오독해 왔고, 또한 오늘날의 서구 학자들 역시 중국에 대해 무지하고 편견을 가지고 있다. 여기에 더하여 이러한 관점은 전 세계 미디어를 장악하고 있다. 그러나 중국인들의 상황을 돌아보면, 중국은 아직 자신들의 문명을 명확하게 인식하지도 못했을 뿐만 아니라 중화문화를 전파할 인적 자원과 수단 역시 결핍하고 있다.

중국어 국제교육에 종사하는 이들로부터, 문학, 사학, 철학, 심리학, 교육학, 신문방송학, 컴퓨터공학, 환경학 등의 전공에 이르기까지, 문학을 연구하는 이는 철학을 이해하지 못하고, 철학을 연구하는 이는 문학을 제대로 접해 보지 못했으며, 사학을 연구하는 이는 철학, 문학과 단절되어 있다. 이공계열을 전공하는 이들의 경우는 고등학교 2학년 이후로는 문과 과목들을 아예 한 편으로 치워 버린다. 왜냐하면 그때부터는 문과와 이과를 나누어서 공부하며, 대학에 들어가서는 오직 자신의 전공만 연구하기 때문이다. 이러한 지식의 협소화는 서구 문명에 의해 초래된 것이며, 이는 중국적인 것에 대한 중국 학생들의 이해를 매우 희박하게 만들어서 그들의 지적 체질을 매우 허약하게 만들었다. 이 문제는 국가가 나서서 해결할 필요가 있다.

공자학원 본부의 일원으로서, 그리고 지원자들과 교사들을 해외로 내보내는 부문의 일원으로서, 필자는 그들이 더 이상 균형을 잃지 않도록 해야 한다. 이를 위해 필자는 모두 함께 모여서 중국이 필요한 인재들을 어떻게 양성할 것인지 연구해야 한다고 생각한다. 필자가 북미와 유럽, 오세아니아 등지의 공자학원을 순방했을 당시, 공자학원과 공자학교의 원장, 교장 및 그 지역 교육부 관리들은 모두 이구동성으로 "중국어를 가르치고 배우는 것은 우리의 목적이 아니다. 이것은 수단일 뿐이다. 우리의 목적은 위대하고 신비한 중화문화를 이해하는 것이다"라고 말했다. 어떤 이들은 심지어 "당신들의 공자학원에는 공자가 없고, 오직 우상만 있을 뿐이다"라고 말하기도 했다. 이것은 비판이기도 하고, 갈망이기도 하며, 요구이기도 하다.

필자는 각 전공 영역에서 저마다 연구를 진행하고 최종적으로는 그 역량을 집중해서 중화문화에 대한 사람들의 인식을 한 층 더 높은 수준으로 끌어올리길 희망한다. 그 구체적인 내용은 아래와 같다.

첫째, 학제 간 경계를 허물어야 한다. 유가·불교·도가, 문학·사학·철학 경계뿐 아니라 문과와 자연과학의 경계도 허물어야 한다. 중화문명을 논하기 위해서는 천문, 지리, 수학을 이해하고 있어야 하기 때문이다. 만약 『묵자』를 읽고자 한다면 광학도 이해하고 있어야 한다.

둘째, 중화문명의 논의를 형이상적 수준으로까지 끌어올려야 한다. 거대한 연구 집단을 꾸리다 보면 그 중 적지 않은 학자들은 "기器" 즉 물질적 기반의 차원을 벗어나 "도道" 즉 형이상적 원리의 차원에 도달하게 된다. 형이상적 논의의 단계로 올라서지 못하면 그 민족문명은 오래가지 않아 곧 소멸된다. 메소포타미아문명과 이집트문명이 모두 그러했다. 그들의 문자는 한자보다 더 이른 시기 발명되었고 무역 발전 및 시장 건설 역시 중국보다 더 이른 시기에 이루어졌지만 지금은 모두 소멸되었다. 그들은 물질에만 관심을 두고 정신에 관심을 두지 않았기 때문에 즉 기器에만 관심을 두고 도道의 단계에 올라서지 않았기 때문에 결국 그러한 결과를 맞이했던 것이다. 이에 반해 훗날 발흥한 히브리종교(유대교와 기독교를 포괄하는)는 절실하고 간절하게 그리스로마철학과 결합해서 플라톤과 아리스토텔레스의 학설을 십분 흡수하면서 철학화에 성공했고, 오늘날에까지 이르고 있다.

셋째, 현실적 삶을 꿰뚫어 볼 수 있어야 한다. 우리는 상아탑의 꼭대기에 앉아서 세상일을 외면해서도 안 되며, 대학의 울타리 안에만 머무르면서 자신만이 중화문화를 완전히 파악할 수 있다고 우쭐해 있어서도 안 된다. 문화의 주인은 보통의 사람들이다. 이와 동시에 현실은 우리에게 수많은 문명 및 문화의 문제들을 던져준다. 따라서 우리는 현실에 관심을 가지고 이를 분석해야 한다. 관심에서 분석으로 이어지는 바로 이러한 과정은 우리의 수준을 향상시켜 줄 것이다.

넷째, 미래를 위해 고급인력을 양성해야 한다. 중국의 문명부흥에 백년이 소용되는 이상 지금 젊은이들 중 몇몇만이 그 미래를 목격할 수 있을 것이며, 지금의 기성학자들은 그저 백 년 후를 위한 디딤돌 역할밖에 할 수 없을 것이다. 따라서 필자는 우리가 놓은 디딤돌을 밟고 나아갈 학자들 중 국제적 수준의 학자들이 등장하길 고대하고 있다.

이상 네 가지는 필자의 개인적 소망이며, 필자와 필자의 동료, 학생들이 인문종교고등연구원人文宗教高等研究院을 건립하고자 노력하는 이유이기도 하다. 아래에서 필자는 다음과 같이 문제를 나누어서 논할 것이다. 첫째 중화문화란 무엇인가, 둘째 어떻게 문화를 파악하고 관찰할 것인가, 셋째 중화문화의 온축, 넷째 중화문화와 서구문화의 동이, 다섯째 중화문화와 외래문화 교류의 원칙 등이 그것이다. 이상 다섯 문제 중 마지막 문제만이 문화 간 교류에 관한 것이다. 필자는 앞선 네 문제에서 충분히 설명과 복선을 제공하고, 마지막 문제에서 가장 핵심적인 의미를 논할 것이다.

1. 중화문화란 무엇인가?

　"문화"는 정의하기 매우 어려운 개념이다. 필자는 아래 몇 가지 설명 방식을 매우 선호한다. 이들은 비록 정의라고 할 수 없지만 정의로서의 기능을 수행하기 때문이다. 우선 문화는 바로 "인간화"(人化)이다. 이 설명은 인간과 짐승의 구분에 집중한 것이다. 이것은 불필요한 말을 늘어놓으려는 것이 아니다. 최근에는 코끼리가 코로 붓을 쥐고 캔버스에 그림을 그리거나 개가 털에 물감을 묻히고서 화폭 위를 뒹굴어서 나온 이른바 "작품"이 결국에는 팔려나가기도 하는데, 이것은 문화가 아니라 "금수화"(獸化)이다. 어떤 행위예술가들은 광장에서 관중들 앞에서 성관계를 맺었는데, 이 역시 "인간화"가 아니라 "금수화"이다. 왜냐하면 이러한 행위는 개와 고양이가 교미할 때 사람의 눈을 피하지 않는 것과 마찬가지이기 때문이다. 오늘날 세계에는 이러한 금수화가 너무나도 많이 발생하고 있으며, 이러한 경향은 수백만 년간 인간의 진화 및 짐승의 단계로부터 벗어나고자 했던 노력을 되돌려서 다시 짐승으로 돌아가고자 하는 것이다.

　문화는 한 민족, 한 집단 혹은 한 개인의 삶의 방식 안에 체현되어 있다. 따라서 이것은 결코 신비한 어떤 것이 아니다. 만약 문화적 시선을 가지고서 주위 세계를 관찰해 본다면, 자신의 하루 일과 중 그 무엇도 문화가 아닌 것이 없음을 확인할 수 있을 것이다. 물론 인간은 동물성을 지니고 있지만, 먹고 마시고 자고 배설하는 것 자체는 문화라고 할 수 없다.

　만약 문화가 "인류가 창조한 정신적 재화"라고 말한다면, 이것은 문화를 정의의 내린 것이 아니라 문화의 범위를 지적한 것이다. 따라서 필자는 여기에서 어떤 정의를 내리고자 하는 것이 아니라 이처럼 정의를 내리는 것에 반대하고자 한다. 정밀하게 정의를 내리는 것은 바로 서구의 이분법적 사고의 결과이다. 왜냐하면 정의 내리거나 말로 전달하기 매우 어려워서 오직 마음으로 깨달을 수밖에 없는 것들도 있기 때문이다. 좀 더 범위를 넓혀 생각해 보자면, 문화뿐 아니라 "인간"에 대해서도 정의를 내릴 수 없다. 중국문화에서의 "인간"(人)이든 영어의 "person"이든, 이들을 정의해서 무엇할 것인가? 또 다른 예를 들어보자. "인仁"은 어떻게 정의할 것인가? "인은 사람을 사랑하는 것이다"라고 말한 것은 인에 대해 정의를 내린 것이 아니다. 인의 범위는 지극히 광대하다. 유학을 깊이 연구했다면 인에 대해 명확하게 설명하기 매우 어렵다는 것을 발견할 수 있을 것이다. 그래서 노자는 "도를 도라고 할 수 있으면 항상된 도가 아니고 이름을 이름으로 부를 수 있으면 항상된 이름이 아니다"[2]라고 말했던 것이다. 문화, 인간, 인 등의 개념은 모두 거대한 함의를 담기 위해 차용된 가명에 불과하다.

그렇다면 필자는 어째서 이 절의 제목을 "중화문화란 무엇인가"라고 달았을까? 필자가 말하는 문화란 "인간화"이며, 우리의 "삶의 방식"이고, "인류가 창조한 정신적 재화"이다. 재떨이나 술잔 자체 문화가 아니다. 그러나 한 번 보면 바로 그것이 중국의 것임을 알아볼 수 있고, 오직 중국의 술잔만이 그러한 형태를 띠고 있다고 한다면, 이것은 문화라 할 수 있다.

중화문화란 무엇인가? 필자 역시 이에 대해 정의를 내릴 수 없다. 다만 그 범위를 설정할 수 있을 뿐이다. 즉 56개 민족이 창조한 정신적 재화

---

2) 『老子』, 제1장, "道可道, 非常道, 名可名, 非常名."

가 바로 중화문화인 것이다. 여기에서 필자는 문화를 논하고 유·불·도를 논할 때 전체 중화문화가 56개 민족이 함께 공헌한 결과임을 간과해서는 안 된다는 점을 강조하고 싶다. 중국인들은 살아가면서 끊임없이 소수민족 문화를 보고 접하게 된다. 예컨대 많은 중국인들이 즐겨 먹는 훠궈(火鍋)는 본래 몽고족의 음식이다. 그러므로 중화문화를 논할 때에는 중화문화가 56개 소수민족이 공동으로 창조한 것이며, 설사 인구가 매우 적은 민족이라도 공헌한 바가 있다는 관점을 확립해야 한다. 예컨대 흑룡강성黑龍江省의 「오소리선가烏蘇裏船歌」라는 민요는 혁철족赫哲族이 지은 것이며, "하얼빈"(哈爾濱)이라는 지명 역시 "어망을 말리는 곳"이라는 의미의 혁철어에서 온 것이다. 그러나 문명에는 근간이 있어야 하며, 중화문명의 근간은 바로 한족문화이다. 한족은 중국 인구의 94%를 점하고 있어 튼튼한 근간이 되어 주고 있다.

한족 문명에 있어 유가는 본래 백가 중 한 학파에 불과했으나, 한 왕조 이후로 한족문명의 근간이 되었다. 또한 이 한 왕조가 오랜 시간 번성했던 까닭에 이 왕조의 명칭을 따와서 한족이라 부르게 되었던 것이다. 만약 한대에는 그토록 강대하지 못했다가 당 왕조에 이르러서야 비로소 강대해져서 통일제국을 세웠다면 아마 한족이 아니라 당족唐族이라 불렸을지도 모를 일이다.

당대 이래로 유·불·도는 어깨를 나란히 하게 되었다. 그리하여 유가는 불교와 도가적 요소들을 흡수했고, 불교는 유가와 도가의 요소들을 흡수했으며, 도가는 불교와 유가의 요소들을 흡수했다. 유가는 불교와 도가의 요소를 흡수해서 유학을 새로운 경지에 도달시켰는데, 이것이 바로 송대 리학이다. 여기에 송명대에 걸친 육왕심학까지 더하면 중국의 유학은 당시 세계에서 가장 높은 수준에 도달했다고 할 수 있다. 불교는 유가와 도가의 요소를 흡수하면서 중국불교를 형성했는데, 이것이 바로 선종이다. 선종은 곧 불교의 중국화라 할 수 있다. 이후 선종은 널리 보급되었고 송대에 이르러 그 세력이 절정에 달했다. 도가는 유가와 불교의 요소를 흡수하면서 자신들만의 교의 체계를 형성했다. 유·불·도의 정립은 중화문화의 주류를 구성했지만 그 주류 안에서도 유가는 중심적 지위를 점했다. 비록 당대에 불교와 도교가 국교로 지정된 적도 있었지만 그때에도 유가의 중심적 지위는 흔들리지 않았다. 그 이유는 뒤에서 논하기로 하겠다.

2. 어떻게 문화를 파악하고 관찰할 것인가?

인간의 인식 순서에 따르면 관찰이 앞에 있고 파악은 뒤에 있는 것처럼 보인다. 필자는 이것을 일부로 전도시켰다. 여기에서 이른바 "파악"이란 거시적으로 파악하는 것을 의미하며, "관찰"이란 자세하고 세밀하게 살펴본다는 의미이다. 따라서 "파악하고 관찰하다"의 의미는 "먼저 거시적으로 보고 나중에 미시적으로 살펴본다"는 의미이다. 인간의 인식순서에 따르면, 대상을 파악하고자 할 때 먼저 분류하고 그다음 비교한다. 이는 인간의 가장 기본적인 두 가지 인식방법이다. 먼저 분류에 있어 중국과 서구는 각각의 특징을 가지고 있다. 서구에서는 일단 분류를 하게 되면 결코 서로 범할 수 없다고 보지만 중국의 분류는 상대적이다. 즉 중국인들은 분류를 통해 나누어진 것들도 물과 젖처럼 섞일 수 있는 것으로 인식했으며, 그것들이 지닌 특징이란 그 사물의 속성 가운데에서 주도적

지위를 점하고 있는 것들에 불과하다고 인식했다.

중화문화는 횡적으로 민족문화, 지역문화, 고급-대중문화, 직업문화, 형태문화로 분류될 수 있다. 직업문화와 지역문화는 교차하는 것이다. 예컨대 호滬3)문화는 상해로 대표되는 강소성江蘇省, 절강성浙江省 일대의 문화이며, 이른바 직업문화란 기업문화를 포괄하는 개념으로, 기업은 전 지역에 흩어져 있으므로, 이들은 교차된다고 할 수 있다. 종적으로는 상고시대문화, 은나라문화, 선진문화, 양한문화 등으로 나누어질 수 있다.

이처럼 문화를 나누어 보면 더욱 명료하게 관찰할 수 있다. 흔히 중화문명에 대해 "멀리 있는 근원에서 오랜 시간 흘러왔다"(源遠流長)고 말하는데, 필자는 이 중 한 글자를 고쳐서 "여러 근원에서 오랜 시간 흘러왔다"(源多流長)고 말한다. 사실 중국의 문명은 근원이 멀리 있기도 하고 많기도 하지만 현재로서는 시간을 특정할 수 없어서 얼마나 오래됐는지 알 수 없다. 여러 근원이 있다는 것은, 앞서 언급했듯이 중화문화가 황하 중하류에서 발원하기는 했지만 지난 수십 년의 고고학적 작업을 통해 다른 근원들도 발견했기 때문이다. 예컨대 삼성퇴三星堆와 금사유지金沙遺址4) 등으로 대표되는 파촉문화巴蜀文化의 경우가 바로 그러한 독립적 문화였다. 오늘날 중국의 문화유산의 상징 중 하나가 원형의 태양신인데, 이것은 금사유지에서 출토된 금속 장식품이다.

우리는 파촉문화가 중화문명의 근원 중 하나라고 인정했지만, 그렇다고 모든 문제가 해결된 것은 아니다. 삼성퇴의 인종은 어디로부터 온 것

---

3) [역자주] 滬: 吳松江 하류, 즉 黃浦江과 그 주변 지역을 가리킨다.
4) [역자주] 三星堆와 金沙遺址: 三星堆는 중국 사천성 德陽市에 위치한 청동기시대 유적이다. 金沙遺址는 중국 사천성 成都市에 위치한 청동기시대 유적으로, 금, 동, 옥, 상아 등을 가공한 유물들이 대량으로 출토되었다.

원형의 태양신

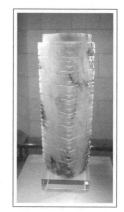

(中)▶삼성퇴 가면
(右)▶10층 옥종

인가? 어째서 그들이 만든 가면은 코가 높고 눈이 튀어나왔는가? 삼성퇴
의 문명은 어느 순간 사라져 버렸는데, 그 사람들은 어디로 갔는가? 어째
서 그 민족은 사라졌는가? 금사유지가 발굴된 후 이러한 의문들에 대한
약간의 실마리가 발견되었다. 삼성퇴의 사람들이 금사로 이주했는지 아
니면 삼성퇴 문명의 일파가 금사에 존재했는지는 불확실하지만, 여하튼
삼성퇴가 쇠퇴한 이후 금사가 흥기했다는 것이다. 그러나 금사문명은 삼
성퇴의 유산 외에도 섬서성 및 감숙성甘肅省의 문화와도 유사한 점이 있었
다. 금사의 북쪽으로는 검각劍閣, 진령산맥秦嶺山脈이 위치해 있는데, 이곳
의 길은 이태백이 "촉 땅의 길은 하늘로 올라가는 길보다 험난하다"고
말했을 정도 험준하다. 상고시대의 사람들은 어떻게 진령산맥을 넘어 섬
서와 감숙으로부터 이처럼 무거운 기물들을 옮겨 왔으며, 무엇을 위해 이
러한 수고를 마다하지 않았던 것일까? 현재로서는 아직 알 수 없는 일이
다. 더욱 흥미로운 것은 금사에는 10층 옥종(十節玉琮)이 존재했는데, 이러
한 옥종은 강소, 절강 일대의 양저문화良渚文化5) 중후기의 특징이라는 것
이다. 성도에서 절강까지 가려면 2천 킬로미터 이상의 물길을 따라가야

하고, 거기에서 또 다시 험준한 산길을 지나야 하는데, 이러한 옥종을 어떻게 금사로 가져온 것일까? 이 역시 수수께끼이다. 그러나 오늘날 우리는 적어도 "천총과 어부가 촉나라를 세웠으니, 그 시절이 아득하구나!"[6]에서 천총과 어부라는 인물들이 완전히 허구는 아니라는 것을 알 수 있게 되었다. 그들은 어쩌면 금사 사람들이었을 수도 있다. 금사의 출토유물들을 통해 확인할 수 있듯이, 물고기는 금사 사람들의 토템이었기 때문이다.

금사유지보다 약간 앞서, 하모도문화河姆渡文化[7]와 양저문화는 오월문화吳越文化[8] 역시 중국문명의 근원 중 하나라는 점을 다시 한 번 증명했으며, 호남성湖南省과 호북성湖北省에서 출토된 문물들 역시 상초문화湘楚文化[9]가 중국문명의 근원임을 증명했다. 최근에는 대룡산문화對龍山文化[10]의 발굴과 연구를 통해 동이족문화 역시 확립될 수 있었다. 이러한 신석기시대 문명은 중화문명에 여러 근원이 있음을 증명했다. 그래서 필자는 "여러 근원에서 오랜 시간 흘러왔다"고 말한 것이다.

이어서 필자가 말하고 싶은 것은, 중화문화의 핵심 요소들 중 몇 가지가 이미 1만 년에서 2만 년 이전에 이미 중화대륙에 잉태되었으나, 다만 당시에는 아직 성숙하지 못했을 뿐이라는 점이다. 사람들 중에는 "세상에 멀리 있는 근원에서 오랜 시간 흘러오지 않은 민족도 있나?"라고 말하는

---

5) [역자주] 良渚文化: 중국 신석기시대 후기의 한 문화로 최초 절강성 餘杭市 良渚鎭에서 발견되어 양저문화로 불리게 되었다.

6) 李白, 「蜀道難」, "噫籲嚱, 危乎高哉! 蜀道之難, 難於上靑天! 蠶叢及魚鳧, 開國何茫然!"

7) [역자주] 河姆渡文化: 중국 남방의 초기 신석기문화이다. 1973년 절강성 일대에서 발굴되어 그 존재가 입증되었다.

8) [역자주] 吳越文化: 고대 중국 동남부지역의 문화로, 오늘날 강소성, 절강성 일대에 해당한다.

9) [역자주] 湘楚文化: 호남성 일대의 고대 문화로, 훗날 춘추전국시대 초나라 문화의 근원이 된다.

10) [역자주] 對龍山文化: 흑룡강성 大慶市에 위치한 고대 문화 유적지이다.

이들도 적지 않을 것이다. 그러나 필자는 "멀리 있는 근원에서 오랜 시간 흘러왔음"이라는 표현은 중화문명에 딱 들어맞다고 생각한다. 메소포타미아문명, 이집트문명, 고대 인도문명, 그리스로마문명 등은 이미 사실상 단절되었으며, 현재 메소포타미아와 이집트지역에 거주하는 이들은 과거 문명을 건설했던 이들의 후손도 아니다. 이러한 까닭에 메소포타미아의 쐐기문자들은 15세기 유럽인들에게 발견된 이후 19세기에 이르러서야 독일을 포함한 몇몇 국가의 학자들에 의해 번역되었다. 쐐기문자보다는 다소 늦고 중국의 갑골문자보다는 2000년 가까이 앞선 이집트문자 역시 이집트인들 중 그 누구도 이 문자를 알아보지 못했으며, 서구 학자들이 몇 년간 각고의 노력을 쏟아 부은 후에야 비로소 해독이 가능했다. 중국의 갑골문자는 탄생한 지 3천 년도 넘는 시간이 흘렀지만 언어문자 관련 연구를 하는 학자들은 대부분 갑골문자 속 문자들을 많든 적든 알아볼 수 있다. 만약 이 갑골문자를 한대의 예서체隷書體[11]로 변환만 시켜 주면 몇몇 번체자들을 제외하고는 어린 아이들조차 모두 읽을 수 있다. 또한 이후 이백과 두보의 시들은 모두 당시 해서체楷書體[12]로 쓰였으며, 이는 오늘날 교과서에도 그대로 옮겨져서 어린이들도 직접 읽을 수 있다. 이는 세계에서 유일하게 중국에만 존재하는 현상이다. 따라서 중국문화의 근원은 여럿이고 멀리 있으며, 끊이지 않고 오랫동안 이어져 왔다고 할 수 있는 것이다.

아래에서는 문화의 층위 구분과 각 층위 간 관계에 관해 논하겠다. 필자는 문화를 표층, 중층, 심층으로 분류했다. 표층 문화는 물질문화로,

---

11) [역자주] 隷書體: 진대의 程邈이 篆書를 간단하게 고친 서체이다.
12) [역자주] 楷書體: 예서에서 변한 것으로서 字形이 가장 방정하다.

물질에 대한 인간의 호오와 취사를 가리킨다. 예컨대 중국에는 칠대 요리 혹은 오대 요리가 있었지만 현재는 십대 요리로까지 발전했다. 어느 지역 요리든 요리에 사용되는 재료 자체 즉 닭, 오리, 생선, 육류, 채소 등이 곧 문화인 것은 아니다. 그러나 어떤 요리가 그 지역 사람들의 사랑을 받는다고 하면 이것은 문화가 된다. 한 가지 더 예를 들자면, 방을 꾸밀 때 798거리[13]에서 사 온 알아볼 수 없는 그림 즉 현대미술을 벽에 걸어 두는 이도 있고, 제백석齊白石(1863~1957)[14]의 그림을 걸어놓기도 하는데, 이들은 모두 문화이다. 중층 문화에 대해, 과거 필자는 이를 "제도문화" 로 규정했었지만, 지금은 이것을 "도구적 문화"라고 부르는 것이 더 낫다 고 보고 있다. 이는 제도 법률, 종교, 예술 등을 가리킨다. 심층 문화에 대해, 과거 필자는 이를 "철학문화"로 규정했지만 여기에서는 이를 "정신 문화"로 수정한다.

이 세 층위의 문화는 결코 단절되어 있는 것이 아니다. 심층 문화인 정신문화는 제도, 법률, 종교, 예술, 풍속, 관습 등 중층 문화에 투영될 수 있으며, 중층 문화는 표층 문화에 투영되어 의식주와 교통 상에 체현 되어 나온다. 반대로 의식주와 교통은 중층 문화로 스며들 수 있고, 중층 문화 역시 심층 문화로 스며들 수 있다.

사례를 들어 말하자면, 필자의 세대는 대부분 가난한 어린 시절을 보 냈는데, 그 당시 필자의 고향 회안淮安에는 생일을 맞으면 "어른은 식사 한 상, 아이는 달걀 하나"라는 말이 유행했다. 오늘날에도 아이가 생일을 맞으면, 부모는 사정이 여의치 않더라도 반드시 큰돈을 써서 아이에게 선

---

13) [역자쥐] 798거리: 북경시 朝陽區 望京에 있는 문화거리이다.
14) [역자쥐] 齊白石: 중국 근대의 걸출한 화가·서예가·전각가로, 호는 백석산이며, 호 남성 湘潭市 출신이다.

물을 사 준다. 이것이 바로 의식주와 교통이라는 표층문화가 풍속이라는 중층문화에 투영된 사례이다.

만약 어떤 아이가 어렸을 때부터 외국 브랜드의 옷을 입고 맥도널드를 먹으며, 좀 더 거창하게는 프랑스나 러시아 식 코스요리에 익숙해져 있다면, 이는 그 아이의 국가정체성에 영향을 미칠 것이다. 그 아이는 중화문화에 대해 불만스러워하게 되거나 아니면 더욱 뜨겁게 사랑하게 될 것이다. 외국에서 유학한 수많은 학생들과 이야기를 나누어 보면, 일단 외국에 나가게 되면 애국자가 된다고 한다. 그러나 몇 년간 유학생활을 한 후 돌아온 학생들 중 몇몇은 중국에 대해 매우 불만족스러워했다. 무엇이 그들에게 영향을 끼쳤던 것일까? 바로 음식, 풍속, 관습 그리고 종교 등이 그들의 철학관에 영향을 미쳤던 것이다.

우리는 흔히 중화문화가 "넓고 크며 정미하고 심오하다"고 말한다. 여기에서 넓음과 큼은 동의어이다. 어째서 넓다는 것일까? 960만 제곱킬로미터의 면적과 13억 인구가 있기는 하지만 그보다는 중화문명 안에는 전 세계 거의 모든 문화형태가 모두 내포되어 있기 때문이다. 예컨대 중화문화 안에는 유목문화가 있어서 고기를 구우면서 칼로 도려내어 먹는 문화도 있고, 비非유목문화도 있어서 아주 섬세한 조리 방식이 발전한 음식문화도 있다. 또한 중국에는 원시종교가 존재해서, 서남지역에서 내몽고와 흑룡강성 일대의 외곽지역 마을들에는 여전히 만물에 모두 영혼이 존재한다고 믿는 샤머니즘이 남아 있으며, 서구 종교학적 의미에서의 고급종교 즉 불교와 도교가 존재하고, 또한 중국에 전파된 이슬람교, 기독교, 천주교도 포용하였다. 이것이 바로 중화문화의 "넓고 큼"이다.

중화문화가 "정미하고 심오하다"는 것은 어떤 의미인가? 이는 중화의 심층 문화를 표현한 것이다. 중화의 심층 문화 특히 인간의 마음을 분석하고 마음의 끊임없는 향상을 추구한다는 측면에서, 그리고 마음과 행동의 관계를 분석한 측면에서는 그 세밀함과 심오함이 여전히 세계 최고 수준이다. 안타깝게도 현재 이러한 것들은 서재와 학술회의 안에서만 머물고 있어 생활화되지 못하고 있다. 과거에는 지금과 달랐다. 북방뿐 아니라 남방에서도, 비록 아무리 가난한 시골 벽촌이라 할지라도, 식구들 간에 다툼이 발생했을 때 한쪽이 "천지양심에 맹세하건대 나는 그 일을 하지 않았다"고 말하면 더 이상 다투지 않았다. "천지양심"은 왕양명이 했던 말로, 타인에게 약속하는 말이다. 이처럼 중국의 심층 문화는 가정의 화목과 사회의 안정에 기여했다.

과거 도교는 모든 신앙을 집대성했는데, 이러한 까닭에 큰 길에서도 작은 골목에서도, 그리고 시골 벽촌에서도 모두 십신묘十神廟를 볼 수 있었으며, 어떤 토지신묘는 탁자의 사분의 일 크기 밖에 안 되는 것도 있었다. 그 안에는 액자나 토지신의 상이 모셔져 있어서 백성들이 절을 올렸다. 또한 북방에는 돌에 대한 숭배의 일종인 "태산석감당泰山石敢當"이라는 것이 보편적으로 퍼져 있었다. 북경의 오래된 집들의 경우 대문과 마루 사이에 이 태산석감당을 세워 놓았다. 왜냐하면 당시 사람들은 문을 열자마자 마루가 보이는 것은 불길하며, 태산석감당이 그것을 막아 준다고 여겼기 때문이다. 태산석감당의 근원은 어디인가? 아마도 이것은 고강족古羌族의 문화일 것이다. 그들은 자신들이 염제炎帝의 자손임을 주장하고 있다. 현재 그들이 사는 지역 예컨대 문천나汶川那 일대에서는 아직도 "석감당"을 볼 수 있는데, 북방에서는 태산을 가장 신성하다고 여겨서 "태산석감당"이 된 것으로 보인다. 따라서 중화문화 안에는 원시신앙에서부터 인간의 마음과 이것의 향상에 관한 가장 심오한 분석에 이르기까지 모두 포함되어 있다고 볼 수 있다.

3. 중화문화의 온축

위에서 우리는 중화문화의 "멀리 있는 근원에서 오랜 시간 흘러옴"과 "여러 근원에서 오랜 시간 흘러옴", "넓고 큼"과 "정밀하고 심오함"을 나누어서 살펴보았다. 그렇다면 이들이 온축하고 있는 바는 무엇인가? 아래에서는 세 가지 측면에서 이 문제를 다루어 보기로 하겠다.

1) 중화문화의 특징

중화문화의 특징 중 핵심이 되는 것들은 대부분 농경시대에 형성되었다. 이들의 아름다움과 묘함, 초월적 성격뿐만 아니라 이것의 극치와 앞으로 요구되는 발전 방향 역시 농경시대와 관련이 있다. 필자는 농경사회가 "중시"했던 여섯 가지를 통해 이 문제를 논하겠다.

첫째, 가족을 중시했다. 가족에 대한 강조, 가족에 대한 감정 및 가족의 화목을 지키고자 하는 노력 등에 있어 중화민족은 세계 최고라고 할 수 있다. 이런 측면에서 중화민족과 다소 유사한 민족이 바로 헝가리인들이다. 그들은 비록 유럽에 살고 있지만 그들은 부모에 대한 효도와 형제자매 간의 화목을 주장하고, 그다음 가정으로부터 친구로 확장해 나간다. 이 점은 중국과 매우 비슷하고 유럽의 다른 민족들과는 구분되는 점이다.

예컨대 헝가리의 부모들은 자녀들이 16세가 되면 집 밖에 방을 구해 주고는 "이제부터 너는 독립해서 살아야 한다. 모든 생활비는 우리가 대 줄 테지만 네가 아르바이트를 해도 괜찮다. 명절에는 네가 집으로 돌아와도 되고 우리가 너를 보러 가도 된다"고 말한다. 왜 이렇게 하는 것일까? 독립성을 길러 주기 위해서이다. 부모가 늙으면 자녀들이 비록 같이 살지는 않더라도 형제들끼리 의논해서 각자 경제력에 맞춰 부모에게 생활비를 보내 준다. 이는 미국, 캐나다를 포함한 서구국가들에서 18세가 넘으면 사실상 부모와 관계가 없어지다시피 하는 것과는 완전히 다른 것이다. 필자는 헝가리인들과 그들의 부모에 관한 이야기를 나눈 적이 있는데, 그때 큰 감동을 받았다. 냉전종식과 함께 동구권 국가들이 붕괴된 후 부모들은 극심한 생활고를 겪었고, 이러한 부모들을 돕기 위해 자식들이 힘을 다해 돈을 벌었다는 것이다. 그들은 형제들 간에 모여서 식사를 할 때 서로 돈을 내겠다고 다투기도 하고, 친구와 동학들과 식사를 할 때도 중국의 학생들처럼 앞사람이 주문하면서 뒷사람 몫까지 계산을 해 버리곤 한다. 그들은 결코 더치페이를 하는 법이 없다. 어째서 그러한가? 헝가리인들은 비록 유럽에 속해있지만 문화적으로는 동방에 속하기 때문이다.

현재까지 세계의 어떤 문헌과 출토유물도 헝가리인들의 뿌리가 어디인지 설명해 주지 못하고 있다. 20세기 중엽 두 명의 전도사가 헝가리 수도 부다페스트에서 출발하여 동쪽으로 이동하면서 자신들 민족의 흔적을 추적했고, 그러다가 중국에서 그리 멀지 않은 지방에까지 도달했다. 그들은 그곳에서 마을 하나를 발견했는데, 그 마을의 풍속과 관습, 마을 주민들의 외모와 언어까지 모두 헝가리인들의 그것과 너무나 흡사했다. 전도사들이 이를 상세히 조사해서 보고하려고 했을 때 제2차 세계대전이 발발했다. 그 지역은 일본군에 의해 점령되었고 이후 두 명의 헝가리 전도사는 행방이 묘연해졌다. 그 후 이들이 전한 소식만 돌아왔을 뿐 어떠한 문서도 남지 않았다. 아직도 어떤 이들은 이 길을 따라 탐색에 나서고 있다. 헝가리인들 중에는 그들 국가의 명칭인 "헝가리"(Hungary)는 "흉노"가 어원이며, 그 당시 중부 유럽에 살던 사람들이 그들을 "헝가리"라고 불렀다고 한다. 왜냐하면 "흉匈"의 고대 발음은 "Hun"이었기 때문이다. 이것이 사실인지의 여부에 대해서는 굳이 논하지 않기로 하겠다. 그러나 필자가 방문한 80여 국가 중 오직 헝가리만이 중화윤리와 상당히 유사한 윤리를 가지고 있었다. 다만 중국만큼 강렬하지 않았을 뿐이다. 이처럼 가족을 중시하는 것은 분명 중국의 특색이다.

둘째, 안정을 중시했다. 가족을 중시한다면 안정을 중시할 수밖에 없다. 중국인들은 국가가 소란스럽고 분열되는 것을 바라지 않는다. 이주비용을 나누다가 싸움이 나고, 그 싸움이 해결이 되지 않아서 법원에 가며, 법원에서 해결이 안 되어서 텔레비전에 나오다가, 심지어는 부자가 반목하고 처자식과 척을 지는 지경에 이르는 일들이 생기는데, 이는 보통의 중국인이라면 결코 바라지 않을 일들이다. 이러한 전제 하에서 아래 몇 구절의 시문을 읽어 보면, 우리는 그 시들 안에 깊이 새겨진 의미를 발견해 낼 수 있을 것이다.

홀로 타향에 있어 객이 되니, 매번 돌아오는 명절마다 가족과 친지들이 생각나는구나.[15]

---

15) 王維, 「九月九日憶山東」, "獨在異鄕爲異客, 每逢佳節倍思親."

고개 들어 밝은 달 한참 보고, 머리 떨구며 고향 그리워하네.[16]

어머님 손에 들린 실은 길 떠나는 아들 옷을 지으신다.[17]

이 시들은 모두 가족의 화목과 안정을 바라는 시들이다. 왜냐하면 중국인들은 늘 계승을 강조하기 때문이다. 여기에서의 계승은 물질, 기술, 지식 및 덕성 등의 계승을 모두 포괄한다. 과거 중국에서는 집집마다 대문 양 옆에 "충성스러움과 후덕함을 전하면 집안이 오래가고, 시짓기와 글짓기가 계승되면 세대가 오랫동안 이어진다"(忠厚傳家久, 詩書繼世長)라는 문구를 붙여 놨었는데, 여기에서 "충성스러움과 후덕함"이 덕성이고, "시짓기와 글짓기"가 지식과 기술이다. 중국인들은 중요한 날에 조상에게 절을 올리는데, 이때 머릿속에는 결코 조상의 형상이 있는 것도 아니고, 더욱이 조상을 자신을 지켜 주는 인격신으로 여기는 것도 아니다. 중국인들이 조상에게 절을 올리는 이유는 자신이 어디로부터 왔는지 망각하지 않기 위함이다. 왜냐하면 시조가 없었으면 그 이후의 조상들도 없었을 것이고, 조상들이 없었으면 할아버지와 아버지도 없었을 것이며, 할아버지와 아버지가 없었다면 나도 없었을 것이기 때문이다. 우리는 이 세상에 올 수 있었다는 것에 대해 감사의 마음을 가져야 한다.

셋째, 계승을 중시했다.

넷째, 조화를 중시했다.(위의 두 내용은 앞에서 이미 언급하였으므로 여기에서는 설명을 생략하겠다.)

다섯째, 도덕을 중시했다. 중화문화에서는 개인, 가족, 사회, 국가 및

---

16) 李白, 「秋浦歌」, "舉頭望明月, 低頭思故鄉."
17) 孟郊, 「游子吟」, "慈母手中線, 遊子身上衣."

국제관계에 있어 일관적으로 가정의 화복, 사회의 안정 등을 주장한다. 이것이 바로 도덕이며, 도덕이 전제되지 않으면 이들은 결코 완성될 수 없다.

여섯째, 현세를 강조하고 내세를 중시하지 않았다. 유가는 내세의 존재를 믿지 않는다. 공자가 "아직 삶도 알지 못하는데 죽음을 어찌 알겠는가?"라고 말했던 것처럼 말이다. 유가의 관점에서 보았을 때 "나"란 우주의 일원이며, 나의 육신이 사망하고 소멸했다고 하더라도 정신은 아직 존재하고 또한 전해진다고 여긴다. 누구에게 전해지는가? 바로 자녀에게 전해지고 학생에게 전해진다. 만약 자녀가 훌륭하게 성장해서 자신과 비슷하게 되었을 때, 부모들은 자식들이 명품 옷을 사준 것보다 훨씬 더 기쁠 것이다. 만약 자신의 학생들이 자신과 마찬가지로 훌륭한 덕성을 갖추고 학문적으로 자신을 넘어섰을 때 스승은 그보다 더 기쁠 수 없을 것이다. 그들이 전해 준 것은 정신으로, 이는 형이상적인 것이며 비물질적인 것이다. 또한 이러한 태도는 현세를 중시하는 것으로, 하루하루 열심히 살아서 생명이 다할 때까지 멈추지 않고 분투하는 것이다.

중화문화는 근본적으로 농경문화의 맹아로부터 출발해서 성장해 왔다. 이러한 관점에서 보자면 위에 서술한 여섯 가지 특징은 매우 중요하다. 만약 가족에 관한 엥겔스의 저작을 읽어 본 사람이라면 처음부터 가족이 강조된 것이 아니라는 점을 알 수 있을 것이다. 가족을 가리키는 한자인 "가家"자는 집 안에 돼지 한 마리가 있는 것을 형상화한 것으로, 이 글자를 어떻게 해석할지에 관해서는 허신의 『설문해자』에서부터도 의견이 분분했다. "가家"자는 왜 이렇게 생긴 것일까? 일반적인 문자학적 관점에서 보자면 지붕 아래에서 돼지를 기르는 것이 되며, 돼지를 기르려면 사람이 있어야 한다는 의미가 된다. 돼지는 왜 키우는 것인가? 먹기 위해서이다. 그러므로 이것은 가족, 가정의 의미를 가지게 되는 것이다. "가정家庭"의 "정庭"자는 곧 정원이며, 이는 각각의 가정을 분리하는 의미로, 훗날 추가된 것이다. 최초에는 부락, 부족이 강조되었고, 그다음에는 가문이 강조되었으며, 다시 그 후에는 가족이 강조되었고, 마침내 이러한 중국의 문화가 본격적으로 형성되었다.

어째서 부락을 중시하고 가문을 중시하며, 가족을 중시했던 것일까? 원시적 경작에는 석재로 만든 농기구들이 사용되었는데, 이러한 조건 속에서 한 개인이 경작할 수 있는 땅이 얼마나 되었겠는가? 한참 후에야 목재를 이용해서 농기구를 만드는 법을 배웠지만, 이러한 목재농기구는 이미 개간된 땅에서나 사용이 가능했지 개간되지 않은 땅에서는 사용이 불가능했다. 『시경』에서 말하는 "뇌사耒耜" 역시 목재로 만든 쟁기류의 농기구였다. 이 농기구는 삽과 마찬가지로 하나의 목판 양쪽에 손잡이가 달려 있어서 두 사람이 각각 하나씩 잡고서 사용했다. 그래서 한 사람이 혼자 끌고 나갈 수 있는 것이 아니라 다른 사람이 함께 밧줄을 당겨 주어야 비로소 땅을 갈 수 있었다. 이러한 농기구는 두 사람의 호흡이 맞지 않으면 제대로 사용할 수 없었다. 이후에 발명된 쟁기 역시 두 사람이 있어야 하는 것이었는데, 서로 밀고 당김에 있어 호흡이 맞아야 비로소 사용할 수 있고, 만약 호흡이 맞지 않는다면 땅을 경작할 수 없었다.

농업이 더욱 발전하기 위해서는 수리사업을 해야 했다. 그러나 수리사업은 한 쌍의 부부가 할 수 있는 일도 아니고, 몇몇 자식을 데리고 할 수 있는 일도 아니었으며, 한 가문이 나서서 할 수 있는 일도 아니었다. 이는 부락, 부족이 마음과 힘을 합쳐 해야 하는 일이었으며, 따라서 농경사회에서는 집단적 노동력이 반드시 필요했다. 토지 사유제도 하에서 자작농이 시작되자, 부락과 부족은 점차적으로 개별 가족으로 해체되었다. 하지만 이러한 가족들 역시 구성원들끼리 협동해서 생산에 임해야 했다. 어떻게 해야 협동을 이루어 낼 수 있을까? 이것이 바로 도덕과 권위를 강조했던 이유이다. 가장은 곧 권위이다. "효"란 "너는 내 말을 들어야 한다. 네가 내 말을 듣지 않으면 모두들 너를 불효자식으로 여길 것이니, 가족, 마을, 심지어 다른 마음에서도 발붙일 곳이 없을 것이다"라는 의미를 포함한다. 이것이 바로 "예禮"이다. 그래서 중화문화에서는 안정을 중시하고 이주와 같은 일을 좋아하지 않았다. 그래서 "부모가 살아계시면 멀리 떠나지 않는다"[18]라는 말이 농업에 종사하는 이들에게는 어느 정도 일리가 있었을 것이다.

여기에서는 조화와 도덕에 대해서는 말하지 않기로 하겠다.

어째서 중화문화는 현세를 중시했을까? 농경사회는 현세를 가장 중시하기 때문이다. 이른바 "콩 심은 데 콩 나고, 팥 심은 데 팥 난다는 것이다"는 것이다. 이 속담은 간단해 보이지만 중화문화의 심오한 사상에 반영되어 있다. 중국인들은 현세의 업보를 현세에 갚는다고 여겼다. 즉 자신이 농사지은 쓴 열매는 결국 자신이 맛보게 된다고 여겼다. 따라서 품행을 단정히 하고, 마음을 넓게 가지며, 다른 사람에게 후하게 대해야 한다는 것이다. 이러한 것들은 모두 농경사회에서 비롯된 생각들이다.

이러한 농경사회와 비교했을 때, 수렵채집사회에는 집단혼 혹은 대우혼對偶婚이 일반적이었다. 여기에서 집단혼은 곧 난혼, 난교의 의미이다. 대우혼은 이 부락의 젊은 여성들이 저 부락의 젊은 남성들의 공동 아내가

---

18) 『論語』, 「里仁」, "子曰: 父母在, 不遠遊, 遊必有方."

되고, 이 부락의 젊은 남성들이 저 부락의 젊은 여성들의 공동 남편이 되는 것으로, 아이가 태어나면 어머니가 길렀다. 이러한 까닭에 고대에는 "어머니는 알고 아버지는 알지 못했던" 것이다. 『춘추좌전』에서도 이러한 것들을 확인할 수 있다. 주나라 왕들은 다른 성씨를 가진 제후들은 외삼촌이라는 의미를 가진 "구舅"라고 불렀으며, 같은 성씨를 가진 제후들은 친삼촌이라는 의미를 가진 "숙叔"이라고 불렀다. 어째서 다른 성씨의 제후들을 "구"라고 불렀던 것일까? 이는 옛 혼인풍습의 흔적이다. 한 부락의 여성이 출생한 아이는 자신의 아버지를 알 수 없었기 때문에 그 부락의 모든 남성을 아버지로 여겼다. 따라서 이 부락의 젊은 남성들은 모두 어린아이들의 어머니의 형제들이 되므로, 어린아이들의 외삼촌이자 친삼촌이 되었던 것이다.

이후 점차적으로 일부일처제로 이행되기 시작하자 비로소 가족이 형성되기 시작했다. 그러나 문화는 쉽게 변하지 않는 것이다. 그래서 초기 결혼제도와 관련된 몇몇 관습이 후세에도 여전히 남아 있게 된다. 오늘날 산서山西, 산동, 안휘安徽, 강소 및 내몽고의 몇몇 지방에서는 아직도 다음과 같은 관습이 남아 있다. 어머니께서 돌아가시면 외삼촌을 모셔서 장례를 주관하게 하고 그의 말을 따른다. 산서에서는 이를 "주자主子"라고 부른다. 그리고 만약 아버지께서 이미 예전에 돌아가신 상태에서 어머니께서 돌아가신 상황이고, 형제들이 분가를 해야 하는 상황이라면, "주자"인 외삼촌이 재산을 분배하고 조정해 주고 형제들은 그 결정을 따라야만 한다. 어떤 민족이든 조화를 위해서는 그에 합당한 모종의 기제가 필요하다. 그리하여 유익한 기제는 남고 무익한 기제는 버려지면서 먼 옛날의 관습이 지금까지 이어져 오는 것이다. 오늘날 중국의 대부분 지역에서는 이러한 관습이 사라졌지만 몇몇 지역에서는 여전히 이러한 고대 관습을 유지하고 있다.

현세를 중시한다는 특성은 중화문화가 다른 문화들과 유사한 요소들을 지니게끔 하기도 했다. 농경사회에서 사람들은 식물이 싹트고 성장하여 열매를 맺고 시들고 죽는, 한 해를 주기로 하는 과정을 끊임없이 관찰했다. 그들은 농사일과 관련된 것들만 관찰한 것이 아니라 삼림과 초원의 동식물에 대해서도 마찬가지로 관찰했다. 이러한 까닭에 중화민족은 "만물영혼설" 역시 가지게 되었고, 나름대로 영혼에 관한 논의도 있었다. 다만 이러한 논의가 활발하게 이루어지지 않았을 뿐이다.

2) 중화문화의 정신 혹은 철학

중화문화의 정신 혹은 철학은 네 가지 측면에서 관조될 수 있다. 사실 세상의 모든 철학은 이 네 가지 측면을 지니지만, 중국문화에 담긴 정신과 철학은 농경사회로부터 형성된 체험의 영향을 특히 깊게 받았다.

첫째, 심신의 관계, 육체와 영혼의 관계이다. 위에서 언급한 중화문화의 특징을 통해서도 파악할 수 있겠지만, 중국인들이 주창하는 "조화" 역시 여기에서부터 출발하는 것이다. 왜냐하면 몸과 마음은 조화를 이루어야 하기 때문이다. 중국인의 관점에서 보았을 때, 전통 가곡, 각종 전통 공예품, 태극권 등 중국의 여러 문화들 중에서도 가장 완성된 체계를 갖추고 있고 가장 외국인들에게 받아들여지고 향유되기 좋은 중국문화로 두 가지를 들 수 있다. 하나는 중의학이고, 다른 하나는 차 문화이다.

심신은 통일되어 있어서 나눌 수 없다는 관점은 중의학과 차 문화 속에 체현되어 있다.

차를 마시면서 마음을 길러야 한다. 물론 필자가 말한 "차를 마심"이란 최근 유실되어 가고 있는 이른바 "다도茶道"이지, 어떤 젊은 여성이 하늘거리는 손짓으로 온갖 동작을 하며 복잡하게 차를 끓이는, 그러한 텔레비전 프로그램에 나오는 겉치레를 말하는 것이 아니다. 이것은 다도가 아닌 예술 공연이라고 불러야 할 것이다.

중의학에서는 진찰을 할 때 병을 치료할 뿐만 아니라 마음도 치료하고자 한다. 예컨대 중의원의 의사는 다음과 같이 말할 것이다.

할머니, 할머니 몸에는 지금 어떤 병도 없어요. 다만 기가 좀 뭉쳐 있네요. 최근 자식들과 다투신 적이 있나요? 아니면 이웃이랑 잘 지내지 못했나요? 아니면 손자가 할머니를 화나게 했나요? 아 그렇군요. 그러나 손자에게는 그 나름의 세계가 있을 것이고, 또한 그 아이의 부모가 잘 타이를 겁니다. 할머니께서는 너무 마음 쓰실 필요 없어요. 지금 증세는 병이 아니라 화로 인해 생긴 결과에요. 약을 좀 드리기는 하겠지만, 드시고 싶으시면 드시고 드시기 싫으시면 굳이 안 드셔도 됩니다.

병을 치료함과 동시에 인간의 영혼도 함께 치료하는 것이다.

중의학에서는 "천인합일天人合一"을 주장한다. 그래서 의사들은 처방을 할 때 다음과 같이 말하곤 한다.

이 약은 반드시 동인당同仁堂에 가서 받아와야 합니다. 왜냐하면 이 약은 호남에서 온 것인데, 그곳에서 나오는 약이 가장 좋으니까요.

제가 잇꽃(紅花) 한 송이를 드릴게요. 이것은 반드시 티베트에서 난 잇꽃

이어야지, 사천에서 난 잇꽃이면 안 됩니다. 약효가 부족하거든요.

환자분에게는 습진 증상이 있습니다. 너무 급하게 생각하지 마십시오. 오늘처럼 무더운 날은 습진이 심해지기 쉽고 외부의 습진이 내부의 습진으로 변하기 쉽습니다.

여기에서 하늘과 인간은 합일된다. 서구 의학은 이와 다르다. 그들은 청진기로 소리를 듣고 "조직검사를 받으러 가라", "내시경을 보자", "CT 촬영을 하자"라고 말하고, 그러한 검사결과에 따라 약을 처방한다. 이 약들은 모두 표준화된 방식으로 생산된 것이며, 환자들은 규정에 따라 하루에 세 번, 두 알에서 세 알의 약을 복용한다. 이는 마치 공장과 같아서 어떤 병이라도 똑같이 처리한다. 중의학은 이와는 다르다. 할머니가 와서 진찰을 받으면, 의사는 다섯 가지 약을 처방하며 "다시 오시지 않았으면 좋겠습니다"라며 완쾌를 기원한다. 만약 며칠 후 할머니가 "많이 좋아지긴 했는데 아직 증세가 조금 남았네요"라고 하면, "약을 조금 바꾸어 보겠습니다. 저번이랑은 다를 겁니다"라고 한다. 서구 의학이었으면 어땠을까? "약 계속 드셔 보십시오"라고 말했을 것이다. 서구 의학은 환자의 개성을 고려하지 않는다.

중국문화는 인간과 인간 간의 관계를 강조한다. 여기에는 공동체와 공동체 간의 관계도 포함되며, 공동체와 개인 간의 관계도 포함된다. 우리는 조화를 주장하는데, 조화의 철학은 송명리학자들이 천 년이 넘는 역사를 가진 유학을 총결산한 후 나온 것으로, 바로 "하늘과 인간은 한 몸이며, 백성은 나의 동포이고, 사물은 나와 함께한다"(天人一體, 同胞物與)는 것이다. 이른바 동포라는 것은 인간은 천지의 자식이며, 천지가 없었으면 그

안의 인간 역시 존재할 수 없었다는 관념을 담고 있다. 그리고 인간이 태어남으로서 천지인 "삼재三才"를 완성하게 된다. 삼재 중 인재人才는 천지가 만물을 생성할 때 부족한 점을 보완하는 것으로, 요즘 돌아다니는 다소 적절하지 못한 말로 하면 "자연을 개조"하는 것이다. 여기에서 적절하지 못하다고 한 것은 "자연을 개조한다"라는 말 자체가 역설이기 때문이다. 자연은 개조할 수 없으며, 개조하려고 한다면 징벌을 받게 될 것이다.

"하늘과 인간은 한 몸이며, 백성은 나의 동포이고, 사물은 나와 함께한다"는 말을 좀 더 해석해 보도록 하자. 천지가 인류를 낳았다면 인간과 인간의 관계는 모두 동포가 되는 것인가? 오늘날 "동포"란 개념은 한 국적의 사람을 가리키는 의미가 되었지만 송명리학에서의 "동포"는 천하의 모든 사람을 포괄하는 개념이었다. 그들은 어째서 "사물은 나와 함께한다"고 말했던 것일까? 만물 역시 천지가 낳은 것이다. 여기에서 "함께한다"(與)는 "참여한다"의 의미도 가지며, 만물이 모두 나의 벗이라는 의미이다. 따라서 우리는 하늘이 내린 만물을 함부로 탐해서는 안 될 것이다. 이것이 바로 인간과 하늘, 인간과 인간, 인간과 사물의 관계를 처리하는 기본 태도이다.

농경사회, 산업화 초기와 중기만 해도 우리는 이러한 것들에 대해 직접적으로 감각하지는 못했다. 하지만 철학자들은 이미 충분한 사변과 사상을 통해 이러한 결론을 도출했다. 교통과 통신의 발달로 인해 갈수록 좁아지는 오늘날의 세계에서, 마음을 가라앉히고 생각해 보면 전 세계인들은 모두 동포이다. 아프리카의 밀림에 살고 있는 부족은 우리와 단 한 번도 만났던 적은 없지만 그들과 우리 사이에는 긴밀한 관계가 존재한다. 그들이 밀림 속에서 물려받은 유전자에는 모기를 비롯한 각종 독충에 저항하는 항체가 있지만, 그들은 여러 병균을 옮겨 올 수도 있다. 이러한 병균들은 그들이 타는 비행기나, 기차 혹은 그들이 먹는 음식을 통해서 아시아 등지로 전파될 수 있고, 우리는 그러한 병균에 의해 감염될 수도 있다.

경제학자들은 일찍이 "나비효과"[19]의 문제를 제기한 바 있다. 이는 꿈같은 이야기 같지만 오늘날에는 이미 현실이 되어 버렸다. 정치적 사안을 예로 들어 보겠다. 어떤 국가의 해커가 미국의 전력체계를 파괴해서 미국의 수십만, 수백만 가정이 정전사태를 겪었다고 해 보자. 만약 미국의 일방적 논리에 따르자면 "만약 네가 우리 국가에 해킹공격을 가했다면, 이는 전쟁을 의미하며, 우리는 네가 개인이건 집단이건, 국가이건 대중이건 상관하지 않을 것이다. 그 해커들이 어떤 국가의 사람들이라면 우리는 그 국가를 상대로도 선전포고를 할 것이고, 너희를 타격할 것이다" 식이 될 것이다. 가령, 아직 세상물정을 모르는 젊은이가 미국 국방부인 펜타곤의 인터넷망에 해킹공격을 했고, 미국이 이 공격이 중국인에 의해 이루어졌다는 것을 알고서는 탄도미사일로 공격을 한다면, 이것이 어떻게 개인과 개인 간의 문제일 수 있겠는가? 물론 송대 철학자들이 현대화된 무기체계를 염두에 두고서 위와 같은 주장을 하지는 않았을 것이다. 그들은 "도", 인간의 지혜, 인간으로서의 양심의 층위에서 이러한 분석을 했던 것이다. 그래서 그토록 고명한 논의가 가능했던 것이다. 라이프니츠, 칸트, 헤겔과 같은 서양철학자들 역시도 이러한 경지에는 도달하지 못했다.

---

19) 아마존에서는 나비의 날갯짓이 대기에 영향을 주고 이 영향이 갈수록 증폭되어서 유럽과 아시아에서는 폭풍이 된다는 것으로, 미세한 변화나 작은 사건이 추후 예상하지 못한 엄청난 결과로 이어진다는 의미이다.

중국인들은 모두 다음과 같은 경험이 있을 것이다. 2008년 사천성에서 발생했던 문천대지진汶川大地震의 현장에 직접 갔던 사람이 많지는 않겠지만 피해 주민들의 참상, 공무원, 군인, 자원봉사들의 위험을 무릅쓴 구조 활동, 그리고 잔해 속에서 구출된 아이가 자신을 구해 준 군인들에게 경례를 하는 장면들을 보고 많은 중국인들은 눈물을 쏟았다. 이것이 바로 중화민족의 "백성은 나의 동포이며, 사물은 나와 함께한다"의 잠재의식이며, 비록 모든 사람이 실제로 서로 다 알고 지내는 것은 아니지만 인간과 인간을 하나의 전체로 보는 잠재인식인 것이다. 이러한 것들은 모두 중화민족의 보물이다.

　　요컨대 미래의 중화민족은 내세에 희망을 걸거나 피안의 세계에 의탁하지 않아야 한다. 필자의 중국인 학생 중에는 매우 독실한 기독교 신자가 있었다. 필자가 그와 대화를 나누었을 때, 그는 자신이 창세기를 인정하지 않고 원죄가 존재한다고 여기지도 않으며, 기독교를 믿는다고 해서 사후에 천국에 갈 것이라고 생각하지도 않는다고 말했다. 그는 기독교는 "선"과 "사랑"만을 추구한다고 말했다. 그러나 만약 유럽인이나 미국인이었다면 그와 생각이 달랐을 것이다. 그들은 천국에 기대를 걸며 죄를 용서받는 것을 구원이라 여긴다. 천주교, 개신교, 이슬람교 및 일련의 원시 종교들은 모두 이러한 모습을 보인다. 혹자는 "불교 역시 내세에 의지하지 않습니까?"라고 물을지도 모른다. 이는 불경을 오독한 것이다. 불경에서는 분명 피안에 대해 언급하고 있지만 이 피안은 깨달음의 피안을 말하는 것이지 지리적 의미를 가진 것이 아니다. 왜냐하면 붓다는 모든 사람들이 불법과 불경을 공부하는 것이 배를 타는 것에 불과하며, 이미 피안에 도달했다면 그 배는 버려야 하니, 자신이 말한 것에 집착할 필요가 없다고 말했기 때문이다. "붓다"(Buddha)라는 말은 산스크리트어로 깨달음이라는 의미로, 깨달은 자를 "붓다"라고 불렀던 것이다. 여기에서 깨달음이란 현실 안에서 성불하는 것이다. 또한 중국화된 이래 불교는 더욱 현세에 집중하게 된다.

승려들은 어째서 사리를 남기려고 하는 것일까? 사리를 통해 후세 사람들에게 암시를 주기 위해서이다. 대만의 고승인 오명장로悟明長老가 입적하였을 때, 그는 이미 30년 전에 빚어 놓은 연꽃무늬 도자기를 가지고 있었는데, 그 항아리에 오명장로의 시신을 담았다. 불교에서는 이것을 "좌항坐缸"이라고 부른다. 그가 생전에 남겼던 가르침은 후인들이 선을 추구하도록 이끄는 것이었다. 그러나 이러한 일들에는 다소간의 신비주의적 요소들이 있다. 만약 좌항하고 있는 승려가 도행 및 수련의 경지가 높았다면 그의 시신이 부패하지 않는다는 것이었다. 특히 대만은 매우 덥기 때문에 보통의 경우에는 모두 부패해 버리지만 득도한 고승은 그렇지 않다는 것이었다. 좌항 이후 어느 정도의 시간이 흐른 후 다시 그것을 열자, 오명장로의 시신은 수축되기는 했지만 부패되지 않은 채 정좌한 자세를 그대로 유지하고 있었다. 그래서 그 위에 금칠을 해서 불교에서 "금신金身"이라는 의식을 행했다.

현대 과학은 아직 이러한 현상에 대해 명료하게 설명하지 못하고 있다. 고승들이 사람들에게 들려주고자 했던 말은 어떻게 해야 신이 되고 신선이 될 수 있는지가 아니다. 명리에 연연하면서 온통 언제 조교수, 부교수, 정교수가 될지, 누구의 집이 더 큰지, 왜 저 사람은 저 집에 살 수 있는데 나는 그러지 못하는가 등의 문제에 골몰하지 말라는 것이다. 고승들은 이러한 것들을 내려놓으면 마음이 가라앉고 모든 것이 맑아져서 즐겁게 살 수 있고, 이는 우리가 할 수 있는 일이라는 말을 해 준 것이다. 중국인들은 이러한 방식으로 오늘과 내일의 문제들을 처리해 가고 있다. 이들은 모두 바로 지금 현세의 사람들이며, 누구도 사후에 여호와를 만나러 갈 것이라고 기대하지 않는다.

3) 중화문화의 경지

그렇다면 중국인들은 물질을 중시하지 않는다는 것인가? 아니다. 중국인들은 마음이 평화롭기만 하면 충분하다는 것인가? 그렇지 않다. 그래서 필자는 "중화문화의 경지"라는 제목을 단 것이다. 이른바 "경지"란 사람들을 인도해야 할 어떤 단계이다. 물질적 측면에서는 빈곤의 상태에서 소강사회로 이끄는 것이다. 필자는 여기에서 등소평鄧小平(1904~1997)의 소강사회이론을 되풀이하려는 것이 아니다. 필자가 말하는 "소강小康"이란 『예기』「예운」편에 나오는 소강이다. 등소평이 사용했던 소강 개념 역시 여기에서 온 것이다. 소강이란 사람을 조금 더 부유하게 하는 것이며, 몇몇 사람들이 설사 엄청난 축재를 하더라도 나쁜 일이 아니고, 재산이 그 사람의 덕성을 평가하는 기준은 아니라는 의미이다. 우리는 너무나 가난해서 생활비도 부족하고 자신은 삼일씩 굶으면서도 기부는 해야 비로소 고상한 사람이라고 생각할 필요가 없다.

예컨대 공자의 제자인 자공子貢은 거상이었지만, 그럼에도 현인이었다. 불교의 유마힐維摩詰은 거사居士였으며, 오늘날의 표현대로 하자면 그는 당시 손꼽히는 갑부였다. 그러나 그가 설법한 경전은 중요한 불교경전이 되었다. 유마힐이 병에 걸렸을 때[20] 석가모니는 여러 지위의 보살들로

하여금 유마힐을 방문하도록 했지만 보살들은 감히 가지 못했다. 보살들은 유마힐의 법력이 너무 높아서 갔다가 유마힐의 말에 대답하지 못할 것을 두려워했다. 훗날 가장 지혜로운 문수보살이 찾아가 대화를 나누게 되었다. 유마힐은 머리를 천천히 흔들면서 어떤 말도 하지 않았는데, 문수보살은 바로 깨우침을 얻었다. "아! 유마힐은 말을 하지 않는 것이 바로 불법佛法이구나!" 이것은 현묘한 이야기를 하는 것이 아니다. 진정한 불법은 말로 표현하거나 상상할 수 있는 것이 아니다. 이것은 불교의 심오한 사상과 관련된 것이다.

따라서 재산의 많고 적음을 가지고서 한 인간의 덕성을 논할 수 없다는 것이다. 왜냐하면 물질이란 것은 결국 육체와 감각기관의 수요를 충족시켜 주는 것이며, 인간의 여러 경지들 중 보다 중요한 것은 마음의 경지이기 때문이다.

필자는 일찍이 정신적 경지를 세 단계로 나눈 바 있는데, 뒤에 보니 풍우란馮友蘭(1895~1990) 선생의 네 단계[21]가 더 정확한 것 같다. 하지만 필자가 사용하는 개념들은 풍우란 선생의 그것과 완전히 일치하지는 않는다. 필자는 "자발적 경지", "공리功利적 경지", "도덕적 경지", "하늘과 일치된 경지"로 구분한다.

첫 번째는 자발적 경지이다. 예컨대 어머니가 자식을 사랑하는 것에는 별다른 사고를 필요로 하지 않는다. 퇴근해서 왔더니 아이를 돌보던 보모가 아기가 열이 난다고 한다면 반사적으로 아이의 상태를 물을 것이고, 만약 열이 38도가 넘었다고 한다면 남편에게 전화해서 곧바로 병원으

---

20) 필자는 이것이 꾀병이었다고 생각한다.
21) '자연적 경지'(自然境界), '공리적 경지'(功利境界), '도덕적 경지'(道德境界), '천지의 경지'(天地境界)를 가리킨다. '인생경지'(人生的境界)에 관한 풍우란의 저작을 참고하라.

로 오라고 말하고는 자신도 아이를 데리고 바로 병원으로 향할 것이다. 이것은 자발적 경지이다.

인간의 본성은 자신을 위한다. 이는 생존의 수요로부터 나오는 것이므로 여기에서 선과 악을 논할 수는 없다. 아기는 배고프면 운다. 처음에 이 울음은 자발적이었다. 이는 누군가를 부르는 것이며, 무언가 불편하면 바로 우는 것이다. 그러다가 엄마가 아이가 배고픈 것을 발견하고 젖병을 물려주면 아기는 울지 않는다. 아기는 우는 것이 하나의 신호이고, 배고프면 울면 되고, 울면 먹을 것을 준다는 것을 점점 알아간다. 조금 더 자라면 모든 것을 입에 넣는데, 이 역시 자발적이다. 이보다 더 자라면 무엇이든 입에 넣어서는 안 된다는 것을 알게 된다.

여기에서 다시 더 자라면, 특히 중국의 현 교육체제에서는, 열심히 공부해야 한다. 부모는 아이들이 좋은 중고등학교에 진학하길 희망하고, 좋은 중고등학교에 들어간 이후에도 무언가 부족함이 느껴지면 아이들이 하교한 이후 과외를 시키거나 학원에 보내서 좋은 대학에 진학하도록 한다. 이러한 것들을 나쁜 일이라고 볼 수는 없지만, 그 아이는 지식이나 깨달음을 얻기 위한 공부가 아닌 대학진학을 위한 공부에 적응해야 한다. 이러한 상황을 부모의 탓만으로 돌릴 수는 없다. 이는 어떠한 경지인가? 바로 공리적 경지이다. 공리적 경지는 위험한 단계이다. 부모가 아이의 성공을 바라는 것은 사심이 있는 것이다. 물론 자신이 도달하지 못했던 지점에 자식은 훗날 도달할 수 있길 바라는 것이 자식을 위하는 것이기는 하지만 말이다. 어쨌든 이것은 일종의 공리이지만, 아직 자신을 이롭게 하면서 다른 사람에게 해를 끼치는 지경에 이른 것은 아니다.

어떤 이들은 바로 여기에서 출발해서 다른 사람에게 해를 끼치면서 자신의 이익을 추구하게 된다고 주장할 것이다. 즉 사기, 기만, 속임수 등 모든 부정직한 일들이 이로부터 발생한다는 것이다. 그렇다면 공리의 단계에서 어떻게 해야 다른 사람에게 해를 끼치지 않는다는 전제 하에서 자신의 이익을 추구할 수 있을까? 이 문제는 문화의 책임이다.

공리적 경지로부터 한 단계 더 향상된 것이 도덕적 경지이다. 만약 자발적 경지와 전반부 공리적 경지에 어느 정도 자연성을 따르는 면이 있다고 한다면, 후반부 공리적 경지부터는 자각적이고 의식적인 면이 강화된다. 그러나 도덕적 경지에 도달하기 위해서는 자발적 경지의 자연적 상태를 탈피하고 긴 시간의 교화와 학습의 시간을 거쳐야 하며, 타인의 인도뿐 아니라 자신의 사고와 실천에 근거해서 자신의 경지를 승화시켜야 한다. 똑같이 공리의 세계라고 할지라도 그 경지와 수준에는 차이가 있을 수 있다. 예컨대 어떤 사람은 중국사회의 과거와 현재를 목격하고 미래를 예측해서 자신의 자식을 다음과 같이 격려할 것이다.

애들아, 너희들은 열심히 공부해야 한다. 미래는 너희들의 것이란다. 아버지는 평범한 엔지니어에 머물렀지만, 미래 중국에는 고급 엔지니어들이 매우 필요할 것이다. 너희는 너희의 아버지보다 강하고 교육도 더 잘 받았다. 만약 너희들이 국가에 유용한 인재가 된다면, 너희의 아버지, 어머니, 할머니는 너로 인해 매우 기쁠 것이다.

이것은 공사가 고루 갖추어진 것으로, 이것이 바로 도덕적 경지이다. 그렇다고 정말 부모들이 자식들에게 반드시 이렇게까지 고지식하게 말한다는 것은 아니다. 다만 똑같이 해외에 나가더라도 공리적 이유에서일 수 있고 도덕적인 이유에서일 수도 있다. 중국은 과학기술도 발전시켜야 하고 인문사회과학도 발전시켜야 하지만 현재로서는 중국이 과학기술강국이라 할 수 없으므로 반드시 밖으로부터 배워 와야 한다. 인문사회과학 방면에서도 우리는 우리 자신[22]이 중국을 어떻게 보는지 뿐만 아니라 외국인들이 어떻게 중국을 보는지도 알아야 한다. 이는 우리가 그들의 언어를 배워야 하는 이유이고, 해외에 나가 공부를 해야 하는 이유이다. 이것이 바로 "공리적이면서 도덕적인" 경지이며, 사실상 공리의 경지를 넘어 도덕의 경지로 진입한 것이다. 따라서 도덕적인 일이라도 공리적인 요소가 뒷받침될 수 있는 것이다.

예전에 북경에서 큰 사건이 발생한 적이 있었다. 어떤 아저씨가 이화원 외부의 깊은 하천에 뛰어들었고, 다른 두 젊은이들이 그를 구하기 위해 뛰어들었다. 물 뛰어든 아저씨는 뚱뚱한 체구를 가지고 있어서, 두 젊은이가 그를 물 밖으로 밀어내려고 했지만 물가의 둑이 높아서 밀어 올리지 못하고 있었고, 위에 있던 이들도 어찌할 도리가 없었다. 물속에 있던 젊은이 중 한 명이 물가에서 하천 쪽으로 드리워진 철사를 붙잡고 아저씨를 밀어내려고 안간힘을 쓰고 있을 때 어떤 이가 조금의 망설임도 없이 물에 뛰어들었고, 세 사람은 마치 밧줄처럼 아저씨를 감쌌으며, 물가에 있던 네댓 명의 사람들이 함께 힘을 보태서 그들을 끌어올렸다. 물에 뛰어들었던 아저씨는 이미 의식을 잃은 상태였고, 구급차도 왔다. 그러나 물에 뛰어들어 인명을 구조했던 이 세 사람은 한 마디 말도 남기지 않고 갈 길을 가버렸다. 이들의 행위는 순수 도덕적 층위의 행위였다.

조금 더 극단적으로 말해 보겠다. 만약 어떤 사람이 위의 사건처럼 의로운 행동을 용감히 감행하면서 나중에 칭찬을 들을 수도 있겠다고 고

---

22) 우리의 스승, 스승의 스승 그리고 학우들을 포함한다.

려했다면, 이러한 행동 자체는 도덕적 행동이겠지만 이는 사실 공리적 목적에서 나오는 것이 된다. 따라서 세상의 대부분의 일들은 위의 사건처럼 순수하기가 어렵다. 어떤 일을 할 때 그 목적이 도덕적인가, 아니면 공리적인가? 도덕을 위주로 하는가, 아니면 공리를 위주로 하는가? 순수하게 도덕적이어서 전혀 공리적이지 않은가, 아니면 순수하게 공리적이어서 전혀 도덕적이지 않은가? 자신을 제외한 그 누구도 이를 알 수 없을 것이다. 그러므로 중국인들은 자기성찰을 강조하고, 신독愼獨을 강조한 것이다. 신독은 자신의 마음의 문을 닫아버린다는 의미가 아니라 자신의 동기와 행위상에서 매우 신중해야 함을 아는 것이다. 이것이 바로 도덕적 경지이다.

도덕적 경지의 인간은 어떠한 인간인가? 군자이다. 이러한 경지 역시 아직 완전한 것은 아니며, 중국인들은 더 높은 경지를 추구했다. 그것이 바로 "하늘과 인간이 한 몸이 되고, 백성은 나의 동포이고, 사물은 나와 함께한다"이며, 모든 것을 타인을 위해 하는 경지이다. 이것은 어떤 사고의 과정을 거치는 것이 아니라 자연스럽게 형성된 습관에 따라 그렇게 실천하는 것이다. 이러한 경지의 인물은 자신의 삶을 유지하는 데에 필수적인 것 이상의 명리에 대해서는 결코 욕심내지 않아서, 낮은 자리에 처하면 낮은 자리의 일을 잘 해내고, 높은 자리에 처하면 높은 자리의 일을 잘 해내면서 "오 년 후에 은퇴한 다음에 무슨 일을 하지?"와 같은 고민을 하지 않는다. 이러한 사람이 바로 성현이다.

중국인들은 "성인"이라는 개념에 마음속 끝까지 조금도 순수하지 않음이 없어서, 하나의 이념이라도 타인, 사회, 세계 나아가 우주를 위하지 않음이 없는 사람이라는 의미를 부여한다. 이러한 사람은 어디에서 찾을 수 있을까? 찾을 수 없다. 그렇다면 이러한 논의들은 무슨 소용이란 말인가? 이것이 바로 중국인들이 스스로에게 설정한 세계 최고의 경지이며, 모두들 이 목표를 향해 나아가도록 노력해야 한다. 바로 이러한 목표가 존재하기 때문에 모두들 그 목표를 위해 노력할 수 있고, 따라서 저마다 향상되고 발전할 수 있는 것이다. "높은 것을 본받아야, 겨우 중간을 얻을 수 있다"(法乎其上, 僅得其中)는 말이 있다. 공자조차도 자신이 "성인"이라고 칭해지는 것을 거부하고서는 "성聖과 인仁이라는 찬양을 내가 어찌 감당할 수 있겠는가!"[23]라고 말했다. 인의 경지는 성현의 덕성으로도 도달하기 매우 어려운 것이다. 공자의 삼천 제자들 중 공자로부터 가장 인정을 받은 이는 안연이었다. 그러나 공자는 안연에 대해서도 "석 달 동안 인을 거스르지 않았다"[24]라고만 말했다. 일 년 열두 달 중 석 달 동안의 행위가 인에 부합했다는 것은 항상 인에 부합하지는 않았다는 것이다. 그 외의 사람들은 한 달 혹은 며칠도 인을 해내지 못했을 것이다. 이는 사람들이 그 외의 시간에 어질지 않다는 것이 아니라, 어질지 않음이 튀어나올 수도 있다는 것이다. 즉 사심이 있을 수 있다는 것이다. 이처럼 중국인들은 스스로 매우 높은 경지를 목표로 설정했다. 서구문명에는 두 가지 경지가 있다. 하나는 구원을 받아 원죄를 씻고 신의 곁으로 돌아가는 것이고, 다른 하나는 구원을 받지 못한 채 새로운 죄를 지어 연옥에 처하는 것이다.

중화문화의 발전과 관련해서 몇 마디 덧붙이도록 하겠다.

첫째, 내적 동력과 외적 동력이다. 중화문화의 발전은 내적 동력과 외

---

23) 『論語』, 「述而」, "子曰: 若聖與仁, 則吾豈敢!"
24) 『論語』, 「雍也」, "子曰: 回也, 其心三月不違仁."

적 동력에 의지하고 있다. 내적 동력은 곧 한 문화 내의 서로 다른 지역, 분야, 층위 간 충돌이다. 이는 고갈될 수도 있는 것이기 때문에 내적 동력에만 의지하면 발전이 지체되거나 멈출 수 있다. 예컨대 중화문화는 명말 청초 이래로 쇠락했던 것은 외적 동력이 부재했기 때문이며, 한·당·송대 문화가 번영을 누릴 수 있었던 것은 다원적이고 거대하며 지속적인 외적 동력이 존재했기 때문이다. 학문의 분야로 좁혀서 말하자면, 유학이 송대에 절정기에 도달할 수 있었던 것은 불교의 충격을 받았기 때문이다. 이러한 충격이 곧 외적 동력이 되는 것이다. 이러한 까닭에 중화문화는 반드시 개방되어야 하며 세계 각지의 문화를 광범위하게 흡수해야만 한다. 충격이 있더라도 두려워할 필요가 없다. 왜냐하면 도전이 있어야 응전이 있고, 응전이 있어야 자신을 강하게 만들 수 있기 때문이다.

둘째, 주체와 객체이다. 문화 다원주의적 태도를 견지하고 광범위하게 타 문화를 수용한다고 하더라도 인류의 경험 및 중화민족의 경험은 누구든 결국 자신의 문화를 주체로 삼을 수밖에 없음을 증명해 주고 있다. 이를 철학용어로 말하자면 문화의 일체화이며, 이는 무분별한 서구화와 대립된다. 사실 각 문화의 상황을 고려하지 않은 무분별한 서구화는 결코 성공할 수 없다. 여기에서 이른바 "무분별한 서구화"란 모든 것을 철두철미하게 서구적으로 변화시키겠다는 것인데 이것이 어떻게 가능할 수 있겠는가? 설사 중국의 13억 인구 모두에게 서양음식을 먹이려고 하더라도 이는 결코 성공할 수 없다. 그 음식을 먹을 수 없기 때문이 아니라 입맛을 변화시킬 수 없기 때문이다. 입맛은 열 살 정도면 굳어지며, 이는 평생 바뀌지 않는다. 새로운 음식을 접할 수도 있겠지만, 가장 좋아하는 맛은 결국 항상 먹어 왔던 맛이다.

셋째, 자신의 문화를 건설해야 한다. 이를 위해서는 자각, 자신, 자강의 자세가 필요하다.

4. 중화문화와 서구문화의 동이

중화문화와 서구문화의 공통점으로는 두 가지를 들 수 있다. 첫째, 다른 모든 문명과 마찬가지로 중화문화와 서구문화 역시 선을 좋아하고 악을 싫어한다. 둘째, 인간의 삶과 죽음의 문제를 포함한 우주의 신비를 깊이 탐구하고 있다. 삶과 죽음은 인간에게 있어 매우 큰 문제이자, 사실상 제1 문제라고 할 수 있다. 여러 문명들은 저마다의 신앙과 학설을 가지고 이를 설명하고 답을 찾으려고 했다.

차이점에도 두 가지가 있다. 첫째, 서구문화는 이원대립적이다. 서구의 이원대립적 사상의 뿌리는 종교이다. "신"(God)은 조물주로서, 우주의 모든 것은 그가 창조한 것이다. 그는 우주 안에 존재하는 것도, 우주 너머에 존재하는 것도 아니며, 초월적이고 절대적 존재로서 검증될 수도 검증되어서도 안 되는 존재이다. 초목, 곤충, 물고기, 들짐승과 날짐승, 강과 바다에서 인간에 이르기까지 모든 것은 신이 창조한 것이며, 이러한 피조물들은 영원히 창조주가 될 수 없고, 창조주인 신은 영원히 피조물이 될 수 없다. 이것이 바로 이원대립이다. 이러한 이원대립은 철학과 계몽운동을 통해 도출된 이른바 "절대 진리"를 통해 각 분과학문, 인문환경, 개개인의 심리에 침투했다. 이러한 까닭에 서구 의학은 내과와 외과를 분리해서 외과는 수술만 담당한다. 그래서 외국에서는 외과수술이 끝나야 내과

병실로 이동한다고 한다. 그러나 중의학에는 내과와 외과의 구분이 없어서, 위궤양과 같은 병은 천천히 조리하면 되는 것으로 여긴다.

왜냐하면 중국은 일원화합을 주장하기 때문이다. 발전의 측면에서 보자면, 최초에는 혼돈의 상태였고 이후에 음과 양으로 나누어져서 음 가운데 양이 있고 양 가운데 음이 있게 된다. 그리고 이러한 상태는 동태적이라서 음이 양으로 변하기도 하고 양이 음으로 변하기도 한다. 음과 양은 합해져서 하나의 전체를 이룬다. 우리의 삶 역시 이와 같다.

서구에서는 인간을 포함한 만물과 지구를 기계론적으로 바라보아서, 각 부분이 모여서 구성되는 것이라고 보았다. 중국의 제1세대 철학자들은 이러한 사상의 영향을 받아서 인간을 정교한 기계로 보았다. 이것은 산업혁명 이후 기계에 대한 이해를 인간 신체에 대한 이해로 옮겨 온 것이다. 현재는 이러한 관점과 기술이 더욱 발전했으며 호환성도 높아졌다. 어쩌면 미래에는 우리 조상들이 했던 말이 증명될지도 모른다. 심장에 문제가 생기면 늑대의 심장을 이식하고 폐에 문제가 생기면 개의 폐를 이식하는 식으로 말이다. 정말로 이렇게 된다면 후유증은 어떻게 처리할 것인가? 아직은 알 수 없다. 나이든 사람이야 이러한 장기들을 이식받으면 그만이겠지만, 만약 20~30대 젊은이들이 동물의 장기를 이식받는다면 이것은 그들의 자손들에게 어떠한 영향을 미치게 될까? 이러한 것들은 감히 예측할 수 없는 것들이다. 필자는 결코 서구 의학을 반대한 적이 없지만, 인간은 하나의 전체이며, 자연에 따르는 것을 추구한다. 왜냐하면 인간과 자연은 일체이기 때문이다.

둘째, 서구문명은 배타적인 면을 지니고 있다. 이 역시 그들의 종교의 영향을 받은 것이다. 왜냐하면 유대교와 기독교 및 기독교의 분파인 동방

정교, 천주교, 개신교, 그리고 이슬람교에 이르기까지 모두 일신교이다. 이른바 "일신"이란 다른 신을 허용하지 않으므로 외부대상에 대해 배타적일 수밖에 없다. 이러한 배타성의 결과가 갈등이고, 갈등의 결과가 전쟁이었던 것이다. 이러한 까닭에 서구에서는 수천 년 동안 종교전쟁이 끊이지 않았으며, 오늘날에도 이어지고 있다. 중국의 유·불·도는 그렇지 않았다. 불교는 평화롭게 중국에 진입했으며, 도가 역시 평화적으로 성장했다. 기독교와 이슬람교가 중국에 전파되었을 때 국지적으로 약간의 오해와 갈등이 존재했을 뿐 종교전쟁이 발발하지는 않았다. 이것은 중화문화가 지니는 포용성으로 인한 결과이다.

5. 중화문화와 외래문화 교류의 원칙

여기에서의 핵심은 중화문화와 서구문화의 교류이다. 물론 타 문화와의 교류는 서구문화 이외의 문화들과의 교류를 포함하는 상위 범주이기는 하지만, 가장 핵심적인 부분은 서구문화와의 교류일 수밖에 없다. 왜냐하면 현재 서구는 세계를 주도하는 위치에 있고 동양의 중국은 13억 인구를 가지고 있으니, 중화문명과 서구문명이 조화를 이루고 공존해야 세계가 평화로울 수 있기 때문이다. "서구"에 대한 중국인의 관점은 변천의 과정을 거쳤다. 최초 "서구"란 유럽만을 가리키는 것이었다. 당시에는 미국이 아직 강대국으로 부상하기 전이었기 때문이다. 그래서 19세기 말 무렵 중국인들은 늘 유럽을 기준에 두고 유럽에 대해 말하곤 했다. 제2차 세계대전 이후 중국인들의 시선은 점차 대서양을 넘어 미국을 바라보기 시작했다. 개혁개방을 거치면서 서구는 곧 미국, 그 중에서도 워싱턴 일대를 가리키는 개념이 되었고, 서구 교육이라고 하면 곧 하버드를 의미하게 되었다. 최근 10년 동안에는 다시 한 번 관점이 전환되었다. 유럽이 가진 나름대로의 전통과 강점 중에는 미국이 갖추지 못한 것들이 있고, 이러한 것들 중에는 우리가 배울 만한 가치가 있는 것들이 있기 때문이다. 그리하여 중국인들의 마음속 유럽의 지위 역시 다시 천천히 올라가고 있다.

따라서 우리는 "서구"의 함의를 명확하게 파악해야 한다. 이것은 "대서양문화"이기도 하며, 히브리-그리스-로마-앵글로색슨문화이기도 하다. 중국의 대외교류의 목적은 대외적으로 중국어를 교육하는 것이 아니라 세계평화에 기여하고, 중화문화가 세계문화의 일원으로 인정받도록 하며, 세계인들에게 다원적 문화의 필요성과 필연성을 알리는 것이다. 물론 이것은 중화문화의 발전을 위하는 것이기도 하다. 타 문화들을 받아들여 외적 동력으로 삼는다면, 중화문화는 더욱 발전할 수 있을 것이다. 다만 여기에서의 전제는 오직 중화문화만이 좋은 문화라고 여기지 않고 반드시 상대방의 문화를 인정해야 한다는 것이다. 왜냐하면 세계 여러 문화들은 수천 년간 광대한 지역에서 사회발전을 이끌어왔으며, 따라서 저마다의 논리와 강점을 지녔기 때문이다.

덧붙이자면, 타 문화들에 대해 깊이 이해하고자 한다면 외국 교수의 강의를 듣는다거나 외국의 책들을 읽는 것만으로는 충분치 못할 것이다. 반드시 그들의 문화 환경 안에 들어가서 이해를 해야만 한다. 그러므로 중국이 해외로 내보내는 중국어교사들 및 유학생들은 "문화 사절"이라고 할 수 있다. 이 사절들은 중화문화를 대표하는 이들일 뿐 아니라 외국의 문화와 문물을 가지고 돌아오는 역할을 맡게 될 것이다.

외국의 문화와 문물을 가지고 돌아온 다음에는 어떻게 해야 하는가? 이해를 해야 한다. 이해를 위해서는 이성적 사고가 필요하다. 즉 어떤 것이 중국에 이롭고 어떤 것이 중국에 이롭지 않은지, 무엇은 배울 만하고 무엇은 배울 만하지 않은지 사고해야 한다. 그것을 이해한 다음에야 그것을 마음으로 존중할 수 있게 된다. 존중이란 말과 겉치레로만 하는 것이 아니라 마음속 깊은 곳에서부터 상대방을 감상하고 좋아하는 것이다. 이러한 단계에 이르러야 비로소 마음과 성의를 다해서 배울 수 있게 된다.

중화문화와 외국문화 간 교류에서 반드시 준수되어야 할 원칙이 바로 "다름을 명확히 하고 같음을 추구한다"(明異求同)이다. 이것은 요즘 자주 언급되는 "같음을 추구하되 다름을 보존한다"(求同存異)를 일부러 수정한 것이다. 왜냐하면 "다름을 보존"하기 위해서는 우선 타자와 자신이 어떻게 다른지를 이해해야 하지만, 서로 다른 점을 골라낸 후 남은 것이 같은 점이므로 먼저 다름을 명확히 해야 비로소 같음을 추구하고 다름을 보존할 수 있게 되기 때문이다.

앞으로 우리에게는 또 하나의 임무가 주어질 것이다. 그것은 바로 문화 사절들이 외국에서 생활하면서 타 문화의 사람들과의 관계에서 불쾌한 일이 발생하지 않도록 하는 것이다. 예컨대 "당신은 몇 살인가?", "당신 아버지 수입은 얼마나 되는가?" 등의 질문은 미국, 유럽에서는 해서는 안 되는 질문들이다. 우리는 문화 사절들이 상대방의 예절 및 문화적 관습을 존중하도록 해야 한다. 예컨대 미국에서는 강의 시간에 석가탄신일이나 성탄절을 언급해서는 안 된다고 법률상으로 규정하고 있다. 왜냐하면 유대교에는 성탄절이 없으며, 동방정교, 천주교, 개신교의 성탄절은 다르기 때문이다. 따라서 여러 민족들의 문화와 관습을 이해하고 존중하고자 한다면, 나를 이해하고 상대를 이해해야만 교류할 때 문제가 발생하지 않을 것이다.

문화 간 교류에 앞서 우리는 먼저 준비를 끝마쳐야 한다. 필자가 말하는 준비란 전 국민이 우리 자신의 문화를 제대로 파악하는 것이다. 설사 문화 간 교류에 나선다고 한들, 정작 자신의 문화에 대해서 아는 바가 전혀 없다면 무슨 교류가 가능하겠는가? 결국 남의 말을 듣기만 하게 될 것이다. 현재 20대 젊은이들은 문화적으로 기아의 상태에 있다. 필자는 북경사범대학 인문종교고등연구원이 주최하는 프로그램에서 이 점을 뼈저리게 느꼈다. 고등연구원에서 강좌를 열 때마다 북경대학과 청화대학을 포함한 주위 대학의 학부생, 석박사생들이 몰려들어서 빈자리를 찾을 수 없었다. 어째서인가? 배고프고 목마르기 때문이다. "배고픈 자는 먹게 하기 쉽고, 목마른 자는 마시게 하기 쉽다"고 했다. 이와 마찬가지로 우리들은 이 젊은이들이 문화를 창조하고 연구할 조건을 조성해서 그들이 점진적으로 역량을 축적할 수 있도록 해 주어야 한다. 그리하여 그들을 우리의 훌륭한 후계자로 키워야 한다. 훗날 그들이 주역이 되었을 때 그들의 문화적 온축은 분명 이전과는 달라져 있을 것이며, 중화문화와 타 문화의 교류에서 핵심적인 역할을 맡게 될 것이다.

제6강 유학의 경전

1. 유가와 세계의 주요 종교들

세계의 모든 주요 종교들과 마찬가지로 유가 역시 유구한 역사를 지닌 경전들을 보유하고 있다. 그렇다면 어째서 세계 주요 종교들과 유가를 비교하는 것일까? 유가가 종교는 아니지만 종교성을 지닌 학설이기 때문이다. 유가는 신 특히 인격신을 신앙의 대상으로 삼지 않지만 추구하는 목표가 있다. 그것은 바로 "성인"이다. 성인은 무한히 고상한 덕성과 학술을 지니고 있고 인격 수양을 한 인물이다. 이는 인간이 마땅히 추구해야 할 목표이지만, 지금까지 누구도 도달하지 못했고 앞으로도 누구도 도달할 수 없는 경지이다. 인류의 전체적인 덕성이 향상됨에 따라 성인의 기준 역시 향상되었기 때문이다. 이러한 관점에서 보자면, 유가는 인격신을 숭배하지 않는다는 점에서만 기독교, 이슬람교와 구별될 뿐 목표를 향해 분투한다는 점에서는 일치하고 있다. 몇 년 전 필자와 로스앤젤레스 크리스털 대성당의 주교이자 설립자인 로버트 슐러(Robert Schuler)가 대화를 나누었을 때 다음과 같은 문답을 주고받았다.

들자하니 중국인들은 신앙이 없다지요. 그렇지 않습니까?

그렇기도 하고 그렇지 않기도 합니다.

필자가 "그렇다"고 대답했던 것은 유가에서는 인격신에 대한 신앙을 주장하지 않았기 때문이고, "그렇지 않다"고 대답했던 것은 공자가 중국인들에게 특색 있는 신앙 즉 성인에 대한 신앙을 남겼기 때문이다.

아래에서는 필자가 주요 종교들에 대해 언급하려는 이유를 설명하겠다. 세계에는 무수히 많은 종교가 존재하며, 아직까지도 그 숫자에 대한 정확한 통계가 존재하지 않는다. 서구 종교학에서는 "원시종교"와 "고급종교"라는 개념을 사용한다. 그들은 "원시종교" 개념을 가지고서 아프리카, 남태평양, 동남아시아, 남아메리카 아마존 유역 등지의 삼림 및 초원, 도서 지역에 존재하는 온갖 종류의 신앙과 숭배 형태들을 모두 포괄했다. 그리고 "고급종교" 개념을 가지고서 히브리 계열의 유대교, 천주교, 개신교, 동방정교, 이슬람교를 포괄했다.

필자는 이러한 분류 방식에 결코 동의하지 않는다. 다양한 문화의 세계에서 모든 신앙은 평등하다. 이러한 신앙들은 각기 다른 민족과 지역의 사람들이 대자연과 우주에 대해 가지는 경외이자 인간에 대한 탐구의 결과로 형성된 것들이다. 예컨대 중국 운남성雲南省 보이차普洱茶 생산지에 사는 소수민족들을 찻잎을 딸 때마다 신에게 제사를 올린다. 기술자들이나 타지의 상인들이 비료와 농약을 써서 차 생산량을 늘릴 것을 건의한 적도 있지만, 지역 원로들은 줄곧 이를 거부해 왔다. 이러한 행위가 신을 모독하는 것이라고 여겼기 때문이다. 이러한 신앙이 인류에게 유익한 것일까, 그렇지 않을까? 당연하게도 유익한 것이다. 그렇다면 운남성의 이러한 신앙은 저급한 종교 혹은 원시종교인 것일까?

여기에서 다시 일신교 신앙의 주요 종교로 돌아가 보자. 천주교의 경우 오직 신만 경배하는 것이 아니라, 신의 아들, 신의 아들의 어머니까지 신앙의 대상으로 두고 있으며, 바울과 같은 십이사도 역시 신앙의 대상으로 두고 있다. 게다가 천사들까지. 그렇다면 이것은 다신교 아니겠는가? 따라서 종교의 문제에 있어서, 모든 신앙은 자유롭고 평등한 것이어야 한다. 필자가 "주요 종교"라는 개념을 사용한 것은 이들이 유구한 역사를 지닌 경전들을 가지고 있기 때문이다. 물론 주요 종교만이 이러한 경전들을 가지고 있는 것은 아니다. 이 점은 아래에서 몇 가지 예시를 통해 다루도록 하겠다.

불교경전의 맹아는 약 6000년 전의 브라만교의 시가집 『베다』(Veda)까지 거슬러 올라갈 수 있다. 『베다』의 몇몇 시 구절들은 훗날 『우파니샤드』(Upaniṣad)에 남아 있게 된다. 7세기에 이르면 인도에서는 사실상 석가모니의 학설이 사라지지만, 인도와 중국의 승려 및 학자들에 의해 개선되고 보완되었고, 마침내 중국 대륙에서 한 단계 승화되어 중국불교를 형성하게 되었다. 모든 불경을 집대성한 것을 "대장경大藏經"이라고 하는데, 중국에서는 역사적으로 여러 종류의 대장경을 편찬했다. 예컨대 그 유명한 『건륭대장경乾隆大藏經』(『龍藏』이라고도 불림)에는 5600만 자 이상이 담겨 있지만, 이들 역시도 모든 불경을 담고 있지는 못하다.

『성경』은 지금까지도 세계 여러 나라에서 가장 많이 팔린 책이다. 현재 가장 오래된 『성경』으로 알려져 있는 것은 사해의 양피지본이며, 이는 2300년 전에 작성된 것으로 추정된다. 이는 오늘날의 『성경』과는 다르다. 신약이 포함된 『성경』은 기원후에야 출현한다. 그리고 이슬람교의 성전인 『코란』은 7세기에 출현했다.

중국 본토의 유명한 종교인 도교의 경우 경전의 양에 있어 대장경에 밀리지 않는다. 도교의 가장 뿌리가 되는 경전은 바로 너무나도 유명한 『노자』와 『장자』이다. 덧붙이자면, 도가와 도교 사이에는 매우 큰 차이가 있지만, 도교 역시 『노자』와 『장자』를 자신들의 최초의 경전으로 여긴다. 도교의 근원은 매우 복잡하다. 2500여 년 전의 음양가, 잡가, 명가 등 여러 학파들의 사상이 혼합되고, 여기에 훗날의 신선숭배사상이 더해져서 오늘날의 도교를 이루게 되었다.

따라서 주요 종교의 경전들은 모두 유구한 역사를 지니고 있다. 이들과 마찬가지로 유가의 경전들 역시 유구한 전통을 지니고 있다.

2. 십삼경 개괄

십삼경十三經(The Thirteen Classic Works)은 한 시기에 형성된 것이 아니다. 가장 먼저 성립된 경전들은 오경五經으로, 이들은 십삼경의 핵심이다. 역사적으로 중국의 대부분 왕조들(예컨대 한, 당, 송, 청)은 유가경전을 석판에 새기고자 했는데, 그 이유는 표준적 판본을 확보하기 위해서이다. 고대에는 서적을 유통하는 두 가지 방식이 존재했다. 필사와 인쇄가 그것이다. 이 과정에서는 오탈자와 같은 오류가 발생하기 쉽다. 석판은 이러한 오류를 바로잡기 위한 것이다. 십삼경은 모두 고대 한문으로 저술된 것으로, 대부분의 현대 중국인들로서는 읽기 쉽지 않다. 그래서 백화문[1] 번역본

---

1) [역자주] 白話文: 백화는 당나라 대에 발생하여, 송, 원, 명, 청 시대를 거치면서 확립된 중국어의 구어체를 말하며, 이를 글로 표기한 것을 백화문이라 한다.

이 존재한다. 약 20여 년 전 최정상급 원로학자들과 합동으로『문백대조
십삼경文白對照十三經』(상·하)을 편찬했는데, 여기에는 총 4년의 시간이 소요
되었다. 이 책은 지금까지도 여전히 최고의 십삼경 백화문 번역본으로
평가받고 있다.

1) 오경

아래에서는 십삼경 중에서도 핵심 경전들인 오경(The Five Classics of
Confucianism)에 대해 먼저 다루어 보겠다. 우선 중국어의 맥락에서 무엇을
"경經"이라고 부르는 것일까? "경"자의 최초 의미는 베를 짜는 것과 관련
이 있었다. 베를 짤 때 세로 방향의 실은 "경"이라고 불렸고 가로 방향의
실은 "위緯"라고 불렸다. 경과 위가 고정이 되면 실들이 종횡으로 교차하
면서 직물을 짜는 것이다. 베를 짜는 과정에서 가로실인 위는 언제든지
자를 수 있었고, 세로실인 경은 무한히 연장할 수 있었다. 그래서 위의
특징은 짧음, 고정되지 않음이었고 경의 특징은 항상됨, 고정됨이었다.
경에는 항상됨의 의미가 있기 때문에 "경상經常"(일정하게 변동이 없음)과 같
은 어휘가 존재했던 것이다. 그러므로 "경"자를 가지고 이러한 책들을 명
명할 때에는 이러한 책들이 항상 보존되어 쇠퇴하지 않아서 영원하다는
의미를 담은 것이다. 이에 반해 서구의 "classics"에는 "항상됨"이라는 의
미가 담겨 있지는 않다. 따라서 "classics"을 가지고서 "경"(경전)을 번역할
경우 많은 함의가 누락된다. 이것은 언어 간 의미체계 차이의 문제이다.
경과 위의 관념은 중국인의 세계관과 우주관에도 많은 영향을 끼쳤지만,
여기에서는 이를 본격적으로 다루지는 않겠다.

중국의 학술사와 사상사에는 오경의 저자가 누구인지에 관한 수많은 논쟁이 있어 왔다. 고대 중국인들은 중요한 전적들의 저자의 지위를 자신들이 숭배하는 가장 유명한 성인에게 돌리는 경향이 있었다. 그러나 후대에 학술이 발달함에 따라, 고증을 통해 이것이 사실이 아님을 밝혀냈다. 그래서 현재의 결론은 오경이 어느 한 시점에 한 명의 저자에 의해 저술된 것이 아니라 여러 세대에 걸쳐서 점진적으로 누적되어 성립되었다는 것이다. 여기에서 말하는 누적된 내용이란 모두 사회생활, 가정생활의 경험 및 인생과 우주에 대한 관찰과 사고로부터 오는 것이다. 이러한 점은 『성경』, 『코란』, 『우파니샤드』와 마찬가지이다. 근대 서구의 신학연구들은 『성경』이 어느 한 시점에 성립된 것이 아니며, 특히 구약은 신약보다 훨씬 이전에 성립되었고 신약 역시 여러 판본이 존재했다가 한참 후에야 오늘날의 『성경』의 형태로 자리 잡게 되었다고 보고 있다. 아마도 이러한 경전들은 각 민족이 걸어온 한 줄기 역사를 반영하고 있을 것이라고 생각된다.

먼저 오경을 간단히 소개하도록 하겠다.

첫째, 『역경易經』(*The Book of Changes*)이다. 『역경』은 보통 『주역周易』이라 불린다. "역易"에는 세 가지 의미가 있다. 간역(간단함, 쉬움의 의미), 변역(변화), 불역(항상성, 불가역성)이 그것이다. 『주역』을 논하는 사람들은 보통 이 세 가지 의미에 근거해서 『주역』의 내용과 특징을 논한다.

둘째, 『서경書經』(*Collection of Ancient Texts*)이다. 『서경』은 일반적으로 『상서尙書』라고 불린다. 고대 중국에서는 "상尙"자와 "상上"자가 통용되었으며, 지고무상하다는 의미였다. 『상서』의 제목에 관해서는 다른 설도 있지만 여기에서는 다루지 않겠다.

셋째, 『시詩』(*The Book of Songs*)이다. 지금은 통상적으로 『시경詩經』으로 불린다. 필자는 상기 영문 번역이 "경經"자의 의미를 잘 번역하지 못한 것으로 보기 때문에 "Shi Jing"이라고 번역해야 한다고 주장해왔다.

넷째, 『예禮』(*The Ceremony*)이다. 십삼경 안에는 예에 관한 책이 총 세 권 있는데, 그 중 오경에 포함되는 것은 십삼경의 『의례儀禮』²⁾밖에 없으며, 『주례周禮』와 『예기禮記』는 여기에 포함되지 않는다. 이에 관해서는 아래에서 상세하게 다루겠다.

다섯째, 『춘추春秋』(*The Spring and Autumn Annals*)이다. 이 책의 제목은 달리 번역할 방법이 없다. 이 책은 역사서이다. 그렇다면 "봄과 가을"(春秋)이라는 제목이 어째서 역사를 상징하는 것일까? 천인합일의 관념에 근거하여 말하자면, 봄과 가을은 인간과 가장 밀접한 관계를 가진 두 계절이기 때문이다. 봄에는 만물이 소생하고 초목이 발아하고 생장하며, 겨울의 추위를 견뎠던 인간은 따뜻한 봄볕을 즐기게 되고 농사를 시작한다. 그리고 긴 시간의 농사일 끝에 대자연은 가을로 들어서면 씨를 뿌린 농작물들을 수확할 수 있게 된다. 따라서 두 계절은 매우 중요한 것이다. 물론 어떤 학자들은 4000여 년 전 중국인들은 봄과 가을이라는 두 계절 관념만 존재하고 사계절 관념이 없었다고 주장하기도 한다. 현재로서는 이것 역시 하나의 학설에 불과하다. 춘추라는 개념은 중국에서 수많은 생동적 함의들을 지닌다. 봄과 가을은 각각 탄생과 죽음을 의미하며, 따라서 춘추는 역사를 대표하고 인간의 생명을 대표하는 것이다. 예컨대 우리가 젊은 동학을 보게 되면, 그를 부러워하며 "춘추가 많이 남았다"(富於春秋)고 말하

---

2) [역자주] 저자는 오경에 포함되는 예경이 『의례』라고 설명하고 있다. 이는 일반적인 관점과 다소 차이가 있다. 일반적으로 오경에 포함되는 예경은 『예기』이다.

는데, 이는 그가 아직 매우 젊어서 많은 일을 할 수 있다는 의미이다.

아래에서는 오경에 대해 상세히 논하도록 하겠다. 『주역』은 고대사회에서 복서卜筮를 행할 때 사용되었던 점복서이다. 서筮는 풀의 일종으로, 고대에는 이것들을 쥐고서 점을 쳤다. 복卜은 거북이 등껍질이나 소의 견갑골에 작은 구멍을 뚫고 불에 잘 타는 풀을 그 위에 올려놓고 불을 붙인다. 그러면 열팽창과 냉수축으로 인해 거북이 등껍질이나 소 견갑골에 금이 가면서 무늬가 나타난다. 점복占卜이란 이러한 무늬에 근거해서 미래의 길흉과 성패부터 과연 비가 내릴지의 여부와 같은 것까지 점을 쳤다. "복卜"자는 오늘날 세로획 하나에 점 하나로 이루어진 형태이며, 등껍질이나 뼈에 드러난 무늬를 의미하고 있다.

여러 국가와 민족들은 저마다의 생활환경 및 기후, 지리, 수리水利 등의 구체적인 환경에 따라 각기 다른 점술을 가지고 있으며, 지금까지도 수많은 국가들에서는 별자리, 수정구술 등을 이용한 점술이 유행하고 있다. 복서는 요즘 말로 하면 산쾌算卦인데, 상고시대 중국의 복서에는 매우 체계적인 철학 이념이 함축되어 있었다. 이 이념이란 모든 사물에 음양의 두 측면이 있다는 것으로, 여기에는 매우 짙은 인문주의적 색채가 배여 있어서, 마침내 다른 민족과 구분되는 중국만의 요소가 된다.

『주역』에는 두 가지 중요한 특성이 있는데, 하나는 점이고, 다른 하나는 철학사상이다. 그래서 기원전 2세기경의 한대부터 오늘날에 이르기까지 『주역』을 연구하는 이들은 두 분파로 나뉜다. 하나는 『주역』을 어떻게 활용하여 점을 치고 인간의 운명을 예측할 것인지 연구하는 분파이고, 다른 하나는 오직 『주역』에 담긴 철학적 이치만을 다루는 분파이다. 물론 이 두 가지를 겸하는 이들도 있어서, 주역 전문가들 중에는 『주역』의 철학을 다룰 수 있으면서 사람들에게 점을 쳐줄 수 있는 이들도 있다.

현재 우리가 사용하는 컴퓨터 부호는 이진법이라서, 0과 1로 구성되어 있다. 어떤 이들은 『주역』이 컴퓨터의 시조이며, 인류의 사유가 이처럼 중첩될 수 있다고 주장한다. 수학의 배열과 조합에 따르면 팔괘가 서로 조합되면 그 유명한 육십사괘를 이루게 된다. 옛사람들은 매우 지혜로워서 매우 간단한 부호로 음효(--)와 양효(—)를 구분했다. 이 효들이 만나서 하나의 괘를 이루니, 이와 같은 변화의 과정 속에서 점을 치는 것이다. 또한 이러한 복서행위는 다시 인문과 결합하여 『주역』의 철학 이념을 형성했다.

인간과 사물을 분석한다는 측면에서 육십사괘는 팔괘보다 훨씬 더 세밀하다. 그러나 객관사물은 끊임없이 변화하고 또한 그 변화가 무궁하니, '육십사'라는 숫자가 어찌 이러한 무궁한 변화에 모두 대응할 수 있겠는가! 그러나 만약 팔괘가 육십사괘로 분화하는 사고과정을 따른다면, 삼획괘를 중첩해서 육획괘로 만들고, 심지어 네댓 개의 괘를 중첩시키기까지 한다면 수천수만 가지의 괘상을 늘어놓을 수 있게 될 것이다. 그러나 중국에서는 이렇게 하지 않았다. 왜냐하면 그렇게 하는 것은 너무 번잡하고 너저분하다고 여겼기 때문이다. 그래서 그들은 육십사괘를 이용하여 주요 사물과 사건들을 모두 개괄하였고, 그 외의 것들은 유추할 수 있도록 하였다. 백색은 양이고, 흑색은 음이며, 흑색 가운데에 백색 점이 있고, 백색 가운데에 흑색 점이 있는데, 이 그림에 담긴 함의는 무엇일까? 음과 양은 한 사물 안에서 공존한다는 것이다.

태극음양도

예컨대 손에는 손바닥과 손등이 있는데, 손등은 양이 되고 손바닥은 음이 된다는 식이다. 한 가지 더 예를 들자면, 중의학에서는 발병의 원인을 음양을 통해 분석해서 질병의 어떤 증상은 양이라 부르고 또 어떤 증상은 음이라고 불러서, 만약 진찰의 결과가 양이 성하고 음이 허한 것이면 이에 적합한 처방을 내려 음양이 다시 균형을 되찾게 해 준다. 그리하여 음양이 균형을 회복하면 몸은 다시 정상으로 돌아오는 것이다.

그러므로 음과 양에는 세 가지 특징이 있다고 할 수 있다. 첫 번째 특징은 음양은 평등하고 공존하며 상호 균형을 이룬다는 것이다. 그들은 하나의 원 안에서 공존하고 있는데, 원은 하나의 전체를 대표하는 것이다. 두 번째 특징은 음 가운데 양이 있고 양 가운데 음이 있다는 것이다. 따라서 검은 물고기 안에도 흰 눈이 있고, 흰 물고기 안에도 검은 눈동자가 있는 것이다. 세 번째 특징은 음양이 동태적이라는 것이다. 태극음양도를 빠른 속도로 회전시켜 보면, 어느 순간 양의 부분과 음의 부분이 구분되지 않아서 회색으로 보이는 것을 발견할 수 있다. 이것이 바로 중국철학이다. 물론 중국철학은 "넓고 크며 정미하고 심오해서" 필자의 몇 마디 말로 모두 개괄할 수는 없겠지만, 이러한 음양관념은 중국인의 철학적 사유를 보여 준다.

현재 "음양"이란 개념은 이미 국제학술계에서 보편적으로 받아들여지고 있다. 그렇다면 음양은 어떻게 번역되어야 할까? 번역될 필요 없다. 그래서 음양의 병음인 "Yin-Yang"을 그대로 사용하면 된다. 그렇다면 음양이 체현하고 있는 핵심적인 의미는 대체 무엇일까? 이는 말하기 쉽지 않다. 너무나 추상적이어서 말로 표현하기 어렵기 때문이다. 이것은 몸소 깨닫는 방법 밖에 없다. 그러나 소통을 위해 굳이 개념을 하나 찾자면,

그것은 바로 "도道"가 될 것이다. "도" 개념이 처음 서구에 소개되었을 때, 이것은 "길"(The Way)로 번역되었다. 이것이 틀렸다고 할 수는 없지만 그렇다고 정확한 번역도 아니었다. 근래 10년에는 서구 학자들의 저서에서는 "Tao"로 번역되다가 최근 4~5년에는 아예 "Dao"로 번역되고 있다, 왜냐하면 "도" 개념 역시 정의내리기 쉽지 않아서 차라리 번역하지 않는 것이 낫기 때문이다.

덧붙이자면, 『주역』, 『춘추』, 『시경』과 같은 유가경전들은 모두 유가 자신들이 창작한 것이 아니다. 『시경』은 민간과 묘당의 시가들이며, 『서경』은 고대 왕조들의 잠언이다. 다만 일설에 따르면 공자가 이들을 편집하고 정리했다고 한다. 『주역』의 경우, 전설에 따르면 주 왕조의 시조인 주나라 문왕이 지었으며, 그가 팔괘를 육십사괘로 늘렸다고 한다. 그러나 이것은 구전으로 내려오는 전설에 불과하다. 『주역』은 결코 어느 한 저자가 지은 것이라 볼 수 없다. 종합적으로 고찰해 보면, 우리는 주역이 중국이 수렵채집사회에서 농경사회로 진입할 당시 형성되기 시작했음을 확인할 수 있을 것이다. 이 시기 중국인들은 인간과 대자연의 관계, 인간과 인간의 관계 및 인간 자신에 대해 수많은 관찰과 사고를 진행했고, 이러한 것들이 『주역』 안에 녹아들었던 것이다.

그렇다면 『주역』은 어떻게 유가의 경전이 되었던 것일까? 기원전 3세기경 『사기』에서는 공자가 『주역』을 읽는 것을 아주 좋아하여 "책의 가죽끈이 세 번 떨어졌을"(韋編三絕) 정도였다고 한다. 과거 중국에는 죽간 혹은 나뭇조각 위에 글을 쓰고, 다 쓴 후에는 가죽끈으로 이를 묶어서 책을 만들었다. 공자가 『주역』을 읽으면서 가죽끈이 세 번이나 끊어졌다는 것은 그가 이 책을 여러 차례 반복해서 읽었다는 의미이다. 『논어』에는 다음과 같은 대목이 나온다.

공자가 말했다. "나에게 몇 년의 시간이 더 주어진다면, 오십 살 이후에
는 『역』을 공부할 것이니, 그리하면 큰 잘못은 저지르지 않을 것이다."[3]

이것은 일반적 해석이다. 또 다른 해석은 만약 나에게 몇 년의 수명을
더 준다면, 예컨대 5년이나 10년의 시간을 준다면, 공자 자신은 이 시간
동안 『주역』을 공부할 것이니, 그리하면 큰 잘못은 저지르지 않을 것이라
는 해석이다. 어느 해석이든 『주역』이 공자의 마음속 깊이 자리하고 있음
을 알 수 있다. 공자의 제자였던 상구商瞿는 공자와 함께 『주역』을 공부한
제자들 중 가장 탁월했다. 그는 『주역』을 후대에 전수해서 오늘날 우리가
참고하는 『주역』에 관한 여러 해석들이 형성될 수 있게끔 했다. 필자가 위
에서 언급한 철학적 이치들은 바로 이러한 해석들에서 나오는 것들이다.

『서경』 즉 『상서』는 고대의 잠언이다. 그 내용은 대부분 제왕 혹은
주요 대신들이 아랫사람들에게 내리는 훈시 혹은 대신들이 제왕에게 올
리는 경계의 말들이다. 이러한 훈시 안에는 국가를 다스리는 도리와 인간
의 윤리 및 천인관계를 어떻게 처리할 것인지 등의 내용이 담겨 있다.
그 안에는 『서경』을 관통하는 두 가지 핵심적인 원칙이 있다. 하나는 좋
은 통치자는 "덕으로 국가를 다스린다"(以德治國)이고, 다른 하나는 "인간
을 근본으로 삼는다"(以人爲本)이다.

이러한 훈시들을 기록하고 정리해서 후세에 전달하는 역할을 맡은 이
들을 가리키는 명칭이 바로 "사史"이다. 그러므로 중국에서의 "역사歷史"

---

3) 『論語』, 「述而」, "子曰: 加我數年, 五十以學易, 可以無大過矣."

는 영어의 "history"와 다른 의미를 지니고 있다. "역사"에서 "역曆"은 "거치다", "겪다"의 의미를 가지고 있고, "사史"자의 원래 형상은 한 손에 붓을 쥐고 있는 것이며(㕜), 그 뜻은 사관이 기록한 것이다. 이 두 글자의 결합은 시간의 종적 발전을 의미하게 되었다. 고금을 통틀어 중국은 역사관을 중시해 왔다. 역사관은 자신들의 유구한 과거를 추억하는 것에 그치는 것이 아니라 세계의 모든 것이 발전과 변화의 과정 속에 있어 멈출 수 없음을 인식하는 것이다. 이 점은 중국인들의 마음속에 깊게 각인되었다. 요컨대 "사史"는 관직의 명칭이며, 여기에 "역曆"자를 더하여 역사 개념이 형성된 것이다. 이에 대응하는 영문 번역이 "history"이며, 이 명칭이 "이야기"(story)와 결합되어 조어되었다는 점에서 "역사"와 "history"는 서로 다른 문화배경을 지니고 있으며 서로 다른 관념을 체현하고 있다고 할 수 있다.

『시경』은 시가 모음집이다. 그 중에는 민간의 시가도 있고 문인의 작품도 있으며, 묘당의 제사에 사용되는 송가頌歌도 있다. 그렇다면 어째서 『시경』에 민간의 시가가 수록되어 있는 것일까? 고대 중국에는 하나의 관행이 있었다. 왕은 정기적으로 신하를 내보내서 민간에서 불리는 노래들을 듣고 기록하여 보고하도록 했다. 이러한 민요들을 통해 백성들의 희로애락을 파악하고 정치에 이를 반영하고자 한 것이다. 이렇게 하면 왕은 민의에 근거하여 자신의 정책을 추진할 수 있었다. 고대의 위정자들은 매우 현명했던 것으로 보인다. 민간에서 불리는 노래들에 백성들의 마음이 잘 반영되어 있다는 것을 알았기 때문이다. 만약 그 시기에 인터넷이 있었고 웨이보(微博)와 위챗(微信)⁴⁾이 있었다면, 아마 제왕들은 직접

---

4) [역자주] 웨이보(微博)와 위챗(微信): 웨이보는 중국판 트위터이고, 위챗은 중국판 카

이것을 들여다보면서 백성들 사이에 어떠한 여론과 정서가 있는지 파악했을 것이다. 이에 반해 문인들의 작품은 매우 고아하기는 했지만 생활에서 오는 정취는 민간 시가만 못했다. 묘당의 송가의 경우 더욱 고급스러웠다. 이들은 비록 대중화되지는 못했지만 후대 시가에 지대한 영향을 미쳤다.

오늘날 우리는 시의 가사만 볼 뿐이지만 최초 이 시들은 모두 특정한 음악과 짝을 이루고 있었다. 그러나 당시에는 악보를 기록할 방법이 없었기 때문에 이는 점점 소실될 수밖에 없었다. 중국에서 악보를 기록하는 방법이 발명된 것은 8~9세기에 이르러서이다. 그래서 현재 몇몇 당대 가곡들이 남아 있을 수 있었던 것이다.

이는 매우 흥미로운 일이다. 한대 이전(기원전 2세기 이전) 악사들은 대부분 시각장애인이었기 때문에 악보가 전승되지 않았다. 악사와 그들의 제자들은 철저히 자신들의 예민한 청각과 감성에만 의지해서 음악을 전승했지, 기록에 의지하지 않았다. 악기를 제작하는 것 역시 마찬가지였다. 편종編鐘5)의 경우 금속을 주조하는 방식에 따라 종을 제작하였지만, 방금 주조되어 나온 종이 곧바로 정확한 음을 낼 수는 없었다. 그래서 음을 바로잡을 필요가 있었는데, 이러한 역할을 하는 조율사들 역시 모두 맹인들이었다. 그들은 종 옆에 앉아 종을 두드려 본 후 장인에게 어느 부분을 좀 더 갈아내야 하는지 알려 주고, 다른 종도 두드려 본 후 마찬가지의 주문을 하여, 모든 종들의 음이 조율될 때까지 이 작업을 진행했다. 바로

카오톡이다. 특히 위챗의 경우 스마트폰 사용자 거의 대부분이 사용하는 어플리케이션이다.

5) [역자주] 編鐘: 음률이 다른 16개의 작은 종을 두 층으로 나란히 매달아 만든 타악기의 일종이다.

이러한 이유 때문에 당 왕조 이전의 음악들은 전해져 내려오지 못하게 되었던 것이다.

이와 유사한 경우로 무용이 있다. 문헌에서도 확인할 수 있듯이 시를 낭송할 때 대 위에는 악대가 있었고 대 아래에서는 무용을 공연했다. 그러나 현재는 이 무용 역시 전해지지 않고 있다. 따라서 우리는 시를 읽을 때 상상의 나래를 펼쳐서 옛사람들이 춤을 추던 장면을 떠올려야 할 것이다.

『예』 즉『의례』는 누락된 부분이 많은 불완전한 책이다.『의례』는 기원전 4세기에서 기원전 1세기에 걸쳐 점진적으로 정리되어 나온 책으로, 고대 중국의 의례 규범들에 관한 책이다. 여기에 실려 있는 규범들은 너무나 세밀한 나머지 번잡하기까지 하다. 게다가 이러한 의례들은 오늘날 대부분 사용되지 않는 것들이기 때문에 독자로 하여금 피로감이 들게 한다.

그렇다면『의례』는 어떠한 내용을 담고 있을까? 현대 사회학의 관점에서 보았을 때『의례』는 한 인간이 일생을 살아가면서 마주치는 몇 차례 중요한 전환점 혹은 시점에서의 의례에 관한 책이다.

첫 번째는 출생 시의 의식이다. 출생은 사람에게 있어 매우 큰일이다. 이는 새로운 생명이 이 세상에 왔다는 것이므로 일련의 의식이 필요하다.

두 번째는 성인이 되는 의식 즉 관례冠禮이다. 이는『의례』에서 가장 중요한 예이다. 방금 출생한 어린아이는 아직 자연인의 상태이다. 그래서 성년에 도달해야 비로소 한 명의 사회인이 되는 것이고, 사회인이 된다는 것은 사회에 대한 자신의 의무를 다하고 사회의 규범을 준수한다는 것이다. 이러한 까닭에 많은 민족들은 성인이 되는 의식을 매우 중시한다.『의례』는 성인이 되는 의식을 관례라고 부른다. 이것은 관을 쓰는 의식이라는 의미이다. 왜냐하면 옛사람들은 성년이 되기 전에는 머리를 길게 늘어뜨리고 다니다가 성년이 된 후 머리를 묶고 관을 썼기 때문이다. 이것이 남자의 관례이다.

귀족 집안의 여성들은 옥이나 황금 비녀로 머리를 묶었다. 이것이 바로 "올림머리"(髻)이다. 여자아이들은 성년이 되면 이러한 올림머리를 시작했다. 보통의 가정에서는 돈이 없기 때문에 대나무 막대기나 풀을 이용해서 머리를 묶었다. 이때 사용된 풀은 튼튼하고 질겼는데, 이 풀의 이름은 형극荊棘이었다. 남방에서는 형조荊條라고도 불린다. 그러므로 중국의 남성들은 자신의 아내에 대해 "졸형拙荊"이라는 겸칭을 사용한다. "졸拙"은 어리석다는 의미이고, "형荊"은 형조荊條이므로 졸형은 "어리석은 아내"(笨老婆)라는 의미이다.

오늘날 중국에서 한족이 거주하는 지역에서는 이러한 관례를 거의 찾아볼 수 없게 되었다. 그러나 서부 소수민족 지역에서는 여전히 이러한 것들이 남아 있다. 예컨대 신강 카자흐족의 경우 어떤 여성이 머리를 굉장히 여러 갈래로 땋고 있다면, 이것은 그녀가 아직 결혼하지 않았다는 것을 의미한다. 여기에는 몇 살에는 몇 갈래로 땋아야 한다는 규칙이 있으며, 머리를 단 두 갈래로만 땋았다면 이는 그녀가 이미 결혼을 했다는 것을 의미한다. 그 외에도 서남부의 묘족苗族은 의복의 색깔과 장신구로 결혼 여부를 나타낸다. 요컨대 많은 민족들은 성년이 되는 것을 매우 중요한 일로 보았다.

세 번째는 혼례이다. 결혼은 인생의 중대한 전환이다. 왜냐하면 이는 종족과 가족의 지속을 책임지는 것이며, 또한 자신의 신분에도 변화가 생기기 때문이다. 즉 아들과 딸에서 남편과 아내로, 그리고 곧 아버지와 어머니로 신분이 변화된다. 그리고 이 가운데 권리와 의무에도 전환이 발생한다. 따라서 혼례는 매우 중요한 변곡점이 된다.

한족의 혼례는 그 변천 과정과는 상관없이 중화문화의 몇 가지 핵심적인 내용을 반영하고 있다. 첫째, 천지에 절을 올린다. 천지에 절을 올리는 의식은 간단하기는 하지만 중국인들의 철학을 심오하고 생동적이며 직관적으로 체현하고 있다. 하늘은 진정한 아버지이고 땅은 진정한 어머니이며, 나는 대자연의 산물이라는 것이다. 자신의 친부모를 마땅히 공경해야 하는 것처럼 천지에 대해서도 마찬가지로 공경해야 한다. 이것은 곧 천인합일의 구체적 체현이다. 둘째, 부모에게 절을 올린다. 양가의 부모는 부부에게 생명을 주고 좋은 사람이 되어 좋은 일을 하도록 이끌어 주신 분들이다. 한 인간이 사회 안에서 자립할 수 있게 되는 것에는 부모의 역할이 매우 중요하다. 셋째, 부부가 서로에게 절을 하고 상호 존중을 표한다. 존중이란 사랑의 표현 중 하나이다. 서로 좋아하는 것만으로는 부족하며, 서로 존중해야 한다. 따라서 결혼할 때에는 매우 엄숙하게 하는데, 이것은 신랑과 신부에게 전통문화의 농축된 가르침을 전하고자 함이다. 친척들과 친구들이 결혼식장에 있다면, 앞선 세 가지 예를 행한 다음에 친척들에게도 절을 올려야 한다. 절을 한다는 것 자체가 승낙의 의미이다. 여기에서의 승낙이란 남편과 아내로서의 책임을 다할 것이며 죽을 때까지 화합하겠다는 약속이다.

마지막은 죽음과 관련된 예이다. 삶의 마지막 단계는 죽음이다. 많은 민족들은 삶과 죽음을 매우 중시한다. 사실 모든 종교와 신앙 및 비종교적인 유학까지도 모두 생사의 문제를 둘러싸고 전개된 것들이다. 태어나면서부터 우리는 자신이 어디로부터 왔는지의 문제를 떠안게 되며, 죽음은 우리가 사후에 어디로 가게 되는지의 문제를 고민하게 된다. 이러한 문제들에 대해 종교들은 저마다의 설명을 내놓는다.

상례를 치를 때, 우리는 상복을 입어야 한다. 과거의 상복과 오늘날의 상복에는 차이가 있지만, 거칠게 만든 조악한 상복을 입는다는 점에서 큰 차이는 없다. 상복의 색깔은 기본적으로 백색이다. 이것은 다른 민족이나 국가들이 검은 색이나 붉은 색 상복을 입는 것과 구분된다. 그러나 화려하지 않은 색깔의 옷을 입는다는 점에서는 공통점이 있다. 백색은 "없음"을 의미한다. 그 밖에도 제사를 올릴 때 누가 어디에 서 있어야 하는지, 어떤 예에 따라 제배祭拜를 올려야 하는지, 어떤 상복을 입고 어떤 띠를 매야 하는지, 상복을 얼마나 입어야 하는지 등에 관해 모두 각각의 규정이 존재한다. 이러한 규정들은 제배를 올리는 이와 제배를 받는 사자死者의 혈연적 관계와 사회적 관계의 친소와 고저에 따라 나누어진다. 상례에 연주되는 음악에도 이러한 기능이 있다. 어떤 음악을 연주한다는 것은 곧 그 사람이 어떤 사람인지 보여 주는 것이다.

그렇다면 어째서 이러한 구분을 두는 것일까? 이는 요즘 젊은이들이 오해하는 것처럼 불평등을 조장하기 위해서가 아니라, 한 인간이 복잡한 사회관계 속에서 다중적인 신분을 지니기 때문이다. 어떤 상황에서 그의 신분에 가장 적합한 의례를 행해야 비로소 그 사람을 진정으로 존중한 것이 된다. 만약 예를 잘못 적용해서 높여야 되는데 낮추거나 낮추어야 하는데 높이게 되면 이는 도리어 상대방을 존중하지 않는 것이 된다. 『의례』에는 엄청난 분량의 제배와 상복의 제도들이 실려 있다. 이러한 예들은 고인이 돌아가셨을 때에만 거행되는 것이 아니라 그 이후에도 계속 거행된다. 예컨대 중국의 전통 명절인 청명절淸明節에는 대만, 홍콩, 마카오를 비롯한 모든 중국인들이 조상을 위해 성묘하고 제배를 올린다.

지금까지 인생의 몇 가지 중요한 시점에 거행되는 의식에 대해 알아
보았다. 유가는 인간과 인간 간의 일상적인 교류에 관해서도 규정을 두고
있다. 철학적 개념을 가지고 말하자면, 주체(어떤 개인)는 결코 완전히 자유
로운 주체가 될 수 없다. 왜냐하면 인간은 사회를 구성하고 있으며, 한
개인은 탄생과 동시에 자신의 신분을 가지게 되고, 이 신분은 그와 다른
사람의 관계를 보여 주기 때문이다. 갓 태어난 아이는 그의 부모에 대해
아들 혹은 딸이며, 조부모에 대해서는 손자 혹은 손녀이고, 몇 년 후 유치
원에 들어가면 유치원교사에 대해서는 돌봄의 대상이며, 초등학교에 들
어가면 학생이 되고, 길을 걸어갈 때는 행인이 되며, 버스에 타면 승객이
되고, 학교에서는 반장이 될 수도 있고 그 외의 학생이 될 수도 있다. 한
마디로 다중적인 신분을 가지게 된다. 이러한 다중적 신분은 여러 종류의
사람들과 접촉하면서 형성되는 것으로, 상대가 누구든 간에 예를 갖추어
교류를 하는 것이 매우 중요하지만, 그럼에도 분류를 해야 한다. 보통 사
람과 만날 때에는 어떤 예를 행해야 하는지, 보통 사람들끼리 함께할 때
에는 어떠한 원칙이 존재하는지, 제후들 간에 교류할 때 혹은 제후나 대
신이 조정에서 왕을 알현할 때에는 어떠한 예를 행해야 하는지 등의 문제
에 대해, 『의례』는 모두 규정하고 있다. 이러한 것들은 오늘날의 관점에
서 볼 때 지나치게 번잡한 것들이다.
　　각각의 민족들은 저마다의 인사법을 가지고 있다. 예컨대 아프리카의
어떤 부락에서는 두 사람의 관계가 좋을 경우 얼굴을 맞대는 인사를 하
며, 뉴질랜드의 마오리족은 코를 맞대고, 오스트레일리아의 원주민들은
혀를 내민다. 이러한 다양한 인사들은 모두 상대방에 대한 자신의 성의를
표하는 것이다.

마지막으로 한 가지만 보충하겠다. 고대 중국사회는 가家와 국國이 동일한 구조를 가진 사회였다. 각각의 가문은 수백 명에서 수천 명이 모여서 이루어져 있었고, 따라서 가문은 곧 작은 사회에 해당되었고 가문 안에서 시행되는 의례는 사회적 의례였다. 가문 외의 사람들과 교류할 때에도 항렬을 따졌다. 가령 나와 상대방의 아버지들이 연령 혹은 자격이 대등하다면 상대방과 자신은 형제관계에 해당했고, 따라서 상대방의 자녀는 나보다 아래 항렬이 되었다. 이처럼 가문 안에서의 의례는 자연스럽게 사회 전반으로 확장되어 갔다.

『춘추』라는 책은 본래 주 왕조의 제후국인 노魯나라의 사관이 각 제후국 간의 중대사를 기록한 것이다. 춘추시대 제후들은 혼전을 거듭하여서 대부분의 예가 무너졌다. 그러나 노나라는 비교적 완성된 형태로 예를 유지하고 있었다. 왜냐하면 노나라는 가장 먼저 분봉을 받은 특수한 위치에 있었고 노나라의 시조였던 주공은 어린 성왕成王을 도와 섭정을 했기 때문이다. 전하는 바에 따르면 『주례周禮』는 주공이 지은 것이라고 한다. 주공은 신분도 특수했지만 그의 공로는 매우 컸다. 그래서 그를 제후로 봉했을 뿐만 아니라 궁정에서 가장 탁월한 무용수와 가수들을 노나라로 보내 주었다. 이러한 까닭에 노나라는 예를 가장 완성된 상태로 보존할 수 있었던 것이다.

노나라의 사관에 의해 기록된 『춘추』는 기원전 772년부터 기원전 481년까지의 일을 기록하고 있으며, 매우 간략한 방식으로 서술되었다. 예컨대 몇 년, 몇 월 노나라의 제후 누구와 다른 어떤 제후국의 제후와 어디에서 회맹會盟을 했다는 식으로 매우 간략하게 기록되었다. 그들이 회맹에서 무엇에 관해 토론했는지 등에 관해서는 일절 서술하지 않았다. 그러나

『춘추』는 어휘를 구사함에 있어 극도의 정교함을 추구했다. 가령 어떤 사건에 대해 긍정적으로 평가하거나 부정적으로 평가할 때, 칭찬하거나 비판할 때 모두 어휘 선택을 통해 자신의 평가를 드러냈다. 그러나 그 기록이 너무 간소한 탓에 그러한 뜻을 파악하기 쉽지 않았고, 이로 인해 『춘추』를 해석한 수많은 주석서들이 나타났다. 그 중 가장 유명한 것이 세 권 있는데, 이들은 "춘추삼전春秋三傳"이라고 불리며, 세 권 모두 십삼경 안에 포함되어 있다. 그 중 『춘추공양전春秋公羊傳』, 『춘추곡량전春秋穀梁傳』 은 『춘추』가 어휘 선택을 통해 비판했던 내용을 집중적으로 다루었다. 그들은 역사적 사실에 근거해서 어째서 그러한 어휘들이 사용되었는지를 설명하고자 했다. 다른 하나인 『춘추좌씨전』은 당시의 현실상황에 보다 집중했다. 그래서 수많은 일들의 세밀한 부분까지 기술했다. 『춘추좌전』 은 좌左씨 혹은 좌구左丘씨의 성을 가진 이가 『춘추』에 근거해서 서술한 책으로 알려져 있지만, 이 저자에 대해서는 논쟁이 분분하여 아직 결론이 나지 않은 상황이다.

2) 그 외 여덟 경전과 사서

지금까지 오경에 대해 다루었다. 그렇다면 십삼경의 나머지 여덟 경 전은 어떻게 전래되어 왔을까? 그들은 후대 관학 및 학술체계에서 조정의 이름으로 끊임없이 이어져 왔다. 이들 경전들은 십삼경에 포함되기 이전 에는 "기記" 혹은 "전傳"으로 불렸다. 한대에 "기"와 "전"의 지위는 "경"보 다 낮았다. 훗날 이 책들의 지위는 점진적으로 올라가서 "경"의 반열에 오르게 되었다. 한대 후기(기원전후) 『논어』와 『효경孝經』은 경전으로 인정받기 시작했고, 마침내 여덟 경전 중 가장 먼저 경의 지위에 올랐다. 수백 년이 지난 7세기 중반 『주례』, 『예기』, 『춘추공양전』, 『춘추곡량전』, 『이아爾雅』 등이 경으로 인정되었다. 아래에서는 이들 여덟 경전에 대해 소개 하겠다.

『주례周禮』는 후세 사람들이 주나라의 관제에 근거하여 자신들의 이상을 더해서 설계한 일종의 관직체계도이다. 여기에는 각 관직의 직분과 책임도 담겨 있다. 『주례』의 마지막 부분은 유실되었으나, 후세 사람들은 기원전 5세기에서 4세기의 수레를 만드는 기술과 옥을 다루는 공예에 관한 기록들을 모아서 「고공기考工記」라는 편을 지었으며, 이를 『주례』에 집 어넣어 다시 완성된 체제를 이루었다. 사실 「고공기」는 『주례』에 처음부터 실려 있던 것이 아니었다. 이는 마치 식탁의 다리 하나가 망가지자 색깔이 다른 목재를 가지고 와서 새로 다리 하나를 만들어 넣은 것과 같았다. 그러나 「고공기」는 그 자체로 매우 가치가 있었다. 고고학적 발굴을 통해 출토된 여러 종류의 그릇이나 기계들에 연구 중 상당수는 바로 「고공기」에 근거해서 진행되었으며, 중국 고대의 수많은 기술들에 대한 연구 역시 「고공기」를 출발점으로 삼고 있다.

『예기禮記』는 내용이 너무 복잡한 관계로 여기에서 다루지 않을 것이다. 다만 아래에서 『예기』의 몇몇 중요한 편들에 대해서는 소개하도록 하겠다.

『공양전』, 『곡량전』, 『좌전』은 모두 『춘추』를 해석한 것이다.

『이아』는 오경을 해석한 사전이다. 원전과의 시간적 거리가 멀어진 만큼 훈고학자들은 경사들의 글자에 대해 해석을 진행했고, 이러한 해석들을 모아서 『이아』를 지은 것이다. 이러한 까닭에 중국 고대문헌 해석학에서 『이아』는 매우 유용한 책이다.

마지막으로 송대에 『맹자』가 경의 지위에 오르면서 십삼경이 완성된다. 송대의 유가들은 맹자를 공자의 가장 핵심적인 계승자로 보았다. 그래서 오늘날에도 우리는 공자와 맹자를 합해서 "공맹"이라고 부른다. 이러한 이유에서 필자는 『논어』와 『맹자』를 함께 다루고자 한다.

『논어』는 공자의 제자들과 재전제자들이 공자의 언행을 기록한 것이다. 이것은 필기 형식으로 되어 있으며, 총 12,300자로 이루어져 있다. 엄격하게 말해서 『논어』는 공자의 윤리관, 철학관 및 공자 자신의 행위준칙에 대해 결코 체계적으로 기술하거나 보여 주고 있지 않다. 『논어』를 읽어 보면 공자가 천하를 혼란에서 구하려고 한다고 느낄 수 있다. 하지만 공자가 위대한 이유는 그 자신이 천하를 구할 수 없음을 알고서도 이러한 자신의 이상과 신앙을 포기하지 않았으며, 하늘과 인간에 대한 이해를 포함한 자신의 모든 지식을 학생들에게 전수했다는 점에 있다. 당시 사람들은 공자에 대해 할 수 없음을 알면서도 하려고 하는 사람이라고 평가했다. 필자는 이것이 다른 어떤 평가보다도 더 정확하다고 생각한다. 『논어』가 중요한 이유는 이 책이 공자의 윤리 관념을 체현하고 있기 때문이다. 비록 『논어』가 중국인의 전체 윤리를 모두 포괄하지는 못하고 있더라도 말이다.

필자가 이해하고 있는 유가의 윤리는 다음과 같다. 유가는 한 사람이 태어나는 순간부터 완전한 독립적 주체가 아니라고 본다. 오직 이 점만 놓고 보더라도 유가는 다른 국가들의 철학, 특히 근대 이래로 줄곧 모든 개인이 자주적인 주체라고 보는 서양철학과 명확하게 구분된다. 근대 서양철학의 관점과는 반대로, 유가는 그 어떤 인간도 진정한 독립적 주체가 될 수 없다고 본다. 어째서인가? 인간은 태어남과 동시에 가족과 사회 및 자연과의 지극히 복잡한 관계망 속에 놓이게 되며, 끊임없이 여러 신분들이 추가되기 때문이다. 유가는 바로 이 점을 꿰뚫어 보고서, 한 인간이 이러한 복잡한 관계망 안에서 매 순간 어떻게 행동해야 하며, 이러한 여러 관계들에 어떻게 적절하게 대응할 수 있는지 방향을 가리켜 주었으며, 이 안에서 자신의 성장과 가정의 화목 및 사회의 조화에 부합하는 원칙과 방법을 찾아냈다. 이러한 것들이 바로 『논어』를 관통하는 내용들이다. 중국의 스승들이 지식을 전수할 때 혹은 중국의 고대 학자들이 자신의 주장을 서술할 때, 그들은 결코 직접적으로 논리적 사변과 추리를 밝히지 않았으며, 비유와 암시, 은유 등의 방법을 통해 이러한 심오한 철학적 이치를 밝혔다.

그렇다면 『논어』의 핵심은 무엇인가? 필자는 인仁, 덕德, 예禮, 악樂 네 가지라고 본다.

지금까지 중국 및 외국의 학자들은 인仁에 대해 수많은 정의를 내렸지만, 모두가 느끼는 바와 같이, 그 어떤 정의도 인을 온전하게 포괄해 내지 못하고 있다. 복잡한 사안일수록 간이직절하게 접근할 수도 있을 것이다. 예컨대 인은 "사람을 사랑함" 즉 "타인을 사랑함"이다. 이는 매우 간단하고 이해하기 쉬운 정의이지만, 이러한 간이화는 이것이 품고 있는 수많은 함의들을 탈락시키게 된다. 인은 기독교와 르네상스 이후 서구에서 형성된 박애와는 다른 것이다. 인과 박애 모두 이념적으로 위대한 것들이며, 모든 것들에 대한 사랑을 주장하는 것들이지만, 이들의 구체적 내용은 매우 다르다. 이 문제는 뒤에서 다시 다루도록 하겠다.

둘째, 덕德이다. 덕은 개인의 덕성, 국가의 덕목, 민족의 덕목 등을 모두 포괄하는 개념이다.

셋째, 예禮이다. 근대 이래로 특히 1920~30년대 이래로, 중국인들은 유가의 예에 오해를 가지고 있었다. 즉 예가 인간의 본성을 해치고 개성을 말살한다는 것이다. 이러한 오해는 지나치게 단편적인 것이다. 지난 수십 년간의 연구를 통해 중국과 외국의 학자들은 "예"가 인간의 본성을 해쳤다는 것은 모두 후대 예에 대한 왜곡된 이해로 인한 것이지 공자 등 원시유가의 본의가 아니었다는 일치된 결론을 내렸다. 원시유가가 설계 했던 예는 최저한도의 요구였으며, 이 위에서라면 사람들은 충분히 자신들의 세상을 창조하고 펼칠 수 있었다. 다만 이러한 개성이 최저한도의 선을 넘어서지 못하게 한 것이다. 따라서 예와 개성의 소멸은 무관한 것이라 할 수 있다. 중국의 역사를 냉정하게 돌아보았을 때, 만약 정말로 예가 개성을 말살하는 것이었다면, 한 왕조와 당 왕조는 그토록 강대하고 찬란할 수 없었을 것이고 송 왕조는 당시 세계에서 가장 앞선 과학기술을 가질 수 없었을 것이다. 이러한 것들은 모두 개성에 근거해서 창조된 것들이며, 예라는 최저한도의 선 위에서 발전해 나갔던 것들이다.

넷째, 악樂이다. 공자는 예술가이기도 했다. 그는 칠현금 연주에 매우 능숙했으며, 음악을 감상하는 능력 역시 매우 높았다. 또한 그는 자신의 이러한 능력을 학생들에게 전수하기까지 했다. 어떤 민족이든 그 민족의 가장 심층적인 문화는 세 가지 방면에서 체현된다. 윤리, 신앙, 예술이 바로 그것이다. 공자의 시대는 아직 회화와 조각, 소조 등이 발달하지 않았을 때이다. 이들의 발달은 훗날 불교가 중국에 전파된 이후에 이루어졌다. 불교는 그리스예술의 영향을 받은 인도문화와 중앙아시아문화를 중국으로 전래시켰으며, 이들은 새로운 예술형식 및 이에 담긴 다양한 표현

방법을 중국문화에 소개했다. 인과 덕이 인간 내면적인 것이고 예와 악이 외재적인 것이라고 했을 때, 훗날 발전된 예술형식 및 표현방법은 인과 덕을 보호하고 촉진하며 발전시키는 외재적 수단이 되었다.

『맹자』는 맹자의 언행을 기록한 책이다. 이 책은 『논어』의 서술방식을 상당 부분 모방했다. 이 두 책의 차이점 중 하나는, 공자는 생전에 『논어』를 본 적이 없지만, 『맹자』는 맹자 본인이 제자들과 함께 저술한 책이라는 점이다. 공자는 자신이 "(옛것을) 계술할 뿐 새로이 지어내지 않았다"6)고 말했는데, 여기에서 "새로이 지어내다"는 고대에 창조 혹은 창작의 의미로 사용됐다. 즉 공자 자신은 고대의 문화전통을 밝혀서 서술했던 것이지 전통을 버리고 자신의 관점을 본격적으로 개진한 것이 아니라는 것이다. 그러난 공자는 사실 자신이 창조해 냈던 사상을 그의 "계술" 안에 담았던 것이다. 즉 전통에 대한 계술을 통해 자신의 관점을 표현하는 것이라 할 수 있다.

『맹자』의 주된 취지는 공자의 학설을 계승하고 발전시키는 것이다. 그러나 『맹자』는 학설의 측면에서 『논어』와 몇 가지 차이점을 보이고 있다. 공자는 매우 포용적이어서 무엇이든 받아들일 수 있었다. 그러나 활동시기가 200년 가까이 차이나는 맹자는 시대적 차이로 인해 유가를 발전시키는 책임을 담당했던 동시에 사상적 라이벌들과 경쟁을 해야만 했다. 이러한 까닭에 맹자는 공자만큼 포용적일 수 없었다. 사실 그의 사상적 라이벌들 역시 중국문화에 공헌한 이들이기는 했지만 말이다.

공자가 사회, 가족 및 개인의 차원에서만 도덕수양을 논했다고 한다면 맹자는 공자보다 한 걸음 더 나아가 윤리 및 구체적 사회현상의 차원

---

6) 『論語』, 「述而」, "子曰: 述而不作, 信而好古, 竊比於我老彭."

에서 형이상적 사변으로 논의를 전개했다. 중국인들의 사변은 점진적인 형성과정을 거쳤는데, 그 첫 번째 도약이 바로 맹자였다. 그는 무엇에 관해 사고했을까? 인간의 마음(心), 본성(性), 기氣에 대해 사고했다. 당연하게도 여기에서의 "마음"은 순수생물학적 의미의 심장(Heart)이 아닌, 정신과 영혼을 의미한다. 또한 그는 공자가 단 한 차례 언급했을 뿐인 "본성"에 대해 논의를 전개해서 성선설을 주창하게 된다. 성선의 사상은 공자에게 맹아가 있었지만 맹자에 와서 완전히 확립된 것으로, 훗날 중국인들이 보편적으로 받아들이는 관념이 되었다. 그렇다면 마음과 본성은 어떻게 형성되는 것이며 또한 어떻게 보존하고 발전시킬 수 있는 것인가? 맹자는 이 모든 것이 "기"에 근거해서 이루어진다고 보았다. 기는 천지 사이에 존재하는 것이며, 또한 인간의 정신 안에도 존재하는 것이다. 즉 한 명의 정정당당한 사람의 마음 안에는 기가 있는데, 이 기는 형이상적인 것이기도 하고 형이하적인 것이기도 하다. 맹자는 이 기에 대해 명확하게 설명하지 않았고, 그로 인해 후세 사람들은 이천 년 동안이나 논쟁을 벌이게 되었다. 이는 마음, 본성, 기를 연구할 광대한 공간을 열어 준 것이라 할 수 있다. 이 세 개념의 제시는 매우 중요한 의미를 지닌다. 특히 이것은 송대 학자들을 계발하고 자극을 주었고, 그들은 이 길을 따라 중국 철학 체계를 구축했다. 『논어』에서는 마음과 본성에 대해 거의 언급하지 않고 있다. 그래서 공자의 제자 중 어떤 이는 자신들이 공자로부터 여러 방면의 가르침을 들을 수 있었지만, 오직 본성, 천명 등에 대해서는 거의 듣지 못했다고 했다.[7] 공자는 이러한 것들에 대해 논하는 것을 탐탁지 않게 여겼지만, 맹자에 이르러서는 이 문제를 정면으로 다루고 있다. 그리하여

---

7) 『論語』, 「公冶長」, "子貢曰: 夫子之文章, 可得而聞也. 夫子之言性與天道, 不可得而聞也."

중국의 학술사상은 한 걸음 더 나아갈 수 있었으며, 우주와 인생에 대한 중국인의 자각적 인식을 심화시켰다.

『예기』는 예악과 제도를 설명한 책이다. 그렇다면 이미 『의례』가 있는데도 다시 『예기』가 지어진 이유는 무엇일까? 여기에는 몇 가지 이유가 있다.

첫째, 『예기』의 몇몇 편들은 일상생활의 세세한 예절들에 관해 다루고 있다. 예컨대 중국의 고대 귀족들은 칼을 차고 다닐 수 있었다. 오늘날 미국인들이 총을 휴대할 수 있는 것처럼 말이다. 칼을 휴대하는 일차적인 목적은 스스로를 보호하는 것인데, 훗날 이와 관련하여 하나의 예절이 형성되었다. 만약 상대방에게 칼을 건네주려고 할 때에는 반드시 칼의 손잡이가 상대방을 향하게 해야 한다. 그렇지 않으면 칼날이 상대방을 향하게 되어 위험할 뿐만 아니라 상대방을 적으로 여기는 것처럼 보이게 되기 때문이다.

한 가지를 예를 더 들어 보겠다. 고대의 가옥은 북쪽에 자리 잡아 남쪽을 향하고 있어서, 앞부분의 "당堂"과 뒷부분의 "내실"(室)로 분리되어 있었다. 당은 실 앞에 있는 평평한 대臺이며, 이 양옆에는 벽이 있고, 앞으로는 두 개의 계단 즉 동계東階와 서계西階가 있었다. 그래서 타인의 집에 방문할 때는 먼저 당에 오른 이후 내실에 들어갈 수 있었다. 당에 오를 때는 반드시 큰소리로 "말씀 좀 묻겠소. 아무개는 집에 계시오? 나는 아무개요"라고 묻거나 큰 소리로 헛기침을 해야만 했다. 이러한 것들은 오늘날의 노크와 초인종에 해당하는 것이다. 만약 이렇게 하지 않고 무턱대고 다른 사람의 집에 들어가게 되면, 이는 상대방이 자신을 "불청객"(不速之客)으로 여기게끔 만들 수 있다. 여기에서 "속速"자는 환영이라는 의미로, 불청객이란 환영받지 못하는 손님이다. 바꾸어 말하자면, 환영받지 못하는 사람 즉 도둑 같은 사람이 된다는 것이다. 또한 상대방에게 알리지 않고 불쑥 내실 안으로 들어가게 되면 이는 주인의 사생활을 침해하게 될 수도 있다. 그래서 "당에 오르려 할 때에는 반드시 목소리를 높여 알려라"라고 하는 것은 집안에 있는 주인에게 준비할 시간을 주는 것이다. 밖에서 손님의 목소리가 들리면 주인은 얼른 나가서 그를 영접해야 한다. 이것 역시 예절이다. 손님을 맞아 당에 오르게 되면 당 앞에서 반드시 신발을 벗어야 한다.[8] 그러므로 만약 다른 손님이 왔을 때, 문 앞에 두 켤레의 신발이 있는 것을 보면 마음대로 들어가면 안 된다고 한 것이다. 이 역시 사생활 보호의 문제이다. 『예기』의 내용들은 이처럼 생활에서의 습속들을 총정리해서 보여 주고 있다.

둘째, 『예기』의 몇몇 편들은 예절 수준을 넘어서 사상적 이념을 제기하고 있으며, 이들은 후세에 지대한 영향을 끼쳤다. 「학기學記」, 「악기樂記」, 「유행儒行」, 「예운禮運」, 「대학」, 「중용」이 바로 그들이다. 아래에서는 이들을 하나하나 다루겠다.

「학기」는 가르침과 배움의 이론, 순서, 방법 및 스승의 직분에 관한 책이다. 이는 그야말로 "고대 교육학" 혹은 "교육학 개론"을 한 권으로 압축한 것이라 할 수 있다.

「악기」는 유가의 음악이론을 기록하고 있다. 비록 당시의 음악 악보가 존재하지 않아 악곡이 전해지지 않고 있으며, 유가 최초의 경전 중 하나인 『악경樂經』 역시 유실되기는 했지만 기원전 3세기 이전의 음악이

---

8) 현재 한국과 일본에서는 방에 들어가기 전에 신발을 벗는데, 이것은 바로 중국 고대 예법의 흔적이다.

론은 「악기」에 남아 있다. 어떤 이들은 「악기」가 『악경』의 일부분이라고 한다. 왜냐하면 「악기」에는 음악이 인간의 삶과 사회에 대해 어떻게 작용하는지를 포함한 매우 체계적인 음악이론이 담겨 있으며, 그 서술의 대상 역시 매우 전면적이기 때문이다. 「악기」에 담긴 내용 중에는 오늘날의 관점에서 보아도 선진적이고 진보적인 것들도 있다.

「유행」은 유가의 개인 행위규범에 관한 편이다.

「예운」은 유가의 사회적 이상에 관한 편이다. 「예운」에는 우리에게 매우 친숙한 두 개념이 제시된다. "소강小康"과 "대동大同"이 바로 그것이다. 이 두 개념은 서로 다른 이상사회를 의미하는 것이지만, 소강은 대동에 미치지 못한다. 대동은 중국인들이 상상하는 가장 궁극적인 이상세계이다. 「예운」에는 기원전의 유가가 상상했던 소강사회와 대동사회가 어떠했는지에 대해 구체적으로 묘사되어 있다. 이는 기원전의 것이고 다소 불분명하고 조악하기는 하지만 나름 사회주의 이론이라고 볼 여지도 있다. 공산당 중앙에서 기본소강基本小康과 전면소강全面小康 사회9)의 전략을 제시했을 때 중화대륙의 13억 인구가 모두 동의하고, 별다른 설명 없이도 바로 이해할 수 있었던 이유가 바로 기원전의 「예운」편이라 할 수 있다.

「대학」은 소학에 대비되는 개념이다. 소학이 글자, 계산, 필수적인 예의 등을 가르쳤다면 대학은 고원하고 심층적인 학문을 연구하는 곳이었다. 여기에서는 더 높은 수준의 기술과 지식도 가르쳤지만 그보다 더 중요한 것은 도덕수양이었다. 따라서 당시의 대학은 오늘날의 고등교육기

---

9) [역자주] 基本小康과 全面小康: 중국 경제발전 목표이다. 기본소강은 1인당 국민총생산(GNP) 3000달러로 대표되는 경제수준의 사회를 의미하며, 전면소강은 이러한 기본소강의 경제적 성과를 사회 전반으로 확대해서 소강사회 건설, 개혁의 심화, 법치국가 건설, 개혁개방 및 사회주의 건설 등을 실현하는 사회이다.

관으로서의 대학과는 그 역할이 달랐다고 할 수 있다. 오늘날의 대학은 기술과 지식을 중심으로 직업인을 양성하는 곳으로, 도덕윤리의 수양은 이러한 과정에 포함되지 않는다. 이는 서구 교육제도의 도입과 그 충격으로 인한 결과라 할 수 있다.

고대 중국의 대학은 우선 인간의 덕성에 주의를 기울였다. 왜냐하면 당시 대학교육을 받은 이들은 반드시 모범이 되어야 했기 때문이다. 「대학」에서 가장 집중적으로 논하는 내용은 덕으로 국가를 통치하는 유가의 정치이론이었다. 즉 집정자와 위정자들이 항상 자신의 도덕수양에 관심을 기울여야 하며, 이러한 수양의 결과가 그 자신으로부터 출발해서 가문, 사회, 천하로 확장되어 간다는 내용이었다. 이러한 정치이론의 토대는 바로 도덕수양이었다. 따라서 「대학」의 내용은 국가통치뿐만 아니라 치국평천하治國平天下의 이론이며, 개인수양뿐만 아니라 가문의 품격, 사회의 수준, 온 천하의 규범이 마땅히 추구해야 할 이념과 가치에 대해 논하는 이론이다.

한 가지 일화를 소개하겠다. 필자가 얼마 전 주해시珠海市를 방문한 적이 있었는데, 그곳에는 등소평이 1992년 남방순회 당시 남겼던 담화문이 있었다.[10] 그는 중국에는 전 인구의 5%에 해당하는 5천만 명의 장애인이 있으며, 반드시 이 문제를 해결하고 그들을 돌보아야 하지만, 서구의 방법만을 따를 수는 없다고 말했다. 서구국가들 역시 이러한 문제를 완전히 해결하지 못했기 때문이다. 그는 우리 사회도 이 문제에 관심을 가져야 하지만, 가족의 역할도 중시하여, 가족 역시 이 책임을 일부 담당해야 한다고 보았다. 이 담화문은 동양 특히 중국 특유의 사상을 체현하고 있다.

---

10) 이 글은 그의 문집 안에도 있다.

그것은 바로 「대학」에서도 제시되었던 "수신제가치국평천하"이다. 이처럼 「대학」의 사상이 중국인의 마음속에 여전히 중요하게 자리 잡고 있음을 확인할 수 있다.

여기에서 한 가지 반드시 강조해야 할 점은 「대학」과 아래에서 다룰 「중용」에서 "신독愼獨" 개념이 제시되고 있다는 것이다. 신독은 사람은 혼자 있을 때 가장 방종하기 쉬우므로 이러한 때의 생각과 행위가 탈선하지 않고 예의와 도덕을 따르도록 하는 것이다. "신愼"자는 현대 중국어에서 "신중하다"라는 의미를 지니지만, "신독"에서의 "신"자는 "경외, 공경"(敬)이 더 주된 의미이다. 즉 사람은 혼자 있을 때 천지, 타인, 자신이 따르는 학설에 대해 일종의 존중과 공경의 마음자세를 가져야 한다는 것이다. 이는 인간의 정신에 대한 요구이기도 하다.

「중용」은 유가의 인생철학에 관한 편이다. 학자들은 대개 "중용"이 "행동을 할 때 양 극단을 취하지 않음"[11]을 강조하고, 모든 일에 "공경함"(敬)과 "진실함"(誠)을 출발점으로 해야 함을 주장한 것이라고 본다. "진성盡誠"에 대한 유가의 정의는 "입장을 바꾸어서 상대방의 처지에서 생각함"이다. 이는 상대방의 사정과 자신의 사정을 동등하게 두고 생각하라는 의미이다. 『논어』의 "자신이 바라지 않는 바를 다른 사람에게 하지 말라", "자신이 서고 싶으면 다른 사람을 세워 주고, 자신이 도달하고 싶으면 다른 사람을 도달시켜 주어라"[12]는 바로 "성誠"자에 대한 주해이다. 「중용」은 양 극단을 취하지 말라는 도리 및 공경함과 진실함에 대한 인식을 형이상의 경지에서 이성적이고 논리적으로 논했다.

---

11) "중용"의 문자적 측면에서 보면, 이렇게 해석하는 것도 일리가 있다.
12) 『論語』, 「雍也」, "夫仁者, 己欲立而立人, 己欲達而達人."

과거 중국인들은 중용에 대해 비판한 바 있다. 그들은 중용의 원칙이 명확한 원칙 없이 애매모호한 태도를 취하며 두루뭉술하게 행동하는 것으로 오해되었다. 그러나 중용은 그러한 의미가 아니다. 중용의 관점은 양자택일 혹은 친구 아니면 적이라는 식의 태도를 고수한다면 세계는 영원히 안정을 얻을 수 없을 것이기 때문에, 적을 친구로 변화시키고 나와 상대방 사이에 조화를 추구하면서 양자 간 교량을 놓아야 한다는 것이다. 이것이 바로 중용이다.

결국 가장 중요한 것은 "중中"의 개념이다. 그 어떤 사물에서건 극단적인 부분(일반적으로 양 극단)은 극히 작은 부분이다. 예컨대 막대자석의 플러스극과 마이너스극은 자성이 가장 강하지만 그 면적 자체는 매우 작다. 지구의 양 극단 역시 마찬가지이다. 남극과 북극은 그 면적이 매우 작다. 대부분의 면적은 아한대, 온대, 아열대, 열대 지역이 차지한다. 그리고 이 지역이 바로 만물이 생장하는 곳이다. 한 가지 더 예를 들어 보겠다. 만약 두 국가 사이에 전쟁이 벌어진다면 통상적으로 전쟁을 주장하는 사람들은 극소수이고 무기를 버리고 투항하자고 주장하는 사람들도 극소수이다. 절대다수의 사람들은 전쟁과 투항 사이에서 망설인다. 즉 갈등과 충돌에 직면했을 때 극단적 선택 사이에서 중절한 지점을 찾을 수 있다는 것이다. 중국인들은 바로 이 지점을 발견했던 것이다. 그리고 이것의 주된 방식은 대화이다. 대화를 통해 서로 의사소통한다면 점진적으로 모순을 해소할 수 있을 것이다. 물론 대화가 모든 저항을 포기한다는 의미는 결코 아니다. 만약 모든 타협이 결렬된다면 결국 스스로 방어하기 위해 나설 수밖에 없을 것이다. 다만 조건이 허용된다면 "중"을 선택해야 한다는 것이다.

요컨대 「대학」과 「중용」은 유가의 윤리를 인생, 세계, 우주와 매우 긴밀하게 연결하는 관점을 제시하였고, 논의의 수준을 형이상의 경지로 끌어올렸다. 훗날 그들은 중국 전통문화(특히 송명대 철학)의 핵심 문헌이 되었을 뿐만 아니라 세계 중국학계의 연구대상이 되었다.

송대 대학자 주희는 『논어』, 『맹자』, 『대학』, 『중용』을 묶어 사서四書로 불렀다. 원대 말기 이래로 사서는 과거시험의 중심 교과서가 되었고, 급격히 그 영향력을 확대했다. 이는 긍정적인 측면이다. 그러나 한 학설의 경전이 과거시험의 교과서가 되고서 그 지위가 굳어지자 학술이 경직되는 부정적인 측면도 존재했다. 이것은 양날의 검이었다.

송대에 이르렀을 때 중국의 유학은 더 이상 순수하게 공맹의 학설만으로 이루어진 것은 아니었다. 당시 유학은 도가와 불교 이론의 정수를 흡수하였고, 이러한 융합은 중국 형이상학을 한층 높은 수준으로 끌어올렸다. 송대 유학이 도달했던 수준은 당시 세계 철학에서도 가장 높은 수준이었고, 아우구스티누스(Aurelius Augustinus, 354~430)의 수준을 한참 넘어섰다. 이것 역시 현재 국제학술계 특히 유럽과 미국의 학자들이 송명리학에 관심을 기울이는 까닭이다.

3. 유가의 궁극적 문제

오경과 사서는 유가의 핵심 경전이다. 이것들을 외국인들에게 이해시키는 것은 매우 어려운 일이지만, 그중에서도 가장 먼저 해결해야 하는 것은 번역의 문제이다. 공자학원은 2010년에 열린 향산회의香山會議에서 여러 국가의 학자들을 초청하여 오경을 영어와 독일어 등의 언어로 번역하는 문제에 대해 논의했다. 참석자들은 모두 열의가 넘쳤지만 결국 그것이 매우 어려움을 깨닫고 물러날 수밖에 없었다. 간단한 예를 들어 보자면, "선善"을 번역하고자 할 때 과거 서구에서의 일반적 번역은 "goodness"였다. 그러나 자세히 살펴보면, 유가에서 말하는 선과 불교에서 말하는 선은 완전히 일치하지 않으며, 서구의 "goodness"와도 완전히 일치하지는 않는다. 서구의 선은 절대적으로 선하고 전능한 신을 기준으로 한 것이라면, 유가가 말하는 선은 일상생활 중에서 본심으로부터 발출되는 의식, 행위 등을 가리킨다는 점에서 근본적으로 구분되며, 결국 적합한 번역어를 찾을 수 없었다. 필자는 상대방의 핵심 이념 및 사상, 감정과 관련된 개념들에 대해 명확한 상호 이해가 있은 후에야 비로소 진정한 문화교류 및 문화적 포용이 가능하다고 생각한다. 그 전까지는 인仁은 "Ren"으로, 도道는 "Dao"로, 오경은 "Five-Jing"으로 과도기적 번역을 할 수밖에 없을 할 것이다.

과거에는 다음과 같은 논쟁도 있었다. 헤겔은 『소논리학』의 서언에서 중국에는 윤리학만 존재할 뿐 철학은 존재하지 않으며, 게다가 중국의 윤리학은 고도로 발달한 윤리학이 아니라는 관점을 제시했다. 그의 이 발언은 중국철학의 지위에 관한 논쟁을 촉발시켰다. 오늘날 여러 나라의 학자들은 이러한 견해가 잘못된 것임을 인식하고 있다. 세계의 문화가 다원적인만큼 철학 역시 민족 및 지역에 따라 특색을 가지며 저마다의 체계를 가지기 때문이다. 중국철학의 체계는 오경과 공자에게서 그 싹을 보았다. 이후 맹자가 이를 계승하였고, 여러 왕조의 학술적 축적을 거쳐, 송명대에 이르러 불교와 도교의 정신(예컨대 불교의 사변)을 흡수하면서 점진적으로 독자적인 철학체계를 형성하고 완성해 갔던 것이다. 서양철학은 기독교신학과 그리스철학 간 결합의 산물이며, 이후 라이프니츠, 칸트, 헤겔 등을 거치면서 심화되어 자신들의 철학체계를 갖추었다. 만약 이러한 서양철학의 기준을 일률적으로 적용한다면 중국뿐 아니라 그 어떤 문화에서도 서양철학과 같은 방식의 철학체계를 찾을 수 없을 것이다. 왜냐하면 중국은 일신론을 주장하지도, 이원대립적 분석방법을 주장하지도 않았으며, 독자적인 철학 이념을 지녔기 때문이다. 만약 중국철학의 입장에서 오직 중국철학만이 절대적이고 보편적인 기준이라 여긴다면, 이것은 곧 서양에는 철학이 없다고 말하는 것이 된다. 이러한 관점들은 명백히 잘못된 것이다.

선진시기 오경에 담겨 있던 철학사상은 천 년이 넘는 발전을 거쳤으며, 여기에 불교 및 도교와 융합되고 영양분을 상호 흡수하였다. 그리고 마침내 송대에 이르러 형이상적 층위에 도달했다. 필자는 이것이 역사의 필연이라고 생각한다. 어떤 민족이든 우주와 인생에 대해 더 높은 수준의 깨달음을 추구하게 되면 필연적으로 형이상적 층위로 올라서고자 하기 때문이다.

옛사람들 역시 이 점을 잘 이해했다. 기원전 2세기 중국의 위대한 역사가인 사마천은 "천인관계를 궁구하다"(究天人之際)라는 말을 한 적이 있다. 즉 우주와 인간의 관계를 최종적으로 알아낸다는 것이다. "궁구하다"(究)는 끝까지 탐구한다는 뜻이다. "천天"은 자연(nature)이지 인격신이 결코 아니다. 이러한 천 즉 하늘과 인간 사이에는 도대체 어떤 관계가 있다는 것일까? 아마도 이에 대해서는 정태적으로 설명하기 어려울 것이다. 이것은 동태적으로 발전하는 것이므로, 이에 맞추어 탐구해야 할 것이다. 천인관계에서 인간은 결코 피동적이기만 한 존재가 아니다. 인간 역시 주체성을 가지고 있다. 다만 모든 것을 주재할 수는 없을 따름이다. 우리는 이러한 복잡한 문제를 보다 명쾌하게 만들 필요가 있다. 사마천 역시 그 자신이 이러한 문제에 답을 낼 수 없음을 잘 알고 있었을 것이다. 이러한 문제는 영원히 탐구되어야 할 것이다. 왜냐하면 자연에 대한 인식, 인간 자신에 대한 인식은 결국 끊임없이 제고되어야만 하며, 학자들도 세대를 거듭하면서 이러한 것들을 탐구해야 하기 때문이다. 오늘날 세계 학술계의 추세는 결코 사마천의 예언을 벗어나지 않고 있다. 중국과 서양의 철학자들은 고금을 막론하고 항상 이 문제를 탐구하고 있다.

뒤이어 사마천은 "고금의 변화를 관통한다"(通古今之變)고 말했다. 어째서 고금의 변화를 관통해야 하는 것일까? 사마천은 상고시대로부터 한 제국이 건설되기까지 수천 년의 시간 동안 수많은 변화가 발생했는데, 이러한 변화로부터 필연성과 보편적 법칙성을 발견해서 오늘날과 고대를 연결시키는 것이 바로 "관통"(通)이라고 본 것이다. 이 "관통"은 고대사회와 그 속에 속했던 사람들에게 어째서 그러한 변화가 발생했고, 오늘날에는 또 어째서 이러한 변화가 발생하고 있으며, 이 두 변화 사이에는 어떠한 관계가 존재하는지에 대한 이해를 모두 포함하는 것이다. 이러한 질문들은 결국 우주와 인간 사이의 문제로 귀결된다. 이 문제는 상고시대로부터 오늘날에 이르는 변화의 동력이자 궤적, 법칙이며, 가장 고급의 학문이자 가장 궁극적인 문제이다.

"천인관계를 궁구하고 고금의 변화를 관통한다"는 중국의 특색을 매우 선명하게 보여 주는 말이며, 유가의 모든 경전들은 결국 이 두 문제를 해결하기 위한 것이라고까지 말할 수 있을 것이다. 중국의 시간관념은 약 사천 년 전 형성되었으며, 따라서 이 시기에 이미 역사에 대한 관념도 시작된 것으로 보인다. 현대 독일 철학자 하이데거는 시간을 철학 연구의 대상으로 삼았는데, 이 문제는 고대 중국인들이 이미 수천 년 전부터 탐구해 왔다. 『춘추』에서 『청사고淸史稿』에 이르는 3000~4000년간의 시간 동안 중국의 역사기록은 결코 단절되지 않았으며, 시간이 갈수록 상세해졌다. 3000년 전부터는 어떤 왕의 치세 기간 발생했던 큰 사건에 대해서 알 수 있고, 2700년 전부터는 각 연도별로 그해 발생한 중대한 사건을 알 수 있으며, 기원전 1세기 이후부터는 월 단위로 그달에 발생한 중대한 사건에 대한 기록이 있고, 6~7세기 이후로는 일 단위로 기록이 있다. 형이상적 관점에서 보았을 때 이것은 시간에 대한 중시로 인해 형성된 역사관이다. 이러한 역사관은 오늘날에도 변함이 없다. 예컨대 최근 시진핑(習近平) 국가주석의 담화들만 보아도 역사 관념과 시간관념이 충만해 있음을 알 수 있다.

중국에는 "수사修史"라는 특유의 명사가 있다. 여기에서 "수修"자는 (역사를) 기록하고, 편집하며, 수정하고, 완성한다는 의미이다. 바로 이러한 전통으로 인해 기원전 11세기경 중국인들은 이러한 선대의 토대 위에서 사회생활 및 국가통치에 있어 핵심적인 몇 가지 관념들을 도출해 냈다. 첫째는 신이 아닌 "인간을 근본으로 여긴다"(以人爲本)이며, 둘째는 위정자는 높은 도덕성을 지녀야 한다는 것이고, 셋째는 예악을 통해 사람들은 인도하고 단속한다는 것이다. 이 중에서 첫 번째와 두 번째 항목은 『상서』에 명확하게 체현되어 드러났다.

몇 세기가 지난 후 공자는 높은 도덕성 및 인간에 대한 존중이라는 토대 위에서 이러한 이념을 총결산하고 승화시켜서 이론체계를 성립시켰다. 그리고 몸소 이를 실천함으로써 모범이 되었다. 그는 평생토록 중화문화 안에서 다음 네 가지 관계를 정리하기 위해 힘썼다. 첫째, 인간과 인간의 관계이다. 이는 개인과 공동체 간의 관계, 공동체와 공동체 간의 관계를 모두 포함한다. 둘째, 인간과 자연의 관계이다. 셋째, 인간 자신의 영혼과 육체 간의 관계이다. 이것은 곧 물질로서의 육신과 정신, 영혼 간의 관계이다. 넷째, 현재와 미래의 관계이다. 이 네 가지 관계의 총결산을 통해 공자는 앞선 이천 년이 넘는 시간 동안의 중화문화의 정화를 집중시켰고, 그리하여 중화문화는 하나의 고정된 형태를 이루게 되었다.

그리고 공자 이후 2500년의 시간 동안 사람들은 의식적이건 무의식적이건, 그의 근본이념을 이해했건 이해하지 못했건 간에 모두 그의 가르침을 따랐고, 중국의 문화정체성을 형성하게 되었다. 지난 2500년 동안 무수한 외적의 침략을 당하고도 자신들의 문화전통을 고수하면서 끝내 통일을 이루어 내고 분열하지 않을 수 있었던 이유가 바로 여기에 있다. 한 왕조의 어떤 학자는 "백성들은 매일 행하면서도 (그 근본 이치를) 모른다"(百姓日用而不知)고 말했다. 이를 오늘날의 말로 바꾸면, 공자가 정형화시킨 문화는 이미 중국인들의 유전자 속에 깊게 새겨져 있다는 것이다.

4. 신비감의 극복

십삼경은 중국인의 윤리, 신앙, 예술, 미학에 관한 경전이며, 세계 주요 종교들의 경전들과 마찬가지로 유구한 역사를 지니고 있다. 그러다 보니 자연스럽게 이들과 유사한 성격도 띠게 되었다. 그 중 대표적인 것

세 가지를 아래에서 다루도록 하겠다. 과거 중국과 서구의 교류가 단절된 적이 있던 관계로, 중국문화는 세계 여러 나라에 알려질 기회가 적었고, "신비한 중국문화"라는 이미지가 덧씌워졌다. 십삼경과 주요 종교 경전들 간의 유사점을 논하는 것은 바로 이러한 신비감을 극복하기 위함이다.

세계 주요 종교 경전들과의 첫 번째 유사점은 유가경전 역시 매우 장구한 형성과정 및 전승 기간을 가졌다는 점이다. 십삼경은 대략 기원전 12세기부터 기원전 4세기까지 800여 년에 걸쳐 형성되었다. 그 후 오늘날까지 그대로 전승되었으니, 십삼경 중 가장 오래된 문헌은 약 3300년의 역사를 지닌 셈이 된다.

두 번째 유사점은 유가경전 역시 백과전서의 형식으로 구성되었다는 점이다. 이는 유가경전 속에 중화민족의 역사, 문학, 제도, 예제, 습속, 언어, 철학 등 모든 방면의 지식이 들어 있다는 의미이다. 유가경전이 오늘날까지도 중국인의 삶에 영향을 끼치고 있는 것은 이러한 성격과 깊은 관련이 있다.

세 번째 유사점은 중국인들은 이천 년이 넘는 시간 동안 유가경전에 대한 해석을 멈추지 않았다는 것이다. 예전에 어떤 박사과정 학생이 유가경전에 대한 수많은 해석 중 우리는 어떤 것을 믿어야 하냐고 질문한 적이 있다. 필자는 중화문화를 연구하는 모든 이들에게 우선 원전을 읽을 것을 권한다. 『오경』, 『논어』, 『맹자』 및 『예기』의 몇몇 편들을 읽고, 그다음 한·당·송·명의 주석을 읽어야 한다. 우리는 각 시대의 경전 해석들을 모두 존중할 필요가 있다. 이 세상 누구도 자신의 해석만이 절대적으로 옳다고 감히 말할 수 없을 것이다. 따라서 우리는 각 시대의 해석들이 모두 하나의 창조이자 학술과 사상을 발전시켰던 것임을 인정해야 한다.

그러나 우리는 그들을 뒤섞어서는 안 된다. 예컨대 송대 유가의 사상을 공자의 사상과 동일시해서는 안 된다. 현대 서구학자들은 송대 유학을 가리켜 "신유학"(Neo-Confucianism)이라고 부르는데, 필자는 이 용어를 사용하지 않는다. 대신 송대 유학 혹은 송명유학 등의 용어를 사용한다. 왜냐하면 신유학이라는 용어는 유학이 변했다는 의미를 함축하는데, 사실 유학은 변하지 않았기 때문이다. 물론 송대 유학이 취사선택을 하기는 했지만 이것은 "신한학新漢學"의 문제일 뿐이다. 필자는 "신한학"이라는 용어에 동의한다. 유가의 학설은 이천 년이 넘는 시간 동안 중단된 적이 없으며, 후세의 발전 역시 공자사상과 학설이라는 유전자를 바탕으로 이루어진 것이다. 어린 싹이 자라서 거대한 나무가 되듯이 말이다. 그리고 주희와 왕양명 등의 학자들은 아마도 그 나무의 열매와 잎에 해당될 것이다. 물론 그 유전자는 공자의 것이다. 이렇게 유학을 보면 수많은 오해들이 해소될 것이다.

따라서 우리는 여자의 발이 커지지 못하게 묶어 주는 전족纏足이라든가, 남편이 죽으면 아내가 재혼하지 못하게 한다는 등의 풍습들이 결코 공자의 사상으로부터 나온 것이 아니며, 후대에 더해진 것임을 알 수 있을 것이다. 나무에 벌레가 있다면 그 벌레를 잡으면 되는 것이다. 우리는 그렇게 함으로써 공자로 돌아가야 한다. 주희 등의 학자들이 위대한 이유는 답습에 그친 것이 아니라 창조를 했기 때문이다. 그들의 창조는 시대적 특색을 지니고 있다. 『성경』, 『코란』과 마찬가지로 유가는 현대사회에 적응하기 위해서는 반드시 새롭게 해석되어야 하며, 이러한 새로운 해석은 우리들의 인식 수준을 더욱 깊게 해 줄 것이다.

여러 외국인들은 중국문화는 신비하고 유가경전도 신비하다고 여기지만, 위에서 언급한 유사성들이 있음을 인식한다면 더 이상 이러한 신비감을 가지지 않을 것이다. 중국인의 입장에서 보면 기독교의 『성경』은 매우 신비한 느낌을 줄 것이고, 인도의 브라만교도 인도 이외의 문화권에 매우 신비한 느낌을 줄 것이며, 이슬람교의 『코란』에 대한 헤아릴 수 없는 주석들 역시 무슬림이 아닌 사람들에게는 매우 신비한 느낌을 줄 것이다. 우리는 이해할 수 없는 대상에 대해 신비감을 느낄 수밖에 없다. 그러나 그 대상의 핵심을 파악하고 그들의 전모를 이해하게 된다면 이러한 신비감은 사라질 것이다.

최근 30년 동안 유가경전을 연구하는 중국인들이 다시 급증하고 있다. 노인으로부터 아이에 이르기까지, 학자에서 기업인에 이르기까지, 그들은 모두 옛사람들로부터 중화문화의 정수를 흡수하고, 이를 통해 자신의 길을 걸어갈 뿐 아니라 미래에 어떻게 조화와 평화를 실현할 것인지에 대해 사고하고자 하는 것이다. 중국에서 일정 기간 이상 거주한 외국인들은 여러 도시에 수많은 유가경전 교실과 학원이 있는 것을 발견했을 것이다. 이는 경제가 급속히 발전하고 물질적 생활수준은 끊임없이 개선되었지만, 이와 반대로 인간 내면의 윤리, 도덕, 책임, 의무 등이 점차 상실되었기 때문이다.

사실 이는 중국뿐 아니라 전 세계가 마주하고 있는 문제이다. 현재 전 인류는 시장경제의 물질만능주의가 가져온 도구이성과 과학기술에 대한 잘못된 믿음 및 경제적 세계화와 미디어의 발달 등으로 인해 고통을 받고 있다. 각각의 문화들은 모두 자신들의 신앙의 원전으로 돌아가서 그 원전을 가지고 오늘날을 비추어 보아야 할 것이다. 오늘날의 시장경제와 국제관계는 예수의 이상에 부합하는 것인가? 현재 중국 사회의 모습은 공자의 이상에 부합하는가? 우리 모두는 이러한 것들을 성찰해야 하며, 그 후 다시 모여 앉아 대화를 진행하고 서로에 대해 이해해 간다면 평화는 반드시 실현될 것이다. 우리는 성현들의 가르침을 모두 망각한 채, 마치 눈을 가리고서 길을 가다가 낭떠러지에서 굴러 떨어지고도 무슨 일이 생겼는지조차 모르는 것처럼 해서는 안 될 것이다.

최근 30년 동안 중국에서는 민간차원에서 역사에 대한 회귀, 추억, 연구가 들불처럼 번지고 있다. 이는 결코 우연한 현상이 아니다. 이 현상은 원시유가가 사람들의 마음에 심대한 영향을 끼쳤음을 증명해 주는 것이다. 만약 중국 윤리와 철학의 기본적인 핵심들을 파악했다면, 우리는 이러한 현상을 표면을 넘어 심층까지 꿰뚫어 볼 수 있을 것이고, 그 심층적 요소들이 어떻게 작용하는지 이해할 수 있을 것이다. 만약 그렇지 못했다면, 우리는 그저 현상의 표면만 보고 본질은 보지 못하게 되어 결국 자신이 속한 민족도 이해하지 못하게 될 것이고, 외국인들 역시 중화민족을 이해할 수 없게 될 것이다. 중화민족이 긴 역사 동안 거둔 탁월한 성과들을 반추하고 세계 모든 민족들의 성취를 흡수하여 현대 중국문화를 건설할 때, 우리는 비로소 중화문화가 부흥했다고 말할 수 있을 것이다. 필자에게 있어 방금 언급한 세 문장은 결코 철회할 수 없는 확고한 입장이다.

우선 우리는 "되새김질"을 해야 한다. 소는 아침 일찍 들판에 나가서 엄청난 양의 풀을 뜯어먹고 우리로 돌아와 먹었던 풀들을 다시 천천히 되새김질한다. 현재 우리는 세계 여러 민족들의 우수한 성과들을 대량으로 흡수해야만 한다. 이러한 흡수의 대상은 우선적으로 유럽과 미국의 문화가 되겠지만, 인도문화, 아프리카문화, 남태평양문화도 결코 배척해서는 안 될 것이다. 이러한 되새김질이 끝난 다음에는 흡수한 영양분들을 우리의 몸 각 부분으로 보내야 한다. 이것은 바로 문화건설에 해당하는 일이다. 이 목표에 도달했을 때 우리는 비로소 중화문화의 부흥을 완전한 의미에서 실현했다고 할 수 있을 것이다.

사실 이러한 주장은 다음과 같은 이들을 겨냥한 것이다. 어떤 이들은 공맹을 선전하는 것이 곧 중국문화의 부흥이라고 여기며, 심지어 공맹의 학설을 서구의 르네상스운동에 견주기까지 한다. 하지만 이것은 르네상스운동에 대한 오해이다. 르네상스운동에는 두 뿌리가 있다. 하나는 아랍어로 번역된 그리스로마 문헌이다. 유럽 학자들은 이들을 발견하고서 라틴어로 번역했다. 그리고 그 과정에서 새롭게 눈을 떴다. 다른 하나는 『논어』, 『노자』 등의 중국 경전들이다. 당시 중국에 와 있던 선교사들은 이들 경전을 번역해서 유럽의 학자들이 동양의 지혜 특히 인본주의를 접할 수 있게 해 주었다. 기독교 정신, 그리스로마의 철학에 동양의 지혜가 더해져서 르네상스의 인문주의가 탄생했던 것이다. 여기에서 우리는 르네상스운동 역시 자신들의 문화를 반추하고 기타 여러 문화들을 흡수했음을 확인할 수 있다. 중국문화의 부흥 역시 이와 같아야지, 서구 르네상스에 대한 오해 혹은 단편적 이해 위에 자신들의 이념을 세우려 해서는 안 된다. 이러한 의미에서 말하자면, 중화문화의 부흥이란 공자와 맹자로 돌아가고 과거를 돌아보며 우주로 눈길을 돌리고 미래에 대해 사고하면서 넓은 마음으로 자신과 타 민족의 문물을 대하는 것이다.

소림사少林寺에는 「삼교구류도三敎九流圖」라는 그림이 있다. 이 그림은 팔괘도와 마찬가지로 원의 구조를 지니고 있다.

그림에 대한 본격적인 설명에 들어가기에 앞서 잠시 소개하자면, 중국인들은 원에 대해 매우 특별한 감정을 지니고 있다. 왜냐하면 원은 "중용”을 상징하기 때문이다. 원 둘레에 있는 모든 점들은 원의 중심과 동일한 거리를 가지며, 오직 원 만이 사각死角이 존재하지 않는다. 만약 원을 따라 걷게 된다면 어떠한 걸림도 없이 한 바퀴를 돌 수 있다. 다각형의 경우 몇 차례 방향을 바꿔야 할 테지만, 원에서는 자신도 모르는 사이에 방향을 조금씩 바꾸게 되므로 애써 무리할 필요가 없었다. 따라서 중국인들은 이 원에 대해서 매우 흥미를 느꼈다. 예컨대 달의 경우에는 음력 추석의 보름달을 좋아하며, 이날 중국인들은 (원형인) 월병을 먹는다. 또한 정월대보름달도 원형이며, 서로 “원만圓滿”(완전하여 빠짐이 없음)을 기원한다. 여기에서 “원만圓滿”은 중국인들이 회의의 성공을 기원할 때도 사용하는 말이다. 또한 대만에서는 판다를 “단단團團”, “원원圓圓”이라고 부른다.

「삼교구류도」에서 정면에 보이는 사람은 부처이며, 왼쪽은 공자, 오른쪽은 노자이다. 즉 유·불·도가 하나의 원 안에서 하나가 되는 것이다. 그래서 이 그림의 제목이 「삼교구류도」인 것이다. “삼교”는 유·불·도이며, “구류”는 모든 학설을 가리킨다. 이 그림은 모든 학파는 하나의 이치로부터 나왔으며 모든 방법은 하나의 문으로 통한다는 의미를 표현하고자 한 것이다. 그 어떤 학설, 신앙 심지어 만사만물에 이르기까지 그 기원은 하나이며, 우리는 이들을 세밀하게 나눌 수도 있지만 이들을 대하는 방법 역시 하나라는 것이다. 이것이 바로 중국인들의 관념이다.

필자의 고향에는 전剪씨 성을 가진 예술가 한 분이 살고 계셨는데, 그는 조각칼을 이용하여 붉은 종이로 전지剪紙를 만들고 ‘화하가 한 가족이며, 모두 같은 꿈을 꾼다’(華夏一家人, 同爲圓夢人)라는 제목을 붙였다. 이 그림 안에는 남녀 56쌍의 사람들이 있는데, 이들은 중국의 56개 민족을 대표하고 있다. 각 민족의 사람들은 모두 저마다 다른 자세로 춤을 추거나 동작

화하가 한 가족이며, 모두 같은 꿈을 꾼다

◀삼교구류도

을 취하고 있다. 이러한 것들은 각 민족문화 특유의 것들이다. 이 작품은 56개 민족 모두가 중화민족이라는 대가족적 분위기 안에서 저마다 자신들의 민족문화를 발전시켜 나가야 한다는 의미를 담고 있다.

어째서 그렇게 해야 하는 것일까? 중국몽中國夢을 공유하기 때문이다. 고대에서 현대에 이르기까지 중국은 항상 소강사회와 대동사회의 이상을 실현하기 위해 노력해 왔으며, 지금도 그 도상에 있다. 각 민족들은 이 도상에서 저마다의 특색을 발휘하며 원만한 가족을 함께 구성하여 "천하의 사람들 모두 형제"(四海之內皆兄弟也)의 경지를 실현해야 할 것이다. 필자 또한 이 그림을 그렸던 화가가 언젠가는 전 세계인들이 하나의 가족이고 서로 형제자매가 되는 것을 주제로 한 작품을 내놓길 희망한다.

야스퍼스(Karl Jaspers, 1883~1969)는 매우 유명한 "기축시대"(Axial Age) 이론을 제기했다. 그의 이론에 따르면 우리는 아직까지도 2500여 년 전 기축시대의 사상 범위를 벗어나지 못하고 있다. 현재 인류문명은 어디로 가야 할지 모른 채 갈림길 앞에 서 있다. 과연 미래에 새로운 기축시대가 도래할 수 있을까? 이는 전 지구적 차원의 가설이다. 현재 우리는 세계 여러 민족들의 성취를 흡수하여 현대 중국문화를 건설하여 중화문화의 부흥을 실현하는 과정에 있다. 한 가지 확실한 것은 부흥 이후의 중화문화는 도덕을 중시하고 자신의 무한한 욕망을 억제하며 진실함을 추구하고 애정이 넘치는 문화일 것이라는 점이다. 이러한 문화야말로 세계에 유익하며 갈등과 분쟁을 막는 문화라 할 수 있다. 거대한 우주와 비교할 때 인간은 너무나 미미한 존재이다. 대자연이 인간을 빚어냈건 신이 인간을 창조했건 간에, 가장 중요한 것은 인간이 화목하게 공존하는 것이다. 중국은 바로 이러한 목적을 위해 전 세계를 향해 자신의 문화를 소개하는 동시에 여러 나라의 문화를 흡수하기 위해 노력하고 있는 것이다.

제7강 훈고학과 경학 그리고 문화

훈고학은 한때 중국에서 그 명맥이 끊어졌었다. 개혁개방 이후 필자와 몇몇 동지들은 훈고학을 다시 진흥시키려는 노력을 여러 해에 걸쳐 전개하였고, 이러한 노력의 결과 중국의 약 백여 곳의 대학이 훈고학 과목을 개설하기에 이르렀다. 그러나 아직까지도 중국의 고등교육기관 중 단 한 곳도 훈고학을 필수과목으로 선정하지 않고 있다. 여기에 경제논리의 세찬 조류로 인해 학술계도 조급함에 시달리게 되었고, 훈고학 역시 위축되었다. 그래서 필자가 알기로 현재 훈고학을 선수과목으로 선정한 학교는 채 열 곳도 되지 않을 것이다. 현재 국학 진흥 운동은 우리 학자들로 하여금 옛 성인들과 철학자들이 남긴 유산을 다시 한 번 읽고 연구할 것을 요구하고 있지만, 이른바 대학자라고 하는 이들조차 사실상 문맹의 수준을 벗어나지 못하고 있으니, 참으로 안타까운 현실이다.

이러한 관점에서 보면 이 분야는 결코 외면 받아서는 안 될 것처럼 보인다. 그러나 최근 훈고학은 갈수록 비인기 분야가 되어 가고 있다. 왜냐하면 훈고학 영역에서는 매년 2~3편의 논문 실적을 올려야 하는 교수 개인 연구할당량을 채울 수 없기 때문이다. 게다가 이 분야는 졸업 전에 핵심 학술지(核心期刊, 한국의 등재학술지에 해당)에 2~3편의 논문을 등재해야 하는 박사과정 학생이 전공하기에도 부적합했다. 왜냐하면 훈고학은 피나는 노력과 높은 숙련도를 필요로 하지만 성취는 느린 분야이기 때문이다. 이처럼 현재의 학술실적 평가방식은 과학적 원칙에 위배되는 면을 지니고 있다. 그리하여 현재 아주 적은 수의 학생만이 큰 관심이 쏟아지기는 하지만 매우 인기가 없는 이 학문에 도전하고 있다.

이 7강의 내용에 대해 간략하게 소개하겠다. 첫째, 훈고학을 다룰 것이다. 그러나 여기에서 훈고학의 내용, 방법, 기술 등을 자세히 설명하는 것은 불가능하다. 그러므로 필자는 훈고학에 대한 아주 기본적인 이해를 돕는 선에서 설명을 하겠다.

둘째, 경학을 다룰 것이다. 경학은 "육예六藝" 즉 『시경』, 『서경』, 『예』, 『주역』, 『춘추』, 『악경』을 연구하는 학문이다. 이 중 『악경』은 이미 유실되었다. 몇몇 학자들의 고증에 따르면 『예기』의 「악기」편이 『악경』의 대략적인 내용이라고 한다. 따라서 육예는 사실상 『오경』을 의미하게 된다. 이 중 『예』는 『주례』, 『의례』, 『예기』로 나누어지며, 『춘추』에는 "삼전三傳" 즉 『춘추공양전』, 『춘추곡량전』, 『춘추좌씨전』이 있다. 『예』 중 가장 일반적으로 읽히고, 사회윤리, 도덕, 세계관에 직접적인 영향을 끼친 것은 『예기』이다. 그리고 춘추삼전 중에서 이천 년이 넘는 시간 동안 가장 많이 읽히고, 문학, 예술, 역사에 중대한 영향을 끼쳤던 것은 『춘추좌전』이다. 『춘추공양전』과 『춘추곡량전』은 정치 및 사상 면에서 후세 사람들에게 많은 깨달음을 주었다. 그 영향을 받은 인물들 중에는 저 유명한 강유위康有爲(1858~1927), 양계초梁啓超(1873~1929), 담사동譚嗣同(1865~1898) 등도 있다.

앞서 언급한 바 있듯이, 필자는 중국 및 외국의 유명한 학자들과 합동으로 오경의 영문번역을 추진하고 있다. 우리들은 『시경』, 『서경』, 『주역』, 『예기』, 『춘추좌전』을 번역하고자 한다. 이 중 『예기』, 『춘추좌전』은 위에서 언급한 이유 때문에 예경들과 춘추삼전 중에서 특별히 선발되어 포함되었다. 예전에 필자는 이 다섯 경전에 관해 대선배인 탕일개湯一介 교수에게 가르침을 청한 적도 있었고, 미국 학자 에임스 교수와 오경 번역 문제에 관해 토론을 한 적도 있었다. 이 강의 첫머리에서는 이 분야가 매우 인기가 없다고 말했지만, 이는 어디까지나 국내에서의 사정이고, 해외에서는 상당한 관심이 쏠리는 분야이다. 이는 매우 이상한 현상이다. 지금 필자가 이러한 것들을 말하는 이유는 오경 혹은 육예의 학문은 곧 중화문화의 영혼이기 때문이다. 누군가 중화문화에 대해 논하고자 한다면, 그 내용은 결국 문화현상의 심층 혹은 중화문화의 뿌리 즉 중화민족의 윤리관, 가치관, 세계관, 심미관으로 귀결된다. 그리고 오경은 철학의 차원에까지 도달하는 이러한 내용들을 모두 담고 있다.

셋째, 문화에 대해 설명할 것이다. 지금까지도 필자는 문화와 문명의 관계를 선명하게 이해하지 못하고 있다. 한 번은 에임스 교수와 연구 활동을 한 적이 있었는데, 그는 정확하게 "당신뿐만 아니라 나 역시 그렇다"고 말했다. 따라서 필자가 여기에서 말하는 문화를 문명이라고 이해해도 문제는 없을 것이다. 문화와 문명은 대략적으로는 구분될 수 있지만, 양자를 절대적으로 구분하거나, 서구의 분석철학에서처럼 두 개념을 대립시켜서 정확하게 경계를 짓는 일은 그 누구도 할 수 없을 것이다. 이는 보다 광의의 의미로 문화를 이해하는 것만 못할 것이다. 아래에서 필자는 문제 제기, 훈고학과 경학, 훈고학과 문화, 훈고학과 해석학, 훈고학의 방법·범위·목적 및 목표, 훈고학의 현황과 전망 등 여섯 개의 절을 통해 논의를 진행하도록 하겠다.

1. 문제 제기

필자가 훈고학에 대해 논하는 것은 다음의 두 가지 문제에 대해 고찰하기 위함이다. 첫째, 근 백 년 동안 훈고학은 줄곧 "경학의 시녀" 취급을 받아왔다. 이러한 관계는 5·4운동[1] 이후 특히 최근 몇십 년간의 탄압과 고초를 겪으면서 더욱 분명해졌다. 이 점은 필자가 당시 훈고학을 연구하고 가르치는 과정에서 느꼈던 바이다. 둘째, 필자는 "훈고학은 의미학이다"라는 정의에 대해 동의했을 뿐만 아니라 이를 직접 글에 쓰기도 했다. 하지만 이에 대해서는 그 당시에도 다소 의문이 있었으며, 이제는 그 의문이 보다 분명해졌다. 한마디로 말해서, 이 두 문제는 훈고학이 경학 및 문화와 맺는 관계에 관한 문제이다.

2. 훈고학과 경학

훈고학이 경학의 시녀라는 관점은 양계초가 『중국근삼백년학술사中國近三百年學術史』에서 한 말에서 전형적으로 드러난다.

소학은 본래 경학의 시녀이고, 음운학은 소학의 시녀이다. 그러나 청대 유자들은 오직 이러한 방면에서만 힘을 쏟고 가장 주의했으니, 이러한

---

1) [역자주] 5·4운동: 1919년 5월 4일 중국 북경의 학생들의 주도 하에 전개된 운동이다. 최초 이 운동은 일본의 제국주의적 침략에 반대하는 운동이었지만, 전개과정에서 반봉건주의적 성격을 띠게 된다. 이 운동은 중국 사회, 문화, 정치 등 제 방면에 심대한 영향을 끼쳐서, 중국 근현대사의 분기점이 되는 사건으로 평가된다.

것들은 이미 한참 동안 "거대한 제국을 이루었다."

여기에서 양계초가 말하는 "소학"이란 훈고학, 음운학, 의미학 등을 모두 포괄하는 범주이다. 양계초의 학식과 영향력으로 인해, 이 말은 세상에 나옴과 동시에 경전이 되었다. 우리는 성급하게 이 말의 옳고 그름을 따질 필요는 없다. 우선 그의 말을 찬찬히 살펴보자.

"소학은 본래 경학의 시녀였다." 여기에서 "본래"는 매우 중요한 의미를 지닌다. 그는 "소학은 '여전히' 경학의 시녀였다" 혹은 "소학이란 경학의 시녀이다"라고 말하지 않았다. 즉 양계초는 훈고학이 청대 이전에도 경학의 시녀였다고 보았던 것이다.

"음운학은 소학의 시녀이다." 이는 음운학이 훈고학보다 하찮은 학문이라는 것이다 "시녀"(附庸)란 어떤 의미인가? 이는 춘추시대 부용국附庸國[2])과 같은 것으로, 주인의 노비라는 것이다. 만약 경학이 존재하지 않았다면 훈고학 역시 존재하지 않았을 것이고, 훈고학이 존재하지 않았다면 음운학 역시 존재하지 않았을 것이라는 말이다.

"그러나 청대 유자들은 오직 이러한 방면에서만 힘을 쏟고 가장 주의했으니, 이러한 것들은 이미 한참 동안 '거대한 제국을 이루었다.'" 여기에서 "그러나"는 매우 중요한 전환을 의미하며, 이는 "본래"와 호응한다. 즉 청대에 이르러 훈고학은 더 이상 시녀의 위치에 머무르지 않고 독립적 학문이 된 것이다. 이는 『중국근삼백년학술사』, 『청대학술개론淸代學術概論』 및 기타 글에 나타난 양계초의 관점과 일치하는 것이다. 즉 그는 청대

---

2) [역자주] 附庸國: 제후의 다섯 등급 안에 들지 못하는 소규모 제후국으로, 규모가 크고 지위가 높은 제후국을 종주국으로 섬겼다.

학자들이 훈고학에만 힘을 쏟고 주의를 기울였으며, 경학에 대해서는 힘을 기울이지 않았다고 본 것이다. 그의 관점대로라면 청대 유자들은 결국 "과학을 위한 과학"을 했던 셈이 되는 것이다. 양계초는 무술변법戊戌變法 때에는 개혁파였다가 훗날 황제를 지지하는 보황파保皇派가 되는데, 그의 이러한 사고과정이야말로 그의 사상이 서구 학문의 시녀였음을 증명해 주는 것이다. 왜냐하면 19세기 서양에서는 예술을 위한 예술, 과학을 위한 과학을 주창했으며, 이렇게 해야만 진정한 예술이고 진정한 과학이라고 여겼다. 그는 이러한 것들을 중국에 전파시켰으며, 훈고학을 독립적 학문으로 인정해 버렸다. 왜냐하면 그는 훈고학이라는 학문이 경학 혹은 문화에 기여한다고 보지 않았기 때문이다. 청대 대학자들의 글을 읽다 보면, 우리는 그들이 한 글자의 의미 혹은 판본 문제를 고증하는 것에 만족하고, 이로 인해 사회적으로 우러름을 받는 것을 발견할 수 있다. 글자 하나의 문제를 해결하는 것이 오경을 이해하고 중국문화를 이해하는 것에 무슨 기여를 하는가는 여기에서 중요한 문제가 아니다.

필자가 이러한 말을 하는 것은 양계초의 견해에 동의하지 않기 때문이다. 필자는 학문함에 있어 중요한 첫 번째 항목이 바로 회의주의라고 생각한다.[3] 근거만 충분하다면 아무리 권위 있는 결론이라 하더라도 충분히 뒤집을 수 있어야 한다. 그렇지 않으면 역사는 짐이 되고 "대가"는 걸림돌이 될 뿐이다.

필자가 양계초의 견해에 동의하지 않는 이유는 두 가지이다. 첫째, 훈고학이 경학의 시녀라는 것은 사실에 부합하지 않는다. 둘째, 훈고학을 시녀로 취급하는 목적은 훈고학을 순수이론으로 만들려는 것이지, 관심

---

3) 두 번째, 세 번째 항목은 뒤에서 밝히도록 하겠다.

의 범위를 확장하고 더 많은 문헌을 연구하려 한 것이 아니다. 그렇다면 그의 주장이 사실과 부합하지 않는다는 근거는 무엇일까? 사례를 들어 설명해 보겠다. 『이아爾雅』는 결코 경전 해석만을 위해 지어진 문헌이 아니다. 『이아』는 본래 사전이었으며, 송대에 이르러 경전의 반열에 올랐다. 어떤 이들은 『이아』가 경전 해석을 위해 지어졌다고 주장하는데, 그 주요 근거 중 하나가 바로 『모전毛傳』(毛詩故訓傳의 약칭)의 글자 해석이 『이아』와 많은 부분 일치한다는 것이다. 공영달은 한 걸음 더 나아가 『모전』을 해석할 때 "「석고釋詁」편의 글", "「석훈釋訓」편의 글" 식으로 『이아』의 편명을 직접 언급했다. 이는 『모전』의 해석이 『이아』로부터 왔다고 본 것이다. 그러나 필자는 『이아』 19편을 연구한 이후 이것이 오직 경전 해석만을 위해 지어졌던 것이 아니라고 결론 내렸다.(과거에도 이러한 주장이 있기는 했었다.) 사실 『이아』는 전국시대부터 성립되기 시작한 문헌으로, 각종 용어들의 해석을 모은 후 그것을 범주별로 분류해서 만들어진 종합적 성격의 백과전서였다. 학술적으로 볼 때 필자의 논리는 지극히 타당한 것이다.

가령 오늘날 초등학교 때부터 사용하는 『신화사전新華辭典』에 담겨 있는 글자 중 매우 많은 수가 『모전』에도 있다고 해 보자. 그런데 어떤 사람이 "『모전』에 있는 글자들이 『신화사전』에도 많이 있으니, 『신화사전』은 『모전』을 해석하기 위한 것이다"라고 주장한다면, 이것이 타당한 주장이겠는가? 객관적으로 보았을 때, A라는 책과 B라는 책이 중복, 상호 보완 혹은 근접한다는 것이 A가 B를 위해 지어졌음을 증명해주는 것은 아니다. 또한 『사기』의 「오제본기」와 하·은·주의 본기들은 모두 『상서』의 내용들을 풀어서 인용했는데, 우리는 이를 두고 『사기』가 『상서』를 해석하기 위해 지어졌다고 말할 수는 없을 것이다. 그 밖에도 한대 사람들은 훈고학적 작업을 통해『전국책』,『국어國語』,『초사楚辭』등의 문헌에 주석을 달았는데, 그렇다면 이런 책들이 언제 "경經"이 되었단 말인가?

훈고학이 독립적 방법이 된 것은 한대의 일이다. 그래서 청대 학자들은 "한당지학漢唐之學"이라는 기치를 내걸었던 것이다. 만약 훈고학이 경학의 시녀라면, 이 경학의 시녀는 어떻게 수많은 비非경학 문헌의 주석에 기여할 수 있었겠는가?『한비자』는 진한 교체기에 성립되었고, 여기에는『노자』를 해석한「해로解老」편이 있는데, 이 해석에는 훈고학적 방법이 사용되었다. 후한 이후에는 도교가 등장해서『노자』를『도덕경』으로 높이고,『장자』를『남화경南華經』으로 높였다. 이들은 모두 유가가 아닌 도가의 경전이다. 이러한 사실들은 오직 유가경전들만이 훈고학적 작업을 거친 것이 아님을 증명해 준다.

그다음으로 의문이 드는 것은 "훈고학은 의미학이다"라는 정의이다. 이는 표면적으로만 보면 나름 일리가 있는 것 같지만, 과연 그러한지 아래에서 자세히 검토해 보도록 하겠다.

첫째, 의미학은 오직 문자만 다루지만 훈고학은 그렇지 않다. 훈고학은 구절, 문단, 편 등에 대해서도 다루는, 경전 전체에 대한 해석이다. 문자 의미의 확장, 축소, 변화 등은 의미학에서 다루는 영역이다. 훈고학 연구는 그 글자가 경전의 바로 그 자리에서 어떤 의미로 사용됐는지를 분명하게 하는 것으로, 그 문자의 본래 의미 혹은 기본적 의미를 추적하고, 그러한 본래 혹은 기본 의미에서 경전에서 사용된 의미로 변천되어 온 과정을 밝혀내는 것이다.

보다 중요한 점은 훈고학은 문자나 어휘에 국한되지 않고 문헌 그 자체를 대상으로 한다는 것이다. 『노자』 제1장을 예로 들어 보겠다.

> 도를 도라고 할 수 있으면 항상된 도가 아니고 이름을 이름으로 부를
> 수 있으면 항상된 이름이 아니다. 무명은 천지의 시작이고, 유명은 만물
> 의 어머니이다.[4]

이에 대해 왕필王弼(226~249)은 다음과 같이 주석했다.

> 도라고 할 수 있는 도와 이름을 붙일 수 있는 이름은 구체적인 사물과
> 형체를 지목하고 묘사한 것으로, 항상된 것들이 아니다. 그러므로 이러
> 한 것들을 진정한 도라고 할 수 없고 진정한 이름이라고 할 수 없는 것
> 이다.[5]

이 주석에서 왕필은 어떤 글자도 해석하지 않았다. 그는 제1장 전반부
의 의미를 밝혔을 뿐이다. 불릴 수 있는 도와 이름은 사물에 따라 붙여지
는 것이지, 고유하고 영원불변하며 이름 붙일 수 없는 이름이 아니라는
것이다. 즉 말로 표현되는 순간 이미 그 자신이 아니게 되는 것이다. 바꿔
말하자면, 왕필은 노자가 진정한 도는 말로 전달될 수 없고 오로지 몸소
깨달을 수밖에 없다고 여겼음을 밝힌 것이다. 그러나 소통을 위해 부득이
이름을 붙일 수밖에 없었고, 그래서 『노자』 제25장에서는 "(굳이) 이름을
붙여 '도'라고 부른다"[6]고 했던 것이다. 즉 노자는 굳이 이름을 붙이겠다

---

4) 『老子』, 제1장, "道可道, 非常道, 名可名, 非常名. 無名, 天地之始, 有名, 萬物之母."(진고
　웅 교수는 "無, 名天地之始, 有, 名萬物之母."로 표점을 찍었다.)
5) 王弼, 『老子注』, 제1장, "可道之道, 可名之名, 指事造形, 非其常也. 故不可道, 不可名也."
6) 『老子』, 제25장, "吾不知其名, 字之曰道, 强爲之名曰大."

면 "도道"라고 부르고, 이를 억지로 이름 붙이겠다면 "대大"라고 하겠지만, 이들은 모두 임시로 붙인 이름일 뿐이라고 말한 것이다. 왕필은 제1장 후반부에 대해 다음과 같이 주석했다.

> 모든 유는 무에서 시작되니, 그러므로 형체가 없고 이름이 없는 때는 만 물의 시작이 된다. 형체를 갖추고 이름이 있는 때에 이르면, 그것을 길 러 주고, 화육시켜 주며, 이루어 주고, 익게 해 주니, 그 어머니가 되는 것이다. 말하건대, 도는 형체도 없고 이름도 없음으로 만물의 시작이 되 고 만물을 이루어 주며, (만물은) 도에 의해 시작되고 이루어지지만 그 소이연을 알지 못하니, 현묘하고 또 현묘하다.[7]

"현묘하고 또 현묘하다" 역시 『노자』 제1장에 나오는 구절이며, 이러 한 사상은 훗날 남북조시대의 "중현학重玄學"으로 발전한다. 여기에서는 이를 본격적으로 논하지 않겠다.

만약 지금 훈고학적 방법으로 "무명은 천지의 시작이다"(無名, 天地之始) 를 해석한다고 한다면, 모두 "시始"자를 "시작"으로 해석할 것이다. 이 점 에 있어서는 남북조시대부터 지금에 이르기까지 이견이 없었다. 그러나 필자는 여기에서의 "시"자가 일반적인 의미에서의 시작이 아니라고 보고 있다. 『이아』「석고」에서는 다음과 같이 말했다.

> 초初, 재哉, 수首, 기基, 조肇, 조祖, 원元, 태胎, 숙俶, 낙落, 권여權興는 시작의 뜻이다.[8]

---

7) 『老子注』, 제1장, "凡有皆始於無, 故未形無名之時, 則爲萬物之始. 及其有形有名之時, 則長 之育之, 亭之毒之, 爲其母也. 言道以無形無名始成萬物, (萬物)以始以成而不知其所以(然), 玄 之又玄也."

『설문해자』에서는 다음과 같이 말했다.

"시"자는 여자의 시작이다.[9]

『설문해자』는 글자의 형태 측면에서 글자를 설명했다. 그렇다면 "시始"는 어째서 "여女"와 "태台"가 합쳐진 형태인 것일까? 가끔 옛사람들의 지혜는 정말로 현묘하다! 태아가 엄마의 배 속에 있을 때, 처음에는 성별을 알 수 없으나, 일정한 시간이 되면 제1차 성징이 나타난다. 출생 직후 겉보기에는 온전한 인간이지만 아직 인간으로서 갖추어야 할 여러 기능을 다 갖추지 못한 상태이다. 처음에 부모들은 갓 태어난 아기를 꽁꽁 싸매고 다니기 때문에, 지인과 마주칠 경우 "아기는 남자인가요, 여자인가요?"라는 질문을 듣곤 한다. 왜냐하면 그들은 아직 아기의 제1차 성징을 보지 못했기 때문이다. 아기가 커서 겉모습으로 남녀를 구별할 수 있는 시기가 되더라도 아직까지는 진정한 남성 혹은 여성이라 할 수 없다. 제2차 성징이 시작되어야 진정한 남성과 여성이 되기 때문이다. "이른바 여자의 시작"이란 여자아이들의 초경을 의미하며, 이것은 제2차 성징이 모두 갖추어졌다는 의미이기도 하다. 이제 이 아이는 임신과 출산을 할 수 있는 성숙한 여성이 된 것이다. "시始"자와 "태胎"자는 모두 "태台"자를 포함하고 있다. 사실 이 둘은 서로 의미가 통한다. "태胎"자는 육肉이 더해져서 "미라"(肉胎)를 의미하기도 하므로, "천지지시天地之始"는 "천지지태天地之胎"로 바꾸어 이해해도 된다.

---

8) 『爾雅』, 「釋詁」, "初, 哉, 首, 基, 肇, 祖, 元, 胎, 俶, 落, 權輿, 始也."
9) 『說文解字』, "始, 女之初也."

훈고의 구체적 사례에 비추어 볼 때, 왕필의 주석은 과연 훈고라고 볼 수 있을까? 그는 서구의 의미학과 같은 방법을 쓰지 않았다. 그는 용어나 어휘에 대해서는 해당 대목의 핵심적인 것 한두 개의 의미만 해석했다. 대신 그는 그 대목의 전체가 담고 있는 심오한 의미를 밝히는 것에 더 중점을 두었다.

둘째, 의미학은 순수 이론적인 학문이지만 훈고학은 그렇지 않다. 훈고학은 실용적 학문이다. 기본적인 훈고학 훈련을 받은 사람이라면 고서를 해독할 수 있을 것이며, 설사 문제에 직면하더라도 이를 해결할 수 있을 것이다. 서구 언어학은 역사학의 분과학문인 비교언어학에서 출발해서 18세기 후반 하나의 독립된 학문이 되었다. 이후 언어학은 음운학, 문법학, 어휘론 등의 분과학문을 점차적으로 형성했다. 서구에서 말하는 의미학은 음운학, 문법학, 어휘론의 구조와 연구방법, 관점과 도구를 모방해서 세워진 것이며, 구체적인 언어 현실 및 환경을 초월한 이론을 전개했다. 서구 언어학의 대가들의 작품을 살펴보면, 소쉬르(Ferdinand de Saussure, 1857~1913), 블룸필드(Leonard Bloomfield, 1887~1949) 역시 언어의 기본 법칙을 개괄하고 있다. 그러나 그들은 충분한 예시를 제시하지 않았다. 구체적인 문헌들을 연구하거나 구체적 언어 환경을 충분히 고려하지 않았던 것이다.

셋째, 의미학은 의미의 뿌리와 역사를 연구하지만 훈고학은 그렇지 않다. 여기에서 의미학이 의미의 뿌리와 역사를 연구한다는 것은 개별 문자가 아닌 언어 혹은 어휘가 지니는 의미의 출처와 역사를 연구한다는 것이다. 예컨대 언어는 어떻게 발생하는가, 명사와 개념의 관계, 개념과 객체의 관계 등의 문제를 다루는 것이다. 훈고학은 이와 다르다. 훈고학이 비록 어휘의 파생 의미를 연구하기는 하지만 이는 개별 어휘를 대상으로 진행하는 것이다. 문자학이나 의미학이 어휘의 구조 즉 주술구조, 동목구조, 편정구조10), 병렬구조 등을 연구하는 것처럼 훈고학도 어근, 어미, 의미소 등까지 세밀하게 연구한다. 훈고학은 어휘의 본래 의미, 개괄적 의미, 사용맥락에서의 의미 등을 연구할 뿐 아니라 이러한 의미들의 출처들까지 연구하는데, 이것은 어휘의 "현재적" 용법에 대한 연구를 뒷받침하기 위한 것이다. 이를 언어철학적 용어로 말하자면 "현재성"을 연구하는 것이다. 한문 기록에서 나타나는 중국어의 특징은 문자의 형태, 음성, 의미가 모두 갖추어져 있다는 것이다. 훈고학은 어휘의 형태, 음성, 의미의 관계, 동음의 어휘 혹은 원래 동음이었으나 훗날 차이가 발생한 어휘, 동음끼리 차용이 되는 어휘 등을 연구하는 학문이다.

넷째, 의미학은 의미의 파생법칙을 연구하는데, 이것은 위에서 필자가 언급한 바와 같이 구체적인 문헌과 맥락 즉 텍스트(text)와 콘텍스트(context)를 초월한 진화법칙이다. 훈고학은 이와 다르다. 다시 한 번『노자』의 한 구절을 예시로 들어 보겠다.『노자』제62장에서는 "도란 만물의 오奧이다"11)라고 했다. 이에 대해 주겸지朱謙之는『노자교석老子校釋』에서 "『설문해자』에서는 '오는 완宛이다. 방의 서남쪽 아랫목이다'12)라고 했다"고 설명했다.『상서』「요전堯典」에는 "백성들이 아랫목에서 편히 쉰다"(厥民隩)라는 구절이 나오는데, 사마천은 오隩자를 욱燠자로 고쳤고, 마융은 "오는 따뜻함이다"(隩, 暖也)라고 해석했다. '오'에는 따뜻함이라는 의미가 있지만 "간직하다"(藏)의 의미도 있다.『광아廣雅』「석고釋詁」에서는 "오는 간직함

---

10) [역자주] 偏正구조: 성분과 성분의 결합이 대등하지 않고 수식 관계나 한정 관계로 이루어진 절이나 구.
11)『老子』, 제62장, "道者, 萬物之奧."
12)『說文解字』, "奧, 宛也, 室之西南隅."

이다"(奧, 藏也)이라고 했으며 『하상공주河上公注』에서도 이를 그대로 인용했다. 도는 만물을 간직하는 존재로서 받아들이지 않는 바가 없다는 것이다.

필자의 옛 책을 훑어보니, 필자는 이 문제에 관해 의문부호를 붙여놓았었다. 그래서 과거의 사고를 거슬러 올라가다가 문득 깨달았다. 필자가 보기에 오奧는 따뜻함도 아니고 간직함도 아니었던 것이다. 이것은 "방의 서남쪽 아랫목"이라는 의미를 그대로 사용했던 것이었다. 고대 황하 중하류의 가옥들은 모두 남향 구조였다. 이는 차가운 북풍을 막고 남쪽으로 문과 창문을 열어 햇빛을 받기 위함이었다. 실내에는 방문 맞은편에 부뚜막이 있어서 부뚜막은 방 안에 열기를 제공했다. 이런 가옥은 햇빛이 들 때 방의 북쪽 벽이 가장 밝고, 서남쪽 아랫목이 가장 어둡다. 필자가 보기에 삼례三禮 역시 이 점을 알고 있었고, 그래서 가장 지위가 높은 사람의 자리를 방의 서남쪽 아랫목에 위치시켰다. 부뚜막에는 부뚜막의 신이 있고, 서남쪽 아랫목에는 아랫목의 신이 있다. 서남쪽 아랫목은 가장 어두운 곳으로 가장 신비하다. 예전에 필자는 중국 서남부 노강怒江 강변의 소수민족의 가정을 방문한 적이 있다. 방 안에는 흐릿한 전구 하나만이 있어서, 집의 정면 입구자리만 잘 보였고, 서남쪽 아랫목은 잘 보이지 않았다. "도道"라는 것은 명확하게 말할 수도 밝힐 수도 없는 것이지만 가장 신비하고 고귀한 것이다. 이른바 "만물의 오奧"란 만물 가운데 가장 높고 신비한 존재인 것이다. 필자는 이렇게 이해하는 것이 가장 자연스럽고 정확하다고 생각한다.

여기에서 다시 한 번 "오奧"자의 의미변천 과정을 살펴보자. 이것은 본래 서남쪽 아랫목이라는 의미였다. 서남쪽 아랫목은 북풍을 면할 수 있기에 따뜻하다는 의미를 가진다. 또한 "깊숙한 곳"이란 의미를 가지게 되어서 "간직하다"라는 의미도 파생되었다. 훈고학은 "도란 만물의 오奧이다"의 "오奧"자의 함의를 이해하기 위해 여러 갈래로 파생되어 나가는 이 글자의 의미를 꼼꼼하게 살펴보아야 할 것이다. 그러나 이 글자의 의미의 파생을 연구하는 것 자체가 훈고학의 목적인 것은 결코 아니다.

요컨대 의미학은 사변에 편중되어 있다. 이 사변은 어휘들의 의미를 파악하기 위한 것이며, 이는 언어학적 작업이다. 이에 반해 훈고학은 실증에 집중한다. 이는 문헌을 해석하기 위한 것이며, 또한 전통문화를 이해하기 위한 것이다. 그러므로 훈고학은 문헌학의 범주에 속한다고 할 수 있고 언어학이라고 할 수도 있다. 언어학은 언어를 연구하는 학문이며, 훈고학 역시 언어를 연구하기 때문이다. 그러나 필자는 그렇게 말하지 않는다. 왜냐하면 필자는 문헌학과 언어학이 결코 대립되거나 분리될 수 있는 학문 분야가 아니라고 보기 때문이다.

문헌학과 언어학이라는 명칭은 서구로부터 들어온 것이다. 서구에서 이들은 동등한 지위의 학문체계이다. 최근 언어학이 번역, 컴퓨터공학, 언어교육학 등과 밀접한 관계를 가지면서 번창하고 있는 반면, 문헌에만 집중하는 문헌학은 갈수록 관심이 줄어들어 사학, 철학, 해석학 등의 영역에 속하는 이들을 제외하고는 문헌에 관심을 두는 경우가 거의 없어졌다. 그럼에도 불구도 서양인들은 아직까지도 문헌학을 존중하고 있다. 따라서 언어학과 문헌학 간에는 지위고하의 차등이 존재하는 것이 아니라 목적과 방법의 차이만 존재할 뿐이다.

그렇다면 우리는 어떠한 자세로 언어학과 문헌학을 대해야 할까? 그리고 더 나아가 어떻게 훈고학 내지는 "소학小學"을 대해야 할까? 첫째, 평등하게 대해야지 둘 중 어느 하나만 높여서는 안 된다. 즉 언어학만

높일 필요도 없고 자신이 훈고학을 전공한다고 해서 자괴감을 가질 필요도 없다. 둘째 언어학과 문헌학 간의 관계를 평등하고 상호보완적인 것으로 보아야 한다.

그렇다면 어째서 이러한 오해들이 발생하는 것일까? 위에서도 언급했지만 양계초는 서구 학술의 영향을 강하게 받았고, 당시 유행하던 "학술을 위한 학술, 예술을 위한 예술"의 사조를 좇았다. 이는 근현대 시기 학자로서의 주관적 원인이라 할 수 있겠다.

그 밖에 두 가지 객관적 원인도 있다. 첫째, 훈고학은 일차적으로 경전 해석에 활용되는 학문이기 때문이다. 따라서 훈고학의 지위는 경전의 지위에 달려 있다고 할 수 있다. 여기에서 오해가 발생한다. 대다수의 저명한 훈고학자들은 모두 오경에 대한 해석을 통해 명성을 얻었는데, 그들이 그러한 명성을 얻을 수 있었던 것은 오경의 지위 때문이었다. 오경이 그처럼 높은 지위에 있지 않았다면 이들을 주석한 사람들 역시 그러한 지위를 누릴 수 없었을 것이다.

둘째, 훈고학자들이 선언 때문이다. 훈고학자들은 훈고학을 시녀라고 보았다. 예컨대 『사고전서四庫全書』에서는 "소학小學"이란 항목을 두고, 문자, 훈고, 운서韻書 등을 하위항목으로 두었다. 이들은 바로 "경학부經學部"라는 상위 항목 안에 있는 것들이다. 이것은 곧 훈고학이 경학의 시녀임을 인정한 것이다. 건가학파乾嘉學派의 대학자인 대진戴進(1723~1777) 역시 이 작업에 참여했다. 그러나 이러한 분류방식은 이미 수당대부터 존재했다. 『수서隋書』「경적지經籍志」에서는 이미 경經, 사史, 자子, 집集 등의 분류에 따라 서술을 하고 있다. 그래서 『이아』와 『논어』 등의 책들은 『주역』, 『상서』, 『시경』, 『삼례』, 『춘추』, 『효경』 다음에 배열되어 있지만, 자서字

書, 운서 및 석경石經13)들은 경서의 제일 끝부분에 배열되어 있다. 수 왕조는 동도 즉 낙양에 이러한 서적들을 보관하면서, 이들을 갑·을·병·정으로 분류했다. 현재로서는 갑·을·병·정과 경·사·자·집이 어떻게 맞물리는지 상고할 방법이 없다. 이미 전란으로 모두 소실되었기 때문이다. 『신당서』 「예문지」에서는 본격적으로 갑경甲經·을사乙史·병자丙子·정집丁集에 따라 분류하며, 문자, 운서, 훈고를 포함하는 소학은 갑경의 말단에 배치한다. 당대에 이처럼 기준이 잡히자 청대에 『사고전서』를 편찬할 때 역시 이 기준에 따라 소학을 경의 말단에 배치했다.(『經義考』 역시 마찬가지였다.)

당대에 진행되었던 이러한 작업에는 분명한 목적이 있었다. 남북조시대와 단명한 수나라를 거쳐 당나라가 세워졌다. 하지만 남북조시대의 혼란은 제2차 백가쟁명 혹은 소小백가쟁명을 불러와서 온갖 학설들이 유행했다. 천하를 통일했던 당나라의 입장에서는 이러한 학설들을 통일할 필요가 있었다. 무엇을 통해 이들을 통일할 것인가? 바로 유가경전을 통해서이다. 그러나 유가경전을 제멋대로 해석할 수는 없었고, 반드시 관학의 해석을 따라야 했다. 따라서 『오경정의五經正義』는 당대 전반에 걸쳐 전 사회와 전국의 과거수험생들이 공부하는 교과서가 되었다.

또한 당 태종 이세민은 소수민족 혈통을 가지고 있었다. 그는 오늘날 감숙성 천수시天水市 일대에 해당하는 농동隴東지역 출신이었다. 누구도 태종의 선비족 혈통에 대해서는 감히 말하지 못하고 겉으로는 다들 황제에게 예를 표했지만, 속으로는 "오랑캐 혼혈"이라고 생각했다. 이러한 상황

---

13) 석경은 과거 경전을 복사하기 위해 제작한 것으로, 판본의 오류가 발생할 것을 우려하여 석판 위에 "기준을 세워 본보기로 삼은"(立此存照) 것이다. 현재에도 다수 석경이 섬서성 서안시 碑林에 보관되어 있다.

에서 당 태종은 황실이 앞장서서 경전을 높이도록 했던 것이다. 경전에 대한 존중은 왕통에 정통성을 부여했으며, 경전을 높이는 이상 태종 자신 역시 정통에 속하게 되는 것이다. 그가 경서를 가장 앞자리에 두었던 것은 바로 이러한 이유에서였다. 그리고 훈고학 역시 이러한 목적으로 인해 경서의 말단에 배치된 것이다. 물론 그는 언어학이니, 문헌학이니 하는 것들을 알지 못했다. 훈고학에 대한 그의 인정은 정치적 필요에 의해 이루어진 것이었다. 청조 역시 소수민족이 중원에 세운 왕조로서, 그들이 태종의 방식을 모방했던 것은 어쩌면 당연하다고 할 수 있다. 지금의 우리는 마땅히 역사의 먼지들을 털어내고 그 진면목을 보아야 할 것이다.

한 가지 더 보태자면, 경학자, 훈고학자들 역시 이렇게 말했다. 이것은 자신들이 배우고 연구한 것을 높이고자 하는 마음 때문일 것이다. 어떤 가게를 가든 자기 가게의 물건이 최고라고 말하지 않는 가게는 없다. 마찬가지로 경전을 주석하는 이가 자신이 주석한 경전이 별 볼일 없는 경전이라고 말할 수 있겠는가? 그래서 허신은 『설문해자』「서敍」에서 다음과 같이 말했던 것이다.

> 무릇 문자란 경과 예의 근본이요 왕도정치의 시작이니, 옛사람이 후세에 물려준 것이며, 후세 사람이 옛것을 배우는 방법이다. 그러므로 "근본이 서면 도가 생겨난다"고 말했다. 이는 '천하의 지극한 근본은 어지럽힐 수 없음'을 안 것이다.[14]

청대의 대유학자인 대진 역시 다음과 같이 말했다.

---

14) 『說文解字』,「敍」, "蓋文字者, 經藝之本, 王政之始, 前人所以垂後, 後人所以識古. 故曰: 本立而道生. 知天下之嘖而不可亂也."

훈고가 명확해지면 육경 역시 명확해진다. 후세 유가들은 언어와 문자에 대해 잘 알지도 못한 채 경솔하게 억측에 근거해서 성인의 뜻을 허위로 꾸며내고 경전을 어지럽히니, 나는 이것이 염려스럽다.15)

대진의 말은 매우 타당하며, 250여 년이 지난 지금도 경청할 가치가 있다. 복단대학의 왕소화汪少華 교수는 오늘날의 "경솔하게 억측에 근거해서 성인의 뜻을 허위로 꾸며내고 경전을 어지럽힘"을 비판하기 위해『훈고십사강訓詁十四講』이라는 책을 저술했다. 필자는 언젠가 가르침을 받고 싶다고 편지를 보낸 적도 있다. 다만 필자에게는 사회에 횡행하는 고전에 대한 어지러운 해석들을 일일이 바로잡을 시간도 없고, 이러한 작업에 큰 흥미가 느껴지지도 않는다. 사실 고의로 "경솔하게 억측에 근거해서 성인의 뜻을 허위로 꾸며내고 경전을 어지럽혀서" 무언가 새롭게 신기한 것을 추구하는 것은 크게 두려운 일이 아니다. 정말로 두려운 것은 바로 어떻게 경전을 해석해야 하는지도 모르면서 해석하고, 잘못된 해석을 하고서도 그것을 모르는 것이다.

다시 본론으로 돌아오면, 대진은 "훈고가 명확해지면 육경 역시 명확해진다"고 말했다. 이는 훈고를 명확하게 하면 고대 문헌들의 의미를 모두 밝힐 수 있다는 말이다. 따라서 훈고가 중요한 것은 당연하지 않겠는가? 여기에서 대진이 "경經"이라 한 것 역시 조금도 이상할 것이 없다. 청대의 훈고학은 경전에 대한 것이었기 때문이다. 피석서皮錫瑞(1850~1908)는 다음과 같이 말했다.

---

15)『六書』,「音韻表序」, "訓詁明, 六經乃可明. 後儒語言文字未知, 而輕憑臆解以証聖亂經, 吾懼焉."

국가의 경학자는 후학을 위해 세 가지 일에 힘써야 한다. 첫째는 유실된 서적을 모으는 것이다.…… 둘째는 이들을 정교하게 교감하는 것이다.…… 셋째는 소학을 전해 주는 것이다.16)

피석서는 금문경학자였지만, 그의 말은 금문경학에 치우치지 않은 매우 객관적인 말이었다. "유실된 서적을 모음"은 망실된 역대 문헌들을 기타 문헌의 인용구와 해외에 전파된 판본들에 근거해야 재편집하는 것이다. "정교하게 교감함"은 역대 필사본과 전각본들의 오류를 교정하는 것이다. 왕인지王引之(1766~1834)의 제자였던 완원阮元(1764~1849)만 하더라도 『십삼경주소十三經注疏』를 교감했으며, 오늘날 우리가 읽는 십삼경은 그가 지은 『교감기校勘記』를 바탕으로 하고 있다. 비록 미진한 부분이 있기는 하지만 그는 분명 후세에 큰 공헌을 했다고 할 수 있으며, "소학을 전해줌"이라는 측면에서도 인정할 만하다. 청대 여러 대유들은 경학자라기보다는 훈고학자 즉 소학자들이었다. 그러나 그들은 스스로 경학자라고 칭했으며, 양계초 역시 그러했다. 이로써 우리는 경전의 지위에 따라 그 지위가 결정되는 훈고학이 주로 경전의 해석에 사용되었다는 점, 훈고학자 자신들의 선언, 이 두 가지가 바로 훈고학에 대한 오해가 발생하게 된 객관적 원인임을 확인할 수 있었다.

요컨대 훈고학은 경전 해석만을 위한 것이 아니었으며, 그렇다고 훈고학의 관심이 문헌과 맥락을 벗어나는 것도 아니었다. 훈고학은 고대 문헌의 구체적 판본과 맥락에서의 문자, 어휘, 문장, 편장의 의미에 관심을 두었다.

---

16) 『經學歷史』, 「十經學複盛時代」, "國朝經師有功於後學者有三事. 一曰輯佚書……一曰精校勘……一曰通小學."

3. 훈고학과 문화

지금까지 훈고학과 경학에 대해서 다루었다. 훈고학이라는 학문이 일차적으로 기여하는 대상은 경학이다. 다만 필자가 동의할 수 없는 것은 훈고학이 경학의 시녀라는 주장이다. 훈고학은 대대로 전해오는 문헌과 출토문헌 모두를 대상으로 한 것이다. 따라서 필자는 여기에서 세 번째 문제인 훈고학과 문화를 다루고자 한다. 여기에서의 문화는 모든 문화현상과 문헌을 포괄하는 개념이다.

1) 훈고학은 경학의 시녀가 아니라 문화의 핵심 구성요소이다

훈고학이 경학의 시녀가 아니라는 점에 대해서는 앞에서 충분히 설명한 바 있다. 여기에서는 주로 훈고학이 어째서 문화의 핵심 구성요소인지를 다루도록 하겠다. 그리고 이어서 문헌은 문화의 골조이며 훈고는 문화의 뿌리를 직접적으로 향한다는 점, 훈고와 문화가 흥망성쇠를 함께한다는 점, 훈고가 문화전승의 필수불가결한 수단이라는 점들을 다루겠다.

십수년 전 필자는 한 편의 책을 통해 훈고학이 문화해석학임을 주장했다. 이 역시 훈고학을 경학의 시녀로 보는 고정관념에 도전했던 것이었다. 중화민족의 문자기록 문화는 역사상 한 번도 중단된 적이 없다. 이는 세계적으로 매우 드문 사례인데, 여기에는 훈고의 공이 매우 크다. 훈고학은 후세 사람들이 문자를 알도록 해 주었을 뿐만 아니라 문자, 어휘 및 편장의 의미를 탐구하는 방법을 일러 주었고, 그리하여 대대로 전해오는 문헌들과 출토문헌들의 수수께끼를 비교적 쉽게 풀 수 있도록 해 주었다.

필자는 일찍이 북경사범대학의 문화강좌에서도 이러한 내용을 언급한 바 있다. 오늘날 우리는 일반적으로 "세계 4대 고대문명"이라고 부르지만, 어떤 이들은 9대 문명이라고도 하고, 영국의 역사학자 토인비는 문명을 27개로 분류하기도 했다. 이는 사람마다 견해가 다른 문제이다. 그러나 4대든 9대든 혹은 27대든 오직 중화민족의 기록문화만이 단 한 번도 중단된 적이 없었다. 다만 꽃집에 오래 있으면 꽃향기에 적응되어 그것을 느낄 수 없게 되는 것처럼 중국인들은 이러한 위대한 민족문화 속에 살아가지만 아마도 평상시에는 특별한 느낌을 받기 어려울 것이다. 하지만 이것은 분명 56개 민족 구성원들이 모두 자부심을 느껴도 될 만큼 위대한 일이다. 필자가 외국의 전문가, 정치가들과 만날 때, 그들 중 대부분은 이구동성으로 "우리들은 중국의 우수한 전통문화를 열렬히 사랑하고 경배합니다"라고 말한다.

인도문명의 경우 사실상 단절되었다. 중동과 중앙아시아의 이민족들은 인도를 침략해서 거의 대부분의 영토를 점령하고, 심지어 인도네시아에까지 도달했다. 이것이 바로 파키스탄부터 방글라데시, 인도네시아가 모두 이슬람국가가 된 이유이다. 주지하다시피 중국의 불교는 인도에서 전래된 것이다. 그러나 7세기 혹은 6세기 말경 불교는 인도에서 이미 명맥이 끊겼다. 현재 불교전적을 가장 많이 보유한 국가는 중국이다. 거의 모든 인도불교경전들은 한문으로 번역되었다. 이러한 것들은 중국인들이 자랑스러워하기에 충분하다. 그래서 현재 세계의 불교연구들은 한문본에 대한 고증을 근거로 다시 산스크리트어본을 번역한다. 수백 년에 걸친 이슬람의 지배 이후, 11세기경 고대 브라만교에서는 개혁의 바람이 불었고, 위대한 종교개혁가 라마누자(Rāmānūja, 1071~1137)의 지도 아래 신新 브라만교를 창건했다. 그리고 이것은 오늘날에까지 이어졌으니, 이것이 바로 힌두교이다. 오늘날 힌두교에서는 산스크리트어로 쓰인 『우파니샤드』만 전해질 뿐, 불교경전을 포함해서 어떤 문헌도 전해지지 않고 있다.

고대 이집트문명 역시 단절되었다. 먼저 로마인들에 의해 프톨레마이오스 왕조가 멸망당했고, 이후 아랍인들의 침입으로 완전히 이슬람화되었다. 따라서 우리가 이집트에 가서 마주하게 되는 고대 유물들은 현재의 이집트인들과 아무런 상관이 없는 것들이다. 현재의 이집트인들은 셈족과 아랍인 등의 외래 민족과 아프리카 토착민의 혼혈이 대부분이다.

메소포타미아문명 역시 마찬가지이다. 메소포타미아는 티그리스강과 유프라테스강 사이의 비옥한 평야지대로, 오늘날에는 이라크에 속해 있는 지역이다. 우리는 이 지역에 존재했던 인류 최초의 문명인 수메르문명이 일련의 곡절 끝에 겨우 세상에 그 모습을 드러냈음을 잘 알고 있다. 이들은 바빌론왕국으로 이어지며, 바빌론왕국은 세계 7대 불가사의로 꼽히는 공중정원 등에 관한 문자기록을 남겼다. 수메르문명은 18세기에 와서 서양 탐험가들에 의해 발견되었다. 당시 탐험가들이 쐐기문자를 발굴한 후에야 비로소 바빌론보다 앞서 오천여 년 전 이곳에 수메르문명이 존재했음을 확인할 수 있었다.

세계 4대 고대문명은 황화문명을 제외하고 모두 단절되었다. 중국은 역사상 단 한 번도 문자기록이 중단된 적이 없으며, 기원전 천수백 년 전부터 거의 모든 제왕이 재위 중 겪었던 주요 사건들에 대해 문자기록을 남겼다. 기원전 3세기부터 기원후 7세기 즉 당대에 이르기까지 각 연도별로 그해에 있었던 일들은 모두 알 수 있었다. 당 왕조 이후에는 월 단위로 그달에 발생한 중대한 사건을 매우 정확하고 기록했다. 송대 이후에는 정사, 야사, 개인의 기록 및 민간에 전해지는 기록 등에 근거해 보면 거의 일 단위로 그날 무슨 일이 있었는지 확인할 수 있다. 이는 인류의 기적이다. 이 거대한 문명은 이처럼 많은 문헌들을 남겼다.

그렇다면 무엇에 근거해서 이들을 이해할 것인가? 바로 훈고에 근거해서 이해해야 한다. 그래서 필자는 훈고의 공헌이 지대하며, 훈고는 고서와 역사서를 이해하고 옛사람들의 정신과 마음을 이해하는 방법일 뿐만 아니라 그러한 사유와 학풍에 대한 훈련이라는 점에서 더욱 중요하다고 말한 것이다. 그래서 필자는 중국 모든 고등교육기관의 문과 전공들이 문자, 운서, 훈고 등을 선수과목으로 선정하도록 만드는 것을 궁극적인 목표로 삼고 있다. 이 학생들이 졸업 후 훈고학을 연구하지 않더라도 그들이 받은 훈련의 성과가 사회 각 방면으로 퍼지도록 말이다.

과거의 역사는 이미 까마득히 멀리 흘러갔지만, 역사와 문화를 기록한 문자는 이들이 어떻게 변천해 왔는지 생생하게 보여 주고 있으며, 글자의 점 하나 획 하나가 어떻게 변했는지까지도 우리는 모두 알 수 있다. 여기에 과학적 방법까지 더해진다면 대대로 전해오는 문헌들과 출토문헌들의 수수께끼를 해석하는 일은 더욱 쉬워질 것이다.

우리는 훈고학이 문화의 핵심 구성요소이자 일종의 비물질적 문화유산이지만, 비물질적 문화유산의 항목이 아닌 학술영역에 속하는 것임을 확인할 수 있다. 훈고학은 언어문자 변화의 구체적 양상을 보여 주며, 문화적 민족성이 언어문자의 변화 및 그 변화에 대한 인식 안에서 매우 명료하게 체현되어 있다는 점도 보여 준다. 1990년 이래 세계 여러 지역에서는 민족성에 대한 논의들이 마치 세찬 바람이 불어 닥치듯이 활발하게 일어났으며, 그 추세는 날로 강해지고 있다. 이는 인류문화 발전의 법칙에 부합하는 매우 과학적인 현상이다.

민족성은 어디에서 구체적으로 체현되는가? 필자는 앞에서 문화의 세 층위 즉 표층, 중층, 심층을 언급한 바 있다. 표층 문화에도 확실히 민족성이 체현되어 있기는 하지만, 문화의 가장 심층은 바로 철학으로, 이는 가치관, 세계관, 인생관, 심미관이다. 여기에서의 차이는 근본적인 차이이며, 이로 말미암아 사물을 인식하고 관찰하는 방법의 차이가 발생한다. 훈고학은 이러한 세세하고 사람들이 잘 주의를 기울이지 않는 영역에서 언어문자 변화의 구체적 양상 즉 기본적 의미에서 실제 사용되는 의미로 어떻게 변화되어 갔는지를 보여 준다. 그리고 바로 여기에 민족성이 체현되어 있는 것이다. 예컨대 의미의 변천과정에서의 연상과 공감각이 그러하다. 어떤 사물을 보자마자 중국인은 A를 떠올리고, 아프리카인은 B를 떠올리며, 인도인은 C를 떠올린다고 할 때, 많은 경우 이러한 차이에는 그들의 민족성이 체현되어 있다. 연상과 공감각은 모든 민족이 가지고 있는 것이지만, 어디에서 감각이 전이되고, 무엇을 연상하는지는 민족성의 문제이다. 필자는 예전에 「동시발생적 파생을 논함」(論同步引申)이라는 글에서 의미의 파생과정에서 동시발생 현상이 나타난다고 주장한 바 있다. 어째서 동시발생 현상이 나타나는 것일까? 바로 연상과 공감각에 근거해서 발생하는 것이다. 아래에서 간단한 예시를 통해 설명해 보도록 하겠다. 『설문해자』와 『주역』 쾌괘夬卦에서는 다음과 같이 말했다.

쾌夬는 분결分決이다.[17]

---

17) 『說文解字』, "夬, 決也."; 『周易』, 夬卦, "象曰: 夬, 決也."

이들은 어째서 쾌夬를 결決이라고 해석했을까? 사실 '결'자는 더 나중에 나온 글자이다. 『설문해자』에서는 "결決은 아래로 흘러감이다"(決, 下流也)라고 해석했다. 이때의 "하류下流"는 "아래로 흘러감"이지 "풍격이 하류이다"(作風下流)의 "하류"가 아니다. 고서를 읽을 때, 특히 대가의 저작을 읽을 때에는 반드시 조심스럽게 한 글자씩 이해해 나가야 한다. 우리는 '하下'자와 '류流'의 의미를 모두 잘 알고 있으며, "하류下流"가 "아래로 흘러감"이란 것도 잘 알고 있다. 하지만 우리는 이것이 가지는 의미를 좀 더 명확하게 이해해야 한다. 이를 위해서는 허신이 사고를 진행했던 맥락 안으로 들어가 보아야 한다. 인공적으로 쌓은 제방 혹은 물길 가운데에 자연적으로 형성된 장애물이 일단 터지게 되면, 그 물살은 종래의 평탄한 흐름이 아닌 위에서 아래로 쏟아지는 흐름이 된다. 모두 어렸을 때 흙장난이나 물장난을 해 본 경험이 있을 것이다. 물길 가운데를 돌로 막아서 수위가 올라가길 기다렸다가 돌을 빼 버리면 물이 매우 빠른 속도로 흘러내려 가게 된다. 여기에서 우리는 허신의 어휘 정의가 매우 정확하고 고명하다는 것을 확인할 수 있다. 다시 한 번 『설문해자』를 살펴보자.

결玦은 옥패玉佩이다.[18]

옥패에는 매우 다양한 종류가 있다. 그렇다면 '결玦'은 어떤 종류의 옥패일까? 허신은 어째서 상세하게 설명하지 않은 것일까? 여기에도 맥락의 문제가 있다. 한대는 유학 독존의 시대였고, 오경의 사상을 통해 사회를 다스렸다. 따라서 주 왕조 때부터 전해져 온 옥을 패용하는 풍속은 사라

---

18) 『說文解字』, "玦, 玉佩也."

지기는커녕 더욱 정교해졌다. 이는 한대의 고분들에서 출토된 유물들을 통해 증명된다. 어떤 것은 벽璧이라 하고, 어떤 것은 원瑗이라 하며, 또 어떤 것은 결玦이라 하는지, 아마 한나라 사람이라면 누구나 알았을 것이다. 마치 북경의 어린 아이들이 모두 "빙탕후루"(冰糖葫蘆)를 알기에, 군이 그들에게 사전을 들이밀면서 이 용어를 설명할 필요가 없고, 또한 설명하려 할수록 오히려 이상해지는 것처럼 말이다. 그러므로 허신이 결玦의 모양에 대해 설명하지 않은 것은 우리가 연상과 공감각을 통해 쾌夬가 분결分決이라는 것을 연상할 수 있기 때문이다. 여기에서 우리는 쾌夬가 한 바가지의 물을 쏟아내는 것을 의미하는 것이 아니라, 물의 흐름을 막던 장애물의 틈 사이로 맹렬하게 뿜어져 나오는 것을 의미함을 알 수 있다. 따라서 '쾌夬'자로부터 분리의 의미가 나왔으며, 결玦은 옥으로 만든 고리인데, 마치 제방의 일부를 터뜨리듯 한쪽을 틔워 놓은 형태이다.

결缺은 그릇의 깨져 있는(破) 부분이다.[19]

항아리에 깨진 틈이 발생하면 이것이 바로 '결缺'이다. 결점缺點이란 무엇인가? 원래는 완전한 사물 혹은 사람이었는데, 한 군데 "틈"이 발생해서 불완전해졌다는 것이다. 허신은 어째서 "그릇이 갈라지다(夬)" 혹은 "그릇이 벌어지다(裂)"라고 하지 않았던 것일까? 그릇은 진흙으로 만든 것이라서 틈이 벌어지면 사용할 수 없기는 하지만, '깨지다'(破)로 그 벌어짐의 결과를 강조한 것이다. 하나 더 살펴보겠다.

---

19) 『說文解字』, "缺, 器破也."

결趹은 말이 달리는 모습이다.[20]

이 글자는 '쾌夬'자의 본래 의미와 어떤 관계가 있는 것일까? 필자는 한대 문헌에서 이 글자를 본 적이 없다. 필자가 보기에, 허신 역시 "말이 달리는 모습"이 도대체 어떤 모습인지 그다지 명확하게 설명하지 않았다는 점에서 여러 문헌상의 예증을 종합해 봐야 정확히 알 수 있을 것 같다.

이 밖에도 '결駃'자를 참고할 만하다. 『설문해자』에서는 "'결제駃騠'는 아비가 말이며 아들은 노새(驘, 속칭 騾)이다"[21]라고 설명하고 있다. 즉 수 컷 말과 암컷 당나귀 사이에서 태어난 노새를 의미한다. 노새는 "태어난 지 칠 일이면 어미보다 커진다"고 할 정도이니, 노새가 매우 건장하고 잘 달리는 동물이며, 노새의 한자(驘, 騾)가 바로 이러한 점을 반영했음을 알 수 있다. 다른 가능성도 존재한다.(이 가능성에 대해서는 아직 고증을 거치지 못했다.) 북방 출신이라면 말과 노새가 뒷발질을 할 수 있음을 알 것이다. 그렇다면 '결趹'자나 '궐蹶'자가 언어적으로 관계가 있다면, 이것은 사실상 거절, 저항, "분열"(分)의 의미일 것이다.

어찌되었든 "분결"에서 "옥패", "그릇의 깨져 있는 부분", "말이 달리는 모습"에 이르기까지 모두 연상 및 공감각과 관련이 있다. 서로 다른 사물 간의 형태적 유사성에 근거해서 이것을 보고 저것을 생각해 낼 수 있기에 언어 역시 전파되는 것이다. 그래서 본래는 하나의 글자였지만 서로 다른 곳에서 사용되고, 이들을 구분하기 위해서 의부義符(한자에서 의미를 표현하고 있는 부수)가 추가되어, 마침내 다른 문자가 되는 것이다.

---

20) 『說文解字』, "趹, 馬行貌."
21) 『說文解字』, "駃騠, 馬父驘子也. 從馬夬聲."

『노자』제34장에서는 다음과 같이 말했다.

대도는 너무나 넓어서 좌우에 미치지 않음이 없다. 만물이 모두 이에
의지해서 생겨나도 대도는 이를 거부하지 않으며, 공을 이루어도 (이름
을) 가지지 않는다. 또한 만물을 아끼고 길러도 그들의 주인이 되지 않
는다.…… 그러니 그것을 위대하다고 부를 수 있다.[22]

"아끼고 기르다"(愛養)는 본래 "의피衣被", "의양依養"이라고 쓰여 있었
다. 청 말의 유월俞樾(1821~1907)은 다음과 같이 말했다.

'의衣'자의 옛 독음이 '은隱'자와 같아서 『백호통白虎通』「의상衣裳」에서
'의衣'는 '은隱'이라고 했으며, '애愛'자의 옛 독음 역시 '은隱'과 같아서 『모
시毛詩』「대아大雅·증민烝民」편에서는 '애愛'의 뜻을 '은隱'으로 풀었다.

'의衣'와 '은隱'은 하나의 독음에서 갈라져 나온 것이지 둘이 완전히 같
은 글자였다는 것은 아니다. 유월은 '애愛', '의衣', '은隱'이 모두 하나의 글
자라 보았던 것인데, 그렇다면 '애양愛養'의 뜻은 대체 무엇인가? 필자는
'만물이 자신을 의지하도록 하고 만물을 길러낸다'는 해석에 항상 어색함
을 느껴왔다. 『시경』「대아·증민」에서는 다음과 같이 읊었다.

사람들이 모두 말하길
덕이란 깃털처럼 가볍다 하지만,
사람들 중 이를 들 수 있는 이는 거의 없다.

---

22) 『老子』, 제34장, "大道汎兮, 其可左右. 萬物恃之以生而不辭, 功成不(名)有. 愛養萬物而不爲
主.……可名於大."

이에 내가 능히 들 수 있는 자를 도모하고 보니,
오직 중산보仲山甫뿐인데,
애석하지만 그를 도울 수 없구나.
천자가 자리를 비움에 이르러서도
또한 중산보만이 홀로 능히 보좌할 수 있다.23)

"애막조지愛莫助之"는 무슨 뜻인가? 그를 사랑하지만 도울 수 없다는
의미일까? 『모시』에서 '애愛'의 뜻을 '은隱'으로 푼 것을 따라서 '숨기는 바
가 있어서 중산보를 돕지 못했다'로 보아야 할까? 모두 어색하다. 『모시정
전毛詩鄭箋』에서는 다음과 같이 말했다.

애愛는 애석해하는 것이다. 중산보는 홀로 이 덕을 짊어지고 실천할 수
있는 사람이었으나, 애석하게도 그를 도울 수 있는 사람이 없었다. 이는
중산보의 덕이 뛰어나 공을 세웠음을 말하는 것이다.24)

여기에서는 "애석하게도 그를 도울 수 있는 사람이 없었다"로 해석하
고 있다. 필자는 여전히 불만족스럽지만 이는 그만 따지도록 하겠다. 이
어서 『시경』「패풍邶風·정녀靜女」를 살펴보도록 하겠다.

단아하고 아름다운 여인이
어두운 곳에서 나를 기다리는구나.
사랑하나 만나지 못하여,
머리만 쥐어뜯으며 뒷걸음질치고 있구나.25)

---

23) 『詩經』, 「大雅·烝民」, "人亦有言, 德輶如毛, 民鮮克擧之. 我儀圖之, 維仲山甫擧之, 愛莫助
之. 袞職有闕, 維仲山甫補之."
24) 『毛詩鄭箋』, "愛, 惜也. 仲山甫能獨擧此德而行之, 惜乎莫能助之者. 多仲山甫之德歸功言耳."

『모전』의 「소서小序」에서는 "당시 풍속을 비판한 것이다. 위衛나라 군주는 무도하였고 부인들은 덕이 없었다"[26]라고 설명했지만, 사실 이 시는 애정을 주제로 한 시이다. 『모시정전』에서는 "가고자 하는 뜻은 있으므로 머뭇거리는 것이다. 바로 그녀를 사랑하지만 가서 만나지 못하는 것을 이른다"[27]고 말했다. 정현의 주석에서의 '애愛'는 오늘날의 "사랑"이라는 뜻이다. 공영달은 이에 근거해서 "마음은 그녀를 사랑하지만 볼 수 없으니, 그러므로 머리를 쥐어뜯으며 뒷걸음질 친다"[28]라고 해석했다. 즉 마음으로는 그녀를 너무나 사랑하지만 그녀를 볼 수 없어서 마음 졸이며 머리를 쥐어뜯으면서 뒷걸음질 치는 것이다. 또한 필자는 『설문해자』의 "애愛란 걸어가는 모습이다"[29]라는 설명을 참고해야 한다고 생각한다. 이것이 어떻게 걸어가는 모습일까? 여기에서 한 가지 주의해야 할 점은 어떤 글자의 의미가 잘 이해되지 않을 때 그 글자와 동족관계에 있는 글자들을 찾아야 한다. 마치 우리가 어떤 사람에 대해 잘 모를 때 그의 집에 가서 그의 부모형제를 보고 나면 대략적으로 그의 인간됨됨이를 추측할 수 있는 것처럼 말이다.

'애愛'에서 파생되어 나온 글자로 '애曖'자가 있다. 『광운廣韻』에서는 "애曖는 해가 밝지 않음이다"라고 했으며, 『이소離騷』에서는 "때가 어두컴컴하여 곧 그만두려 한다"고 했고, 『초사楚辭』 「원유遠遊」에서는 "예전의 그 울창함이 어두워졌다"고 했으며, 홍홍조洪興祖는 주석에서 '애曖'자를 어두움暗으로 해석했다. 그리고 『진서晉書』 「두예전杜預傳」에서는 "신의 마

---

25) 『詩經』, 「邶風・靜女」, "靜女其姝, 俟我於城隅. 愛而不見, 搔首踟躕."
26) 『毛傳』, 「小序」, "刺時也. 衛君無道, 夫人無德."
27) 『毛詩鄭箋』, "志往, 謂踟躕行, 正謂愛之而不往見."
28) 『五經正義』, "心旣愛之而不得見, 故搔其首而踟躕然."
29) 『說文解字』, "愛, 行貌."

음은 진실하옵니다. 감히 애매한 견해로 훗날의 허물을 취하지 않을 것입니다"라고 말했다.[30] 또한 '애靉'자도 있다. 『옥편玉篇』에는 '애기靉氣'라는 단어가 있는데, 『해부海賦』를 보면, 이선李善은 이것이 "깊이 살피지 않은 모습"(不審之貌)이라고 했다. 또한 '모호함'(靉靆), '명확하지 않은 모습'(不明貌)이라고도 했다. 이는 육유陸遊의 시에서도 사용된 바 있다.

오늘날에는 "애매曖昧"라는 어휘가 있다. 과거에도 '애曖', '애애曖曖', '애태曖曃', '애靉', '애구靉靆' 등의 어휘들이 있는데, 이들은 모두 모호하고 명확하지 않다는 의미를 지니고 있었다. 당연하게도 '애愛'자에도 그러한 의미가 담겨 있다. 「정녀」의 "애이불견愛而不見"은 보았다는 것인지 보지 못했다는 것인지 매우 모호하다. 그림자도 보지 못했다면 열렬히 사랑한 것도 아니요, 숨은(隱) 것도 아니다. 「증민」의 '애막조지愛莫助之'는 다른 사람이 와서 중산보와 대립했다는 것인데 이 사람은 매우 애매하고 모호하다. 이렇게 해야 시에서 전달하고자 하는 바가 더욱 매끄러워진다. 누구도 중산보를 도우려 하지 않은 것은 그의 태도가 명확하지 못했기 때문이다. 필자가 보기에 이러한 해석이 문맥상 적절하다.

그렇다면 『노자』의 '애양愛養'은 어떻게 해석해야 할까? 만물에 대한 대도大道의 사랑과 양육이라는 해석은 명료하지 못하다. 대도는 "백성들이 늘 그것에 근거하면서도 그것이 무엇인지 알지 못하는" 것이다. 사실 인류 물질사회에는 보편적인 법칙이 존재하며, 누구도 이를 벗어날 수 없지만, 이러한 법칙은 명료하지도 명확하지도 않다. 그렇다면 어째서 '은隱'자를 사용하지 않는 것일까? 보통 사람들에게는 모호하겠지만 지혜로운

---

30) 『廣韻』, "曖, 日不明也."; 『離騷』, "時曖曖其將罷兮."; 『楚辭』, 「遠遊」, "昔曖曃其曣莽兮."; 『晉書』, 「杜預傳」, "臣心實了, 不敢以曖昧之見自取後累."

이들과 철학자들은 이것을 명확하게 보아낼 수 있기 때문이다. '애양愛養'은 아끼고 길러줌이지 '명양明養' 즉 깨닫게 해 주고 길러줌이 아니다. 이렇게 '애愛'의 의미를 해석해 간다면 『시경』과 『노자』의 의혹들 역시 해소될 수 있을 것이다.

필자가 사용하는 방식은 옛 사람들의 연상 및 공감각적 사고과정을 좇아 분석하는 것이다. 연상 및 공감각적 사고는 중화민족의 특징 중 하나이다. 계공啟功(1912~2005)이 우리에게 남긴 교훈인 "학문으로는 사람들의 스승이 되고 실천으로는 세상의 모범(範)이 되어라"의 "모범"은 원래 '거푸집'이라는 뜻이어서, 진흙을 이겨 틀 안에 넣어서 대야나 항아리 같은 것들을 만드는 것이다. 우리의 행위는 사회의 "거푸집" 즉 모범이 되어야 한다. 사회를 인도하고 개혁하는 것은 "규범規範"이다. 기와와 항아리를 굽는 거푸집에서 사회의 모범으로의 의미 확장은 유추의 과정이며, 연상의 결과이다.

2) 문헌은 문화의 골조이며 훈고는 문화의 뿌리를 직접적으로 향하는 것이다

오경은 전통문화의 영혼이다. 여기에서는 경학을 다시 다루지 않겠다. 어째서 훈고학이 문화의 뿌리를 직접적으로 향하는 것일까? 아래에서는 『노자』 제33장을 살펴보겠다.

남을 아는 것은 지혜로운 것이고 자신을 아는 것은 밝은 것이다. 남을 이기는 것은 힘이 있는 것이고 자신을 이기는 것은 부지런한 것이다. 앎이 충분하면 풍족해지고, 부지런히 실천하는 자는 뜻을 이루게 된다.

자신이 머물러야 할 바를 잃지 않으면 오래갈 수 있고, 죽어도 (도가) 없어지지 않으면 장수할 수 있다.[31]

남을 아는 것은 지혜로운 것일 따름으로, 자신을 알아서 가장 지혜로운 것보다 높은 것만은 못하다. 남을 이기는 것은 힘이 있는 것일 따름으로, 자신을 이겨서 그 어떤 것도 자신의 힘을 덜어내지 못하도록 하는 것만은 못하다. 지혜를 남에게 쓰는 것은 지혜를 자신에게 쓰는 것만 못하며, 힘을 남에게 쓰는 것은 힘을 자신에게 쓰는 것만 못하다. 밝음을 자신에게 쓰면 사물에 의해 편벽되지 않고, 힘을 자신에게 쓰면 사물이 자신을 바꿀 수 없다. 앎이 충분하면 자신을 잃지 않으니 풍족해지고, 부지런하면 실천할 수 있고 그 뜻이 반드시 얻어질 수 있으니, "부지런히 실천하는 자는 뜻을 이루게 된다"고 한 것이다. 밝음을 가지고서 자신을 살피고, 힘을 헤아려서 실천하여 자신이 머물러야 할 바를 잃지 않으면 필히 장구함을 얻을 수 있다. 죽더라도 그가 살아 있다고 여기는 것은 도는 사라지지 않으면 이것이 온전하게 장수를 하게 해 주는 것이기 때문이다. 몸은 죽더라도 도는 여전히 존재하는데, 하물며 몸이 존재하고 도 역시 끝나지 않았을 때는 어떻겠는가!![32]

죽었지만 없어지지 않는다는 것이 무슨 말일까? 어째서 "죽어도 없어지지 않으면 장수할 수 있다"(死而不亡者壽)고 말한 것일까? 노자의 관점에서 보았을 때 육신이 살아 있는 시간이 긴 것이 장수가 아니었다. 『노자』

---

31) 『老子』, 제33장, "知人者智, 自知者明. 勝人者有力, 自勝者强. 知足者富, 强行者有志, 不失其所者久, 死而不亡者壽."
32) 『老子注』, 제33장, "知人者, 智而已矣, 未若自知者, 超智之上也. 勝人者, 有力而已矣, 未若自勝者, 無物以損其力. 用其智於人, 未若用其智於己也, 用其力於人, 未若用其力於己也. 明用於己, 則物無避焉. 力用於己, 則物無改焉. 知足(者), 自不失, 故富也. 勤能行之, 其志必獲, 故曰强行者有志矣. 以明自察, 量力而行, 不失其所, 必獲久長矣. 雖死而以爲生之, 道不亡乃得全其壽. 身沒而道猶存, 況身存而道不卒乎!"

전체를 관통해서 보았을 때, 그는 양생과 장수를 중시하기는 했지만 이를 절대적인 것으로 보지는 않았다. 사람이 오래 사는 것은 물론 좋은 일이지만, 만약 아무런 의미도 없이 산다면 그것은 죽은 것만 못할 것이다. 그래서 왕필은 설사 죽었을지라도 그 사람이 살았을 적 따랐던 도가 사라지지 않는다면 이것이 바로 "온전하게 장수를 하게 해 주는 것"(乃得全其壽)이다. 육신이 죽었어도 도는 여전히 존재하는 것인데, 육신이 아직 죽지 않은 상태에서 도 역시 그치지 않았다면 그는 더욱 오래 장수할 것이다. 왕필의 도가사상은 결코 순수한 것이 아니라서 그는 "죽음"(亡)을 도의 "사라짐"(亡)으로 보았다. 물론 이것은 일리가 있는 해석이지만 적절하다고 볼 수는 없다. 주겸지 선생은 『노자교석』에서 다음과 같이 말했다.

> 일본 무로마치 시기의 발췌본과 『중도사자中都四子』본에서는 모두 '망亡'을 '망妄'으로 적고 있다. 『의림意林』 제1권, 『군서치요群書治要』 제30권에서 인용하고 있는 『도덕경』의 "死而不妄者壽" 대목을 인용하면서 하상공의 주석도 인용하고 있다. 이로써 보건대 고본 『노자』에는 '망妄'이라 적혀 있었음을 알 수 있다.

하상공은 다음과 같이 주석했다.

> 눈이 오래도록 망령되게 보지 않고, 귀가 오래도록 망령되게 듣지 않으며, 입이 오래도록 망령되게 말을 하지 않는다면 세상으로부터 원망과 미움을 받지 않을 것이니, 그러므로 장수할 수 있는 것이다.[33]

---

33) 『老子河上公注』, 제33장, "目不妄視, 耳不妄聽, 口不妄言, 則无怨惡于天下, 故長壽."

필자는 하상공의 견해가 타당하다고 생각한다. "자신이 머물러야 할 바를 잃지 않으면 오래갈 수 있다"(不失其所者久)의 "오래감"(久)은 "장수하다"(壽)와 서로 통하는 것이다. "자신이 머물러야 할 바를 잃지 않거나" 행실과 처신을 잘못하는 등의 일들은 모두 살아 있을 때의 일이다. 그가 생전에 했던 말과 행동들이 올바르고 진실하며 충실한 것들이었다면, 그는 죽어도 죽은 것이 아니며 살아서 오래도록 장수하는 것과 같을 것이다. 장극가臧克家(1905~2004)가 노신을 추모하면서 "어떤 사람은 죽었으나 살아 있고, 또 어떤 사람은 살아 있으나 이미 죽었다"고 말한 것처럼 말이다. 장극가는 『노자』로부터 어떤 깨달음을 얻었던 것일지도 모른다. 어쨌든 이것이 바로 삶과 죽음에 대한 노자의 관점이다.

필자가 여기에서 반드시 밝히고 싶은 것은 왕필, 하상공 등의 주석이 비록 축자적으로 문자를 해석하는 방식으로 이루어지기는 했지만, 이들은 결코 문자를 해석하는 것에 그치는 것이 아니라 『노자』의 핵심적 의의를 직접적으로 밝히고 문화의 뿌리를 직접적으로 추적했었다는 점이다.

3) 훈고와 문화는 흥망성쇠를 함께한다

청대 사람들은 항상 한당지학을 언급했으며, 우리도 항상 한당대의 번영을 언급한다. 한 왕조와 당 왕조는 공히 번영을 누리고 훈고학도 발달했던 시기이다. 송대에는 '의고疑古'와 '의리義理'의 학풍이 일어난 성찰과 비판의 시대였다. 이 시기에도 학자들은 훈고학적 방법으로 의리지학에 기여하는 방향을 유지했다. 청대에 이르러서는 준수한 국력과 특수한 역사적 배경으로 인해 훈고학이 전례 없이 발달했다. 이는 점차 훈고학이 본래 기능으로부터 멀어지는 이유가 되기도 했다.

왕조가 전성기를 구가하면 훈고학도 발달했다. 번영을 위해서는 훈고에 의지해서 경전 및 역대 문헌들을 해석하고 그 정수를 취하여 전 사회를 응집시킬 수단이 필요했기 때문이다. 사람들의 마음이 응집되고 안정되면 자연히 사회발전이 이루어지게 될 것이고 생활수준 역시 올라갈 것이다. 송나라의 경우만 해도 처음 개국했을 당시는 그다지 강대한 국가가 아니었다.

그러나 이와 동시에 문화는 전성기에 도달하면 다시 쇠락한다는 법칙이 있다. 그러므로 반드시 타 문화로부터 자극받고 새로운 것들을 흡수해야 새로운 전성기를 누릴 수 있다. 오대십국의 동란을 거치면서 세워진 송나라는 '지금까지의 치란에는 어떠한 문화적 원인이 있었는가?'와 같은 반성을 하게 되었다. 그래서 학자들은 이전 시기의 학술에 대해 비판적 검토를 진행했다. 이처럼 비판은 비판대로 이루어졌지만 방향 자체에는 변화가 없었다. 그들은 여전히 훈고학의 방법을 가지고서 의리지학에 기여하는 방향을 유지했다. 송대 학자들이 훈고학에 힘쓰지 않았다고 여기는 것은 매우 잘못된 오해이다. 이는 청대 가경제嘉慶帝 이후 학자들의 기만에 불과하다. 특히 주희는 훈고를 매우 중시했으며, 훈고에 대한 조예 역시 무척 깊었다.

필자는 명대에 대해서는 그다지 할 말이 없다. 이 시기는 문화고립 및 정체가 시작되었던 시대였다. 물론 몇몇 분야의 문화들은 발전을 이루었지만 전반적으로 보았을 때는 큰 발전이 없었다. 문화 발전의 관건은 바로 새로운 사상을 창조했는지의 여부이다.

청대에 대해 필자는 국력이 "준수했다"라고만 평가했다. 이는 강희제에서 건륭제에 이르는 전성기를 두고 평가한 것이 아니다. 이 시기 청나라의 GDP는 전 세계의 40%를 점했지만, 건륭제 말기에 가면 33%로 떨어진다. 그래서 필자는 그 당시 국력에 대해 "준수했다"라고 평가할 수밖에 없었던 것이다. 다만 한 가지 분명하게 해야 할 것이 있다. 어떤 이들은 중국의 국력이 갈수록 쇠약해져서 침략을 당하다가 반식민지상태로 전락했다고 여긴다. 과연 그러했는지는 좀 더 살펴보아야 한다. 사실 1840년만 하더라도 중국은 전 세계 GDP의 26%를 점하고 있었다. 현재 미국이 25%를 점하고 있다는 것을 생각해 보면 결코 낮은 수치가 아니다.

그렇다면 어째서 이런 국가가 그토록 무력하게 침략을 당해야 했던 것일까? 바로 부패 때문이다! 이 시기 청나라는 문화적 발전도 산업화도 이루어내지 못했다. 청나라는 전쟁에 지고서 매년 수만 냥의 은을 배상금으로 지급해야 했다. 은뿐만 아니라 곡물, 차, 도자기, 비단도 끊임없이 해외로 유출되었다. 특히 의화단 사건으로 인한 배상금은 당시 한 해 GDP 전체에 해당했다. 이러한 사건들은 국가의 역량을 완전히 소진시켜 버렸다.

원명원圓明園 역시 완공되는 그날부터 이미 불타 버릴 운명을 타고나게 되었다. 원명원은 역사상 가장 아름답고 위대한 궁전이었다. 한 독일의 외교관은 바로 이 원명원에서 황제를 알현한 후 독일 황제에게 이 별궁의 아름다움에 대해 말했고, 이는 독일 황제의 주의를 끌었다. 훗날 그는 중국과 전쟁을 벌일 때 원명원에 있는 것들 중 옮겨 올 수 있는 것은 옮겨 오고 옮겨 올 수 없는 것은 불태워 버리라고 명령했고, 결국 원명원은 사라지게 되었다.

우리는 청 왕조의 역사를 객관적으로 볼 필요가 있다. 청대는 하나의 소수민족이 수많은 민족들을 통치한 시기이다. 청 황실은 늘 한족의 반란을 염려했다. 그래서 그들은 한족문화의 기치를 내걸어 한족 출신의 선비들을 굴복시켰다. 과거시험을 치르게 하고 그들에게 관직을 내렸지만 결코 통치에 저항하지 못하게 했다. 청대의 기록에 따르면 다음과 같은 일도 있었다. 한족 출신 선비 한 명이 장마 동안에 책을 말리고 있었다. 그때 큰바람이 불어 종이가 흩날리는 바람에 순서가 뒤죽박죽이 되었다. 그러나 그는 안타까워하면서 "맑은 바람이 글자를 알아보지 못하는데, 어떤 연유로 책을 뒤죽박죽으로 만들었는가?"(淸風不識字, 何故亂翻書)라는 시를 지었다. 그러자 청의 통치자는 맨 앞의 '청淸'자를 보고서는 이것이 청淸왕조를 욕하는 것이라고 오해해서 시를 지은 사람을 죽이고 구족을 멸했다고 한다. 당시에는 글로 인해 발생하는 옥사인 문자옥文字獄이 매우 빈번하게 일어났으며 통치자의 뜻에 반하는 것을 결코 허락하지 않았다. 그러니 선비들이 무슨 일을 할 수 있었겠는가? 한 글자 한 글자 고증하면서 절대 경전의 의미와 이치에 대해서는 결코 논하지 않았고, 정치로부터 멀찌감치 떨어져 있었다. 그리하여 탄생한 것이 건가학파이며, 훈고는 점차 그 본래 기능으로부터 멀어지고 더 이상 문화의 뿌리를 추적하는 것일 수 없게 되었다.

피석서는 다음과 같이 말했다.

> 송, 원, 명 삼대의 경학을 논하자면 원대 경학은 송대 경학에 미치지 못하고 명대 경학은 원대 경학에 미치지 못한다.…… 그러므로 경학은 명대에 이르러 매우 쇠락하게 된다.[34]

---

34) 『經學歷史』, 「九經學積衰時代」, "論宋元明三朝之經學, 元不及宋, 明又不及元.……故經學至明爲極衰時代."

명 왕조의 이러한 몰락은 표면적으로 보기에는 "노래기는 몸이 잘려도 꿈틀거릴 수 있다"(百足之蟲, 死而不僵)라는 속담과 같은 상황이었지만 실제로도 내부적으로 완전히 썩은 상태였다. 피석서는 청 말의 인물이며, 그는 자신이 속한 왕조인 청을 칭송하고 위대한 청 왕조가 부흥할 것이라고 말해야 했기 때문에 이러한 글을 쓴 것이다. 그는 다음과 같이 말하기도 했다.

> 송대 유학에는 뿌리가 있었기에 옛 의미를 버리고도 오히려 스스로 일가를 이룰 수 있었다. 원대 학자들은 송대 유학의 책들을 굳게 지켰으나 주석과 소를 다는 것에 있어서는 얻은 바가 매우 얕았다.…… 그래서 원대 경학은 송대 경학에 미치지 못했다. 명대 학자들은 원대 유학의 책들을 굳게 지켰으며 송대 유학에 대해서는 연구를 적게 했다.…… 그래서 명대 경학은 원대 경학에 미치지 못했다.[35]

19세기 문호가 개방된 이래 국력은 날로 쇠퇴하였고, 경학을 포함한 전통문화 전체가 비판과 의문에 직면해야 했다. 훈고학 역시 예외가 아니었고 극심한 모욕을 당해야 했다. 필자가 학부를 졸업했던 1959년 당시 훈고학은 "낡은 것을 끌어안은 채 버릴 줄 모르는"(抱殘守缺) 학문 취급을 받았다. 훈고학을 전공했던 필자의 선배들은 모두 "전 왕조에 충성을 지키는 신하와 늙은이"(遺老遺少), "봉건잔당"(封建餘孽) 취급을 받았다. 문화대혁명이 종료된 시점에는 전국 천여 개의 대학, 수백 곳의 중문과 중 단한 곳도 훈고학을 다루지 않게 되었다. 그래서 중화문화를 부흥시키고

---

35) 『經學歷史』, 「九經學積衰時代」, "宋儒學有根柢, 故雖撥棄古義, 猶能自成一家. 若元人則株守宋儒之書, 而於注疏所得甚淺……是元不及宋也. 明人又株守元人之書, 於宋儒亦少研究……是明又不及元也."

훈고학을 진흥시키고자 하여도 후속 학자들을 얻는 것이 너무나 어렵게 되었다. 그리고 이들을 가르칠 사람들은 더 빨리 사라져 가고 있다. 그러나 필자에게는 믿음이 있다. 현재 중국의 국력은 날로 강성해지고 있고 사회 가치체계 역시 시급히 세워져야 하는 상황이다. 새로운 시대의 문화 가치는 결코 전통이라는 토양을 떠나서 확립될 수 없으며, 이러한 이유로 전통문화는 관심을 받고 있다. 훈고학 역시 앞으로 점차적으로 주목을 받을 것이다. 그러나 피석서는 "쇠락에서 부흥은 하루아침에 이르는 것이 아니며, 현재로부터 과거 역시 한 걸음에 닿을 수 있는 것이 아니다"[36]라고, 그래서 필자는 중국 인민대학 유학원 창립행사에서 "중화문화의 부흥은 백 년은 기다려야 할 것이다"라고 했던 것이다. 진정한 부흥은 몇 세대의 노력을 필요로 할 것이다.

4) 훈고는 문화전승의 필수불가결한 수단이다

사실 이 문제에 관해서는 필자가 이미 수차례 언급한 바 있으며, 앞서 말한 내용들 역시 모두 이 제목의 내용을 담고 있다. 따라서 여기에서는 더 이상 다루지 않겠다. 독자들이 중국어나 한문을 전공하는 사람이건 그렇지 않은 사람이건 문화전승에 있어 훈고가 필수불가결하다는 점 하나만 기억해 주면, 필자는 그것으로 만족한다.

---

36) 『經學歷史』, 「十經學複盛時代」, "由衰複盛, 非一朝可至; 由近複古, 非一蹴能幾."

4. 훈고학과 해석학

1) 훈고학과 해석학의 공통점과 차이점

해석학은 (1654년 출현한 것으로 보이는) 서구 학문이다. 이는 본래 문헌학에 속했던 학문이며, 문헌 해석의 법칙을 연구하는 학문으로서, 중국의 훈고학과 유사하다. 해석학은 본래 『성경』을 해석하는 학문이었다. 따라서 해석학을 두고 『성경』의 시녀라고 해도 크게 억울하지는 않을 것이다. 20세기 들어서 해석학은 점차적으로 철학이론으로 변모했으며, 따라서 현재 우리가 서구의 해석학 문헌을 검색하게 되면, 이들은 문헌학이 아닌 철학으로 분류되어 있다. 해석학의 대가인 빌헬름 딜타이(Wilhelm Dilthey, 1833~1911)는 다음과 같이 말했다.

해석이란 바로 문헌에 남아 있는 인간 현존재에 대한 설명이다. 이러한 예술은 곧 문헌학의 기초이며, 이 예술에 관한 과학이 바로 해석학이다.

"현존재"(dasein)란 철학용어로, 지금 여기 혹은 어느 때 어느 곳에 존재하는 구체적 존재이다. 딜타이는 해석이란 바로 문헌에 남아 있는 인간 현존재들에 대해 설명하는 활동이라고 본 것이다. 이것은 한 글자, 한 구절 자체에 집착하는 것이 아니라 그러한 한 글자, 한 구절 배후의 인간 그 자체를 해석하는 것이다.

개괄하자면, 해석학은 문헌학과 철학의 혼혈이다. 훈고학과 비교했을 때 해석학은 훨씬 풍부한 역사적·철학적 사고를 담고 있다. 이는 훈고학이 결핍하고 있는 것들이다. 전통적인 해석학에서는 하나의 문헌에 하나의 진정한 의미만 존재할 수 있다고 주장했지만 철학적 해석학에서는 하나의 문헌에 서로 다른 해석이 존재할 수 있음을 인정하고 있다. 전통적 해석학은 『성경』의 부용으로서 "신의 계시"가 여러 가지로 해석되어 다양한 의견이 존재한다고 주장할 수 없었기 때문이다. 이러한 전통적 해석학은 중세의 산물이다. 1654년 르네상스운동이 한창 시작될 즈음 사상적으로는 이미 해방이 시작되었다. 그래서 하나의 문헌에 대해 서로 다른 관점이 존재할 수 있게 되었다. 이것은 교황청 중심의 일원론적 해석과 다르면 화형에 처해 버리던 "절대 권위"를 타파한 것이었다. 따라서 하나의 문헌에 서로 다른 관점이 존재할 수 있다는 관점은 하나의 거대한 혁명이라고 볼 수 있는 것이다.

이러한 측면에서 말하자면 과거 중국은 서구에 비해 학술적 측면에서 민주적인 면들이 더 많은 편이었다. 예컨대 『모시정전』은 『모전』과 달리 「노시魯詩」, 「한시韓詩」 등을 담고 있으며, 『예기』에도 "대대례大戴禮"와 "소대례小戴禮"가 있다. 중국학술의 이러한 민주적 성격들은 전국시대 백가쟁명의 전통이라고 할 수 있다.

전통적 해석학은 하나의 문헌에 유일하고 절대적인 "정확한" 해석을 가해야 한다고 생각했다. 이러한 관점은 맥락의 무한성 및 복원불가능성, 의미의 해석불가능성들을 간과한 것이며, 해석자의 주관성이라는 문제도 인식하지 못한 것이다. 따라서 이것은 문헌 해석의 법칙들을 거스른 것이라고 할 수 있다. 맥락이 무한한 이상 해석자들은 당시의 맥락을 상상하고 복원할 수도 있을 것이고, 여기에는 해석자마다 견해의 차이가 있을 것이다. 따라서 『시경』 「정녀」의 "애이불견愛而不見"에 대해서도 다양한 해석이 존재할 수도 있다. 그 밖에도 의미에 대해서도 우리는 모든 것을 명확하게 설명해 낼 수는 없다. 아무리 권위 있는 해석이라 할지라도 여전히 추측에 의지하고 있는 것들이 있다.

철학적 해석학은 문헌에 대한 해석을 진행할 때 해석자의 창조가 그 안에 담긴다고 여긴다. 이것은 비자각적으로 이루어지는 사유와 행위이다. 매우 친근하고 통속적인 시를 외국인 친구에게 들려준다고 할 때, 그 사람은 그 시의 맥락을 최대한 복원시켜서 설명해 주어야 하겠지만, 그렇다고 그것을 완전하게 복원할 수는 없을 것이다. 또한 의미의 해석불가능성의 문제도 있다. 시에는 말로 표현되지 않은 의미들도 담겨 있지만, 해석자는 이를 완전히 다 표현해 줄 수 없다. 또한 그 가운데에는 주관적 이해도 개입될 것이므로 해석자들 간에 결코 일치된 해석을 할 수 없다.

예전에 필자는 동료와 이야기를 나눌 때 시를 읽을 때에는 마음으로 이해해야 한다고 말한 적이 있다. 유치원에 다니는 아이들도 "침상 머리에 스미는 환한 달빛, 마치 바닥에 내린 서리인가 했네. 고개를 들어 밝은 달을 쳐다보고 고개를 떨구어 고향을 생각하네"[37]라는 이백의 시를 따라 부를 수 있다. 이 시는 언제 지어진 것일까? 가을이다. 집 밖에 서리가 내렸기 때문에 이백은 집 안에 드리운 달빛과 서리를 연결시킨 것이다. 그가 "마치 바닥에 내린 서리인가 했네"라고 했을 때, 그는 이미 이것이 서리가 아님을 알았다. 그는 계절로 인해 이러한 연상을 할 수 있었던 것이다. 더워서 부채질을 해야 하는 계절이었으면 그는 아마 이러한 연상을 할 수 없었을 것이다. 이 시를 지을 때 이백은 서 있었을까, 아니면 앉아 있었을까? 그것도 아니면 침상에 누워 있었을까? 그는 방 안에 어디쯤에 있었을까? 필자는 그가 창가에 서 있었을 것이라고 생각한다. 고대

---

37) 李白, 「靜夜思」, "床前明月光, 疑是地上霜. 擧頭望明月, 低頭思故鄉."

가옥들은 창문이 크지 않았기에 창가에 서 있어야 달을 바라볼 수 있고 창문에서 두 걸음만 떨어져도 위로 천장만 보일 뿐이었다. 이백은 어째서 고개를 들어 달을 바라보고 고개를 떨구어 고향을 생각했을까? 고향에도 이 달은 떠 있을 것이고 매달 한 번씩 보름이 돌아올 것이기 때문이다. 어째서 가을밤에 고향을 그리워했을까? 중추절이 지나고 가을비가 내리고 나면 곧 찬바람이 분다. 그렇게 되면, '아! 올 한 해도 지나가려 하는구나. 아내와 자식들은 잘 지내고 있으며, 부모님께서는 잘 지내고 계실까?'와 같은 그리움이 들 것이다. 또한 '날이 추워지면 작은 화로에 둘러앉아 화롯불에 곡주를 데우면서 책을 읽고, 아내는 옆에서 바느질을 하고 있는 것, 이것이야말로 가장 만족스러운 모습일터인데, 나는 지금 아직도 밖으로 떠돌고 있구나!'와 같은 생각도 들었을 것이다. 고대 문인들은 빨래하는 여인의 방망이질 소리를 매우 두려워했다. 그 방망이질은 그들로 하여금 수많은 것들을 떠올리게 해 주며, 특히 가을에는 더욱 고향 생각이 나도록 만든다.

비록 필자가 이처럼 간략하게 설명하기는 했지만, 이백이 당시에 품었던 심경이 어떠했을지 완전히 이해할 수는 없다. 만약 이백과 유사한 환경에 처해 있으며, 비슷한 문화적 소양을 지녔고, 부모와 아내 및 여러 친척과 지인들에 그리움을 가진 사람이 있다면, 그는 아마 이 시를 읊을 때 자신도 모르게 눈물을 흘릴 것이다. 이 모든 것들이 바로 훈고학이 해결해야 될 일들이다. 훈고학은 과거와 현재를 소통시켜 주는 학문이다. 따라서 훈고학적 교육과 훈련을 받는다면 이러한 비자각적 사유의 습관을 기를 수 있을 것이다.

철학적 해석학은 선인들과 권위자들의 견해 및 전통적 해석들을 해석의 필수적인 조건으로 보고 있다. 또한 먼저 저자의 사상을 이해하고 난 후 그래도 잘 이해되지 않는 부분들은 해석자 자신을 저자가 처했던 사상적·심리적·시간적 상황에 놓고 저자의 내면을 체험하고자 해야 한다고 강조한다. 사실 철학적 해석학은 그들 자신도 모르게 훈고학에 근접하고 있었다. 안타깝게도 해석학의 대가들은 모두 중국어로 진행된 훈고학적 작업을 이해할 수 없었다. 그렇지 않았다면 그들은 동양의 지혜를 흡수하기 위해 힘썼을 텐데 말이다. 몇몇 저명한 해석학자들은 오래된 문헌을 읽을 때 그들을 생명이 있는 존재로 여겨야 하며, 바로 우리가 그들의 생명을 연장시켜 주는 존재라고 말한다.

　　필자의 깨달음에 따르면 이때의 "생명"에는 두 가지 함의가 있다. 첫째, 이 생명은 생생하고 활기 넘치는 인류역사의 기록이다. 설사 이러한 작품이 순전히 풍경만을 묘사해서 그 안에 단 한 명의 사람도 등장하지 않는다고 하더라도, 이것은 늘 인간의 문제를 다루는 것이다. 소식蘇軾 (1037~1101)의 매우 유명한 시를 살펴보도록 하자.

　　내려다보면 산줄기이되 올려보면 봉우리이니,
　　멀고 가깝고 높고 낮음에 따라 모습이 제각각이네.
　　여산의 참모습을 알지 못하는 까닭은
　　이 몸이 첩첩산중에 있기 때문이라네.[38]

　　이 시에서는 사람을 언급하지 않았다. 그러나 이 시는 한 사람 즉 소식 자신의 감회를 표현한 것이다. 필자가 보기에 여산 전체에 대해 "내려

---

38) 蘇軾, 「題西林壁」, "橫看成嶺側成峰, 遠近高低各不同. 不識廬山眞面目, 只緣身在此山中."

다보면 산줄기이되 올려보면 봉우리이니, 멀고 가깝고 높고 낮음에 따라 모습이 제각각이네"라는 시의 앞 두 구절은 비교적 평이하다. 이 시의 백미는 뒤의 두 구절에 있는데, 이 부분에서는 선종의 느낌이 묻어난다. 우리의 본성은 속세의 온갖 욕망들에 의해 가려졌고, 그래서 자기 자신은 물론 대상의 진상도 인식하지 못하게 되었다. 이렇게 된 원인은 자신이 속세(시에서는 "첩첩산중")에 있기 때문이다.

그렇다면 이 시 안에는 몇 사람이 함축되어 있는 것일까? "1+n"명이다. "여산의 참모습을 알지 못하는 까닭은 이 몸이 첩첩산중에 있기 때문이라네"라는 구절에서 "여산의 참모습을 알지 못하는" 사람은 여산 안에서는 모든 사람일 것이고, 결국 이것은 천하의 모든 사람을 가리키는 것이다. "1+n"에서 "1"은 홀로 정신이 맑은 사람 즉 소식 자신이다. 이 시의 마지막 두 구절은 그가 이미 여산의 진면목을 잘 알고 있음을 말해 주는 것이다.

우리는 이 시 한 수를 읽으면서 이 시 안에 생기 넘치는 생명이 존재함을 발견할 수 있어야 한다. 이와 동시에 우리는 인생과 우주를 관통하고 있는 시인을 발견할 수 있어야 한다. 오직 소식과 같은 사람이라야 이러한 시를 써낼 수 있기 때문이다.

이 정도까지 시를 읽어 낼 수 있어야 비로소 시를 이해했다 할 만하다. 이것이 바로 철학적 해석학의 장점이며, 또한 중국의 전통적 훈고학의 장점이다. 그렇다면 철학적 해석학과 전통적 훈고학 간에는 어떠한 차이가 있을까?

해석학의 대가 중 한 명인 가다머(Hans Georg Gadamer, 1900~2002)는 다음과 같이 말했다.

이전 시대로부터 전승된 것들은 그것이 무엇이라 할지라도 새로운 시대를 만날 때마다 새로운 문제에 직면하고 새로운 의미를 지니게 된다. 이러한 까닭에 우리는 그들을 다시 이해해야만 하며, 새로운 해석을 가해야 한다. 전승된 것들은 늘 새로운 의미를 통해 자신을 드러낸다. 이러한 의미가 바로 새로운 문제에 대한 새로운 대답이다. 또한 새로운 문제가 발생하는 것은 전승된 것들이 역사의 과정 속에서 새로운 지평과 융합되기 때문이다. 그리고 우리의 해석은 이러한 지평과의 융합 아래에 종속된다.

가다머는 선인들에 대한 각 시대의 해석들이 모두 창조적 성격과 새로운 내용을 가진다고 말한 것이다. 인간의 주관성, 새로운 언어 환경, 사물을 관찰하는 새로운 방법과 관점이 있기 때문이다. 해석학의 핵심문제는 의미이다. 해석학자 폴 리쾨르(Paul Ricoeur, 1913~2005)는 다음과 같이 말했다.

해석은 사상적 작업이다. 이 작업의 성패는 명료한 의미 속에서 감추어진 의미를 해독해 내는 것에 달려 있으며, 문자적 의미 안에 내포된 의미의 차원을 펼치는 것에 달려 있다.

개괄적으로 말하자면, 해석학은 공개적으로 그리고 선명하게 "주석의 형식을 빌려서 자신의 뜻을 밝힘"(假注以述義)의 종지를 내세우지만, 훈고학은 공자의 "계술할 뿐 지어내지 않는다"(述而不作)의 정신을 이어받아서 오직 문헌과 문본의 글에만 천착하는 것을 표방하고 있다. 후대 특히 한당대 『오경정의』로 대표되는 "정의지학正義之學"의 시대에 이르면 "소가 주를 넘어서면 안 된다"(疏不破注)는 관념이 팽배해졌고, 청대에는 이러한 관넘이 절정에 달했다. 사실 그 어떤 시대의 해석자도 주석의 형태를 빌려 자신의 의견을 개진하는 방식을 택하지 않은 경우가 없었다. 당대의 공영 달과 같은 인물 역시 결코 다른 사람들의 의견을 전달하기만 하는 역할에 머무르지 않았다. 바꾸어 말하자면, 철학적 해석학과 전통적 훈고학은 그 기본 골조에서 통하는 점이 있다. 비록 각자 "선언"한 바에는 차이가 있 어서, 전자는 철학적 이론에 편중되고 후자는 역사서술에 편중되어 있지 만 말이다. 오늘날 우리들은 자발적이고 능동적으로 철학적 해석학과 전 통적 훈고학을 소통시켜 나가야 한다.

2) 훈고학은 해석학으로부터 영양분을 흡수해야 한다

해석학의 주장들 중에는 훈고학이 귀감으로 삼아야 할 것들이 종종 있다. 첫째, 해석의 다원화이다. 하나의 문헌에 서로 다른 다양한 해석들 이 허용되어야 한다.

둘째, 원전의 작자를 뛰어넘어야 한다. 오늘날 우리는 『서경』, 『시경』 등을 해석할 때 반드시 그 원래 경전을 뛰어넘을 수 있어야 한다. 전통적 문예이론에는 "이미지가 아이디어보다 크다"(形象大於思維), "아이디어가 이 미지보다 크다"(思維大於形象) 등의 표현이 있다. 이미지란 작가가 빚어내는 것이다. 작가가 이 이미지를 선명하게 빚어낼수록 그것이 함축하고 있는 의미는 작가가 본래 구상했던 것을 훨씬 넘어서게 된다. 이것이 바로 "이 미지가 아이디어보다 크다"는 것이다. "아이디어가 이미지보다 크다"는 것은 독자들이 책을 읽거나 영화를 볼 때 그 원작의 이미지에 대한 연상 이나 평론이 원작의 이미지를 넘어서는 것을 의미한다. 필자는 이러한 것들을 통해서도 "원전을 넘어선다"의 의미를 설명할 수 있다고 생각한다. 앞서 언급한 「정녀」의 시는 한 편의 애정시였다. 이는 현실적 감정을 표현했던 시가이다. 그러나 현대인들은 이 시 안에서 현대에는 결핍된 수수함과 소박함을 읽어 냈다. 이것이 바로 원전과 편집자(공자)를 뛰어넘은 것이다. 이와 동시에 만약 본래의 맥락, 사상, 감정, 말로 표현하지 않은 의미까지 느끼고자 한다면 앞서 언급한 이미지와 아이디어 이외에도 적절한 사변이 필요하다. 특히 윤리, 도덕, 가치 등에 대해서는 반드시 사변의 과정이 필요하다. 이러한 사변은 결코 공상 혹은 서구적인 순수 논리적 사변을 의미하는 것이 아니다. 이는 수많은 재료들 및 이에 대한 자신의 감상에 근거한 종합적 분석의 과정이다.

셋째, 선인들의 견해와 권위적 견해들 그리고 전통적 설명들을 구분할 수 있어야 한다. 선인들의 견해란 평범한 사람들이 어떻게 보았는지에 관한 것이다. 권위적 견해에는 두 가지 요소가 있다. 첫째, 합리적이고 인정받은 것이어야 한다. 합리적이라고 해서 반드시 인정받는 것은 아니며, 인정받았다고 해서 반드시 합리적인 것은 아니다. 예컨대 위대한 대상 앞에서 자신의 왜소함을 탄식한다는 의미인 "망양흥탄望洋興歎"에서 "망양望洋"은 연면어連綿語[39]이다. 이 어휘의 출처인 『장자』 「추수秋水」편에서 '망望'자를 접두어로 붙여서 나왔기 때문이다. 그래서 중국어에서는 "망루흥탄望樓興歎", "망구흥탄望球興歎", "망표흥탄望票興歎" 등 표현을 달리해도, 중국인이라면 모두 이것이 무슨 의미인지 이해할 수 있다. 이는 인정은 받았지만 합리적이지는 않은 경우이다. 다른 하나는 정치권력의 힘이다. 이 두 가지 요소는 매우 자주 결합했었다. 주희의 『사서집주』는

---

39) [역자주] 連綿語: 갈라놓을 수 없는 두 음절이 하나의 의미를 이루는 단어를 가리킨다.

원·명·청에 걸쳐 과거시험의 교과서로 지정되었고 권위를 획득했다. 권위적 해석이라고 해서 반드시 합리적인 것은 아니다. 그러나 설사 정치권력의 힘을 빌렸다고 할지라도 전통적 해석에 도전하기는 매우 어렵다. 전통적 해석은 남이 그렇게 이해하니 나도 그렇게 이해한다는 식으로, 그리고 대대로 전해져 내려온 해석이다. 그리고 이러한 전통적 해석이라고 반드시 권위적 해석인 것도 아니었다.

5. 훈고학의 도구, 범위, 목적 및 목표

여기에서의 "도구"라는 개념은 철학용어를 빌려온 것이지 칼, PC, 프로젝터 따위가 아니다. 이것은 문자, 언어, 역사, 문학, 예술, 철학(특히 방법론과 인식론 측면에서), 인류학(민족학을 포함한)의 방법론과 인식론 등 훈고학이라는 작업을 진행함에 있어 필요한 보조적 수단과 방법을 의미한다.

훈고학의 범위는 전통문화의 모든 문헌들이다.

훈고학의 목적은 현재 그리고 미래의 사람들이 충분히 이해할 수 있도록 돕는 것이다. 여기에서의 이해는 언어문자의 측면에만 국한되는 것은 아니다.

훈고학이 도달하고자 하는 목표는 무엇인가? 훈고학은 복고 즉 옛것을 되돌리는 것을 목표로 하지 않는다. 옛것은 되돌릴 수 없기 때문이다. 따라서 훈고학의 목표는 현재를 이해하고 미래를 창조하는 것이다. 현재를 이해하기 위해서는 고대를 이해해야 하며, 고대 문화의 심층 및 문헌에 함축된 정신을 이해해야 한다. 이 정신이 바로 문화 안에서 가장 지속적이고 결정적인 작용을 하는 것이며, 이 토대 위에서 미래가 창조되는 것이다. 딜타이는 "인간은 해석학적 동물"이라고 말한 바 있다. 이는 매우 정확한 말이다. 젊은 아버지와 어머니는 매일 매순간 아기에 대해 해석을 해야 한다. 인간과 인간 사이의 대화 역시 이러한 해석 속에 있다. 딜타이는 "인간은 과거의 유산에 대한 이해와 과거 유산이 그에게 남겨 준 공공세계의 해석에 근거해서 자기 자신을 이해한다"고 했다. 이를 노자의 말로 표현하자면 "자신을 아는 것은 밝음이다"(自知者明)일 것이다.

또한 딜타이는 "정신은 결국 나날이 발전하는 과정 속에서 새롭게 자기 자신을 발견한다"고 말했다. 중화민족정신에 대한 오늘날 중국인들의 인식은 이미 송명리학자들과 한당 고문학자들을 넘어섰다. 지식, 과학, 안목이 다르기 때문이다. 우리는 4대 문명이니, 9대 문명이니, 27대 문명이니 하는 것들을 파악하고서 중화문명을 바라보고 있는 까닭에, 타 문명에는 존재하나 중화문명에는 존재하지 않는 것이 무엇인지, 중화문명이 다른 문명으로부터 배워야 할 것은 무엇인지에 정확하게 알고 있다. 이러한 것들은 모두 해석학에 속하는 내용들이다. 그래서 필자는 훈고학을 연구하려면 먼저 서구 해석학의 현황과 관점 및 앞으로의 추세를 이해해야 한다고 말한 것이다. 필자는 여기에서 훈고학에 관한 구체적인 지식을 설파하고자 하는 것이 아니다. 다만 훈고학을 공부하고자 한다면 훈고학의 범위와 목적 그리고 최종적으로 도달하고자 하는 목표를 이해해야 한다고 말하는 것이다. 훈고학은 지식만을 전달하는 것이 아니라 방법을 알려 주고 새로운 경지를 열어 주는 학문이다.

6. 훈고학의 현황과 전망

훈고학의 현황에 대해 간략하게 설명해 보겠다.

첫째, 명물적名物的[40] 훈고와 의리적 훈고가 분리되었다. 필자는 왕소화 교수의 『훈고십사강』의 서문에서 명물에 대한 고증이 매우 중요하며, 여러 전문가들이 평생토록 연구에 종사할 가치가 있는 영역이라고 언급한 바 있다. 그러나 모든 연구자들이 이것만 연구하고 의리적 훈고를 고려하지 않는다면, 이것은 훈고학의 전통과 분리되는 것이다. 그러므로 누군가는 의리적 훈고와 명물적 훈고를 겸해서, 명물적 훈고를 토대로 의리적 훈고를 탐구해야 할 것이다. 우리 문학 전공자들이 아닐지라도, 사학과 철학을 전공하는 여러 연구자들은 훈고를 장악하고 이를 토대로 의리를 연구해야 할 것이다.

둘째, 훈고와 경학이 서로 유리되었다. 훈고학을 연구하려면 경전을 읽어야 한다. 설사 십삼경 전부를 다 읽지는 못하더라도 그 중 몇 권의 경전 및 그 외의 핵심적인 편장들은 통독해야 하며, 이들을 어느 정도 해석하고 실천에 옮겨야 한다. 경전을 해석하는 것은 한 글자 한 구절을 해석하는 문제에만 그치는 것이 아니다. 보다 중요한 것은 경전의 사상과 영혼을 이해하는 것이다. 그러나 지금의 훈고는 이러한 최소한의 조건과도 상당히 멀리 떨어져 있다.

셋째, 훈고와 문화의 연관성이 사라졌다. 자세히 설명할 것도 없이 사극 드라마들을 보면 사는 모습에서 행동거지, 걸음걸이, 말하는 것에 이

---

40) [역자주] 名物的 훈고: 사물의 명칭이 함축하고 있는 바와 그러한 명칭을 얻게 된 유래에 대한 훈고적 이해를 시도하는 것을 가리킨다.

르기까지 오류투성이가 아닌 것을 찾아볼 수가 없는 참담한 지경이다. 지금 문화 영역에 종사하는 이들은 대학 시절 신문방송학, 중문학, 사학 등을 전공할 때 훈고학을 배우지도 않았고 고서들을 진지하고 읽지도 않았다. 이러한 까닭에 그들은 고전에 대한 잘못된 이해에 근거해서 과장과 상상을 전개했던 것이다. 이렇게 간다면 이 시대는 후손들에게 물려줄 것이 아무것도 남지 않게 될지도 모른다.

넷째, 훈고학의 미래는 복합적 인재의 양성에 있다. 즉 훈고학적 훈련을 받았고, 여기에 더하여 과학적 방법을 독립적으로 운용하여 문헌을 해독할 수 있는 사학, 민속학, 문학, 철학 전공자들을 양성하고 있다. 훈고학 연구에만 전문적으로 종사하는 이들 역시 다른 전공의 방법을 폭넓게 이해하고 있어야 한다. 필자는 모든 대학이 훈고학 강의를 개설해야 한다고 주장한 바 있다. 그것은 바로 이러한 복합형 인재를 양성하기 위함이었다. 훈고학은 지식을 전달하는 학문일 뿐만 아니라, 더 중요하게는 도구와 방법을 전수하는 학문이다.

다섯째, 서구적 사유방식과 분과학문 체제를 벗어나고 있다. 서구적 사유방식은 이원대립적인 반면 중국인들은 "일이 나누어져 이가 되고 이가 합하여 일이 된다"는 사유방식을 가지고 있다. 만약 "일이 나누어져 이가 된다"만 있고 "이가 합하여 일이 된다"가 없으면 오직 양 극단만 존재할 뿐 중간 및 연결고리가 존재할 수 없다. 연결고리가 존재하지 않으면 대립, 투쟁, 분열만 존재할 뿐 타협, 조화 및 차이에 대한 존중이 존재할 수 없다. 『노자』에서는 다음과 같이 말했다.

도는 일을 낳고, 일은 이를 낳으며, 이는 삼을 낳고, 삼은 만물을 낳는다.[41]

일에서 이가 생겨나는 것은 이분二分이며, 혼연한 '일一'로부터 '이二'가 생겨난 것이다. 이는 다시 삼을 낳으니, 객관세계에서 '이二'는 너무 작은 숫자이다. 그래서 '삼三'에 도달해야 비로소 만물이 존재하고, 비로소 큰 숫자라 할 수 있다.

학술 영역의 측면에서 말하자면, 분과학문을 지나치게 세분화시켜서는 안 된다. 학문을 세분화시키면 보다 전문적이게 될 수는 있지만 영역의 폭이 좁아지고 방법 역시 협소해져서, 수용할 수 있는 범위가 줄어들고, 연구에 있어서도 어느 정도 수준에 도달하면 더 이상 심층적인 연구가 어려워진다. 그 밖에도 현재 중국의 학과체제를 보면 대부분 서구의 체제를 따르고 있다. 서구에는 문화학이 없으니 우리에게도 없는 식으로 말이다. 현재 국학의 열풍이 뜨겁게 불고 있고 수많은 학생들이 국학을 전공하고자 하지만 그럴 수 없다. 누가 그들에게 학위를 준단 말인가? 왜 중국은 국학이라는 학과를 개설하지 못하는 것인가? 민국시기 청화대학의 연구원에는 국학과가 있어서 진인각陳寅恪(1890~1969), 양계초 등이 교수로 있었다. 국학 역시 엄연히 하나의 학과이다. 그러나 서구에도 없고, 러시아에도 없다고 해서 우리 역시 국학과를 개설하지 않고 있다. 이러한 상황은 도대체 언제쯤 개선될지 알 수가 없다.

앞으로의 전망에 대해 간략하게 언급하겠다. 우리는 한당대의 훈고학 전통을 되살리고 확대·발전시켜야 한다. 그러나 훈고의 대상이 경서에만 집중되어서는 안 되며, 넓은 시야와 태도를 가져야 한다. 또한 인재양성의 방식을 개선해야 하며 피식민지의 수동적 태도와 자기 비하를 떨쳐내야 한다. 여기에서는 인재양성 방식 개선과 수동적 태도 및 자기비하

---

41) 『老子』, 제42장, "道生一, 一生二, 二生三, 三生萬物."

극복이라는 두 가지 문제에 대해 논하겠다.

인재양성에 있어 우리는 토론식 수업 방식을 채택해야 한다. 우리는 토론식 수업이 서구 교육의 전유물이라고 생각할 필요가 없다. 과거 서원에서는 모든 수업이 토론식으로 이루어졌다. 그 증거로 수많은 기록이 있다. 『주자어류朱子語類』만 보더라도 주희는 항상 제자들과 토론을 벌였다. 서원에서는 스승들이 정기적으로 혹은 비정기적으로 자신의 견해를 강학하기는 했지만 제자들의 견해에 대해서는 결코 시비를 평가하지 않았다. 고대의 수많은 대학자, 명신들은 모두 서원 출신이었다. 인재양성에는 여러 가지 방식이 있다. 강의도 필요하고 동학들 간의 토론 역시 필요하며, 스승과 제자가 함께 잡담도 하고 맥주 한 잔 하는 것 역시 필요하다.

피식민지의 수동적 태도와 자기비하를 떨쳐내는 것은 우선 훈고학이 곧 문헌학이고 매우 유용한 도구가 될 수 있다고 당당하게 선언하는 것에서 출발해야 한다. 훈고학에는 이론이 없으므로 "현대화"해야 한다면서 이런저런 논의들을 하고 있는데, 필자가 보기에 이는 전혀 불필요한 일이다. 이 문제를 극복하지 못하면 훈고학은 부흥될 수 없을 것이고 전통문화에 대한 연구 역시 발전하고 지속될 수 없을 것이다. 우리는 외국의 것들을 반드시 받아들여야 한다. 특히 좋은 것들에 대해서는 더욱 그러하다. 그러나 사고 및 연구방법에 있어서는 중국인 자신들의 노선을 견지해야 한다. 왜냐하면 훈고학이 연구해야 하는 대상은 바로 중국의 언어 및 맥락 그리고 중국 고대의 맥락이기 때문이다. 이처럼 넓은 시야와 태도를 가진다면 피식민지의 수동적 태도와 자기비하를 떨쳐낼 수 있을 것이다.

제8강 유가의 몇몇 문제에 관한 고찰

중화문화의 근간은 유가사상이다. 중화문화가 수천 년 동안 면면히 이어져 올 수 있었던 것 역시 이와 긴밀한 관계를 맺고 있다. 지금 우리가 중화전통문화를 객관적으로 평가하고자 한다면 오랫동안 쌓여 온 유가사상 및 학설에 대한 오해들, 예컨대 보수적이고, 새로운 문물과 개방에 반대하며, 올바름(義)만 중시하고 이익(利)은 경시한다는 등의 오해들을 걷어 내야 할 것이다.

1. 유가는 보수적인가?

먼저 역사적 사실을 살펴보자. 유가학설의 창건자인 공자는 한평생 "가르침에 있어 신분의 구분을 두지 않음"(有教無類)의 교육원칙을 고수하고 실천했던 인물이다. 그의 이러한 원칙은 당시로서는 매우 진보적인 것으로, 오직 왕실과 귀족의 자제만이 교육을 받을 자격이 있던 이전의 방식을 완전히 뒤집는 것이었다. 그는 자신의 사학을 열면서 "말린 고기 한 속"(束脩)만 낼 수 있는 학생이면 누구든 배울 수 있도록 했다. 혹자는 이 점을 두고 공자가 무료교육을 실시하지 않은 채 돈만 밝혔다고 비판하기도 한다. 필자는 이러한 비판이 적절하지 않다고 생각한다. 당시 공자의 사학은 성인을 대상으로 한 학교였다. 『사기』의 「공자세가」나 「중니제자열전仲尼弟子列傳」만 살펴보아도 공자의 문하에서 공부하는 이들 중 가장 어린 사람도 15세 이상이었음을 알 수 있다. 그러므로 말린 고기 한 속을 낼 수 있다는 것은 그의 생활수준이 기본적으로 안정되어 있어서 공부에 전심할 수 있다는 것을 의미한다. 즉 "가능성이 있는 젊은이라야 가르쳐 볼만하다"[1]는 것이다.

공자의 제자 중에 자공이라는 유명한 이가 있다. 그는 상인이었으며, 수완이 탁월해서 집에 천금을 쌓아 두고 있었다고 한다. 공자는 자공을 두고 "축재를 했지만 그 뜻은 여러 차례 중절함에 들어맞았다"[2]고 말했다. 『논어』에는 자공의 말이 적지 않게 등장하며, 공자의 사상에 비추어 보아도 그의 학문수준은 분명 탁월했다. 그는 노나라와 위衛나라의 재상을 역임했으며, 여러 제후국에 사신으로 파견되었고, 또한 제후들로부터 존중을 받았다. 공자는 자공을 종묘의 주요 제사에 사용되는 제기인 "호련瑚璉"에 비유했었는데, 이는 그가 국가를 다스릴 동량이라는 의미이다. 이렇게 보면 공자가 상인 출신을 배척했다고 말할 수는 없을 것이다. 도리어 이것은 공자가 "군자는 인재를 아끼나, 인재를 취함에는 법도가 있다"의 입장에 서 있었다고 말해 주는 것이다. 그래서 공자는 "부유함이 내가 구하려 해서 구해지는 것이면 채찍을 들고 수레를 모는 일이라도 하겠지만, 그렇지 않다면 나는 내가 좋아하는 바를 따르겠다"[3]라고 말하기도 했던 것이다.

---

1) 『史記』, 「留侯世家」, "孺子可教矣."
2) 『論語』, 「先進」, "賜不受命, 而貨殖焉, 億則屢中."
3) 『論語』, 「述而」, "子曰: 富而可求也, 雖執鞭之士, 吾亦爲之, 如不可求, 從吾所好."

전통사회에서 곡물을 포함한 농작물들은 사회에서 가장 필요한 것들이었다. 상업 활동 및 이에 수반되는 수공업이 농업생산을 저해하는 수준에 도달할 경우 통치자들은 말단(상업)을 억누르고 근본(농업)을 진흥시켰고, 과도하게 정교한 수공예품들을 배척했다. 근대 이전 모든 왕조에서는 농업-상업-수공업 간의 평형을 유지하고자 했다. 이러한 조치들은 훗날 유가가 상공업의 발전을 저해하는 요인으로 지목되는 근거가 되지만, 이는 오해이다.

사실 유가는 수구적이지 않을 뿐만 아니라, 이와는 반대로 시대에 발맞추어 진보해 왔다. 유가학설은 이천 년이 넘는 시간 동안 변천 및 발전을 거쳤고, 불교와 도가를 포용하면서 그로부터 영양분을 흡수해서 송대에 이르러 중국철학체계를 구축하고 완성했다. 그리하여 마침내 세계 철학의 최고봉에 올랐다. 당시 유가는 내부적으로 의리義利 및 왕패王霸 논쟁을 벌였고, "올바름과 이익을 함께 취함"(義利雙收)의 이념도 생겨났다. 유가의 점진적 발전의 경로를 간략하게 소개하자면 다음과 같다. 공자-맹자-순자-동중서-한대 유학자들(馬融과 정현 등)-당대 유학자들(공영달, 顔師古, 한유 등)-송대 유학자들(장재, 주돈이, 이정, 주희 등)-명대 유학자들(왕양명, 왕부지 등) 유학은 각 시대마다 모두 자신들만의 특색을 지니고 성취를 이루어 냈다. 이러한 것들은 자신이 처한 시대의 시대적 특징과 결합하여 창조를 해 나갔던 유학의 자세를 명확하게 보여 준다.

2. 유학은 중국의 근대화를 선도할 수 있는가?

과거 유학에 대해 제기되었던 비판 가운데 반드시 검토하고 넘어가야 할 것이 있다. 그것은 바로 유학의 발전 동력(학자들의 사고, 연구 논쟁 등) 등 유학의 내재적 요인들을 검토해 보았을 때, 이들이 과연 중국을 산업화와 근대화로 인도할 수 있었는지의 문제이다. 이에 대한 한 가지 관점은 유가는 절대 그렇게 할 수 없었다는 것이다. 따라서 근대화를 위해서는 반드시 유럽인들로부터 문물을 받아들여야만 한다는 것이었다. 이것이 이른바 "서학동점西學同漸"이었다. 필자는 유학, 좀 더 확대해서 중화문화가 자체적으로 산업화와 근대화를 이루어 낼 역량이 없었다는 견해는 정밀한 논증 없이 도출해 낸 주관적 결론에 불과하다고 생각한다.

역사적으로 보자면, 중국의 수공업은 명대 이미 상당한 수준으로 발달했다. 비록 증기기관이 존재했던 것은 아니지만 도구의 발달은 농경시대 수준에서 보자면 가장 선진적인 단계에 도달해 있었다. 이 시기의 도구들 가운데에는 현대의 것들을 대체할 수 있는 것들도 있다. 또한 이 시기에는 민간 금융도 출현했으며, 남부와 북부 간의 교통과 운송체계도 매우 발달했다. 이론 방면에서는 송대 유학을 직접 계승한 영가학파永嘉學派(사공학파) 등을 대표로 하는 "의리쌍행義利雙行"의 학설들이 출현하고 발전했다. 이들은 "이생利生"(삶을 이롭게 함), "사공"(사업과 공적)을 주장했다. 이른바 "공이 이루어지는 곳에 덕이 있고 일이 이루어지는 곳에 이치가 있다"(功到成處, 便是有德; 事到濟處, 便是有理)는 것이다.

물론 유학에 대한 현대인들의 뿌리 깊은 오해를 바로잡기 위해서는 아직 더 심층적인 연구가 필요하다. 하지만 필자는 다음과 같이 생각한다. 세계의 모든 민족들은 저마다의 발전 속도가 있으며, 이것이 반드시 선형적 발전인 것도 아니다. 중국인의 지혜에 근거해 볼 때, 그리고 유학의 폭넓은 포용성에 근거해 볼 때, 중화민족이 반드시 유럽인들로부터 현대문물과 상업을 도입해 와야 비로소 근대화를 이룰 수 있다는 것은 타당한 주장이 아니다. 또한 만약 중국이 중화문화의 내재적 요소들로부터 근대화와 산업화를 이루어 냈다고 한다면, 이때의 근대화와 산업화는 서구의 그것과 결코 동일하지 않았을 것이며, 그 자신만의 특색 즉 조화, 안정, 온화, 인정 등을 담고 있었을 것이다.

최근 이삼백 년간 중국은 쇠락하고 외세의 침략을 당했다. 이는 중화문화의 운명이 그러했기 때문이 아니었다. 이것은 제도의 실패와 이로 인해 초래된 고립 때문이었다. 제도의 실패와 그로 인한 고립은 중화문화의 내적 동력을 점차적으로 고갈시켰고 타 문화와의 충돌이라는 외적 동력도 없애 버렸다.

요컨대 중화문화의 근간으로서 유가사상과 학설은 윤리학의 측면에서는 인·의·예·지·신을 주장했으며, 세계관의 측면에서는 천인합일을 주장했다. 즉 인간과 객관세계는 하나의 전체이며, 인간은 만물 중 가장 영명하고 귀중한 구성원이라는 것이다. 이러한 이상세계에 도달하기 위해 사람들은 격물―치지―성의―정심하고 신독愼獨해야 하며, 개인과 공동체(타자)의 관계에 임할 때에는 수신―제가―치국―평천하해야 한다.

어떻게 해야 "평천하平天下"할 수 있을까? "왕도王道"를 통해서이다. 간략히 말하자면, 왕도란 발달된 문화와 고상한 도덕을 통해 다른 사람과 다른 국가들을 끌어당기고 감화시키며, 또한 그들을 잘 대해 주는 것이다. 비록 여기에서 말하는 국가란 당시의 제후국을 의미하는 것이기는 하지만, 당시의 제후국들 간의 관계는 오늘날 국제관계와 크게 다르지 않다. 고대로부터 현대에 이르기까지, 중국인들이 생각하는 "천하"는 점차 확장되어 왔으며, 따라서 제후국들 간의 관계를 오늘날 국제관계에 적용시킬 수도 있을 것이다. 이것이 바로 공자가 말한 "멀리 있는 이들이 복종하지 않으면 자신의 문덕을 닦아 그들이 다가오도록 해야 한다"의 의미이다.

송대 유학에 이르면, 그들은 천인합일의 철학과 사물을 인식하는 격물치지의 방법(공부)을 통해, 이 우주 안에 있는 모든 것들은 설사 감각적으로는 아무런 관계가 없어 보이는 것들까지도 사실은 모두 밀접한 관계를 맺고 있다는 것을 체험해 냈다. 여기에서 우리는 고대의 현인들과 철학자들, 그리고 송대 유학자들이 매우 위대했음을 알 수 있다. 그들이 제시한 이치는 동시대 그리고 후세 사람들 중 아주 극소수의 이들만 깨우칠 수 있었던 것이다. 오늘날에는 과학기술과 교통, 통신이 발달했고, 이러한 이치를 아는 사람들이 갈수록 많아지고 있지만, 여전히 대부분 보통 사람들의 인식 수준은 자신을 둘러싼 물질 환경을 벗어나지 못하고 있다.

이왕 논의를 시작한 김에 중국어의 "동포同胞" 개념을 한 번 살펴보자. 이 단어는 본래 한 어머니에게서 태어난 형제자매를 가리키지만, 현대에는 같은 국적을 가진 사람들로 의미가 확장되었다. 이것은 중국인들은 자신들이 모두 한 명의 아버지로부터 태어나고 한 명의 어머니로부터 길러져서 서로 뼈와 살, 손과 발 같은 사이라 누구도 떼어 놓을 수 없다고 여기기 때문이다. 이러한 사유는 아마도 사물의 생장과정에 대한 세밀한 관찰로부터 왔을 것이라 생각된다. 『주역』「설괘전說卦傳」에서는 "건은 하늘이니 그러므로 아버지라 칭하고, 곤은 땅이니 그러므로 어머니라 칭한다"[4]

고 말했다. 대지를 어머니라 부르는 것이 비단 중화민족만은 아니지만, 천하 사람들을 모두 동포라 여기는 것은 중국만이 유일하다. 송대 유학자들은 바로 이러한 감성적이고 이성적인 인식을 철학화했을 따름이다.

여기에서 우리가 주목해야 할 점은 유가학설이 중화의 대지 위에서 사람들이 살아온 경험, 그리고 윤리도덕과 우주에 대한 인식을 포괄하고 있으며, 유가가 매우 넓은 포용성을 지니고 있다는 점이다. 유가는 비록 개인의 수양에서 출발하고 있지만, 그 목표는 매우 방대하여 전체 우주를 아우를 수 있다. 이러한 까닭에 "멀리 있는 이들이 복종하지 않으면 자신의 문덕을 닦아 그들이 다가오도록 해야 한다"는 말은 단순한 표어가 아니라 체험과 사변에 근거해서 도출한 신념인 것이다.

3. 유가는 이익과 올바름, 법과 도덕의 관계를 어떻게 인식했는가?

먼저 역사적으로 보자면 『이십사사二十四史』 중 14개 왕조의 역사서에 상업 및 유통과 관련된 항목과 기술이 배치되어 있다. 예컨대 『사기』의 「평준서平准書」, 『한서』의 「식화지食貨志」 등이 그러하다. 이러한 '서書'나 '지志'에는 고대시기 농업 등 생산과 화폐 간 균형관계 및 조정에서 시행했던 조치 등이 서술되어 있다. 사마천이 "농업, 수공업, 상업 간 교역의 길이 뚫리면 귀패龜貝, 금전金錢, 도포刀布 등 각종 화폐가 활발하게 사용된다"[5]고 말했던 것처럼 화폐는 매우 중시되었다. 한대에는 조정의 주도로

---

4) 『周易』, 「說卦傳」, "乾, 天也, 故稱乎父; 坤, 地也, 故稱乎母."
5) 『史記』, 「平准書」, "太史公曰: 農工商交易之路通, 而龜貝金錢刀布之幣興焉."

소금과 철을 전매해야 하는지 아니면 민간에 맡겨야 하는지를 두고 논쟁이 벌어졌는데, 이 논쟁을 기록한 것이 그 유명한 『염철론鹽鐵論』이다. 『염철론』은 역대 왕조에서 끊임없이 인용되었다. 그 후 역대 왕조들(주로 수명이 길었던 왕조들)의 조야에서는 '이익'(利)과 '올바름'(義)에 관한 논쟁(사실상 왕도와 패도의 논쟁)이 늘 발생했다.

그 중에서도 가장 주목할 만한 것이 송대의 영가학파이다. 영가학파의 주요 인물인 진량陳亮(1143~1194)은 사공事功 즉 경제를 강조했으며, 상업은 농업에 의지하여 성립되고 농업은 상업에 의해 진행되므로 양자가 서로 보완해 주어야지 방해해서는 안 된다고 보았다. 그는 일찍이 주희와 의리義利와 왕패의 문제를 두고 11년에 걸친 논변을 벌이기도 했다. 그 후 영가학파의 대표적 인물인 섭적葉適(1150~1223) 역시 마찬가지의 논지에서 다음과 같이 말했다.

> 사농공상 사민이 함께 그 쓰임을 다한 후에야 다스림과 교화가 흥하니, 말단(상업)을 억누르고 근본(농업)을 두텁게 한다는 것은 정론이 아니다. 만약 정말로 말단을 억누르고 근본을 두텁게 하는 것이라 하면 이것은 비록 편중된 것이기는 하더라도 나름대로 일리는 있을 것이다. 그러나 후세의 정권들은 상업을 수탈하여 자신들의 이익으로 삼으니, 이것을 어찌 "억누름"이라고만 할 수 있겠는가?[6]

영가학파는 "사농공상은 모두 백성의 본업이다"라고까지 말했다. 요컨대 그들은 (생산도구와 방식 및 효율의 측면에서) 이미 상당한 발전을

---

6) 『水心文集』, 「習學記言序目」, "四民交致其用而后治化興, 抑末厚本, 非正論也. 使其果出于厚本而抑末, 雖偏尚有義; 若后世但奪之以自利, 則何名爲抑?"

이룬 농업생산력과 한창 발전 중에 있던 수공업과 상업을 근거로 사농공상의 평등을 주장했던 것이다. 이러한 사상에는 분명 "의리병행"의 이념이 내포되어 있으며, 이는 유가학설이 시대에 발맞추어 발전했다는 또 하나의 예증이다.

여기에서 주의해야 할 점은 당시 영가학파의 영향력은 매우 강력했고, 더 중요하게는 후세에 더 크고 지속적인 영향을 미쳤다는 점이다. 영가학파는 가깝게는 원대와 명대의 학자들에게 깨우침을 주었으며, 멀게는 중국 내부의 "계몽"사조를 형성하기에 이르렀다. 그들로부터 시대적으로 한참 떨어진 현대의 절강지역 특히 절동浙東지역은 상업과 수공업이 매우 발달했으며, 이러한 업종에 종사하는 이들은 정성과 신뢰를 매우 강조한다. 이러한 기풍에는 근원이 없을 수 없다. 이러한 기풍에 더하여 농업을 경시하지 않으면서도 상공업을 중시하는 절동지역의 기풍은 영가학파의 사상이 사람들의 마음에 깊이 뿌리내린 결과라 할 수 있다. 이렇게 볼 때 유학은 결코 소수 학자들만의 일이 아니다. 만약 시대와 결합해서 정밀하게 연구하고 보급하기만 한다면 지역 및 국가의 경제 · 사회 발전에 상상 이상의 역할을 할 것이다.

유가 내부의 토론과 논쟁의 핵심은 결국 이익과 올바름, 법과 덕, 경쟁과 공동번영, 주종관계와 형제관계 등 몇 가지 갈등으로 귀결된다. 이 중 앞의 두 조목은 사상과 이론 방면에 해당하는 것이며, 뒤의 두 조목은 실천 방면에 속한다고 할 수 있다.

올바름과 이익은 모든 문제들의 핵심이다. 고대에는 올바름을 의미하는 '의義'자가 "마땅함"(宜)으로 해석되었다. 이는 사회와 타인에 대해 자신의 신분과 역량에 부합하는 일을 하는 것을 의미한다. 사회에는 항상 계급이 존재하며 구성원들은 남녀노소와 신분의 고저에 따라 나뉜다. 그리고 이들이 받은 교육 역시 제각각이었다. 이러한 상황에서 자신의 힘과 마음을 다해 주어진 책임과 역할을 완수하는 것이 바로 "올바름"(義)이며, 이를 어기거나 해내지 못한 점이 있으면 곧 "올바르지 않음"(不義)인 것이다. 이익은 결코 나쁜 것이 아니다. 관건은 "이익을 취함에 있어 올바른 도리를 따랐는지"(取之有道), "이익을 사용함에 있어 법도에 부합했는지"(用之得法)이다. 이렇게 한다면 "올바름"이고 그렇게 하지 않으면 "올바르지 않음"이다.

올바름과 이익에 관한 논변 즉 의리지변義利之辯은 고대로부터 존재했다. 예컨대 『맹자』가 "왕께서는 하필이면 이익을 말씀하십니까? 저는 오직 인의만을 내세울 뿐입니다"라고 말했던 것은 긍정적인 맥락에서건 부정적인 맥락에서건 유가가 이익 추구에 동의하지 않았음을 증명하는 근거가 되었다. 사실 맹자는 결코 이익을 배척하지 않았다. 그의 이 말은 양梁나라 혜왕惠王이 맹자를 보자마자 "노인께서 천 리 길을 멀다 생각하지 않으시고 오셨는데, 저희 양나라에 어떤 이익을 주시려고 하십니까?"[7]라고 물은 것에 대해 이는 왕으로서 마땅히 다해야 하는 직분에 어울리지 않은 것이라 여겼기에 나온 것이다. 맹자는 혜왕에게 대답할 때 "또"를 의미하는 "역亦"자를 넣었는데, 이는 상대방에게 이익 말고 의로움"도" 있다고 깨우쳐 주는 의미였다.

의로움과 이익의 문제는 법과 덕의 관계와도 관련된다. 인류는 사회를 구성했고, 따라서 법이 없을 수 없었다. 특히 사회가 발전하고 인구가

---

7) 『孟子』, 「梁惠王上」, "孟子見梁惠王. 王曰: 叟不遠千里而來, 亦將有以利吾國乎? 孟子對曰: 王何必曰利? 亦有仁義而已矣."

증가하며 사회가 복잡해질수록, 질서와 규범을 통해 규제하지 않으면 무질서가 판을 치고 결국 사회 구성원 전체에 피해가 미치게 된다. 그러나 법은 질서의 최저한도일 뿐이다. 따라서 이 최저한도에 저촉될 경우 설사 잘못이 아니더라도 범죄가 되는 것이다. 사회는 바로 이 법을 통해 교정과 처벌을 한다. 법은 타율적이고, 사람들은 이것을 수동적으로 받아들인다. 이 최저한도 위에는 반드시 덕에 의한 제약이 존재해야만 한다. 덕은 무한히 높아질 수 있다. 중국문화에서 최고의 인간유형은 성인이다. 그다음은 현인이고 다시 그다음은 군자이다. 그리고 가장 낮은 인간은 소인이다. 유가는 성인을 최고의 목표로 설정하지만 이는 영원히 도달할 수 없는 목표이고, 따라서 영원히 추구해야 하는 것이다. 만약 이러한 사람들이 많아진다면 사회의 도덕수준은 상승할 것이고, 법을 어기는 이들 역시 줄어들어서 사회가 안정될 것이다.

제9강 선종—중화문화와 외래문화 간 융합의 대표적 사례

1. 불교의 요지

주지하다시피 불교는 기원전 6세기 고대 인도에서 출현했다. 불교를 창시한 석가모니[1]는 카필라국(Kapilavastu; 迦毘羅國)의 왕 슈도다나(Śuddhodāna; 淨飯王)의 아들로 태어났으며, 공자와 거의 같은 시기에 생존하고 활동했다.[2] 불교는 인도의 브라만교(힌두교의 전신)로부터 탈피하면서 생겨났다. 석가는 왕자의 지위에 있었지만 엄격한 카스트제도 아래 고통 받는 사람들을 위해 고뇌했으며, 인생의 고통에서 해탈하는 법을 고민하게 되었다. 그래서 결국 가족들의 반대를 무릅쓰고 출가해서 수행에 돌입했다. 그는 여러 해 동안 브라만교의 여러 교파에 가르침을 청했으나 결국 해탈하고자 하는 바람을 이룰 수 없었다. 그래서 가야산伽耶山에서 고행을 했으나 역시 해탈에 도달하지 못했다. 그 후 석가는 니련선하尼連禪河(Nairanjana) 근처 보리수나무 밑에서 참선을 하면서 깊은 명상에 잠겼고, 마침내 깨달음을 얻었다.

---

[1] 후세 불교도들은 그를 높이기 위해 釋尊이라 부르기도 한다.
[2] 석가모니의 생몰연대에 대해서는 몇 가지 학설이 존재한다. 현재 중국의 학자들은 대부분 기원전 565년 출생했다고 보고 있으며, 이는 공자보다 14년 빠른 것이다.

그 후 수십 년 동안 석가는 설법과 포교를 게을리하지 않았고, 불교를 인도 각지로 전파시켰다. 석가는 80세의 나이로 입적入寂했으니, 그때가 기원전 485년이다. 가섭伽葉과 아난阿難 등 석가의 직전제자들과 그들의 제자들은 석가의 유지를 받들어 불교전파에 힘썼다. 불교는 내부적으로 여러 차례 분화의 과정을 겪으면서 여러 교파를 형성했다. 그리하여 기원전 1세기경 대승불교가 일어났고, 오래지않아 이들은 오늘날 인도 대부분 지역으로 전파되었다.

불교는 그 형성과정에서 앞선 시대 다양한 유파의 철학, 윤리, 문화 등의 성과를 흡수하였고, 석가와 그 계승자들의 노력을 통해 불교의 교의는 점차 엄격한 체계를 형성하게 되었다. 주요 종파들의 교의를 종합해 보면 불교는 다음과 같은 요점을 가지고 있다.

① 인생은 곧 "고苦"이며, 온갖 고들은 우리의 "업業"이 쌓여서 생겨난 것이다.

② 업보는 윤회하며, 태어나고 죽음을 그치지 않는다.

③ 인생의 고를 해탈하기 위해서는 윤회를 초월해야 한다. 즉 깨달음을 얻어야 한다. "일체 중생은 모두 여래의 지혜와 덕상德相을 지녔으나 망상과 집착으로 인해 그것을 깨닫지 못하는 것이다." 따라서 이러한 자성自性을 깨닫기만 하면 열반 진여眞如를 얻을 수 있다.

④ 업과 고는 개인에게만 속하는 것이 아니다. 그러므로 마땅히 자비를 베풀고 중생을 구제해야 한다. 그렇지 않으면 고가 이 세상을 떠나지 않을 것이고 개인 역시 해탈을 이룰 수 없을 것이다.

철학의 측면에서 말하자면, 불교의 주요 관념으로 사제四諦, 오온五蘊, 팔정도八正道, 십이연기十二緣起, 제법무아諸法無我 등이 있다.

사제: 고제苦諦, 집제集諦(모든 고의 원인 즉 탐욕), 멸제滅諦(滅苦의 근원), 도제
　　道諦(滅欲의 도)

오온: 인간을 구성하는 요소이다. 첫째, 색온色蘊 즉 지地, 수水, 풍風,
　　화火－세계의 4대 원소 및 이들로 구성된 감각기관과 감각대상
　　이다. 둘째, 수온受蘊 즉 감각이다. 셋째, 상온想蘊 즉 추상적 사
　　유이다. 넷째, 행온行蘊 즉 행위를 이끄는 의지이다. 다섯째, 식
　　온識蘊 즉 생각과 활동을 통제하는 의식이다.

팔정도: 해탈을 추구하는 여덟 가지 올바른 방법이다. 정견正見, 정사正
　　思, 정어正語, 정업正業, 정명正命(생활방식), 정정진正精進, 정념正念,
　　정정正定

십이연기: 인생을 구성하는 인연의 관계를 열두 가지로 분절한 것이다.
　　전자는 후자의 원인이 되고 후자는 전자의 결과가 된다. 십이연
　　기의 세부 구성은 다음과 같다. 무명無明, 행行, 식識, 명색名色, 육
　　입六入(眼耳鼻舌身意), 촉觸, 수受, 애愛, 취取, 유有, 생生, 노사老死

제법무아: 만물에는 어떠한 정신적 실체도 존재하지 않는다. 그러므
　　로 "나" 역시 연기로 인해 구성된 것일 뿐으로, 시작도 끝도
　　없는 생생불식의 긴 흐름 속 아주 짧은 현실이다. "나" 역시
　　내가 아니니, 또한 무아無我이다.

수행의 방법 측면에서 말하자면 다음의 방법들이 있다.

① 불교의 이치를 열심히 공부하는 것

② 출가해서 고행하는 것

③ 자신의 마음을 체득하고 깨닫는 것

④ 계율을 받아 승려가 되고(受戒) 좌선坐禪하여 입정入定에 드는 것

석가가 설법을 베풀었던 당시에는 문자로 기록을 남기지 않았다. 석가가 입적한 이후 제자들이 남긴 기록은 서로 일치하지 않는데, 이는 이해에 차이가 있었기 때문이다. 이는 훗날 다양한 교파가 출현하는 이유가 되었다. 불교의 복잡한 역사를 간략하게 이해하고자 한다면, 후세 불교의 상황에 근거하여 대승불교와 소승불교로 나누어 보는 것도 좋은 방법이다. 물론 대승불교와 소승불교라는 명칭은 대승불교에서 붙인 것이지 소승불교의 관점이 반영된 것은 아니다. "승乘"은 비유로서 수레와 길을 의미한다. 이것은 해탈이라는 목표로 가는 방법과 길을 가리킨다. 대승불교와 소승불교의 주된 차이점은 아래와 같다.

소승불교:

① 아라한阿羅漢을 최고의 경지로서 추구한다.(욕망과 사념을 단절시켜서 해탈하고 다시 윤회하지 않는 것을 추구한다.)

② 출가해서 고행을 한다.(속세를 완전히 벗어난다.)

③ 자각(자아의 해탈)

④ 윤리와 심리를 중시한다. 즉 "나"는 구성된 정신이지 그 자체가 실재하는 것은 아니다.

대승불교:

① 보살을 최고의 경지로서 추구한다.(수천 번 다시 태어나면서 끊임없이 수
양하며 중생을 구제하여 성불시키고자 한다.)

② 출가와 재가(居士) 모든 가능하다.

③ 자각하고 타인을 깨우쳐 준다. 즉 자신이 깨달은 도로써 널리 중생
을 구제한다.

④ 경건하고 심오하다.―"공空"(이는 진여이면서 최고의 實性이며, 모든 대립을
초월한다.)

2. 불교의 중국 전래과정

불교는 한 말기 중국에 전래된 이래 불경을 번역하고 가르침을 전하
려는 고승대덕들의 피나는 노력을 통해 점차 퍼져 나가서 결국 널리 보급
되었다. 인도 출신의 수많은 승려들은 불경을 중국어로 번역하기 위해서
심혈을 기울이고 헌신했다. 북조시기 천축국天竺國 출신의 담무참曇無讖
(Dharmakṣema)은 불경을 번역하기 위해 3년간 중국어를 공부했으며, 당시
유통되던 『열반경涅槃經』에 누락된 부분이 있다고 여겨서 천축국에 돌아
가 누락된 부분을 찾아냈다. 그 후 8년에 가까운 시간이 걸리고서야 『열
반경』은 비로소 완성되었다. 이후 그는 고창에서 불경을 구하던 중 부상
을 입고 사망하게 된다.(이 일은 그다지 상세하게 전해지지 않는다.) 불교사에서는
네 명의 위대한 번역자들을 높이고 있다. 그들은 바로 구마라습(鳩摩羅什,
344~413), 진제眞諦(499~569), 현장玄奘(602~664), 의정義淨(635~713) 혹은 불공不

空(705~774)이다.

한대 이후 삼국시대를 거쳐 남북조에 이르는 기간 동안 불교는 신기하고 기이한 것으로 포장된 채 전파되었다. 그래서 당시 중원 사람들은 불교를 기이한 술법으로 인식했다. 중원에서는 일반적으로 외래 종교를 신기한 시선으로 바라보았고, 또한 유가문화가 주도권을 장악한 상태에서 이와 어긋나는 불교의 가르침과 전통 및 신앙은 받아들여지기 쉽지 않았다. 따라서 만약 불교가 이러한 전략을 취하지 않았으면 중원에서 널리 전파되기는 무척 어려웠을 것이다.

불교가 기이한 것과 중생에 관심을 둔다, 혹은 기이한 풍습이다 등등의 인식은 남북조시대에 이르기까지 계속 이어졌다. 이러한 인식은 보통 사람들로 하여금 고승대덕까지도 모두 특이하고 신기한 사람들로 보게 만들었다. 이러한 내용들은 『경덕전등록景德傳燈錄』, 『조통기祖統記』, 『고승전高僧傳』, 『속고승전續高僧傳』 등에서 심심치 않게 발견할 수 있다. 예컨대 『조통기』에서는 축도생竺道生이 "일천제一闡提[3]들이 모두 성불하도록 힘썼던" 일에 대한 이야기가 실려 있는데, 이것은 당시에도 의심을 받았고 일찌감치 가르침에서 제외되었다. 축도생이 호구虎丘라는 지역에 갔을 때 돌을 모아 쌓아 놓고는 『열반경』을 논했다고 한다. 그러고 나서 "내 말이 너희들의 마음에 들어맞느냐?"라고 묻자 수많은 돌들이 모두 고개를 끄덕였다고 한다. 오늘날까지도 이 장소는 해당지역의 명승고적이며, 수많은 이들이 아직도 이것을 진실로 믿고 있다.

또한 불경 경문과 교의와 중국 중생들의 이해와 간극이 너무 컸던 관계로 불교를 전파했던 이들은 중국인들에게 익숙한 『노자』, 『장자』, 『주

---

3) 그 어떤 善根도 남김없이 끊어진 사람들을 가리킨다.

역』의 의미를 빌려 와서 불경을 이해시켰다. 이것을 일러 "격의格義"라고
한다. 그 후 중국 출신 고승대덕들의 노력으로 불경의 요지를 정확하게
이해한 이들이 점점 늘어갔다. 이처럼 불교에 귀의한 이들 중 많은 이들
은 유학에 뿌리를 두거나 유학의 영향을 받은 이들이었으며, 이 안에서
점차 유학과 불교를 결합한 사유가 생겨나기 시작했다.

불교문화와 중화문화 간에는 서로 결코 합의될 수 없는 몇 가지 지점
이 있다. 첫째, 중화문화는 세속의 일에 참여하고자 하지만 불교는 세속
을 초월하고자 한다.(이것을 덮어놓고 "出世"라고 해서는 안 될 것이다.) 둘째, 중화
문화는 계승관계와 가족윤리를 중시하며, 효제와 신信, 의義 등을 인간으
로서의 준칙으로 삼았다. 반면 불교는 출가를 해서 육근을 끊어 버리고
부모와 처자를 버려야 했다. 불교에서는 이러한 요소들이 바로 업의 근원
이며, 가장 버리기 어려운 것들이라고 보았다. 셋째, 중화문화는 농경사
회 속에서 형성되었고, 따라서 가족에서 국가에 이르기까지 엄격한 계급
제도가 존재해야 비로소 사회와 가정의 안정을 유지할 수 있었다. 불교는
브라만교의 카스트제도가 끊임없는 분란을 불러오고 백성들을 도탄에 빠
뜨렸던 것을 반면교사로 삼아 임금이건 신하이건 상관없이 만인이 평등
하다는 주장을 내세웠다. 이러한 차이로 인해 불교가 중원에 전래된 이래
유가와 불교 간에는 수차례에 걸친 논쟁이 발생했다. 그 중에서도 가장
핵심적인 것은 위에서 언급한 두 번째 문제 즉 인륜에 관한 문제였다.[4]

수당대에 이르면 인도불교 여러 종파들의 경전은 모두 한문으로 번역
되었으며, 중국과 인도의 승려들은 불경을 연구하여 정미한 의미까지 낱
낱이 밝히고 설명해 냈다. 바꾸어 말하자면, 당시 중국의 지성계는 이미

---

4) 範縝의 『神滅論』을 참고하라.

불교 교의에 대한 상당히 높은 수준의 이해에 도달했던 것이다. 그들은 불교의 내용 중 중화문화에 비교적 가까운 것들을 발견했으며, 또한 중화문화가 결핍하고 있는 것들을 취해서 중화문화의 부족한 부분을 보완할 수 있다는 점 역시 인식했다. 예컨대 당대 문인들 가운데에는 한유와 같이 불교를 극력 배척했던 이도 있었지만,5) 왕유王維, 맹호연孟浩然, 위응물韋應物, 유종원柳宗元, 이고李翱, 백거이白居易 등의 저명한 문인들은 불교를 깊이 공부했다. 이들은 승려들과 깊은 관계를 맺었을 뿐 아니라 불교의 이치에 심취하여 절에 들어가 참선을 하기도 했다. 왕유의 경우 자를 마힐摩詰로 지었는데, 이는 고대 인도의 유명한 거사였던 유마힐維摩詰의 이름에서 따온 것이다. 백거이의 경우 시 안에 선종의 내용을 담고 있는 것이 이루 셀 수 없었고, 백 수에 달하는 시들이 불법이나 사찰에서의 감회를 직접적으로 다루고 있다. 고승들 가운데에는 유가의 도나 선善을 주제로 시를 짓는 것에 정통한 이들이 적지 않았는데, 이들이 이른바 "시로 선종을 말하는"(以詩述禪) 이들이었다. 이렇게 지어진 몇몇 시들을 예시로 들어 보겠다. 왕유의 유명한 시 「신이오辛夷塢」에서는 다음과 같이 읊었다.

> 나무 가지 끝에 핀 부용꽃
> 산속에서 붉게 꽃을 피웠네.
> 산골짝 오두막에는 사람 하나 없는데
> 꽃은 저 홀로 어지러이 피었다 지는구나.6)

---

5) 그러나 한유 자신도 불교 인사들과 왕래가 있었다.
6) 「辛夷塢」, "木末芙蓉花, 山中發紅萼. 澗戶寂無人, 紛紛開且落."

풍경에 흠뻑 빠져 대상과 나를 모두 잊고 절대적으로 자유로운 선정에 든 것이다. 또한 백거이는 「독노자讀老子」와 「독장자讀莊子」라는 시를 짓고, 「독선경讀禪經」이라는 시도 지었다. 시에서는 다음과 같이 읊었다.

모름지기 모든 형상이 형상이 아님을 알고
만약 남김이 없이 살면 오히려 남음이 있네.
말하자마자 말을 잊고 일시에 깨달으니
꿈속에서 꿈을 말하니 두 가지 모두 빈 것이네.
허공의 꽃에서 어찌 열매를 구하고
밝은 불꽃에서 어떻게 고기를 다시 잡겠는가?
행동을 가다듬어 다스림이 선禪이고 선은 움직임이라.
선도 아니고 움직임도 아닌즉 변함이 없다.[7]

당대의 유명한 고승인 한산寒山은 시에서 다음과 같이 읊었다.

조용히 몸을 쉴 곳을 얻고자 하면
그래도 한산이 가장 좋을 것이라.
미풍이 소나무에 불어올 때
가까이에서 들으면 더욱 좋구나.
저 아래 머리가 하얗게 센 사람
중얼중얼 황제와 노자를 읽고 있구나.
십 년을 돌아가지 못하니
올 적의 길도 모두 잊었구나.[8]

---

7) 「讀禪經」, "須知諸相皆非相, 若住無餘卻有餘. 言下忘言一時了, 夢中說夢兩重虛. 空花豈得兼求果, 陽焰如何更覓魚. 攝動是禪禪是動, 不禪不動卽如如."
8) 「欲得安身處」, "欲得安身處, 寒山可長保. 微風吹幽松, 近聽聲逾好. 下有斑白人, 喃喃讀黃老. 十年歸不得, 忘卻來時道."

이 시에서는 선禪과 관련된 용어를 사용하지 않았지만, 이 시 전체에는 선의 분위기가 흐르고 있다. 또한 불교의 고승이 "중얼중얼 황제와 노자를 읽는" 대목은 불교와 도가가 상호 융합했다는 증거라고 할 수 있다. 이 당시 문화현상을 심층적으로 연구해 본다면, 불교가 이미 유가학설의 윤리도덕과 현세중시사상, 도가의 현학적 사고와 자연 숭상의 사상을 흡수했음을 확인할 수 있다. 또한 무를 높이고 현묘함을 중시하는 도가의 귀무貴無와 중현重玄 사상이 불교의 "공空"사상과 상호 영향을 주고받았다는 것 역시 확인할 수 있다. 유학은 역시 불교의 형이상적 사변을 흡수하여, 현실사회에서의 신앙의 문제 외에도 생사, 심성 및 우주본체 등의 문제에 대한 관심과 탐구를 확대했다. 이는 훗날 유학의 개혁과 발전에 중대한 계기를 제공한다. 이러한 현상들은 불교와 중화문화의 완전한 융합을 위한 이론적·사상적 조건을 준비하고 충족시켜 가는 단계에서 나타난 것들이다. 이른바 『삼국지연의』에서 제갈량이 "모든 준비가 끝났는데 동풍이 빠졌구나!"라고 말한 정도의 단계에는 이른 것이다.

당대에 이르면 중국에는 다음의 팔대종파가 광범위하게 활동하고 있었다.

삼론종三論宗: 팔부중도八不中道와 진제眞諦, 속제俗諦를 주로 논했다.

천태종天台宗: 공空, 가假, 중中 삼제의 원융을 추구했으며, 관심觀心의 수행을 했다.

화엄종華嚴宗: 일체만물은 법계의 연기에 의해 생겨난다고 보았으며, 사사事事와 사물事物의 무애를 주장했다.

법상종法相宗: 유식唯識을 주로 했으며, 따라서 유식종唯識宗이라고도 불리기도 한다.

율종律宗

정토종淨土宗

선종禪宗

밀종密宗: 깨달음을 얻었으면서 중생을 구제하겠다는 뜻을 지닌 보리심菩提心을 인因으로 삼고, 자비를 근본으로 삼으며, 방편을 통해 경지를 연구했다. 이를 줄여 "삼밀三密"이라고 불렀다.

이들 여덟 종파는 소이경전을 달리 했으며 강조하는 불교의 논지와 수행 방법 및 특징에도 차이가 있었지만, 이 종파들은 모두 고승대덕들의 설법과 경전해석을 축적하고 있었다. 이러한 불교의 끊임없는 변혁과 발전은 역대 학자들의 심오한 연구의 결과물이라 할 수 있다.

이 여덟 종파들은 모두 불교와 중화문화를 상호 융합시키기 위해 노력했다. 특히 삼론종, 천태종, 밀종은 그러한 경향이 강했다. 남북조시기 청담淸談이 시대의 사조가 되자 불교는 『노자』와 『장자』가 주창했던 "도道", "무無" 등의 개념을 가지고 경전을 해석했다. 이것이 이른바 격의불교이다. 축도생은 다음과 같이 말했다.

지극한 상에는 형체가 없으며, 지극한 음성은 소리가 없으니, 희미하여 기미조차 끊어진 사고의 경지를 어찌 말로 형언할 수 있겠는가!9)

---

9) 『妙法蓮華經疏』, "至像無形, 至音無聲, 希微絶眹思之境, 豈有形言者哉!"

이것은 『노자』에서 "위대한 음성에는 소리가 없고 위대한 상에는 형체가 없다"[10]라고 했던 것과 매우 유사하다. 이처럼 불교의 이치 가운데 유학, 도가와 가까운 것이 있기에 양자는 상호 융합할 수 있었던 것이며, 서로 이질적인 것이 있었기에 상호 보완할 수 있었던 것이다. 예컨대 유가의 "중용中庸"이란 대상사물과 접촉했을 때 그 사물의 법칙을 따르고 양극단을 취하지 않는 것으로, 이른바 "과유불급"이다. 불교 "중론中論"의 경우 큰 틀에서는 이와 같아서, 이른바 팔불八不 즉 낳지도 멸하지도 않으며(不生亦不滅), 항상되지도 끊어 버리지도 않고(不常亦不斷), 한결같지도 다르지도 않으며(不一亦不異), 오지도 가지도 않음(不來亦不出)이다. 이것이 어찌 중용의 도와 어긋난다고 할 수 있겠는가? 또한 도가의 자연을 높이는 것과 불교의 "머물지 않음"(不住)의 함의는 은근히 통한다. 그 밖에 불교는 "사람은 저마다 모두 불성을 가지고 있다"고 말했고, 유가에서는 "모든 사람은 요순이 될 수 있다"고 말했다. 양자의 차이는 불교는 개인의 해탈을 추구하고 유가는 사회의 윤리를 중시한다는 점뿐이다.

여덟 종파들 중 가장 의미 있는 성공을 거둔 것은 선종이다. 당 말기에서 송대에 이르는 기간 동안 기타 종파들은 사라지거나 정체되었는데, 오직 선종만이 더욱 번창하고 영향력을 확대했다. 11세기 이래로 중동 및 중앙아시아의 유목민족들은 끊임없이 인더스강 유역을 침략했으며, 13세기 초 마침내 델리 술탄 왕조를 세우고 인도 대부분 지역을 점령했다. 그리하여 불교는 완전히 쇠락해 버렸다. 브라만교의 경우 샹카라(Shankara, 788~820)의 등장 이후 다시 부흥을 맞았지만 불교는 쇠락의 길을 벗어나지 못했다. 그러나 불교는 중국에서 새로운 생명을 얻었고, 멀리 한국, 일본,

---

10) 『老子』, 제41장, "大音希聲, 大象無形."

베트남 등 여러 나라로 전파되었다. 이는 주로 선종의 공이었다. 그래서 학계에서는 인도에서 전래된 불교를 원시불교라고 불러서 중국 본토에서 형성된 선종 등의 유파들과 구분한다.

"선禪"은 산스크리트어로 디야나(禪那, dhyâna)의 약칭으로 무념무상의 삼매경에 빠져들어 지혜를 구하는 것으로, 석가 역시 이 방법에 따라 수행했다. 이는 본래 중국에는 없었던 것이지만, 이러한 선"학"이 중국에 전래된 이래 선"종"이 되었고, 당대에 이르러서는 사실상 선"교"라고 불릴 만큼 독자적인 세력이 되었는데, 이는 중국에서만 나타난 현상이다. 선종이 일어난 이래 불교는 점차 도시와 농촌, 남녀노소를 가리지 않고 영향을 미치게 되었고, 천 년이라는 시간이 지나도록 쇠락하지 않았다. 따라서 선종이 중화문화에 미친 영향은 실로 거대하다고 할 수 있다. 이러한 까닭에 선종의 발생, 발전, 번영, 쇠락의 과정 및 이러한 과정을 거치게 된 원인을 고찰하는 것은 중국역사를 연구함에 있어 반드시 수행되어야 할 작업이며, 또한 중국이라는 국가와 민족의 특성을 이해함에 있어서도 매우 필수적인 작업이다.

선종이 중국에 전래될 당시에는 소승선小乘禪이 먼저 전래되었다. 경전의 번역에 있어서도 안세고安世高(安息國의 태자였다.)가 한문으로 번역한 『안반수의경安般守意經』 등이 주요 경전으로 여겨졌다. 대승선의 경전들(『妙法蓮華經』, 『大智度論』, 『中論』, 『十二門論』, 『百論』, 『維摩詰經』, 『大品般若經』, 『小品般若經』 등)은 남북조시대 인도 혈통의 구마라습에 의해서 비로소 번역되어 중국에 전파되었다. 그를 계승한 이들로는 축도생 등이 있다. 『고승전』 등 문헌에는 축도생이 "선을 세웠다고 선한 보답을 받는 것은 아니니 돈오頓悟하여 부처가 된다"[11]고 주장한 것이 실려 있으며, 동진의 저명한 문장가였던 사령운謝靈運(385~433)도 이에 동조했다. 그러나 동시대의 혜관慧觀과 담무성曇無成 등은 점오설을 주장했다. 이 당시의 돈오·점오의 분기는 훗날 선종의 남·북 분기의 시초가 된다. 이때부터 불교 안에서 선종의 방법은 분명한 특색을 가진 종파로 발전하였다. 다만 남북조시대에는 선종을 이끌 대승이 아직 출현하지 않았고, 체계적 이론도 형성되지 않은 상태였다. 그야말로 "동풍"만 없는 상황이었다.

당 왕조의 국력은 역사상 전례 없이 강대했다. 이는 농업 생산에만 국한된 것이 아니었다. 수공업과 농업사회의 과학기술 역시 중국전통시대의 정점에 도달해 있었다. 또한 당 왕조는 남북조와 수 왕조를 계승했고 왕족인 이씨들이 서북민족의 혈통이 섞여 있던 관계로 매우 개방적인 성격을 띠었다. 그래서 그 기풍이 매우 호방해서 중원에 없는 것들 그리고 자신들에게 보탬이 될 것들을 흔쾌히 수용하고 흡수했다. 그 결과 당 왕조는 불교와 중원문화의 융합이라는 임무를 완수해 낼 수 있었다.

3. 불교와 중화문화의 융합

앞서 언급한 바와 같이, 한대에서 남북조시대까지는 불교가 중국에 진입하고 소화되는 단계였다면, 수당대는 융합하고 회통하며 토착화되는 되는 단계였다. 이 시기 각 종파들 모두 전파와 보급에 여념이 없었지만 그 중에서도 이러한 융합과 회통을 가장 집중적으로 체현해 낸 것은 바로 선종이었다.

---

11) 『高僧傳』, 卷七, "乃立善不受報, 頓悟成佛."

인류역사에서 하나의 민족문화가 타 문화와 접촉하는 방식은 군사적 침략과 평화적 대화(무역과 이민 등) 이 두 가지를 벗어나지 않는다. 전자는 쌍방 모두 막대한 희생을 감수해야 하며, 침략을 당한 입장에서는 필연적으로 보복에 나서기 때문에 투쟁을 반복하게 되었다. 따라서 그 피해가 세대를 거듭하면서 이어졌다. 실제로 이러한 사례는 부지기수이다. 그러나 후자는 쌍방이 자발적으로 응한 것이기 때문에 다소 간의 마찰은 발생할 수도 있지만 전반적으로는 평화롭게 진행되며 상호 간에 깊은 영향을 끼칠 수 있다. 그 이유는 무엇일까? 일반적으로 서로 다른 문화 간 접촉은 세 단계를 거친다. 첫째는 진입하는 것이고, 둘째는 소화되는 것이며, 셋째는 해당 문화의 것으로 흡수되는 것이다. 이 과정에서 상호 간에 갈등이 발생하는 것은 당연한 것이므로 반드시 오랜 기간 안정적이고 평화롭게 공존해야 할 필요가 있다. 이러한 장기적인 과정 속에서 기존의 문화는 강성해지고 신선한 활력을 얻을 수 있다.

불교는 중국에 전래된 후 다시 한국, 일본, 베트남 등 여러 국가로 전파되었다. 그리고 그 과정은 모두 평화로웠다. 불교는 이천오백 년의 역사 동안 두 차례 거대한 변화를 겪었다. 하나는 대승과 소승의 분기이다. 이것은 인도 본토에서 마무리되었다. 두 번째는 선종의 돈오설이 종파로 발전하고 불교의 주류가 된 것이다. 이는 중국에서의 일이었다. 만약 평화로운 방식으로 진행되지 않았다면, 불교 교의에 결정적인 영향일 끼친 두 가지 변화는 결코 완성되지 못했을 것이다.

돈오는 원래부터 불교의 본래 취지 안에 포함된 것이었다. 하지만 이는 선종에 이르러서야 발굴되고 주창되었고, 이들이 중국불교의 주류로 자리 잡는 데에는 다시 수백 년이 소요되었다. 이 과정은 불교문화와 중화문화가 새롭게 태어나는 과정이자 불교와 중화문화가 완전히 융합되는 과정이었다.

축도생은 명확하게 "돈오"설을 제기하였다. 돈오설은 훗날 강남까지 전파되어 남조의 황제들로부터 지지를 얻기는 했지만, 정작 축도생 자신은 구마라습의 작업을 계승하여 천태종, 성실종成實宗 등의 종파를 개창하는 실마리를 밝혔을 뿐 돈오설의 발전에 큰 힘을 쏟지는 못했다. 그의 계승자들인 도유道猷, 법원法瑗, 법보法寶 등 역시 선종을 크게 진작시키지는 못했다. 돈오설이 오랜 시간 주류가 되지 못했던 원인은 매우 복잡하다. 그 중 가장 주된 요인은 아마도 수나라가 중국을 통일한 이래 유불을 막론하고 북조의 학술과 종교가 정통에서 벗어난 것으로 취급을 받았기 때문일 것이다. 또한 이 시기 불교는 주로 조정에 의해 주창되었으며, 출가자 중심의 수행 문화 역시 극복되지 못하고 있었다. 요컨대 불교와 유학은 전혀 서로에게 융합되지 못했고, 따라서 불교는 아직 사회의 대중들로부터 받아들여지지 못하고 있었다.

돈오설이 아직 크게 유행하지 못하고 있을 때 점오설은 천하에 널리 퍼져 있었다. 게다가 당 왕조의 여러 황제들이 적극적으로 지지해 준 덕분에 사실상 국교의 지위에 올랐고, 돈오설은 마치 이단처럼 여겨져서 공개적으로 전도를 할 수도 없었다. 홍인弘忍의 제자였던 신수神秀(606~706)는 학문적으로 내외를 겸하였고 오십 세에 홍인으로부터 불법을 전수받아 "동산(홍인의 가르침을 일러 東山法門이라 함)의 법은 신수에게 모두 있다"라고 일컬어졌다. 훗날 측천무후는 신수를 높여서 그를 입경시켰을 뿐 아니라 장안과 낙양의 법사로 삼아서, 그는 세 황제(측천무후, 中宗, 睿宗)의 국사國師가 되었다. 그가 불법을 설하자, 장안과 낙양 및 그 주변 지역에서는 북종

北宗의 가르침이 널리 퍼져 성세가 극에 달했다.

북종은 점수를 주장하고 선정을 강조했으며, 달마의 선수행법인 "이입사행二入四行"을 높였다. "이입"은 "리입理入"과 "행입行入"이다. 리입이란 이치에 밝아서 신앙이 깊고 의심이 없는 것으로, 이렇게 되기 위해서는 경전을 정밀하고 읽고 그 의미를 음미해야 한다. 행입이란 욕심을 버리고 다음의 네 개 항의 수행을 하는 것이다. 첫째, 보원행報怨行이다. 고통과 어려움을 만나면 그것이 내가 과거에 지은 업에 연기된 것이라 생각하여 어떤 원망도 하지 않는 것이다. 둘째, 수연행隨緣行이다. 득실은 모두 연기에 따른 것이고 부귀와 명예 역시 모두 과거의 원인으로부터 비롯된 것으로, 연기가 다하면 모두 사라지니 기뻐할 것도 슬퍼할 것도 없다는 것이다. 셋째, 무소구행無所求行이다. 탐욕도 연민도 없이 마음을 편안하게 하고 무위하는 것이다. 이른바 "무언가를 추구한다는 것은 모두 고통이며, 이러한 추구가 사라지면 곧 즐거워진다"는 것이다. 넷째, 칭법행稱法行이다. 마음과 불법이 같아지면 본성은 청정함과 원융함을 얻을 수 있다는 것이다.

그의 설법은 "오방편五方便"을 위주로 하고 있다. 오방편은 다음과 같다.

① 총장불체문總彰佛體門이다.("염문을 떨쳐냄"[離念門]이라고도 한다.) "오로지 청정심을 만들 것만을 생각하여 문득 부처의 경지를 뛰어넘는다"는 것이다. 이것은 수행하는 이들이 마음을 고요히 관조하게 하여, "어떠한 사물도 보이지 않게"(一物不見) 하는 것이다. 즉 모든 사념을 떨쳐내면 청정심이 되니, 이미 부처(지혜로운 자 혹은 깨달은 자)가 된 것이다.

② 개지혜문開智慧門이다.(不動門이라고도 한다.) 소리를 들어도 육근이 움직이지 않으니 지혜를 열 수 있는 것이다.

③ 현불사의문顯不思議門이다. 이 문은 아래의 두 문과 함께 깨달음이 깊어지는 방법이다. "불사의"는 입은 의론하지 않고 마음은 생각하지 않는 것이니, 객관세계의 모든 것이 평등해진다.

④ 명제법정성문明諸法正性門이다. 마음이 없어지고 의념이 없어지며 의식이 사라지니, 모든 사물에 어떠한 분별도 없어져서 불법을 얻고 불성을 바르게 한다.

⑤ 요무이문了無異門이다. 사념과 사유와 분별이 이미 사라지니, 이 삼법이 한 몸이 되어 영원토록 오염되지 않아서 해탈에 방해가 되지 않는다.

이 "오방편문"은 반드시 좌선을 해야 하며, 여기에 귀의하려면 "개계開戒"해야 한다. 이른바 좌선과 개계가 병행되고 합일되는 것이다. 개계에는 의식이 존재하며, 좌선은 오래해야 하니, 설사 부처의 경지에 도달하지 못한다고 하더라도 1주일이건 2주일이건 좌선해야 한다. 이것은 『능엄경楞嚴經』, 『화엄경』, 『금강경金剛經』과 같은 불경에 나오는 내용이다.

신수가 장안과 낙양에 이르러 불법을 설함에 이르러, 선종은 마침내 정식으로 확립되었고, 불교와 중화문화 역시 상호 융합을 마쳤다.

선종 남파南派 돈오설의 창시자인 혜능慧能의 제자가 확립한 계보에 따르면, 그들 역시 달마대사를 시조로 보고 있으며, 달마대사 이후 혜가慧可-승찬僧璨-도신道信-홍인弘忍-혜능慧能으로 이어진다고 보고 있다. 이러한 남종 돈오파와 북종 점오파의 계보가 달라지는 지점은 바로 육대조이다. 남종에서는 혜능을, 북종에서는 신수를 육대조로 보고 있다. 두 계보 가운데 어느 것이 옳은지 논할 필요도 없이, 돈오설의 형성과정을 고찰해 보면 남종의 계보에 거짓이 없음을 확인할 수 있다. 이는 역사서에 기록된 사례들로 증명된다. 『경덕전등록景德傳燈錄』 제3권에는 다음과 같은 기록들이 실려 있다.

① (혜가가 달마대사에게 가르침을 구하던 때 혜가가 달마대사에게 물었다.) "모든 불법의 이치들을 들을 수 있겠습니까?" 달마대사가 답했다. "모든 불법의 이치는 다른 사람으로부터 얻을 수 있는 것이 아니다." 혜가가 말했다. "저의 마음이 아직 안정되지 못했으니, 선생님께서 안정시켜 주시길 간청합니다." 달마대사가 말했다. "이 마음이 오면 너와 함께 편안해질 것이다." 혜가가 말했다. "이 마음을 찾을 수 없습니다." 달마대사가 말했다. "나와 너는 이미 마음을 안정시켰다."[12]

② 어떤 거사가 나이가 사십이 넘었는데, 성도 말하지 않고, 친히 와서는 예를 표하고 혜가에게 말했다. "제자는 몸에 풍병이 걸렸사오니, 스님께서 참죄하게 하여주십시오." 혜가가 말했다. "그 죄를 가져오면 참죄시켜 주겠다." 잠시 후 거사가 말했다. "죄를 찾았으나 찾지 못했습니다." 혜가가 말했다. "내가 그대에게 참죄해 주었으니, 마땅히 불·법·승에 의거하도록 하라." 거사가 말했다. "지금 제가 본 것은 스님이기에 승보僧寶는 알았지만, 어째서 불보佛寶와 법보法寶라 하는지 잘 모르겠습니다." 혜가가 말했다. "이 마음이 곧 부처요, 이 마음이 곧 법이다. 불과 법은 두 가지가 아니며, 승보 역시 그렇다." 거사가 말했다. "오늘에야 비로소 죄성罪性이 안에 있지 않고 밖에 있지도 않으며 중간에 있지도

---

12) 『景德傳燈錄』, 卷三, "諸佛法印, 可得聞乎? 師曰: 諸佛法印, 匪從人得. 曰: 我心未寧, 乞師與安. 師曰: 將心來, 與汝安. 曰: 覓心了不可得. 師曰: 我與汝安心竟."

않음을 알았습니다. 그 마음이 그러하듯이 불보와 법보도 둘이 아닙니다." 혜가는 그를 법기로 여겨서 그의 머리를 깎아 주고는 "너는 나의 보배이니, 승찬이라 부르리라"고 하였다.[13)]

③ 수나라 개황开皇 12년 임자년壬子年에 열네 살의 어린 승려 도신道信이 와서 승찬에게 예를 올리고 말했다. "스님께 청컨대, 해탈의 법문을 열어 주십시오." 그러자 승찬이 물었다. "무엇이 너를 속박하는가?" 도신이 답했다. "속박하는 자가 없습니다." 승찬이 말했다. "그렇다면 어째서 해탈을 구하는가?" 도신은 여기에서 큰 깨달음을 얻었다.[14)]

④ (도신이) 어느 날 황매현에 가다가 길에서 어떤 아이를 만났는데, 그 기골과 상이 보통 아이들과 매우 달랐다. 도신이 물었다. "너의 성은 무엇이냐?" 아이가 답했다. "성이 있기는 하지만 보통의 성은 아닙니다." 도신이 물었다. "그 성이 무엇이냐?" 아이가 답했다. "그것은 바로 불성입니다." 도신이 말했다. "그렇다면 너는 본성이 없는 것인가?" 아이가 답했다. "본성은 곧 공이니, 그러므로 없습니다." 도신은 그가 법기라는 것을 마음으로 깨달아, 곧 시자를 시켜 그 어머니가 있는 곳으로 가서 출가시키기를 권했다. 그 어머니는 전생의 인연으로 하여 아무런 난색도 없이 아들을 보내 주어 도신의 제자가 되게 하였으니, 그의 이름이 홍인이다.[15)]

---

13) 『景德傳燈錄』, 卷三, "有一居士, 年逾四十, 不言姓氏, 聿來設禮, 而問祖曰: 弟子身纏風恙, 請和尙懺罪. 祖曰: 將罪來, 與汝懺. 士良久曰: 覓罪不可得. 祖曰: 我與汝懺罪竟. 宜依佛法僧住. 士曰: 今見和尙已知是僧. 未審何名佛法. 祖曰: 是心是佛, 是心是法. 法佛無二, 僧寶亦然. 士曰: 今日始知罪性不在內, 不在外, 不在中間. 如其心然, 佛法無二也. 祖深器之, 卽爲剃髮, 雲: 是吾寶也. 宜名僧璨."

14) 『景德傳燈錄』, 卷三, "至隋開皇十二年壬子歲, 有沙彌道信, 年始十四, 來禮祖曰: 願和尙慈悲, 乞與解脫法門. 祖曰: 誰縛汝? 曰: 無人縛. 祖曰: 何更求解脫乎? 信於是言下大悟."

15) 一日往黃梅縣, 路逢一小兒, 骨相奇秀, 異乎常童. 祖問曰: 子何姓? 答曰: 姓卽有, 不是常姓. 祖曰: 是何姓? 答曰: 是佛性. 祖曰: 汝無姓耶. 答曰: 性空, 故無. 祖默識其法器, 卽俾侍者至其母所, 乞令出家. 母以宿緣故, 殊無難色, 遂舍爲弟子, 名曰弘忍.

⑤『단경壇經』에는 혜능이 홍인을 알현하고 그의 문하에 들어 팔 개월 넘게 홍인을 잘 모시던 중, 홍인이 제자를 모아놓고 각각 게송 하나씩을 짓도록 했던 일이 나온다. 이 당시 홍인의 제자 신수가 상좌에 앉아 있으면서 배움이 안팎으로 통달해서 여러 사람들로부터 우러름을 받고 있었다. 그는 벽에 게송 한 수를 써서 별채 벽에 붙였다.

"마음은 보리수이고, 마음은 맑은 거울대와 같으니, 시시각각 부지런히 털고 닦아서, 먼지와 때가 끼지 않도록 하라."16)

홍인은 이를 두고 "문 앞에 도착했을 뿐 아직 문으로 들어가지는 못했구나"라고 평가했다. 혜능은 이를 듣고 신수가 본성을 깨닫지 못했음을 알고서는 밤에 사람들에게 청하여 벽에 게송 한 수를 붙였다.

"보리에는 본래 나무가 없고, 맑은 거울에는 대가 없네. 본래 어떠한 사물도 없으니, 어디에 먼지가 묻겠는가?"17)

홍인은 이를 알고서 밤에 혜능에게 가서 은밀하게 『금강경』과 돈오의 방법, 법의 등을 전수하고 화를 피해 속히 남쪽으로 가라고 일러주었다. 그리하여 혜능은 남쪽으로 돌아갔던 것이다.

이상의 일화들은 수많은 사람들에 의해 제멋대로 해석되기는 했지만, 완전히 허구라고 보기는 어렵다. 이상의 일화에서 제기된 질문들을 살펴보면 하나의 일관된 점을 확인할 수 있다. "문자로 학설을 세우지 않는다"(不立文字), "모든 것은 바로 이 법이다"(一切法皆是法), "견성하면 부처가 된다"(見性成佛), "무념을 종지로 삼는다"(無念爲宗) 등의 불교 교의가 바로 그것이다. 이러한 교의들은 홍인으로부터 나온 것도, 혜능이 혼자 만든 것도 아닐 것이다. 이것은 석가모니가 전수한 불법으로부터 나온 것이며,

---

16)「悟道頌」, "身是菩提樹, 心如明鏡台. 時時勤拂拭, 莫使惹(一作"有")塵埃."

17)「菩提本無樹」, "菩提本無樹, 明鏡亦非台. 本來無一物(一作"佛性常淸淨"), 何處有(一作"惹") 塵埃?"

앞선 여러 조종들이 제창한 것들이다. 항목별로 살펴보도록 하자.

"문자로 학설을 세우지 않는다."(不立文字) 이것은 본래 석가가 입적할 당시 전수한 말에서 나온 것이다. 선종의 공안서인『오등회원五燈會元』,『무문관無門關』 등의 문헌에서는 석가가 영산에서 꽃을 꺾어 사람들에게 보여 주었을 때, 사람들은 어떤 말도 못했지만 오직 가섭만이 미소를 지었던 일화를 담고 있다. 석가가 말했다.

> 나에게는 정법안장正法眼藏과 열반묘심涅槃妙心과 실상무상實相無相과 미묘
> 법문微妙法門과 불립문자不立文字와 교외별전敎外別傳이 있으니, 이를 마하
> 가섭에게 전한다.18)

이 대목은 본성이란 전적으로 자신의 깨달음에 달렸으며, 만약 수양이 이러한 경지에 도달하지 못했다면 언어와 문자로도 그를 열어줄 수 없고, 만약 두 방향에서 모두 높은 경지에 도달했다면 언어와 문자는 더욱 불필요한 것이다. 또한 언어문자로 표현할 수 없더라도 마음과 마음이 서로 통하여 소통할 수 있다. 훗날 축도생은 "상은 그 뜻을 모두 표현했으니 뜻을 얻었으면 상을 잊고, 말은 이치를 설명한 것이니 이치에 들어 갔으면 말을 멈추어라"19)라고 말했다.

"모든 것은 바로 이 법이다."(一切法皆是法) 이것은『금강경』의 말로, 법이란 허무하고 어렴풋한 것이 아니라 현실생활 중에 존재하는 것이라는 말이다. 만사만물은 모두 법이며, 인간 역시 일상에서 먹고 마시며, 기거

---

18)『五燈會元』, "吾有正法眼藏, 涅槃妙心, 實相无相, 微妙法門, 不立文字, 敎外別傳, 付囑摩訶
   迦葉."
19)『高僧傳』, 卷七, 「義解」 四, "象以盡意, 得意則象忘; 言以詮理, 入理則言息."

하고 일하며 말하는 가운데 미혹되고 망령된 것들을 제외하면 모두 불도라고 할 수 있다. 인간 역시 만법 가운데 있으며, 따라서 모든 인간은 불성을 가지고 있고 부처가 될 수 있는 것이다.

"견성하면 부처가 된다."(見性成佛) 여기에서의 "성性"은 "자성自性"이고, 자성은 본래의 청정심이다. 이것은 본래 텅 비고 고요하니, 이것이 곧 부처이다. 그러나 중생들은 세간의 여러 색들로 인해 미혹되어 견성하지 못한다. 수행하고 몸소 깨달으면 "자신의 마음을 인식하고 자신의 본성을 보는"(識自心, 見自性) 경지에 도달할 수 있다. 이른바 "심"이란 사람에게 본래부터 갖추어진 의식을 의미하며, 잠재의식이라는 의미도 포함하고 있다. 심과 성은 매우 절근한 것들로, 불교의 설에 따르면 본심이란 본성이 가진 "본각성本覺性"이다.[20]

"무상을 본체로 삼으며(無相爲體), 무주를 근본으로 삼고(無住爲本), 무념을 종지로 삼는다(無念爲宗)." 먼저 "무상을 본체로 삼는다"는, 세간의 만물은 모두 상을 가지고 있어서, 중생들은 상을 보면 상에 집착하게 되고, 상에 집착하면 미혹에 빠지게 되어 자성을 상실하기 때문이다. "무상"이란 상에 집착하지 않고, 상에 집착하지 않음으로써 본성의 청정함을 발견하는 것이다. "무주를 근본으로 삼는다"는, 세상 사람들의 의념의 단서는 결코 끊어지지 않는데, 일반적으로 좌선을 하면 마음이 안정되고, 마음이 안정되면 집착이 생겨나기 때문이다. "무주"는 일상생활 중 앉아서나 누워서나, 움직일 때나 가만히 있을 때나, 모든 의념이 어디에 머무르지 않는 가운데 본성을 발견해 내는 것이다. 마지막으로 "무념을 종지로 삼는다"는, 모든 사람들의 의념이 어느 한 곳에 머무르지 않으며, 또한 외부대

---

20) 印順의 『中國禪宗史』(江西人民出版社, 1999년판) 제8장을 참고하라.

상에 따라 의념이 일어나서 그것을 따라 흘러가기 때문이다. 탐욕과 진에는 실로 모두 이로부터 일어나서 망념이 되는 것이다. 만약 모든 의념이 외부의 영향을 받지 않으면, 모든 의념은 해탈해서 자유롭게 될 것이다.

만약 "견성하면 부처가 된다"가 돈오설의 최고 강령이라고 한다면, "삼무三無"는 그 과정과 방법이라고 할 수 있다. 삼무의 방법은 불교의 "삼학三學" 즉 계戒·정定·혜慧에서 유래했다. 계는 행위를 단속하는 것이다. 정은 마음을 하나로 집중시키는 것으로, 일반적으로 좌선의 방법을 통해 입정에 드는 것이다. 혜는 깨달음으로, 계와 정을 수행한 단계에서 정을 통해 깨달음에 도달하는 것이다. 남종에서는 모든 사람들이 스스로 깨달을 수 있다고 말했으며, 따라서 이 세 가지 방식을 구별하는 것을 강조하지 않고, "정과 혜는 동등하다"고 말한다. 이른바 "무념"은 "모든 법을 보지만 그 어떤 법에도 집착하지 않고, 모든 곳에 두루 다니지만 그 어떤 곳에도 집착하지 않으며 항상 청정한 자성을 유지하는 것"이다.[21] 이는 일상생활에 대해 말한 것으로, 반드시 좌선입정이 아니더라도 상에 집착하지 않으면 곧 깨달을 수 있다는 것이다.

지금부터는 『단경』에 실린 혜능의 설법을 통해 앞서 서술한 것들을 보다 명확하게 제시해 보겠다.

> 모든 것이 제자리에 있고 모든 것이 때에 맞아서, 의념마다 어리석음이 없고 항상 이 지혜를 실천하니, 이것이 바로 반야행이다.…… 불법은 세간에 있지 세간과 떨어진 깨달음이 아니다. 세간을 떠나 깨달음을 찾는 것은 토끼의 뿔을 찾는 것과 다름이 없다. 깨닫지 못했을 때에는 부처 역시 중생이었으나, 한 번 깨닫게 되면 중생이 곧 부처가 된다.[22]

---

21) 『壇經』, "見一切法, 不著一切法; 遍一切處, 不著一切處. 常淨自性."

자성이 미혹되면 중생이 되고 자성을 깨우치면 부처가 된다.…… 만약 수행을 하고자 한다면 집에서 해도 되고 절에서 해도 된다.…… 마음이 평안한데 어찌 수고롭게 계를 지키는가? 행동이 바른데 어찌 참선수행을 하는가? 은혜는 부모를 가까이 부양하는 것이고, 의로움은 상하가 서로 아끼는 것이다.…… 입에 써야 좋은 약이고 귀에 거슬려야 충심어린 말이다. 잘못을 고치려면 반드시 지혜를 짜내야 하고, 단점을 고수하면 마음이 현명하지 못한 것이다.[23)]

한 가지 수행으로 삼매경지에 이르게 하는 일행삼매一行三昧란 걸어가고 머물며 앉고 누울 때 항상 이 마음을 곧게 해야 한다는 것이다. 『정명경淨名經』에서는 "곧은 마음이 바로 도의 경지이고, 곧은 마음이 바로 정토이다"라고 말했다. 마음과 행동이 아첨하여, 입으로만 정직한 말을 하며, 입으로만 일행삼매를 말한 채 곧은 마음을 실천하지 않아서는 안 된다.[24)]

어째서 "좌선坐禪"이라고 이름을 지은 것일까?…… 마음에 의념이 일어나지 않음을 일러 "좌"라고 하며, 안으로 자성을 발견하여 움직이지 않음을 일러 "선"이라 한다.…… 어째서 "선정禪定"이라고 이름을 지은 것일까? 밖으로 상과 분리되는 것을 "선"이라 하고 안으로 어지럽지 않은 것을 "정"이라 한다.[25)]

---

22) 『壇經』, 「般若品」, "一切處所, 一切時中, 念念不愚, 常行智慧, 卽是般若行.…… 佛法在世間, 不離世間覺. 離世覓菩提, 恰如求兔角.…… 不悟, 卽佛是眾生; 一念悟時, 眾生是佛."

23) 『壇經』, 「決疑品」, "自性迷, 卽是眾生; 自性覺, 卽是佛.…… 若欲修行, 在家亦得, 不由在寺.…… 心平何勞持戒? 行直何用修禪? 恩則親養父母, 義則上下相憐.…… 苦口的是良藥, 逆耳必是忠言. 改過必生智慧, 護短心內非賢."

24) 『壇經』, 「定慧品」, "一行三昧者, 於一切處行, 住, 坐, 臥, 常行一直心是也. 『淨名經』云: 直心是道場, 直心是淨土. 莫心行諂曲, 口但說直, 口說一行三昧, 不行直心."

25) 『壇經』, 「妙行品」, "何名坐禪?…… 心念不起, 名爲坐; 內見自性不動, 名爲禪.…… 何名禪定? 外離相爲禪, 內不亂爲定."

자성에 하나라도 악한 의념이 일어난다면 만 가지 선한 원인을 멸할 것이며, 자성에 하나라도 선한 의념이 일어난다면 수많은 악이 모두 사라져서 가장 높은 깨달음에 곧바로 이를 것이다.…… 설사 복을 닦아 모든 죄를 멸한다 하더라도 후세에 복을 얻을지언정 죄는 그대로 있게 된다. 오직 마음속 죄의 연원을 없애는 것만이 자성 가운데에서의 진정한 참회이다. 홀연히 대승을 깨달아 진정으로 참회하고 사악함을 제거하고 행동을 바로잡으면 어떤 죄도 없을 것이다.[26]

이상을 통해 살펴보면, 수행방식에 있어 다소 차이가 있을 뿐 남종과 북종을 막론하고 선종의 교의가 일치됨을 확인할 수 있다. 선종의 공통된 교의로는 다음과 같은 것들이 있다. 첫째, 사람은 모두 반야를 가지고 있지만 오온으로 인해 가려질 따름이다. 이른바 "일체 중생은 모두 불성을 갖고 있다"[27]는 것이다. 둘째, 모든 것이 공이라는 것(모든 것이 연기로 구성되어 있다는 것)을 알 수 있다면 모든 장애와 방해물들을 극복하고 해탈할 수 있다. 셋째, 인간은 모두 불성을 갖추고 있으며, 다만 보통 사람들은 이것을 깨닫지 못할 뿐이다. 설사 선근이 끊어지고 극악한 행위를 일삼는 인간(一闡提)이라 할지라도 예외는 없다. 이를 일러 "칼을 내려놓고 마음을 바로 세우면 부처가 된다"(放下屠刀, 立地成佛)고 하는 것이다. 넷째, 자성을 깨달을 수 있다면 진여를 증험하여 부처가 될 수 있다.

북종과 남종의 수행과정에는 차이가 존재한다. 간단하게 말하자면 그 차이는 다음과 같다. 북종은 마음을 응결시켜 입정에 들게 하고, 마음을

---

26) 『壇經』, 「懺悔品」, "自性起一念惡, 滅萬劫善因; 自性起一念善, 得恒沙惡盡, 直至無上菩提.…… 擬將修福欲滅罪, 後世得福罪還在. 但向心中除罪緣, 各自性中眞懺悔. 忽悟大乘眞懺悔, 除邪行正卽無罪."
27) 『大涅槃經』, "一切衆生悉有佛性."

붙잡아 청정심을 보게 한 다음, 마음을 일으켜 외부세계를 관조하고 마음을 거두어들여 안에서 증험하도록 했다. 그러나 남종은 단도직입적으로 견성을 말하여, 곧바로 불성을 볼 것을 주장했다. 북종과 비교했을 때 남종의 돈오설은 지극히 간이했다. 첫째, 여러 해 동안 고생하면서 불경을 읽을 필요가 없었다. 둘째, 오랜 시간 동안 좌선할 필요가 없었다. 셋째, 일상생활의 앉고 눕고 움직이고 멈출 때 모두 견성을 할 수 있으니 출가해서 세속을 떠나지 않더라도 일상생활 속에서 부처가 될 수 있었다. 이러한 남종의 특징은 출신이 빈천하거나 문맹이고, 혹은 집에서 도를 깨치려 하거나 지식이 매우 부족한 이들이 해탈에 도달하고자 할 때 간이함이 매우 필수적인 조건이라는 점과 깊은 관계가 있다. 또한 이러한 간이함은 전통시대 대다수 백성들이 글자를 몰랐지만 그들에게도 정신적 안식처가 필요했던 상황과 맞아떨어진 것들이었다. 한산대사는 시에서 다음과 같이 읊었다.

> 천년의 고도 위에 옛사람들의 흔적이 있지만
> 만 길의 낭떠러지 앞에 선 것처럼 막막했더니,
> 밝은 달이 비추어 주자 모든 것이 밝아져서
> 어렵지 않게 동서를 구분할 수 있구나.[28]

앙산선사仰山禪師는 시에서 다음과 같이 읊었다.

> 도도하게 계율만 지키고 있지 않아도,
> 올올하게 참선만 하고 있지 않아도,

---

28)「千年石上古人蹤」, "千年石上古人蹤, 萬丈岩前一點空. 明月照時常皎潔, 不勞尋討問西東."

밥 먹고 차 마시는 일상 속에서

뜻은 항상 괭이 옆에 가 있구나.[29]

이 두 수의 시는 선종의 의미를 매우 통속적으로 표현했다. 즉 모든
법은 나에게 본래부터 존재하니 밖으로 구할 필요가 없으며, 반드시 계율
과 좌선을 통해 입정에 들지 않더라도 일상생활 속에서 지혜를 얻을 수
있다는 것이다.

학계에서는 선종의 역사를 배태기, 형성기, 남종북종 분리 시기, 남종
독주 시기, 선문 종파 분리 시기 등 다섯 단계로 보고 있다.

① 배태기: 범범하게는 선학이 중국에 전래된 시기부터이고, 엄격하게
　　말하자면 달마대사가 중국에 왔을 때부터 시작된 것이라고 볼 수
　　있다.
② 형성기: 도신이 활동했던 시기부터 신수와 혜능이 설법하던 시기
　　까지를 가리킨다.
③ 남종북종 분리 시기: 홍인이 입적한 이후 혜능과 신수가 각각 남쪽
　　과 북쪽에서 설법을 하던 시기부터 혜능의 제자인 신회神會가 활대
　　滑臺(오늘날의 하남성 滑縣)에서 북종과 논쟁을 벌여 돈오설이 승리했던
　　때(732년)까지이다.
④ 남종 독주 시기: 732년 신회가 논쟁에서 승리했을 때부터 9세기 중
　　엽 선종이 재분기할 때까지이다.
⑤ 선문 종파 분리 시기: 다소 명확하지는 않지만, 남조 독주 이후의

---

29) 「滔滔不持戒」, "滔滔不持戒, 兀兀不坐禪. 釅茶三兩碗, 意在钁頭邊."

시기이다.

선종은 형성됨과 동시에 분기가 시작되었고 남종의 대두와 북종의 몰락으로 통일이 완성되었다. 그러나 남종은 재차 분기를 맞게 되었다.

4. 선종의 통일

혜능은 어려서 아버지를 잃고 배움의 기회를 얻지 못해서 글자를 알지 못했다. 그러나 그는 타고난 본성이 총명했다. 그래서 장작을 팔아 어머니를 부양하면서도 다른 사람들이 『금강경』을 암송하는 것을 듣고 깨우치게 된다. 훗날 그가 홍인의 문하에 있을 때, 홍인은 혜능에게 은밀하게 『금강경』의 뜻과 심법을 전수해 주었으며, 또한 달마대사 이래로 전해져 오던 법의(의발을 전수받았다는 증거) 역시 전해 주었다. 그러고는 다른 사람들에게 해를 입을까 걱정하여 속히 떠나보냈다. 혜능은 조계曹溪로 몰래 돌아와서 수년을 은거한 후 불법을 펼치기 시작했다.

신수와 혜능이 세상을 떠난 후 신수의 제자 보적普寂이 중국 북부에서 불법을 펼치고 있었는데, 혜능의 제자 신회가 남부를 떠나 북부로 와서 혜능의 불법을 펼치기 시작했다. 그는 처음에는 북종의 저항과 방해를 받기도 했다. 그러나 732년 신회가 활대에서 대형 법회를 열면서 북종과 논쟁을 벌여 큰 승리를 거두었다. 그 후 남종은 북부지방에서도 널리 퍼지기 시작했다.

그러나 그 후로도 신회가 북종의 무고를 당해 조정으로부터 유배를 당하기도 하는 등 여전히 북종의 세력이 더 강했다. 안사安史의 난(755~ 763)이 발발하자, 신회는 승려들을 규합하여 군자금을 조달하는 공을 세웠 고, 난이 평정되자 조정은 그에게 상을 내렸다. 796년 신회가 세상을 떠난 지 36년이 되던 해, 당 덕종德宗(742~805)은 신회를 선종 제7대조로 인정했 다. 이때 북종은 이미 사실상 소멸한 상태였고, 따라서 남종이 독주하는 형세가 이루어졌다. 남종의 계보는 점차 대중적으로 인정받기 시작했으 며, 선종은 후세에 "돈교頓敎"라고 불리기까지 했다.

남종 돈오의 종지는 축도생의 돈오설을 계승하고 발전시킨 것이다. 축도생이 돈오를 주장했을 당시 돈오·점오 논쟁이 이미 한창이었다.[30] 그러나 축도생이 말했던 돈오는 사실 "점수돈오"였다. 여기에서의 돈오 는 최초 단계에서의 깨달음에 불과했고, 그 이후에는 몇 가지 과정(예컨대 오방편문)을 거쳐야 했으며, 다시 몇 단계를 더 거친 후에야 부처가 될 수 있었다. 사실 이것은 대승불교의 공통적 내용에 불과했다. 그러나 남종은 이보다 더 나아가서 다음과 같이 주장했다.

어느 순간(頓) 불성을 발견하고 연기에 따라 점수하면 이 생을 떠나지 않고도 해탈할 수 있다. 비유컨대 어머니가 어느 순간(頓) 아이를 낳으면 젖을 물리고 점점 자라서 그 자식의 지혜 역시 저절로 늘어나게 되는 것과 같다. 돈오하여 불성을 발견하는 것 또한 이와 같아서 지혜가 자연 히 점점 자라게 된다.[31]

축도생과 신회는 약간의 차이만 있을 뿐인데, 축도생이 돈오의 시조

---

30) 湯用彤의 『漢魏兩晉南北朝佛教史』(北京大學出版社, 1997年版), 제16장을 참고하라.
31) 『神會和尙遺集』, "頓見佛性, 漸修因緣, 不離是生, 而得解脫. 譬如母頓生子, 與乳, 漸漸養育, 其子智慧自然增長. 頓悟見佛性者, 亦複如是, 智慧自然漸漸增長."

가 되지 못하는 까닭은 무엇일까?

모든 학술과 사상이 통일되어 있기만 하고 유파가 갈라지지 않는다면 분명 어떠한 발전도 없을 것이다. 그렇다고 문파들이 대립하기만 할 뿐 상대편 문파의 장점을 받아들이고 점차적으로 통일의 방향으로 나아가지 않는다면, 이 역시 정체의 현상이다. 선종의 번창은 그들이 불교의 여러 유파들의 핵심을 흡수하고 유가와 도가의 장점들을 점차적으로 취하면서 성장했기에 가능한 것이었다. 하나의 종파로 자리 잡은 이후에는 다시 남북으로 분기되고, 나누어진지 얼마 되지 않아 다시 하나로 통일되었다. 표면적 측면에서 말하자면 이들은 매우 심오하고 미묘한 것 같지만, 사실 이것은 종교나 문화가 발전할 때 나타나는 공통적인 법칙성을 드러낸 것이다.

통일을 이룬 선종은 9세기 중엽에 이르러 혜능의 재전제자와 삼전제자들이 앞을 다투어 위앙종潙仰宗, 임제종臨濟宗, 조동종曹洞宗, 운문종雲門宗, 법안종法眼宗 등을 세웠고, 역사에서는 이들을 "선문오종禪門五宗"이라고 부른다. 오늘날의 관점에서 선사들의 어록과 전기를 보면, 이들 선문오종의 종지는 기존 불교와 어떠한 차이도 없다. 이들이 기존 불교와 구분되는 점은 자신이 깨닫고 남을 깨우치는 방법뿐이다. 법안종을 창건한 문익文益(885~958)은 다음과 같이 말했다.

조동종은 악기를 두드리고 노래하는 것을 용으로 삼았으며, 임제종은 서로 바꿔 가며 근기로 삼고, 운문종은 함양하여 의식의 흐름을 끊었으며, 위앙종은 변통으로 묵계하였으니, 그 방식이 모두 일리가 있고 마치 서로 부절을 합한 듯하였다.[32]

즉 임제종의 삼구三句[33], 위앙종과 조동종의 삐딱하게 대답함 혹은 대답은 하지 않고 반문함, 운문종의 꾸지람으로 대답을 대신함 등의 방법은 모두 매우 유명했다. 이들은 혜능과 신회의 종지를 잘 밝혀냈다는 점에 있어서는 존중받을 만하지만, 교의의 발전이라는 측면에서는 여러 학파가 일어나 불법을 밝히는 데 기여했을 뿐 심화에는 기여하지 못했다. 이것은 훗날 선종의 쇠락을 예고하는 징조였다.

송대에 이르러 선종은 육조의 법을 계승했다고 일컬어지기는 했지만 어록과 공안에만 몰두하거나 욕설, 구타, 꾸지람에만 의존할 뿐 선학을 발전시키고 확장시킨 선학자는 매우 드물었다. 그들은 비록 후대에 고승대덕에게 불법을 전한다는 명분을 내세웠지만, 자신이 득도하고 불법을 널리 전파하는 것에 집중했을 뿐 선종이 더욱 발전할 동력을 추구하지는 않았다. 그러므로 송대 선종은 비록 번성하기는 했지만 불교 발전의 역사라는 측면에서 보자면 보급이 되었을 뿐 제고가 되지는 못했다. 이처럼 발전의 동력을 상실한 번영이 오래 유지될 수는 없는 법이다. 따라서 이 시기의 번영은 앞으로의 쇠락에 대한 징조에 불과했다. 이에 반해 유학은 선종으로부터 "심", "성" 및 본체와 관련된 사상적 성과와 사변방법을 흡수하여 연구하였고, 송명리학을 열게 되었다. 리학의 성장과 선종의 쇠락은 학술 및 사상 발전과정의 필연적 결과라 할 수 있다.

---

32) 『宗門十規論』, 「對答不觀時節兼無宗眼」, "曹洞則敲唱爲用, 臨濟則互換爲機, 韶陽則函蓋截流, 潙仰則方圓默契, 如穀應韻, 似關合符."

33) 삼요의 도장을 찍으니 붉은 점이 분명하여 주객으로 나누는 것을 허락하지 않는다. 묘혜가 어찌 무착의 질문을 용납하며 방편이 어찌 번뇌를 끊는 근기를 저버리겠는가? 무대 위의 꼭두각시를 보라. 밀고 당김이 모두 안에 있는 사람이다.(三要印開朱點側, 未容擬議主賓分, 妙解豈容無著問, 漚和爭負截流機, 看取棚頭弄傀儡, 抽牽全借裏頭人.)

5. 융합의 사례로서의 선종이 주는 시사점

첫째, 민족문화는 항상 타 문화와 조우하게 된다. 이러한 조우는 유구한 역사를 지니고 있다. 전쟁의 방식으로 두 문화가 만나게 되면 심각한 대가를 지불해야 하며, 서로 간 배척하려는 힘 역시 강해지게 된다. 그러나 평화로운 방식으로 접촉한 이들은 비록 배척하고자 하는 움직임이 다소 있더라도 결국 공존하고 상부상조하여 융합을 이루게 된다. 중화민족은 타 문화와 대규모의 접촉 및 충돌을 경험해 왔다. 그 중 가장 큰 것 두 가지만 예로 들자면, 하나는 불교의 전래이고, 다른 하나는 19세기 말 반식민지·반봉건 상태로 전락했던 경험이다. 이들 중 선종의 탄생과 성장(및 한국, 일본, 베트남으로의 전파)은 평화로운 방식에 해당하며, 19세기 문호개방과 서구의 침략은 전쟁의 방식에 해당한다. 오늘날의 개혁은 분명 19세기 이래 서구와의 접촉의 연장선에 놓여 있는 것이다. 그러나 이 개혁들은 평화로운 방식으로 진행되고 있다. 따라서 중화문화의 영향력만 놓고 보면, 최근 25년이 100년 전보다 더 강했다고 할 수 있다.

중화문화에 대한 불교의 영향은 "심", "성"에 대한 사고에서 선명하게 드러난다. 송명리학이 한당유학과 비교해서 더 세밀하고 완성도 높을 수 있었던 것은 바로 이들 심성 개념에 대해 탐구했기 때문이다. 이것은 선종의 영향이라고 할 수 있다.

오늘날 서구 학문의 영향력이 이토록 거대해진 이유에 대해서는 아직 한참을 더 연구해야 결론을 얻을 수 있을 것이다. 다만 한 가지 언급할 만한 것이 있다. 마르크스주의는 중국의 입장에서 보았을 때 서구학문이지만 평화로운 방식으로 전래되었고, 사회현상과 제도를 다룬 것이기에 여러 서구학문들 중에서도 가장 큰 영향력을 발휘해왔다. "마르크스주의의 중국화" 역시 중화민족의 역사경험으로부터 영감을 얻은 것이라 볼 수 있다.

둘째, 민족문화는 타 문화로부터 자신이 필요로 하고 결핍하고 있는 것들을 끊임없이 흡수할 때 비로소 발전을 위한 영양분을 확보할 수 있다. 자기 문화의 아름다움만 믿고 있다가는 머지않아 위기를 자초하게 될 것이다. 선종은 오대십국시대 이후로 점차 평범해지더니 꾸짖음과 고함 그리고 기이한 것들만을 표방하게 되었다. 이렇게 된 원인으로는 참고할 만한 타 문화가 부재했던 상황을 들 수 있다. 명청대에는 항해가 금지되어 문호를 폐쇄하고 오직 자신의 문화만 고수했다. 그래서 "앞선 종조들의 가르침을 바꿀 수 없다"는 분위기가 팽배해지고 새로운 것이 생겨날 수 없는 상황이 조성되었다. 이로 인해 국가는 갈수록 취약해졌고 백성은 갈수록 빈곤해졌다.

중국만이 아니다. 인도에서 불교는 처음에는 브라만교 등의 학설을 받아들이면서 자신을 혁신하고 시대의 변화에 대응했고, 그로 인해 생기가 넘쳤다. 그러나 종파가 사분오열되고 교의와 계율이 지나치게 번잡하고 잡다해지자 결국 더 이상 발전하지 못하고 쇠락해 버렸다. 쿠마릴라(Kumānila, 650~700)와 샹카라 등의 브라만교 개혁자들은 불교와 이슬람교의 사상을 부분적으로 수용했고, 이는 훗날 힌두교로 발전하여 더 큰 생명력을 지니는 데에 일조했다. 이러한 사례에 근거하여 인류문화사를 고찰해보면, 그 어떤 문화도 위에서 언급한 법칙에서 벗어날 수 없음을 확인할 수 있다.

셋째, 어떤 민족문화가 타 문화와 융합한다고 했을 때 관건은 타 문화를 자기 것으로 만들 수 있는지의 여부이다. 문화의 세 층위 중 가장 쉽게 변화될 수 있고 타 문화를 흡수할 수 있는 것은 표층 문화 즉 의식주와 교통 그리고 이러한 것들에 체현되어 있는 취향과 기호이다. 가장 변화되기 어렵고 가장 타 문화를 흡수하기 어려운 것이 바로 심층 문화 즉 가치관념과 철학관(이른바 철학관에는 세계관, 인생관, 윤리관 및 심미관이 포함된다.)이다. 중층 문화는 풍속, 의례, 예술, 법률, 제도, 종교 등을 가리키며, 이들이 변화하고 외래적 요소들을 흡수하는 속도는 표층 문화와 심층 문화 중간 정도이다. 표층과 중층, 중층과 심층 간의 구분은 그리 명확한 것만은 아니며, 따라서 양자의 관계도 매우 긴밀하다. 이른바 "자기 것이 되는" 것은 심층 문화에 달려 있다. "자기 것이 된다"는 것은 민족 구성원들이 더 이상 그것을 외래문물로 여기지 않는다는 것을 의미한다.

오늘날 중국인들의 의식주와 교통의 측면에서 한 번 살펴보자. "서양식 정장"(西裝), "서양식 식당"(西餐) 등 명시적으로 "서西"자가 붙는 것 이외에, 요즘에는 누구도 빌딩을 "서양식 건물"(洋樓)로 부르거나 인력거를 "서양식 수레"(洋車)로 부르지 않는다. 토마토(番茄), 고구마(番薯), 수박(西瓜) 등의 경우, 비록 "번番"자와 "서西"자가 들어가기는 했지만, 현재 이것을 외래문물이라고 여기는 이는 거의 없다.

위에서 제시한 것은 표층 문화의 사례이지만 중층 문화와 심층 문화역시 마찬가지이다. 불교와 선종을 한 번 살펴보도록 하자. 이제는 이들을 인도문화로 보는 사람이 거의 없을 것이다. 그러나 인도문화인 선종과 불교가 중국에 전래됐음에도 불구하고 공자의 "기이하고 괴상한 것, 힘으로 억누르는 것, 어지러운 것, 귀신에 관한 것을 말하지 않는다"는 관념과 효제충신의 준칙, 조화와 포용의 태도, 극단을 거부하고 중절함을 추구하는 심리, 외면과 내면의 일치, 조화와 균형의 심미관 등에는 어떠한 변화도 없었다. 이것은 중화민족의 심층 문화에 결코 어떠한 거대한 동요도 없었음을 말해 준다.

넷째, 외래문화의 흡수를 통해 민족문화를 변화시키는 것은 최소 백년 이상의 시간을 필요로 한다. 불교의 중국화가 사실상 천 년에 가까운 시간이 필요했던 것처럼 말이다. 또한 19세기 이래 서구문화를 배우고 흡수해 왔지만 아직은 초보적 단계로, 서구문화 중 중국 자신의 것이 된 것은 아직 거의 없다. 어째서 이처럼 느린 것일까? 문화란 삶의 방식이자 사유방식, 사회 전체의 공통적 인식 등으로, 인간의 의식을 규정하고 사회생활과 경제조건을 조성하는 것들이다. 이러한 사회생활과 경제조건 및 전 민족의 관습과 관념들은 단시간 내에 변화될 수 있는 것들이 아니다. 게다가 사회구성원의 수가 많을수록 타 문화를 흡수하는 것은 더욱 어려워진다. 이것이 바로 "서구화"가 쉽지 않은 이유이다.

다섯째, 문화의 흥망성쇠는 위정자와 지식인들의 태도에 달려 있다. 불교가 전래될 당시 한 명제明帝(28~75)의 도움을 얻었으며, 남북조시대 불경의 대규모 번역은 여러 왕조 황실의 도움과 문인들의 참여에 큰 힘을 입었다. 선종의 흥기는 전적으로 당 황실의 지지를 바탕으로 이루어졌으며, 남종의 번창 역시 당 덕종의 조력과 문인들의 관심에 힘입었다. 이와는 반대로 삼무일종법난三武一宗法難[34]도 존재했다. 그래서 필자는 문화의 진흥을 위해서는 "문화적 자각"을 해야 하며, 이른바 문화적 자각이란 위정자들과 지식인 엘리트에 달려 있다고 주장하는 것이다.

---

34) [역자주] 三武一宗法難: 중국에서 4차에 걸쳐 일어난 불교 탄압 사건. 北魏 太武帝 太平眞君 7년(446), 北周 武帝 建德 3년(574), 唐 武宗 會昌 2년(842), 後周 世宗 賢德 2년(955).(출처: 시공 불교사전)

제10강 중국문화의 중임

　　어떤 민족이 자신들의 역사와 전통에 대해 반성하는 것은 그것을 귀
감으로 삼고 취사선택하여 이후의 발전을 도모하기 위한 것이다. 반대로
말하자면 그 어떤 민족이라도 발전을 원한다면 자신의 역사 및 전통과
분리되어서는 안 된다. 문화의 발전은 결국 그 문화의 원형 위에서 발전
하고 변화하는 것일 수밖에 없다. 완전히 적절한 비유가 아닐 수도 있지
만, 한 그루의 꽃나무에서 피어난 꽃들에 비유하자면, 그들이 어떻게 자
라고 변화했고, 심지어 접목한 것이라고 할지라도, 어쨌든 그들은 그 나
무의 본체와 결코 분리될 수 없다. 역사와 문화는 유기체가 아니고 우리
역시 사회진화론자가 아니며, 또한 문화와 꽃나무를 동일하게 보는 것도
아니지만, 이러한 비유를 통해 그 어떤 사물도 자신의 근본과 분리된 채
발전할 수 없음을 말하고자 한 것이다. 이것은 인간의 의지로는 바꿀 수
없는 일종의 법칙이다.

　　현재 중국은 문화적 전성기를 눈앞에 두고 있다. 이것은 지난 수십
년간 중국사회가 부르짖고 도전한 결과라 할 수 있다. 중국은 농업인구가
전체 인구에서 다수를 구성하는 사회구조를 가지고 있다. 19세기 말 이후
중국경제 역시 공업경제를 가지고는 있었지만 이것이 전체 경제구조에서
차지하는 비율은 늘 낮았으며, 공업 종사자들의 수 역시 늘 소수에 머물

렀다. 또한 의식은 현실보다 뒤처지기 마련이다. 공업화 과정에서 도시인구는 급속히 증가했지만, 농경사회의 관념, 의식, 사고방식, 풍속, 관습 등에 근거한 사회구조와 가족구조는 여전히 산업사회의 요구에 못 미치는 낙후한 수준에 머물렀다. 혹자는 이러한 것들이 농경사회의 잔재라고 말하기도 한다. 현재 중국이 직면하고 있는 수많은 문제들은 바로 이 문제와 매우 긴밀하게 관련되어 있다.

예컨대 연령대에 따라 예술에 대한 미적 감각, 가치관념, 인간관계 등에서 차이가 있을 수밖에 없다. 이를 두고 "세대차"라고들 한다. 사실 이것은 농경사회에서 형성된 전통과 어느 날 갑자기 외부에서 밀려들어온 산업화 및 후기 산업화 문화 간의 간극이라 할 수 있다. 사회 관리와 운영의 측면에서도, 정부 기구와 그들의 역할은 시급히 개혁되어야 하고 법률체계 역시 조속히 정비되어야 함에도 불구하고, 법률을 준수하지 않고, 법 집행이 엄격하지 않으며, 사법절차가 공정하지 않는 등의 현상이 여전히 존재하고 있다. 여기에서 우리는 문화지체의 흔적들을 쉽게 발견할 수 있다.

급속한 사회발전의 과정에서 발생하는 여러 문제와 갈등들을 해결하기 위해 중국은 정책 및 법률 측면에 주목하고 수많은 해결 방법들을 채택해 왔다. 이러한 과정 속에서 사람들은 정책과 법률 외에 한 가지가 추가로 반드시 동반되어야 함을 명료하게 깨닫기 시작했다. 그것은 바로 이러한 전환기에 부합하도록 사회를 인도하는 문화 즉 중국 특색 사회주의 초기 단계 수준의 사회현실에 부합하는 문화이다. 이 가운데에서도 가장 중요한 것은 새로운 사회의 가치체계를 구축하고 이러한 가치체계에 상응하는 의례와 관습을 형성하는 것이다. 이에 대해서만큼은 사회 전체의 공감대가 형성되고 있다.

　여기에서 필자는 중국의 생활환경 악화라는 문제를 집중적으로 제기할 생각이다. 위에서 필자가 제기한 현상들이 사회문제의 범주에 포함되는 것이라면 환경오염의 문제는 인간과 자연의 관계에 속하는 문제라 할 수 있다. 환경문제는 각 지역 정치 및 행정책임자들과 기업가들의 문제이지 문화와는 큰 관련이 없는 것처럼 보인다. 그러나 이러한 문제가 발생한 시대적 배경과 결합해서 고찰해 보면, 환경문제를 경시하는 태도 배후에 근시안적 소농경제, 천인일체 관념의 실종, 현대과학 지식 등의 요소가 강력히 작용하고 있음을 발견할 수 있다. 결국 이것 역시 문화의 문제인 것이다.

　이러한 각종 사회문제들은 우리들이 다시금 등소평이 물질문명과 정신문명에 대해 "양손이 맞잡기 위해서는 양손 모두 튼튼해야 한다"(要兩手抓, 兩手都要硬)고 강조했던 것을 떠올리게 한다. 여기에 대해서는 수많은 심오한 이해들이 존재하지만, 등소평의 이 충고는 인류사회발전의 가장 근본적인 법칙과 중화민족이 수천 년간 축적해 온 경험에 근거한 것이었다.

　현재 중국은 문화건설에 주력하고 있다. 이는 중국 내적으로 경제 및 사회발전 과정에서 발생한 각종 문제와 갈등에 대한 대응이기는 하지만, 인류가 공동으로 직면하고 있는 문제와 갈등을 해결함에 있어 시사점을 주는 결과로 이어질 수 있을 것이다.

　20세기 중반 이후 환경오염, 자원낭비 및 고갈, 국가 간 혹은 한 국가 안에서의 빈부차이 확대 등의 문제가 대두되면서 개인 대 개인, 민족 대 민족, 국가 대 국가 간 갈등과 충돌이 격화되고 있다는 것은 그 누구도 부정할 수는 없을 것이다. 또한 이미 물질적 수요를 충족하고 심지어 화려한 생활을 하는 사람들이 오히려 마음이 공허함을 느끼고, 이로 인해 각종 심리문제, 가정문제, 사회문제를 일으키고 있다. 최근 수십 년간 이러한 문제들은 인류역사상 전례가 없는 속도로 증폭되고 있으며, 해결될 어떠한 기미도 보이지 않고 있다. 이러한 문제들이 아직 심각하게 대두되기 전 영국의 철학자 버트런드 러셀(Bertrand Russell, 1872~1970)은 다음과 같이 말했다.

> 인간들은 지금 자신들의 멸종이라는 위대한 거사를 준비하느라 여념이 없다.[1]

토인비 역시 다음과 같이 말했다.

> 사회적 불평등과 정신적 고통 그리고 천연자원의 낭비는 20세기 이래 서구세계의 맹렬한 산업 발전의 예상치 못한 결과이다. 또한 서구의 산업화를 찬양하던 이들도 점차 회의에 빠지기 시작했다. 서구의 물질적 부 가운데에서 극히 미미한 부분을 얻기 위해 그만한 고통을 대가로 지불하는 것이 과연 현명하고 지혜로운 일일까?[2]

그러므로 러셀은 다음과 같이 주장했다.

> 만약 세계가 현재 직면하고 있는 멸망의 위기로부터 벗어나고자 한다면 새로운 사고, 새로운 희망, 새로운 자유 및 자유에 대한 새로운 제약 등이 반드시 필요하다.[3]

---

1) Russell, 吳凱琳 譯, 『羅素回憶錄: 來自記憶裏的肖像』(太原希望出版社, 2006年版), pp.48·157.
2) Toynbee, 劉北成·郭小淩 譯, 『歷史硏究』(上海人民出版社, 2005年版), p.380.

그러나 러셀과 토인비는 경제적 세계화가 진정으로 실현된 1990년대 이래 "맹렬한 산업 발전"이라는 파고가 서구세계는 물론 수많은 개발도상국까지 휩쓰는 것을 목도하지는 못했다. 중국 역시 예외가 아니었다. 사실 중국학자들 역시 항상 이 문제를 고민해 왔다. 원로 사회학자인 비효통費孝通(1910~2005) 역시 이러한 문제를 제기했으나, 곧 스스로 자신이 제기한 문제를 부정했다. 그는 1980년대 후반 다음과 같이 말했다.

> 우리는 변화할 것이며, 현대사회에 근접해 갈 것이다. 그러나 우리는 서구세계와는 다른 노선을 채택할 것이다. 이러한 방향전환의 결과가 완전히 좋을 것이라고 말할 수는 없겠지만 우리의 현실에 비추어 봤을 때 다른 선택은 존재하지 않는다. 최대한 담백하게 말하자면, 만약 우리가 선택을 할 수 있어서 옛날로 돌아갈 수 있다면 즉 유복하고 균등한 농민의 세계로 돌아갈 수 있다면, 나는 그 안에서 평화로운 느낌과 안정된 생활, 친절한 분위기를 즐길 수 있을 것이다. 그렇게 되면 나는 나에게 익숙한 세계에서 살 수 있을 것이고 인정이 넘치는 삶을 즐길 수 있을 것이다. 하지만 나는 그러한 것들이 불가능함을 분명하게 알고 있다.[4]

필자는 비효통이 학술계 및 사상계의 거장으로서, 위기와 재난으로 가득한 이 세계에 처한 자신의 영혼 깊숙한 곳에서 분출되어 나오는 갈등과 고통을 토로한 것이라고 본다.

사상가, 역사학자, 철학자, 사회학자의 임무는 다른 사회 구성원들보다 먼저 그리고 더 심도 있게 과거를 인식하고 미래를 탐색하는 것이지, 사회에 약효가 보증된 약을 처방해 주는 것이 아니다. 비효통이 말한 "서

---

3) Russell, 吳凱琳 역, 『羅素回憶錄: 來自記憶裏的肖像』(太原希望出版社, 2006年版), pp.48 · 157.
4) 費孝通, 『費孝通文集』第1卷(群言出版社, 1999年版), p.186.

구세계와는 다른 노선"이란 주로 경제발전모델을 가리킨 것이지 문화와 정신까지 포괄하고 있는 것은 아니었다. 반면 토인비는 비교적 구체적인 구상을 제시했다.

> 서구세계 및 서구화된 국가들은 이처럼 재앙과 상호파괴로 가득한 길을 정신없이 내달리고 있다. 그래서 그들 중 누구도 그들 자신과 전 인류를 구할 안목과 지혜를 갖추고 있지 못하고 있다.……
> 서구국가들에 의해 교란된 인류의 삶을 다시 안정시키고자 한다면, 그리고 서구의 활동력을 완화시켜서 인류의 삶이 여전히 활기를 유지하되 파괴적 힘을 지니지는 못하게 하고자 한다면, 우리는 반드시 서구 이외의 곳에서 새로운 동력의 근원을 찾아야 한다. 미래에 중국이 이러한 동력의 근원이 된다고 하더라도 이는 결코 놀라운 일이 아닐 것이다.[5]

> 중국은 서구의 뜨겁고 격렬한 화력을 자각적으로 자신의 보수적이고 안정적인 전통문화와 융합시킬 수 있을지도 모른다. 만약 이러한 의식적이고 절제된 그리고 매우 적절한 융합이 성공한다면 인류문명에게 완전히 새로운 문화적 출발점을 제공해 줄 수도 있다.[6]

현재 인류는 절박하게 지성을 필요로 하고 있으며, 인류문명의 성과를 끌어 모아 새로운 지성을 형성해야 한다. 러셀 역시 이 점을 지적했다.

지성의 정수는 해방에 있으며, 인간을 과거의 전횡으로부터 최대한 해

---

5) Toynbee, 劉北成・郭小淩 역, 『曆史硏究』(上海人民出版社, 2005年版), p.394(그림 78에 대한 설명).
6) Toynbee, 劉北成・郭小淩 역, 『曆史硏究』(上海人民出版社, 2005年版), p.394(그림 78에 대한 설명).

방시켜야 한다. 우리는 더 이상 우리 의식 속에 있는 이기주의를 조장해서는 안 된다.[7]

우리의 시대는 지식이라는 측면에서는 과거의 시대들을 멀찌감치 뛰어넘었지만, 지성이라는 측면에서는 큰 진전이 없었다.[8]

중국의 문화는 과연 토인비가 말한 중임을 맡을 수 있을까? 먼저 한학이라는 시각에서 중화문화 자체를 자세히 살펴보도록 하겠다. 수많은 학자들이 주장한 바와 같이, 중화문화의 핵심(필자는 이것을 "심층"이라 부른다.)중 하나는 조화를 추구하는 것이다. 이 이념은 중국인의 윤리관, 인생관, 심미관에 체현되어 있으며, 풍속, 의례, 종교, 예술, 제도, 법률 및 일상생활의 의식주와 교통 등 물질적 측면에도 모두 투영되어 있다. 예컨대 철학에서는 전체론과 중용으로, 윤리에서는 전승과 의무를 강조하는 것으로, 인생에서는 피안이 아닌 현세를 중시하고 정신을 중시하되 물질 역시 경시하지 않는 것으로 체현된다.

또한 유가학설이 비록 중화문화의 핵심 줄기이기는 했지만 불교가 전래되어 왔을 때 결코 배척하지 않았다. 수백 년에 걸친 중국과 외국 승려들의 피나는 노력 덕분에 인도의 원시불교는 중국의 토양에 적응했고, 불교의 교리와 교의는 유가, 도가의 학설과 상호 충돌 및 흡수의 과정을 거치면서 비약적인 발전을 이루었다. 그리하여 7~8세기 불교는 마침내 중국에서 영향력이 가장 크고 신도를 가장 많이 거느린 종교가 되었다. 유·불·도 간의 평화로운 공존, 상호 학습 및 자극 그리고 단 한순간도

---

7) Russell, 吳凱琳 역, 『羅素回憶錄: 來自記憶裏的肖像』(太原希望出版社, 2006年版), p.133.
8) Russell, 吳凱琳 역, 『羅素回憶錄: 來自記憶裏的肖像』(太原希望出版社, 2006年版), p.131.

단절된 적이 없는 중국 원시종교의 포용성과 흡수성은 인류 역사에서 서로 다른 종교들이 대화하고 공존하며 융합할 수 있다는 가장 좋은 예시를 남겼다. 그리고 이것은 중화문화가 지닌 거대한 포용성을 증명해 주는 것이기도 하다. 바로 이러한 역사 경험으로 인해 경교景敎, 요교祆敎, 마니교, 이슬람교, 천주교, 개신교 등이 차례로 중국에 전파되었을 때 불교와 마찬가지로 "환대"를 받았다. 비록 근대 이후 중국 토착 종교와 천주교, 개신교 사이에 격렬한 단기적 충돌이 발생한 적이 있기는 하지만 이는 정치적 원인에서 비롯된 것이지 종교에 체현된 문화와는 무관한 문제였다. 여러 종교들이 화목하게 공동 번영을 추구하고 있는 현재 중국의 분위기야말로 중국문화의 본질인 조화를 진정으로 보여 준다고 할 수 있다.

어느 한 문화에 속한 보통의 사회구성원들은 그 자신이 속한 문화를 고찰하지 못하곤 한다. 어떤 대상에 대한 인식이 감성의 단계에 머물고 그 원인을 파악하지 못할 경우, 그 대상을 자각적으로 고수하고 제고하며 풍부하게 하기는 매우 어려우며, 오히려 눈앞의 이익과 유혹으로 인해 그들을 내버려 두기 십상이다. 중화전통과 현실문화에 대한 정확한 분석은 중화민족의 자기인식 수준을 자각의 수준으로 끌어올릴 수 있을 것이며, 동시에 전통문화 중 현대사회에 적합하지 않은 것들을 제거할 수 있도록 전 사회적인 추진력을 제공할 것이다. 이것이 바로 한학의 가장 중요한 책임이다.

중화문화는 도시와 향촌 주민들의 일상생활과 풍속 및 의례 중에 체현되어 있거나 잔존하고 있기도 하며, 대대로 전해져 오는 문헌 및 최근 발굴된 출토문헌들 속에 기록되고 퇴적되어 있기도 하다. 따라서 이러한 국부적이고 미시적이며 심층적인 연구들 역시 필수적이라 할 수 있다.

다만 현실사회 전체의 입장에서 보자면 보다 간절한 것은 이러한 미시적 연구 성과들을 토대로 진행된 전체적이고 거시적인 연구들일 것이다. 그러나 냉정하게 말하자면, 눈앞에 놓인 문제들을 해결하는 것에 있어서도 그리고 세계의 기대에 부응하는 것에 있어서도, 현재 중화민족은 충분한 준비를 갖추지 못한 상태이다.

학술 영역에서 우리는 몇 가지 근본적인 문제들에 대해 명확한 연구 성과를 내지 못하고 있다. 예컨대 중화문화의 핵심이란 무엇인가 등의 질문에 대해 현재 중국 학계는 어떠한 명확한 공통적 인식도 형성하지 못하고 있다. 만약 "조화"(和諧)가 그 중 하나라고 한다면, 이 유구한 전통을 가진 이념이 고대사회와 현대사회에서 지니는 함의와 그 외연에는 필연적으로 거대한 차이가 존재할 것인데, 그 차이는 무엇인가? 중화문화의 핵심 이념들 중 고금을 관통해서 중화민족에게 보편적인 것으로 받아들여지는 것은 무엇인가? 그리고 이러한 이념들은 어떠한 외재적 형태 안에 삼투되어 있을까? 현대사회에 적합하지 않은 것은 이러한 핵심 이념 자체일까, 아니면 외재적 형태일까? 또한 만약 중국의 문화가 다원적이고 여러 근원을 가진 것이라면, 이러한 여러 근원들은 어떻게 하나로 융합되어 지금까지 면면히 이어오게 된 것일까? 세계의 기타 고대문명들은 모두 단절되었는데, 중화문명은 어떻게 이러한 비극적 운명을 피할 수 있었던 것일까?

토인비 등의 학자들은 과거 이러한 문제들을 탐구한 바 있다. 그러나 그들은 이 문제를 역사상 중국의 생산방식 및 이로 인해 규정되는 중국인들이 삶 및 심리적 지향과 결합해서 고찰하지는 못했다. 그들은 주로 중국의 사회제도들이 "조숙"했다는 점과 이러한 조숙에 가져온 결과에 주목했다. 그러나 사회제도를 논하기 위해서는 그 당시 사회에 대해서 논해야 하며, 특히 그 사회의 생산력과 생산방식을 논하지 않을 수 없다. 따라서 그들의 분석은 수수께끼의 정답을 밝히는 것 같은 시원함을 주지는 못한다. 적어도 필자는 그렇게 느낀다.

또한 중국의 다원적 문화와 위에서 언급한 종교적 상황 등과 같은 화목과 공존이 어떻게 가능할 수 있었을까? 중국에는 56개 민족이 있으며, 먼 옛날부터 다른 민족들과 어울려 생활하거나 혹은 독립적으로 생활하는 방식으로 지금까지 이어져 왔다. 중앙정부가 나서 반란을 진압하던 몇몇 시기를 제외하고는 종교 혹은 민족 문제로 피비린내 나는 분쟁을 벌인 적이 결코 없었다. 대신 여러 민족문화와 종교들이 평화롭게 공존하던 시간이 역사의 대부분을 점하고 있으며, 그 결과로 내 안에 네가 있고 네 안에 내가 있는 식으로 상호 새로운 활력을 얻어 왔다. 심지어 경교景教(네스토리우스파 기독교)와 같은 경우도 있었다. 경교는 435년 동로마제국 황제에 의해 이단으로 선포되어 페르시아로 이주해야 했으며, 이후 635년 중국에 전래되었다.[9] 당시 중국은 이들을 포용하였고, 경교는 150년 넘는 시간 동안 번영을 누렸다. 경교가 비록 중국 본토의 종교도 아니고 중국에서 유행했던 기간 역시 길지 않았지만, 경교와 관련된 유물은 중국에 가장 많이 남아 있다. 그 이유는 무엇일까? 이는 중화문화의 내면과 외면 두 측면에서 모두 깊이 연구할 가치가 있는 문제이다.

학술연구에 임함에 있어 몇 가지 반드시 주의해야 할 점들이 있다.

첫째, 자기중심주의를 극복해야 한다. 중화문화는 방대하면서도 심오하며, 분명한 특색과 장점을 지니고 있다. 그래서 중화민족의 구성원들은

---

9) 朱謙之의 『中國景敎』(人民出版社, 1993年版)를 참고하라.

이 점에 대해 자부심을 느끼곤 한다. 또한 현대 중국의 국력이 상승함에 따라 사람들은 지난 백 년간의 비통과 굴욕에서 벗어나고 있다. 전 세계적으로 갈수록 많은 학자들이 유럽중심주의를 회의하기 시작했으며, 눈을 돌려 동방 특히 중국을 바라보고 있다. 그래서 지금은 중화문화에 대한 찬양과 칭찬의 말들이 쉬지 않고 들려오고 있다. 예컨대 21세기는 중국의 세기일 것이라는 등 말이다. 특히 포스트모더니즘이 서양철학의 사조가 된 이후 서구에서는 계몽운동 이래 형성된 "절대진리"가 회의되고 부정되며 해체되었고, 서구인들은 앞으로 세계가 어떠한 방향으로 나아갈 것인지 그리고 마땅한 어떠한 방향으로 나아가야 하는지에 대해 심각하게 고민하고 사색하고 있다. 이러한 상황에서 중화문화는 전례 없는 관심을 받고 있다.

그러나 앞서 언급한 문화 내적·심리적 동질감 등의 요인과 외부의 평가라는 요인이 겹쳐지면서 의식적이건 무의식적이건 자기중심주의가 자라날 수도 있는 상황을 맞게 된 것도 사실이다. 예컨대 중화문화가 세계에서 가장 우수한 문화이며 오직 중화만이 세계를 구원할 수 있다는 등의 생각이 바로 그것이다. 보통의 사회구성원들이라면 이러한 것들을 면하기 어려울 것이다. 그러나 학자라면 이것을 극복해야 한다. 비록 인문사회과학에서 모든 연구자가 개인의 주관성 요소를 완전히 제거할 수는 없겠지만, 객관적이고 냉정한 연구태도를 유지하기 위해 노력해야만 한다. 이렇게 할 때 비로소 우리의 연구 성과는 문화의 전승과 발전에 도움을 줄 수 있을 것이며, 장기적으로 설득력을 지닐 수 있게 될 것이다.

둘째, 타 문화와의 비교를 통해 연구를 진행해야 한다. 중국이 타국의 문화들과 대규모로 접촉을 시작한 지 이미 백 년이 지났지만, 중국은 아직 일본, 미국 및 유럽 몇몇 국가들의 문화만 어느 정도 이해했을 뿐이다. 이것은 양적으로 절대적으로 부족한 것이다. 아시아의 다른 국가들, 아프리카, 남아메리카의 국가와 민족에 대한 우리의 지식은 매우 부족하다. 우리는 유럽중심주의의 척도를 가지고 세계 여러 지방의 민족과 문화를 연구해서는 안 된다. 냉정하게 말하자면, 중국은 일본, 미국 및 유럽에 대해서는 상당한 수준의 이해에 도달해서, 그들의 정치, 경제, 문학, 예술 등의 분야에서 종교, 풍속, 사회심리(종교심리를 포함해서)에 이르기까지 많은 지식을 축적했다. 그러나 우리는 비교를 통해 자신과 상대방을 인식하는 데에까지 나아가야지 정치적이고 실용적 영역에만 머물러서는 안 된다. 즉 그들의 "언어"(文)를 익히고 나서 그들의 "마음"(心)까지 이해해야 한다는 것이다. 이것은 그들이 어떻게 생각하는지 뿐만 아니라 왜 그렇게 생각하는지, 그 사고의 과정의 어떠한지까지도 이해해야 한다는 것이다. 이렇게 할 때 우리는 비로소 우리 자신과 상대방의 장점과 단점을 정확하게 판단할 수 있을 것이며, 또한 상호 학습하며 함께 나아갈 수 있을 것이다.

셋째, 중화문화와 타 문화의 문화적 배경을 결합해서 각자의 경전들에 등장하는 기본적인 개념들을 재해석해야 한다. 예컨대 중국의 인·의·예·지·신·충·효·화和·합合 등 개념들은 이미 중국 국내와 해외의 문헌들에 무수히 등장하고 있지만, 400년 전 마테오 리치(Matteo Ricci, 1552~1610)부터 지금에 이르기까지 중국 문헌에 대한 외국어 번역은 오류투성이이다. 미국 학자인 데이비드 홀(David L. Hall)과 에임스는 1980년대부터 이미 이러한 연구를 시작했다. 예컨대 그들은 다음과 같이 말했다.

서양철학의 학계는 줄곧 중국철학을 무시했으며, 이 순수한 의미의 '무시'(아예 쳐다보지도 않는다는 의미)의 태도는 아직까지도 유지되고 있다.……
우리는 영국과 유럽의 문화가 공자의 사상이 체현된 가치철학을 매우
간절하게 필요로 한다는 점을 인식했다.…… 공자사상은 분명 서양철학
이 새로운 사고모델을 창조하게끔 고무할 것이다.

동시에 그들은 다음과 같은 점을 발견했다.

중국철학의 핵심 용어들을 번역할 때 사용되는 현대의 술어들은 대부분
중국의 세계관과는 다른 내용을 담고 있는 것들이다. 따라서 이러한 번
역들은 문화적 차이성을 진지하게 고려하지 않는 "문화간소주의"를 강
화시켰다고 볼 수 있다.

홀과 에임스는 그들의 책 『공자를 통해 사고하기』(通過孔子而思)에서 사
람들에게 너무나도 익숙한 『논어』의 "십오 세에 학문에 뜻을 두고, 삼십
세에 자립했으며, 사십 세에는 미혹되지 않았고, 오십 세에는 천명을 알
았으며, 육십 세에는 귀가 순해졌고, 칠십 세에는 마음이 원하는 대로 해
도 법도를 벗어나지 않았다"[10]를 통해 공자철학의 요강을 설명했고, 이전
과는 다른 결론을 도출했다. 이들은 유가 기본 개념들의 함의를 창의적으
로 설명했으며, 이 책의 "핵심적인 문제 중 하나는 바로 문화 번역의 문제
이다"라고 주장했다. 안타깝게도 지금까지 중국의 학자들은 이러한 문제
에 대해서는 거의 연구를 전개하지 않고 있다. 홀과 에임스는 다음과 같
이 말하기도 했다.

---

10) 『論語』, 「爲政」, "子曰: 吾十有五而志于學, 三十而立, 四十而不惑, 五十而知天命, 六十而耳
順, 七十而从心所欲不逾矩."

현재(1970~80년대) 유학에 대한 가장 중요한 연구들은 중국에서 이루어지지 않고 있다.…… 그러나 유학의 부흥은 필연적으로 오직 중국에서만 이루어질 수 있다.11)

그때로부터 사반세기가 흘렀다. 중국 국내의 학자들은 과연 자신들이 제대로 해내고 있는지 스스로 반성해 보아야 할 것이다.

넷째, 원전의 맥락을 최대한 복원하기 위해 최선을 다해야 한다. 옛사람들의 논술은 그들이 처한 시대와 상황에 근거해서 이루어졌다. 그들은 자신들이 살았던 사회현실의 어려움에 답하기 위해 말하고 저술했던 것이다. 그러나 "글은 말을 모두 담을 수 없고, 말은 뜻을 모두 담을 수 없다"12)고 했던 것처럼, 만약 한 글자 한 구절에만 얽매여서 가능한 많은 문헌에 근거하여 저자에 대해 추론할 수 없게 된다면, 설사 그가 처한 시대와 상황의 맥락을 최대한 복원했다 하더라도 그 사람의 말에 담긴 의미를 충분히 이해하기는 어려울 것이고, 말에 담기지 않은 뜻까지 이해하는 것은 더욱 요원할 것이다. 이러한 점에서 볼 때 미국 학자 스티븐 오웬(Stephen Owen, 1946~)이 저술한 『초당시初唐詩』, 『성당시盛唐詩』, 『미루迷樓』, 『추억追憶』 등의 작품은 모두 대담한 시도였다. 물론 그의 몇몇 논거와 논점에 대해서는 이론의 여지가 있겠지만 이러한 노력의 방향이 우리들에게 중요한 시사점을 준 것만은 분명하다.

모든 맥락은 무수히 많은 요소들로 구성되어 있으며, 따라서 완전히 파악할 수는 없다. 하물며 이미 시간이 한참 흐른 후라면 그 맥락을 복원

---

11) 이상에서 인용한 홀과 에임스의 말들은 모두 『通過孔子而思』(何金俐 譯, 北京大學出版社, 2005年版)의 p.314와 p.329에서 인용됐다.
12) 『周易』, 「繫辭傳上」, "書不盡言, 言不盡意."

할 방법이 없을 것이다. 이러한 관점에서 보자면, "복원"이라는 말은 적절하지 않은 것이다. 그러나 현재로서는 다른 적절한 어휘를 찾을 수 없기에 이처럼 따옴표를 붙여 사용하고 있다. 그러나 또 다른 관점에서 보자면, 맥락을 구성하는 요소들은 제한적이며 파악 가능할 수 있다. 따라서 최선을 다해서 유한한 요소들을 장악하여 무한한 맥락을 통제해 내간다면(혹은 미루어 나간다면) 우리는 옛사람들에게 한 걸음 더 다가갈 수 있을 것이고, 그들의 말과 뜻을 보다 정확하게 체득하고 음미할 수 있을 것이다. 예컨대 공자가 말했으며 지난 백 년간 끊임없이 비판의 대상이 되었던 "군주는 군주답고 신하는 신하다워야 하며, 아버지는 아버지답고 아들은 아들다워야 한다"[13]를 들 수 있다. 만약 우리가 이 말의 맥락을 주의 깊게 복원한다면, 그 배후에 있는 철학적·사회학적 이론을 비교적 객관적으로 분석해 낼 수 있을 것이며, 그리하여 후세 제왕 및 유가들이 이 말에 대해 내렸던 정의로부터 공자의 사상을 분리해 내고, 사회윤리와 국가통치 측면에서 원시유학을 그들이 발생했던 토대로부터 분리해 낼 수 있을 것이다.

다섯째, 핵심취지와 무관한 용어와 술어에 지나치게 얽매여서는 안된다. 예컨대 무엇을 한학이라 하고 무엇을 국학이라 하며 무엇을 유학이라고 할지에 대해 아직 전혀 일치된 견해에 도달하지 못하고 있다. 그렇다면 한학과 국학은 현대학문을 포괄하는 개념인가? 그렇다고 한다면 현대 중국의 경제학은 이 안에 포함되는가? 유학과 경학의 관계 역시 보는 이마다 각기 다른 관점을 가지고 있다. 우리는 이러한 문제들에 대해 마땅히 토론해야 한다. 그러나 설사 몇 년에 걸쳐 이 문제를 토론한다 하더

---

13) 『論語』, 「顔淵」, "孔子對曰: 君君, 臣臣, 父父, 子子."

라도 결코 의견의 통일에 도달할 수는 없을 것이다. 그러므로 이 문제에 너무 천착할 필요는 없다. 왜냐하면 이것이 각 연구자들의 연구에 중대한 장해물이 되는 것은 아니기 때문이다. 우리는 각자의 관점에 따라 자신의 분야를 연구하면 그만이다. 그러다가 우리의 연구가 좀 더 심화되고 더 많은 사람들이 자연스럽게 공감대를 이루었을 때, 무엇을 한학이라 하고 국학이라고 할지에 관한 견해 역시 한층 더 심화될 수 있을 것이다.

아래에서는 한학의 실천적 차원에 대한 필자의 고찰을 소개하고자 한다. 중국의 현대화가 전통문화에서 현대문화로의 전환이자 중국문화와 외국문화의 접촉 및 융합의 실천이라는 점은 분명하다. 이것은 도시와 향촌 주민들의 일상생활에 체현되어 드러날 뿐만 아니라 국가 전체의 정치제도와 정책시행 과정 전반에 녹아들어 가 있다. 비효통은 다음과 같이 말했다.

> 우리가 사용하는 "사회주의 초기 단계"라는 표현법은 전통이라는 토대를 인정했다는 의미를 포함하고 있으며, 이 토대는 우리가 추진할 개혁의 발판이다.14)

이것은 경제 및 사회 영역에서의 전환과정에서 매우 분명하게 드러났다. 그러나 우리는 문화영역의 상황이 어떠한지 다시 한 번 살펴볼 필요가 있다. 위에서 언급한 바와 같이 한학에는 중화문화의 정수가 집약되어 있지만, 경제 및 사회 영역과는 달리 침체되고 생기가 없는 상황이다. 전통문화와 현대의 특색을 결합하고자 한다면서 부실한 기초 연구와 연구

---

14) 費孝通, 『費孝通文集』 第11卷(群言出版社, 1999年版), p.193.

역량은 그대로 내버려 둔 상태로 사람들의 일상생활 속에서 이미 희미해져 가는 전통에 대한 기억에만 의지하려고 하는 것인가? 중화문화는 그저 길거리나 영화의 소재로만 소비될 것들이란 말인가? 만약 전통과 시대정신이 결합된 문화가 지탱해 주지 않는다면 사회의 전환을 이루어 낼 수 있을까? 이루었다고 한들 그런 사회가 오래 유지될 수 있을까? 시대가 한학의 진흥을 요청하고 대중이 한학의 보급을 갈망하는 지금이야말로 중국의 한학자들이 심기일전하여 떨쳐 일어나야 할 때라고 생각한다.

개혁개방 이후 중국경제의 건설은 신중에 신중을 기하면서 진행되어 왔고 상당한 성과를 거두었지만 그 완성까지는 아직 머나먼 여정이 남아 있다. 우리가 진행하고 있는 한학의 진흥은 곧 한학의 실천이며, 경제건설과 마찬가지로 신중에 신중을 기하는 작업이 될 것이다. 필자는 바로 이러한 때야말로 백화제방百花齊放[15], 백가쟁명이 가장 필요한 때라고 생각한다. 중국에는 역사적으로 몇 차례 크고 작은 백가쟁명의 시대가 있었지만, 그 당시와 후세에 거대한 영향을 미친 백가쟁명은 춘추전국시대와 19세기에서 20세기 중엽에 이르는 시기에 각각 한 번씩 있었다. 두 차례의 백가쟁명은 사회 환경의 거대한 변화 속에서 발생했으며, 이 시기들은 당장 내일 어디로 나아가야 하는지에 대한 답을 모색해야만 했던 시기였다.

춘추전국시대 백가쟁명의 결과는 통일제국의 탄생이었으며, 이때부터 중화민족은 한 몸, 한 집안, 하나의 체계라는 관념은 불변의 확고한 신념이 되었다. 또한 이 시기 각 학파들의 사상적 성과들은 수차례의 충돌과 융합을 통해 유가의 윤리도덕 및 수신치국의 학설과 도가의 철학이론을

---

15) [역자주] 百花齊放: 여러 종류의 꽃이 일제히 만개했다는 뜻으로, 각종 학술과 예술이 번창하고 있는 모습을 가리킨다.

근간으로 하는 주류문화를 형성했고, 이는 오늘날까지 이어지고 있다.

19세기에서 20세기 중엽에 이르는 기간 동안 중국은 서구열강들의 침략으로 국권을 침탈당했으며, 유구한 중화민족이 과연 평등하고 존엄한 면모를 유지한 채 다른 국가나 민족들과 대등한 위치를 유지할 수 있는지를 걱정해야 하는 엄중한 상황에 직면해야 했다. 이 때문에 모든 학문들은 저마다 목소리를 내며 토론을 벌였고 그 결과가 바로 중화인민공화국의 탄생이었다.

1978년 이래 중국인들은 앞서 몇 차례 존재했던 백가쟁명과 유사한 상황에 다시 한 번 직면하고 있다. 경제적 세계화와 과학기술의 급속한 발전이라는 상황 아래 문화, 교육, 과학의 영역이 취약한 거대 국가인 중국이 현재의 문제 상황을 최대한 빨리 타개하고 인민들의 생활수준을 향상시키며, 조화의 중심으로 우뚝 서서 세계평화에 기여하기 위해서는 어떻게 해야 할까? 인류가 과학기술만으로는 결코 진정한 행복에 도달할 수 없다고 했을 때, 과학기술의 긍정적인 면을 강화하고 부정적인 면을 축소하기 위해서 중국은 어떻게 해야 할까? 우리는 이에 대해 여러 방면과 영역에서 논의를 진행할 수 있을 것이며, 그 논의 결과는 중국만의 발전경로가 될 것이다.

필자의 관찰에 따르면 우리는 새로운 백가쟁명의 시작을 맞이하고 있다. 중국의 역사는 한 가지 법칙성을 경험적으로 증명해 주고 있다. 즉 역사적 전환기에 필연적으로 수많은 사상과 견해가 일어나서 융합과 분리를 거듭하며 논쟁을 이어간다는 것이다. 이것은 미래를 탐색하는 사고의 과정이며, 문화와 역사는 이러한 과정 속에서 진보하고 성장한다. 고대와 근대 두 차례의 백가쟁명과 비교했을 때, 현재 한학은 충분히 활성화되지도 못했으며, 구체적인 문제들에 대해서도 의견 통일을 보지 못하고 있고, 유파 혹은 "가家"도 이루지도 못하고 있다. 이것은 우리의 시야가 아직 충분히 넓지도 못하고, 사상적으로도 충분히 확장되지 못했다는 것을 말해 준다. 따라서 우리는 계속해서 사고와 사상을 해방시켜 나가야 한다.

다음으로 필자는 한학의 실천과 관련해서 두 가지 문제를 언급하고자 한다.

첫째, 학술연구와 지식보급 간 관계의 문제이다. 한학은 각종 사실, 의문점, 다의성 등의 문제에 대해 매우 심층적이고 전문적인 연구를 진행하는 학문분야이다. 예컨대 한학에서는 고고연구, 고증, 변별, 논증 등의 작업이 매우 필수적이다. 만약 이러한 기초 작업이 탄탄하게 진행되지 않는다면 그 위에 세워질 건물 역시 튼튼할 수 없을 것이다. 그러나 전문가의 입장에서 보았을 때 엄격한 의미에서의 순수학술 연구와 저작들은 결코 진정으로 사회건설 · 문화건설에 중대한 영향을 미치지 못한다. 우리는 연구에도 최선을 다해야겠지만 동시에 연구 성과를 널리 보급하는 일에도 주의를 기울여야 한다. 러셀은 유럽의 독자들이 역사에 대해 흥미를 잃어 가는 것에 대해 안타까워하면서 다음과 같이 자신의 희망을 밝혔다.

역사는 역사학자에 의해서만 다루어지는 것이어서는 안 된다.…… 역사는 모든 사람들이 정신의 일부분으로서 갖추어야 할 것이다.…… 만약 역사가 자신의 역할을 증명하고자 한다면 그 호소의 대상은 결코 전문적인 역사학자들이 아닐 것이다.…… 역사학자가 아니더라도 모든 사람은 자신의 견해를 표출할 권리가 있다.…… 사실을 축적해 가는 것도 필요하고 그들을 융합하고 관통하는 것 역시 필요하다.16)

인간은 본능적으로 역사와 전통을 기억하려고 한다. 지금과 같이 수많은 사람들이 배금주의에 빠져 지성을 상실하고, 갈수록 많은 사람들이 인생의 가치 및 자신이 앞으로 나아가야 할 방향을 알고자 하는 바로 이때, 역사를 중시하고 귀감으로 삼을 줄 아는 중국과 같은 국가가 나서 역사와 전통의 기억을 되살려야 한다. 중국의 한학은 시대와 인민들의 요구에 응답할 수 있도록 최선을 다해야 할 것이다.

둘째, 한학의 국제교류에 관한 문제이다. 여러 학자들이 주장한 바와 같이 한학은 이미 삼사백 년 전부터 다른 국가들과 쌍방향적 교류를 해오고 있지만, 현재의 국제교류는 과거의 그것과 사뭇 다른 양상을 띠고 있다. 과거의 교류가 전혀 자각적이지 않았다면 현재의 교류는 매우 자각적이다. 국가가 착취 및 수탈과 억압을 당하고, 민족문화가 야만적이고 낙후된 것으로 취급받으며 중국에 대한 비난과 모욕이 쏟아지는 상황에서 어떻게 능동적으로 나서서 자신들의 문화를 소개하고 변호할 수 있었겠는가? 17세기 이후 중국에 들어온 선교사들은 중국이 초청해서 온 것이 아니었다. 대량의 서적들 역시 청 동치제同治帝(1856~1875)가 미국 의회도서관에 기증한 극소수의 고적들을 제외하고는 모두 교류를 위해 능동적으로 판매했던 것이 아니었다. 『논어』 번역본을 예로 들자면, 마테오 리치와 인토르체타(Prospero Intorcetta, 1625~1696) 등이 라틴어로 번역했던 것부터 20세기 웨일리(Arthur D. Waley, 1889~1966)의 영역본에 이르기까지, 각국의 학자들은 능동적으로 번역작업을 진행했다. 필자가 알기로 중국인으로서 이처럼 고전을 번역해서 외국에 소개한 경우는 홍콩의 D. C. 라우(D. C. Lau, 劉殿爵, 1921~2010)밖에 없었다. 대외교류에 있어서 능동과 수동의 여부

---

16) Russell, 吳凱琳 역, 『羅素回憶錄: 來自記憶裏的肖像』(太原希望出版社, 2006年版), pp.145~155.

는 대개 그 국가 국력의 강약을 반영하기도 하지만, 더 중요하게는 그 국가가 국제적인 안목과 태도를 갖추었는지 그리고 자신의 문화에 대해 자신감을 갖추었는지의 여부를 반영한다.

이제 필자는 수많은 국가에 건립된 공자학원에 대해서 잠시 소개하고자 한다. 지금까지 50여 국가 140여 곳에 공자학원 혹은 공자학당이 건립되었으며, 200곳 이상의 해외교육기관이 신청 및 협의의 절차를 밟고 있다. 어째서 채 2년이 안 되는 시간 만에 이처럼 많은 국가들이 앞 다투어 공자학원을 건립하게 되었을까? 공자학원 사업은 중국어와 중국문화를 공부하려는 해외국가들의 수요에 중국이 능동적으로 대응한 가장 훌륭한 사례이다.

과거 중국인들은 자신들의 연구에 집중할 뿐 외국의 학자들과 거의 교류를 하지 않아서, 중국 국내와 해외는 사실상 단절된 상태였다. 현재 중국과 해외의 교류와 합작 및 협력은 이미 정상궤도에 올랐고 정기화되었다. 그러나 현재 세계의 각종 문화교류 동향에 비추어 봤을 때 중국의 능동성과 자각성 및 내외협력은 여전히 충분하지 못한 상황이다. 한학연구의 국제교류에서도 중국은 여전히 극도로 수동적인 입장을 면치 못하고 있다. 현재 매우 심각한 문제는 한학에 정통하면서도 자유롭게 외국어를 구사할 수 있는 학자들이 매우 적다는 것이며, 따라서 짧은 시간 내에 외국학자들과 자유롭게 교류하고 소통하는 상황이 오기 힘들다는 것이다. 이것은 한학의 해외진출을 방해하는 요소이며, 중국의 학자들이 연구의 폭을 넓히고 더 높은 수준에 도달하지 못하도록 하는 높은 벽이다.

일전에 필자가 어떤 미국학자와 대화를 나눴을 때, 그는 외국인으로서 중국문학을 연구하는 것은 매우 어렵다고 말했었다. 중국어를 제2언어로 배운 이들로서는 중국문학작품에서 중국인들이 느끼는 것과 같은 감성을 얻기 어렵기 때문이다. 일반적인 의미에서 이 말은 타당한 말이다. 그러나 오랜 시간 한학이 대중의 관심에서 멀어진 지금, 중국인 중 과연 몇 명이나 과거 문헌들의 뉘앙스를 정확하게 이해하고 절실하게 느낄 수 있단 말인가? 오늘날 사회의 경박성과 몇몇의 반드시 개혁되어야 할 체제와 메커니즘들은 학자들로 하여금 의기소침하게 만들고 있다. 따라서 필자는 이상적인 쌍방향적 교류라는 목표에 도달하기 위해서는 아직 한참 더 노력을 경주해야 한다고 생각한다.

필자는 "기축시대" 동방의 철학자들이 밝힌 지혜의 불빛이 결국 하나의 궁극목표를 지향한다고 늘 주장해 왔다. 이미 이천 년이 넘는 시간이 흘렀지만 우리의 인식 수준은 결코 그들이 고찰했던 범위를 넘어서지 못하고 있으며, 그들의 근본이념에서도 벗어나지 못하고 있다. 이러한 까닭에 후대의 문학, 예술, 종교, 철학은 모두 소통하고 공존할 수 있었던 것이다. 심지어 무신론과 유신론 간에도 공통점이 있다. 이것은 서로 다른 문화 간 소통을 가능하게 하는 토대이다. 중화문화는 미래가 필요로 하는 지혜를 전 인류에게 제공할 수 있어야 하며, 또한 그렇게 할 수 있다. 중화문화가 능동적이고 자각적이며 활발하게 세계를 향해 나아간다면 토인비와 에임스 등 학자들의 예언 역시 실현될 수 있을 것이다.

중국은 세계 인구의 오분의 일을 점하는 대국이자 유구한 역사를 지닌 국가로서 세계 평화, 안녕, 번영, 행복에 기여할 책임을 지니고 있다. 오늘날 중국은 품질 좋고 저렴한 공산품과 농산품을 생산하는 것으로만 세계에 기여를 하고 있지만, 이는 노동력을 제공하는 것에 불과하다. 가까운 미래에 중국인은 과학기술 즉 지식 측면에서도 세계에 공헌할 수 있을 것이다. 그리고 보다 먼 미래에는 중화민족이 수천 년 동안 축적한 지혜를 전 세계에 선물할 수 있을 것이다. 이러한 과정 속에서 한학이 그 어떤 영역보다 무거운 책임을 양 어깨에 짊어지고 있다는 것은 자명한 사실이다. 증자는 다음과 같이 말했다.

> 증자가 말했다. "선비는 뜻이 넓고 굳세지 않으면 안 되니, 그 책임은 무겁고 갈 길은 멀다. 어짊을 자신의 책임으로 삼았으니 역시 무겁지 않겠는가! 죽은 후에야 (책임이) 끝나니 역시 멀지 않겠는가!"[17]

---

17) 『論語』, 「泰伯」, "曾子曰: 士不可以不弘毅, 任重而道遠. 仁以爲己任, 不亦重乎! 死而後已, 不亦遠乎!"

제11강 중화문화의 과거와 현재 그리고 미래

문화는 이미 오늘날의 "유명 학설"이 되었다. 과거 중화문화는 수천 년을 도도히 흘러왔고, 오늘날에는 풍부하며 다채롭고 복잡다단해졌다. 그리고 미래에도 끝없이 이어져 나갈 것이다.

문화는 국가와 민족의 상징이자 영혼이며, 인간의 정신적 안식처이다. 그 어떤 국가와 민족도 문화에 대해 항상 고찰하고 주의를 하지 않으면 흩어지고 원기를 잃어서 심각한 경우에는 해체되고 멸망할 수도 있다. 특히 경제와 문화의 관계가 갈수록 긴밀해지는 오늘날 세계 각국의 경제는 이미 "문화경제"가 되었고 국가 간 교류 역시 그 근본을 따져 보면 문화들 간의 관계가 되었다. 경제적 세계화와 정치의 다극화 추세 속에서 세계는 문화적으로도 다원화를 추구하고 있다. 다원적 문화가 정착된 세계는 여러 국가와 그 구성원들이 평화롭게 공존할 수 있게 해 줄 것이며, 세계 평화를 가져올 것이다. 반대로 문화가 다원화되지 못한 세계는 매우 위험할 것이다.

1. 문화의 층위와 분류

협의의 문화는 정신 영역에서 인류가 창조한 일체의 성과이다. 이보다도 더 좁은 의미의 문화는 오직 예술, 출판 등의 영역만을 가리킨다.

내용의 측면에서 볼 때 문화는 세 층위로 구분된다. 표층 문화는 인간의 물질적 생활(의식주와 교통)에서의 문화로, 의복, 요리, 도기, 건축 등이 이에 해당한다. 이는 인간이 물질을 활용하는 각종 욕구를 충족하는 방식이다. 중층 문화는 물질에 체현되어 있는 문화로, 의례, 풍속, 예술, 종교, 법률, 제도 등이 여기에서 속한다. 심층 문화는 윤리관념, 심미관, 철학사상 등을 가리키며, 인간과 인간(사회), 인간과 자연, 현실과 미래의 관계에 대한 태도 등을 모두 포괄한다. 심층 문화가 "심층"인 이유는 중층 문화와 표층 문화가 지역이나 직업 별로 차이가 발생하는 것과 달리 민족 구성원 전체가 이를 공유하기 때문이다. 심층 문화는 민족문화의 영혼이자 핵심이며, 심층 문화의 정신은 결국 중층과 표층에 투영된다. 달리 말하면 표층 문화와 심층 문화는 결국 심층 문화를 함축하고 체현하고 있다.

구성의 측면에서 볼 때 문화는 기준에 따라 여러 방식으로 구분될 수 있다. 민족별로는 한족문화, 티베트문화, 위구르문화 등으로 구분되며, 지역별로는 강남문화, 광동문화, 서북문화 등으로, 더 세부적으로는 홍콩문화, 북경문화 등으로 구분될 수 있다. 또한 직업별로는 문인문화, 농민문화, 금융문화, 상업문화, 학교문화 등으로 구분될 수 있으며, 더 세부적으로는 모 기업의 문화, 모 학교의 문화 등으로 구분될 수도 있다.

요컨대 문화를 분류하는 것은 사물들을 분류하는 것과 마찬가지로 기준을 어디에 두는지에 따라 분류의 방법이 달라진다. 여기에서 강조하고 싶은 점은, 각 층위와 분류로 구분된 문화들은 상대적인 것이지 상호 간에 단절된 것이 아니며, 결국 (상호 흡수 및 촉진 혹은 상호 제약 및 상쇄 등을 포함한) 상호 영향을 끼친다는 점이다.

2. 중화문화 형성의 배경과 조건

최초 인간은 생활환경과 물질생산 등 조건의 영향을 받아 발생했다. 그리고 이렇게 발생한 문화의 심층구조는 이후의 문화들에 대해 결코 거부할 수 없는 영향을 끼치고 지울 수 없는 흔적을 남겨 왔다. 어떤 학자들은 이러한 최초 문화의 핵심 내용들을 문화유전자라고도 부르는 데, 이는 나름 일리가 있다고 생각한다.

그렇다면 중화문화의 최초 환경과 조건은 어떠했을까?

중화문화의 본원은 다원적이다. 지역적으로 보자면, 감숙성 일대의 은주殷周문화, 강소·절강 일대의 하모도문화, 보다 후대의 제노齊魯문화와 초楚문화 등이 있다.[1] 그러나 후세의 이른바 중원문화는 사실 은주문화이며, 이는 점차 주류문화로 자리 잡아 갔다. 어째서 그렇게 되었던 것일까? 문헌과 출토유물들에 근거해서 보면, 은주시대의 농업은 이미 상당한 수준으로 발달해 있었고, 그 수준은 동 시대 다른 지역보다 월등했다. 농경 생산에 기반하여 발생한 문화는 수렵채집의 문화보다 더 발달할 수밖에 없다. 좀 더 구체적으로 말하자면, 농경문화는 전파력과 흡인력이 월등했

---

1) 여기에서 필자가 예로 든 문화들은 비교적 포괄적 범주의 문화들이지 고고학적 측면에서 엄격하게 세분화된 문화들은 아니다.

다. 게다가 농경사회는 잉여생산물이 존재하고 다른 수공업품까지 생산했기 때문에 사회적 분업 역시 세밀하고 합리적으로 이루어졌다. 따라서 농업이 발달한 집단은 당시 빈번하게 발생했던 부락 혹은 부족들 간 전쟁에서도 쉽게 승리를 거둘 수 있었다.

이처럼 중원문화는 문과 무라는 두 가지 수단을 모두 활용해서 점진적으로 팽창을 시도했다. 이러한 팽창이 한 방향으로만 진행됐던 것은 결코 아니었다. 그들은 언제든 타 부족 혹은 부락의 문화를 흡수했으며, 그들을 융합하여 자기 것으로 삼았다. 그래서 지역적으로 팽창하는 동시에 내용적으로도 강화될 수 있었다. 이것은 마치 황하의 물결의 바다를 향해 내달을 때 대소 하천의 물들이 모여들어 동쪽으로 갈수록 큰 강을 이루는 것과 같은 이치였다. 영원히 지속되는 역사의 관점에서 보았을 때, 우리는 중화문화의 이러한 흐름이 지금까지 이어져 왔고 앞으로도 이어질 것임을 알 수 있다.

지금부터는 은주문화가 발생했던 환경을 살펴보겠다. 은주문화의 근거지는 오늘날 하남성과 섬서성 일대이며, 주로 기하淇河, 심하沁河, 위수渭水[2] 양안에 위치해 있다. 이 일대의 환경은 어떠했을까? 토양은 비옥하여 경작하기에 알맞았지만 자연재해가 빈번하게 발생했으며, 서쪽과 북쪽으로 유목민족들과 맞닿아 있었다. 중화민족의 기질은 대체로 이러한 자연환경 및 사회적 조건의 영향을 받아 형성된 것이다.

농업생산은 사회의 안정과 씨족, 가문, 가족의 계승을 필요로 했다. 농경에서의 파종과 수확은 한 해를 단위로 이루어졌기에 사회가 안정적이어야 1년 단위의 작업을 원활하게 진행해서 생산량을 증대시키고 생활

---

2) 涇水, 漆水, 豐水 등의 지류도 여기에 포함된다.

수준도 향상시킬 수 있었다. 또한 계승이 이루어져야 토지, 농기구 등을 안정적으로 관리할 수 있었고, 기술의 전수와 개량 역시 담보될 수 있었다. 안정을 유지하기 위해서는 인간과 인간의 관계를 조화롭고 협조적으로 이끌어 나가야 했고, 계승을 위해서는 혈연적 순수성을 중시해야 했으며, 종통과 방계를 구분하기 위해서는 항렬을 기준으로 한 등급제를 고수해야 했다.

상시적으로 발생하는 자연재해와 전란으로 인해 중화민족은 각종 수해, 한해, 병충해 등에 맞서 싸우고, 침입자들의 약탈에 저항해야 했다. 그리고 이러한 풍파가 지나간 후에는 파괴된 근거지를 복구하기 위해 노력해야 했다. 자연계와 인간에 대한 이러한 도전의 과정 속에서 사람들은 자강과 자립의 의지와 능력을 키웠을 뿐만 아니라 자연계에 대해서도 갈수록 세밀하게 관찰하게 되었다. 그 결과 천문, 역법, 지리, 산수, 동식물학, 의학 등이 고도로 발전하게 되었다. 그리하여 중화문화는 고난과 역경을 인내할 수 있고, 총명하고 지혜로우며, 자립과 자강을 추구하고, 어려움을 극복하고 전진하며, 조화를 높이고 전란에 반대하고, 관용과 포용의 태도를 지녔으며, 윤리를 중시하고, 충효인의를 숭상하며, 실용적인 것을 중시하고 헛된 것을 경시하는 유전자를 지니게 되었다. 물론 이와 동시에 위에서 언급한 대로 계급을 중시하고 평등을 경시하며 의무를 중시하고 권리를 경시하는 경향 역시 지니게 되었다.

이처럼 중화문화가 형성된 이후, 표층, 중층, 심층 문화는 방대하고 엄밀한 체계를 구성했다. 이것은 중화문화가 오랜 시간 쇠락하지 않을 수 있었던 내재적 원인이다. 모든 문화는 표층 문화에서 가장 변화가 발생하기 쉽다. 그 이유는 매우 간단하다. 표층 문화는 인간의 일상생활 및 사회적 물질조건과 너무나 밀접한 관계를 맺고 있기 때문이다. 인간의 의식주 및 교통은 생산력과 생산방식에 변화함에 따라 함께 변화된다. 중층 문화의 변화 속도는 표층 문화보다는 느리지만, 시대에 따라 변천한다. 중화문화의 경우 타 문화와 긴밀하고 빈번하게 접촉함에 따라 의례, 풍속, 예술, 종교, 법률, 제도 등 중층 문화 역시 이에 맞추어 변화해야만 했다. 표층 문화와 중층 문화는 이러한 변화를 겪을 때마다 조금씩 진보해 나갔다. 수천 년에 걸쳐 표층 문화와 중층 문화의 영향을 받으면서 수정과 강화를 거친 끝에 이미 중화민족의 핏줄 속에 깊숙이 침투한 심층 문화만이 변화가 적었다. 그러나 표층 문화와 중층 문화가 심층 문화에 영향을 끼치는 이상 이들의 장기적인 변화는 결국 심층 문화를 동요시킬 것이다.

3. 중화문화의 성장 및 정교화 과정

주지하다시피 은나라와 주나라는 모두 중앙집권적 국가였다. 그들은 천명과 혈연(祖)에 근거하여 종법국가체제를 옹호했으며, 제왕들은 제후들을 책봉하거나 정벌할 수 있기는 했지만 그들의 최대 특권은 천과 조상에 대한 제사를 주관하는 것이었다. 제왕은 제후가 역내의 일들을 관할하는 것에 대해 간여할 권한이 없었다. 즉 제후는 자신의 영역 안에서의 절대적인 권리를 가졌던 것이다. 따라서 후대의 왕조들과 비교했을 때 은주시대 천하의 사상과 학술은 결코 높은 수준의 통일을 이루지 못한 상태였고, 따라서 더 활발하고 다양할 수 있었다.

은주시대의 이러한 상황은 동주시대 특히 "삼진三晉 분리"3) 이후인 전국시대에 절정에 달한다. 왕권은 극도로 약화되었고 각지의 사상 발전은 전례 없이 활발하게 전개되었다. 이것이 바로 우리가 너무나 잘 알고 있는 "백가쟁명"의 시대이다. 이 시기에는 훗날 중화문화의 핵심이 되는 유가학설도 "백가" 중 하나에 불과했다. 그래서 훗날 그러했던 것처럼 찬란하게 빛나거나 독보적인 지위에 있지도 못했다. 그러나 유가는 훗날 점차 두각을 나타냈다.

유가 학설의 내용에서 그 원인을 찾자면 첫째, 유가학설은 국가를 어떻게 다스리고 제후국 간의 관계를 어떻게 처리할 것인지의 문제들을 직접적으로 궁구했다. 이러한 것들은 당시 상류층들이 매우 관심을 가졌던 문제들이었다. 둘째, 유가는 가족 간의 윤리관계를 매우 중시했다. 이것은 농경사회에서 모든 구성원들이 관심을 가졌던 문제이다. 이 두 가지는 유가가 현실의 문제에 관심을 가졌으며, 적극적인 삶의 태도를 지녔음을 보여 준다. 셋째, 유가의 학설은 대자연과 사회의 근본법칙으로 귀결되며, 이러한 법칙들은 상당한 보편성을 지니고 있었다. 이는 주관세계와 객관세계에 대한 유가의 관찰이 비록 현실에서 출발한 것이기는 하지만 그들의 사유가 이미 현실의 범위를 넘어서서 본체론과 방법론에 도달했었음을 보여 준다.

학술의 전승이라는 측면에서 보았을 때, 유가학설이 지닌 강력한 실용성과 보편성은 수많은 추종자들과 여러 대학자들을 탄생시켰다. 그리

---

3) [역자주] 三晉 분리: 晉나라의 대표적인 대부 가문인 趙씨, 韓씨, 魏씨가 기원전 403년 (동주의 승인을 받은 시점 기준) 진나라를 분할하여 각각 조나라, 한나라, 위나라를 세운 사건이다. 대개 이 사건을 기준으로 그 이전을 춘추시대, 그 이후를 전국시대라 한다.

하여 유가는 전승과정에서 더 풍부해지고 완성되어 갔다. 그리고 이 과정에서 유가는 끊임없이 다른 학파들의 영양분을 흡수하고 그들과 융합해 갔다. 진시황이 분서갱유를 했던 시점에 유가는 이미 다른 학파들보다 더욱 주목을 받는 위치에 있었던 것이다.

한대에 이르러 황로학설에 근거해서 휴식의 시간을 가진 이후, 국가가 발전하고 강대해지자 통일된 이론체계의 필요성이 제기되었다. 그러자 한 무제는 "백가를 배척하고 유학의 학술만 숭상하는"(罷黜百家, 獨尊儒術) 정책을 실시했다. 이때 천하의 사상은 통일된 체계를 이루었는데, 유학은 이에 그치지 않고 신학과도 결합을 하게 된다. 그래서 공자가 신격화되었고 한 왕실의 황제들 역시 신격화되었다.

학술의 발전과 관련해서 한 가지 법칙과 같은 것이 있다. 어떤 학술이 일정한 단계에 도달하게 되면 여러 학파가 생겨나게 된다는 것이다. 따라서 학파가 생겨났다는 것은 그 학술이 일정한 수준에 도달했다는 지표가 된다. 서로 다른 학파들은 논쟁을 벌이기도 하고 심지어 서로 공격하기도 하며, 이와 동시에 타 학파 특히 경쟁 학파의 것들을 가져다가 자신의 학설을 풍부하게 할 수도 있다. 만약 하나의 강대한 학파가 다른 학파들을 제압하거나 소멸시키고 "오직 한 학파만 존재하고 다른 목소리는 존재하지 않는"(只此一家, 別無分號) 상황이 되어 버리면, 학술의 발전 역시 느려지고 심지어 정체될 것이다.

한대 유가는 바로 이러한 자기모순에 빠져 버렸다. 서한과 동한 약 400년 동안 유가 학설은 의리 연구의 측면에서는 큰 발전을 이루지 못했으며, 돌아 나올 수 없는 막다른 골목으로 향하고 있었다. 유학은 문인들이 관직에 오르기 위해 필요한 도구로 변질되어 버려서 그 어떤 변혁도

용납하지 못하게 되었기 때문이다. 그런데 이러한 상황에서 전혀 예상치 못한 수확이 있었다. 훗날 국학을 연구하는 이들로서는 결코 외면할 수 없는 도구적 학문 즉 훈고학이 탄생했던 것이다.

다시 본론으로 돌아와서, 절대적인 학술적 권위가 사라지자 다시 한 번 백가쟁명의 국면이 도래했다. 인간의 사상은 단 한순간도 정체될 수 없기 때문이다. 한나라가 멸망하고 남북조시대에 진입할 때까지의 300년이 채 안 되는 기간 동안 위魏, 촉蜀, 오吳를 포함해 총 27개의 왕조가 앞을 다투어 일어났다. 기존의 유가이론으로는 이미 사분오열되고 전쟁이 끊이지 않으며 사회가 동요하는 당시 천하의 현실을 설명할 수 없었고, 이러한 상황 속에서 어떻게 인생의 문제들을 처리해야 하는지에 대해서도 답을 할 수 없었다. 게다가 통일왕조도 없는 상황인 만큼 절대적 권위를 지닌 학술도 존재하지 않았다. 그래서 사람들은 세상의 변화에 놀라워하면서도 다시 한 번 사변의 날개를 펴고 비상하기 시작했고, 비교적 작은 규모의 백가쟁명의 국면이 다시 도래하게 되었다.

전반적으로 볼 때, 북조에서는 유가의 학설이 절대적 우세를 점했지만 큰 발전을 이루어 내지는 못했고, 남조에서는 노장사상이 유리한 지위를 점하였으며 이는 도가사상이 발전하고 풍부해지는 것에 매우 긍정적인 영향을 미쳤다. 필자가 보기에, 이 시대가 남긴 가장 큰 공헌은 대담한 회의의 정신을 고무하고, 유가 이외의 학파들의 장점들을 흡수하여 후대 학술이 더욱 발전할 수 있는 사상적·방법론적 토대를 마련했다는 점이다. 게다가 서역 민족들과의 밀접한 교류와 공존 덕분에 문화의 여러 층위와 방면에서도 타 문화들의 내용과 형식을 적지 않게 흡수할 수 있었다.

수 왕조는 비록 단명하기는 했지만, 필자가 보기에 중화민족문화 발전에 상당한 공헌을 했다. 그 중 가장 핵심적인 것들만 언급해 보겠다. 첫째, 수나라는 역사적 경험을 토대로 당시 세계에서 가장 완비된 문관제도를 구축했다. 이는 중층 문화의 차원에 있어서 매우 위대한 업적이었다. 다른 하나는 남북조시대 학술의 바탕으로 결합을 추진하여, 유가학술을 중심으로 백가를 두루 포용했다는 점이다. 이 두 가지는 가깝게는 바로 다음 왕조인 당대의 번영을 위한 준비였으며, 멀게는 천 년 넘는 시간 동안 그 혜택이 미쳤다. 그러나 당 왕조가 너무 강성했고 중화문화에 대한 공헌과 성취 역시 막대했기 때문에 수 왕조의 공헌은 밝은 달빛에 가려진 별처럼 정당한 평가를 받지 못하고 있다.

당 왕조는 진정으로 대서특필할 만한 위대한 왕조였다. 주자하다시피 한 왕조는 중국 최초의 진정한 의미에서의 통일왕조였으며, 문경지치文景之治[4]는 한 왕조의 정치와 경제를 탄탄한 토대 위에 올려놓았고 국력 역시 강대해졌다. 그러나 당 왕조는 이보다 더욱 강성했으며,[5] 과학기술과 문학, 회화, 음악, 건축 등 예술에서의 성취 역시 전례 없는 수준에 도달했다. 모든 영역에서의 창조적 발명 역시 더 많았고, 후세에 끼친 영향도 더 컸다. 따라서 당대는 한대부터 청대에 이르는 이천 년의 역사에서 가장 강성했던 때라고 말할 수 있다.

여기에서는 그 중에서도 과거제도에 대해 소개하겠다. 당 왕조는 수 왕조의 문관제도를 토대로 과거제도 등이 포함된 한층 더 완성된 문관제도를 확립했으며, 극도로 엄밀한 관료체계 및 관료양성체계를 구축했다. 진한 이래로 이러한 제도를 구축하기 위한 탐색은 늘 있어 왔지만, 그

---

4) [역자주] 文景之治: 한 왕조 文帝(재위 기간: BC.180~157)와 敬帝(재위 기간: BC.156~141) 두 황제가 선정을 베풀고 민심을 안정시킨 통치기간을 가리킨다.
5) 통계에 따르면 당나라는 당시 전 세계 GDP의 4분의 3을 점했다고 한다.

제도들은 조악했을 뿐만 아니라 귀족정치체제와 완전히 결별한 것도 아니었다. 그래서 이러한 제도들은 수당대에 이르러서야 확립되었다.

문관제도의 의의는 정부가 황실로부터 독립하고 관료들이 민간으로부터 배출된다는 점에 있다. 이들은 황실의 자제들보다 근면했으며, 백성들의 실정을 더 잘 이해했다. 또한 그들은 관직을 세습할 수 없었기에 언제든 교체될 수 있었고, "다른 이를 위해 일을 도모함에 있어 마음을 다한다"(爲人謀而忠)는 유가전통과 자신을 인정하고 발탁해 준 이에 대한 보은의식을 가지고 있었기 때문에 귀족들보다 더욱 사직에 충성했다. 오늘날의 관점에서 보았을 때 이러한 문관제도는 너무나 당연한 것이지만 당시로서는 엄청난 창조였다. 당대의 문관제도는 후대 왕조들에서도 계승되었을 뿐만 아니라 서양에도 전파되었다. 먼저 영국이 중국의 문관제도를 배워 간 후 보완을 거쳐 서양의 문관제도를 구축했고, 이는 서구 여러 국가들로 전파되었다.

당 왕조의 법률체계 역시 매우 높은 수준으로 완비되었다. 당대의 법률은 이후 천 년 넘는 시간 동안 중국 전통사회 법률의 본보기와 기초가 되었다. 이 역시 대단한 일이지만 그다지 자주 언급되지는 않고 있다.

당 왕조는 한 왕조에 비해 타 문화에 대해 더욱 포용적이었다. 한 왕조 역시 서역으로부터 전래된 예술, 음악, 의복, 도기 등 표층 문화와 중층 문화의 성과들을 흡수했지만, 당 왕조가 월등히 많은 문화들을 흡수했을 뿐 아니라 심층 문화에까지 영향을 미쳤다. 당대의 강성함은 중화문화가 넓은 포용력을 가지고 각각의 영역에서 광범위하게 타 문화를 흡수하고 이들을 토대로 새로운 것들을 창조해 나갔기 때문에 얻어진 필연적 결과였다. 아래에서 필자는 그 중에서도 가장 중요한 두 가지를 예시로

들도록 하겠다.

첫째, 불교의 중국화이다. 불교는 후한 말기 처음 중국에 전래되었지만, 당시 불교는 광범위하게 수용되지는 못했다. 불교 교의 중 많은 부분이 중화민족의 전통 입장에서는 받아들이기 쉽지 않은 것들이었기 때문이다. 예컨대 반드시 고행을 해야 하고 부모 등 가족과 연을 끊어야 한다는 등의 내용은 중화민족으로서는 받아들일 수 없는 것들이었다. 삼장법사 현장玄奘(600~664)이 천신만고 끝에 인도에서 불경을 가지고 와서 제자들과 이를 번역했을 때에도 여전히 널리 전파되지 못했다. 그러나 얼마 후 육조 혜능이 남방(지금의 광동)에서 활동할 당시, 불교 교의 중 수행의 방법이나 수행과 현실의 관계 등 조정이 가능한 부분들을 중화민족의 전통문화와 교묘하게 융합시켰다. 이러한 과정을 거쳐 선종은 비로소 중국인들에게 보편적으로 받아들여지게 되었고, 중국불교의 최대 종파가 되어 오늘날까지 이어지고 있다. 뿐만 아니라 선종은 이미 중국으로부터 유가학설을 받아들였던 한국과 일본에서도 주류 불교 종파가 되었다.

이와 동시에 유가학설 역시 불교로부터 많은 것을 받아들였다. 비록 유가와 불교 사이에 격렬한 대립과 투쟁이 발생하기는 했지만, 앞에서 언급한 바와 같이 남북조시대 동안 정체되어 있던 유가학설은 당대에 들어 불교로부터 많은 영감을 받아 큰 발전을 이루게 된다. 특히 우주본체론과 인식론 측면에서 철학적 사변을 통해 새로운 결론을 도출하게 되었다. 당대는 유가와 불교가 서로 영향을 끼쳤던 단계로, 아직 위대한 결실을 보지는 못하던 시기였다. 송대에 이르러 유가학설은 새로운 경지에 도달한다. 이것이 바로 신유학 즉 송명리학의 출현이다.

선종이 중화문화에 적응 후 형성된 중국화된 불교라고 한다면, 송명리학은 불교적 내용과 형식을 흡수한 후 선종화된 유가학설이라 할 수 있을 것이다. 유가와 불교는 상호 영향을 끼치고 상호 흡수하면서 중화문화를 풍부하게 하고 향상시키는 최고의 작용을 일으켰다. 그런 점에서 이 당시의 학술은 충분히 연구할 가치가 있다고 할 수 있다.

둘째, 당 왕조의 대외관계이다. 먼저 서역과의 관계를 소개하겠다. 주지하다시피 비단길이 처음 열린 것은 한대이다. 수대까지 서쪽으로 통하는 길은 모두 세 갈래가 있었다. 수 양제煬帝(569~618)는 609년 오늘날 감숙성 일대의 하서회랑河西回廊에 위치한 장액張掖에서 서역 각국의 공물을 받았으며, 무위武威에 고관을 파견하여 서역에서 온 사자들과 군주, 부족장들을 응대하게 했다. 이렇게 볼 때 당시의 하서회랑은 1400년 전의 개방특구라 해도 과언이 아니었다. 당대에 이르러서는, 동서 돌궐의 침입과 약탈을 수차례 격퇴하면서 천산天山 남로와 북로의 두 길을 개통했고 마침내 비단길이 다시 안정적으로 열리게 되었다. 이때 중국은 중앙아시아, 중동과 비교적 양호한 관계를 맺었고, 이들 지역 및 유럽과의 문화적 교류 역시 더 큰 규모로 그리고 전면적으로 이루어졌다. 또한 문성공주文成公主(625?~680), 금성공주金城公主(698~739) 등이 토번吐蕃으로 시집을 가면서 티베트지역의 문화 발전을 촉진했고 훗날 티베트문화가 중화민족의 일원으로서 발전할 토대가 마련됐다.

그 밖에 동쪽과의 관계를 살펴보면, 당나라는 신라와 일본과 밀접하고 우호적인 관계를 맺었고 매우 활발하게 교류했다. 남쪽과의 관계에서는, 현장으로 대표되는 수많은 승려들이 인도로부터 불경을 들여오는 등 천축국(인도)의 문화를 대량으로 수입했다.

요컨대 당대는 매우 개방적이었던 시기이다. 중화문화가 이처럼 방대한 규모를 구축하고 세계에 영향을 끼칠 수 있었던 것은 당 왕조의 강대함, 개방성 그리고 문화적 정교함 등과 깊은 관련이 있다. 당대 이후 오대십국시대는 다시 난세를 겪었지만, 송대에 들어 다시 당대의 유산을 계승하게 되었다. 송대 역시 적지 않은 창조와 발전을 이루었지만 결국 당대의 성취를 크게 넘어서지는 못했다.

4. 역사의 추세와 전환

인류의 문화에는 공통적 법칙이 있다. 그 어떤 문화라도 오랜 시간 타 문화와 접촉6)하지 않거나 그들로부터 영양분을 섭취하지 않은 채 오직 자신들의 내적 동력에만 의지한다면 큰 발전을 이루어 낼 수 없다는 것이다. 이러한 문화들은 보통 위축되거나 심지어 쇠락의 길로 들어선다. 또한 오랜 기간 축적한 역량이 없는 문화는 외래문화와 접촉할 때 타 문화에 의해 잠식되고 동화되어 자신의 문화를 상실하고 그 민족 역시 사실상 소멸하게 된다. 문화라는 것이 비록 생산력의 여하에 따라 발전하는 것이기는 하지만, 자각의 정도에 따라 양상은 얼마든지 달라질 수 있다. 만약 문화의 주체들이 자각적이라면, 문화 건설은 능동적이고 적극적일 것이며, 기존의 문화 동력은 더욱 확대되고, 방향은 명확해지며, 발전 속도는 빨라질 것이다. 그러나 명 후기에서 청대 전체에 해당하는 시기는 중화민족이 개방에서 고립으로, 선진문화에서 후진문화로, 발전에서 쇠락으로 전락해 가던 시기였다.

---

6) 여기에서의 접촉은 교류, 마찰, 충돌을 모두 포함하는 의미이다.

15세기 서구에서는 르네상스가 시작되었고, 사상은 중세 종교적 속박에서 해방되기 시작했다. 인본주의의 부흥은 경제와 과학이 발전할 길을 열어 주었다. 18세기 이래 영국은 산업혁명을 일으켰고, 산업생산은 농업생산으로는 결코 상상할 수 없는 수준으로 사회의 부를 증대시켰으며, 칼과 창, 활이 주요 무기였던 시대를 끝내고 화기를 전쟁의 주요 무기로 등장시켰다.

이때 중국은 무엇을 하고 있었는가? 명 왕조는 사상을 속박하기 시작했으며, 왜구의 침략을 막기 위해 해금정책을 실행했다. 그 바람에 외부와의 교류는 끊어지고 스스로를 속박하는 꼴이 되어 버렸다. 이미 정체되고 있던 중화문화가 타 문화와의 교류마저 끊어 버린 것이다. 그 시기 서구에서는 산업화를 통해 근대국가를 건설해 나갔던 반면, 중국은 날이 갈수록 쇠약해지고 있었다. 청 왕조가 세워졌을 때에라도 명 왕조의 정책을 변화시켜서 개혁개방에 나섰다면 중국은 세계의 선진국가로서의 지위는 유지할 수 있었을 것이다. 하지만 애석하게도 청 왕조는 소수민족이 지배하는 국가였기 때문에 한족에 대한 높은 경계심을 유지했다. 자연스럽게 외부세계를 향해서도 문호를 개방하여 자국인들이 외국을 자유롭게 드나들도록 허락해 줄 수도 없었다. 결국 스스로를 속박하고 고립해서 점점 쇠락하는 과정을 그대로 답습하게 되었다.

"노래기는 몸이 잘려도 꿈틀거릴 수 있다"는 속담처럼 강희제에서 옹정제, 건륭제로 이어지는 시기는 태평성대로 불리며, 중국은 여전히 전세계 GDP의 32%를 점하고 있었다. 하지만 『홍루몽』의 "(겉으로는 부귀하나) 안주머니가 다 드러났다"(內囊卻也盡上來了)라는 표현처럼, 중국은 여전히 천년 고목으로서 울창한 가지와 잎을 뽐내고 있었지만 그 줄기는 이미 썩어 문드러져 자신의 무게조차 버틸 수 없을 지경이었고, 한 차례 폭풍이라도 불어 닥치면 줄기가 꺾이고 잎이 모두 떨어질 상황이었다. 그리고 그 폭풍은 마침내 불어 닥쳤다. 1840년 아편전쟁이 발발한 것이다.

서구열강들은 산업화를 통해 생산한 우수한 무기에 중화민족이 발명한 화약을 채워 놓고 중국의 대문을 부수고 들어왔다. 19세기는 여러 열강들이 유럽을 제외한 아시아, 아프리카, 라틴아메리카 등 세계 곳곳을 분할하던 식민지 침략이 절정에 달했던 시기였다. 1842년 중국의 국권을 심각하게 침탈하는 남경조약이 체결됨에 따라 서구열강들은 앞다투어 중국에서의 이권을 분할해 갔다. 그리하여 중국은 1844년 미국과 망하望廈조약, 같은 해 프랑스와 황포黃埔조약, 1858년 영국, 프랑스, 러시아 각각과 천진조약, 같은 해 러시아와 애혼璦琿(아이훈)조약, 1860년 영국, 프랑스, 러시아 각각과 북경조약을 체결했다. 이로써 중국의 주권은 사실상 상실되었고, 각종 배상금은 백성들의 부담을 가중시켜서 명대 이래 나타났던 자생적 산업화의 맹아마저 궤멸적 타격을 입었다. 이처럼 중국은 갈수록 빈곤과 나약함의 수렁에 빠져들고 있었다.

민족과 인민이 심각한 위기에 직면했을 때, 중화문화의 유전자는 다시 한 번 큰 작용을 발휘하기 시작했다. 중국인 그중에서도 지식인들은 결코 절망에 빠져 의기소침하거나 용기를 잃지 않고 분연히 국가와 민족을 구할 길을 모색하였다. 지난 백 년간 무수한 선구자들이 용맹하게 일어나서 실패에도 좌절하지 않고 분투를 벌였다. 그 중에서도 강유위와 양계초가 주도한 무술변법戊戌變法과 손문孫文(1866~1925)이 주도한 신해혁명辛亥革命7)은 거대한 영향력과 성과를 남긴 이정표였다.8)

---

7) [역자주] 戊戌變法과 辛亥革命: 무술변법은 청일전쟁 패배 이후 양무운동의 한계를 느

문화의 충돌이 반드시 배척의 성격만 가지는 것은 아니다. 무조건적인 저항은 민족문화의 쇠퇴를 가속화할 뿐이다. 특히 유구한 역사를 지니고 있는 광대하고 심오한 중화민족의 문화라면 저항의 와중에도 상대방 문화의 선진적이고 우수한 것들을 진지하게 배워서 자신을 보완하고 발전시킬 수 있어야 한다. 중국 학술계의 선구자들이 바로 이렇게 했다. 19세기 이래로 중국의 지성인들은 유럽의 문화 및 학술 서적을 번역해서 소개했고, 새로운 방법론으로 자연과학과 중국의 문제점들을 연구한 저작들이 우후죽순처럼 세상에 잇따라 모습을 드러냈다. 새로운 사상은 필연적으로 구사상의 저항과 억압을 받을 수밖에 없다. 이 둘의 충돌은 그 유명한 5·4운동이다. 5·4운동의 정신에는 과학, 민주, 실사구시 등이 포함되는데, 여기에는 중화민족의 전통문화정신과 당시 시대적 특색의 결합이 가장 집중적으로 체현되어 있었다.

20세기 중국의 전체 역사를 회고해 보면, 이 시기 역사는 중화민족이 폐쇄와 보수, 침체에서 맹렬한 각성과 비상으로 나아간 역사였으며, 신선한 피와 생명으로 구국과 치국의 길을 모색했던 역사였고, 문화적 자각의 역사이자 전통문화와 현대사회의 결합의 역사였다. 아직도 이 여정은 끝나지 않았다. 그렇다면 어떻게 중화문화를 건설해 나가야 할까? 그리고 중화문화의 미래는 과연 어떠할까?

끼고 강유위, 양계초, 담사동 등이 중심이 되어 정치, 교육, 법 등 사회 전반의 제도들을 근본적으로 개혁하고자 한 운동이나, 서태후를 중심으로 한 수구세력의 반격으로 실패로 끝났다. 신해혁명은 손문이 중심이 되어 1911년 청나라를 무너뜨리고 중화민국을 세운 혁명이다.
8) 강유위, 양계초, 손문이 모두 광동 출신이라는 것은 단순한 우연의 일치는 아닐 것이다. 그 원인에 대해서는 문화학적 관점에서 고찰할 필요가 있어 보인다.

5. 문화에 대한 자각과 문화건설

앞에서도 언급했지만, 인류문화 발전의 법칙에 따르면, 민족의 문화
적 자각은 문화의 발전방향과 건설속도 및 질적 차이를 결정하는 핵심적
요소이다. 이른바 문화적 자각이란 문화 발전 및 변천의 법칙성을 인식하
고, 과거의 경험적 훈련을 총결산해서 표층 문화와 중층 문화를 어떻게
발전시키고 심층 문화는 어떻게 개선해 나갈 것인지 능동적으로 사고하
는 것이다. 여기에서 말하는 문화적 자각이란 13억 중국인이 모두 이러한
인식에 도달함을 의미하는 것이 결코 아니다. 교육수준, 직업, 거주지역
이 다른 사람들이 어떻게 하나의 대상에 대해 모두 같은 수준과 방식의
이성적 사고를 할 수 있겠는가? 문화적 자각은 주로 지식인들이 학교를
중심으로 문화의 문제를 깊이 고찰해서 공감대를 형성하고 이러한 자각
을 사회 전체로 확산시키는 과정으로 이루어진다. 문화자각에는 한 가지
함의가 더 있다. 지성계는 새로운 지식을 창조하고 새로운 문화를 전파하
는 집단이다. 따라서 그들은 문화에 대한 이해에 근거해서 더 다양하고
더 질 좋은 문화상품을, 특히 중층과 심층의 문화상품을 생산해야 한다.

학교는 늘 문화전승의 주된 경로였다. 인류 교육의 역사를 고찰해 보
면, 동서를 막론하고 학교가 학생에게 가르치는 지식 혹은 기술은 크게
두 가지로 나누어 볼 수 있다. 하나는 인간과 자연의 관계를 처리하는
것과 관련된 지식과 기술 즉 생산과 관련된 지식과 기술이다. 다른 하나
는 인간과 인간의 관계,[9] 현실과 미래의 관계를 처리하는 것과 관련된
지식과 기술이다. 인간과 인간의 관계는 주로 사회생활의 규범과 윤리도

---

9) 개인과 공동체의 관계 즉 사회적 관계 역시 이에 포함된다.

덕에 체현되어 있으며, 현실과 미래의 관계는 주관세계와 객관세계에 대한 심오한 고찰이며, 여기에는 궁극적 대상에 관심을 두는 종교도 포함된다. 그러나 산업혁명 이래 학교는 과도하게 전자의 역할에만 치중하고 후자의 역할은 축소하거나 아예 없애 버리기까지 했다. 문화학의 관점에서 볼 때 이러한 불균형은 지극히 바람직하지 못한 것이다. 비록 사회의 종교, 지역사회, 공동체, 매체 등이 후자의 역할을 어느 정도 보완해 줄 수는 있겠지만, 이러한 것들은 결국 체계적이거나 전면적일 수 없을 뿐더러, 이들에게는 연구 성과를 기대할 수도 없다. 이러한 까닭에 문화적 자각 이후 이와 관련해서 학교에 제기되는 요구의 수준 역시 갈수록 높아지고 있다.

문화라는 것은 결국 그 시대의 생산방식 및 생산력 수준과 서로 적응하게 된다. 따라서 어떤 국가 혹은 민족의 문화는 그 민족 혹은 국가의 생산방식과 생산력 수준과 서로 적응하게 된다. 오늘날 세계는 이미 지식경제의 단계에 진입했으며, 정보기술과 생명과학을 핵심으로 하는 현대 과학기술은 사회의 생산력을 크게 향상시켰다. 그렇다면 이러한 시대에 적응하는 문화는 도대체 어떤 모습일까? 세계는 지금도 이 문제를 고민하고 탐색하고 있다. 중국에 있어 이는 더욱 절박하고 난해한 문제이다. 현재 전환기와 과도기를 맞고 있는 중국의 22개 성, 4개 직할시, 5개 자치구의 발전 격차가 상당하기 때문이다. 일반적으로 이러한 시기의 사회와 문화는 전환, 과도기, 불균형 등의 특징을 지닌다. 예컨대 영세자영농 중심의 경제적 환경 아래에서 형성된 생활습관과 관념, 의식이 아직 상당 부분 잔존하고 있으며, 많은 사람들은 문화적으로 방향을 잃고 방황하고 있고, 계획경제의 영향은 문화사업에만 국한되는 것이 아니라 일상생활에서도 항상 드러나고 있다. 격변의 시대일수록 문화는 정합적 상태를 유지할 필요가 있지만 변화하는 문화가 정합성을 유지하는 것은 매우 어렵다. 이러한 균형을 유지하는 일은 역설적인 것이기는 하지만 지성계가 무겁게 받아들여야 할 책임이기도 하다.

선진문화란 민족전통문화와 현대화 간 유기적 결합의 산물이다. 어떤 학자들은 인간이 여러 가지 일들을 해내도록 하는 가장 큰 동력은 타인으로부터 "인정"받고자 하는 동력이라고 말한다. 그러나 필자는 인간의 가장 큰 동력은 더 나은 삶에 대한 동경과 추구가 되어야 하며, 타인으로부터의 인정은 더 나은 삶이라는 목표를 구성하는 요소들 가운데 하나일 뿐이라고 생각한다. 앞으로 중국문화는 이러한 원칙에 따라 진·선·미10) 를 추구하고 사람들의 염원에 부합하는 표층 문화, 중층 문화 그리고 심층 문화를 추구해야 한다.

그렇다면 지금 우리는 무엇을 해야 할까? 필자는 민족문화의 설계자가 아니므로 체계적인 계획이나 견해를 제시할 수 없다. 또한 필자는 영화, 드라마, 음악, 무용, 공동체, 종교, 의례, 풍속 등 세 층위 문화의 모든 부분을 모두 다룰 수도 없다. 여기에서는 필자의 사려가 미치는 범위 안에서 우리가 현재 착수해야 하는 몇 가지 문제들을 소개해 보겠다.

첫째, 중화민족이라는 대가족 안에서 각 민족들의 문화유산을 보호하고 긴급히 구제해야 한다. 두 문화가 접촉하게 되면 취약한 문화는 결국 강성한 문화에 끌려들어 갈 수밖에 없다. 비록 서로 다른 문화 간에 상호 교류를 한다고 말은 하지만, 많은 경우 강성한 문화는 주로 수출하는 입장에, 취약한 문화는 주로 수입하는 입장에 처하게 된다. 이러한 교류과

---

10) 진은 보편성을, 선과 미는 민족적 특성을 지닌 것이다.

정에서 다원성을 상실하고 획일화되지 않기 위해서는 어떻게 해야 하며, 모든 국가와 민족들의 문화가 발전하고 진보함과 동시에 각각의 특색을 유지하기 위해서는 어떻게 해야 할까? 우리는 이러한 문제에 세심하게 주의를 기울여야 한다.

현재 중국문화에서 기존의 민간 전통문화들은 약자의 지위에 놓여 있으며, 경제가 발달한 지역의 문화 특히 도시지역문화는 강자의 지위에 군림하고 있다. 소수민족문화 역시 약자이다. 이처럼 약자의 위치에 있는 문화들도 모두 중화문화에서 결코 없어서는 안 될 소중한 구성원들이며, 그들 하나하나가 중화문화를 구성하는 근원들이다. 만약 이러한 문화들이 경제발전 과정에서 계속 쇠약해진다면 광대한 농촌과 도시 주민들은 문화적 빈곤 혹은 아노미 상태에 빠질 것이다. 뿐만 아니라 전체 중화문화 역시 지속적인 발전과 풍요를 가능하게 하는 영양원을 상실하여 빈혈의 문화, 창백한 문화, 생기 없는 문화가 되어 버릴 것이다.

필자가 앞에서 문화유산을 "긴급히 구제해야" 한다고 말했던 것은 민간문화와 소수민족문화의 다양성이 사실상 멸종의 위기에 직면했기 때문이다. 여기에서의 보호와 구제란 그들의 문화를 원형 그대로 조금도 손대지 않은 채 보존하자는 것이 결코 아니다. 문화는 일종의 사회적 선택에 따른 현상이다. 어떤 문화가 사회 안에서 존속하고 활력을 유지할지의 여부는 그것이 사람들의 요구에 부합하는지, 문화들 간 경쟁에서 우세를 점할 수 있는지를 보면 된다. 그렇다면 위기에 빠진 문화들을 구하고 보호하는 것은 대체 어떤 의의가 있을까? 그 의의란 바로 중화민족의 역사를 구제하고 보호하는 가운데 중화민족이 먼 옛날부터 지금까지 걸어온 족적을 마음에 새기는 것이다. 이것은 현재의 우리와 미래의 후손들이 우리가 어디에서 왔고 어디로 가야 하는지 알려 줄 것이다. 만약 민간문화와 소수민족문화의 위기를 그대로 방치한다면 중화민족은 근본도 없고 앞으로 나아갈 길도 알지 못하는 무리로 전락하고 말 것이다.

둘째, 고급문화의 발전을 장려해야 한다. 소위 고급문화란 표층 문화와 중층 문화 중 보다 많은 가공을 거친, 보다 세밀하고, 향유하는 사람이 상대적으로 적은 문화를 가리킨다. 고급문화와 대중문화는 상대되는 개념이기는 하지만, 오늘날의 고급문화들은 대부분 과거의 대중문화가 향상되고 승화된 것이며, 오늘날의 대중문화 중 많은 것들은 과거 고급문화의 유산이다. 문화의 발생이라는 측면에서 보자면 대중문화가 앞서지만, 문화의 발전이라는 측면에서 보자면 고급문화는 전체문화를 발전하게 하는 동력을 지니고 있다. 따라서 고급문화의 창작, 발전 및 확산을 장려하는 것은 대중문화의 내용과 형식에 대한 연구 역시 장려하게 될 것이며, 나아가 이들을 고급문화로 승화시켜서 다시 대중에게 돌려주게 될 것이다. 즉 고급문화를 장려하는 것은 문화와 사회의 끊임없는 발전을 장려하고 더 높은 수준의 문화를 추구하는 것이지 결코 대중문화를 경시하는 것이 아니다. 대중문화는 전체 사회 안에서 환영받는 것으로, 많은 대중에 의해서 향유되고 있으며 수많은 사람들의 요구를 충족시켜 주고 있다. 따라서 대중문화가 제대로 기능할 수 있는 환경 역시 갖추어 주어야 한다. 고급문화를 장려하는 것은 바로 이러한 대중문화의 발전을 근본적 차원에서 지원하는 것이기도 하다.

셋째, 올바른 캠퍼스문화를 건설해야 한다. 대학이 문화전승체계에서 제일 선도적인 역할을 하고 있는 이상 대학의 캠퍼스문화는 매우 중요할 수밖에 없다. 캠퍼스문화의 몇 가지 내용과 형식들은 사회로 퍼져 나가면서 전체 문화에 신선한 영양분을 공급하는 기능을 할 수 있다. 그러나 캠퍼스문화의 가장 핵심적인 기능은 여러 대학들이 저마다의 특색을 지닌 채 학생들을 길러 내서 사회의 동량으로 성장시키며, 그들이 학교에서 습득한 문화적 수양의 결과를 가지고 사회로 돌아가게 하는 것이다. 예컨대 학교가 문제를 연구하고 창의성을 발휘할 수 있는 분위기를 조성해서 학생들이 창의적인 정신과 태도를 갖추도록 해 주면, 이렇게 교육된 학생들은 사회에 진출하여 사회 관념의 변화와 발전에도 영향을 끼치게 될 것이다.

넷째, 바람직한 지역문화를 건설해야 한다. 중국은 방대한 국토면적을 가졌으며 오랜 시간 농경사회를 이루었던 탓에 교통이 불편했다. 그래서 각 지역의 문화들은 문화 발전의 법칙에 따라 독립적으로 발전했고, 지역별로 각기 다른 요인들의 영향을 장시간에 걸쳐 받다보니 저마다 특색을 지닌 지역문화를 형성하게 되었다. 예컨대 객가문화客家文化, 민남문화閩南文化, 조산문화潮汕文化, 산서문화, 섬서문화, 사천문화 등이 그러하다. 아직까지 많은 사람들이 지역문화의 발생과 변천에 대해 명확하게 이해하지 못하고 있다. 이러한 문화들은 어째서 바로 그 지역에서만 출현하고 유행했던 것일까? 어째서 그들은 인근의 다른 지역으로 전파될 수는 없었던 것일까? 여기에는 분명 심오한 원인이 있으며, 이는 앞으로 학자들이 탐구해야 하는 주제이다.

지역문화는 그 지역 주민들이 오랜 시간 객관세계와 공존하는 과정에서 점진적으로 형성했던 것으로, 그 지역의 삶과 정서의 섬세한 지점을 표현해 내기에 매우 적합하기 때문에 그 지역 주민들로부터 사랑을 받았다. 그러나 만약 오랜 시간동안 그 형식과 내용에 변화와 발전이 없을 경우 이들 문화는 사람들의 사랑을 잃고 외래문화를 상대로 경쟁력을 상실하게 될 것이다. 그렇게 되면 사회생활과 개인생활의 다양성은 심각한 손상을 입을 것이고 사람들의 섬세하고 풍부한 감정들은 표현될 방법이 사라질 것이다. 이는 그 문화와 사회의 손해라는 결과로 이어질 것이다.

중국의 몇몇 지역문화는 세계 최고급 문화 명품이라고 불릴 만하다. 예컨대 곤극은 이미 여러 갈래의 희극으로 발전하여 여러 귀중한 예술작품들에 영향을 미쳤고, 현재 곤극의 한 갈래인 "남곤南昆"은 이미 유네스코에 인류 무형문화유산으로 등록되어 있다. 이는 민족문화, 지역문화가 국가 최고의 문화, 세계 수준의 문화가 될 수 있음을 보여 준 사례이다. 현재 광동성과 절강성은 "문화대성文化大省" 전략을 수립했으며, 이 전략에는 기존의 지역문화유산을 수집, 보호, 발전시키는 방안들이 포함되어 있다. 다른 성, 직할시, 자치구들 역시 경제력이 향상됨에 따라 저마다 이와 유사한 전략들을 수립할 것으로 보인다. 그래서 필자는 앞으로 지역문화가 더욱 많은 관심과 주목을 받게 될 것이라고 보고 있다.

제12강 현대 중국사회에서 중국 전통문화가 지니는 가치와 의미

지금 우리는 중국 전통문화가 오늘날 어떠한 가치를 지니고 있는지 고찰하고 있다. 이러한 문제를 고찰한다는 것의 전제는 우리가 중국 전통문화에 주목함과 동시에 오늘날 우리가 반드시 지녀야 할 가치 혹은 인생의 의미가 무엇인지 고찰하고 있다는 것이다. 필자는 아래에서 네 가지 문제를 제기하고자 한다. 첫째 문화의 발생과 발전 그리고 문화의 층위, 둘째 중화문화의 형성과 정형화, 셋째 중화문화와 서구문화의 대비, 넷째 오늘날 중화전통문화의 현대적 가치와 의미이다. 앞의 세 문제를 다루고 나면 마지막 네 번째 문제는 물 흐르듯 자연스럽게 풀려나갈 것이다. 인류의 전통문화와 민족의 전통문화가 어떻게 발생하고 형성되며 정형화되는지 인식해야 이것이 오늘날 어떤 가치와 의미를 가지는지 이해할 수 있기 때문이다.

또한 만약 우리가 중화문화 안에만 머물면서 중화문화를 바라볼 경우 소식이 "여산의 참모습을 알지 못하는 까닭은 이 몸이 첩첩산중에 있기 때문이라네"라고 읊었던 문제를 반복하게 될 것이다. 따라서 우리는 비교를 해야 한다. 이른바 비교란 중화문화의 범위를 벗어난 곳에 시선을 두고서 비교를 한다는 것이다. 소식의 시에 빗대어 말하자면 "여산" 밖으로 나가야 "내려다보면 산줄기이되 올려보면 봉우리이니, 멀고 가깝고 높고 낮음에 따라 모습이 제각각인" 풍경을 볼 수 있는 것이다. 그러나 반대로 여산 안에 있어야 산의 부분적 아름다움을 감상하고 미시적으로도 더 깊이 이해할 수 있다. 이 두 가지 모두 필요하지만 이것만으로는 아직 부족하다. 왜냐하면 이들은 결국 "나"의 눈으로 자신의 중화문화를 바라보는 것이며, 따라서 모든 "나"들은 사유의 관성에 의해 제약을 받게 되기 때문이다. 그렇다면 어떡해야 할까? 우리는 타자를 이해해야 하며, 유럽인, 미국인, 동남아시아인, 아프리카인들이 중화문화를 어떻게 바라보는지 관찰해야 한다. 이것이 바로 중화문화가 밖으로 나가거나 타 문화를 초청해서 대화를 해야 하는 이유이다. 그렇지 않으면 시쳇말로 "문을 닫아걸고는 대장 노릇 하는"(關起門來稱老大) 꼴이 되어 버릴 것이다. 그래서 타 문화에 속한 사람들의 관점을 빌려야 하는 것이다. 그들 역시 나름의 한계가 있겠지만 분명 참고할 만한 가치가 있을 것이다.

1. 문화의 발생과 발전 그리고 문화의 층위

1) 문화의 발생

사실 이 문제는 매우 간단하다. 문화의 발생과 인류의 출현은 함께 진행되었다. 즉 인류가 자신이 승냥이, 이리, 호랑이, 표범과 다르다는 것을 인식했을 때 문화 역시 함께 시작된 것이다. 그래서 서구의 학자들은 문화란 곧 인간화라고 말하는 것이다. 이는 문화에 대한 정밀한 정의라기보다는 문화를 발생학적으로 설명한 것이다. 중국의 문화는 정말 위대하다고 할 수 있지만, 그 이유는 단순히 영토가 넓고 다양한 지형이 존재하며 여러 민족으로 구성되어 있기 때문만은 아니다. 바로 현대사회에 들어서도 중국 영토 구석구석에서 문화란 곧 인간화임을 증명하는 증거를 발견할 수 있기 때문이다. 중국의 언어와 문자 및 문헌에서도 그 증거를 찾을 수 있다.

"문文"자를 예로 들어 보자. 고대문자에서 "文"은 정면을 바라보고 서 있는 사람의 형상이며, 배 부위에 무늬가 있다. 이는 무슨 의미일까? 이는 오늘날로 치면 문신에 해당하는 것이다. 문신을 했다는 것은 문화가 발생했다는 것을 의미한다. 어째서인가? 가장 지능이 높다는 원숭이를 포함해서 그 어떤 동물도 자신의 앞가슴 털을 깎고서 문신을 새길 수는 없다. 도구가 없기 때문이다. 오직 인간만이 이렇게 할 수 있다. 문신의 구체적 목적에는 여러 가지가 있을 것이며, 인류학자들의 설명 역시 제각각이다. 어떤 이들은 문신이 일종의 토템이라고 주장하고, 또 어떤 이들은 다른 부족을 위압하기 위한 것이라고도 한다. 인간이 자신이 동물과 다르다고 인식했을 때 문화는 탄생했다. 이러한 문신은 훗날 심미적인 내용을 표현하는 것으로 변화되었고, 문신이 심미의 대상이 되었을 때 인류의 지능은 이미 장족의 발전을 이룬 때였다.

인류발전의 유아기 단계에서는 여러 대륙의 인류들이 모두 비슷한 발전경로를 걸었다. 우리는 오스트레일리아 원주민, 북아메리카의 인디언 보호구역, 남아메리카와 아프리카 밀림의 원시부족들로부터 이러한 현상을 확인할 수 있다. 그들의 문화는 인류가 걸어온 길이 비슷했음을 증명해 준다. 예컨대 모닥불을 둘러싸고 춤추고 노래하며, 아직까지도 원시공산사회의 모습을 간직하고 있어서, 사슴을 사냥해서 먹을 때도 혼자 독식하는 것이 아니라 부락의 사람들에게 평등하게 고기를 배분한다.

대부분의 민족들도 바로 이렇게 시작했다. 중국의 경우 홍산문화紅山文化, 반파문화半坡文化, 여요문화餘姚文化, 하모도문화河姆渡文化 등도 역사와 문화가 대동소이했다고 미루어 짐작할 수 있을 것이다.

2) 문화의 발전

인류가 공동생활을 하면서 부락을 형성하던 시기에 문화의 발전 속도는 더욱 빨라졌다. 지역마다 지리적 환경과 기상조건이 달랐던 관계로 모두 저마다의 생산방식을 형성하게 되었다. 문화의 발전은 일정한 시간적·공간적 조건과 생산 환경 아래에서 형성되고 발전하는 것이다. 문화 발전은 제반조건과 극도로 밀접한 관계를 맺고 있다. 각 지역의 조건은 모두 다르다. 평원과 구릉지대도 있고, 산림지대도 있으며, 해안가와 강변도 있고, 온대, 한대, 열대지대도 있다. 문화들은 지역에 따라 저마다의 특징을 형성했다. 그리고 일단 이러한 특징이 형성되면, 그 민족의 문화는 자신의 특색과 사회적 수요에 따라 끊임없이 발전하게 된다.

예컨대 중국문화의 발원지 중 하나인 황하 중하류 지역의 경우 황하를 끼고 있었기 때문에 온난습윤하여 농경에 적합했다. 아마 어떤 이들은 황하 유역이 습윤하다는 것에 의아함을 느낄 것이다. 필자가 말하는 것은 고대의 황하유역이다. 은나라가 오늘날의 하남성 정주鄭州 일대에 수도를 두었다가 훗날 안양安陽으로 옮겨갔는데, 이 시기에는 아직 숲속에 코끼리 떼가 있었다. 정주 일대에서는 일찍이 완전한 형태의 코끼리의 유해가 발견된 적이 있으며, 필자가 알기로 위수 가에 위치한 섬서성 함양咸陽에는 완전한 형태의 코끼리의 유해가 일곱 구나 보존되어 있다. 예컨대 "위 爲"자의 경우 이것의 갑골문자는 "𤓰"인데, 이는 한 손으로 코끼리를 끌어당기는 형상이다. 현대의 고고학도 은주시대에 말이나 소보다 앞서 코끼리를 훈련시켜서 운송과 농사일에 활용했다는 것을 증명한 바 있다.

다시 본론으로 돌아와서 황하 중하류에 대해 다시 설명하겠다. 이 지역의 유리한 조건은 무엇이고 불리한 조건은 무엇이었을까? 원시 농경에서 사용된 호미와 낫은 모두 석재를 갈아서 만든 것들이었는데, 이들이 있어야 풀과 나무를 베어 낼 수 있었다. 목재 농기구는 더 훗날 발명된다. 이러한 목재, 석재 농기구들을 가지고 땅을 파는 것은 매우 어려운 일이었다. 청동기의 발명은 이로부터 아주 먼 훗날의 일이었다. 당시 사람들은 생산력을 향상시키기 위해 목재와 석재를 대체할 재료를 찾았고, 청동이 발견되자 급속히 전파되어 나갔으며 제련과 주조기술도 발전하게 되었다. 또한 황하 상류는 고산과 밀림이 주로 분포해 있었기 때문에 이들은 홍수조절 기능을 하며 물을 천천히 흘려보내 주었다. 그러나 기상의 변화는 예측할 수 없기에 비가 너무 많이 와서 홍수가 발생하는 해도 있었고, 반대로 너무 적게 와서 가뭄이 발생하는 해도 있었으며, 가뭄에 이어 병충해가 발생하기도 했다. 이처럼 홍수로 인해 삶의 터전이 파괴되고 가뭄으로 인해 초근목피로 연명하게 되는 것 등은 인류에 대한 대자연의 도전이었다. 그 어떤 생물이라도, 심지어 감정이 없는 나무까지도 모두 이러한 도전에 응전할 본능을 가지고 있으며, 이러한 도전에 잘 응전해 내는 것을 "적응"이라 한다. 훗날 중화민족의 뼈대와 근간이 되는 황하 중하류 지역은 수많은 대자연의 도전에 끊임없이 응전하면서 자신들의 과학과 인문 역량을 증강해 나갔다.

몇 년 전 필자는 국가 고위관료 한 명과 함께 중남미 어떤 섬나라의 국가원수를 접견한 적이 있었다. 회담 중 그는 자신의 국가에는 국민 일 인당 6마리의 젖소가 있고, 평균 소득은 1만 달러 이상이며, 자연환경도 너무 좋아서 어떠한 자연재해도 없고 태풍도 지나가지 않는다고 말했다. 그러고는 자신들에게는 이렇게 좋은 조건을 주고 중국은 재난이 끊이지 않는다는 점에서 신은 참 불공평하다고 말했다. 필자는 토론에서 앞 단락의 관점을 소개했다. 만약 중국의 강토에 이처럼 수많은 자연재해가 발생하지 않았다면 중국인들이 이처럼 지혜로울 수 없었을 것이며, 조건이 지나치게 좋으면 사람들은 나태해진다고 말했다. 그는 잠시 생각을 하더니 필자의 말에 동의를 표했다.

중국의 문자는 메소포타미아의 쐐기문자나 이집트의 문자보다 늦게 발명되기는 했지만 지금까지 단절 없이 이어져오고 있다. 그래서 오늘날에도 우리는 갑골문자 중 몇 자는 흉내를 낼 수도 있고 읽을 수도 있다. 또한 한문 서체의 변화에는 일정한 규칙성이 있었다. 이러한 까닭에 유치원생이라 하더라도 한자를 조금 배우기만 했다면 "침상 머리에 스미는 환한 달빛, 마치 바닥에 내린 서리인가 했네"라는 이백의 시 구절을 읽어 낼 수 있을 것이다. 이는 세계 어떤 문화권에서도 상상할 수 없는 일이다.

한자는 어떻게 생명력을 유지할 수 있었던 것일까? 이것 역시 문화의 특색과 관련이 있다. 중국인들은 농업에 종사하는 과정에서 단결하고 조화와 통일을 이루어야 생산에도 도움이 되고 자신의 생활도 안정된다는 것을 체득했다. 이러한 까닭에 문자 역시 매우 중요한 것이 되었다. 중국에는 광동어, 복건어 등 수많은 방언이 존재한다. 이처럼 말이 서로 통하지 않는 상태에서 문자까지 통하지 않는다면 어떻게 통일을 유지할 수 있겠는가? 현대 중국의 북경뿐 아니라 남송의 수도였던 항주에서도 지방에 명령을 내릴 때 불통과 오해를 막기 위해 항상 문자로 명령서를 만들었다. 문자는 통일되어 있기 때문에 문자만 알면 그 명령을 이해할 수 있기 때문이다.

중국의 문화는 다원多元적이며 다원多源적이다. 오늘날 관점에서 보았을 때 중화문화는 파촉문화巴蜀文化, 오문화吳文化, 상초문화湘楚文化, 동북문화, 그리고 산동 일대의 문화 등을 근원으로 한다. 현대에는 여기에 서북문화, 서남소수민족문화 등이 추가되었다. 그래서 중화문화의 발전을 장강과 황하에 비유하는 것이다. 이 두 강은 곤륜산맥崑崙山脈에서 발원할 때만 하더라도 가느다란 물줄기에 불과했지만 갈수록 커지고 지세가 변화함에 따라 본류를 형성하게 되었다. 그 후에도 크고 작은 지류들이 끊임없이 합류하여 마침내 세계적으로 유명한 강줄기가 되었다. 장강과 황하는 어디로 흘러가는가? 왕지환王之渙(688~742)이 시에서 "해는 서산 너머로 지고, 황하는 대해로 흘러가는구나"(白日依山盡, 黃河入海流)라고 읊은 것처럼 대해로 흘러간다. "대해"는 무엇을 상징하는가? 인류 전체 문화이다. 그러나 과거에는 이익, 신앙 혹은 교통 등의 각종 원인으로 인해 대해로 흘러든 문화들 간에 일종의 벽이 있었고, 따라서 진정한 문화의 "대해"를 이루지 못했었다.

문화들은 저마다의 특징을 가지며, 하나의 문화는 곧 하나의 삶의 방식 내지는 하나의 관습이다. 한 문화가 타 문화를 만날 경우 본래의 관습에 변화가 생기기는 하겠지만 새로운 관습이 이전의 관습을 완전히 대체할 수는 없다. 따라서 민족문화 혹은 지역문화는 기본적으로 배타성을 지닌다.

필자가 상해교통대학에서 의학연구에 관한 토론에 참가했을 때, 현재 중의학이 국제적으로 확산되는 것을 막는 장애물이 너무 많다고 언급한 바 있다. 예컨대 침질과 뜸질이 처음 등장했을 때는 상당한 제약을 받았다. 왜냐하면 이들은 서구국가들의 관행에 부합하지 않기 때문이다. 서구인들은 실험실 같은 곳에서 반복적인 실험을 거쳐서 얻어진 결론만이 과학적이며, 과학적인 것만 실생활에 적용할 수 있다고 여기기 때문이다. 그러나 중의학의 경락 같은 것들은 결코 실험실의 기구들로 증명될 수 있는 것이 아니다. 오랜 시간이 흘러 중의학의 의사들이 침질과 뜸질로 한 사람 한 사람 환자들을 치료하고 그 환자들이 침질과 뜸질의 효과를 광고하고 나서야, 중의학은 그 영향력이 확장될 수 있을 것이다. 오늘날 침술과 뜸질, 안마를 하는 중의원은 전 세계에 퍼져 있다. 영국만 해도 삼천 곳이 넘는 중의원이 있으며, 그 중에서도 런던에는 이천 곳이 넘는 중의원이 몰려 있다. 그러나 우리는 이러한 중의학 자체도 배타성을 가지고 있음을 잊지 말아야 할 것이다. 오늘날 갈수록 많은 사람들이 링거주사와 호르몬치료를 거부하고 있다. 중국 전통적 관습과 맞지 않다는 이유로 말이다. 그러나 중화문화는 배타성을 지닌 만큼 포용성도 지니고 있다. 그래서 중국은 서구의 인문사회과학, 종교학, 자연과학, 각종 공학기술들을 매우 빠르게 배워 왔다.

지금 전 세계는 중국이 사십 년이 채 안 되는 짧은 시간 동안 어떻게 인류 경제사에서 고금을 통틀어 전례를 찾아볼 수 없는 기적을 일으킬 수 있었는지 탐구하고 있다. 금융관리나 투자 등이 그 원인이 아니라는 것은 분명하다. 그 어떤 통계자료도 이를 충분히 설명할 수는 없을 것이다. 이러한 기적의 원인은 중국인의 포용적 태도, 전통에 대한 무조건적

답습이 아닌 취사선택적인 수용의 태도 등이다. 이를 통해 먼저 전통을 소화한 이후 재창조를 해냈던 것이다. 이러한 까닭에, 과거 필자가 여섯 명의 노벨 경제학상 수상자들과 토론을 했을 때, 다음과 같이 말했던 것이다.

> 당신들은 경제학계의 거장일지 모르겠지만 경제학자가 아닌 내가 볼 때 당신들 중 누구도 중국이 30년 동안 일으킨 경제발전의 기적의 원인을 설명하지 못한다. 경제와 문화는 분리될 수 없다. 훗날 당신들의 학생이 나 동료 중 누군가 중화민족의 문화, 심리, 사유방식 및 중국인이 전통을 대하는 태도 등을 깊이 이해하고서 중국경제를 다시 고찰할지도 모른다. 아마도 그때가 되어야 비교적 정확하고 적절하게 중국의 현상을 설명할 수 있을 것이며, 이를 해낸 사람은 아마 노벨상을 받게 될 것이다.

여섯 명의 경제학자들도 나의 관점에 찬성을 표했다.

마지막으로, 문화는 누적적이고 장기적이다. 중국의 문화는 지금의 영토에서 원시시대부터 현대에 이르기까지 사람들의 생산방식과 생활 속에 조금씩 누적되어 왔다. 문화의 누적은 장기적이며, 여기에는 일종의 규칙성도 있다. 이렇게 누적된 문화는 인류의 보배이기도 하다. 이처럼 문화는 인간화, 삶의 방식 혹은 관습이며, 또한 누적적이기 때문에, 문화의 삼투성, 접근성, 견고성이 자연스럽게 형성되었다.

3) 문화의 층위

문화를 다루는 것은 매우 어려운 일이다. 그 어떤 인문학의 분과학문도 문화 전체를 개괄할 수 없다. 특히 상업이 발달한 오늘날에는 모든 것이 문화이다. 문화에 대해 깊이 사고하는 것은 쉬운 일이 아니다. 그러므로 문화의 층위를 나누어서 관찰한다면 보다 명확하게 이해될 것이다.

첫째, 표층 문화이다. 표층 문화는 감각과 지각이 가능한 것으로, 보통 의식주와 교통에 대한 취사선택이 이에 해당한다. 의식주 및 교통에 소요되는 물질 자체가 문화인 것은 아니다. 진정한 문화는 물질이 아니라 정신이며, 이것은 물질에 대한 취사선택이다. 예컨대 상해 사람들은 단맛이 나는 요리에 익숙하며, 이는 상해지역 요리의 특징이다. 사천 사람들은 매운맛을 무서워하지 않으며, 귀주 사람들은 매워야 무서워하지 않고, 호남 사람들은 맵지 않을까 무서워한다. 이 세 지역은 모두 매운맛을 즐기는 음식문화를 가졌다. 어떤 이들은 티셔츠를 좋아하고, 또 어떤 이들은 셔츠를 좋아하며, 필자처럼 집안에서는 중국식으로 밖에서는 서양식으로 입는 사람도 있다. 맥도널드는 모두가 좋아한다. 이 역시 문화의 일종이다. 의식주와 교통 영역에서는 외래문화를 받아들이기 매우 쉽다. 신선하기 때문이다.

보통 사람의 입맛은 열 살 즈음에 형성되며, 일단 형성된 후에는 한평생 바뀌기 어렵다. 필자는 영국인들의 "가장 맛있는 음식은 증조모께서 드시던 음식이다"라는 말을 매우 좋아한다. 오늘날 사람들은 해산물을 많이 섭취하고 있는데, 그로 인해 체내에 요산이 많이 쌓이게 되었고 통풍의 발병이 잦아지고 있다. 또한 계절에 맞지 않는 채소들도 섭취하고 있다. 우리는 겨울철에도 여름에 나는 채소를 섭취하고 있다. 이러한 음식들의 우리의 몸에 어떠한 영향을 미칠지 누가 알겠는가? 비록 당사자한테는 영향이 없더라도 그것이 자식과 후손들에게서 어떠한 결과로 나타날지 아무도 알 수 없다. 미국의 유전자변형 콩으로 만든 기름이 우리들의 손자 대에 어떤 변화를 일으킬지 누가 알 수 있겠는가? 의식주 및 교통의 취사선택은 개인의 기호 혹은 민족의 기호 외에도 보다 심층적인 문제와 관련되어 있다. 바로 우리 후손들에 대한 영향이다. 이성적 사고에 근거할 때 비로소 우리는 좋은 것은 받아들이고 그렇지 않은 것은 거부할 수 있는 태도를 갖출 수 있을 것이다. 바로 여기에 정신문화가 담겨 있다.

표층 문화는 변화하기 쉽다는 특징을 가지고 있다. 중국식 의복을 예로 들자면, 청나라 의상인 청장淸裝은 중국에서 열린 APEC회의에서 중국을 포함한 각국 정상들이 착용하기도 했었다. 청 왕조가 멸망하고 민국이 성립된 이후 청장은 공식석상에서는 입지 않았으나, 민간에서는 계속 전해져 문화대혁명 당시 입던 솜옷은 여전히 중국식이었다. 개혁개방 이후에는 다시 바뀌었다. 필자 역시 얼른 양복 정장을 마련했다. 30년 동안 양복 정장을 입었지만 여전히 불편하고 몸에 꼭 맞춰져 있어서 거북하다. 그리하여 다시 옛날식으로 입고 있다. 이러한 변화는 빠르다고 할 수 있을까, 그럴 수 없을까? 먹는 것, 사는 곳, 교통수단 역시 마찬가지이다. 필자가 갓 대학에 입학했을 때 북경사범대학 앞에는 비좁은 길 하나밖에 없었는데, 2학년 되자 버스 노선 하나가 개통했다. 이 당시에는 차도에서 산책을 즐길 수 있었다. 차도에 차가 없었기 때문이다. 현재 차도는 과거의 세 배로 확장되었고 차가 꼬리에 꼬리를 물고 달리고 있다. 지난 50년간 너무나도 많은 것이 변했다.

표층 문화의 두 번째 특징은 인간의 오감에 직접적으로 작용한다는 것이다. 기업인들이 인간의 감각기관을 자극해서 소비를 늘리는 것에 특화된 것 역시 이러한 이유 때문이다. 표층 문화는 인간의 동물성과 상당히 밀접한 관계를 맺고 있다. 개나 고양이도 맛있는 먹이를 고를 줄 아는 것처럼 말이다. 필자는 어렸을 때 돼지 먹이를 주고 양을 방목하며 마차를 타고 다녔다. 그 당시 돼지의 먹이는 베어 온 꼴과 사람이 남긴 음식을 섞어 솥에 끓인 것이었다. 돼지는 매우 똑똑해서 이런 돼지죽의 밑바닥에 코를 박고 먹었다. 곡물이 밑바닥에 가라앉아 있기 때문이다. 돼지들은 바닥의 곡물을 다 먹은 이후 위에 떠 있는 풀을 먹었다. 만약 우리가 감각 기관만 좇아 동물성을 방종하게 내버려 둔다면 이러한 동물들과 별 차이가 없게 될 것이다.

둘째, 중층 문화이다. 어떤 학자들은 이것을 제도문화라고 부르는데, 이는 다소 부정확한 명칭이다. 중층 문화는 느낄 수는 있지만 반드시 알 수 있는 것은 아닌 문화로, 문학, 예술, 풍속, 관습, 제도, 법률, 의례, 종교 등을 포괄하고 있다. 여기에서 "안다"는 정확히 어떤 의미일까? 문화의 법칙성이라는 관점에서 중층 문화를 보면, 막언莫言1)의 소설은 하나의 문화형태이다. 이러한 문화형태는 전체 문화의 궤도에서 어떤 위치에 있는지 정확하게 알 수는 없지만, 이 형태는 그것이 무엇이든 간에 매우 변화되기 어려운 것이다.

종교의 경우 전설에 따르면 지금으로부터 약 이천 년 전인 동한시기에 불교가 전래되었다고 하는데, 사실 어떠한 물증도 없다. 최초 불교는 신기하고 기이한 것들을 일삼았고 특이한 마술 같은 것으로 사람들의 이목을 끌었다. 그러나 불교의 교리를 깊이 따지고 들어가면 중국의 문화와 충돌하는 지점들이 있었다. 그래서 불교는 유가와 도가와 논쟁을 벌여야 했고, 불교를 중국에 적응시키기 위해 서역에서 온 고승들은 중국의 전통

---

1) [역자주] 莫言(1955~): 본명은 管謨業이다. 1981년 『봄밤에 내리는 소나기』로 등단했으며, 『홍까오량 가족』으로 큰 명성을 얻었다. 이 소설은 훗날 「붉은 수수밭」으로 영화화됐다. 2012년 노벨문학상을 수상했다.

문화를 배우고 그 내용들을 불교와 혼합시켜서 양자의 격차를 좁혀야 했다. 이렇게 700년이 흘러 당대에 이르러서야 불교는 중국화되기 시작했고, 중국불교 즉 선종이 형성되었다. 중국의 선종과 석가모니가 창시한 불교 간에는 상당한 차이가 있었다. 그리고 다시 이삼백 년을 거치면서 불교는 널리 보급되고 번창해서 궁벽한 시골까지도 모두 불교를 알고 신봉하였다. 이러한 전파속도는 느린 것일까, 아니면 빠른 것일까?

기독교가 중국에 전래된 것은 당대이다. 이때 전래된 기독교의 일파는 경교라고 불렸는데, 기독교권에서 이단으로 배척되었다. 당시 기독교는 이단교도를 절멸시키려 했고, 경교는 이러한 탄압을 피해 동쪽으로 향했다. 그래서 처음에는 페르시아(오늘날의 이란)로 피했고, 이후 점차 중국으로 넘어왔다. 중국은 이들을 포용했다. 그들이 신봉하는 것은 신이었고, 중국이 신봉하는 대상은 덕행과 조상이었지만 이것은 문제가 되지 않았다. 그래서 중국에서는 경교가 어디에 자리를 잡던 그들이 사원을 지을 수 있는 터를 내 주었고, 경교는 이백 년 동안 중국에서 활동할 수 있었다. 당 말기와 오대십국시대의 난세가 도래하자 여러 문화들은 핍박을 받았고, 경교 역시 점차 소멸되어 갔다. 훗날 다시 수백 년이 흘러 원 왕조 시절 기독교는 다시 중국에 전래되었고, 오늘날까지 전파되었다. 그러나 천주교 신자의 수는 아직도 500만 명 남짓에 머물고 있다. 입교하는 순간 자신의 모든 문화 관념을 바꾸어야 하니 어려울 수밖에 없는 것이다.

필자가 불교를 예로 든 것은 하나의 문화형태가 변화되는 데 얼마나 오랜 시간이 걸리는지 보여 주기 위해서였다. 그리고 기독교를 예로 든 것은 한 개인의 관념적 문화가 변화되는 것이 얼마나 어려운지 보여 주기 위해서였다.

중층 문화는 의식주 및 교통 등 인간의 물질적 생활과 관계를 맺는 한편, 종교와 의례 등의 비물질적 생활과도 관계를 맺고 있다. 중층 문화가 물질적 생활과 관계를 맺는 방식은 물질적 생활 위에 문화를 더하는 방식이다. 청명절에 부모의 묘에 성묘를 갈 때 꽃 한 송이 혹은 한 묶음을 들고 간다. 이것은 물질적 부분이다. 예전에는 지폐를 태웠지만 이는 산불을 일으킬 수도 있고 환경에 좋지 않기 때문에 지금은 이렇게 하지 않는다. 비물질적 생활은 문학, 예술, 의례, 종교 등이 사람들의 심리에 어떤 작용을 일으키는 것이다.

이러한 비물질적인 문화가 변화되기 어려운 것은 어째서일까? 모든 민족들은 자신의 전통을 보호하고 외래문화를 거부하려는 경향을 가지고 있기 때문이다. 예술 영역을 예로 들자면, 브로드웨이의 뮤지컬이나 브라질의 카니발은 우리의 시선을 끌 수는 있겠지만, 그러한 축제를 상해의 번화가에서 매년 벌인다면 인기를 유지하기 쉽지 않을 것이다. 이것은 누가 고의로 방해해서가 아니라 일반 대중들이 그것을 크게 좋아하지 않기 때문이다. 한두 번 보는 것은 괜찮지만, 그 이상 보러 갈 만큼 흥미를 느끼지 못하기 때문이다. 이것은 정부가 아닌 대중의 행위이다.

예컨대 유대교는 중국에서 수백 년간 존재했으며 중국은 그들을 보호했다. 그래서 유대인공동체 출신으로 송대에 4품까지 오른 고관이 배출되기도 했다. 이러한 것들은 모두 비석이나 문헌에 근거가 나와 있다. 그러나 중국인들 중에서는 유대교를 신앙하는 경우가 거의 없었고 유대교를 신앙하는 이들은 유대인의 후예들뿐이었다. 그러다가 북송 말기 황하의 둑이 터져서 개봉이 물에 잠기고 금나라의 침입을 받게 되자, 송나라는 자기 자신조차 지키지 못하는 지경이 되었고, 따라서 더 이상 유대인공동체를 보호해 줄 수도 없었다. 그리하여 유대인공동체는 해체되게 된다. 유대인은 실로 대단한 민족으로 전 세계에 흩어져 살지만, 오직 중국에서만 유대인공동체가 자연적으로 소멸하였으며, 오직 중국에서만 유대인의 후예들이 그 지역 민족에 동화되었다. 현재 세계 여러 곳의 유대인공동체들은 여전히 동화를 거부한 채 자신들의 전통을 고수하고 있다. 그들의 문화적 생명력은 세계에서 가장 강인하다. 여러 민족들이 자신의 중층 문화를 보호하려고 애쓰는 것은 이것이 민족의 단결, 국가의 통일 및 안정과 밀접한 관계를 맺고 있기 때문이다.

셋째, 심층 문화이다. 심층 문화는 정신문화이다. 보통 사람들은 이것을 감지하기 어렵고, 이것이 어떤 것인지는 알아도 어째서 그러한지는 알지 못한다. 심층 문화는 우주관, 윤리관, 가치관, 심미관 등을 가리킨다. 우주관은 세계가 어떻게 시작됐고, 앞으로 어떻게 될 것이며, 세계가 어떻게 구성되었는지 등의 문제를 사고하는 것이다. 중국인들은 세계가 본래 이러한 것이라 여기고 그 원인을 탐구하지 않았다. 대신 현재와 미래를 살아가는 것을 가장 중요하게 생각했다. 서구인들은 신이 세계를 창조했다고 이해했다. 그렇다면 그들은 신이 세계를 창조했다는 것을 어떻게 알 수 있었을까? 이것은 증명을 필요로 하지 않으며, 증명할 방법도 없다. 다만 만약 신이 없었다면 어떻게 세계가 존재할 수 있었겠냐는 논리를 내세우는데, 이는 순환논증일 뿐이다. 이것이 바로 우주관이다. 그 밖에 가치관, 윤리관, 심미관 역시 변화가 매우 어렵다는 특징이 있다.

심층 문화는 중층 문화와 표층 문화에 영향을 끼치기도 하지만 그들로부터 반작용을 받기도 한다. 몇 해 전 필자는 400명의 미국 중고등학교 교장 및 교육공무원들을 상대로 〈중국문화를 말하다〉라는 제목의 강연을 했던 적이 있다. 필자는 중화문화의 방대함과 심오함, 그리고 유구함에 대해 두 시간 동안 강연했다. 필자는 외국인들에게 발표나 강연을 할 때는 질문과 대답을 주고받는 것이 좋다고 생각해 왔다. 그래서 그 날도 단상에 오르자마자 그들에게 중국요리를 먹어 보았는지, 그리고 좋아하는지 물었다. 모두들 매우 좋아한다고 답했다. 그러나 필자가 왜 좋아하는지 묻자 다들 답을 하지 못했다. 그래서 필자는 현재 중국에서 유행하고 있는 마파두부, 궁바오지딩(宮保雞丁), 훈둔(餛飩)[2] 등 몇 가지 요리들을 예로 들었다. 만약 이들처럼 중국요리에 익숙하지 않은 이들에게 지역특색이 강한 요리 예컨대 항주 서호西湖의 우럭탕수 같은 요리를 대접한다면 그들은 좋아하지 않을 수도 있다. 필자가 궁바오지딩을 예로 든 것은 이 요리에는 신맛, 단맛, 쓴맛, 매운맛이 모두 담겨 있고 주방장이 재량껏 재료와 맛을 추가할 수 있어서 매우 맛있고 다섯 가지 맛이 조화를 이루기 때문이다.

중국인들은 추석에 가족이 모여 함께 전병을 먹는다. 중국인들은 원을 매우 좋아한다. 월병과 원소元宵[3] 역시 원형이다. 어째서 중국인들은 원을 좋아하는 것일까? 원의 중심은 둘레와 모두 똑같은 거리를 유지하고 있고 무수한 점으로 이루어져 있지만 사각이 없다. 사각형은 각이 있으며 중심과의 거리 역시 각기 다르다. 또한 원은 가득 차 있다. 둘레의 길이가 같다고 했을 때 가장 넓은 면적을 차지할 수 있는 도형이 바로 원이다. 이것이 바로 중국인들이 무엇을 하든 원형을 이용하는 이유이다. 심지어

---

2) [역자주] 宮保雞丁은 정사각형 모양으로 자른 닭고기를 땅콩, 감자, 양파 등의 채소와 매콤한 소스로 볶아 낸 요리이며, 餛飩은 얇은 피로 만든 물만두를 맵고 얼얼한 국물에 삶아 낸 것이다.
3) [역자주] 元宵: 정월대보름날 먹는, 소가 들어 있는 새알심 모양의 식품이다.

종이를 가위로 잘라 '쌍희자'(囍)를 만들 때조차도 이 글자를 오려서 원형의 종이 위에 붙이곤 한다. 이러한 것들은 중국의 심미관, 윤리관, 가치관이 표층 문화에 투사된 경우이다. 세 층위의 문화는 바로 이러한 관계를 맺고 있다.

2. 중화문화의 형성과 정형화

중화문화는 하나라와 은나라로부터 시작되었다. 이 두 왕조는 천에 대한 숭배라는 심층 문화를 그 특징으로 한다. 물론 그들이 천과 조상을 합일시키기는 했지만 여전히 더 근본적인 것은 천이었다. 『설문해자』에서는 "천은 꼭대기이다"(天, 顚也)라고 설명하고 있다. 갑골문에서의 '천天' 자의 형태는 사람의 형상이다.(大) 이 글자를 살펴보면 윗부분의 동그라미는 머리를 나타내고 아래의 획들은 몸통과 사지를 나타낸다. 따라서 이 글자는 사람의 머리가 온 몸을 지휘한다는 것을 상징하고 있다. 이것이 바로 중국인들의 우주관이며, 신앙과 숭배 역시 모두 이와 관계가 있다. 사실 이 시기 각 부족 및 제후들의 신앙의 대상은 제각기였다. 전설에 따르면 주 왕조가 은 왕조를 멸망시키고 섬서에 수도를 정한 후, 주나라 무왕의 동생 주공은 예악을 제정하고 천하의 문화를 정형화하고자 했다. 이 시기에 이러한 정형화는 어떻게 가능했던 것일까? 아래에서는 문화의 정형화를 가능하게 했던 몇 가지 조건에 대해 소개하겠다.

1) 사회적 조건

주 왕조의 전반부 300년은 사회가 안정되고 조화로웠다. 이것은 안정적인 농경생산을 가능하도록 하는 필요조건이다. 농경사회는 전승을 중시했으며, 조상과 아버지가 개척한 땅을 방치할 수 없었다. 그들의 농기구라고는 돌을 갈아 만든 낫, 나무를 갈아 만든 송곳 등이었는데, 달리 무엇을 할 수 있었겠는가? 당시 사람들은 자신의 토지, 숲속의 나무, 야생동물, 가축, 곤충 등과 늘 접촉해야 했기 때문에 항상 사고하고 관찰해야 했다. 농경사회가 인류에게 처음으로 잉여생산물이라는 것을 제공하였고, 따라서 일부 노동력은 농업생산에서 벗어나 수공업이나 문화에 종사할 수 있게 되었다. 고대의 점술사는 고급지식인이었다. 그들은 병을 진찰하고 앞날을 점칠 수 있는 전문가였다.

그리고 이 시기 이미 몇몇 사람들은 "도를 깨우치기" 시작했다. 도를 깨우쳤다는 것은 우주의 법칙을 사고할 수 있다는 것이다. 예컨대 오늘 밤 자시子時에 정남방의 이십팔수二十八宿의 어떤 별자리가 있는데, 이 별자리는 내년 이 날짜에도 지금 그 자리에 있을 것이며, 이는 순환하는 것임을 깨달은 것이다. 이는 우주의 순환을 깨달은 동시에 우주가 일체라는 것을 깨달은 것이며, 천과 계절 및 생산의 관계를 발견한 것이다. 천인합일의 사고는 이렇게 발전하기 시작했던 것이다.

인생의 법칙은 태어남이 있으면 죽음도 있다는 것이며, 이는 식물이나 곤충과 다를 바 없는 것이다. 기독교에서는 종말의 날이 오면 신이 그동안 죽었던 신도들을 모두 부활시킬 것이라고 한다. 중국인들은 이를 믿지 않는다. 중국에는 예부터 "사람이 죽으면 다시 살아날 수 없다"고 말해 왔다. 중국인들은 피안의 세계를 믿지 않지만 사람이 죽은 후에도 썩어서 없어지지 않는 것들이 있다고 생각했다. 바로『좌전』에서 말하는 "덕을 세움", "공을 세움", "훌륭한 말을 세움"4)이다. 즉 공적과 학술적 성취, 정신은 영원히 흘러내려 간다는 것이다. 이는 세대를 거듭하면서 내려가는 것으로, 불교의 윤회전세와는 달리 나의 정신이 나의 학생에게 전해지고, 이것이 다시 학생의 학생에게 전해지는 것이다. 이것이 바로 정신문화가 장기적이고 견고한 성격을 갖추어가는 과정이다.

2) 중앙정부의 권위

주나라 정권은 강력한 권위를 지녔으며 걸출한 정치지도자와 학자들이 존재했다. 대표적인 정치지도자로는 주공이 있었으며, 대표적인 학자로는 공자가 있었다. 주공은 제도적으로 치국이 가능하게 하고 학교를 세우는 등의 정책을 시행했고, 공자는 이념적으로 주공을 계승해서 체계적인 학설을 구축했다. 그의 학설은『논어』안에 비교적 완전하게 체현되어 있다. 비록『논어』가 12,300자로 이루어진 짧은 책이기는 하지만, 깊이 연구해 보면 중화문화의 모든 요소들이 이 안에 집적되어 있음을 발견할 수 있을 것이다.

『논어』의 핵심 내용은 무엇일까? 우선 "예禮"가 있다. 예는 인간과 인간의 관계, 천과 인간의 관계를 규정하고 단속하는 규범이다.『사기』에는 "천인관계를 궁구하여 고금의 변화를 관통한다"라는 대목이 나온다. 고금의 변화를 관통하는 것은 수직적 방향이며, 천인관계를 궁구하는 것은

---

4)『春秋左傳』, 襄公 24年, "大上有立德, 其次有立功, 其次有立言. 雖久不廢, 此之謂不朽."

수평적 방향이다. 여기에서의 천인관계는 인간과 대자연의 관계를 의미한다. 인간과 인간의 관계, 천과 인간의 관계, 이 두 관계는 인문사회과학 전체를 망라하는 범주이다. 이 말은 사마천이 기원전 2세기에 했던 말이지만, 오늘날에도 여전히 전 세계 모든 민족에 적용 가능하다.

그다음은 "인仁"이다. 유가에서는 단 한 번도 완전히 자주적인 주체가 존재한 적이 없었다. 쉽게 말해서, 모든 사람은 다중적인 신분을 가지고 있으며, 이러한 다중적인 신분은 그가 다중적인 관계 속에 있음을 의미한다. 나는 부모에 대해서는 자식이고, 자식에 대해서는 부모이며, 학생에 대해서는 스승이고, 나의 스승에 대해서는 학생이다. 이처럼 사회 속에서 한 명의 인간은 여러 위치에서 여러 관계를 맺고 있다. 만약 어떤 사람이 부모와 다투고 자녀와 다투며 스승과 다툰다면 과연 이 사람은 정상적으로 살아갈 수 있을까? 그래서 "조화"(和)를 강조하는 것이다. 조화의 전제는 포용이다. 문제를 마주하면 협의를 해야 한다. 이것은 전적으로 생활습관에 의해 결정되는 것이다. 공자는 "본성은 가까우나 습관에 의해 서로 멀어진다"5)고 말했다. 아직 아무것도 모를 때 아기는 조그마한 입을 오물거리다가 젖병만 물려 주면 울지 않는다. 이 아기에게 무슨 선악이 있겠는가? 아기의 행동은 자신의 생존을 위한 것이며, 본능에 의한 것이다. 습관으로서의 조화는 매우 중요한 것이다. 자신을 수양하며 넓은 마음을 가지고 타인에게 잘 대하며 약간 설움을 당해도 개의치 않아야 한다. 이러한 것들은 학습이 필요한 것이며, 이것이 바로 유가의 근본이다.

유가에서 가장 중시하는 예와 인은 모두 인간을 근본으로 여기는 것이다. 따라서 중국의 인문주의는 세계에서 가장 빨랐다고 할 수 있다.

---

5) 『論語』, 「陽貨」, "子曰: 性相近也, 習相遠也."

5·4운동 이후 중국인들은 르네상스에 대해서 배워야 했지만 르네상스가 중국에서 건너간 것이라는 것은 알지 못했다. 르네상스 시대 계몽사상가들은 동양에 자신들을 훨씬 뛰어넘는 지혜가 있다는 것을 발견하고 그것을 흡수했다. 그리고 훗날 중국인들은 르네상스를 인문주의라고 번역하게 된다.

인이란 사람을 사랑하는 것이며, 여기에는 차등이 존재한다. 그리고 이러한 차등적 사랑에는 각기 다른 명칭들이 부여된다. 부모에 대한 사랑은 "효孝"이고, 형제와 친구에 대한 사랑은 "우友"이며, 보다 먼 관계의 사람 혹은 잘 모르는 사람에 대한 사랑은 "의義"이다. 하지만 이들은 모두 인간을 근본으로 여기는 것이다. 어째서일까? 인간을 근본으로 여기지 않는다는 것은 생명을 근본으로 여기지 않는다는 것이며, 인간을 근본으로 여기지 않는 민족은 오래지 않아 곧 멸망하게 된다. 개개인의 문화, 기호, 행위규범이 모두 다를 수는 없다. 사회에는 반드시 공통의 기준이 존재해야 한다. 그래서 예는 제약이기도 하지만 발전의 공간을 제공하기도 한다.

어떤 이들은 아직도 중국의 예치가 인간의 개성을 압살했다고 여긴다. 필자는 연구의 과정에서 이러한 인식에 회의를 품지 않을 수 없었다. 언젠가 필자는 두 명의 교수와 대화를 나눈 적이 있었다. 우리 세 사람의 연구방법은 각기 달랐지만, 예가 인간의 행위를 속박하기도 하지만 개성을 발전시킬 상당한 공간을 제공했다는 공통의 결론에 도달했었다.

불교의 중국화가 중국인의 창조였다는 것은 매우 분명한 사실이다. 예와 인이라는 측면에서 공자와 맹자를 대비시킬 수는 없지만, 맹자는 "성性"의 문제를 본격적으로 제기했으며, 이는 형이상의 차원에 대한 논의의 기점이 되었다. 그 후 순자를 거쳐 동중서에 이르렀을 때 동중서 사상에 포함된 다소 황당한 내용들에도 불구하고 당시 사회와 학술은 이를 용인했었다. 당대의 유학과 관련해서는 유종원과 이고李翺(772~841)를 반드시 언급해야 한다. 이고는 중국철학사에서 매우 중요한 『복성서複性書』를 지었는데, 이 역시 창조라 할 수 있다. 송대에는 마침내 리학 즉 송대 유학을 창시했다. 이렇게 볼 때 전제주의 시대라고 창조가 장려되지 않았다고 말할 수는 없을 것이다. 만약 정말로 창조가 억압되었다면 중국의 과학기술은 어떻게 명대 중기 이전까지 세계 최고 수준을 유지할 수 있었겠는가?

예의 내용은 매우 풍부하다. 예에는 국가의 통일체제 및 사회적 서열 등도 포함된다. 사람이 많아지면 필연적으로 각 서열에 맞추어 그들을 관리할 수밖에 없게 된다. 주석, 총리, 국방부장관, 합참의장, 각 주의 주장州長, 각 시의 시장 간에는 등급이 있고 관계망이 있다. 필자가 방금 언급한 것들은 현대 중국의 서열이지만 고대 중국에서도 황제, 각 성省과 부의 관원들은 개인의 도덕수양에 힘쓰고 사회발전을 주도했다. 고대 중국에서의 예는 개개인의 도덕수양의 결집이기도 했지만 동시에 개성을 허용해 주는 것이기도 했다.

인의 내용을 개괄하는 것은 쉽지 않은 일이다. 공자의 말을 빌리자면 인은 "사람을 사랑함"이지만, 그것이 체현되는 영역에 따라 각기 다른 내용을 지니게 된다. 또한 훗날에는 "인·의·예·지·신"으로 묶이기도 한다. 인은 이 다섯 가지 중 가장 핵심적인 개념이다. "신信"의 경우 내재적 진실함을 의미하는데, 이것은 "사랑함"(愛)에서 파생되어 나올 수밖에 없는 것이다. 예컨대 부모, 스승, 선배, 동학들을 진실하게 대하고 조금의 거짓도 없다고 한다면 그 전제는 그들을 사랑하기 때문일 것이다. 만약 그들을 사랑하지 않거나 미워한다면 과연 그들에게 진실할 수 있겠는가? 믿음은 사실 진실함의 외재적 표현이다. 유가가 매우 강조하는 진실함은 내재적인 것이다. 오늘날 중국에서 사용하는 "성신誠信"은 이러한 내외를 아우르는 개념이다.

그렇다면 우리는 천을 어디에 위치시켜야 할까? 주공은 예악을 제정할 당시 천에 제사를 올리는 것을 천자의 특권으로 규정했다. 제후는 자신의 영역 안에 있는 산천에 대해서만 제사를 올릴 수 있었고, 일반 백성들은 더 말할 것도 없었다. 그리하여 천자의 지위를 높일 수는 있었지만 광범위한 민중들은 천과의 거리가 갈수록 멀어져 아예 관심을 두지 않게 되어 버렸다.

유가는 귀신을 공경해야 하지만 또한 멀리해야 한다고 말했다. 그렇다면 어째서 귀신을 공경해야 한다고 했을까? 일반 대중들은 모두 귀신의 존재를 믿으며, 필자 역시 이들과 크게 다르지는 않다. 그래서 필자에게도 귀신을 공경하는 마음이 있다. 이는 필자가 속한 시대의 풍속에 익숙해졌기 때문일 것이다. 공경해야 하지만 또한 멀리해야 함, 이는 중국인들이 허무맹랑한 피안세계의 것들을 대하는 태도의 축소판이다.

예와 인이 확산되어 나간 것이 바로 "수신·제가·치국·평천하"이다. 가족은 우선적으로는 나와 가장 가까운 관계인 아내, 자녀, 부모 등을 가리키지만 옛사람들이 말하는 제가는 가문을 다스리는 것을 의미했다. 가문에서 확장되어 나간 것이 국가이다. 국가는 제후국을 가리킨다. 평천하의 "평平"은 평정, 토벌, 정벌 등이 아닌 조화를 의미한다. 즉 오늘날의 표현으로 하자면 "평화"인 것이다. 중국인들의 천하 관념은 지리적 지식과 함께 확장되었다. 공자 당시의 천하란 오늘날의 화북지역에 절강, 강소가 더해진 것에 불과했으며, 이후 중원 전체로 확대되었다. 항해술의 발달은 바다 너머에도 땅이 있고 국가가 있음을 알게 해 주었다. 오늘날 중국의 천하 개념은 우주까지 포괄하는 개념이다.

이처럼 천하 관념이 확장되어 나간 것과는 별개로, "수신"은 여전히 강조되고 있다. 유가는 틈만 나면 군자, 현인, 성인의 격차를 논했지만, 사실 그 경계는 매우 모호하다. 후대 사람들은 공자에게 성인이라는 존칭을 부여했지만, 만약 공자가 살아 있었다면 그는 자신에게 덧씌워진 이 모자를 벗어던졌을 것이다. 성인은 모든 시대에서 가장 높은 경지로 추구되었다. 그래서 공자는 우리에게 군자가 되어야지 소인이 되어서는 안 된다고 말했던 것이다.

인간화로서의 문화는 점진적이고 견고하며 삼투적이기 때문에 사회 계층 간에 강력한 응집력이 생겼다. 필자는 이것이 관습 때문이라고 생각한다. 예컨대 중국 본토 출신 여성들이 대만에 시집을 갈 경우, 많은 경우 모든 것이 익숙하지 않고 심지어 고통스럽기까지 해서 결국 이혼하거나, 그렇지 않아도 늘 다투는 경우가 많다고 한다. 대만에 시집을 가게 되면, 신부가 박사학위가 있는 경우라도 예외 없이 아침 일찍 일어나 가장 먼저 해야 할 일은 차를 끓여서 시어머니께 가져다 드리는 일이라고 한다. 때때로 시어머니는 차는 마시지도 않고 가서 다른 일을 하라고 시킨다고 한다. 이것은 오지 말라는 의미이다. 본토에서 대만으로 시집간 여성들은 이러한 것들에 잘 적응하지 못한다고 한다. 누가 잘했고 누가 잘못했는지 여기에서 따지지는 않겠다. 다만 필자는 낯선 관습에 적응하기가 쉽지 않음을 말하고자 한 것이다.

관습은 동질감을 형성시킨다. 호남 사람들은 호남 사람을 만나면 매우 친밀하게 대한다. 어째서일까? 그날은 매운 음식을 마음껏 먹을 수 있기 때문이다. 산동 사람이 산동 사람을 만나면 파를 장에 찍어 먹을 것이다. 만약 산동 사람이 상해 사람과 만났다면 그렇게 할 수 없었을 것이다. 냄새난다고 싫어할 수도 있기 때문이다. 이것이 바로 관습이 동질감을 형성해 가는 방식이다. 유학생활을 하고 있는 중국 학생이 길가에서 문득 중국어를 듣게 된다면, 설사 고향이 다를지라도 같은 중국인이라는 것만으로도 매우 반가울 것이다. 동질감은 응집력을 형성하며, 만약 이러한 응집력이 형성되었다면 그 국가는 "극도로 안정적"일 수 있을 것이다.

"극도로 안정적"이라는 표현은 영국의 역사학자 토인비로부터 빌려온 것이다. 그는 세계사에 대한 연구 끝에 중화대륙의 오천 년 역사를 "극도로 안정적"이라고 평가했다. 어째서일까? 바로 역사주의적 방법을 통해 중국을 전 세계라는 배경 위에 놓고 비교를 진행했기 때문이다. 이것이 바로 필자가 글 앞머리에서 말한 "여산의 밖에서 여산을 보는 것"이다.

이렇듯 민족은 하나의 문화적 개념이다. 예컨대 "중화민족"은 손문선생이 주장한 것이다. 중화민족은 다민족이며, 따라서 중화민족이란 개념은 문화적 개혁이다. 민족 역시 하나의 응집된 실체이다. 그리고 이 실체는 바로 관습과 인민에 기반을 두고 있다.

3. 중화문화와 서구문화의 대비

대비라는 방법을 통해 자신의 문화가 가지는 가치를 인식하는 것은 매우 필요한 일이다. 서구문화는 유목생활 속에서 형성되었다. 다만 유목을 위주로 하되 농업 역시 존재했는데, 이 농업은 주로 팔레스타인 지역에 집중되어 있었다. 본격적으로 이 주제를 다루기에 앞서, 먼저 문화를 "동서"로 구분하는 것에 대해 잠시 언급하겠다. 이것은 유럽을 기준으로 한 구분이다. 예컨대 팔레스타인의 경우 중국의 입장에서는 서쪽이지만 유럽의 입장에서는 동쪽이기 때문에 "동방"이라고 불렸다. 서구문화라는 명명에 문제가 있는 것은 아니지만 이 개념의 범위를 명확하게 할 필요는 있다. 필자가 가리키는 서구문화는 히브라이, 그리스로마 그리고 건국한지 이백 년이 조금 넘은 미국으로 이어지는 문화이다. 왜냐하면 미국은 과거의 문화를 이식받았고, 그 뿌리는 바로 히브라이 즉 유대인이기 때문이다.

팔레스타인 땅에서는 유목이 생활을 꾸려 가는 주된 방식이었다. 그래서 사람들은 늘 자신이 어디로부터 왔으며 어디로 가야 하는지의 문제를 고민하고 해결해야 했다. 어째서 내가 소를 방목할 때 갑자기 번개가 내리쳤을까? 작년에는 이 초원에 풀이 무성했는데, 올해는 어째서 황량해 졌는가? 지진은 왜 발생했는가? 그들 역시 이러한 문제들에 대해 생각해야 했다. 그래서 그들은 신을 생각해 냈던 것이다. 원래 유대인들은 여러 신들을 신봉했지만, 훗날 점진적으로 일신교로 변화되어 갔다. 여기에서 주의할 점은 "일"이지 "이"가 아니라는 점이며, 결코 "이"를 받아들일 수 없다는 것이다. 따라서 일신교는 태생적으로 배타적일 수밖에 없다. 이러한 일신교 신앙을 유지하기 위해서는 이교도를 살해하거나 몰아내야 한다. 하나의 산에 어떻게 두 마리의 호랑이가 있을 수 있겠는가?

이러한 유대교의 토대에서 기독교가 탄생했다. 중세에 이르러 기독교의 억압이 극에 달하자 마침내 종교개혁이 벌어지고 신교 즉 개신교가 탄생했다. 그리고 기존의 기독교는 천주교가 되었다. 천주교는 과거 로마제국의 국교였다. 서로마제국과 동로마제국이 분리된 후 동로마제국은 서로마제국보다 천 년 더 지속되었다. 동로마제국에 남아 있던 기독교 교파가 바로 그리스정교이며, 이는 오늘날의 동방정교이다. 당시 기독교 세력은 팔레스타인과 아랍을 통치했지만, 훗날 아랍인들은 이에 저항하여 이슬람교를 창시했다.

일신교의 가장 근본적인 교의는 원죄이다. 인간은 생겨나면서부터 원죄를 지니며, 이는 자손 대대로 전해졌다. 최초의 인간인 아담과 하와의 원죄는 욕망에 유혹되지 말라는 교훈을 담고 있다. 그렇다면 인간은 어째서 뱀에 의해 유혹을 당했던 것일까? 본래 이 세상의 모든 것들은 신이 창조한 것이지만, 아담과 하와는 이 질서를 어지럽혔다. 그들은 자식을 낳았는데, 이는 그들이 신이 아닌 그들이 창조한 것이므로 정당한 것이 아니었다. 따라서 만약 신의 구원을 바란다면 우선 신에 대해 무한한 신앙을 가져야 하며, 사회적으로는 필사적으로 노동을 해야 한다. 이것이 바로 신의 뜻의 뜻이기 때문이다. 그래서 초기 자본주의사회에서는 수단과 방법을 가리지 않고 필사적으로 부를 축적했다. 또한 신은 부를 축적할 뿐만 아니라 검소한 생활을 하고, 죽음에 이르러서는 그동안 모은 재산을 사회에 기부할 것을 요구했다. 이것이 바로 구원인 것이다. 그 구원의 결과는 지옥으로 떨어지지 않고 천국에 가는 것이다. 이러한 세계관 속에서 유대민족은 신이 특별하게 뽑은 민족 즉 선민選民이라는 위치에 있다. 이러한 선민의식은 미국으로 건너갔다. 그래서 미국인들은 대부분 어려서부터 일종의 자부심을 가진다. 신의 선민이 가지는 특권은 무엇인가? 전 세계를 통치하고 최종적으로는 천국에 들어가는 것이다.

기독교에는 십계명이 있고 『코란』에는 "칠계七戒"가 있다. 이러한 계율들은 모두 사람들을 선으로 이끄는 것들이다. 필자는 신앙에 관한 중국과 서양의 대화를 윤리적 대화로 옮겨서 논하고자 한다. 신앙에 대한 대화는 결국 일치된 결론에 도달할 수 없을 것이기 때문이다. 필자가 만난 외국학자들은 모두 필자가 무신론자라는 것을 알고 있을 것이다. 그러나 윤리의 측면에서는 중국이 강점을 가지고 있다. 중국의 사회생활은 간음, 절도, 거짓말 등을 근본적으로 허용하지 않고 있으며, 중국인들 역시 누군가에 의한 압력 때문이 아니라 자각적으로 이를 준수한다. 이러한 까닭에 서구는 로마법으로부터 현대적 법률을 발전시켰던 것이다. 『코란』은 위에서 언급한 계율에서 도둑질을 하면 손을 자른다고 했는데, 사회에는 매우 다양한 종류의 범죄가 존재하기 때문에 이러한 계율과 법만으로는 사회를 통치할 수 없다. 그래서 사회 지도층의 계율 해석에 따라야 했던 것이다.

르네상스운동 과정에서 제기된 자유, 평등, 인권, 민주 등의 가치들은 여기로부터 나왔다. 신은 이 세계의 모든 것들은 선민들을 위해 자신이 내린 것이니, "자유롭게" 활용하라고 말했다고 한다. 그로 인해 난개발이 벌어졌다. "평등" 역시 강조되기는 하나, 기독교의 기도에서는 신을 "아버지"라고 부르는데, 오직 아버지만 주인으로서의 신이 되고 나머지는 모두 형제가 된다. 이것은 "인권"의 의미 역시 간이하게 만들어 버렸다. 인권은 "천부"적인 것이지만, 여기에서의 "천"은 신을 가리킬 뿐이다. 그러나 중국인들이 이해하는 "천"의 의미는 자연적으로 타고난 것, 대자연과 우주가 부여한 것이다.

미국적 사유의 특징은 자신들이 신의 선민이며 따라서 유아독존이라고 여긴다는 점이다. 그래서 세계에 대한 그들의 이해는 피상적이며 물질적이기까지 하다. 그들은 오직 미국 국내의 일에만 관심이 있으며, 그 밖의 것들은 알 필요가 없다는 생각을 가지고 있다. 그래서 그들의 인식은 현실과 부합하지 않는 경우가 많다. 또한 그들은 오직 이익만을 추구하는 실용주의정신을 길러 왔다. 이처럼 실용주의만 좇게 되면, 자신의 과거의 삶과 과거에 자신이 했던 일들을 돌아보지 않게 된다. 이렇게 되면 도리어 좋은 점도 있기는 하다. 매우 솔직하고 거리낌이 없게 된다. 실용주의는 그런 것이다. 반면 중국인들은 체면을 중시한다는 평가를 듣는데, 그 원인 중 하나가 바로 실용주의적이지 않기 때문이다.

이러한 사유방식은 그것이 발생한 곳의 지리적 환경과 매우 관련이 깊다. 현재 이러한 사고방식은 심각한 문제에 직면하고 있다. 즉 전 인류가 갈림길에 선 것이다. 어떤 학자들은 인류가 계속 이러한 궤적으로 나아간다면 전쟁, 환경오염 등의 문제로 인해 결국 멸망으로 치달을 수밖에 없다고 경고하기도 한다. 자원이 고갈된 미래에는 온갖 질병과 세균이 전례 없는 규모로 창궐하게 될 것이다. 따라서 우리는 그전에 출로를 모색해야 한다. 현재 서구의 사상가들은 환경에 대한 이원대립적 사고에서 벗어나서 전체론으로 전환하는 길을 모색하고 있다. 또한 우리 역시 서구로부터 무엇을 어떻게 배워야 하며, 어떻게 동서문명을 결합하여 우리 자신들의 위기를 해결할 수 있는지의 문제를 고찰해야 한다.

그러나 서구문명이 전환을 하고자 한다면, 일신론 신앙 및 이에 근거해서 형성된 이념과 철학을 포기해야 한다. 이는 극도로 어려운 일이다. 왜냐하면 문화는 삶의 방식이자 습관이기 때문이다. 레닌은 "습관의 힘은 매우 강력하다"고 말한 바 있다. 그러나 이와는 대조적으로 중화민족의 전환은 보다 직접적이면서도 신속하다. 그 이유는 전통문화가 지니는 현대적 가치와 관련이 있다. 중국의 "사대 관점"(四觀)6)은 중국의 고대 종교들이 현대인들에게 가르쳐 준 것이며, 인류발전에도 정확히 부합하는 것이다. 중국인들은 그저 이것을 기억했다가 실천에 옮기기만 하면 되는 것이다.

물론 우리들에게도 한 가지 중요한 임무가 있다. 그것은 바로 서구를 배우는 것이다. 물질세계의 문제들을 해결함에 있어 우리의 전체론 혹은 일원론만으로는 불충분하므로 서구의 분석적 방식을 배울 필요가 있다. 예컨대 중의학만으로는 중국인들의 건강 및 질병치료의 문제를 모두 해결할 수 없지만 서구의학에만 의지하고 중의학을 배척하는 태도 역시 옳지 않다. 따라서 중의학과 서구의학의 장점을 결합해야 한다. 응급질환이 발생했을 경우에는 신속하게 서구식 병원으로 이송하고, 만성질환의 경우는 중의원을 찾는 식으로 말이다. 이는 피상적 수준의 의견이지만, 실제로 모든 질병은 중의학과 서구의학의 결합을 필요로 한다. 오늘날 수많은 대형병원들에서는 의사들이 종양제거수술을 마친 후 퇴원하는 환자들에게 중의학의 약으로 조리할 것을 당부하곤 한다. 서구문화와 중화문화의 결합은 매우 중요한 과제이며, 적지 않은 시간을 필요로 한다. 따라서 중화민족에게 있어 전체 관념의 전환이란 단순한 방향전환이 아닌 승화 혹은 향상의 문제이다.

---

6) [역자쥐 사대 관점(四觀): 2014년 5월 15일 중국에서 열린 국제우호대회에서 시진핑이 주장한 중국인이 갖추고 있는 네 가지 중요한 관점으로, 천인합일의 우주관, 협력과 조화의 국제관, 화이부동의 사회관, 인간의 마음은 선을 추구한다는 도덕관이 그것이다.

4. 중화전통문화의 현대적 가치와 의미

이미 많은 것들을 다룬 만큼 여기에서 소결을 내고 넘어가도록 하겠다. 중국 전통문화의 현대적 가치에 대해, 필자는 윤리의 측면에서는 "인仁"을 강조하고 싶다. 인의 사상은 사랑을 추구하지만, 여기에서의 사랑이 박애를 의미하는 것은 아니다. 중국에는 일찍이 박애의 이론이 출현한 적이 있었다. 묵자의 겸애가 바로 그것이다. 겸애는 천하 사람들에 대해 똑같이 사랑해야 한다고 주장했는데, 이는 인간의 본성에 위배될 뿐만 아니라 중화민족의 전통에도 위배된다. 그러나 어찌되었든 간에 여러 학파들은 모두 공통적으로 인애를 추구했다. 철학의 층위에서 중국철학은 일원론, 전체론, 중화론中和論을 주장했다. 이른바 "중"이란 양자택일식의 극단을 추구하지 않고, 다원성에 근거하여 한쪽으로 치우치거나 기울지 않은 방향을 추구하는 비非극단적 방법이다. 중용의 도가 담고 있는 내용은 필자가 말하는 "중"보다 더욱 넓은 것으로, "중"을 이룬 이후 다시 "화"까지 이루어야 비로소 완성되는 것이다.

그 밖에도 우리는 사회의 조화, 대동, 세계평화 및 인민들의 조화롭고 부유한 생활 등을 목표로 하고 있다. 필자가 보기에 선조들이 우리에게 물려준 이러한 사상들은 오늘날 중화中華의 가치를 진흥시킬 뿐만 아니라, 일원론과 더불어 중화中和를 빚어내는 작용을 하고 있다. 미국의 한 저명한 한학자 역시 중국의 철학이 오늘날 자연의 발견과 성과에 더 적합하다고 말한 바 있다. 미국 의학계는 중의학의 일원론을 배워야 한다고 인정했으며, 천문학의 빅뱅, 블랙홀 등의 가설은 우주가 본래 혼돈의 상태임을 인식했다는 점에서 『노자』를 거울로 삼은 측면이 있다. 또한 모든 사물이 서로 긴밀하게 연결되어 있어서 기계적으로 분리해 낼 수 없다는 중국식 이론과 관점은 이미 여러 과학 영역에서 받아들여지고 있다. 이러한 까닭에 1970년대 이래로 서구에서는 융합학과, 복합형인재, 학제 간 연구가 등장하기 시작했다. 다만 한 저명한 학자는 필자에게 말하길, 서구에서도 학과 간 융합 및 복합형 인재 양성은 여전히 요원한 이야기라고 했다.

그렇다면 우리에게 부족한 것은 무엇인가? 지금까지 우리는 그저 서구를 배우기에만 급급했다. 그래서 지금까지도 국학, 유학, 중화문화학 등의 학과가 개설되지 않았고, 신청을 해도 허가가 나지 않고 있다. 우리들이 연구하는 국학, 유학, 제자학 등은 모두 종합 학문들이다. 따라서 방법론, 사유방식 등 중화민족의 이론만이라도 세계가 참고할 수 있도록 해 주어야 한다. 필자가 여기에서 "참고"를 강조하는 이유는, 중화문화만이 유아독존이 아니며 동서문명은 모두 저마다의 강점을 갖고 있어서, 그들에게는 그들의 것들이 가장 적합하고 우리에게는 우리의 것이 가장 적합하기는 하지만, 그들이 선택할 수 있도록 우리의 것을 그들에게 소개할 수는 있기 때문이다.

필자는 서구에서 제기한 중국이 위협적이며 가치관을 수출하고 있다는 주장에 반박한 바 있다. 문화를 상점에 비유하자면, 서구의 상점은 중국에게 물건을 팔아왔고, 중국의 상점은 파리만 날렸다. 현재 중국은 청소도 하고 페인트칠도 다시 하는 등 재개업을 준비하고 있다. 그런데 중국이 상점 밖에 상품들을 소개하는 간판을 내놓는 문제도 허락을 받아야 한단 말인가? 시장을 보는 사람들이 한 번 둘러보고 상품이 좋으면 사는 것이고 그렇지 않으면 다른 곳에 가서 사면 그만인 것이다. 이것이 가치관을 억지로 수출하는 것인가? 처음에는 필자와 견해가 맞지 않았던 이들도 결국은 필자의 말에 모두 전적으로 수긍했다. 따라서 우리는 공자학원이 됐건 무엇이 됐건 간에 우리의 이야기를 소개하는 것에만 집중하면 되며, 서구에서는 이를 강요라고 생각할 필요가 없다. 우리가 왜 강매를 한단 말인가?

공자로부터 지금에 이르기까지 중화민족의 역사에는 늘 덕성과 욕망의 혈투가 있어 왔다. 몇몇 사람들은 필자에게, 중국이 그렇게 덕을 강조하는데 어째서 그토록 많은 탐관오리와 부도덕한 인간들이 존재했는지 묻곤 한다. 이것이 바로 방금 말한 덕성과 욕망의 투쟁이었으며, 욕망이 더 강세를 띠었던 적도 간혹 있었다. 하지만 오천 년 역사의 대부분 시간 동안 덕은 중국사회를 인도하는 위치에 있었다.

이는 다른 문명도 마찬가지였다. 현재 서구인들이 중국을 연구하는 까닭은 바로 자기 자신들과 비교를 하기 위해서이다. 몇 년 전 필자가 유럽에 갔을 때 유럽 중국학연합회 회장은 필자에게, "수십 년간 유럽의 중국학자들은 고아나 마찬가지의 상태였는데 이제는 중국이 성장하여 마침내 집을 찾은 것 같은 기분이다"라고 말했다. 이것이 바로 현재 상황이다. 그렇다면 그들이 그 긴 시간 동안 중국학 연구를 지속할 수 있던 이유는 무엇일까? 바로 그들 자신의 문화와 팽팽한 게임을 벌이고 있기 때문이다. 또한 그들은 중화문화에 대해 제왕들이 추가한 것과 민간에서 창조한 것들을 유가의 본체와 구분하고 있다. 예컨대 "삼강오상"은 유가의 것이 아니라 한 왕조의 황제들이 강요한 것이며, 전족은 유가적인 것이 아니라 민간에서 만들어 낸 관습이라는 식이다. 프랑스의 코르셋도 마찬가지일 것이다. 따라서 우리는 이러한 낡은 관습들을 유가적인 것으로 여길 필요가 없이 신속히 제거하면 된다.

　그래서 필자는 역사의 진행과정에서 덕이 항상 상호제어의 역할을 해 왔다고 생각한다. 즉 게임의 균형추 역할을 한 것이다. 그러나 우리는 이러한 "게임" 과정에서 인류가 느리게나마 숭고함과 화목함을 향해 전진해 왔음을 발견할 수 있어야 한다. 중국 역사만 돌이켜 보아도 이성과 감성의 발전을 발견할 수 있을 것이다. 미래로 가는 길 역시 곡절과 역경이 기다리고 있을 터이지만, 인류는 결코 평화와 행복으로의 전진을 멈추지 않을 것이다.

제13강 "문화강국" 전략

　　"문화강국" 전략과 국가전체전략은 상호의존적 관계이다. "문화강국" 전략은 국가전체전략 안에 포함되어 있다. 만약 "문화강국" 전략이 부재한다면 국가를 진정으로 강대하게 만들 수 있는 완전하고 전면적인 전략은 불가능해진다. 왜냐하면 돈이 많으면 그저 "부국富國"이라고 불릴 뿐이지만 이러한 토대 위에 풍부하고 선진적이며 고도로 발달한 문화가 존재해야 비로소 "강국強國"이라고 불릴 수 있기 때문이다. 현재 우리는 약간의 "부"를 확보했을 뿐 아직 "강"을 논할 단계가 되지 못했다는 점에서 부강한 국가 건설이라는 "대업"(大文章)의 절반밖에 달성하지 못했다고 할 수 있다. 그러므로 우리는 "문화강국" 전략을 수립하고 실행하여 대업의 나머지 절반까지 완수해야 할 것이다.

1. "문화강국" 전략은 중국뿐 아니라 세계를 위해서도 수립되고 실행되어야 한다

　　오늘날 중국의 문화(심층 문화)가 직면하고 있는 상황은 매우 우려스럽다. 현대에 들어 중국인들은 오랜 시간 동안 서구문화를 배워 오면서, 수천 년의 역사를 지닌 중국전통에 대한 연구를 소홀히 했다. 여기에 더해 전근대시기 고립정책으로 인해 서구의 강대한 공업생산력과 군사력의 충격을 그대로 받게 되자, 중국문화를 장점은 하나도 없으며 철저하게 버려야 하는 것으로 오인하게 되었다. 그리하여 중국인들은 서구문화라는 "식품"을 대거 섭취하기 시작했다. 그러나 서구문화라는 식품에는 영양소도 풍부하지만 과도한 "호르몬"도 함유되어 있어서 장기간 섭취할 경우 문화 "유기체"의 각 신체기관에 스며들어, 결국 이 유기체는 취약해지고 말 것이다. 이는 사회적 영역에서는 과학에 대한 맹목적 신앙, 물질숭배, B급 문화의 유행 등의 증상으로, 사상 영역에서는 이원대립, 도구적 이성, 기계론의 만연이라는 증상으로 드러나고 있다. 모든 영역에 만연해 있는 "경솔하고, 허세에 차 있으며, 경박한"(浮躁, 浮誇, 浮淺) 분위기로 인해, 현재 우리는 각종 사회, 환경, 심리적 문제들에 직면하고 있으며, 이는 그동안 우리가 섭취한 "호르몬"과 매우 밀접하게 관련되어 있다. 우리는 이러한 "취약한" 문화유기체의 정기를 북돋우고 사악한 기운을 빼내야 한다. 이를 위해서는 상당한 공력과 시간이 소요될 것이다.

그렇다면 지금 세계의 상황은 어떠한가? 인류발전에 거대한 공헌을 했던 서구문화는 이미 한계에 봉착했으며, 이미 인류사상의 해방, 과학기술의 발전, 사회진보의 추동 등을 재생산할 수 있는 힘이 고갈되어 더이상 인류를 위해 새로운 공헌을 할 수 없는 상태라고 말할 수 있다. 이제 인류는 여러 민족과 국가들이 서구문화에 의해 억눌려 왔던 자신들의 전통을 부흥시켜서 다원화된 교류와 융합을 통해 일원론적 체제를 대체하는 길로 나아가야 한다. 이는 서구의 여러 사상가들이 인식을 함께하고 있는 바이다. 또한 수많은 서구 학자들은 지난 300년 동안의 자신들의 문화전통을 비판하면서 중화문화의 이념에 근접하는 결론을 도출하고 있다. 다만 중국문화에 대한 이해 부족으로 인해 중국 학술계와 서로 호응하지 못했고, 호응이 이루어진 경우에도 실질적이고 절실하게 연결되지는 못했다. 바로 이러한 까닭에 "문화강국" 전략은 중국 자신뿐만 아니라 세계의 미래를 위해서도 수립되고 실행되어야 하는 것이다.

중화전통문화는 세계의 평화, 인간과 자연의 조화, 인간 자신의 조화를 증진시킬 수 있는 풍부한 내용을 담고 있으며, 보기 드문 완비된 체계, 세밀한 논술, 충만한 인간성을 갖추고 있다. 그러나 과거 맹목적인 자기비하로 인해 중국문화는 막심한 피해를 입었고, 전통문화에 담겨 있던 우수한 내용들은 중국인들과 세계인들로부터 잊히고 있다. 이제 우리는 역사적 시각, 세계적 시야, 자신감 넘치는 태도, 창의적인 담력과 지성을 갖추고 문화전략 구상에 임해야 할 것이다.

2. 문화전략이 반드시 따라야 할 문화 발생, 발전, 번영 및 흥망성쇠의 법칙

중국은 어떠한 장기적 문화전략을 세워야 하며, 또한 세울 수 있을까? 이것은 지금 당장 답할 수 있는 문제는 아니다. 학술계 역시 저마다 관점을 달리하기 때문에 일치된 결론을 내리지 못하고 있다. 다만 필자가 말하고 싶은 것은 문화전략을 구상함에 있어 반드시 문화 발생, 발전, 번영 및 흥망성쇠의 법칙을 따라야 하며, 임기응변을 발휘하여 문화의 현재 상황과 추세 및 미래의 가능성들을 정확하게 겨누어야 한다는 것이다. 필자는 문화의 현재 상황과 추세를 정확하게 이해하기 위해서는 문화 발전 법칙과 관련하여 아래에 제시한 몇 가지 문제들로부터 논의를 시작해야 한다고 생각한다.

1) 문화의 장기성과 견고성

문화는 인류가 출현함과 동시에 발생했다. 즉 문화를 가졌기에 인류가 될 수 있었던 것이다. 문화는 인간을 여타 동물과 구분시켜 주는 가장 근본적인 지표이다. 맹자는 다음과 같이 말했다.

사람이 짐승과 다른 점은 매우 적다.[1]

백성들을 배부르고 따뜻하며 편안하게만 하고 그들을 가르치지 않는다면 짐승에 가깝게 될 뿐이다.[2]

그가 말한 "가르침"(敎)은 교화, 문화, 인간화 즉 인간으로서의 품성을 획득하도록 하는 것이다.

중화민족의 역사는 매우 유구하지만, 중화민족의 문화는 중화민족 역사 기록보다 더욱 오래되었다. 문화 발전의 역사라는 측면에서 보자면 문자는 비교적 늦은 시기에 발명되었고, 비록 가장 오래된 문헌들 속에 "구전된 역사"의 내용이 담겨 있기는 하지만, 실제 문화의 역사는 이러한 기록들보다도 한참 더 이른 시기에 시작되었다. 왜냐하면 구전된 역사보

---

1) 『孟子』, 「離婁下」, "孟子曰: 人之所以異於禽於獸者幾希."
2) 『孟子』, 「滕文公上」, "飽食煖衣逸居而無敎, 則近於禽獸."

다도 더 이른 시기의 일들은 현재로서는 알 수 없기 때문이다. 따라서 훗날 문화의 원천을 추적하는 이들은 모두 증거에 의지하여 추측을 할 수밖에 없었으며, "기록으로 남은 역사"(信史)는 완성될 수 없게 되었다.

문화는 그 견고성으로 인해 장기적 성격을 띠게 되었으며, 이러한 견고성은 문화 그 자체 즉 인류의 삶의 방식, 내용, 관습 및 풍속으로부터 온 것이다. 이러한 것들이 한 번 형성되면 곧 사람들(부락, 부족, 민족)의 생산, 생활, 공존의 기초와 조건이 되어 세대를 거듭하며 전승되기에, 그 어떤 외부적 힘으로도 이것을 어찌할 수 없다. 물론 문화는 전승과정 속에서 필연적으로 풍부해지고 변화하며 발전하고 쇠락하는 과정을 거칠 수밖에 없지만, 만약 문화가 생산, 생활, 공존의 수요를 충족시켜 주기만 한다면, 특히 신앙과 철학이 형성되어서 이것이 이미 문화의 여러 형식에 깊숙이 침투했다면, 이러한 문화는 전복될 수 없을 것이다. 세계 4대 고대문명 가운데 오직 중화문명만이 온갖 우여곡절을 겪으면서도 끝까지 살아남을 수 있었던 이유가 바로 이것이다. 모든 문화가 어느 순간 갑자기 출현한 것이 아니라 그 이전 시대 문화의 토대 위에서 발전했던 이유 역시 이것이며, 문화의 성장은 장기적인 과정일 수밖에 없는 이유 역시 이것이다.

2) 교육체계는 문화를 전승하고 창조하는 근간이다

민족문화가 세대를 거듭하며 전승되는 방식, 방법, 궤도는 매우 다양하지만, 그 근간은 하나이다. 바로 교육이다.

세계역사의 관점에서 보았을 때, 원시시대 교육은 부락, 부족 생활에서의 훈련 혹은 선배의 가르침을 통해서만 이루어졌다. 가족이 출현한 이후에는 주로 조상과 아버지, 친척들로부터 구두로 전달받고 몸소 익히는 방식으로 이루어졌다. 국가가 형성된 이후 학교의 성격을 가진 교육기관과 체계가 보편적으로 출현했으며, 젊은이들을 대상으로 정규적이고 체계적인 교육을 실시했다. 산업혁명 이전 세계 여러 국가들의 학교들은 주로 도덕, 신앙, 작문, 계산 등의 지식을 전수했으며,3) 생산기술은 주로 선배들로부터의 "현장교육"을 통해 손에서 손으로 혹은 구두로 전수되었다. 산업혁명 이후 학교는 지식과 기술의 전수를 모두 담당하게 되었다. 특히 정교분리 이후 서구 학교들의 주된 역할은 윤리와 신앙의 배양이 아닌, "순수지식", "순수기술"의 교육이 되었다.

중국에서는 1906년 이래로 구식 학교들이 본격적으로 폐교되고 서양식 학교들이 세워졌지만, 그 후로도 중국인들은 항상 학교가 문화전승과 도덕배양에 있어 핵심적인 역할을 해야 한다고 보았다. 그래서 서양식 학교들 역시 "덕德, 지智, 체體"의 배양을 강조했으며, 학교는 문화를 전승하는 핵심 역할을 계속 맡게 되었다.4)

학교는 "체계적"이고 "종합적"인 교육을 할 수 있다는 점 외에도 "특수한 환경을 조성"할 수 있다는 점에서도 강점이 있다. 그래서 가정이 문화를 전승하는 중요한 공간이고, 부모가 아이들의 첫 번째 스승이기는 하지만, 여전히 "자식을 바꾸어 가르칠"(易子而敎) 필요가 있기에, 자녀를 (서당, 사숙 등을 포함한) 사립학교나 공립학교로 보내 교육시켰던 것이다.

---

3) 한유가 말한 "도를 전수함(傳道), 학업을 전수함(授業), 의혹을 해소함(解惑)"은 바로 이러한 단계의 교육 내용과 성격에 대한 개괄이라고 볼 수 있다.
4) 서구사회에서 비록 학교가 학생들에 대한 도덕교육을 담당하고 있지는 않지만, 대신 종교와 사회공동체가 매우 핵심적인 역할을 하고 있으며, 각종 매체들이 학교가 다하지 못하는 역할을 보완하고 있다.

이른바 "체계"란 학생들의 연령에 상응하는 교육을 실행하고, 처음에는 감정적 교육에 중점을 두었다가 점차적으로 이성적 교육을 중시하고, 쉬운 내용에서 점차 어려운 내용까지 학습하도록 구성되는 것이다. 교육의 핵심은 학생을 정상적인 사회구성원 즉 사회에 필요한 사람, 사회에서 환영받는 사람으로 성장시키는 것이다. 이것은 완성된 인간을 만드는 것이기도 하다. 이른바 "종합"이란 문과, 이과, 공학, 법학, 음악, 체육, 미술 등의 과목들을 적절히 결합해서 전면적이고 전체적인 교육을 실시하는 것이다. 이른바 "특수한 환경의 조성"이란 학생들이 소규모의 특수한 공동체를 형성하여 자연인, 가족구성원에서 사회인으로 거듭날 준비를 하도록 하는 것이다. 공동체에서 생활해나가기 위해서는 그 공동체의 규칙과 약속을 준수해야 한다. 이것은 훗날 사회에 진출함에 있어 필수불가결한 훈련이다. 학교에서는 교학 및 여러 활동들을 진행한다. 여기에는 모두 그에 맞는 교재들과 설비들이 필요한데, 가정에서는 이러한 것들을 갖추기 어렵다. 그 밖에도 학교는 학습하고 사고하며 토론하고 협업하며 즐길 수 있는 분위기가 형성되어 있어서, 학생들의 성장에 은은하면서도 중대한 영향을 끼친다.

　　교육의 가장 근본적인 기능은 문화를 보존하고 전승하며 창조하는 기지로서의 역할이다. 단도직입적으로 말해서, 현재 중국의 교육은 이러한 역할을 전혀 수행해 내지 못하고 있다. 이러한 문제들은 교육현장에서 학생들을 하나의 "인간"으로서 교육하고 양성하는 것이 아니라 "기계" 즉 훗날 상품을 생산하거나 특정 영역의 업무에 종사할 수 있는 "기계"로 보는 현상을 초래했다. "기계"는 생산만 할 뿐이다. 오직 "인간" 즉 우수한 문화를 갖춘 인간만이 창조를 할 수 있다. 만약 학생들이 초등학교에

서 대학교까지 16년 혹은 유치원부터 박사학위까지 24년 동안 전인교육
을 충분히 받아서 창조적이고 시대가 필요로 하는 인간으로 성장한다면,
학교는 자신의 근본적 역할을 충분히 완수했다고 할 수 있을 것이다.

3) 사회공동체문화와 가정문화의 거대한 삼투작용

우리는 현대사회에서의 문화전승과 건설에 있어 가정과 사회공동체
의 영향을 간과해서는 안 될 것이다. 광의의 사회공동체는 학교, 군대,
기업과 같은 직업군을 포함하고 있지만, 여기에서 언급할 협의의 사회공
동체는 농촌의 향촌, 도시의 소규모 행정구역을 가리킨다. 오래된 길거리
의 경우 이웃끼리 여러 해 심지어는 여러 세대 동안 교류를 하면서 서로
잘 알아서 화목한 관계를 형성하고 공동의 관심사를 가지며 상부상조의
분위기를 조성하고 있기에, 이미 그 자체로 특색 있는 "문화구역"을 형성
했다고 할 수 있다. 이러한 문화구역은 인간의 성장에 있어 눈에 보이지
는 않지만 분명 거대한 영향을 끼치고 있다. 중국의 도시와 농촌은 현대
화를 통해 거주조건을 비약적으로 향상시켰으나 기존의 사회공동체는 해
체되고 새로 형성된 사회공동체는 문화가 형성될 조건을 결핍하고 있다.
이러한 상황 속에서 사람들은 "일을 하는 8시간"을 제외하고는 오직 가정
안에서만 문화의 영양분을 흡수할 수 있게 되었다. 한 번 생각해 보자.
지금 어떤 가족이 원래 살던 아파트에서 다른 지역으로 이사를 간다고
할 때 옛날의 작은 골목에서 이웃이 이사를 떠날 때처럼 아쉬워하는가?
사회공동체문화와 인간의 관계 즉 사회공동체문화와 가정의 일상적
생활 간 관계는 매우 밀접하다. 사회공동체문화를 자각적으로 구축해 나

간다고 한다면, 여기에는 수년에서 수십 년의 시간이 필요하다. 이러한 사회공동체문화의 건설과 전파를 소홀히 한 결과, 현재 이 문화가 지니는 도덕성 배양 및 올바른 관습 형성의 기능은 심각한 손상을 입고 말았다.

4) 문화 현황에 대한 고찰

필자는 문화에 대해 고찰할 때 세 가지 측면에서 착수해야 한다고 생각한다. 첫째 문물의 보호와 이용, 둘째 학술연구, 셋째 인식과 실천 측면에서의 대중의 동의 수준이 그것이다.

문물은 땅속에서 출토된 문물과 대대로 전해져 내려온 문헌들을 모두 포함한다. 이러한 것들은 전통문화 및 문물의 형식이다. 비록 중국은 문화대혁명이라는 풍파를 겪기는 했지만 지상에 존재하던 기존의 문물들은 대체로 과거의 형태를 회복했으며, 수많은 유물들이 계속 출토되고 있다. 현재 이들의 보존 상태는 매우 양호하며, 이러한 문물들을 활용하는 측면에서도 상당한 경험을 축적하고 있다.

학술연구의 경우 문화대혁명으로 인해 여러 해 동안 연구가 중단되는 바람에 1970년대 중국학술의 수준은 한국, 일본 등 이웃 국가들은 물론 대만에 비해서도 한참 뒤쳐졌다. 그러나 최근 학술연구에서 장족의 발전을 거듭하여 연구의 범위, 규모, 예산, 성과, 수준 등이 비약적으로 향상되었다. 비록 몇몇 영역에서는 여전히 국제적인 수준에 미치지 못하고 있지만, 전반적으로는 국제적 수준에 근접하고 있다고 볼 수 있다. 필자는 앞으로 십 년에서 이십 년의 시간만 더 주어진다면 중국의 학술이 세계적 수준에 도달할 수 있으리라 본다.

대중의 동의라는 것은 곧 우수한 전통문화를 내면화한 정도 혹은 생활화를 반영한 것으로, 그 문화가 굳건하게 자리 잡았는지의 여부를 보여주는 지표이다. 현재 필자가 가장 우려하는 것이 바로 이 부분이다. 이는 필자가 논증할 필요도 없이 대중들이 일상생활에서 쉽게 확인할 수 있다. 이러한 상황을 초래한 원인은 너무 다양해서 여기에 관해 연구하고 논증한다면 몇 권의 책을 낼 수도 있을 것이다. 다만 학자의 관점에서 보자면, 우수한 전통문화는 단순한 장식품이나 연구대상에만 머무는 것이 아니라 민족의 영혼을 기르는 최고의 영양공급원이다. 만약 어떤 문물이 박물관 안에만 존재하고 어떤 예술형식이 무대 위에만 존재한다면, 우리는 그것이 이미 죽은 것이라 할 수 있을 것이다. 마찬가지의 이치로, 만약 전통문화가 학자의 서재 혹은 학술회의에만 머물러 있다면 이 역시 죽은 것이라 할 수 있다. 따라서 중화전통문화의 "순수학문화"는 가장 우려스러운 일이다.

학자의 입장에서 볼 때 이러한 사태를 면하기 위해서는 더욱 많은 인력이 학교, 사회공동체, 산간벽지에 투입되어 전통문화에 대한 무지를 걷어내고 사람들의 마음속에 잠재된 문화유전자를 각성시켜야 할 것이다. 이와 동시에 학자들은 직장인, 농민, 학생들을 위해 보다 가독성 높은 글들을 쓰고, 문화를 창조하는 이들과 협력해서 현학적인 논리를 대중들이 좋아하는 형식과 알아듣기 쉬운 말로 풀어내기 위해 더욱 힘써야 할 것이다. 문화를 보급하고 대중화하는 작업은 결코 쉽지 않을 것이다. 문화의 내용을 심도 있게 이해해야 쉽게 풀어낼 수 있고, 쉽게 풀어내야 더 깊이 이해할 수 있기 때문이다.

5) 종교의 보조적 역할

2016년에 열린 공산당 제18기 중앙위원회 제6차 전체회의(6중전회)의 결정 내용에서는 "당의 종교 관련 사업들의 기본 방침들을 전면적이고 철저하게 관철하여, 종교계 인사들과 신앙인들이 문화의 번영과 발전을 촉진하는 적극적인 역할을 맡도록 한다"고 명시하고 있다. 그렇다면 종교는 작금의 문화건설을 위해 어떠한 역할을 맡아야 하는 것일까?

종교 발전 역사의 관점에서 보자면, 종교는 사실상 인류가 생겨났을 때부터 함께해 왔다. 종교는 미지의 영역(인간 자신과 우주의 신비 및 예측 불가능한 모든 것들)에 대해 인간이 가지는 두려움과 경외에 기원하고 있다. 인간이 스스로 다른 무엇이 아닌 인간임을 자각했을 때 즉 자신이 존재함을 자각했을 때, 삶과 죽음은 가장 중요한 문제가 된다. 그리하여 인간은 스스로 종교를 창조해 냈고, 상술한 문제들에 대한 해답을 제시했다. 즉 종교의 목적은 인간 자신을 위한 위로와 의지 그리고 희망이었던 것이다.

예컨대 유대교 및 유대교와의 직간접적인 관련 속에서 파생된 기독교와 이슬람교는 모두 초경험적이고 절대적이면서 그 자신 이외의 모든 것을 창조한 신을 숭배한다. 그리고 그 신은 자신을 숭배할 것을 요구하면서 자신이 내린 계시에 따라 선을 행하고 죄를 참회하라고 명령하며, 사후에는 천국으로 데려와 자신의 곁에 머물도록 하거나 지옥에 떨어져 고통을 받도록 한다. 이처럼 종교는 신도들에게 범접할 수 없는 신성성과 강력한 흡인력을 지니고 있다.

불교의 경우 우주의 기원에 대해서는 결코 언급하지 않는다. 따라서 불경에는 "시작도 끝도 없다"(無始無終)는 말이 자주 등장하며, "아주 먼 과거로부터"(無始以來)의 일을 끊임없이 논하고 있다. 석가모니는 신이 아니다. 그는 고대 인도 카필라국의 왕 슈도다나의 아들로 태어났으며, 본래 이름은 싯다르타였다. 그는 룸비니(Lumbinī)라는 곳에서 태어났는데, 그의 어머니인 마야부인은 석가가 태어난 지 칠 일 만에 세상을 떠나서 이모인 프라자파티(Prajapati)에 의해 길러졌다. 석가모니는 인간 속에서 태어나고 성장했으며, 인간 속에서 불법을 구하고 깨달았으며 열반에 들었다. 그리고 그의 유골 즉 사리 역시 인간세상에 남았다.

이른바 "불佛"이란 깨달음의 의미인데, 무엇을 깨달았다는 것일까? 인생과 우주의 법칙을 깨닫고, 삶과 죽음 및 자신과 타인을 대하는 올바른 태도와 방법을 깨달았다는 것이다. 불교의 관점에서 보았을 때, 만사만물은 원인과 결과로 이어져 있다. 이것이 바로 연기설이다. 세상에는 원인 없는 결과는 없으며, 결과 없는 원인도 없다. 따라서 고뇌의 원인을 제거하기 위해서는 고뇌를 없애는 방법을 알아야 한다. 이렇게 볼 때, 우리는 불교가 현세를 중시했다는 점에서 피안의 세계에 전적으로 의지했던 유대교 등의 종교와 구분됨을 알 수 있다.

"계시"의 종교이건 "깨달음"의 종교이건, 결국은 인간에 대한 관심에서 비롯되었으며, 궁극적 실체에 대한 관심에 초점을 맞추고 있다. 즉 삶의 최대 관심사인 삶과 죽음에 대한 고찰과 고통으로부터 벗어남, 그리고 이들과 밀접하게 관련된 우주의 궁극적 실체에 대한 관심 등에 대해 근본적인 해답을 제시하려는 것이다. 모든 종교는 저마다의 교의를 갖추고 있지만, 결국 이러한 목적으로부터 확대 및 발전되어 나온 것들이다. 천국에 들어가거나 생로병사의 고통에서 해탈하기 위해서는 하늘과 인간의 이치를 밝히고 선을 실천하며 평화를 추구해야 할 것이다.

역사적으로 여러 종교들은 장기간에 걸쳐 포교, 발전, 개혁의 과정을 거쳤으며, 저마다의 이론체계를 구축하고 대량의 경전 및 그 경전에 대한 여러 주석들을 축적해 왔다. 이러한 종교들은 전 세계적으로 문학, 예술 철학 및 과학의 발전에 지대한 영향을 미쳤고, 인간의 삶과 마음속에 깊게 뿌리를 내렸다. 따라서 종교는 인간의 마음에 직접적으로 작용하는 문화이며, 민족문화의 핵심적인 구성요소 중 하나라고 말할 수 있을 것이다. 심지어 그 기원의 측면에서 볼 경우 종교가 없으면 문화도 없다고까지 말할 수 있을 것이다. 중국 역시 예외가 아니다. 따라서 중국문화를 발전시키고 널리 알림에 있어 결코 종교를 간과해서는 안 될 것이다.

중국 고유의 종교로는 도교가 있다. 불교는 한대에서 당대에 이르는 기간 동안 중국의 토착문화와의 융합을 통해 중국화되었다는 점에서 중국 고유의 종교라고 보아야 할 것이다. 천주교, 개신교, 이슬람교 등은 짧게는 수백 년에서 길게는 천 년 전에 중국에 소개되어 중국의 풍토에 적응해 왔다. 따라서 중화문화의 포용, 화합, 조상숭배, 이타성, 인의예지신 등의 관념들은 모두 각기 다른 정도로 외래 종교들의 영향을 흡수한 것이라 볼 수 있다. 또한 종교의 철학적 사변, 자연에 대한 경외, 죽음에 대한 비교적 담담한 태도5)들도 중화문화로 융합되어 들어왔다.

그러나 종교는 늘 양면성을 지니고 있다. 즉 사회의 조화에 기여하는 긍정적인 면도 있는 반면 그렇지 않은 부정적인 면도 있다. 중국역사에서 치세로 분류됐던 시기들은 모두 종교의 긍정적인 면이 부각되고 부정적인 면이 드러나지 않도록 억제되었다. 현재 가장 큰 문제는 종교에 대한 각종 오해와 회의6)들이 종교에 최적화된 심층 연구들에 부정적 영향을

---

5) 소박한 장례를 주장했던 묵가가 여기에 포함된다.

미치고, 종교가 상술한 작용을 하는 것을 제약하고 있다는 것이다. 역사상의 성공과 실패 사례들이 주는 교훈에 비추어 봤을 때, 종교가 보완의 역할을 맡아 통치방법을 적절히 조정해 준다면 이는 분명 신문화건설에 크게 기여할 것이다. 요컨대 문화전략을 고찰함에 있어 결코 종교 영역의 역할을 간과해서는 안 될 것이다.

6) 문학과 예술의 강점과 한계

문화를 논할 때 우리는 가장 먼저 문학과 예술을 떠올린다. 왜냐하면 문학과 예술은 시대정신과 사람들의 희망 및 과거에 대한 기억들을 시각적이고 생동감 있게 드러낼 수 있기 때문이다. 이른바 "농담하고 웃고 분노하고 욕하는 것들이 모두 문장이 된다"(嬉笑怒罵皆成文章)는 것이다. 이러한 까닭에 사람들은 대체로 문학과 예술을 좋아하며, 이들을 필요로 한다. 그러므로 문학과 예술은 민족문화의 수준을 향상시킴에 있어 매우 중요한 역할을 한다. 이것이 바로 이들이 가지는 강점이다.

그러나 문학과 예술은 한계도 지니고 있다. 첫째, 창작에 긴 시간이 필요하기 때문에 많은 경우 회고식으로 서술된다. 둘째, 시대정신을 드러내는 방식이 직접적인 설교보다는 완곡한 서술로 표현되다 보니, 창작자와 감상자 모두 높은 수준의 지식 및 문화 수준을 지니고 있어야 한다는 것이다. 비록 오락의 성격을 지닌 예술들이 항상 대중들의 환영을 받기는 하지만, 만약 창작자들이 인생과 시대에 대한 심오한 이해와 높은 수준의 도덕수양을 갖추지 않은 채 오락적이고 세속적인 방향으로만 나아간다면

---

6) 이 중 많은 부분은 종교 자체의 불충분하고 부족한 점들로 인해 초래된 것들이다.

대중의 수준을 향상시킬 수 없을 뿐만 아니라 오히려 그 반대가 될 것이다. 셋째, 문학과 예술은 문화를 전파하는 다른 방식들에 비해 상대적으로 생산비용이 높은 관계로 여러 외부조건의 제약을 받기도 한다.

문학과 예술은 본래 일반 대중에게 종속된 것이었다. 그래서 사람들의 삶과 창조는 문학과 예술의 원천이었고, 이는 마땅히 대중들이 향유해야 하는 것들이었다. 그러나 오늘날 문학과 예술은 시장경제의 환경 속에서 극소수의 사람들만이 향유할 수 있는 문화가 되어 버릴 가능성이 높아졌다. 이러한 한계를 극복하기 위해서는 대중문화의 발전에 발맞추어 새로운 문화를 창조하고 풍부하게 하는 작업에 참여하여야 할 것이다.

현재 중국은 문화체제의 개혁을 적극적으로 추진하고 있으며, 중앙정부와 지방정부들은 문화의 창의적 생산과 발전을 강조하고 있다. 이러한 방침들은 모든 사람들이 문화를 향유하고 미래로 가는 길을 개척하기 위해 문학과 예술 영역에서 반드시 채택되어야 할 전략이라 할 수 있다.

3. 중화문화의 수출은 중화문화가 강성해졌음을 의미한다

문화를 확산 및 발전시킴에 있어, 어떤 경우에도 가장 중요한 두 가지가 있다. 첫째, 문화의 주체성을 견고하게 확립하는 일이다. 이러한 주체성은 인간의 마음과 일상생활 안에 존재한다. 둘째, 자각적으로 타 문화와의 접촉을 추진하는 것이다. 이러한 접촉을 통해 상대방을 이해하고 파악하며 감상하고 학습할 수 있다.

문화적 개방성과 주체성은 변증적으로 통일된다. 국가와 개인을 막론하고 주체성이 없으면 뿌리가 사라지게 되고, 주체적 견해가 없으면 타 문화와 접촉할 때 불필요한 마찰과 억압이 발생하거나, 혹은 무분별하고 무비판적이며 맹목적으로 타 문화를 수용해서 결국 자아를 상실하여 자신이 누군지조차 망각하게 된다. 반대로 문화를 개방하지 않거나 타 문화와 자각적으로 접촉하지 않을 경우 문화는 발전하지 못하고 제자리걸음만 하다 쇠락하게 될 것이다. 문화가 군건하지 못하면 그 국가는 장차 쇠퇴할 수밖에 없을 것이다. 지난 삼백 년간의 역사가 이 점을 증명해 주고 있다.

문화의 "수출"은 문화에 대한 자각이 가장 집중적으로 체현된 지점이라 할 수 있다. 19세기 중엽 이래 양무운동, 변법자강운동, 신해혁명, 5·4운동 등은 모두 서구문화와 접촉하면서 촉발된 것들이다. 이 운동들의 내용은 모두 외국인이 전파했거나 중국인이 외국에서 가져와 중국에 소개한 것들이었다. 마르크스주의 역시 러시아의 10월 혁명[7] 이후 중국에 전파된 것이었다. 중국은 이러한 것들에 대해 수동적이면서도 능동적으로, 능동적이면서도 수동적으로 대응해 왔다. 최근 6중전회의 결정 내용에서는 "문화수출전략을 실시하여 중화문화의 국제적 영향력을 부단히 확대한다"고 명시하고 있다. 이는 중화민족 발전의 역사에서 최초로 "문화수출"을 공개적으로 선언한 것으로, 천재일우의 기회라고 할 수 있다. 왜냐하면 중국은 지난 30여 년 동안 개혁개방을 추진해 왔고, 경제력이 강화되었으며, 문화적 자각도 시작되었기 때문이다.

---

7) [역자주] 10월 혁명: 1917년 러시아에서 블라디미르 레닌이 이끄는 볼셰비키의 주도 하에 이루어진 세계 최초의 공산주의 혁명이다. 러시아 제정을 무너뜨린 2월 혁명으로 수립된 임시정부는 10월 혁명으로 인해 붕괴되었고, 볼셰비키 주도의 소비에트에 모든 권력이 집중되게 된다.

중화문화의 수출에는 아직 여러 난관이 남아 있다. 첫째, 서구문화 특히 미국문화는 전 세계를 지배하고 있으며, 중화문화는 별종, 예외 혹은 이질적인 것으로 여겨져서 배척되고 있다. 둘째, 서구는 중화문화에 대해 뿌리 깊은 편견을 가지고 있어서, 걸핏하면 중국이 가치관을 수출하려고 한다는 잘못된 주장을 제기하고 있으며, 온갖 견제와 음해가 끊이지 않고 있다. 이러한 상황은 빠른 시일 내에 개선되지 않을 것으로 보인다. 셋째, 아직까지 중국은 외국인들이 선호하는 문화형식과 설명방식을 활용하여 중화민족 및 현대 중국을 객관적으로 소개하는 것에 능숙하지 못하다. 그래도 최근 몇 년 동안 상황은 다소 호전되고 있다. 그중 눈에 띄는 것은 공자학원이 전 세계 105개 국가에 설치된 것이다. 서구에서는 이를 두고 서구 주류사회가 중국에만 존재하는 문화상품을 받아들일 수 있게 되었다고 평가했다. 우리는 이 경험을 면밀하게 분석해서, 이것이 중화문화와 여러 나라들 간에 진행 중인 각종 교류에서 잘 활용되도록 해야 할 것이다.

중화문화의 수출은 과거에도 존재했던 일이지만, 과거에는 자각적이었던 것이 아니라, 무역, 이민, 전쟁 등으로 인해 자연스럽게 유출되어 나간 것이다. 중국이 나날이 빈곤해지고 허약해져 세계경제에서의 영향력을 완전히 상실했을 즈음에는 설혹 중화문화를 자각적으로 소개하려고 했어도 아마 누구도 거들떠보지도 않았을 것이다. 현재 비록 세계를 향해 걸음을 내딛기는 했지만 이는 결코 "큰 걸음"이 아닌 "작은 걸음"일 뿐이다. 큰 걸음을 내딛기까지는 아직 한참 더 발전해야 한다. 우선 중국과 중화문화가 진정으로 강대해져야 하며, 그리고 "큰 걸음"을 어떻게 내딛는지 배워야 한다.

문화교류는 크게 세 가지 경로로 이루어진다. 첫째, 정부 간 교류이다. 이는 시간적 요소, 공간적 요소, 인적 요소(대상)에 따라 이루어지며, 국가 간 이익을 둘러싸고 진행된다. 이러한 교류의 성격은 국가 간 정치적 관계에 따라 규정된다. 둘째, 학자 간 교류이다. 이러한 교류는 학술적 성격이 강하고 참여하는 사람의 숫자는 적지만, 문화의 뿌리들이 직접 접촉한다는 점에서 가치관, 세계관, 윤리관의 측면에서 상호 심대한 영향을 끼친다. 우리는 이러한 접촉의 성과를 통해 상호 문화의 모든 영역을 관조하고 상대방의 "마음"과 "뿌리"를 진정으로 이해할 수 있다. 셋째, 대중 간 교류이다. 이것이 바로 최근 자주 제기되는 "공공외교"이다. 상업, 무역, 유학, 공연, 스포츠행사 등이 모두 여기에 해당된다.

필자는 이 중에서 두 번째 경로가 가장 중요하다고 생각한다. 학계에서의 교류는 정치와 이데올로기를 초월할 수 있으며, 위로는 정책결정자들에게 영향을 미치고 아래로는 대중에게 영향을 미칠 수 있기 때문이다. 또한 이 교류는 문화의 근본적 차원에서 영향력을 행사할 수 있다. 현재 중국은 바로 이 측면에서 매우 취약한 상태이다. 현재 중국은 자신의 문화에 대해 충분히 심층적이고 광범위하게 연구하지도 못했으며, 문화를 연구하는 학자 중 90% 이상이 외국어로 국제교류를 할 수 없는 상황이기 때문이다. 그래서 설사 교류를 하더라도 언어 측면에서 효과적으로 대응하지 못하고 있다. 이러한 것들은 모두 장기간에 걸친 문화고립의 결과라 할 수 있다.

필자는 국제교류의 세 경로 중 마지막 경로인 대중외교가 가장 어려운 상황에 놓여 있다고 생각한다. 대중외교 즉 공공외교에 참여하는 사람의 숫자는 적지 않지만, 그들 중 대부분은 특정 문화에만 이해를 갖고 있거나 익숙할 뿐, 문화 교류의 법칙성을 제대로 이해한 이는 상대적으로 드물다. 이것은 문화에 종사하는 이들과 여행객들이 받은 기존 교육체계의 한계 때문일 것이다.

요컨대 필자는 중화문화의 수출은 필연적 추세이며, "문화강국" 전략을 추진함에 있어 이를 핵심 의제로 설정해서 문화역량을 증대시켜야 한다고 보고 있다. 그러나 지금까지 우리는 이러한 계획에 걸맞은 준비를 하지 못했다. 이러한 까닭에 몇 년 전 필자는 "뿌리를 군건하게 하여 세계로 향하자"(固本强身, 走向世界), "보폭은 좁지만 빠르게 나아가자"(小步快走) 등을 주장한 바 있다. 이는 중화문화의 수출 속도가 아마도 국가의 경제력 및 문화 수출에 투입된 예산의 규모에 따라 결정되겠지만, 그 효과와 영향력은 근본적으로 문화건설의 정도 및 연구의 수준에 달려 있다는 의미이다. 국가의 경제력 및 투입 예산만 보면 수출의 속도가 빠를 수도 있겠지만, 문화건설의 정도 및 연구의 수준만 본다면, 중국은 아직 좁은 보폭을 유지할 수밖에 없을 것이다. 이것은 큰 발걸음을 내딛고 싶지 않아서가 아니라 그럴 수 없기 때문인 것이다. 그러므로 중국이 만약 문화 수출의 큰 걸음을 내딛었다면 그것은 중국문화가 이미 강건해졌음을 의미하는 것이며, 이 "수출"은 "뿌리를 군건하게 할" 추진력을 제공할 것이다.

제14강 중화문화 및 신문화 건설에 대한 고찰

1. 인류사회에서의 문화의 지위와 역할

우리는 문화를 네 가지 측면에서 조망할 수 있다. 인간화, 정체성의 상징, 인류발전의 지표, 궁극적 목표 등이 그것이다.

1) 문화는 어째서 "인간화"인가?

가장 고등한 포유동물인 인간은 다른 동물들과 어떤 점에서 구분될까? 오랜 진화의 과정 속에서 인간화는 끊임없이 진행되었으며, 여전히 최종점에 도달하지 못했고 미래에도 영원히 도달하지 못할 것이다.

여기에서 미래란 몇 년 후를 말하는 것일까? 알 수 없는 일이다. 현재 우리들에게는 두 가지 알 수 없는 것이 있다. 첫째, 인류가 어떻게 인류가 되었는지의 문제이다. 여러 교과서들이 인류의 기원에 대해 설명하고 있지만, 사실 이들은 모두 가설에 불과한 것들로, 완전히 증명된 것은 아니다. 원모인元謀人, 산정동인山頂洞人 등의 흔적이 발굴되기는 했지만, 아직 충분한 것은 아니라서, 그들의 골격, 치아 및 그들 주위의 돌조각이나 동물의 잔해에 근거해서 그들의 생활상을 추론만 할 수 있을 뿐이다. 이러한 추론들은 아마도 영원히 증명되지 못할 것이다. 그들을 둘러쌌던 주변 환경은 모두 사라져 버렸기 때문이다.

둘째, 인류의 미래이다. 마르크스주의 학설에 따르면 인류는 미래에 공산주의사회를 건설한다고 하지만, 이 역시 가설과 추리일 뿐이다. 그러나 중국인들은 이것을 믿고 있으며, 인류사회가 중국 고대인이 말했던 대동사회와 같은 높은 단계에 도달할 수 있을 것이라고 믿고 있다. 그렇다면 공산주의사회는 어떤 모습이며, 공산주의사회가 건설된 이후 인류는 또 어떻게 발전하게 될 것인가? 이는 아직 알 수 없는 일이다.

첫 번째 문제는 역사가 우리에게 살아 있는 증거를 보여 주지 못했기 때문에 발생한 것이고, 두 번째 문제는 필연적으로 모를 수밖에 없으며 앞으로 천천히 알아 가야 할 것이다. 왜냐하면 우리가 얻은 것이라고는 상대적 진리뿐이기 때문이다. 절대적 진리는 앞으로 끊임없이 추구해 가야 하지만 영원히 도달할 수 없는 것이다. 이것은 마르크스주의의 기본 관점 중 하나이다.

먼저 인간과 동물 간의 구별에 대해 논하겠다. 인간과 동물의 공통점은 생물적 욕구를 지닌다는 점이다. 2300여 년 전 저술된 『맹자』에는 "식욕과 성욕은 본성이다"[1]라는 대목이 나온다. 물론 이는 맹자가 논적으로 상정한 고자告子가 한 말이기는 하지만, 맹자 역시 이 말을 부정하지 않았다는 점에서 이에 암묵적으로 동의한 것이라 볼 수 있을 것이다. 식욕과 성욕은 동물의 본성이며, 식물 역시 이러한 본성을 지니고 있다. 식물은 공기 중에서 이산화탄소를 흡수하고 땅에서 양분을 흡수하며, 수술과 암술이 만나서 씨앗을 만들어 낸다. 식욕은 그 자신이 보존되고 살아갈 수

---

1) 『孟子』, 「告子上」, "告子曰: 食色, 性也."

있도록 하기 위한 것이며, 성욕은 자신의 종 혹은 종족이 지속될 수 있도록 하기 위한 것이다. 이러한 것들은 모두 교육이 필요한 것들이 아니다. 그래서 맹자는 "사람이 짐승과 다른 점은 매우 적다"고 말했던 것이다. 인간이 동물과 구분되는 점은 아주 미미하지만, 바로 이 미미함이 수만 년에 걸쳐 형성된 본질적 차이점이다.

이 차이는 바로 우리가 언어를 사용한다는 점과 도구를 제작하고 사용한다는 점에서 비롯된 것이다. 여러 연구들이 조류와 대형 유인원들 역시 모두 자신들만의 언어체계를 가지고 있다고 주장하지만 이러한 주장들은 모두 아직 증명되지 못한 가설에 불과하다. 따라서 우리는 일단 언어가 인류만의 것이라고 보아야 할 것이다. 동물의 발성은 그들의 동물성을 반영한 것일 뿐 어떠한 의미를 담고 있는 것이 아니기 때문에 의견을 교환하거나 보고를 할 수는 없다. 반면 인간은 언어를 통해 의견을 교환하고, 사유의 발전을 촉진하며, 보다 결속력 있는 공동체를 형성하고 스스로를 인식하는 능력을 지닐 수 있게 되었다.

우리는 다음과 같은 사고실험을 해 볼 수 있을 것이다. 아직 한 살이 안 된 아기에게 자신의 모습이 비친 거울을 보여 주면, 아기는 손을 뻗어 거울에 비친 자신을 만지려고 하겠지만, 아직 그것이 자신인 줄은 모를 것이다. 강아지나 어린 고양이를 거울 앞에 두어도 마찬가지일 것이다. 그러나 조금 성장하고 나면 아기는 자아의식이 생겨서 거울에 비친 것이 자기 자신임을 알게 되지만, 개와 고양이는 인간의 백 살에 해당하는 열일곱 살이 되어도 여전히 그것이 자신인 줄 알지 못한다.

또한 인간은 반성을 할 수 있다. 이는 일반적인 사고가 아니라 자신의 과거를 돌아보는 사고이다. 예컨대 젊은 사람들은 자신들의 삶의 가치를 스스로 탐색하고 "자기설계"를 해낼 수 있다. 이러한 것들은 모두 자신에 대한 인식이라 할 수 있다. 이처럼 인류는 언어로 인해 우리가 "문화"라고 부르는 것을 이룩해 낼 수 있었다. 이러한 까닭에 문화는 인간을 동물과 구분되게 하는 근본적인 차이라고 할 수 있다.

최초의 문화는 어떠한 모습이었을까? 이 역시 알 수 없는 것이다. 우리는 다만 원시시대 사람들이 새끼줄 같은 것을 이용하여 조개껍데기를 묶을 줄 알았고, 조금 지나서는 조개껍데기에 구멍을 뚫어 그것들을 꿰어서 장식품으로 사용했으며, 이것이 오늘날의 목걸이로 발전했다는 것과 이러한 것들이 일종의 아름다움에 대한 추구라는 것을 알고 있을 따름이다. 그러나 그들이 이러한 목걸이를 걸치고 있을 때 어떤 감정을 느꼈는지, 부락 혹은 아직 부락이 형성되기 전 자연 상태의 집단공동체에서는 이러한 목걸이를 보고 어떻게 반응했는지, 이 목걸이를 걸친 사람은 이를 직접 만들었는지 아니면 교역을 통해 얻었는지 등의 질문에 대답할 수 없다. 하지만 이러한 장식품을 사용했다는 것으로 인간이 이미 "인간"이 되었다는 사실은 알 수 있다. 인간은 자신을 인식하면서부터 인간이 되기 때문이다. 필자는 문화야말로 인간을 동물과 구분시켜 주는 인간만의 본질적 특징이며, 이러한 "인간화"가 바로 문화이고, 이는 끊임없이 발전해 왔다고 항상 강조했다. 즉 문화의 발전은 인류의 발전과 발맞추어 이루어졌다는 것이다.

인류의 문자는 약 6000년의 역사를 지니고 있다. 6000여 년 전 오늘날 이라크의 영토에 속한 메소포타미아 지역에 수메르 인들이 등장했다. 매우 긴 시간 동안 사람들은 이 지역에 수메르 인들과 수메르문명이 존재했었다는 사실을 모르고 있었다. 19세기에 이르러 학자들이 수메르 인들의 쐐기문자를 해석한 후에야 수메르문명의 존재가 세상에 드러났다. 우리는 일반적으로 문자가 발명되기 이전의 시대를 선사시대라고 부른다. 문자를 통한 역사 기록은 메소포타미아에서 최초로 시작되었고, 그다음은 이집트였다. 중국에서는 3000여 년 전부터 문자를 통한 역사 기록이 시작되었는데, 중국인들이 최초로 사용한 문자는 갑골문자였다. 일반적으로 문자의 탄생을 문명 단계로의 진입으로 본다. 즉 문화가 먼저 존재했고, 그 후 이 "문화"(文)가 "밝게 드러난"(明) 것이다.

언어는 사고능력의 발전을 촉진했다. 언어에 대해 지금까지 존재했던 여러 정의들 역시 모두 언어가 사고와 의사소통의 도구임을 보여 주고 있다. 그러나 필자는 이 둘의 순서를 뒤집어서 언어가 "의사소통과 사고의 도구"라고 주장하고자 한다. 언어는 의사소통의 과정에서 발생한 것으로, 만약 의사소통이 없었다면 언어 역시 존재하지 않았을 것이다. 따라서 언어의 가장 중요한 기능은 바로 의시사통이다. 의사소통을 할 때 우리는 말을 하거나 글을 써야만 한다. 글을 쓰는 것 역시 언어행위이다. 그러나 사고를 할 때 반드시 말을 해야 하는 것은 아니다. 예컨대 우리는 말을 할 때 원고가 없거나 적합한 표현이 떠오르지 않는 상황에서 갑자기 적절한 어휘를 말해 내는 경우가 있다. 그래서 의사소통이 언어의 가장 중요한 기능이자 동인이라는 것이다.

사고는 의사소통의 자극 속에서 발생하고 발전하는 것으로, 만약 의사소통이 없었다면 인간의 사고능력 역시 발전할 수 없었을 것이며, 지식의 내용 역시 금방 고갈되었을 것이다. 사상의 발전으로 인해 인류는 겨우 수천 년 만에 원시사회에서 현대사회에 도달하여, 마침내 양리웨이(楊利偉, 1965~) 같은 우주비행사가 탄생하기에 이르렀다. 이러한 인류의 발전은 너무나 빠르다고 할 수 있다. 늑대와 호랑이뿐만 아니라 인간이 길들인 말, 노새, 당나귀, 소, 양 및 여러 애완동물에 이르기까지, 그 어떤 종이 인간만큼 큰 발전을 이루었단 말인가? 인류가 문자를 발명한 이래 오늘날에 이르기까지의 시간은 인류 전체의 역사에서 본다면 눈 깜짝할 만큼의 짧은 시간이었다. 그러나 인류는 문자와 언어로 인해 사상을 가지게 되었고, 이토록 빠르게 발전할 수 있었던 것이다.

필자는 인류발전의 속도를 증가시킨 두 가지 요소가 있다고 보고 있다. 첫 번째 요소는 언어의 형성이다. 언어로 인해 인간은 사고를 하게 되었고, 훗날 문자까지 발명하게 되었다. 이때부터 인류와 인류의 대뇌는 급속히 발달하기 시작했다. 두 번째 요소는 독일의 신학자이자 철학자인 야스퍼스가 주장한 기원전 500년경의 기축시대이다. 그는 기원전 800년부터 기원전 200년에 이르는 시기 특히 기원전 500년경이 인류의 기축시대이며, 이 시기 인류의 사고능력과 광의의 문화가 급속히 발전하고 사상의 측면에서 일련의 성과를 거두었으며, 이 시기 인물들이 인류발전에 거대한 공헌을 했다고 보았다.

그 공헌의 내용은 무엇인가? 서쪽에서 동쪽으로의 순서로 제시해 보겠다. 먼저 고대 그리스에는 소크라테스, 플라톤, 아리스토텔레스 등 일군의 철학자들이 활동했고, 그들은 신의 문제, 인간의 문제, 인간과 신의 관계의 문제, 과거 · 현재 · 미래의 문제 등을 고찰했다. 그리스보다 약간 동쪽에 위치한 오늘날 팔레스타인의 가자 지구에서는 아브라함이 등장했다. 그는 유대교를 창시하고 그리스의 철학자들과 마찬가지로 생사와 과거 · 현재 · 미래의 문제 즉 오늘과 내일의 문제를 고찰했다. 다시 동쪽으로 더 가 보면, 중국에서는 공자, 노자를 포함한 수많은 제자백가들이 등장했다. 그들 역시 생사와 과거·현재·미래의 문제 즉 오늘을 어떻게 살아야 하며 궁극적으로 어디에 도달해야 하는가의 문제를 고찰했고, 인간의 심신, 인간과 대자연의 관계 등의 문제도 고찰했다. 다시 방향을 바꾸어 남쪽으로 가 보면, 공자와 수십 년의 시차를 두고 석가모니가 등장했으며, 그는 불교를 창시했다. 기축시대의 철학자들이 제기했던 문제들과 그에 대한 답에는 일종의 보편성이 존재한다. 그래서 그들이 제기했던 문제들은 오늘날에 이르기까지 인간 사고의 기본적인 범주를 구성하고 있으며, 우리는 그들이 제시했던 답에서 아직 한걸음도 더 나아가지 못하고 있다.

그러나 기축시대 철학자들이 활동했던 네 지역의 발전양상은 매우 판이했다. 중동지역은 유목생활을 했고, 중국은 상대적으로 농업이 발달했으며, 인도는 목축과 농경을 겸하고 있었다. 또한 교통이 발달하지 못했던 관계로 이들 철학자들 간에는 어떠한 교류도 없었다. 그들은 소수 동료 및 제자들과 함께 고찰하고 연구하며 토론하고 실천했을 뿐이었다. 아고라에서 소크라테스와 대화를 나누었던 제자들, 공자 문하 72명의 현인, 석가모니로부터 직접 불법을 전수받은 소수의 제자들이 바로 그들이다. 이 시기는 생산력도 높지 않았기 때문에 대부분의 사람들은 의식주를 마련하기에도 벅찼으며, 식욕과 성욕을 충족시키기에도 자원이 부족한 상황이었다. 따라서 지식의 보급은 난망한 상황이었다. 그럼에도 불구하고 기축시대는 문화의 전성기를 이룩했다.

은주시대로부터 약 이천 년이 지난 후 서구에서는 마르크스가 출현했다. 그는 문자로 기록된 서구문명 전체를 흡수하고 고찰했으며, 이러한 계승 속에서 발전을 이루어 후세 사람들이 마침내 대동사회를 추구하게 될 것이라는 주장을 내놓았다. 사실 플라톤의 이상국가, 중국의 대동천하, 불교의 극락세계 역시 모두 이와 동일한 이상사회였지만 다만 소박하고 원시적이며 불분명했을 뿐이다. 마르크스는 생산관계의 변화, 생산 잠재력의 실현, 인간의 전면적 발전을 통해 인류가 더 높은 수준의 사회로 진입해 왔다는 관점에서 인류발전의 역사를 기술했다. 이것이 바로 문화 영역에서 마르크스가 세운 기념비적인 공헌이다.

우리는 문화 발전에 대해 뚜렷한 관점을 확립해야 한다. 문화의 발전에는 어떠한 가시적인 형태도 없으며, 상당한 정도로 축적된 후에야 그 모습을 드러낸다. 원시인에서 문명인 그리고 문명인에서 사상과 학문을 지닌 인간에 이르기까지, 생산력 및 생산관계의 끊임없는 변화에 따라 농업시대, 산업시대를 거쳐 정보화시대에 이르기까지 모두 저마다의 지표를 보였다. 이러한 지표와 지표 사이에는 과도기가 존재한다. 이는 노신의 잡문집인 『무덤』(墳)의 「후기」에서 매우 명확하게 다루어진 바 있다. 모든 변화에는 중간 단계가 있다. 동물과 식물, 척추동물과 무척추동물 사이에도 중간 단계가 존재한다. 진화과정 속에 있는 존재는 모두 "중간 단계"라고 말할 수 있을 것이다.

이것이 바로 변화와 발전에 대한 노신의 관점이며, 이는 인간에게도 적용된다. 인간은 늘 두 가지 서로 다른 경향의 충돌을 경험하고 있다. 노신의 소설 『고향』의 한 대목은 이러한 점을 생동감 있게 보여 주고 있다. 어린 시절 노신은 장강 가의 소년 윤토閏土와 어울려 놀곤 했다. 그들이 성장한 후 다시 만났을 때 윤토는 노신을 "어르신"이라고 불렀다. 이 때 노신은 자신과 윤토 사이에 높은 벽이 있음을 느끼게 되었다. 노신이 어머니와 조카를 데리고 북경으로 돌아가는 배 안에서 조카가 "우리는 언제 다시 이곳에 돌아오나요?"라고 물었을 때 그는 다시 한 번 감상에 젖어 들었다. 그는 자신의 조카와 윤토의 자식이 친구가 되기를 바랐다.

그러나 나는 그들이 한 마음이 되려다가 나처럼 떠돌기를 바라지 않으며, 그들이 윤토와 같이 몽매하게 살기를 바라지 않고, 또한 다른 사람들처럼 방종한 채 살기를 바라지 않는다. 그들에게는 우리가 경험해 보지 못한 새로운 삶이 기다리고 있어야 한다.

여기에서 노신은 당시 구 사회의 중국인을 세 부류로 분류했다. 첫째, 노신 자신과 같은 사람들이다. 이들은 새로운 삶을 위해 끊임없이 투쟁하며, 그래서 남쪽과 북쪽을 오가며 애쓰는 사람들이다. 둘째, 윤토와 같이 어렸을 때는 친구였지만 여전히 몽매하여 미신을 믿으며 구습에 저항할 줄 모르고 자신이 빈곤한 이유를 모르는 사람들이다. 셋째, 돈과 권력을 지녔으나 방종하고 타락한 사람들이다. 이처럼 방종한 사람들도 사실은 어려움을 겪는 것이다. 어쩌면 보통의 사람들보다 더 큰 어려움을 겪는 것이라고 볼 수도 있다.

이 세 부류의 사람들 모두 어려움을 겪고 있는 사람들이다. 다만 처한 상황이 다르고 목표가 다른 것이다. 몽매한 사람들은 목표가 없으며, 방종한 사람들은 오직 개인적이고 일시적인 것들만을 목표로 삼는다. 그러나 첫 번째 부류인 떠도는 사람들은 민족과 인류 전체를 위해 분투한다.

인간의 두 가지 경향 중 한 가지는 이기성이다. 이기성은 동물성이다. 다른 한 가지 경향은 바로 이타성이다. 이타성이야말로 인간성이다. 방종한 사람들은 문화를 통해 각성되고 올바른 길로 인도되어야 한다. 몽매한 사람들 역시 문화를 통해 각성되고 오늘날의 삶과 미래의 삶 간의 관계,

개인과 공동체의 관계를 이해하도록 인도되어야 한다. 오늘날의 시점에서 보아도 노신의 이러한 관점은 다시 한 번 깊게 살펴볼만하다. 이러한 노신 사상의 바탕에는 중화민족의 지혜의 빛이 어른거린다고 말할 수 있을 것이다.

인간과 동물은 생존과 번창을 위한 물질적 토대를 추구한다는 점에서 동일하다. 식욕과 성욕이 바로 그것이다. 인간이 동물과 구분되는 점은 중국인이 말하는 인의, 서구 기독교도들이 말하는 사랑과 같은 것이다. 물론 이때의 사랑은 우선적으로 신을 그 대상으로 한 것이다. 이러한 인의와 사랑에 대한 인정 여부와 무관하게, 이러한 것들이 바로 인간을 동물로부터 구별시켜 주는 것 즉 "인간화"이다.

필자의 관점에서 보았을 때, 현대사회의 너무 많은 것들이 인간화는 간과하거나 결핍한 채 인간의 동물성만을 체현하고 있다. 현대사회에 만연한 음란, 흉악범죄, 사기, 착취 그리고 전쟁[2]이 바로 여기에 포함된다. 어떤 인터넷뉴스의 기사에 따르면 섬서성의 한 민영 유치원에 48세의 촌민이 뛰어들어 흉기로 7명의 아동과 1명의 교사를 살해하고 11명에게 부상을 입히는 사건이 발생했다. 범인은 자신의 집으로 돌아가 자살했다고 한다. 필자는 도무지 이해할 수가 없었다. 이 사람은 도대체 무슨 마음으로 이런 짓을 저질렀을까? 피해 아동들이 자신의 자식이 아니었고 그들을 사랑하지 않았다고 하더라도, 이처럼 갑자기 칼을 휘둘러 학살극을 벌이는 짓은 동물들조차 하지 않을 것이다. 그야말로 짐승이라 할 수 있다. 이것이 바로 인간의 야수성이다.

---

2) 여기에서 전쟁은 정의롭지 못한 침략전쟁만을 가리킨 것으로, 스스로를 지키기 위한 투쟁은 포함되지 않는다.

그러나 우리의 문화상품들 중 많은 것들은 이러한 야수성을 직접적으로 다루고 있으며, 이는 부정적인 효과를 내고 있다. 예컨대 폭력적인 내용을 담고 있는 영화나 만화가 그러하다. 인터넷뉴스의 기사에 따르면, 어떤 학자가 400명의 미성년 범죄자들을 대상으로 인터뷰를 진행했는데, 이들은 모두 강력범죄를 저지른 이들이었고, 이 중에는 흉기로 자신의 가족들을 살해한 이들도 있었다. 범죄의 동기를 물어보자, 많은 수의 청소년 재소자들은 TV를 모방했다고 답했다. 필자는 현재 TV프로그램에 대해 매우 비판적인 입장을 가지고 있다. 범죄영화가 대중들에게 사기 등의 범죄를 당하지 않도록 경고해 주고 경찰들의 용기와 기지를 보여 준다는 점에서는 긍정적이지만, 범죄의 전 과정을 생생하고 흥미 있게 보여 주어 오히려 범죄를 교사하는 측면도 있다. 요즘 초등학생이나 유치원생들마저도 흉악범죄를 저지르는 것에는 이러한 TV프로그램의 영향이 크다고 볼 수 있다.

2) 정체성의 상징으로서의 문화

이천여 년 전 중국의 선조들은 "사물은 종류에 따라 모이고, 사람은 무리에 따라 모인다"고 말했다. 인간은 사회적 동물이며 무리지어 생활한다. 다만 무리를 짓는 기준이 제각각일 뿐이다. 사회가 발전해 온 경로에 따르면, 먼저 부락이 있었고 나중에 부족이 구성되고 그 후 민족과 국가가 형성되었다. 그리고 이것이 더욱 확대된 것이 바로 인종이다. 각기 다른 공동체들은 모두 저마다의 문화를 가지고 있다. 예컨대 외국에서 여행할 때 자기 나라의 구수한 방언이 들리면 자신도 모르게 뒤를 돌아보게 된다. 사람들이 무리에 따라 모이기 위해서는 공통의 상징이 필요하다. 머리카락과 눈동자의 색깔, 코의 높이 등은 그 상징이 될 수 없다. 가령 중국 밖에 거주하며 중국어를 전혀 하지 못하는 화교가 중국에 왔다고 해 보자. 설사 그가 당나라 전통 의상을 입었다고 하더라도 매우 간단한 말조차 통역이 필요하다면, 우리는 그를 우리의 동족이 아닌 외국인으로 느끼게 될 것이다. 따라서 문화는 해당 민족을 응집시키고 결속하는 힘을 가지고 있다. 옛사람들은 "말하지 않아도 마음으로 통한다"고 했는데, 바로 문화가 "마음으로 통하는" 지점이다.

사람들은 다양한 기준에 따라 공동체를 구성하지만, 그 중에서도 가장 핵심적인 것은 바로 이익의 분배이다. 이는 우리가 개인, 공동체, 국가와 관계를 맺을 때뿐만 아니라 국가와 국가와의 관계 역시 마찬가지이다. 그러나 공동체를 구성하는 가장 기본적인 기준은 여전히 문화이다. 이익은 일시적이고 가변적인 것이다. 미중관계를 예로 들자면, 갈등을 빚기도 하고 호전되기도 하지만, 아무리 관계가 좋아져도 한계가 있고 관계가 악화되어도 역시 한계가 있다. 정치적 관계는 일시적이다. 반면 문화의 응집력과 동질감은 사실상 영구적이라고 볼 수 있다.

지금까지 필자는 주로 문화의 응집력에 대해 논했지만, 이와 동시에 문화의 결속력도 함께 논해야 할 것이다. 문화의 결속력은 무엇으로 체현될까? 인륜, 도덕, 윤리 등으로 체현된다. 윤리와 도덕은 사회생활과 가정생활의 규범 즉 불문율이다. 바로 이러한 결속력 안에서 종교와 신앙이 출현했다. 등소평은 중국의 교육이 실패했다고 비판한 바 있다. 정신문명이라는 중요한 수단이 전혀 강화되지 못했기 때문이다. 필자는 이 문제가 아직도 해결되지 않고 있다고 보고 있다. 현재 수많은 사람들이 불교와 기독교를 믿고 있다. 신앙은 개인의 자유에 속한 것이기는 하지만, 무신론국가 혹은 공산당이 주도하는 국가로서 더 많은 종교인들이 사회주의로 전향하도록 해야 할 것이다.

그 밖에도 풍속, 의례, 예술, 언어 역시 일종의 응집력과 결속력을 지닌다. 필자는 오늘날 젊은이들이 외국생활을 경험한 후 어떤 생각을 가지게 되었는지는 모르겠지만, 1990년대 많은 유학생들은 자신들이 외국에서 듣던 중국음악 테이프를 가지고 돌아왔다. 그중에서 특히 유명한 것이 「양축」과 「이천영월」이었다. 당시 중국 유학생들이 모여 살던 아파트에서는 늘 이 음악들이 울려 퍼지곤 했다. 그들은 모두 고향과 조국 그리고 지인들에 대한 그리움을 품고 있었고, 이러한 음악의 선율에 기대어 그리움을 달랬던 것이다. 이것이 바로 무형의 응집력, 결속력이라 할 수 있다.

공동체에 있어 가장 중요한 것은 매우 독특한 힘과 작용을 가지고 있는 사회공동체이다. 여기에서 사회공동체란 특정 행정구역이나 촌락으로 구분되는 거주지역을 가리키는 것이 아니다. 이는 사회학적 개념으로, 모종의 기준을 중심으로 결집된 공동체를 가리킨다. 즉 하나의 군부대, 학교, 기업 등이 각각 하나의 사회공동체가 되는 것이다. 현재 중국은 바로 이 사회공동체문화의 측면이 매우 취약하다. 급격한 도시화로 인해 지난 수십 년 심지어는 수백 년에 걸쳐 형성된 오래된 사회공동체들은 이미 무너졌다. 북경의 사합원(四合院[3])은 문화대혁명을 거치면서 대잡원(大雜院[4])으로 변경되었고, 이는 그 자체로 하나의 사회공동체가 되었다. 대잡원에

---

3) [역자주] 四合院: 중국의 전통적인 주택건축의 평면구성으로 四合房이라고도 한다. 4각의 내원을 둘러싸고 사방에 박공지붕, 장방형 평면의 건물이 배치된다.(출처: 미술대사전)
4) [역자주] 大雜院: 늘어난 북경 인구를 감당하기 위해 공산당의 주도 하에 사합원 안에 빼곡히 건물을 지어 수용인원을 늘린 주택 형태이다.

사는 장씨 할머니와 이씨 할아버지는 왕씨네 아들과 손자를 모두 돌본 적이 있고, 조씨 집안의 젊은이들은 장씨 할아버지, 이씨 할아버지, 왕씨 할머니를 존경한다. 이것이 바로 대잡원의 사회공동체문화이다.

현재 도시환경이 변화되면서 대잡원에 살던 사람들은 모두 뿔뿔이 흩어져서 창문에는 방범용 창살이 설치된 닭장 같은 아파트 안에 거주하게 되었다. 아파트에서는 같은 층에 산다고 해서 공동체를 이루게 되는 것이 아니다. 삼 년을 함께 살았어도 이웃의 이름이 무엇인지 어디에서 일하는지 등에 대해 전혀 알지 못한다. 이래서는 사회공동체문화를 형성할 수 없다. 서구 자본주의사회 역시 이러한 현상을 경험한 바 있다. 사회공동체 안에서 어떤 이는 자선사업을 맡고, 어떤 이는 문화사업을 맡으며, 여기에 종교와 교육까지 결합하여 문화를 모든 가정과 개인에 침투시켜야 한다. 현재 근무시간 외에는 모두 개인시간이라는 점만 강조하고 있는데, 사실 사람들은 지루한 나머지 온라인으로 게임과 채팅이나 하고 있을 뿐이다. 그래서 사회공동체의 건설에 주의를 기울여야 한다는 것이다. "말하지 않아도 마음으로 통한다." 이것이 바로 문화적 동질감이다.

중국인에게 있어 "말하지 않아도 마음으로 통하는" 문화는 어떤 것일까? 그것은 바로 중국문화에 배어 있는 인의의 마음이다. 필자의 학생들은 여러 나라에 퍼져 있는데, 해외에서 티베트 독립운동이 한창이던 당시 그들은 자발적으로 뭉쳐서 버스를 대절한 후 4~5시간을 운전해 가서 티베트 독립시위를 저지했다. 타국에서 살 때 동포를 만나면 설사 모르는 사이였다 할지라도 말 한마디에 거리감이 사라지곤 한다. 또 어떤 사람들은 외국에 가서 우유, 빵, 스테이크, 생선 등을 먹다가 삼 일만 지나면 중국의 만두와 죽이 그리워진다고 한다. 이러한 것들은 모두 문화의 힘이다. 음식에 대한 기호 역시 문화의 일부이다. 그래서 필자는 아이들이 부모 입맛을 따라서 열 살까지만 음식을 먹다 보면 중국의 정신은 계승될 것이고, 설사 외국에 나가 있어도 바뀌지 않을 것이라고 말한 바 있다. 이 역시 문화의 힘이다.

3) 인류발전의 척도로서의 문화

생산력과 생산관계의 발전은 인류발전의 근본적인 동력이자 문화의 토대이다. 생산력이 향상되고 일정 정도의 물질적 토대가 마련되어야 문화를 논할 수준이 될 수 있다. 예를 들자면 원시사회에서는 난혼이 일반적이었기에 윤리를 어지럽힌다는 개념 자체가 존재하지 않았다. 하지만 훗날 이것이 적절하지 않음을 알게 되었고, 집단결혼제도를 형성하기에 이르렀다. 이는 하나의 집단 혹은 초기적 형태의 부락들 안에서 자유롭게 배우자를 찾는 방식이다. 그러나 이 역시 안정된 형태는 아니었다. 사람들은 난혼이나 집단결혼의 방식이 다음 세대를 길러 내는 데에 적절하지 않다고 보았고, 그래서 점차적으로 대우혼이 자리 잡게 되었다. 『춘추좌전』에는 "남녀의 성씨가 같으면 그 후손들이 번창하지 못한다"[5]는 말이 나온다. 진화론의 창시자인 다윈의 가문 역시 근친혼으로 인해 대부분 장수하지 못했다는 것은 연구를 통해 증명된 바 있다. 『좌전』의 기록에 따르면 주나라 왕실의 성씨인 희姬씨 성을 가진 제후는 결코 동성을 가진 제후와 혼인관계를 맺지 않았다. 이것이 바로 대우혼의 유습이다. 사회가 더욱 발전하고 생산력과 생산관계 등의 요소로 인해 재산 상속 등의 문제

---

5) 『春秋左傳』, 僖公 22年, "男女同姓, 其生不蕃."

에 있어 혈통의 순수성이 강조되자 마침내 일부일처제가 등장하게 되었다. 마르크스 역시 일부일처제가 인류 결혼제도 발전의 최종 단계이며, 이것이야말로 인간성이 가장 집중적으로 체현된 결혼제도라고 밝힌 바 있다.

또한 정치, 정치체제, 정권 이 세 가지는 문화와 매우 긴밀한 관계를 맺고 있다. 문화, 정치와 같은 상부구조가 경제적 하부구조 위에서 성립되는 것들이기는 하지만, 이러한 상부구조들 간에는 서로 상쇄하기도 발전을 촉진하기도 한다. 여기에서 필자가 강조하고 싶은 것은 대부분의 사람들이 문화가 가장 극명하게 드러나는 지점이 예술작품의 수준이라고 생각하는데, 이것이 비록 틀린 생각은 아니지만 그 내용을 살펴보면 문화가 가장 극명하게 드러나는 지점은 바로 지혜라는 점이다.

지혜란 무엇인가? 기축시대의 위인들은 다음의 문제들을 제기했다. 첫째, 인간과 인간의 관계 문제이다. 이것은 개인과 개인, 개인과 공동체, 공동체와 공동체 간의 문제이다. 여기에서 말하는 공동체는 크게는 인류 전체를 의미할 수도 있고 작게는 국가와 민족을 의미할 수도 있다. 둘째, 인간과 천의 관계 문제이다. 중국인들의 관념 속에서 천이 대자연이라는 점에서, 인간과 천의 관계는 곧 인간과 자연의 관계라고 할 수 있다. 셋째, 현재와 미래의 관계 문제이다. 서구 신학의 용어를 빌리자면, "궁극적 관심" 즉 인간은 결국 어디를 향해 가는가의 문제이다. 넷째, 개인의 육체와 정신의 관계 문제이다. 정신은 의식, 사상, 주관이며, 육체는 객관 즉 정신 외부의 것이다. 이러한 관계 문제들에 대한 대답이 바로 지혜이며, 이는 문화의 가장 핵심적인 지점이다.

문화와 정치, 정치체제, 정권의 관계는 매우 긴밀하며, 따라서 여러 학문 분야들이 이 주제를 다루었다. 필자는 하버드대학교의 헌팅턴 교수의 주장을 제시하며 한층 더 논의를 진행시켜 보기로 하겠다. 그가 저술한 『문명의 충돌─세계질서의 재편』은 전 세계 학자들의 비판에 직면해야 했다. 그러나 그는 죽을 때까지 자신의 관점을 고수했다. 훗날 그는 『우리는 누구인가─미국의 정체성 도전』이라는 책도 저술했는데, 그는 역사적으로 미국의 특성을 네 가지 구성요소 즉 인종, 민족, 문화적 기억, 이데올로기로 나누어서 다룰 수 있다고 보았다. 그러나 인종적·민족적으로 단일한 미국은 더 이상 존재하지 않는다. 400여 년 전 영국의 청교도들은 영국왕실의 종교적 박해를 피해 메이플라워호를 타고 이미 네덜란드와 스페인 등이 개척하고 있던 신대륙으로 건너갔고, 이들은 미국의 시초가 되었다. 훗날 미국은 전쟁, 협상, 구매 등을 통해 영토를 차근차근 확대시켜 나갔다. 당시까지만 해도 미국인의 인종은 단일했다. 즉 대부분 앵글로색슨인들이었다. 그러나 국가의 발전을 위해서는 이를 고수할 수 없었다. 미국의 비옥한 평야지대로 끊임없는 이민행렬이 이어졌기에 더 이상 인종적·민족적으로 단일한 미국은 존재할 수 없게 되었다. 즉 네 가지 주요 구성요소들 중 두 가지가 탈락한 것이다.

그렇다면 문화적 기억은 어떠할까? 소련의 해체는 인종, 민족 및 문화적 동질성이 결핍된 상태에서 이데올로기만으로 결집력을 유지하는 것이 매우 어려운 일임을 매우 잘 보여 주었다. 이보다 앞서 1990년대 존 킹 페어뱅크(John King Fairbank, 1907~1991)는 이데올로기는 결집력이 약하다고 말한 바 있다. 단도직입적으로 말하자면, 아직도 많은 중국인들은 이 점을 깨닫지 못한 채 이데올로기에 의지하여 중화민족 전체를 결집시키길 희망하고 있다. 이러한 시도는 일시적으로는 성공할 수도 있겠지만 장기

적으로 보았을 때는 상대적으로 약한 결집력을 드러낼 수밖에 없을 것이
다. 소련의 경험에 비추어 보자면, 소련 중앙의 통제력이 약화되자 소속
공화국들은 속속 독립해 버렸다. 민족, 민화, 인종은 이데올로기보다 강
한 결집력을 지니고 있다. 중국이 신장과 티베트 지역을 주의 깊게 다루
어야 하는 이유 역시 바로 이것이다.

　　미국은 미국 시민으로서의 의식과 국가정체성을 부단히 진작하고, 국
가의 목표의식을 상기시키며, 미국인으로서 공유하는 문화적 가치관을
강화하는 방식을 사용하고 있다. 미국은 민주, 자유, 인권을 국가정체성
으로 하며, 국가의 목표의식은 세계의 경찰과 지도자 역할을 하며 세계
유일의 초대강국으로 군림하면서 영구적으로 세계를 통치하는 것이다.
제1차 걸프전이 종료되었을 무렵 필자는 미국 로스앤젤레스에서 놀라운
경험을 했다. 당시 필자는 고층 빌딩에서 밖을 내려다보고 있었는데, 고
속도로를 달리는 모든 차들이 전쟁의 승리를 축하하기 위해 안테나에 노
란색 리본을 달고 있었다. 그들 중에는 백인과 흑인도 있었고, 아시아계
도 있었다. 이것이 바로 국가정체성이다. 이란-이라크 전쟁[6] 기간 동안
만 해도 백만 명에 달하는 미국인이 이라크를 여행했지만, 미국이라는 국
가의 입장에서 볼 때 이는 그리 많은 수가 아니었으며, 대다수의 사람들
은 전쟁에 찬성했고 승리에 기뻐했다. 사담 후세인을 체포했을 당시 워싱
턴과 뉴욕에서는 성조기가 매진되었고, 누가 통지하지도 않았음에도 도
시 전체에 성조기가 내걸렸다.

　　헌팅턴은 9·11사건이 사람들의 주의를 집중시켰고 이데올로기와 이

---

6) [역자주] 이란-이라크 전쟁: 1980년 이라크의 선공으로 시작되었으나, 이란의 반격
　　으로 장기화되어 1988년 UN의 중재로 휴전했다. 전쟁 기간 양국에서는 생화학무기
　　사용과 민간인 학살 등 수많은 전쟁범죄들이 자행되었다.

데올로기가 충돌하는 20세기가 끝나고 새로운 시대로서의 21세기가 시작되었음을 상징한다고 말했다. 오늘날의 사람들은 주로 문화와 종교를 기준으로 자신을 규정한다. 이처럼 종교는 문화의 핵심이다. 그는 미국의 현재의 적과 미래의 적으로 종교를 맹목적으로 추종하는 테러리스트들과 완전히 비非이데올로기적인 중국의 민족주의를 지목했다. 헌팅턴이 저술한 두 권의 책과 여기에 담긴 내용은 역대 미국 대통령과 행정부의 국내외 정책 수립의 이론적 토대가 되었다.

또한 헌팅턴은 비록 기독교문명과 이슬람문명의 격렬하게 충돌하고 있기는 하지만[7] 이는 해결될 수 있는 반면, 기독교문명과 유교문명 간의 갈등은 쉽게 해결되기 어려울 것이라고 전망했다. 그래서 그는 현재 당면하고 있는 적은 이슬람 테러리스트이지만 잠재적인 적은 중국이며, 중국과의 갈등이 가장 근본적인 문제라고 주장했다. 우리는 클린턴, 부시, 오바마 행정부가 제정하고 실행한 일련의 정책들과 미국 태평양사령부[8]의 발언들을 관통하는 핵심 사상이 바로 여기에 있음을 명확히 알 수 있다. 미국은 중국을 상대로 앞에서는 우의를 과시하고 뒤로는 온갖 견제와 방해를 가할 것이다. 다만 이러한 "견제와 방해"는 아마도 직접적인 무력행사의 형태로만 이루어지지는 않을 것이다. 이것은 아마도 보호무역주의, 인권문제제기, 티베트 독립선동, 신장 독립 등등의 형태로 끊임없이 중국을 견제하고 억제하는 방식으로 이루어질 것이다. 이처럼 문화와 정치, 문화와 정치체제, 문화와 정권은 매우 밀접하게 관련되어 있어서, 이데올로기만 가지고서는 결코 설명될 수 없으며, "지혜"야말로 이러한 문화의

---

7) 헌팅턴이 이 말을 한 시점은 아프가니스탄 전쟁과 이라크 전쟁이 발생하기 이전이다.
8) [역자주] 태평양사령부: 2018년 5월 31일에 인도·태평양사령부(United States Indo-Pacific Command)로 관할구역과 명칭이 변경되었다.

가장 극적인 표현이라 할 수 있을 것이다.

4) 궁극적 목표로서의 문화

"곳간이 채워지면 예의와 절도를 알게 된다."[9] 이는 『관자』에 나오는 말이며, 중국인들이 경험으로 익힌 바이다. "등 따뜻하고 배부르게 되면 음탕한 욕심이 일어나게 된다." 이는 모든 사람들이 알고 있는 바이다. 현재 중국은 사람들의 곳간이 어느 정도 채워진 소강사회이다. 따라서 이제부터는 사람들의 마음속에 잠재되어 있던 것을 일깨우고 이끌어 내서, 윤리관, 가치관, 세계관, 심미관을 확립해야 한다. 이들이 모두 결합된 형태는 바로 신앙이다. 필자는 의식주 및 교통에 대한 기호와 취사선택에 관한 표층 문화, 제도문화 즉 풍속, 의례, 종교, 예술, 제도, 법률로서의 중층 문화, 정신문화 혹은 철학문화로서의 심층 문화로 문화의 층위를 구분한다.

중국의 전통문화는 기본적으로 농경사회를 배경으로 성숙했다. 농경시대의 공동체는 물과 목초를 찾아 떠도는 유목생활과는 달리 생활의 안정을 가장 중시했다. 안정이 전제되어야 선조들이 개간한 토지에서 생산량을 늘릴 수 있기 때문이다. 또한 농경사회는 협력을 중시한다. 원시 농경은 한 개인 혹은 한 가족의 힘으로 해낼 수 있는 것이 아니었다. 뿐만 아니라 농경사회는 누적을 중시한다. 지식, 기술, 재산은 누적되어야 하며, 생산도구, 기술, 토지, 관념은 전승되어야 한다. 가혹한 환경에서 생산을 하기 위해서는 강인한 의지와 근검, 용기, 총명함이 필요했을 것이다.

---

9) 『管子』, 「牧民」, "倉廩實而知禮節."

이러한 것들은 모두 문화 유전자에 각인되어 있다.

　중국의 일련의 문화들은 경험 속에서 축적된 것이지 신이 계시를 내려 준 것이 아니다. 서구종교의 근원인 유대교, 유대교로부터 파생된 기독교, 마호메트가 유대교, 기독교 등의 문화로부터 영감을 받아 창시한 이슬람교 등은 중국문화와 달랐다. 헌팅턴은 어째서 기독교와 이슬람교 간의 갈등이 해소될 수 있다고 보았던 것일까? 그것은 바로 그들이 모두 일신교이며, 이데올로기의 많은 부분을 공유하기 때문이다. 그러나 중국은 다르다. 중화문화는 농경사회에 뿌리를 두고 있기에 일신교를 신봉하는 이들과 질적으로 다른 것들을 추구했다. 농경사회에서의 삶은 협력, 조화를 필요로 했고, 따라서 포용적인 흉금을 가졌기 때문이다. 현재 중국은 이슬람교, 기독교와 같은 외래 종교들이 유가, 도교 등의 토착종교들과 평화적으로 공존하고 있다. 이러한 사례는 전 세계적으로 거의 관측되지 않으며, 사실상 유일무이하다고도 볼 수 있다. 반면 서구에서는 1100년 십자군전쟁 이래로 종교전쟁이 끊이지 않았다. 지금 세계에서 벌어지고 있는 분쟁들 중 90% 이상이 민족·종교 문제와 직접적으로 관련되어 있다.

　여기에서 핵심은 일방적인 "관용"이 아니다. 관용은 일종의 시혜를 베푸는 것이며, 이는 조건부로 이루어지는 것이기 때문이다. 만약 상대가 죄를 인정하고 속죄한다면 우리는 그에게 관용을 베풀 수 있을 것이다. 여기에서 필자가 말하는 것은 "포용"이다. 포용은 장기간의 상호 접촉과 마찰 이후 서로 배우고 존중하며 적절하게 타협을 한 결과이다. 포용과 관용은 한 글자만 다를 뿐이지만 상이한 가치를 담고 있다. 주류문화에 있어 포용성은 매우 핵심적인 항목이다. 중국의 경우 유가문화의 포용성은 각 민족과 종교들이 상호 접촉하면서도 존중의 자세를 유지하여 함께 중화문화를 창조하고 구성해 낼 수 있도록 만들었다. 이것이 바로 중화민족이 중화대지 위에서 "극도의 안정성"을 유지할 수 있었던 이유이다. "극도의 안정성"이라는 표현은 영국의 역사학자 토인비가 사용한 것이다. 비록 수천 년 동안 중화대지에서 전쟁이 끊이지 않고 동란도 적지 않게 발생했지만, 여러 왕국으로 분열되어 있던 유럽과 비교했을 때 놀라울 정도로 안정적이었으며, 대부분의 시간 동안 통일정권을 유지했다.

토인비는 1974년 세상을 떠나기 전[10] 중국이 서구의 유연하고 격렬한 화력을 자신들의 보수적이고 안정적인 전통문화와 자각적으로 융합시켜 낼 수 있을 것이며, 만약 중국이 의식적으로 그리고 절제된 자세로 이 성과들을 발전시켜 낸다면 인류문명에 있어 완전히 새로운 변곡점이 될 것이라고 내다보았다. 토인비는 한 시대가 아닌 수천 년의 역사를 조망하여 다음과 같은 결론을 도출해 낸 것이다. 그는 만약 중국공산당이 사회와 경제의 측면에서 새로운 전략적 노선을 개척할 수만 있다면[11] 중국 자신을 포함한 전 세계에게 큰 선물이 될 것이라고 보았다. 이 선물은 아마도 현대 서구의 활력과 전통 중국의 안정성 간의 적절한 배합으로 이루어져 있을 것이다. 우리는 대학자의 이러한 예견과 솔직함에 경의를 표하지 않을 수 없다.

---

10) 이 시기 중국은 한창 문화대혁명의 열풍 속에 있었다.
11) 여기에서 우리는 토인비가 이 말을 했던 시점이 등소평이 "중국 특색 사회주의 노선"이라는 개념을 제시하기 이전이었다는 점에 주목해야 한다.

2. 문화건설의 시급성

현재 중국의 문화건설은 다음과 같은 상황에 처해 있다. 첫째, 중국사회는 한꺼번에 세 가지 전환에 직면하고 있다. 둘째, 중국은 지난 백여 년간 내부적으로 문화적 혼란과 탐색의 과정을 겪고 있다. 셋째, 중국은 외부적으로 세계화의 충격을 경험하고 있다. 문화 건설과 발전은 소강사회의 본격적인 건설과 통일된 조국을 위해 반드시 필요한 조건 중 하나이다.

위에서 언급한 세 가지 전환이란 농경사회에서 산업사회로의, 정치중심의 계획경제에서 시장 중심의 경제체제로의, 고립에서 개방으로의 전환이다. 이러한 동시다발적인 전환에 직면한 중국사회는 거대한 압력을 받고 있는 중이다. 내부적으로 볼 때, 중국은 "중체서용中體西用"을 기치로 한 양무운동을 경험했고, 5·4운동과 공자배척운동 등도 경험했으며, 소련을 철저히 모방하고 문화대혁명을 일으키기도 했다. 그리고 이러한 배경 속에서 갑자기 개혁개방에 나선 것이다. 현재 중국은 개혁개방에 합당한 문화적 준비를 충분히 갖추지 못한 상태이다.

외부적으로 보았을 때 무엇보다도 중국은 경제적 세계화의 충격을 받고 있다. 경제적 세계화의 본질은 무엇일까? 아직까지도 필자는 서구 선진국들이 잉여 상품, 자본, 기술을 개발도상국에 투입해서 선택적으로 최대 이익을 수탈하는 것이 경제적 세계화의 본질이라고 생각한다. 중국은 적극적으로 WTO에 가입했으며, 이는 이러한 세계질서 속에 편입되었음을 의미한다. 그리고 중국은 비록 고된 과정을 거치기는 했지만 결국 발언권을 획득할 수 있었다. 이는 일종의 경제적 게임에 뛰어든 것이라고 볼 수 있다.

문화의 측면은 어떠할까? 중국은 해외의 영화, TV프로그램, 서적 등을 들여올 수밖에 없었으며, 외국 기업들 역시 중국에 진출했다. 그리고 이 기업들은 중국에 문화를 가지고 들어왔다. 문화는 본래 다원적인 것이어야 하지만 현재 세계문화는 기본적으로 일원적이다. 즉 미국문화가 전 세계의 문화 헤게모니를 장악한 상태이다. 필자는 외국에 나갈 때마다 항상 그 국가의 농촌을 둘러보고자 한다. 예전에 필자가 아프리카의 조그마한 산촌에 갔을 때의 일이다. 비포장도로를 달리던 중 갑자기 길 양편에 코카콜라 광고판이 줄지어 나타났다. 정말이지 미국의 문화는 스며들지 않은 곳이 없었다. 또한 어떤 국가를 가더라도 TV를 틀면 모두 미국의 CNN방송이 나온다. 필자는 서구 선진국에 있는 호텔에 가면 며칠 내내 중국의 채널인 CCTV-4를 시청한다. 그러지 않으면 온통 CNN과 BBC이다. 이처럼 문화다원성은 참으로 유지하기 어려운 것이다.

그러나 중국 그리고 중국문화의 존재로 인해 전 세계 문화를 획일화하려던 미국인들의 망상은 실현 불가능하게 되어 가고 있다. 이제 그들은 중국이 서구로부터 기술과 경영기법을 배워 갈 수는 있지만 중국인들의 가치관을 바꿀 수는 없음을 깨달아 가고 있다. 이러한 상황 속에서 중국문화 수출의 중요성은 더욱 증대되고 있다. 중국문화의 수출은 세계 차원의 그리고 역사 차원의 임무이다.

현재 전 세계의 민족문화들은 경제적 세계화의 충격으로 위기에 처해 있다. 어떤 민족문화들은 여전히 원시적 단계에 머물러 있다. 그들에게는 역사의 기억이 없으며, 그들이 기억하는 가장 오래된 역사는 식민지 지배자들이 기록한 역사이다. 이러한 상황 아래에서 원시문화들은 매우 빠른 속도로 절멸되고 있다. 우리는 원시문화의 중요성을 간과해서는 안 된다.

원시문화는 그 나름의 영감과 아름다움을 지니고 있다. 예컨대 아프리카의 탬버린, 무용, 가곡, 조각은 현재 서구의 음악과 미술에 많은 영감을 주었다. 중화민족의 문화 역시 만약 이러한 경제적 세계화를 견디지 못한다면 마찬가지로 위기에 직면하게 될 것이다.

문화 발전은 소강사회의 실현을 위한 필수조건이다. 소강사회 진입 여부는 재정수입이나 개인소득만을 기준으로 하지 않는다. "소강"이라는 개념은 『예기』「예운」편에 나온다. "대동"은 "온 세상에 사사로움이 없는"(天下爲公) 이상사회이다. 「예운」편에서는 대동사회에 대해 다음과 같이 설명했다.

> 어질고 능력 있는 이들을 선발하고, 신뢰를 추구하고 화목함을 닦았다. 그러므로 사람마다 자신의 부모만 부모로 모시지 않고, 자신의 자식만 자식으로 돌보지 않아서, 노인들이 편안한 여생을 누릴 수 있게 하고 장정은 쓰임이 있게 하며, 어린아이들은 양육을 받게 하였고, 홀아비, 과부, 고아, 자식 없는 노인, 장애인들이 모두 부양을 받았고, 남자들은 분별이 있었으며, 여자들은 시집갈 곳이 있었다. 재물이 함부로 버려지는 것을 싫어하지만 반드시 그것을 자신이 가지려 하지 않고, 힘이 자신에게서 나오지 않는 것을 싫어하지만 그 힘을 자신을 위해서만 사용하지 않는다. 이러한 까닭에 간사한 꾀는 틀어 막혀 나오지 못하고 도둑이나 도적들이 일어나지 않았다.12)

이 대목은 원시공산주의사회의 특징을 반영하고 있다. 소강사회 역시

---

12) 『禮記』, 「禮運」, "選賢與能, 講信修睦. 故人不獨親其親, 不獨子其子, 使老有所終, 壯有所用, 幼有所長, 矜寡孤獨廢疾者皆有所養, 男有分, 女有歸. 貨惡其棄於地也, 不必藏於己, 力惡其不出於身也, 不必爲己. 是故謀閉而不興, 盜竊亂賊而不作."

기본적으로는 이러한 것들을 추구하지만, "자신만을 위하지 않음"이 아니라는 점에서 대동사회에는 미치지 못한다. 즉 소강사회는 "각자 자신의 부모를 모시고 각자 자신의 자식을 돌보며, 재산과 힘을 자신을 위해 사용하는" 사회이다. 이러한 사유제의 질서를 유지하기 위해서는 반드시 예와 의를 강조해야 한다.

> 올바름으로 군신 관계를 맺고, 돈독함으로 부모자식 관계를 맺으며, 화목함으로 형제 관계를 맺고, 조화로움으로 부부 관계를 맺으며, 이를 바탕으로 제도를 세우고 농토와 마을의 법도를 세운다.13)

현재 중국 공산당 중앙은 전면적인 소강사회 건설을 주장하고 있다. 문화건설은 소강사회 건설의 핵심적인 부분이다. 현재 우리는 문화건설의 측면에서 더욱 높은 수준의 요구를 받고 있는 중이다. 당 중앙의 여러 조치들과 친서민 정책들 역시 바로 이러한 방향으로의 노력이라 할 수 있을 것이다.

3. 사회주의 신문화를 건설하기 위해서는 어떻게 해야 할까?

이제 논의의 막바지에 도달했다. 사회주의 신문화를 건설하기 위해서는 어떻게 해야 할까? 첫째, 문화 발전의 법칙을 따라야 한다. 둘째, 전통 문화의 거대한 역량을 발휘해야 한다. 셋째, 교육을 해야 한다. 현재의

---

13)『禮記』,「禮運」, "以正君臣, 以篤父子, 以睦兄弟, 以和夫婦, 以設制度, 以立田裏."

문화 붕괴는 교육으로부터 시작되었다. 따라서 문화의 건설 역시 교육으로부터 시작되어야 한다. 넷째, 학문 기풍을 바로잡아야 한다. 경박함은 버리고 멀리 내다보아야 한다.

문화의 발전을 위해서는 경제적 하부구조와 상부구조 간의 관계를 이해해야 한다. 즉 상부구조가 하부구조의 제약을 받을 수밖에 없는 동시에 반대로 상부구조가 하부구조에 영향을 줄 수도 있음을 정확하게 이해해야 할 것이다. 이는 소련과 동구권의 붕괴를 통해 충분히 증명되었다. 이들의 붕괴가 총탄 한 발 발사되지 않은 채 이루어졌다는 점에서, 이 문제는 문화의 측면에서 설명되어야 할 것이다. 즉 동구권의 붕괴를 이데올로기의 문제 혹은 스탈린식의 중공업 및 군수산업정책에 의한 민생의 희생으로만 설명될 수는 없을 것이다.

1960년대 초 중국은 대약진운동의 실패로 매우 어려운 시기를 보냈다. 당시 중국의 경제적 하부구조는 매우 취약해졌지만 중국은 붕괴되지 않았다. 문화대혁명 직후 국민경제는 붕괴의 단계에 직면해서 외환보유액이 12억 달러(일설에 따르면 2억 달러)에 불과했다. 이는 매우 위험한 상황이었다. 그럼에도 불구하고 중국은 어째서 붕괴되지 않았던 것일까? 다른 사회주의 국가들이 줄줄이 붕괴하는 동안 중국의 사회주의는 어째서 홀로 우뚝 설 수 있었던 것일까? 굳이 등소평의 이론과 지난 수십 년간의 발전을 거론하지 않더라도 사회주의의 이상, 소강의 이상이 중국인의 이상 및 「예운」편에서 제시했던 이상사회와 일치하기 때문임을 알 수 있다. 따라서 중국인의 지향점은 과학사회주의, 중국 특색 사회주의와 잠재적이고 자연적으로 일치한다고 볼 수 있다.

"문화는 곧 삶의 방식이다." 이 말은 문화가 삶으로부터 창조된다는 이치를 담고 있다. 문화의 건설과 발전은 정부의 정책추진과 창작자들의 심사숙고에 의지할 수밖에 없다. 따라서 예술 혹은 사람들이 좋아하는 형식을 사용해서 우리의 가치관, 윤리관, 심미관을 소리 소문 없이 그리고 티 나지 않게 사람들의 마음에 스며들도록 해야 한다.

그 밖에도 고급문화와 대중문화의 관계를 잘 다루어야 한다. 필자는 이 문제에 관해 「민족문화의 고급문화와 대중문화를 논하다」(論民族文化的雅與俗)라는 논문에서 논한 바 있으므로 여기에서는 길게 말하지 않겠다. 필자의 취지는 고급문화에 종사하는 이들이 대중문화에 주의를 기울여야 하며, 대중문화는 고급문화에 선도될 때 비로소 향상될 수 있다는 것이다. 그러나 현재 고급문화와 대중문화는 서로 접촉하지 않고 있어서, 대중문화는 인도되지 못하고 있고, 고급문화는 거울로 삼을 바를 얻지 못하고 있다. 대만의 배우 겸 가수인 저우제룬(周傑倫)은 「청화자靑花瓷」라는 곡을 썼는데, 중국의 작사가들이라고 어째서 이러한 곡을 쓸 수 없겠는가? 중국의 작사가들은 분명 이보다 더 훌륭하고 아름다운 곡을 쓸 수 있을 것이다. 중화민족의 문화는 다른 문화들과 비교해 보지 않았다면 모르겠지만 비교해 보면 놀라지 않을 수 없을 것이다. 눈만 뜨고 돌아보면 사방에 문화자원이 널려 있다. 바로 우리의 삶과 책 속에 말이다. 일례로『전당시全唐詩』에는 수많은 아름다운 시가들이 실려 있다.

기념일과 명절은 민족문화의 매우 중요한 내용이며, 사람들은 이러한 날을 맞아 자신의 감정을 숨김없이 표현한다. 중국 최대의 명절인 춘절의 경우 "춘절특별기획공연"(春晚)을 방영하는데, 필자는 이에 대해 가타부타 말할 생각은 없지만, 다만 이 프로그램을 보지 않고 그 시간에 책을 읽는다. 이 춘절특별기획공연의 특징은 사람들로 하여금 이 프로그램을 보도록 강요한다는 것이다. 춘절은 본래 자유로운 시간이며, 가족들이 웃고 떠들고 먹으며 폭죽을 터뜨리는 명절이다. 그러나 현재는 이러한 문화가 사라졌기에, 무엇을 방영하든 간에 그저 춘절특별기획공연을 보는 것 말고는 할 것이 없어졌다.

뿐만 아니라 오늘날 젊은이들은 서양의 명절을 중시하고 즐긴다. 대표적으로 성탄절이 있다. 성탄절은 본래 3세기 한 신부에 의해 시작되었으며, 예수가 태어났다는 "서기 1년" 역시 사실은 가설에 불과하지만 중국의 젊은이들은 성탄절을 매우 중시한다. 대만의 룽잉타이(龍應台, 1952~)는 이와 관련해서 글을 쓴 적이 있다. 그녀는 중국의 젊은이들[14]이 서양의 명절을 즐기는 것을 두고 마치 길을 가다가 우연히 발견한 사당에 들어가 그곳에 모셔진 조상신의 성씨도 모른 채 온종일 절하고 있는 것과 같다고 말했다. 이는 매우 적절한 비유이다.

기념일과 명절이 있어 각 연령대의 사람들은 이를 기회로 즐기고 누릴 수 있다. 필자는 이를 단순한 "방출"이라고 보는 것에 동의하지 않는다. 이는 일종의 표현 즉 아름다운 감정의 표현인 것이다. 그래서 밸런타인데이가 있는 것이다.

사실 필자는 예전에 이 문제를 언급한 적이 있다. 왕유는 시에서 다음과 같이 읊었다.

팥은 남쪽에서 자라는데,
봄이 오자 그 순들이 자라나 있네.
그대에게 바라건대 이 팥을 많이 따십시오.

---

14) 여기에서는 대만의 젊은이들을 가리킨다.

이 팥은 무엇보다도 그리움을 뜻하니.15)

이 시는 무한한 깊이를 가지고 있다. 어째서 팥이 그리움의 상징이
된 것일까? 팥은 가장 중국적인 붉은 색을 띄고 있으며, 심장의 형태를
닮았고, 작지만 견고하며, 쉽게 부패하지 않는다. 1970년대 무렵 광동 출
신의 친구가 필자에게 팥 십수 알을 준 적이 있다. 필자는 그것을 아내에
게 선물하였고, 아내는 이것을 조그마한 병 안에 보관했는데, 아직까지도
부패하지 않고 있다. 이러한 팥의 성질은 애정과 닮아 있다. 얻거나 꽃피
우기 어려우며, 꽃피울 수 없다면 천 년 동안이나 변하지 않을 수 있다.
이러한 시는 고급스러우면서도 대중적이기 때문에 가곡으로 잘 만든다면
크게 유행할 수도 있을 것이다.

어머님 손에 들린 실은
길 떠나는 아들 옷을 지으신다.
먼 길에 헤질까 촘촘히 기우시며,
돌아옴이 늦을까 걱정하시네.16)

이 시 역시 가곡으로 만들 수 있을 것이다. 필자는 아이들이나 해외
유학 경험이 있는 이들이 이 곡을 부른다면 분명 감동적일 것이라고 확신
한다. 지금도 간혹 왕유나 이백의 시를 곡으로 만들고 있지만, 대부분 높
은 수준에 도달하지 못하고 있다. 그나마 인상이 깊었던 작품으로 개작된
「낡은 배표」(舊船票) 정도가 있었다.

---

15) 王維, 「相思」, "紅豆生南國, 春來發幾枝. 願君多采擷, 此物最相思."
16) 孟郊, 「游子吟」, "慈母手中線, 遊子身上衣. 臨行密密縫, 意恐遲遲歸."

고급문화와 대중문화의 관계 문제는 곧 계승과 발전의 관계 문제이기도 하다. 민족문화는 원형적 토대 위에서 승화 및 개조된 것이지 맨땅에서 만들어지거나 외래문화를 모방하기만 해서 만들어질 수 있는 것이 아니다. 중화전통문화는 수천 년의 여과와 제련의 과정을 거친 민족의 영혼이자 상징이며, 민족적 정체성의 핵심 내용이다. 이는 선조들로부터 우리로 이어져 온 마르지 않는 젖줄이다.

「중화청년보」(中國青年報)의 2009년 2월 5일판에는 다음과 같은 주장을 담은 글이 실렸다. 사회과학, 자연과학기술에서 문학, 예술 방면에 이르기까지 중국은 여전히 창조성과 감동이 담긴 성취가 부족하다. 또한 중국과 서구의 문화교류 역시 아직도 서구의 과학적 관리 모델을 반영하고 있어서, 각종 사상, 이론, 학술 및 예술을 중국이 일방적으로 수용하는 방식에 머물고 있다. 뿐만 아니라 개발도상국들에 대한 영향력의 측면에서도 중국문화는 서구문화의 상대가 되지 못하고 있다.

이상의 주장은 매우 타당하다. 문화 특히 심층 문화는 한 국가의 영혼이 발전해 온 과정을 상징한다. 어떤 국가가 진정으로 강한지의 여부는 그 국가의 외환보유고가 얼마나 되는지 혹은 항공모함과 전투기를 얼마나 갖추고 있는지에 달린 것이 아니라, 그 국가의 경제, 군사, 문화가 모두 강대한지의 여부에 달려 있다. 미국이 강대한 것은 경제, 군사에 더하여 강력한 문화적 침투력을 가졌기 때문이다. 미국문화는 인간의 말초신경을 자극하고 야수성을 환기시킨다. 좋고 나쁘고를 떠나 이러한 것들은 가장 받아들이기 쉬운 것이다. 그래서 미국은 문화적으로도 강대한 것이다.

만약 미래의 중국이 과학과 문화의 방면에서 지금까지 해 왔던 것처럼 서구를 모방하고 학습하기만 한다면 인민들은 정신적 응집력, 친밀도 및 구심력을 유지해 나가기 어려울 것이며, 엄청난 세대차가 발생할 것이다. 예전에 필자가 학교에서 학생들을 지도하던 시절 학생들은 필자에게 세대차의 문제를 설명해 달라는 요청을 받았다. 사실 필자는 이 개념에 동의하지 않으며, 세대차라는 것이 실제로 존재하는 것이 아니라고 생각한다. 각각의 연령대에는 저마다의 심리적 발전단계가 있으며, 사람과 사람 사이에는 항상 소통의 결핍 문제가 발생한다. 굳이 "차이"라는 개념을 사용하고자 한다면, 이 개념은 모든 곳에 적용 가능할 것이다. 그러나 학생들의 가치관 및 윤리관은 나의 것과 일치하며, 다만 표현방식이 다를 뿐 그 추구하는 바에는 거의 차이가 없다.

필자 역시 현재 각 세대 간 차이가 있음을 인정하고 있지만 이것은 세대가 달라서 발생하는 차이가 아니라 실은 중화문화와 서구문화 간 차이라고 보고 있다. 만약 이러한 세대차가 만연하게 되면, 가정, 사회공동체, 국가 심지어 군대까지 응집력, 구심력, 친밀도가 약화될 것이다. 기강이 잡힌 상태에서도 강의실, 군대, 회의에서 얼마든지 자신의 견해를 밝힐 수 있는데, 도대체 무엇이 문제인가? 지도자, 동료, 동학 없이 무엇을 할 수 있다는 말인가? 정말 알 수 없는 노릇이다.

물론 만약 중국이 특정한 사안에 직면할 때마다 전국의 국민들이 상하를 막론하고 분연하게 일어나 거대한 응집력을 보여 왔다. 이는 외국인들에게 놀라움 심지어는 두려움의 감정까지 느끼게 만들었다. 그러나 이러한 친밀도와 구심력이 재난발생과 같은 상황에서만 분출되어서는 안 될 것이다. 우리 삶의 대부분을 차지하는 평화로운 삶 즉 의식주와 교통에서 표출되어야 할 것이다.

문화건설은 너무나 중요한 일이다. 앞으로 중국만의 독창성을 지닌 새로운 사상, 관념, 기술 및 예술이 부단히 그리고 대량으로 세계에 수출되어 중국과 인류사회 전체의 발전에 중대한 영향을 끼쳐야 한다. 이렇게 되지 못한다면, 현재 비상과 발전 중에 있는 중국경제는 그 원동력, 지식 기술 및 소비시장을 결핍하게 될 것이다. 우리는 문화적 영향력의 증대에 의지하여 스스로를 발전시켜야 한다. 이것은 중국을 다시 굴기하도록 할 것이다. 또한 현재 세계에는 완전히 새로우며 전 인류가 공유하는 문화체계가 형성 중에 있다. 중국문화는 이러한 문화체계 형성에 공헌을 해야 할 것이다.

교육을 바로 세우기 위해서는 교육의 핵심 기능을 바로 세워야 한다. 현재 교육은 지식과 기술의 전수에 집중하고 있다. 이것 역시 분명 필요한 것들이다. 그러나 본질의 측면에서 말하자면 교육의 핵심기능은 여전히 정신을 배양하는 것이며, 이는 곧 민족문화의 보존, 전승, 창조를 의미한다. 그러나 오늘날의 교육은 이 점을 간과하고 있다. 부모와 학생들 역시 마찬가지이다. 우리는 반드시 역사적 경험을 배우고 익혀야 한다.

고대 중국의 학교 중 관학은 주로 관리를 양성하는 기능을 맡았고, 학술과 문화를 발전시키는 역할은 주로 사학이 담당했다. 이 사학은 역사적으로 유명한 인물들을 대량으로 배출했다. 공자는 사학을 운영했던 최초의 인물이며, 중화민족의 사상은 거의 대부분 사학으로부터 생산되어 민족 전체로 확산되어 갔다. 중국이 소련을 전면적으로 모방하기 시작한 이래로 전통교육은 단절되었다. 그 당시를 돌이켜 보면, 교과과정에서부터 교수법에 이르기까지 모두 소련의 방식을 모방했다. 문화대혁명 기간 대부분의 학교들이 문을 닫았다. 얼마 후 모택동이 "대학은 여전히 필요하다"라고 해서 학교 교육이 재개되기는 했지만 이공계열에 국한되었다.

대학의 핵심적인 역할은 인간의 영혼과 관련된 것이다. 언젠가 강의에서 『설문해자』를 통해 중국인의 사유가 지니는 특성에 대해 다룬 적이 있다. 필자는 200여 년 전 일어났던 산업혁명은 인류의 물질생활조건에 거대한 변화를 가져왔지만 철학의 관점에서 말하자면 지난 200여 년의 시간 동안 과학은 완전히 배제되고 오직 기술과 도구만 발전했고, 이러한 기술은 가장 먼저 군사적 용도로 사용되었다고 말한 바 있다. 과학이란 무엇인가? 과학은 물질을 연구할 뿐만 아니라 그 안에서 객관세계에 대한 사상을 도출해 낼 수 있어야 하며, 인간의 영혼을 연구해야 하는 학문이다. 5·4운동의 구호 중 하나였던 "과학"(賽先生)이 빚어낸 결과는 과학이 아니라 기술에 불과했다.

인류는 이미 정보화시대에 진입했지만 기축시대에 제기되었던 문제들은 여전히 유효하다. 필자는 한 학술회의에서, 인류는 다시 갈림길 앞에 서 있으며, 지금부터 1~200년 후 다시 올지도 모를 중요한 시점을 위해 준비를 해야 하고, 지성인들은 오늘날 벌어지고 있는 생산력, 생산관계, 자연환경의 변화를 결합하여 인간과 인간, 육체와 정신, 인간과 천의 관계를 어떻게 다루어야 할지 제시할 수 있어야 한다고 말했다. 이러한 관점에서 보자면, 서구 주류학술계는 지난 300여 년간의 서구전통에 의문과 비판을 제기하고 이를 해체하고 있다. 그리고 그 중 일부는 동양을 주목했고, 중화민족문화로부터 귀중한 것들을 발견했다. 중화문화에 대한 그들의 열풍은 400여 년 전 이탈리아의 선교사들이 중국의 『논어』를 라틴어로 번역한 이후 유럽 일대를 휩쓸었던 열풍보다 훨씬 더 뜨겁다. 반면 우리는 아직도 우리 자신의 전통문화가 지니는 진정한 가치를 제대로 인식하지 못하고 있다.

기축시대에서 현재에 이르기까지 대부분의 민족과 국가, 나아가 인류 전체는 일정 단계에 도달하거나 곤경을 마주했을 때 이른바 "회귀" 즉 반성을 선택하곤 했다. 이 반성이란 전통 안에서 문화 발전의 영양분을 탐색하는 것이다. 르네상스 역시 회귀였다. 이러한 활동은 선조들의 품에서 다시 영양분을 섭취하는 것이라 할 수 있다. 그러나 그것은 결코 과거의 원형을 반복하는 것이 아니라 문화를 창조하고 발전시키는 것이다.

잘 살펴본다면, 중화민족과 기타 민족 간에는 공통된 점이 존재한다. 『코란』에서는 부모를 공경하고, 친지를 우대하며, 고아를 돌보고, 빈민을 구제하며, 이웃과 사이좋게 지내며, 여행객들을 환대하고, 하인들을 관대하게 대해야 한다고 말하고 있다. 『성경』에서는 부모를 공경하고, 살인을 하지 말며, 간음을 하지 말고, 도둑질하지 말며, 다른 사람을 모함하지 말고, 이웃의 집과 아내, 하인, 가축을 탐하지 말라고 말했다. 이처럼 문화에는 서로 통하는 부분이 존재한다. 다만 기독교와 이슬람교에서는 문학, 역사, 철학, 사회과학에서 자연과학에 이르기까지 모든 학술이 신으로부터 모든 것이 창조되었다고 보고 있다. 그래서 헤겔에 이르기까지 서구의 철학은 "신학의 시녀"라고 불렸다. 필자는 예전에 글에서, 만약 서양철학을 신학의 시녀라고 한다면 중국의 철학은 『홍루몽』의 등장인물인 습인襲人의 시녀 즉 시녀의 시녀에 불과하다고 말한 바 있다. 중국의 철학은 삶과 실천 속에서 승화되고 발전되어 나온 것이어야 한다. 그러나 서양철학은 신으로부터 출발한다.

중화문화의 수출은 중화문화의 영향력을 확대시키고 싶은 중국인들의 희망을 반영한 것이지만 세계가 원하는 바이기도 하다. 서구인들조차도 지금처럼 서구사상에 따라 나아간다면 인류는 스스로 멸망의 길로 들어설 것이라고 말하고 있다. 그래서 중화문화가 필요한 것이다. 따라서 필자는 문화 분야에 종사하는 사람들이 역사적 사명감을 가지고 중화문화의 수출에 임해야 한다고 생각한다.

예문서원의 책들

역학총서

주역철학사 (周易研究史) 廖名春·康學偉·梁韋弦 지음, 심경호 옮김, 944쪽, 45,000원
송재국 교수의 주역 풀이 송재국 지음, 380쪽, 10,000원
송재국 교수의 역학담론 ─하늘의 빛 正易, 땅의 소리 周易 송재국 지음, 536쪽, 32,000원
소강절의 선천역학 高懷民 지음, 곽신환 옮김, 368쪽, 23,000원
다산 정약용의 『주역사전』, 기호학으로 읽다 방인 지음, 704쪽, 50,000원
주역과 성인, 문화상징으로 읽다 정병석 지음, 440쪽, 40,000원
주역과 과학 신정원 지음, 344쪽, 30,000원
주역, 운명과 부조리 그리고 의지를 말하다 주광호 지음, 352쪽, 30,000원
다산 정약용의 역학서언, 주역의 해석사를 다시 쓰다 ─고금의 역학사를 종단하고 동서 철학의 경계를 횡단한다 방인 지음, 736쪽, 65,000원

한국철학총서

조선 유학의 학파들 한국사상사연구회 편저, 688쪽, 24,000원
조선유학의 개념들 한국사상사연구회 지음, 648쪽, 26,000원
유교개혁사상과 이병헌 금장태 지음, 336쪽, 17,000원
쉽게 읽는 퇴계의 성학십도 최재목 지음, 152쪽, 7,000원
홍대용의 실학과 18세기 북학사상 김문용 지음, 288쪽, 12,000원
남명 조식의 학문과 선비정신 김충열 지음, 512쪽, 26,000원
명재 윤증의 학문연원과 가학 충남대학교 유학연구소 편, 320쪽, 17,000원
조선유학의 주역사상 금장태 지음, 320쪽, 16,000원
심경부주와 조선유학 홍원식 외 지음, 328쪽, 20,000원
퇴계가 우리에게 이윤희 지음, 368쪽, 18,000원
조선의 유학자들, 켄타우로스를 상상하며 理와 氣를 논하다 이향준 지음, 400쪽, 25,000원
퇴계 이황의 철학 윤사순 지음, 320쪽, 24,000원
조선유학과 소강절 철학 곽신환 지음, 416쪽, 32,000원
되짚어 본 한국사상사 최영성 지음, 632쪽, 47,000원
한국 성리학 속의 심학 김세정 지음, 400쪽, 32,000원
동도관의 변화로 본 한국 근대철학 홍원식 지음, 320쪽, 27,000원
선비, 인을 품고 의를 걷다 한국국학진흥원 연구부 엮음, 352쪽, 27,000원
실학은 實學인가 서영이 지음, 264쪽, 25,000원
선사시대 고인돌의 성좌에 새겨진 한국의 고대철학 윤병렬 지음, 600쪽, 53,000원
사단칠정론으로 본 조선 성리학의 전개 홍원식 외 지음, 424쪽, 40,000원
국역 주자문록 ─고봉 기대승이 엮은 주자의 문집 기대승 엮음, 김근호·김태년·남지만·전병욱·홍성민 옮김, 768쪽, 67,000원
최한기의 기학과 실학의 철학 김용헌 지음, 560쪽, 42,000원

성리총서

송명성리학 (宋明理學) 陳來 지음, 안재호 옮김, 590쪽, 17,000원
주희의 철학 (朱熹哲學研究) 陳來 지음, 이종란 외 옮김, 544쪽, 22,000원
양명 철학 (有無之境─王陽明哲學的精神) 陳來 지음, 전병욱 옮김, 752쪽, 30,000원
정명도의 철학 (程明道思想研究) 張德麟 지음, 박상리·이경남·정성희 옮김, 272쪽, 15,000원
송명유학사상사 (宋明時代儒學思想の研究) 구스모토 마사쓰구(楠本正繼) 지음, 김병화·이혜경 옮김, 602쪽, 30,000원
북송도학사 (道學の形成) 쓰치다 겐지로(土田健次郎) 지음, 성현창 옮김, 640쪽, 32,000원
성리학의 개념들 (理學範疇系統) 蒙培元 지음, 홍원식·황지원·이기훈·이상호 옮김, 880쪽, 45,000원
역사 속의 성리학 (Neo-Confucianism in History) Peter K. Bol 지음, 김영민 옮김, 488쪽, 28,000원
주자어류선집 (朱子語類抄) 미우라 구니오(三浦國雄) 지음, 이승연 옮김, 504쪽, 30,000원
역학과 주자학 ─역학은 어떻게 주자학을 만들었는가? 주광호 지음, 520쪽, 48,000원

불교(카르마)총서

유식무경, 유식 불교에서의 인식과 존재 한자경 지음, 208쪽, 7,000원
박성배 교수의 불교철학강의: 깨침과 깨달음 박성배 지음, 윤원철 옮김, 313쪽, 9,800원
불교 철학의 전개, 인도에서 한국까지 한자경 지음, 252쪽, 9,000원
인물로 보는 한국의 불교사상 한국불교원전연구회 지음, 388쪽, 20,000원
은정희 교수의 대승기신론 강의 은정희 지음, 184쪽, 10,000원
비구니와 한국 문학 이향순 지음, 320쪽, 16,000원
불교철학과 현대윤리의 만남 한자경 지음, 304쪽, 18,000원
유식삼십송과 유식불교 김명우 지음, 280쪽, 17,000원
유식불교, 『유식이십론』을 읽다 효도 가즈오 지음, 김명우·이상우 옮김, 288쪽, 18,000원
불교인식론 S. R. Bhatt & Anu Mehrotra 지음, 권서용·원철·유리 옮김, 288쪽, 22,000원
불교에서의 죽음 이후, 중음세계와 육도윤회 허암 지음, 232쪽, 17,000원
선사상사 강의 오가와 다카시(小川隆) 지음, 이승연 옮김, 232쪽, 20,000원
깨져야 깨친다 ─불교학자 박성배 교수와 제자 심리학자 황경열 교수의 편지글 박성배·황경열 지음, 640쪽, 50,000원

동양문화산책

주역산책(易學漫步) 朱伯崑 외 지음, 김학권 옮김, 260쪽, 7,800원
동양을 위하여, 동양을 넘어서 홍원식 외 지음, 264쪽, 8,000원
서원, 한국사상의 숨결을 찾아서 안동대학교 안동문화연구소 지음, 344쪽, 10,000원
안동 풍수 기행, 와혈의 땅과 인물 이완규 지음, 256쪽, 7,500원
안동 풍수 기행, 돌혈의 땅과 인물 이완규 지음, 328쪽, 9,500원
영양 주실마을 안동대학교 안동문화연구소 지음, 332쪽, 9,800원
예천 금당실·맛질 마을 ─정감록이 꼽은 길지 안동대학교 안동문화연구소 지음, 284쪽, 10,000원
터를 안고 仁을 펴다 ─퇴계가 굽어보는 하계마을 안동대학교 안동문화연구소 지음, 360쪽, 13,000원
안동 가일 마을 ─풍산들가에 의연히 서다 안동대학교 안동문화연구소 지음, 344쪽, 13,000원
중국 속에 일떠서는 한민족 ─한겨레신문 차한필 기자의 중국 동포사회 리포트 차한필 지음, 336쪽, 15,000원
신간도견문록 박진관 글·사진, 504쪽, 20,000원
선양과 세습 사라 알란 지음, 오만종 옮김, 318쪽, 17,000원
문경 산북의 마을들 ─서중리, 대상리, 대하리, 김룡리 안동대학교 안동문화연구소 지음, 376쪽, 18,000원
안동 원촌마을 ─선비들의 이상향 안동대학교 안동문화연구소 지음, 288쪽, 16,000원
안동 부포마을 ─물 위로 되살려 낸 천년의 영화 안동대학교 안동문화연구소 지음, 440쪽, 23,000원
독립운동의 큰 울림, 안동 전통마을 김희곤 지음, 384쪽, 26,000원
학봉 김성일, 충군애민의 삶을 살다 한국국학진흥원 기획, 김미영 지음, 144쪽, 12,000원

중국철학총서

공자의 인, 타자의 윤리로 다시 읽다 伍曉明 지음, 임해순·홍린 옮김, 536쪽, 50,000원
중국사상, 국학의 관점에서 읽다 彭富春 지음, 홍원식·김기주 옮김, 584쪽, 55,000원
유가철학, 감정으로 이성을 말하다 蒙培元 지음, 주광호, 임병식, 홍린 옮김, 800쪽, 70,000원

중국학총서

중국문화정신 張岱年·程宜山 지음, 장윤수·한영·반창화 옮김, 544쪽, 50,000원

노장총서

不二 사상으로 읽는 노자 ─서양철학자의 노자 읽기 이찬훈 지음, 304쪽, 12,000원
김항배 교수의 노자철학 이해 김항배 지음, 280쪽, 15,000원
서양, 도교를 만나다 J. J. Clarke 지음, 조현숙 옮김, 472쪽, 36,000원
중국 도교사 ─신선을 꿈꾼 사람들의 이야기 牟鐘鑒 지음, 이봉호 옮김, 352쪽, 28,000원
노장철학과 현대사상 정세근 지음, 384쪽, 36,000원
도가철학과 위진현학 정세근 지음, 464쪽, 43,000원
장자와 곽상의 철학 康中乾 지음, 황지원, 정무 옮김, 736쪽, 45,000원

남명학연구총서

남명사상의 재조명 남명학연구원 엮음, 384쪽, 22,000원
남명학파 연구의 신지평 남명학연구원 엮음, 448쪽, 26,000원
덕계 오건과 수우당 최영경 남명학연구원 엮음, 400쪽, 24,000원
내암 정인홍 남명학연구원 엮음, 448쪽, 27,000원
한강 정구 남명학연구원 엮음, 560쪽, 32,000원
동강 김우옹 남명학연구원 엮음, 360쪽, 26,000원
망우당 곽재우 남명학연구원 엮음, 440쪽, 33,000원
부사 성여신 남명학연구원 엮음, 352쪽, 28,000원
약포 정탁 남명학연구원 엮음, 320쪽, 28,000원
죽유 오운 남명학연구원 엮음, 368쪽, 35,000원
합천지역의 남명학파 남명학연구원 엮음, 400쪽, 38,000원

예문동양사상연구원총서

한국의 사상가 10人─원효 예문동양사상연구원/고영섭 편저, 572쪽, 23,000원
한국의 사상가 10人─지눌 예문동양사상연구원/이덕진 편저, 644쪽, 26,000원
한국의 사상가 10人─퇴계 이황 예문동양사상연구원/윤사순 편저, 464쪽, 20,000원
한국의 사상가 10人─율곡 이이 예문동양사상연구원/황의동 편저, 600쪽, 25,000원
한국의 사상가 10人─하곡 정제두 예문동양사상연구원/김교빈 편저, 432쪽, 22,000원
한국의 사상가 10人─다산 정약용 예문동양사상연구원/박홍식 편저, 572쪽, 29,000원
한국의 사상가 10人─수운 최제우 예문동양사상연구원/오문환 편저, 464쪽, 23,000원

인물사상총서

한주 이진상의 생애와 사상 홍원식 지음, 288쪽, 15,000원
범부 김정설의 국민윤리론 우기정 지음, 280쪽, 20,000원

경북의 종가문화

사당을 세운 뜻은, 고령 점필재 김종직 종가 정경주 지음, 203쪽, 15,000원
지금도 「어부가」가 귓전에 들려오는 듯, 안동 농암 이현보 종가 김서령 지음, 225쪽, 17,000원
종가의 멋과 맛이 넘쳐 나는 곳, 봉화 충재 권벌 종가 한필원 지음, 193쪽, 15,000원
한 점 부끄럼 없는 삶을 살다, 경주 회재 이언적 종가 이수환 지음, 178쪽, 14,000원
영남의 큰집, 안동 퇴계 이황 종가 정우락 지음, 227쪽, 17,000원
마르지 않는 효제의 샘물, 상주 소재 노수신 종가 이종호 지음, 303쪽, 22,000원
의리와 충절의 400년, 안동 학봉 김성일 종가 이해영 지음, 199쪽, 15,000원
충효당 높은 마루, 안동 서애 류성룡 종가 이세동 지음, 210쪽, 16,000원
낙중 지역 강안학을 열다, 성주 한강 정구 종가 김학수 지음, 180쪽, 14,000원
모원당 회화나무, 구미 여헌 장현광 종가 이종문 지음, 195쪽, 15,000원
보물은 오직 청백뿐, 안동 보백당 김계행 종가 최은주 지음, 160쪽, 15,000원
은둔과 화순의 선비들, 영주 송설헌 장말손 종가 정순우 지음, 176쪽, 16,000원
처마 끝 소나무에 갈무리한 세월, 경주 송재 손소 종가 황위주 지음, 256쪽, 23,000원
양대 문형과 직신의 가문, 문경 허백정 홍귀달 종가 홍원식 지음, 184쪽, 17,000원
어질고도 청빈한 마음이 이어진 집, 예천 약포 정탁 종가 김낙진 지음, 208쪽, 19,000원
임란의병의 힘, 영천 호수 정세아 종가 우인수 지음, 192쪽, 17,000원
영남을 넘어, 상주 우복 정경세 종가 정우락 지음, 264쪽, 23,000원
선비의 삶, 영덕 갈암 이현일 종가 장윤수 지음, 224쪽, 20,000원
청빈과 지조로 지켜 온 300년 세월, 안동 대산 이상정 종가 김순석 지음, 192쪽, 18,000원
독서종자 높은 뜻, 성주 응와 이원조 종가 이세동 지음, 216쪽, 20,000원
오천칠군자의 향기 서린, 안동 후조당 김부필 종가 김용만 지음, 256쪽, 24,000원
마음이 머무는 자리, 성주 동강 김우옹 종가 정병호 지음, 184쪽, 18,000원
문무의 길, 영덕 청신재 박의장 종가 우인수 지음, 216쪽, 20,000원
형제애의 본보기, 상주 창석 이준 종가 서정화 지음, 176쪽, 17,000원
경주 남쪽의 대종가, 경주 잠와 최진립 종가 손숙경 지음, 208쪽, 20,000원
변화하는 시대정신의 구현, 의성 자암 이민환 종가 이시활 지음, 248쪽, 23,000원
무로 빚고 문으로 다듬은 충효와 예학의 명가, 김천 정양공 이숙기 종가 김학수 지음, 184쪽, 18,000원
청백정신과 팔련오계로 빛나는, 안동 허백당 김양진 종가 배영동 지음, 272쪽, 27,000원
학문과 충절이 어우러진, 영천 지산 조호익 종가 박학래 지음, 216쪽, 21,000원
영남 남인의 정치 중심 돌밭, 칠곡 귀암 이원정 종가 박인호 지음, 208쪽, 21,000원
거문고에 새긴 외금내고, 청도 탁영 김일손 종가 강정화 지음, 240쪽, 24,000원
대를 이은 문장과 절의, 울진 해월 황여일 종가 오용원 지음, 200쪽, 20,000원
처사의 삶, 안동 경당 장흥효 종가 장윤수 지음, 240쪽, 24,000원
대의와 지족의 표상, 영양 옥천 조덕린 종가 백순철 지음, 152쪽, 15,000원
군자불기의 임청각, 안동 고성이씨 종가 이종서 지음, 216쪽, 22,000원
소학세가, 현풍 한훤당 김굉필 종가 김훈식 지음, 216쪽, 22,000원
송백의 지조와 지란의 문향으로 일군 명가, 구미 구암 김취문 종가 김학수 지음, 216쪽, 22,000원
백과사전의 산실, 예천 초간 권문해 종가 권경열 지음, 216쪽, 22,000원
전통을 계승하고 세상을 비추다, 성주 완석정 이언영 종가 이영춘 지음, 208쪽, 22,000원
영남학의 맥을 잇다, 안동 정재 류치명 종가 오용원 지음, 224쪽, 22,000원
사천 가에 핀 충효 쌍절, 청송 불훤재 신현 종가 백운용 지음, 216쪽, 22,000원
옛 부림의 땅에서 천년을 이어오다, 군위 경재 홍로 종가 홍원식 지음, 200쪽, 20,000원
16세기 문향 의성을 일군, 의성 회당 신원록 종가 신해진 지음, 296쪽, 30,000원
도학의 길을 걷다, 안동 유일재 김언기 종가 김미영 지음, 216쪽, 22,000원
실천으로 꽃핀 실사구시의 가풍, 고령 죽유 오운 종가 박원재 지음, 208쪽, 21,000원
민족고전 「춘향전」의 원류, 봉화 계서 성이성 종가 설성경 지음, 176쪽, 18,000원

기타

다산 정약용의 편지글 이용형 지음, 312쪽, 20,000원
유교와 칸트 李明輝 지음, 김기주·이기훈 옮김, 288쪽, 20,000원
유가 전통과 과학 김영식 지음, 320쪽, 24,000원
조선수학사 —주자학적 전개와 그 종언 가와하라 히데키 지음, 안대옥 옮김, 536쪽, 48,000원
중국수학사 李儼·杜石然 지음, 안대옥 옮김, 384쪽, 38,000원